제 7판

사례로 배우는 경영정보시스템

제 7 판
사례로 배우는
경영정보시스템
David M. Kroenke, Randall J. Boyle 지음
문용은, 문태수, 서창갑, 오창규, 유성열, 이동호 옮김
DRONE
PAD
Σ 시그마프레스

사례로 배우는 경영정보시스템, 제7판

발행일 | 2018년 6월 27일 초판 1쇄 발행
2019년 8월 5일 초판 2쇄 발행

저 자 | David M. Kroenke, Randall J. Boyle
역 자 | 문용은, 문태수, 서창갑, 오창규, 유성열, 이동호
발행인 | 강학경
발행처 | (주)시그마프레스
디자인 | 강경희
편 집 | 이지선

등록번호 | 제10-2642호
주소 | 서울시 영등포구 양평로 22길 21 선유도코오롱디지털타워 A401~402호
전자우편 | sigma@spress.co.kr
홈페이지 | http://www.sigmapress.co.kr
전화 | (02)323-4845, (02)2062-5184~8
팩스 | (02)323-4197

ISBN | 979-11-6226-059-3

Experiencing MIS, 7th Edition

* 책값은 책 뒤표지에 있습니다.
* 이 도서의 국립중앙도서관 출판예정도서목록(CIP)은 서지정보유통지원시스템 홈페이지(http://seoji.nl.go.kr)와 국가자료공동목록시스템(http://www.nl.go.kr/kolisnet)에서 이용하실 수 있습니다.(CIP제어번호 : CIP2018018539)

역자 서문

경영학에서 MIS(경영정보시스템)에 대한 개념을 도입한 지도 벌써 30년이 넘었다. 그동안 급속한 정보기술의 발전으로 경영정보시스템의 발전도 눈부시게 변하였다. 정보기술 전문가의 전유물이 아니라 사용자의 측면에서 인간, 조직, 전략, 혁신 등의 많은 개념과 연계된 정보시스템으로 발전하고 있다.

그러나 여전히 경영정보시스템은 경영학에서 매우 어려운 분야로 남겨져 있다. 클라우드 컴퓨팅, IoT, 빅데이터 분석, 4차 산업혁명 등 새로운 정보기술을 이해한다는 것은 보통 어려운 일이 아니다. 게다가 경영활동에 관한 전반적인 이해를 바탕으로 전개되는 경영정보시스템(ERP, SCM 등)의 이해는 이를 더욱 어렵게 만든다.

그럼에도 불구하고 경영정보시스템은 기업 경영활동에 정보기술을 접목하고 활용시키는 차원으로 이해되고 발전되어야 한다. 실제로 기업들은 정보기술을 활용한 경영정보시스템 없이는 하루도 돌아가지 못한다. 우리 역자진은 이 책의 취지를 잘 살려 정보기술의 변화, 시장의 변화 등을 수용하면서 경영정보시스템을 올바로 이해하는 데 도움을 주고자 이 책의 번역을 진행하게 되었다. 재미있는 실제 사례를 중심으로 펼쳐지는 이 책은 조금 복잡하고 어려운 경영정보시스템에 대해 쉽게 이해하게 하며, 나아가 기업 현장의 실무에서도 큰 도움을 줄 것이다.

이 책은 경영정보시스템을 공부하고자 하는 학생과 실무자들에게 경영정보시스템에 대한 올바른 개념을 이해시키고, 기업에 어떻게 활용할 것인가에 대한 전략과 방법 등을 알려준다. 이 책은 4개의 부, 12개의 장으로 구성되어 있으며, 각 장마다 실용사례, 윤리문제, 길라잡이, 협력과제, 사례연구 등의 풍부한 사례와 토론거리가 있다. 제1부는 경영정보시스템에 대한 정의와 프로세스와의 관계 등에 관해 설명하고 있으며, 제2부는 하드웨어, 소프트웨어, 데이터베이스, 정보통신 등의 정보기술에 관해 설명하고 있다. 제3부는 경쟁 전략을 위한 정보시스템의 활용에 대해 설명하고 있으며, 마지막 제4부는 정보시스템의 개발과 관리 등에 관해 설명하고 있다. 심화장은 한 학기에 모두 진도를 소화하기에는 무리가 있다는 판단으로 CE1장부터 CE18장까지는 출판이 아닌 부록 형태로 필요 시 요청하시는 교수님에 한해 원문으로 제공하는 것으로 변경하였다.

역자들은 가능한 한 원작의 의미를 최대한 살리고자 노력하였다. 그리고 보다 정확한 이해를 돕기 위해 원작의 의미를 왜곡하지 않는 범위 내에서 자연스러운 우리 말 표현을 사용하고자 하였다.

항상 느끼는 것이지만 출판되어 나오는 책을 보면 부족한 부분들이 보인다. 비록 최선을 다했지만 미처 발견하지 못한 오류와 미흡한 점이 있을 것으로 생각된다. 독자들이 잘 헤아려주기를 바랄 뿐이며, 좋은 지적을 기대한다. 그리고 이 책을 출판하는 데 많은 노력을 아끼지 않았던 (주)시그마프레스 직원 분들에게 감사드리며 향후 더 좋은 책으로 거듭날 것을 약속한다.

2018년 7월

대표역자 문용은

학생들에게

대학 시절은 여러분의 인생에서 즐거운 시간일 것이다. 자신만의 삶의 자유를 체험하고, 새로운 친구를 사귀며, 평생 잊지 못할 경험을 할 것이다. 그러나 대학 생활은 여러분의 인생에서 새로운 전환을 하는 지평에 있다는 것을 깨달아야 한다. 여러분은 졸업을 하게 될 것이고, 직업을 선택하게 될 것이며, 좋은 경력을 만들어야 할 것이다. 지금은 그 직업에 대해 생각하고 어떻게 준비해야 할 것인지 생각해볼 시간이다.

대부분의 학생들은 성공적인 경력을 원한다고 말한다. 그러나 성공을 정의하는 것은 각각 다르다. 대부분의 학생들은 흥미롭고 안정적이며 돈을 잘 버는 직업을 원한다. 여러분은 그 직업이 무엇인지 그리고 그것을 어떻게 얻어야 할지 생각해야 한다. 어떤 직업이 여러분이 원하는 만큼의 급여를 지불할까? 어떤 직업이 다른 직업보다 안정적인가? 앞으로 40년 동안 어떤 유형의 일을 하고 싶은가?

이 MIS 과정은 이러한 질문에 대답을 찾아가는 것이 매우 중요하다. 시간이 지남에 따라 기술은 새로운 직업을 창출할 것이다. 오늘날 모바일 애플리케이션 개발자, 소셜미디어 분석가, 정보보안 전문가, 비즈니스 인텔리전스 분석가 및 데이터 아키텍처 전문가 등은 10년 전에는 없었던 직업군들이다. 마찬가지로 20년 후의 최고의 직업은 현재는 존재하지 않을 것이다.

여러분은 정보시스템을 활용하여 많은 이익을 얻을 수 있으며, 또한 다른 사람보다 앞서 나갈 수도 있을 것이다. 경력을 쌓는 동안 기업 및 정부기관에서 정보시스템을 혁신적으로 적용할 수 있는 많은 기회를 찾을 수 있을 것이다.

일단 좋은 기회가 나타나면 창의적이며 새로운 문제를 해결하는 방법을 적용하여 조직의 전략을 용이하게 할 때 여러분에게 기회가 될 것이다. 이는 여러분의 직업이 마케팅, 운영, 영업, 회계, 재무, 기업가 정신 또는 다른 분야 어디에 있더라도 마찬가지이다.

혁신적인 방법으로 기술을 사용하여 스티브 잡스, 빌 게이츠, 래리 엘리슨, 마크 주커버그, 래리 페이지, 세르게이 브린, 제프 베조스 같은 슈퍼스타가 수십억 달러를 벌어 상거래에 혁명을 일으켰다. 여러분은 그런 슈퍼스타는 아니지만 이 수업에서 배운 지식을 적용하여 기대 이상으로 이들을 뛰어넘을 수 있다.

경영학을 공부하기로 결심한 것을 축하한다. 흥미롭고 보람 있는 경력을 쌓고 성공할 수 있도록 이 수업을 사용하라. MIS 용어 그 이상을 배워라. 정보시스템이 비즈니스를 변화시키는 방식과 그 변화에 참여할 수 있는 많은 방법을 찾아보라.

이러한 노력의 일환으로 미래의 비즈니스 전문가인 여러분의 최고 성공을 기원한다!

David M. Kroenke & Randall J. Boyle

제 1 부 왜 경영정보시스템인가?

제 2 부 정보기술

제 3 부 경쟁우위 달성을 위한 정보시스템의 사용

제 4 부 정보시스템 관리

차례

제 1 부 왜 경영정보시스템인가?

제 1 장 경영정보시스템의 중요성 3

제 2 장 비즈니스 프로세스와 정보시스템 31

제 5 장 데이터베이스 처리 121

제 6 장 데이터 통신과 클라우드 155

제 3 부 경쟁우위 달성을 위한 정보시스템의 사용

제 7 장 조직과 정보시스템 185

제 8 장 소셜미디어 정보시스템 215

제 9 장 비즈니스 인텔리전스 시스템 253

제 4 부 정보시스템 관리

제 10 장 정보시스템 보안 287

제11장 정보시스템 관리 325

제12장 정보시스템 개발 353

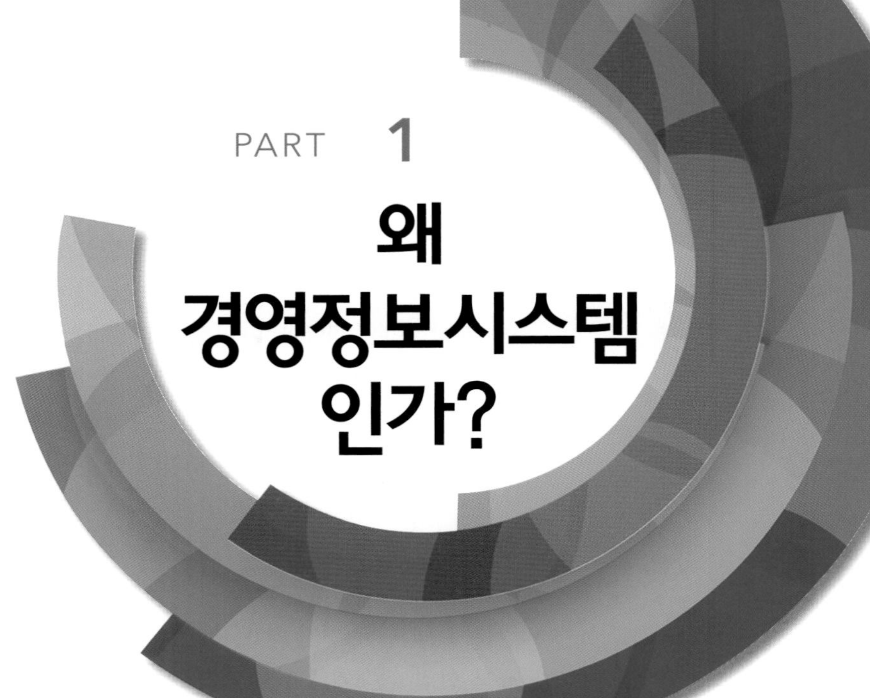

PART 1 왜 경영정보시스템인가?

팔콘시큐리티는 5년 정도 된 개인소유 회사이다. 드론을 이용하여 고객을 위해 감시와 검사 서비스를 제공한다. 이 회사의 고객은 육체적인 노동을 줄이고 싶어 하는 큰 회사나 산업용 정기검사 서비스를 필요로 하는 곳이다. 팔콘은 대규모 산업 시설에 대한 실시간 비디오 감시를 하는 텍사스의 몇몇 대형 정유 공장과 계약을 맺고 있다. 때로는 안전하기도 하지만 플레어 스택처럼 중요한 인프라 구성요소를 직접 검사하는 일은 사람에게 어려울 수도 있고 위험하기도 하다.

여러분에게도 이러한 **일**이 **일어날** 수 있다

팔콘시큐리티의 CEO 겸 공동 설립자는 마테오 토머스이다. 마테오는 중동의 큰 부대의 보안을 담당하는 미군이었다. 군대에서 은퇴한 후 마테오는 텍사스에 있는 제조 기업에 보안을 담당하는 이사로 근무하였다. 그러던 중에 보안 정책 조정을 하는 관리자인 야심 찬 조니 캠벨을 만나게 되었다. 그는 조니에게 회사가 물리적 보안에 너무 많은 비용을 지불하고 있다며 물리적 보안 경비원의 작업 비용의 일부를 아껴서 몇 대의 드론을 살 수 있다고 하였다. 군대에서 근무한 그는 드론이 훨씬 적은 시간과 노력으로 보안을 향상시키는 데 성공적으로 사용될 수 있는 것을 보았다. 문제는 실제로 작동하는 방법에 대해 많이 알지 못한다는 것이고, 그것은 조니도 마찬가지였다.

일주일 후 조니는 해변공원에서 열리는 친구 결혼식에 참석하여 공중에서 찍은 놀라운 비디오 장면을 보게 되었다. 호기심이 생긴 그녀는 그 비디오의 촬영감독인 카밀라 포리스에게 연락하여 그 놀라운 비디오를 어떻게 제작했는지 물었다. 카밀라는 여름 동안 결혼식을 위해 파트타임으로 작업했다고 하였다. 그녀는 자신이 특히 좋아하지 않는 업무는 드론 제조업체의 지역영업 담당 업무라고 하였다. 그녀는 몇 번의 촬영에서 드론을 실험했으며 그 결과는 훌륭했다. 공중 영상을 본 사람은 모두 그것을 원했다. 그녀는 공중 비디오를 제작할 수 있는 메트로 지역의 유일한 감독이었으므로 비즈니스는 번창하였다. 그러나 결혼식은 계절을 탔으므로 그녀는 여전히 생활비를 벌기 위해 하루하루 일을 해야 했다. 조니는 회사에 필요한

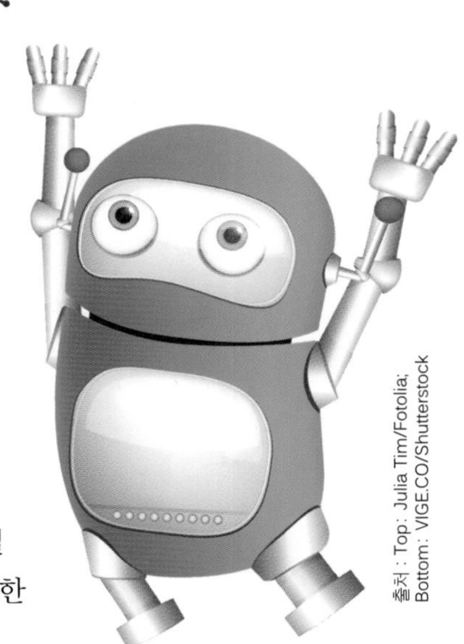

출처 : Top: Julia Tim/Fotolia; Bottom: VIGE.CO/Shutterstock

드론 전문가를 발견하고는 다음 토요일에 매트로에서 점심을 같이하자고 캠에게 이야기했다.

상업 드론이 할 수 있는 모든 것에 대한 캠의 설명을 듣고, 마테오와 조니는 기업 보안을 위해 드론을 사용하는 것이 그들이 생각한 것보다 훨씬 더 큰 기회임을 깨달았다. 마테오와 조니는 팔콘시큐리티를 설립하고 캠을 고용했다. 5년 후 팔콘시큐리티는 일일 보안 감시를 필요로 하는 15곳의 대형 산업고객과 항공안전 검사를 위해 계약하는 수십 곳의 산업 고객을 두게 되었다. 최근에는 일주일에 한 번 공중 조사, 비디오 촬영(광고, 부동산 등) 및 농업과 관련된 검사 혹은 모니터링을 요구하는 몇몇 고객과 계약을 맺었다.

팔콘시큐리티는 연간 약 1,400만 달러의 매출을 올리고 있으며, 대부분은 대규모 산업 고객에게 물리적 보안을 제공하고 있다. 마테오는 전국적으로 팔콘시큐리티를 성장시키기를 원한다. 텍사스주 밖에는 팔콘에게 서비스 비용을 지불할 산업 고객이 많으며, 연방 정부와의 수익성 있는 계약도 가능하다는 것을 알게 되었다. 조니는 팔콘이 아직 안정적이지 않다고 생각한다. 드론(비행기 및 헬리콥터)을 구입하는 것은 비용이 많이 들고 때로는 실망스럽다. 직원들은 드론을 조작하도록 훈련받아야 하고 드론은 자주 파손되며 항상 최신 모델이 나오고 있다. 그리고 드론의 데이터 수집, 저장 및 분석을 자동화하기 위해 현재 값비싼 시스템 개발 프로젝트가 진행되고 있다.

마테오는 드론 비용을 절감하기 위한 방법으로 3D 프린트를 연구해왔다. 캠 팀은 3D 프린트를 사용하여 새로운 패시브 충전 플랫폼의 혁신적인 프로토타입을 신속하게 만들 수 있었다. 이제 팔콘의 드론은 사람의 개입 없이도 착륙하고 충전하고 다시 발사할 수 있다. 이것은 드론을 관리하는 무수한 시간을 절약하고 드론의 전반적인 유효 범위를 증가시켰다. 자율 드론은 이제 충전소에서 10~15마일을 멈추게 하여 장거리로 배치할 수 있다.

출처 : chesky/Fotolia

마테오는 회사가 자체 드론을 제작할 때 동일한 성공을 거둘 수 있기를 희망했다. 그러나 드론을 제조해야 하는지 확신하지 못했다. 얼마나 많은 신입사원을 고용하고 훈련시켜야 하는가? 제조 공정을 지원하기 위해 추가 장비 및 정보시스템을 구매하는 데 얼마의 비용이 드는가? 이 새로운 드론이 기존 데이터 수집 및 처리시스템과 호환될 수 있는가? 마테오는 조니와 캠에게 드론 제조가 팔콘시큐리티의 올바른 방향인지 파악하도록 요청했다.

Chapter
1

경영정보시스템의 중요성

여러분에게도
이러한 일이
일어날 수 있다

"해고라니요? 저를 해고한다고요?"

"그래요. 해고는 거친 표현이죠. 하지만 사실 팔콘시큐리티는 이제는 당신을 더 필요로 하지 않습니다."

"하지만 조니! 전 모르겠어요. 정말 이해가 안 돼요. 전 열심히 일했고 당신이 제게 요청했던 모든 일을 다 했어요."

"제니퍼, 그래요. 당신은 모든 일을 했지요. 제가 당신이 해야 할 일에 대해 말한 것들을요."

"저는 정말 많은 시간 동안 일했습니다. 어떻게 저를 해고할 수 있죠?"

"당신의 업무는 효과성을 유지하면서 3D 프린트를 이용해 운영 비용을 감소시키는 방법을 찾는 일이었어요."

"그래요! 그래서 전 그렇게 했습니다."

"아니예요! 당신은 그렇지 않았어요. 당신은 제가 준 아이디어를 따라갈 뿐이었어요. 우리는 계획을 따라만 하는 사람을 필요로 하지는 않습니다. 해야 할 일을 스스로 생각해내고 자신의 계획을 만들어내서 이끌어가는 그런 사람이 필요해요."

"제가 어떻게 그렇게 할 수 있겠어요? 전 여기서 근무한 지 6개월밖에 안 됐어요."

"팀워크라는 것이 있죠. 맞아요, 지금 당신은 우리 일을 배우고 있어요. 고위급 직원들도 모두 당신이 유능할 거라고 확신했어요."

"저는 그들을 귀찮게 하기를 원치 않았을 뿐이에요."

"그래요! 그건 당신이 성공했지요. 캠에게 당신의 업무에 대한 의견을 물었더니 '제니퍼가 누구죠?' 라고 물어보더군요."

"그녀는 창고에 내려와서 근무하지 않아요."

"맞아요. 그녀는 관리자니까요. 하지만 그녀와 대화를 하는 것이 더 가치 있는 일인 것 같다는 생각이 드는데요."

"그렇게 할게요."

"제니퍼, 방금 어떤 일이 일어났나요? 제가 당신에게 아이디어를 주었고 당신은 그렇게 하겠다고 이야기를 하는군요. 우리가 원하는 것은 이런 것이 아닙니다. 당신만의 해결책을 찾기를 원합니다."

"저는 정말 많은 시간을 열심히 근무했습니다. 제가 작성한 모든 보고서를 가지고 있습니다."

"누가 그것을 보았습니까?"

"그것 중 일부에 대해서만 이야기했습니다. 하지만 저는 그들이 만족하게 될 때까지 기다리고 있었어요."

"그래요. 하지만 그것은 여기의 일하는 방식이 아닙니다. 우리는 아이디

학습목표

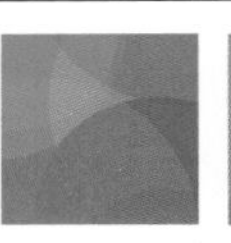

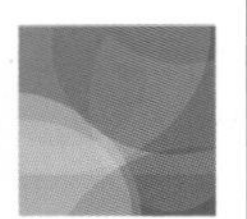

Q1 MIS 수업은 왜 경영학과에서 가장 중요한 과목인가?

Q2 MIS는 우리에게 얼마나 영향을 미치는가?

Q3 MIS 관련 일자리의 수요가 높은 이유는 무엇인가?

Q4 경영정보시스템이란 무엇인가?

Q5 IS 보안에 있어서 여러분의 역할은 무엇인가?

이 장에서의 지식이 여러분에게 어떻게 도움이 되는가?

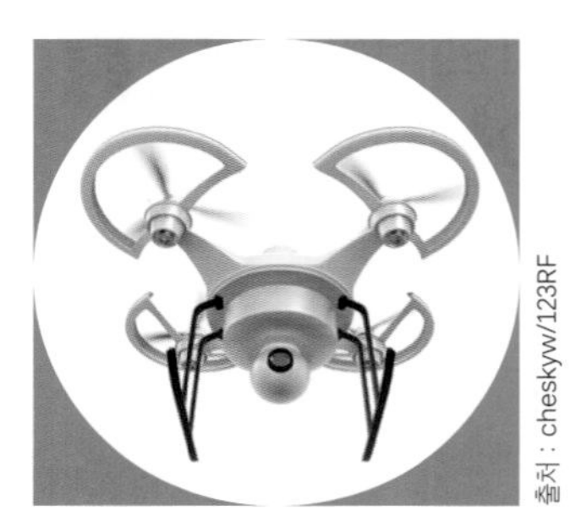
출처 : cheskyw/123RF

"하지만 오늘날에는 그것만으로는 충분하지 않습니다."

어를 개발하고 서로 도전해보기를 바랍니다. 우리 모두는 똑똑하지 않습니다. 논의를 통해서 계획을 더 좋아지게 하고 그렇게 다시 일을 하죠. 저는 당신에게 그렇게 이야기했었습니다."

"아마도 그렇게 했겠지요. 하지만 저는 그런 것에 딱 맞지는 않습니다."

"그게 여기서는 핵심적인 일입니다."

"제가 할 일을 알겠네요."

"제니퍼, 당신은 거의 6개월 동안 여기서 일했습니다. 경영학 학위도 가지고 있습니다. 몇 주 전에 저는 문제 있는 공급업자를 식별하는 방법에 관해 당신의 생각을 물었습니다. 제일 먼저 잠재적 드론을 만들거나 드론의 부품들을 3D 프린터로 개발하기를 부탁했습니다. 제가 말한 것을 기억하시나요?"

"네! 어떻게 진행해야 할지 확실하게는 모르겠지만, 저는 무언가 내팽개치고 일을 못하게 되는 것을 원치 않습니다."

"하지만 그 일이 진행되었다면 어떻게 되었을까요?"

"저는 돈을 낭비하고 싶지 않아요."

"아니요, 당신은 그렇게 하지 않았습니다. 당신이 그 일을 멀리 했을 때 제가 뒷받침을 했습니다. 기존의 드론을 기초해서 프린트할 것, 주기적으로 보수해야 하는 부품 리스트, 앞으로 필요한 드론 부품들 명세서를 정리하거나 3D 프린트한 드론을 어떻게 정리할 것인지 등에 대해 부탁했습니다. 정리된 것이 하나도 없습니다."

"네, 그 부품 목록과 사양을 보냈습니다."

"제니퍼, 그것은 아무 의미도 없었어요. 목록에는 3D 프린트가 불가능한 부품이 포함되어 있습니다. 미래의 드론 목록에는 카메라를 휴대할 수 없는 모델도 포함되어 있습니다."

"어떤 부분을 프린트할 수 있는지 알고 있습니다. 다만 어떤 부분을 포함시킬지 확실하지 않았어요. 하지만 다시 해보겠습니다."

"그 태도에 대해 고맙게 생각해요. 하지만 우리 같은 중소기업은 여전히 많은 방법으로 최선의 노력을 해야만 합니다. 우리가 더 큰 회사였다면 당신을 위한 자리를 마련하고 당신을 성장시킬 수도 있을 것입니다. 하지만 우리는 지금 그럴 여유가 없습니다."

"저의 추천서는 어떤가요?"

"당신은 신뢰할 만한 사람이고, 일주일에 40~45시간 열심히 일하며 정직하고 진실성을 가지고 있다는 것에 대해 말해주겠어요."

"그런 것들은 정말 중요하지요."

"그렇기는 하지만 오늘날에는 그것만으로는 충분하지 않습니다."

Q1 MIS 수업은 왜 경영학과에서 가장 중요한 과목인가?

경영정보시스템 개론은 경영학과에서 가장 중요한 과목이다. 하지만 항상 그랬던 것은 아니다. 수십 년 전에 '컴퓨터'를 전공하는 것은 괴상한 것으로 간주되었다. 그러나 상황이 많이 바뀌었다. 이제 가장 유망한 직종은 기술 회사에서 찾아볼 수 있다. 사람들은 기술 창업을 위해 일하는 것에 대해 자랑하고 있다. 애플은 시가 총액 7,400억 달러로 세계 최대 기업이다. 역사상 가장 큰 IPO(주식공개상장)는 250억 달러로, 2014년에 온라인 전자상거래 기업인 알리바바에서 나왔다.

정보기술이 여러 기업을 지원하는 역할에서 기업의 수익성을 좌우하는 주요 요인으로 바뀐 이유는 무엇일까? 정보기술 일자리는 왜 가장 높은 보수를 받는 것일까? 사람들이 정보기술 회사에서 근무하는 이유는 무엇일까? 답은 정보기술이 근본적으로 비즈니스를 변화시키는 방식과 관련이 있다.

디지털 혁명

여러분은 우리가 **정보화 시대**(Information Age)에 살았다고 들었거나 정보의 생산, 유통 및 통제가 경제의 주요 동력이 되는 역사의 시기라고 들었을 것이다. 정보화 시대는 1970년대 **디지털 혁명**(Digital Revoultion) 또는 기계 및 아날로그 장치에서 디지털 장치로의 전환으로 시작되었다. 이러한 디지털 장치로의 전환은 개인 및 기업 등 사회 전반에 기념비적인 변화를 의미한다.

문제는 사람들이 이러한 변화가 어떤 영향을 미치는지, 심지어 왜 그런지에 대해서 이해할 수가 없다는 것이다. 오늘날 사람들과 마찬가지로 그들은 과거 사건에 대한 미래 예측을 기반으로 한다. 그들은 공장, 관료주의, 대량 생산 및 운영 효율성을 알고 있었다. 그러나 디지털 시대가 오는 변화에 대비하지 못했다.

디지털 혁명은 새로운 디지털 장비가 예전의 기계식 또는 아날로그 장비를 대체하고 있다는 것을 의미하지는 않는다. 이제 새로운 디지털 장치를 다른 디지털 장치에 연결하고 서로 간에 데이터를 공유할 수 있다. 또한 프로세서 속도가 빨라짐에 따라 더 빨리 작동할 수 있다. 이것은 빠른 속도로 깨지기 시작했다. 1972년 컴퓨터 과학자 고든 벨은 이러한 디지털 장치가 진화하면서 광범위하게 사용됨에 따라 세상이 변화될 것이라고 하였다. 그는 "새로운 컴퓨터 클래스는 대략 10년마다 새로운 산업을 창출할 것이다."[1]라는 **벨의 법칙**(Bell's Law)을 공식화했다. 디지털 장치는 10년마다 새로운 플랫폼, 프로그래밍 환경, 산업, 네트워크 및 정보를 가능하게 할 정도로 빠르게 발전한 것이다.

벨이 예측한 대로 되었다. 1970년 이래 약 10년마다 완전히 새로운 종류의 디지털 장치가 등장했다. 그들은 완전히 새로운 산업, 회사 및 플랫폼을 창출했다. 1980년대에 우리는 PC(개인용 컴퓨터)와 같은 작은 로컬 네트워크의 등장을 보았다. 1990년대에 우리는 인터넷의 부상과 휴대전화의 보급을 보았다. 2000년대에 우리는 모든 사물 네트워크가 가능하게 만드는 방향으로 나아갔다. 소셜 네트워킹과 클라우드 기반 서비스는 정말로 새로운 회사를 만들어냈다.

디지털 기술의 진화는 기업을 근본적으로 변화시키고 기업의 수익성을 이끌어내는 주요 요인이 되었다. 그리고 적어도 앞으로 수십 년 동안은 그러할 것이다. 기업이 디지털 진화의 영향을 받는 방법을 이해하는 것이 중요하며, 이러한 새로운 디지털 장치의 발전을 추진하는 힘을 이해해야 한다.

진화하는 능력

디지털 장치의 진화를 추진하는 기본적인 힘을 이해하기 위해 여러분의 몸이 디지털 장치와 같은 속도로 진화하고 있다고 상상해보자. 오늘 시간당 8마일을 달릴 수 있다고 가정해보자. 그것은 평균 정도일 것이다. 이제 여러분의 몸이 조금씩 빨라지는 것으로 바뀌어 18개월마다 2배 빠르게 달릴 수 있다고 가정해보자. 18개월 만에 시속 16마일을 달릴 수 있다. 또다시 18개월 만에 시속 32마일이 될 것이다. 그다음은 시속 64마일, 128마일, 256마일 그리고 512마일이 될 것이다. 그렇게 10년이 지나면 시속 1,024마일로 달릴 수 있을 것이다. 그렇다면 이것은 여러분의 삶을 어떻게 바꾸겠는가?

여러분은 확실히 자동차를 포기할 것이다. 그것이 너무 느리기 때문이다. 항공 여행은 아마도 과거의 일이 될 것이다. 여러분은 매우 수익성 있는 패키지 배달 사업을 시작할 수 있으며 시장을 신속하게 장악할 수 있을 것이다. 출퇴근 시간이 짧기 때문에 도시 외곽에 살 수도 있다. 또한 여러분은 새로운 옷과 정말로 새로운 신발이 필요할 것이다. 이것이 핵심 포인트이다. 여러분이 하는 일도 완전히 바뀔 것이다. 여러분이 바뀔 뿐만 아니라 종의 법칙에도 적용이 될 것이다. 디지털 시장에서도 이와 똑같은 일이 일어나고 있다.

이 예는 처음에는 어리석은 것처럼 보일 수 있지만 지수 변경이 디지털 장치에 미치는 영향을 이해하는 데 도움이 될 것이다. 처리 능력, 장치의 상호 연결성, 저장 용량 및 대역폭은 모두 급속도로 증가하고 있으며 이러한 장치의 사용 방식이 급속도로 변하고 있다. 이 세력을 묘사하는 법칙을 살펴봄으로써 이들 중 일부를 탐구해보도록 하자.

무어의 법칙

1965년 인텔의 공동 창립자인 고든 무어는 전자칩 설계 및 제조의 기술 향상으로 인해 "직접회로의 제곱인치당 트랜지스터 수가 18개월마다 2배로 증가한다."고 주장했다. 이것이 **무어의 법칙**(Moore's Law)으로 알려졌다. 그의 의견은 일반적으로 "컴퓨터의 속도가 18개월마다 2배가 된다."라고 잘못 이해되면서 틀린 말이 되었지만, 그의 법칙은 상식으로 받아들여졌다.

그림 1-1
컴퓨터 가격/성능 비율의 하락

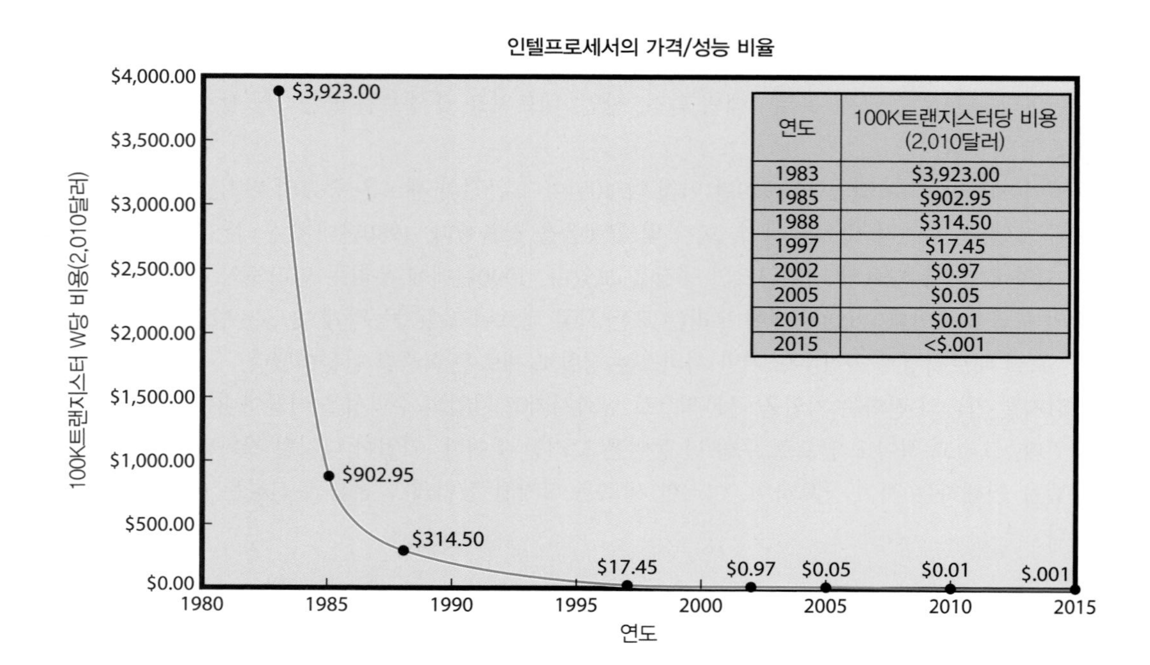

무어의 법칙 때문에 컴퓨터의 성능 대비 가격 비율은 표준 컴퓨팅 장치의 경우 4,000달러에서 동일한 컴퓨팅 장치의 경우 1페니가량으로 떨어졌다.[2] 그림 1-1을 참조하라. 처리 능력의 향상은 지난 30년 동안 세계 경제에 큰 영향을 미쳤다. 새로운 장치, 응용 프로그램, 회사 및 플랫폼이 활성화되었다. 사실 처리 능력이 기하급수적으로 증가하지 않았다면 대부분의 기술회사는 오늘날 존재하지 않았을 것이다.

그러나 미래의 비즈니스 전문가로서 회사가 1,000달러에 구입할 수 있는 컴퓨터의 속도에 신경 쓸 필요는 없다. 그것은 요점이 아니다. 중요한 것은 무어의 법칙으로 인해 데이터 처리 비용이 0에 가까워지고 있다는 것이다. 신약 개발, 인공지능 및 분자 모델링과 같은 현재의 애플리케이션은 엄청난 양의 처리 능력을 필요로 한다. 충분한 처리 능력을 구입하는 비용이 너무 많이 들기 때문에 이 분야의 혁신은 막히고 있다. 그러나 좋은 소식은 처리 비용이 빠르게 떨어지고 있다는 것이다.

매트카프의 법칙

디지털 장치를 바꾸는 또 다른 근본적인 힘은 매트카프의 법칙이다. 이더넷(Ethernet)의 발명가인 로버트 매트카프의 이름에서 유래했다. **매트카프의 법칙**(Metcalfe's Law)에 따르면 네트워크의 가치는 네트워크에 연결된 사용자 수의 제곱과 같다고 한다. 즉 더 많은 디지털 장치가 함께 연결되면 해당 네트워크의 가치가 높아진다는 것이다.[3] 그림 1-2를 참조하라. 매트카프의 법칙은 1990년대 인터넷의 극적인 증가에서 분명하게 볼 수 있다. 인터넷에 액세스하는 사용자가 늘어남에 따라 사용자가 더 많아졌다. 닷컴 붐은 구글, 아마존, 이베이와 같은 거물 기술기업들이 선도했다. 이 회사 중 누구도 인터넷에 연결된 수많은 사용자 없이는 존재하지 않았을 것이다.

매트카프의 법칙은 기술 회사에서도 마찬가지이다. 구글의 프로젝트 룬은 전 세계에 떠다니는 팽창된 풍선 네트워크를 사용하여 지구 상의 모든 사람에게 인터넷 액세스를 제공하기 위한 노력을 하고 있다. 소셜미디어 회사의 주요 통계 중 하나는 월 단위로 활성화하는 사용자들을 찾는 것이다. 네트워크에 참여할 수 있는 사람이 많을수록 회사의 가치가 커지기 때문이다. 마이크로소프트 워드와 같은 제품 사용의 네트워크 효과를 살펴보라. 무료 워드 프로세서를 사용할 수 있는데도 마이크로소프트 워드를 구매하는 이유는 무엇일까? 리브레오피스 라이터는 어떠한가? 여러분은 다른 사람들이 사용하기 때문에 마이크로소프트 워드를 사용하고 있는 것이다.

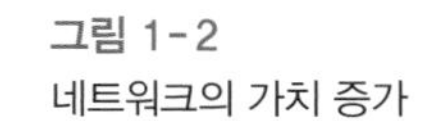
그림 1-2
네트워크의 가치 증가

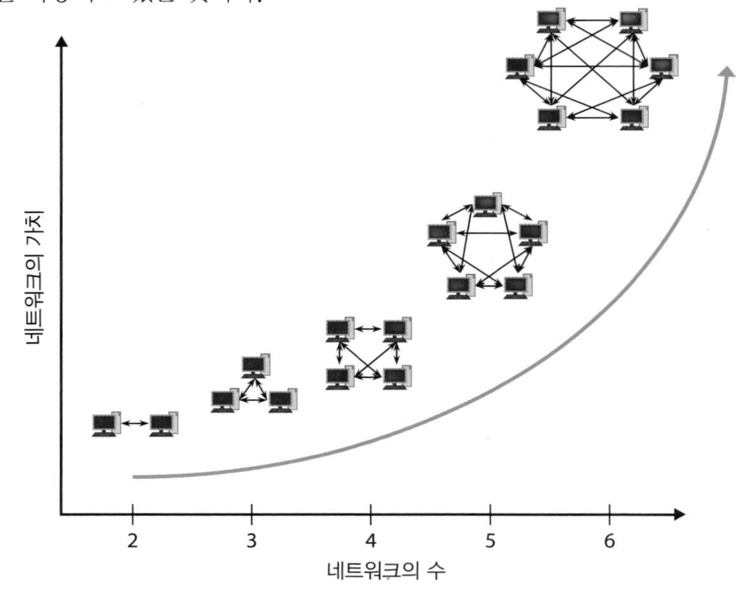

디지털 변화의 다른 힘

네트워크상의 사용자 수는 디지털 장치 사용 방식을 바꾸는 것뿐만 아니라 네트워크의 속도도 바꾼다. 제이콥 닐슨의 이름을 따서 명명된 **닐슨의 법칙**(Nielsen's Law)에 따르면 고급 사용자의 네트워크 연결 속도는 연간 50%씩 증가할 것이라고 한다. 네트워크가 빨라짐에 따라 새로운 회사, 신제품 및 새로운 플랫폼이 등장할 것이다.

예를 들어, 유튜브는 인터넷을 통해 많은 비디오가 공유되지 않았던 2005년 2월에 시작되었다. 그러나 평균 인터넷 속도는 유튜브 동영상 스트림을 처리할 수 있었다. 2006년 11월에 16.5억 달러에 구글을 인수했다. 10억 달

그림 1-3
기본적인 힘의 변화된 기술

법칙	의미	요약
무어의 법칙	집적회로의 제곱인치당 트랜지스터 수는 18개월마다 2배가 된다.	컴퓨터가 기하급수적으로 빨라지고 데이터 처리 비용은 0에 가까워지고 있다.
매트카프의 법칙	네트워크의 가치는 네트워크에 연결된 사용자 수의 제곱과 같다.	디지털 및 소셜 네트워크의 가치는 기하급수적으로 증가하고 있다.
닐슨의 법칙	상급 사용자의 네트워크 연결 속도는 연간 50%씩 증가한다.	네트워크 속도가 빨라지고 속도가 높아지면 새로운 제품, 플랫폼 등을 사용할 수 있다.
킨더의 법칙	자기 디스크상의 저장 밀도는 기하급수적으로 증가하고 있다.	저장 용량이 기하급수적으로 증가하고 데이터 저장 비용은 0에 가까워지고 있다.

러를 창출하는 데 2년이 채 걸리지 않았다. 네트워크 속도는 매우 중요하다. 문제는 구글, 마이크로소프트, IBM 또는 애플이 유튜브 창립자보다 먼저 동영상 공유를 생각하지 않았던 것이다.

닐슨의 법칙, 매트카프의 법칙, 무어의 법칙 외에도 디지털 장치를 변화시키는 다른 힘들이 있다(그림 1-3 참조). 시게이트의 전 CTO인 마크 킨더의 이름을 따서 명명된 **킨더의 법칙**(Kryder's Law)은 자기 디스크의 저장 밀도가 기하급수적인 비율로 늘어날 것이라고 한다. 디지털 저장 장치는 매우 중요하므로 일반적으로 새 컴퓨터, 스마트폰 또는 태블릿을 구입할 때 가장 먼저 묻는 질문이다. 또한 소비 전력, 이미지 해상도 및 모든 디바이스가 상호 변경되는 상호 연결성이 있다. 그러나 아직은 완전한 목록이 아니다.

학교 수업에서 가장 중요한 과목

경영정보시스템 개론은 경영대학에서 가장 중요한 수업이다. 그 이유는 무엇인가? 이 수업은 기술이 어떻게 기업을 근본적으로 변화시키는지 보여준다. 또한 지속적으로 새로운 기술을 사용하여 지속 가능한 경쟁우위를 창출할 수 있는 방법을 찾을 수 있다. 이것은 경영정보시스템 개론이 오늘날 경영대학에서 가장 중요한 과정인 첫 번째 이유를 제시한다.

미래 비즈니스 전문가들은 떠오르는 IT기술을 비즈니스에 적용하고 평가하는 것이 필요하다.

비즈니스에 대한 새로운 정보기술을 익히려는 과정에 대한 지식이 반드시 필요하다.

Q2 MIS는 우리에게 얼마나 영향을 미치는가?

기술 변화가 가속화되고 있다. 이것은 여러분에게 어떤 영향을 미치는가? 여러분은 기술의 진화가 위대하다고 생각할 것이다. 사람들은 인터넷 관련 기계들이 나올 때까지 기다리기 어려워한다.

그러나 잠시 멈춰서 2004년 대학을 졸업하고 미국 최대의 성공적인 홈 엔터테인먼트 기업인 블록버스터 LLC에서 일하게 되었다고 가정해보자. 2004년 블록버스터는 6만 명의 직원과 9,000여 개의 매장을 운영하여 연간 매출이 59억 달러에 달했다. 모든 것이 최고였다. 첫 6년부터 2010년까지 블록버스터는 발 빠르게 부상했다. 그 이유는 무엇인가? 인터넷을 통해 비디오를 스트리밍하는 것이 상점을 운전하는 것보다 수월하기 때문이다.

이제 초고속 인터넷 연결이 가능하다. 요점은 졸업 후에도 커다란 성공을 거둔 유명 브랜드 회사에 취업할 수도 있다는 것이다. 그리고 6년이 지나고 나면 기술이 변하기 때문에 파산할 수도 있다.

어떻게 고용안정을 얻을 수 있는가?

오래전에 나에게는 현명하고 경험 많은 멘토가 있었다. 어느 날 고용안정에 대해 물었더니 그는 장사하는 기술과 그것을 활용하는 용기가 가장 중요하다고 이야기했다. 그는 계속해서 "회사에도 안정성이 없고, 정부 프로그램에도 안정성이 없고, 당신이 투자한 곳에서도 안정성이 없으며, 사회보장제도에도 안정성이 없다."고 이야기했다. 정말 옳은 말이다.

그러나 장사하는 기술이란 무엇인가? 컴퓨터 프로그래밍, 세무회계, 마케팅 등과 같이 특별한 기술로 여겨지곤 한다. 그러나 오늘날은 무어의 법칙 때문에 자료 전송과 자료 저장의 비용이 거의 제로가 되어 일상적인 기술이 되었고, 아웃소싱은 최저 입찰자가 가져가게 될 것이다. 만일 여러분이 미국이나 캐나다, 호주 혹은 유럽 등에서 살고 있다면 그것은 여러분이 될 가능성도 있다.

수많은 조직과 전문가들이 장사하는 기술에 대한 질문에 연구를 하였다. 두 가지가 있다. 첫째, 캘리포니아의 산타모니카에 있는 두뇌집단 기업인 RAND는 60년 이상 인터넷의 초기 설계를 포함해서 창의적이고 획기적인 아이디어를 발표했다. 2004년 RAND는 21세기의 근로자에게 요구하는 기술에 대해 발표했다.

> 급속한 기술 변화와 늘어나는 세계적 경쟁으로 인해 근로자들은 특히 변화하는 기술과 변동하는 수요에 적응하는 능력과 같은 기술과 준비가 필요하다. 조직의 성격을 바꿔라. 아주 강력하고 독특한 인지 기술을 선호하라.[4]

회계, 마케팅, 재무, 정보시스템 등 어떤 것을 전공하더라도 여러분은 독특한 인지기술을 개발하는 것이 필요하다.

그런 기술은 무엇일까? 노동부 장관을 역임한 로버트 라이시는 네 가지 구성요소를 설명했다.[5]

- 요약추론
- 시스템 사고
- 협업
- 실험 능력

그림 1-4는 그 각각의 예를 보여주고 있다. 팔콘시큐리티의 사례를 다시 읽고 이 장을 시작하라. 제니퍼가 이러한 기술에 대한 무능으로 직업을 잃었다는 것을 알게 될 것이다. 비록 라이시의 책은 1990년대 초에 쓰였지만 기술과 달리 인간은 빠르게 변화하지 않기 때문에 그가 언급한 인지 기술은 오늘날에도 여전히 관련이 있다.[6]

그림 1-4
독특한 인지를 위한 기술의 예

기술	예	제니퍼의 문제
요약추론	모형이나 도형을 만들어라.	3D 프린트가 가능한 드론 부품을 식별하는 방법을 개념화할 때 주저함
시스템 사고	시스템의 구성요소를 만들어서 입력과 출력이 서로 어떠한 관련이 있는지를 보여주어라.	팔콘시큐리티의 운영상의 필요성을 모델링하지 않음
협업	다른 사람들과 아이디어를 개발하고 그것에 대해 비판적 피드백을 주고받아라.	같이 일하는 사람들과 협업하지 않음
실험 능력	유용한 자원을 활용하여 새로운 대안을 만들고 시험해보라.	실패의 두려움이 새로운 아이디어에 대한 토론을 막음

경영정보시스템 개론이 독특한 기술을 배우는 데 어떤 도움을 줄 수 있는가?

경영정보시스템 개론은 모든 주제에 네 가지 기술을 적용하고 실습하는 것이기 때문에 경영학과에서 최고의 과목이 된다.

요약추론

요약추론(abstract reasoning)은 모형을 만들고 조정하는 능력이다. 모든 주제와 장에서 하나 이상의 모형을 공부할 것이다. 예를 들면 이 장에서는 정보시스템의 다섯 가지 구성요소에 대해 배우게 될 것이다. 제2장에서 새로운 정보시스템 프로젝트의 범위에 대해 평가하는 모형의 사용 방법에 대해 설명할 것이다. 다른 장들에서도 이러한 모형을 만나게 될 것이다.

이 과목에서 여러분의 교수나 혹은 저자가 개발한 모형에 대해 조정할 수는 없을 것이다. 다만 여러분 자신의 모형 만들기를 요청받을 것이다. 예를 들면 제5장에서 자료 모형을 어떻게 만드는지에 대해 배우게 될 것이고, 제10장에서는 정보시스템 개발 과정에 대한 모형을 배우게 될 것이다.

시스템 사고

식료품 가게에 가서 콩 통조림을 보고 그것이 미국이민국 정책과 어떻게 연결되는지 알 수 있는가? 트랙터가 제지용 나무숲을 파헤치는 것을 보고 나무 쓰레기와 무어의 법칙이 어떻게 연결되는지 알 수 있는가? 유튜브의 최대 수혜자 중의 하나가 시스코시스템인 이유를 아는가? 이러한 질문에 답하려면 **시스템 사고**(system thinking)가 필요하다. 시스템 사고는 시스템의 구성요소를 모형화하는 능력으로, 관찰된 현상의 구조와 역동성을 반영한 합리적인 전체 모형과 구성요소 사이의 입력과 출력 간 관계를 찾는 능력이다.

이러한 것을 배우기 위해 이 수업은 정보시스템을 다루고 있다. 토론을 통해서 시스템에 대해 분명히 보여줄 것이다. 시스템을 비평해야 하고, 대안을 비교해야 하며, 다른 상황에서 다른 시스템을 적용해야 할 것이다. 이러한 모든 일은 전문가로서 시스템 사고를 준비하는 것이다.

협업

협업(collaboration)이란 둘 이상의 사람이 공통의 목적, 결과 혹은 산출물을 달성하고자 할 때 발생한다. 이 책의 모든 장은 수업과 과제에서 할당된 협업에 관한 연습할 수 있다.

많은 학생들이 놀라워할 사실이 하나 있다. 효과적인 협업은 원만한 관계를 유지하는 것을 의미하지는 않는다는 것이다. 사실 몇 가지 조사에 의하면 효과적인 협업을 위한 가장 중요한 기술은 비판적 피드백을 주고받는 것이다. 마케팅 부사장의 소중한 프로그램에 도전하는 어떤 제안서를 작성해보면 효과적인 협업이란 이웃사람들과 바비큐 모임에서의 매너와 완전히 다르다는 것을 금방 알게 될 것이다. 부사장의 저항에 직면해서 여러분의 아이디어를 어떻게 계속해 추진해나갈 수 있는가? 게다가 여러분의 직업을 잃지 않으면서 말이다. 이 과목에서 여러분은 그런 협업의 기술과 정보시스템에 대해 배우게 될 것이다. 나아가 여러분은 많은 실습 기회를 가지게 될 것이다.

실험 능력

"난 예전에 이렇게 해본 적이 없다."
"어떻게 해야 할지 모르겠다."
"그 일이 될까?"
"시장이 너무 이상한가?"

실패에 대한 두려움으로 많은 사람들의 좋은 아이디어가 사라진다. 비즈니스가 안정적일 때는, 그러니까 새로운 아이디어라는 것이 같은 노래를 다른 톤으로 부르는 것일 때는 전문가들은 스스로 실패에 대한 두려움에 갇혀 있었다.

오일 교환 사업의 소셜 네트워크 적용에 관한 문제를 생각해보라. 그곳에 소셜 네트워킹의 합법적인 응용 프로그램이 있는가? 만약 있다면 그것을 한 누군가가 있는가? 여러분이 해야 할 일에 대해 이야기해줄 사람이 이 세상에 있는가? 어떻게 계속 진행해야 하는가? 아니다. 라이시가 이야기했듯이 21세기 전문가는 실험하는 것이 필요하다.

성공적인 실험은 머리에 떠오르는 모든 미친 아이디어에 돈을 쏟아붓는 것이 아니다. **실험**(experimentation)이란 우리가 가지고 있는 자원 내에서 기회에 대한 의미 있는 분석을 하는 것이고, 잠재적인 해결책을 그려보는 것이며, 가능성에 대한 평가를 하는 것이고, 가장 최선을 찾는 것이다.

이 과목에서 여러분은 익숙하지 않은 제품의 사용을 요청받을 것이다. 어쩌면 엑셀이나 액세스일지도 모르고, 블랙보드로 기능을 하는 것일지도 모른다. 혹은 여러분은 마이크로소프트의 셰어포인트나 구글의 드라이브를 사용해서 협업하기를 요청받기도 할 것이다. 교수님은 여러분만의 새로운 가능성을 구상하고 실험하는 데 가용한 시간 내에서 시도해보기를 바란다.

Q3 MIS 관련 일자리의 수요가 높은 이유는 무엇인가?

취업은 경영정보시스템 개론 과정을 매우 중요하게 만드는 요소이다. 기술 컨설팅 및 아웃소싱 회사인 액센츄어는 2014년 대학 졸업자를 대상으로 설문 조사를 실시했다. 2014년 대학 졸업생 중 69%가 자신이 원하는 직무를 수행하기 전에 추가 훈련이나 교육이 필요하다고 답했다. 또한 최근 졸업생 중 46%가 학위를 필요로 하지 않거나 불완전 고용된 일자리에서 일하고 있다고 한다.[7] 그러나 이것은 정보시스템과 관련된 직업 범주에서는 그렇지 않다.

스펜스와 흘라좌요는 1990년부터 2008년까지 미국의 고용에 관하여 연구를 수행하였다.[8] 그들은 특정 지역에 종속되지 않는 시장성이 높은 직업군에 대해 정의를 내렸다. 이런 특별한 직업군은 해외로 아웃소싱될 수 있기 때문에 매우 중요하다. 그림 1-5에서와 같이 컴퓨터 설계 그리고 관련 서비스는 가장 강력하게 성장하는 직업군이다. 2000년 닷컴 붕괴 이후로 그런 직업군은 상당히 줄어들었다. 그러나 컴퓨터 관련 직업군은 회복되었을 뿐 아니라 극적으로 활성화되고 있다. 이 범주는 컴퓨터 프로그래머와 데이터베이스 관리자와 같은 기술적 직업을 포함할 뿐 아니라 비기술적인 판매, 지원, 비즈니스관리 등을 포함한다. 이 그래프는 시장성이 있는 직업군을 보여주고 있는데, 좋은 컴퓨터 직업군들이 해외로 유출되고 있다는 문제에 봉착하고 있다. 미국 노동통계청 자료 분석에 의하면 이는 단순하게 일어난 것은 아니다.

그림 1-5
1989~2009년의 직업 성장

출처 : *The Evolving Structure of the American Economy* and the *Employment Challenge* by Michael Spence and Sandile Hlatshwayo. Copyright © 2011 by The Council on Foreign Relations Press. Reprinted with permission.

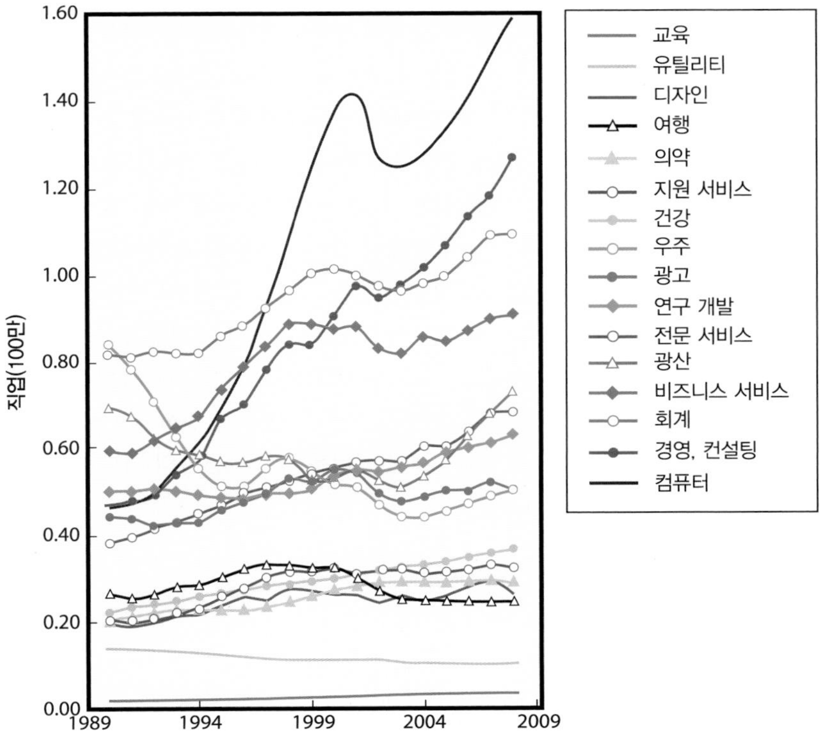

그림 1-6
미국 노동통계청 직업 전망

	2012년 중간 급여	2012~2022년 직업 증가	2012~2022년 급여 증가
기업 관리자			
마케팅관리자	$115,750	12%	25,400
정보시스템관리자	$120,950	15%	50,900
재무관리자	$109,740	9%	47,100
인사관리자	$ 99,720	13%	13,600
영업관리자	$105,260	8%	29,800
컴퓨터와 정보기술자			
네트워크관리자	$ 91,000	15%	20,900
시스템분석가	$ 79,680	25%	127,700
데이터베이스관리자	$118,700	15%	17,900
정보보안 분석가	$ 87,170	37%	27,400
네트워크 및 시스템 관리자	$ 72,560	12%	42,900
소프트웨어 개발자	$ 93,350	22%	222,600
웹 개발자	$ 62,500	20%	28,500
현업 업무 종사자			
회계와 감사자	$ 63,500	13%	166,700
재무 분석가	$ 76,950	16%	39,300
관리 분석가	$ 78,600	19%	133,800
마케팅 분석가	$ 60,300	32%	131,500
물류 담당자	$ 72,780	22%	27,600
인사 전문가	$ 55,640	7%	32,500

그림 1-5의 자료는 2009년에 중단되었으며, 불행하게도 스펜스와 흘라좌요는 연구를 업데이트하지 않았다. 그러나 그림 1-6은 2012년부터 2022년까지의 비즈니스 매니저, 컴퓨터 및 정보기술 및 기타 비즈니스 직종에 대한 미국 노동통계청의 최근 직업 예측을 보여준다.[9] 모든 정보시스템 관련 직무의 성장률은 모든 직종에서 평균 11%를 상회한다.

정보시스템 및 컴퓨터 기술은 IS 전문가 이상의 임금 혜택을 제공했다. 에스모글루와 오토는 1960년대부터 2010년까지 미국과 유럽의 일부 지역에서 일자리와 임금에 대한 인상적인 경험적 연구를 발표했다. 이 기간 초에 교육 및 산업이 고용과 연봉의 가장 강력한 결정요인이었음을 발견했다. 그러나 1990년 이래 고용 및 급여의 가장 중요한 결정요인은 수행된 업무의 본질이다. 간단히 말해서 컴퓨터 기술의 가격이 급락함에 따라 컴퓨터 기술의 혜택을 받는 직업의 가치가 극적으로 증가했다.[10] 예를 들어 비즈니스 프로세스 품질을 향상시키기 위해 정보시스템을 사용하는 방법을 알고 있는 비즈니스 전문가나 마케팅 향상을 위해 데이터 마이닝 결과를 해석하는 방법을 알고 있거나 신기술을 사용하는 방법을 알고 있는 비즈니스 전문가는 고임금의 직무를 담당하였다. 새로운 제품을 만들기 위한 3D 프린트와 같은 직무를 다뤄라. 직업을 고려해야 하는 이유에 대한 자세한 내용은 22~23쪽의 길라잡이를 참조하라.

최고의 IPO : 알리바바

자신의 사업을 시작하는 것에 대해 생각해본 적이 있는가? 새로운 아이디어를 수익성 있는 회사로 전환하는 것은 쉽지 않다. 그러나 정보화 시대에는 누구든지 최소한의 투자 및 미미한 리스크만으로 소규모 비즈니스를 성장시킬 수 있다. 때때로 기술 분야도 아웃소싱할 수 있다.

예를 들어, 스퀘어스페이스닷컴과 같은 회사는 웹 개발 기술이 부족한 상황에서 상품을 판매할 수 있는 매력적인 플랫폼을 만들었다. 그러나 고객에게 제품을 포장하고 선적하는 것을 원하지 않는다면 아마존이 대신해줄 것이다.

급속히 성장하는 디지털 경제가 제공하는 자원으로 이익을 얻는 유일한 기업이 신생 기업뿐만인 것은 아니다. B2B(business-to-business), B2C(business-to-consumer), C2C(consumer-to-consumer)와 같은 전자상거래에서 저렴한 원료, 고품질 무역 상품, 그리고 가장 중요한 고객을 찾을 수 있는 새로운 기회에서 이익을 얻고 있다.

출처 : Yeong-Ung Yang/Corbis

알리바바닷컴은 어떤 회사인가?

1999년 잭 마가 설립한 알리바바닷컴은 상품 구매 및 판매를 위한 전자상거래 포털로 출발했으며, 이후 다양한 금융, 경매 및 상거래 서비스로 성장했다. 알리바바의 사명은 전 세계의 공급업체와 구매자를 연결하는 것이다.[11]

알리바바는 수백만 개의 제품, 수십 개의 제품 범주 및 구매자와 판매자 간에 매일 교환되는 수천 개의 메시지를 자랑한다. 알리바바는 도매 제품을 사고파는 일을 주로 하며, 제품 및 정보 교류도 하고 있다.

알리바바닷컴이 국제 상거래에 미치는 영향은 2014년 가을(뉴욕증권거래소 : BABA) 기업공개상장(IPO)의 규모를 고려해볼 때 매우 큰 회사임에 틀림없다. 알리바바닷컴은 약 30억 달러로 가장 큰 IPO(신규상장) 기록을 갱신했다.[12] 다른 회사와 비교를 하자면 페이스북은 2012년 IPO에서 16억 달러를 모았고, 제너럴모터스의 IPO는 2010년에 파산에서 벗어난 후 157억 달러를 모금했다. 흥미롭게도 마는 1999년에 알리바바닷컴을 7만 달러 미만으로 시작했으며 지금은 중국에서 가장 부유한 사람이다.

성장통

알리바바는 새로운 아이디어로 가장 짧은 시간에 가장 큰 IPO를 가진 선도적인 글로벌 소매업체 및 공급업체로 빠르게 진화했다. 회사의 급격한 성장세를 감안할 때 알리바바닷컴이 세계적인 유통 및 공급 업체가 될 것으로 가정하는 것은 당연할 것이다. 그러나 이것은 사실이 아닐 수도 있다. 이 사이트는 사기성 제품의 판매를 막기 위해 연간 약 1,600만 달러를 투자했음에도 불구하고 위조품을 판매하는 공급업체와 함께 수렁에 빠져 있다.[13]

알리바바닷컴은 공급업체가 인증 서비스를 위한 현장 방문이 포함된 심사절차인 '골드 공급업체' 자격을 취득할 수 있도록 함으로써 위조 상품 퇴치에 노력을 하고 있다. 그러나 글로벌 공급업체의 심사 및 글로벌 바이어의 사기 침해에 대한 대응과 관련된 물류 복잡성이라는 문제거리를 안고 있다.

알리바바는 여러분을 위해 무엇을 할 수 있을까?

도매 제품을 수입하여 자신의 전자상거래 사이트 또는 주력 브랜드 매장에 판매하려는 경우 알리바바닷컴은 결국 여러분의 회사를 위한 훌륭한 공급업체가 될 수 있다. 제품을 구매하지 않아도 알리바바닷컴의 성공을 학습할 수 있다.

첫째, 알리바바닷컴은 고품질 제품을 판매하는 것만큼이나 정보를 수익성 있게 관리하는 방법이 완벽하다. 알리바바닷컴은 세계에서 가장 큰 소매업체일 수 있다는 사실을 고려해보라. 재고가 거의 없거나 전혀 없다.

둘째, 알리바바닷컴은 세계 경제에서의 운영과 관련된 복잡성을 가지고 있다. 구매자가 고객관계를 관리하는 것이 더 어려울 수도 있다. 판매자는 전 세계에 위치하고 있다.

마지막으로 알리바바닷컴의 이야기는 랩톱 컴퓨터로 비교적 짧은 시간 내에 무엇을 할 수 있는지 좋은 아이디어 및 많은 노력을 분명히 보여주었다. 친구 상태에서 업데이트를 확인하지 않고 차세대 기술회사에 대한 아이디어를 찾아보라!

질문

1. 알리바바닷컴에 들어가보고 사이트에서 판매하는 제품의 예를 살펴보라. 알리바바닷컴에서 물건을 사는 것과 아마존에서 물건을 사는 것 사이에 물류 차이점은 무엇인가?
2. 이 기사를 읽으면서 새로운 비즈니스 창업과 관련된 어려움에 대한 인식이 어떻게 변하되었는가?
3. 현재 주가가 높은 회사를 생각해보라. 이 회사는 제품이나 서비스를 판매하는가? 아니면 다른 것을 제공하는가? 알리바바닷컴은 어떠한가? 이들 회사와 유사하거나 다를 수 있는가?
4. 이 기사에서 다루지 않은 국제 비즈니스 운영과 관련된 몇 가지 문제점은 무엇인가?
5. 자신의 구매 습관과 친구/동료의 구매 습관에 대해 생각해보라. 사용할 수 있는 제품 수요를 파악할 수 있는가? 알리바바닷컴의 제품을 도매가로 구입하여 고객에게 판매할 수 있는 다른 웹사이트가 있는가?

결론은 무엇인가?

각 장에 있는 윤리문제는 정보시스템 사용을 고려한 것이다. 낯선 상황에 윤리적 기준을 적용하는 방법에 대해 깊이 생각해보도록 유도하였다. 20~21쪽 윤리문제는 보는 사람을 속이는 정보를 사용하는 일에 대해 생각할 거리를 제시한다.

이 과목은 다음과 같은 세 가지 이유로 경영학과에서 제일 중요한 과정이다.

1. 기업에 정보시스템 기술을 적용하고 평가하는 데 필요한 지침을 줄 것이다.
2. 여러분은 시장 지향적인 기술인 요약추론, 시스템 사고, 협업, 실험 능력 등을 배워서 궁극적으로 직업 안정성을 얻게 될 것이다.
3. 많은 급여를 받을 수 있는 MIS 관련 일자리가 많이 있다.

Q4 경영정보시스템이란 무엇인가?

우리는 경영정보시스템(MIS)라는 용어를 여러 번 사용했다. 정확히 무엇인지 궁금할 수 있다. **경영정보시스템**(management information system, MIS)은 조직에서 전략을 수립하는 데 도움이 되는 정보시스템의 관리 및 사용으로 정의되는 관리시스템을 의미한다. MIS는 밀접하게 관련된 용어인 정보기술 및 정보시스템과 종종 혼동된다. **정보시스템**(information system, IS)은 정보를 생산하는 하드웨어, 소프트웨어, 데이터, 절차 및 사람들의 집합이다. 반대로 **정보기술**(information technology, IT)은 정보 생산을 목적으로 사용되는 제품, 방법, 발명 및 표준을 의미한다.

MIS, IS 및 IT는 어떻게 다른가? IS는 돈을 주고 살 수 없다. 하지만 IT는 살 수 있다. 하드웨어를 구입하거나 대여할 수 있으며, 프로그램과 데이터베이스는 개발하여 특허(라이선스)를 가질 수 있고, 미리 개발되어 설계된 것을 얻을 수도 있다. 그러나 궁극적으로 사용자가 구입한 IT를 조립하고 새 IT를 사용하기 위한 절차를 수행하는 것은 여러분 회사의 직원들이 할 것이다. 정보기술은 새로운 정보시스템의 개발을 주도할 것이다.

새로운 시스템의 경우 항상 교육 작업과 비용이 발생하게 되고 변화에 대한 직원들의 저항을 극복해야 하며 항상 새로운 시스템을 사용할 때 직원을 관리해야 한다. 따라서 IT는 살 수 있지만 IS는 살 수 없다. 새로운 정보시스템이 가동되면 조직의 전반적인 전략을 달성하는 데 효과적으로 관리하고 사용해야 한다. 이것이 MIS이다.

간단한 예를 생각해보자. 조직이 페이스북 페이지를 개발하기로 결정했다고 가정하자. 페이스북은 IT를 사용할 것이다. 하드웨어와 프로그램, 데이터베이스 등 표준 절차를 활용할 것이다. 그리고 IS를 개발해야 한다. 데이터베이스를 채우기 위해 데이터를 제공해야 하며 해당 데이터를 최신 상태로 유지하기 위한 자체 절차를 표준 절차로 만들어야 한다. 이러한 절차는 제공하는 것을 필요로 하는데, 이를테면 정기적으로 페이지의 내용을 검토하는 수단과 부적절하다고 판단되는 내용을 제거하는 수단을 제공하는 것이다. 또한 직원에게 이러한 절차를 수행하는 방법을 교육하고 직원이 업무를 수행할 수 있도록 관리해야 한다. MIS는 전반적인 조직의 전략을 달성하기 위해 페이스북 페이지를 관리한다. 자신의 페이스북 페이지를 관리하는 것은 간단하다. 그러나 수십 개의 부서와 수천 명의 직원이 참여하는, 더 크고 포괄적인 IS는 상당한 노력을 필요로 한다.

MIS의 정의에는 관리 및 사용, 정보시스템, 전략이라는 세 가지 핵심 요소가 있다. 먼저 정보시스템과 그 구성요소로 시작하여 각각을 살펴보겠다.

정보시스템의 구성요소

시스템(system)은 어떤 목적을 달성하기 위해 상호 작용하는 구성요소 그룹이다. 추측하듯이 정보

다섯 가지 구성요소 프레임워크

하드웨어	소프트웨어	데이타	절차	사람

그림 1-7
정보시스템의 다섯 가지 구성요소

시스템(IS)은 정보를 생산하기 위해 상호 작용하는 구성요소 그룹이다. 이 문장은 비록 사실이지만 또 다른 질문을 제기한다. 정보를 생산하기 위해 상호 작용하는 구성요소는 무엇인가?

그림 1-7은 정보시스템의 **다섯 가지 구성요소 프레임워크**(five-component framework)인 **컴퓨터 하드웨어**(computer hardware), **소프트웨어**(software), **데이터**(data), **절차**(procedure) 및 **사람**(people)을 보여준다. 이 다섯 가지 구성요소는 가장 단순한 것부터 가장 복잡한 것까지 모든 정보시스템에 존재한다. 예를 들어 컴퓨터를 사용하여 클래스 보고서를 작성하는 경우 하드웨어(컴퓨터, 저장장치 디스크, 키보드 및 모니터), 소프트웨어(워드, 워드퍼펙트 또는 기타 워드 프로세서 프로그램), 데이터(단어, 문장 및 단락), 절차(프로그램 시작, 보고서 입력, 프린트, 파일 저장 및 백업에 사용하는 방법), 사람(여러분)이 포함된다.

예를 들어 항공사 예약시스템과 같은 좀 더 복잡한 예를 생각해보자. 이것 역시 훨씬 더 복잡하지만 이 다섯 가지 구성요소로 구성된다. 하드웨어는 데이터 통신으로 연결된 수천 대의 컴퓨터로 구성된다. 수백 가지의 서로 다른 프로그램이 컴퓨터 간의 통신을 조정하며, 다른 프로그램은 예약 및 관련 서비스를 수행한다. 또한 시스템은 항공편, 고객, 예약 및 기타 사실에 관한 수백만 글자의 문자 데이터를 수백만 건 이상 저장해야 한다. 항공사 직원, 여행사 및 고객이 수백 가지의 절차를 거치게 된다. 마지막으로 정보시스템에는 시스템 사용자뿐 아니라 컴퓨터를 조작하고 서비스하는 사람, 데이터를 유지 관리하는 사람 및 컴퓨터 네트워크를 지원하는 사람이 포함된다.

이 다섯 가지 구성요소는 정보시스템을 구축하는 것뿐만 아니라 하드웨어 기술자 혹은 컴퓨터 프로그래머와 같은 많은 다른 기술도 필요로 한다. 22~23쪽 길라잡이를 참고하라.

여기에서 중요한 점은 그림 1-7의 다섯 가지 구성요소가 모든 정보시스템에 공통적이라는 것이다. 소셜 네트워킹과 같은 새로운 정보시스템을 비롯하여 모든 정보시스템에 대해 생각할 때 다섯 가지 구성요소를 찾는 방법을 배우라. 또한 정보시스템은 단지 컴퓨터와 프로그램이 아니라 컴퓨터, 프로그램, 데이터, 절차 및 사람들의 집합체라는 것을 깨달아야 한다.

진도를 더 나가기 전에 컴퓨터를 포함하는 정보시스템을 정의했음에 주목하라. 어떤 사람들은 그러한 시스템이 **컴퓨터 기반 정보시스템**(computer-based information system)이라고 말한다. 회의실 외부 벽에 걸려 있는 달력과 같이 컴퓨터를 포함하지 않는 정보시스템이 있어서 회의실 사용을 예약하는 데 사용되기도 한다. 이러한 시스템은 수 세기 동안 기업에서 사용되어 왔다. 이 점은 사실이지만 이 책에서는 컴퓨터 기반 정보시스템에 중점을 둔다. 이 책을 단순화하고 단축하기 위해 정보시스템이라는 용어를 컴퓨터 기반 정보시스템과 동의어로 사용할 것이다.

정보시스템의 관리와 사용

경영정보시스템의 정의에 대한 다음 요소는 정보시스템의 관리와 사용이다. 여기서 관리란 정보시스템을 개발하고 유지보수하고 적용하는 것을 의미한다. 정보시스템은 폭우 뒤에 버섯과 같이 갑자기 나타나는 것이 아니다. 정보시스템은 개발되어야 한다. 경영은 동적으로 변하기 때문에 정보시스템은 유지보수되어야 하고 새로운 요구사항에 적응되어야 한다.

여러분은 아마도 이렇게 말할 수도 있다. "잠깐만요. 나는 정보시스템 전공이 아니라 재무(회계 또는 관리) 전공이에요. 나는 정보시스템이 어떻게 만들어지는지에 대해 알 필요가 없어요." 만약 이와 같이 말한다면 여러분은 아무것도 모르면서 원하는 목표를 얻으려 하는 것과 같다. 여러분이 선택한 어떤 영역에서도 정보시스템은 활용하기 위해 만들어져야 하고 때때로 여러분의 명령하에 만들어져야 한다. 여러분의 요구에 맞는 정보시스템을 갖기 위해서 여러분은 시스템의 개발 과정에서 적극적인 역할을 취해야만 한다. 여러분이 비록 프로그래머 또는 데이터베이스 설계자 또는 어떤 다른 IS 전문가가 아니라 할지라도, 시스템의 요구사항들을 구체화하고 그 개발프로젝트의 관리를 지원하는 데 있어서 적극적인 역할을 해야만 한다. 자신의 분야에서 적극적인 참여 없이 요구사항에 맞는 새로운 정보시스템을 얻는다면, 이는 단지 운이 좋아서일 것이다.

비즈니스 분야의 전문가로서 여러분은 해당 비즈니스 분야의 요구사항을 잘 알고 있는 사람이다. 만약 제품의 사회적 네트워킹을 적용하길 원한다면 여러분은 고객의 반응을 얻기 위한 가장 좋은 방법을 알고 있는 유일한 사람이다. 네트워크 구축 기술자, 데이터베이스를 만드는 DB 설계자, 컴퓨터 구성을 담당하는 IT 전문가 등은 무엇이 필요한지를 모르고 있고 심지어 현재 시스템이 충분한 것인지 아니면 새로운 요구사항에 맞게 시스템을 새로 만들어야 하는지에 대해 알지 못한다. 여러분이 알고 있어야 하는 것이다.

정보시스템 관리 업무 이외에 여러분은 또한 정보시스템의 사용이라는 측면에서 중요한 역할을 하게 될 것이다. 당연히 목표 수행을 위해 그 시스템을 어떻게 사용해야 하는지를 배울 필요가 있다. 또한 중요한 부수적인 기능들을 알아야 할 것이다. 예를 들어, 정보시스템을 사용할 때, 그 시스템과 데이터 안전을 보호하기 위한 책임을 져야 한다. 또한 데이터 백업을 위한 업무도 알아야 한다. 그 시스템이 실패할 때(전체가 다 실패하거나 어떤 부분에서 그렇게 될 때), 그 시스템이 정확하고 신속하게 복구되는 것을 지원해주는 업무뿐만 아니라 그 시스템이 다운되어 있을 동안 수행해야 하는 업무도 알아야 할 것이다.

전략의 달성

경영정보시스템 정의의 마지막 부분은 정보시스템이 **비즈니스 전략의 달성**을 도와주기 위해 존재한다는 것이다. 우선 이 문장이 한 가지 중요한 사실을 감추고 있다는 것을 인식하자. 비즈니스는 스스로 어떤 것을 실행하는 것이 아니다. 비즈니스는 살아 있지 않고 움직일 수 없다. 움직이는 것들은 판매, 구매, 설계, 생산, 재무, 시장, 회계, 그리고 관리 활동을 수행하는 비즈니스 내의 사람들이다. 그래서 정보시스템은 그 비즈니스의 전략을 달성하기 위해 비즈니스에서 일하는 사람들을 돕기 위해 존재한다.

정보시스템은 기술 연구의 순수한 기쁨을 위해 만들어지는 것이 아니다. 정보시스템은 그 회사를 현대화시키기 위해 또는 그 회사가 웹상에서 사회적 네트워킹을 실현하는 것을 보여주기 위해 만들어지는 것이 아니다. 정보시스템 부서가 그것이 만들어져야 할 필요성을 인식하기 때문에 또는 그 회사가 정보기술에 뒤처지지 않기 위해서 정보시스템을 만드는 것이 아니다.

이 점은 우리가 왜 이것을 언급하는지에 대해 여러분이 의아해하는 것을 아주 분명하게 해줄 수도 있다. 매일 어떤 곳의 어떤 비즈니스는 잘못된 이유로 정보시스템을 개발하고 있다. 지금 세계 어떤 곳의 한 회사는 다른 모든 회사들이 정보시스템을 가지고 있다는 이유만으로 페이스북 구축을 결정하고 있다. 이러한 회사는 다음과 같은 질문 없이 정보시스템을 구축하고 있다.

- "페이스북 페이지의 목적은 무엇인가?"
- "정보시스템이 우리를 위해 무엇을 하고 있는가?"
- "구성원들의 공헌을 위한 정책은 무엇인가?"
- "중요한 고객의 의견에 대해 우리는 무엇을 해야 하는가?"
- "웹사이트의 비용은 그것이 달성해주는 이득에 의해 충분히 상쇄되는가?"

회사는 이러한 질문을 해야만 한다. 제3장에서 정보시스템과 전략과의 관계에 대해 상세하게 설명하고 있으며, 제8장에서는 소셜미디어와 전략과의 관계에 대해 설명하고 있다.

다시 한번 더 설명하면 경영정보시스템은 전략을 달성하기 위한 업무를 돕는 정보시스템을 개발하고 사용하는 것이다. 컴퓨터를 구매하고, 스프레드시트로 일하고, 웹페이지를 만드는 것보다 훨씬 더 많은 것들이 이 수업에 존재한다는 것을 여러분은 이미 깨닫고 있을 것이다.

Q5 IS 보안에 있어서 여러분의 역할은 무엇인가?

여러분이 공부를 했듯이 정보시스템은 가치를 창조하기도 하고, 위험을 초래하기도 한다. 예를 들면 아마존닷컴은 수천만 고객들의 신용카드를 보호해야 하는 책임을 지고 있다. 만일 아마존닷컴의 보안시스템이 파괴되어 신용카드 자료가 도난당한다면 비즈니스에 타격을 입을 뿐 아니라 책임손실에 따라서 회사가 휘청거릴지도 모른다. 정보시스템 보안의 중요성 때문에 이 책의 여기저기에는 보안에 관한 내용이 있다. 특히 제12장은 보안에 대한 내용으로 구성되어 있다.

그러나 보안에 관한 것은 너무나 중요하므로 제12장을 읽을 때까지 기다릴 수가 없다. 모든 정보시스템에서 보안시스템은 사람을 포함해서 다섯 가지 요소로 구성되어 있다. 궁극적으로 모든 보안시스템은 사용자의 행동에 달려 있다. 사용자들이 보안절차에 따르지 않고 보안의 중요성에 대해 심각해하지 않으면 보안시스템의 하드웨어, 소프트웨어, 자료는 아무 소용이 없다. 그래서 더 이상의 진도가 나가기 전에 컴퓨터 보안의 기본 구성요소인 강력한 패스워드를 만들어서 사용하는 것을 다루고자 한다.

거의 모든 보안시스템은 사용자명과 패스워드를 사용한다. 기업의 정보시스템 사용자도 강력한 패스워드를 만들어서 보호하라고 지시받을 것이다. 여러분이 그렇게 하는 것은 매우 중요한 일이다. 여러분은 이미 대학에서 그렇게 배웠어야 했다(2010년 뉴욕타임스에 의하면[14] 20%의 사람들은 12345와 같은 아주 단순한 패스워드를 사용한다고 한다. 여러분은 절대로 그런 20%에 속하는 사람이 되어서는 안 된다!).

강력 패스워드

그렇다면 강력 패스워드란 무엇이며, 어떻게 만드는 것인가? 마이크로소프트는 다음과 같은 특징을 가진 것을 **강력 패스워드**(strong passward)로 정의하고 있다.

- 10개 또는 그 이상의 문자를 가진 것
- 사용자 이름, 실제 이름, 또는 회사 이름을 포함하지 않은 것
- 어떤 경우라도 완벽한 사전적인 단어를 포함하지 않은 것
- 이전에 사용했던 패스워드들과 다른 것
- 소문자–대문자, 숫자, 그리고 특수문자를 포함하는 것
  (예 : ~!@;#$%^&;*()_ + ;– = ;{}|[] : “;‘〈;〉;?,./)

좋은 패스워드의 예는 다음과 같다.

- Qw37^T1bb?at
- 3b47qq5!7b

이러한 패스워드의 문제점은 그것들을 기억하기가 거의 불가능하다는 것이다. 그러므로 여러분이 하는 최후의 행동은 패스워드를 종이에 기록해놓고, 그것을 작업하는 곳 근처에 두는 것이다. 절대로 그렇게 하지 마라!

기억 가능한 강력 패스워드를 만드는 한 가지 기술은 한 문구(phrase)에 있는 단어들의 첫 번째 글자에 근거를 두는 것이다. 문구는 노래의 제목 또는 시의 첫 행 또는 여러분의 삶에 관한 몇 가지 사실 중에 하나가 될 수 있다. 예를 들어, "I was born in Rome, New York, before 1990."이라는 문구를 생각했다고 가정하자. 그 문구로부터 첫 번째 글자들을 사용하고, 단어 *before*를 〈로 바꾸자. *IwbiR,NY〈1990*이라는 패스워드를 만들었다. 이는 사용 가능한 패스워드이지만, 숫자가 끝에 위치하지 않는다면 더 좋을 것이다. 그래서 "I was born at 3:00 A.M in Rome, New York." 라는 문구를 가지고 다시 패스워드를 만들 것이다. 그 문구는 기억하기 쉽고 강력 패스워드인 *Iwba3:00AMiR,NY*를 만들 수 있다.

패스워드 에티켓

일단 강력 패스워드를 만들었다면 적절한 행동으로 그것을 보호할 필요가 있다. 적절한 패스워드 에티켓은 비즈니스 전문가에서 드러나는 표시 중 하나이다. 여러분의 패스워드를 절대 기록하지 말고, 그것을 다른 사람들과 공유하지 말라. 다른 사람들에게 패스워드를 결코 묻지 말고, 여러분의 패스워드를 다른 누군가에게 절대 제공하지 말라.

그러나 만약 다른 누군가의 패스워드를 필요로 한다면 어떻게 할 것인가? 예를 들어, 컴퓨터 문제를 해결하기 위해 누군가에게 도움을 요청한다고 가정해보자. 여러분은 정보시스템에 접속하고, 어떠한 이유로 인해 그 사람의 암호를 입력해야만 한다. 이 경우 그 사람에게 말하라. "우리는 당신의 패스워드를 필요로 합니다." 그리고 의자에서 일어나서 그 사람에게 키보드를 주어라. 그 사람이 패스워드를 입력하는 동안 다른 곳을 보라. 보안을 심각하게 다루는 조직에서 일하는 전문가들 사이에서 이 작은 'do-si-do' 행동, 즉 다른 사람이 암호를 입력할 수 있도록 한 사람이 밖으로 나가는 것은 일반적이고 널리 받아들여지는 행동이다.

누군가가 여러분의 패스워드를 요청하면 절대로 알려주지 말라. 그 사람의 기계로 가서 여러분이 직접 입력하기 바란다. 암호를 사용하는 동안 현재 유지하고 계정 활동이 끝날 때 로그아웃되었는지 확인하라. 아무런 신경을 쓰지 말고 그렇게 하라. 그것이 전문가의 표시이다.

이 장에서의 지식이 여러분에게 어떻게 도움이 되는가?

최소한 팔콘시큐리티에서 제니퍼는 너무 늦었다. 그러나 여러분은 아직 늦지 않았고, 제니퍼 역시 다음 직업을 생각하면 아주 늦지는 않았다. 그렇다면 방법은 무엇인가?

첫 번째, 정보시스템과 기술을 창의적으로 적용하는 비즈니스맨들이 미래를 이끌어갈 것이다. 좋은 전망을 가진 전공이지만 여러분이 정보시스템 전공을 할 필요는 없다. 그러나 여러분이 전공하는 분야에서 경영정보시스템을 활용하는 혁신적인 능력을 가져야 한다. 관리, 마케팅, 회계, 생산 등에서 벨의 법칙, 무어의 법칙, 매트카프의 법칙을 어떻게 적용할 것인가?

두 번째, 라이시의 요약추론, 시스템 사고, 실험 능력, 협업 등의 네 가지 기술을 배워라. 연습하고 또 연습하라. 이 수업은 이러한 기술을 교육하는, 대학에서 제일 중요한 과목이다. 그러므로 이 수업을 열심히 학습하라. 공부를 하고 과제를 수행할 때 이러한 네 가지 역량과 여러분의 활동이 어떠한 관련이 있는지 그리고 이 네 가지 능력을 증대시키는 노력을 하고 있는지 스스로에게 물어보라.

세 번째, 정보시스템의 구성요소를 배우고, 모든 비즈니스 분야에서 새로운 정보시스템 개발에서 적극적인 역할을 수행해야 한다는 것에 대해 이해하라. 시스템이 여러분의 요구에 맞는 창의적인 시스템이 되려면 여러분의 참여가 필요하다. 정보기술과 정보시스템의 차이를 이해하라. 마지막으로 강력 패스워드를 창의적으로 만드는 법을 배우고 적절한 패스워드 에티켓을 사용하기 시작하라.

우리는 이제 막 시작했다. 제니퍼와 여러분에게 이익이 될 수 있는 여러 가지가 남겨져 있다.

윤리문제

윤리와 전문가 책임

여러분이 새로운 홍보 캠페인을 시장에 내놓은 젊은 마케팅 전문가라고 가정해보자. 집행위원회는 캠페인의 판매 효과에 대한 요약을 제시하고 그림 1과 같은 그래프를 작성했다. 그림 1에서 알 수 있듯이 여러분의 캠페인은 지금 절정의 시간을 보여주고 있다. 캠페인이 시작되는 순간 판매가 저조했지만 그 후 판매는 호조를 보였다.

그러나 수직 축에는 정량적 레이블(정량적 표시)이 없다. 그림 2와 같이 수량을 추가하면 성과가 떨어진 것으로 보인다. 실질적인 성장은 20단위 미만으로 나타난다. 그래도 그래프의 곡선은 인상적이며 아무도 계산을 하지 않으면 캠페인은 성공적으로 보인다.

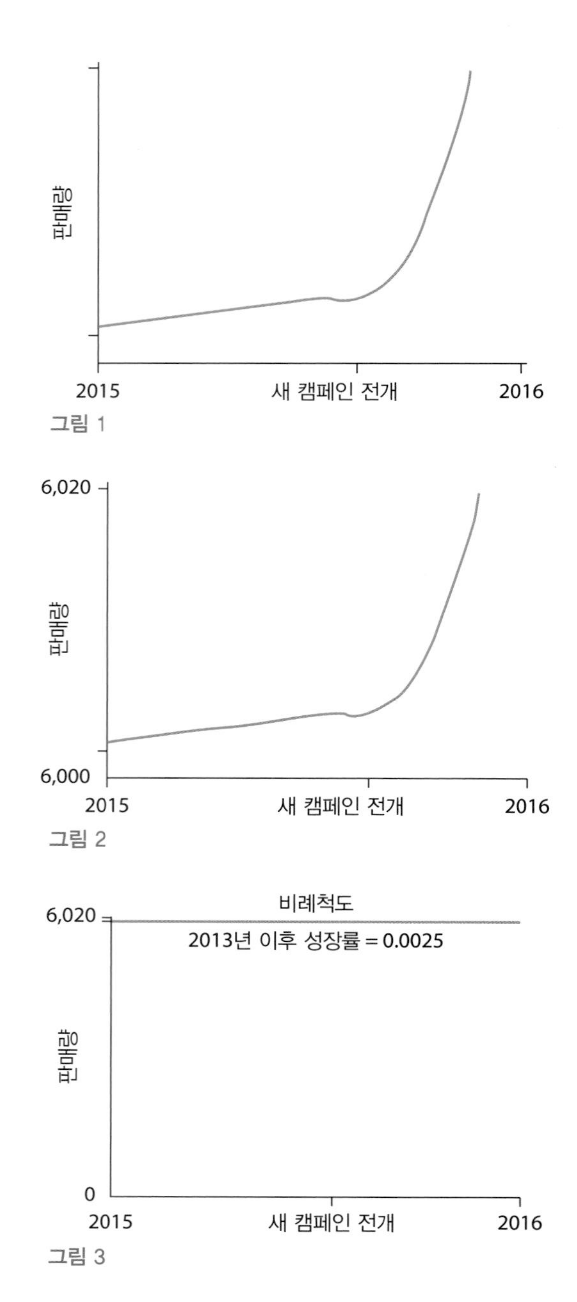

그림 1
그림 2
그림 3

그러므로 인상적인 모양은 가능하다. 왜냐하면 그림 2는 비례척도에 따라 그려지지 않았다. 그림 3과 같이 비례척도를 그리면 캠페인은 성공했지만 최소한 여러분에게는 문제가 생긴다. 다음 그래프 중 어느 그래프를 위원회에 제출해야 하는가? 이 책의 각 장에는 다양한 MIS 관련 맥락에서 윤리적이고 책임 있는 행동을 탐구하는 윤리문제가 포함되어 있다. 이 장에서 우리는 데이터와 정보의 윤리를 조사할 것이다.

수 세기에 걸쳐서 철학적 사고는 "올바른 행동이란 무엇인가?"라는 질문에 답해왔으며 여기에서 모든 것을 논의할 수는 없다. 그러나 기업윤리 수업에서 많은 것을 배우게 될 것이다. 우리의 목적을 위해 윤리 철학에서 두 가지 중요한 기둥을 사용할 것이다. 여기에서는 첫 번째를, 제2장에서는 두 번째를 소개할 것이다.

독일의 철학자 임마누엘 칸트는 보편적 법칙에 맞게 행동해야 한다는 원칙으로서 정언 명령을 정의했다. 모든 사람이 도둑질을 하면 아무것도 소유할 수 없기 때문에 도둑질은 보편적 행동이 아니다. 도둑질은 보편적인 법칙이 될 수 없다. 마찬가지로 모든 사람이 거짓말을 하면 말 자체가 무용해지기 때문에 거짓말은 정언 명령과 일치할 수 없다.

행동이 이 법칙과 일치하는지 질문할 때 좋은 검시자가 있다.

"여러분의 행동을 세상에 기꺼이 공개할 의향이 있는가? 페이스북 페이지에 기꺼이 올릴 수 있는가? 관련된 모든 사람에게 여러분이 한 일을 기꺼이 말하겠는가?" 그렇지 않다면 여러분의 행동은 윤리적이지 않은 것이다. 적어도 칸트가 말하는 정언 명령으로서의 의미는 아니다.

칸트는 정언에 따라 행동할 필연성을 정의했다. 피할 수 없는 완전한 의무는 항상 충족되어야만 하는 행동이라고 하였다. 거짓말을 하지 않는 것이 완전한 의무의 예가 될 수 있다. 불완전한 의무는 칭찬받을 만하지만, 정언 명령에서 요구되지 않는 행동이다. 자선을 행하는 것은 불완전한 의무의 한 예이다.

칸트는 자신의 재능을 키우는 것을 불완전한 의무의 예로 사용했고, 우리는 이 예를 전문적인 책임을 정의하는 한 방법으로 사용할 수 있다. 사업가들이 자신의 직업을 수행하는 데 필요한 기술을 습득할 의무는 없다. 우리는 또한 우리의 직업을 통해 우리의 비즈니스 기술과 능력을 계속 발전시키는 것에 대한 불완전한 의무가 있다.

다음 장에서 이 원칙들을 적용해볼 것이다. 지금은 다음 질문에 대답함으로써 그림 1~3에 대한 여러분의 신념을 평가해보자.

토의문제

1. 칸트의 정언 명령을 여러분의 언어로 다시 정의해보라. 시험에서의 부정 행위가 정언 명령과 일치하지 않는 이유를 설명하라.
2. 의견의 차이가 있지만 대부분의 학자들은 황금률("자신이 대접받고 싶은 것처럼 다른 사람들을 대접하라.")은 칸트의 정언 명령과 일치하지 않다고 생각한다. 이 신념을 정당화하라.
3. 액셀을 사용하여 그림 1을 생성했다고 가정해보자. 이를 위해 데이터를 엑셀에 입력하고 '그래프 만들기' 버튼을 클릭했다. 그림 1은 레이블 없이 작성되었다. 그리고 더 이상 이에 대해 고려하지 않고 이 결과를 프레젠테이션에 넣었다.
   a. 여러분의 행동은 칸트의 정언 명령과 일치하는가? 그 이유는 무엇인가?
   b. 엑셀이 그림 1과 같은 그래프를 자동으로 생성한다면 마이크로소프트의 행동은 칸트의 정언 명령과 일치하는가? 그 이유는 무엇인가?
4. 역할을 변경해서 생각해보자. 지금 여러분이 집행위원회의 일원이라고 가정해보라. 마케팅 전문가 부하 직원은 그림 1을 위원회에 제출하였고 여러분은 레이블 부재에 반대한다. 마케팅 전문가 부하 직원은 "죄송하지만 저는 몰랐습니다. 데이터를 엑셀로 복사한 결과입니다."라고 하였다. 이러한 응답에 중역 마케팅 전문가로서 여러분은 어떠한 결론을 내릴 것인가?
5. 4번 질문에서 마케팅 담당 부하 직원의 답변은 완전한 의무를 위반한 것인가? 불완전한 의무는 어떠한가? 여러분의 답변을 설명하라.
6. 여러분이 마케팅 담당 부하 직원이라면 어떤 그래프를 위원회에 제출할 것인가?
7. 칸트에 따르면 거짓말은 정언 명령과 일치하지 않는다. 여러분이 회장 집에서 열리는 바비큐 파티에 초대되었다고 가정해보자. 여러분은 그 음식을 즐기는 것처럼 보이지만 사실은 개에게 줄 정도로 질기거나 너무 익어서 간신히 먹을 수 있는 스테이크가 제공되었다. 회장이 여러분에게 "스테이크는 어떻습니까?"라고 질문한다. 이에 여러분은 "훌륭하네요. 초대해주셔서 감사합니다."라고 대답한다.
   a. 여러분의 행동은 칸트의 정언 명령과 일치하는가?
   b. 스테이크는 개에게나 주는 것이 적당해 보인다. 이 사실로 인해 질문 a에 대한 답변이 변경되는가?
   c. 이 예에서 어떤 결론을 이끌어낼 수 있는가?

길라잡이

다섯 가지 구성요소의 경력

몇 년, 심지어 수십 년 동안 학생들은 마지막 학기까지 자신의 직업에 대해 진지하게 생각할 수 있었다. 그들은 상급생이 되면 채용 담당자들이 학교에 와서 언젠가 좋은 일자리를 얻을 수 있을 거라 가정하면서 특정 전공을 선택하고 필요한 수업을 듣고 졸업을 준비할 수 있었다. 그러나 오늘날은 그런 시대가 아니다.

현재의 고용 상황에서는 구직활동에 적극적이며 공격적이어야 한다. 이에 관해 생각해보자. 구직을 하는 데 여러분은 깨어 있는 삶의 3분의 1을 보내게 될 것이다. 여러분이 할 수 있는 최선의 방법 중 하나는 직업의 전망에 대해 진지하게 생각하는 것이다. 여러분은 경영대학에서 4년을 보낸 후 전공과 무관한 바리스타 같은 직종을 원하지 않을 것이고, 물론 직장생활을 스타벅스에서 시작할 것이라는 계획도 하지 않을 것이다.

그러므로 바로 시작하라. 경영정보시스템 직종에 관심이 있는가? 지금 시점에서 여러분은 아직 충분히 알아야 할 필요는 없다. 그러나 그림 1-5와 그림 1-6 같은 관점을 알아야만 한다. 직업 성장을 보았을 때 여러분은 적어도 정보시스템, 그리고 관련 서비스의 직업을 택하든 그렇지 않든 생각은 해봐야 한다.

그러나 이것은 무엇을 의미하는가? 미국 노동통계청에 가보면 수백만 명의 컴퓨터 프로그래머가, 60만 명 이상의 시스템 분석가가 있다는 사실을 알게 될 것이다. 아마도 여러분은 프로그래머가 무엇을 하는지에 대해 약간은 알겠지만 시스템 분석가가 무엇을 하는지에 대해서는 거의 모를 것이다. 그러나 그림 1-7을 보면 약간은 알게 될 것이다. 프로그래머는 소프트웨어에 일차적인 일을 하고, 시스템 분석가는 다섯 가지 구성요소 모두에 대해 일한다. 그래서 시스템 분석가로서 조직이 어떤 정보시스템을 필요로 하는지에 대해 비즈니스 일을 하는 사람과 함께 결정도 하고, 그 시스템을 개발하는 데 도움을 주는 다른 기술적 사람들과도 함께 일한다. 여러분은 문화 중개자와 일을 할 수도 있는데, 문화 중개자란 기술 문화를 비즈니스 문화로 바꾸거나 반대로 비즈니스 문화를 기술 문화로 바꾸는 사람이다.

다행히도 흥미가 있는 많은 직업이 통계청 자료에는 나타나지 않는다. 이것이 왜 다행일까? 다른 학생들이 생각하지 못하고 알지도 못하는 직업에 대해서 이번 과목에서 알게 되고 학습을 하게 되기 때문이다. 그렇게 되면 여러분은 경쟁우위를 가지게 될 것이다.

다음의 표는 판에 박히지 않은 경력에 대해 생각하게 하는 틀을 제공하고 있다. 보다시피 경영정보시스템에는 기술적 직업도 있고, 흥미롭고 도전적이며 급여도 높은 비기술적 직업도 있다. 전문 판매를 예로 들어보자. 메이오클리닉에 기업 단위의 소프트웨어를 판매하는 일을 한다고 가정해보자. 수천만 달러가 드는 전문적이고 매우 동기부여가 되는 판매일 것이다. 반대로 메이오클리닉에서 일한다고 가정해보라. 어떻게 수천만 달러를 지불하겠는가? 여러분은 비즈니스 지식이 필요할 것이고, 지적인 질문에 답을 하기 위해 충분한 기술적인 지식을 이해해야 하며 반응을 해석할 수 있는 능력을 가져야 할 것이다.

다음 질문에 답변을 하기 위해 생각해보자.

	하드웨어	소프트웨어	데이터	절차	사람
영업과 마케팅	공급자(IBM, 시스코 등)	공급자(마이크로소프트, 오라클 등)	공급자(액시엄, 구글 등)	공급자(SAP, 인포, 오라클 등)	구인자(로버트 하프, 루카스 그룹 등)
지원	공급자 내부 경영정보시스템	공급자 내부 경영정보시스템	데이터베이스관리, 보안	공급자와 내부 고객지원	고객지원훈련
개발	컴퓨터공학, 내부 경영정보시스템	응용프로그래머, 품질검사 엔지니어	데이터모델러, 데이터베이스 설계	비즈니스 프로세스관리, 프로세스 리엔지니어링	훈련, 내부 경영정보시스템 모집
관리	내부 경영정보시스템	내부 경영정보시스템	데이터관리	프로젝트관리	기술관리
컨설팅과 훈련	사전 사후 판매지원, 개발과 프로젝트관리, 사용자와 개발자를 위한 훈련				

토의문제

1. '아웃소싱에 따른 직업 유형'이란 어떤 의미인가? 확신할 수 없다면 그림 1-5를 다시 읽어보라. 이것이 왜 여러분에게 중요한가?
2. 다섯 가지 구성요소의 경력(표)에서 여러분의 흥미와 능력에 가장 적절한 행은 어디인가? 그 행의 구성요소 열에 맞는 직업을 찾아보라. 확실하지 않으면 그 행의 셀을 구글에 맞추어보라.
3. 2번 질문의 각각 직업에 관하여 가장 필요한 세 가지 기술과 능력에 관해 설명하라.
4. 2번 질문에 답변한 직업에 관해 고용에 도움이 될 만한 일 중에 올해에 해야 할 혁신적인 행동에 대해 설명하라.

출처 : Tyler Olson/Fotolia

생생복습

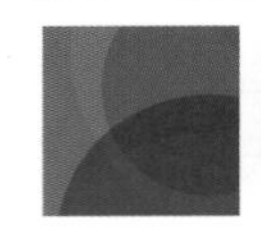

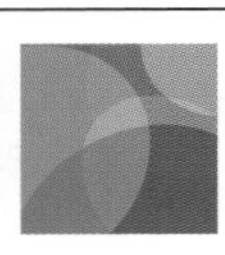
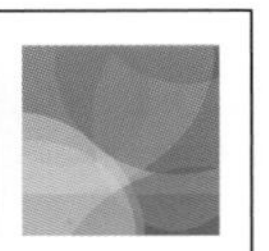

이 장에서 학습한 내용을 이해하였는지 점검해보자.

Q1 MIS 수업은 왜 경영학과에서 가장 중요한 과목인가?

벨의 법칙을 정의하고 그 결과가 오늘날 비즈니스 전문가에게 중요한 이유를 설명하라. 무어의 법칙, 매트카프의 법칙, 닐슨의 법칙 및 킨더의 법칙이 디지털 장치의 사용 방식을 어떻게 바꾸고 있는지 설명하라. 비즈니스 전문가가 새로운 정보기술과 어떻게 관련되어야 하는지 설명하라.

Q2 MIS는 우리에게 얼마나 영향을 미치는가?

라이시의 네 가지 인지기술에 대해 설명하라. 직업 보장에 대해 이 책의 내용으로 정리해보고, 라이시의 열거를 이용해서 이 과목이 고용 안정을 달성하는 데 어떻게 도움을 주는지 설명하라. 시스템 사고가 기업에게 중요한 이유를 설명하라.

Q3 MIS 관련 일자리의 수요가 높은 이유는 무엇인가?

IS와 관련된 직업 기회를 요약하라. 미국 노동통계청에 따르면 IS 관련 직종 성장률은 전국 모든 직종의 평균 성장률과 비교하면 어떠한가? 기술 혁신이나 기술 비용의 상대적 하락이 IS 관련 직종 기회의 가치를 높이는 이유를 설명하라.

Q4 경영정보시스템이란 무엇인가?

MIS의 정의에서 세 가지 중요한 요인을 설명하라. IS는 절대 구매할 수 없고, IT는 구매할 수 있는 이유를 설명하라. 여러분에게 미래의 비즈니스 관리자의 잠재적인 의미는 무엇인가? 경영정보시스템의의 다섯 가지 구성요소를 정의하라. 다섯 가지 구성요소 모형을 사용하여 IT와 IS의 차이점을 설명하라. 최종 사용자가 정보시스템 관리에 참여해야 하는 이유를 설명하라. 조직에서 하는 일을 오해라고 설명하는 이유를 설명하라.

Q5 IS 보안에 있어서 여러분의 역할은 무엇인가?

아마존닷컴과 같은 기업의 보안 중요성을 요약하라. 강력 패스워드를 정의하라. 강력 패스워드를 만들고 기억하기 쉬운 방법을 설명하라. 어떤 상황에서 다른 사람에게 패스워드를 제공해야 하는가?

이 장에서의 지식이 여러분에게 어떻게 도움이 되는가?

라이시의 네 가지 기술이 여러분의 경력에 얼마나 도움이 될지 요약해보자. 모든 비즈니스 전문가들이 정보시스템의 기본을 배워야 하는 이유에 대해 설명하라.

주요용어

다섯 가지 구성요소 프레임워크(five-component framework)
강력 패스워드(strong password)
경영정보시스템(management information systems, MIS)
닐슨의 법칙(Nielsen's Law)
데이터(data)
디지털 혁명(Digital Revolution)
매트카프의 법칙(Metcalfe's Law)
무어의 법칙(Moore's Law)
벨의 법칙(Bell's Law)
사람(people)
소프트웨어(software)
시스템 사고(systems thinking)
실험(experimentation)
요약추론(abstract reasoning)
절차(procedure)
정보기술(information technology, IT)
정보화 시대(Information Age)
정보시스템(information system, IS)
컴퓨터 기반 정보시스템(computer-based information system)
컴퓨터 하드웨어(computer hardware)
킨더의 법칙(Kryder's Law)
협업(collaboration)

학습내용 점검

1. 이 과정이 경영대학에서 가장 중요한 과목이라는 것에 대해 동의하는가? 회계가 더 중요하지 않은가? 경영은 회계 없이 존재할 수 없다. 혹은 인적자원관리가 더 중요하지 않는가? 결국 여러분이 사람들을 관리할 수 있다면 기술로 혁신을 하는 방법을 알아야 할 필요가 있는가? 여러분은 혁신적으로 생각하는 사람들을 고용할 수 있다.

   다른 한편으로는 어떤 하나의 요인이 정보시스템보다 모든 비즈니스에 영향을 미칠 수 있는가? 정보시스템과 정보기술에 대한 지식과 능력이 미래의 취업과 성공에 열쇠가 될 수 있는가?

   이 질문을 진지하게 생각해보고 여러분이 동의하든 동의하지 않든 그 이유에 대해 한 페이지로 기술하라.

2. 이 수업의 개인적인 목표를 3~5개 정도 기술하라. 이러한 목표 중 어떤 것도 성적평점 평균에 관한 내용을 포함해서는 안 된다. 가능한 한 구체적으로, 그리고 여러분의 전공, 관심 분야, 경력 목표에 맞게 그 목표들을 설명하라. 이러한 목표를 3개월 또는 한 학기의 끝에 스스로 평가할 예정이라고 생각하라. 이러한 목표들을 보다 구체적으로 만들수록 평가는 더욱더 쉬워질 것이다.

3. 다섯 가지 구성요소에 비추어서 시스템의 비용을 생각해보라. 하드웨어의 구매와 유지 비용, 소프트웨어 프로그램 개발 또는 라이선스 획득 비용과 그것들의 관리 비용, 데이터베이스 설계와 데이터 입력 비용, 절차 개발과 최신 상태로 유지하기 위한 비용, 마지막으로 시스템을 개발하고 사용하기 위한 인력 비용이 있다.
   a. 시스템의 수명주기상에서 많은 전문가들은 개별적으로 가장 비싼 구성요소는 사람이라고 믿는다. 이러한 믿음이 합당하다고 생각하는가? 이러한 믿음에 동의하거나 동의하지 않는 이유를 설명하라.
   b. 의도된 요구사항들을 충족시켜주지 못하는 불완전한 시스템을 가정해보자. 비즈니스의 요구사항은 사라지지 않지만, 그들 스스로 그 요구사항을 수행할 수는 없다. 그러므로 무엇인가가 주어져야만 한다. 하드웨어와 소프트웨어 프로그램이 정확하게 작동하지 않을 때, 어떤 구성요소를 선택할 것인가? 불완전하게 설계된 시스템의 비용에 대해 이것은 무엇을 말하는가? 무형적 요소인 인건비뿐만 아니라 직접적인 비용 모두를 생각하라.
   c. 미래 비즈니스 관리자로서 질문 a와 b에 대한 응답이 어떤 영향을 미치는가? 이것은 여러분의 개입 필요성에 대해 무엇을 말하는가? 요구사항 및 시스템 개발의 다른 측면은 무엇인가? 최후에 개발된 시스템의 비용은 누가 지불할 것인가? 해당 비용은 어느 예산에서 발생하는가?

협력과제 1

과제 수행을 위해서 구글드라이브, 구글플러스, 윈도우즈 라이브, 스카이드라이브, 마이크로소프트 셰어포인트 혹은 기타 협력 도구의 사용을 고려해보라(인터넷 포털 사이트를 통해 협력 도구를 검색할 것을 권장한다 – 역자주).

다음 질문에 답을 하기 위해 동료 학생 집단과 협력하라. 대면으로 하지 말고 협력하라. 이메일과 첨부파일을 이용하여 협력하라. 1~2명의 개인이 아니라 전체 집단의 생각을 반영해야 한다.

4. 요약추론
   a. 요약추론에 대해 설명하고, 비즈니스 전문가에게 중요한 기술인 이유를 설명하라.
   b. 재고항목의 목록과 수작업으로 한 수량이 물리적 재고의 요약이라는 것에 대해 설명하라.
   c. 비즈니스에서 자주 사용되는 요약의 다른 예들을 찾아보라.
   d. 제니퍼는 효과적인 요약추론 기술 표현에 왜 실패했는가?
   e. 요약추론 기술을 높일 수 있는가? 만일 그렇다면 어떻게 해야 하는가? 그렇지 않다면 그 이유는 무엇인가?

5. 시스템 사고
   a. 시스템 사고를 정의하고, 비즈니스 전문가에게 중요한 기술인 이유를 설명하라.
   b. 무어의 법칙이 펄프나무를 재배하는 농부에게 영향을 미치는 이유에 대해 시스템 사고를 활용하여 설명하라. 시스템 요소 각각을 밝히고 서로 간의 관계에 대해 설명하라.
   c. 무어의 법칙 결과에 관하여 시스템 사고를 적용한 세 가지 사례를 찾아라.
   d. 제니퍼는 효과적인 시스템 사고를 증명하는 것에 어떻게 실패했는가?
   e. 사람들은 시스템 사고 기술을 높일 수 있는가? 그렇다면 어떻게 해야 하는가? 그렇지 않다면 그 이유는 무엇인가?

6. 협업
   a. **협업**을 정의하고, 비즈니스 전문가에게 중요한 기술인 이유를 설명하라.
   b. 이런 질문에 답하기 위해 협업을 어떻게 사용해야 하는지 설명하라. 여러분의 팀이 수행한 과정과 그렇지 않은 일에 대해 설명하라.
   c. 팀이 수행한 것이 개인 각각이 만든 결과물보다 나은가? 그렇지 않다면 여러분의 협업은 비효율적인 것이다. 만일 그렇다면 그 이유는 무엇인가?
   d. 대면으로 만날 수 없다는 사실이 협업하는 능력을 방해하는가? 만일 그렇다면 그 이유는 무엇인가?
   e. 제니퍼가 효과적인 협업 기술을 증명하는 것에 실패한 이유를 설명하라.
   f. 사람들은 협업 기술을 높일 수 있는가? 만일 그렇다면 어떻게 해야 하는가? 그렇지 않다면 그 이유는 무엇인가?
7. 실험 능력
   a. **실험 능력**을 정의하고, 비즈니스 전문가에게 중요한 기술인 이유를 설명하라.
   b. 이 질문에 답하기 위해서 실험 능력을 사용하는 몇 가지 창의적인 방법에 대해 설명하라.
   c. 질문 b에 대한 답변에서 나온 아이디어를 기꺼이 적용해 보려고 할 때 실패에 대한 두려움은 어떠한 영향력을 미치는가?
   d. 제니퍼가 효과적인 실험 능력을 증명하는 것에 실패한 이유를 설명하라.
   e. 사람들은 위험을 선택하면서 기꺼이 행동을 증가시킬 수 있는가? 만일 그렇다면 어떻게 해야 하는가? 그렇지 않다면 그 이유는 무엇인가?
8. 고용 안정
   a. **고용 안정**에 대해 이 책의 정의를 설명하라.
   b. 고용 안정에 대한 이 책의 정의에 대해 평가하라. 그것은 실제적인가? 여러분이 그렇게 생각하지 않는다면 더 좋은 정의를 제안하라.
   c. 팀으로서 협력과제 4~7번 질문에서 4차원 기술이 고용 안정을 늘려줄 것이라는 의견에 대해 동의하는가?
   d. 회계 혹은 재무분석과 같은 기술적인 능력이 고용 안정을 제공하는가? 그렇게 생각한 이유는 무엇인가? 지금이 1990년대라면 다른 의견을 제시했을 것인가? 그러한 이유는 무엇인가?

사례연구 1

줄릴리

시애틀에 소재한 줄릴리는 2013년 11월 15일에 초기 주식을 22달러에 발행했다. 나중에 주식은 38달러에 거래되었고, 4개월 후 62달러에 도달하여 초기 가격의 거의 3배가 되었다. 한 주당 62달러로 마크 바돈 회장은 총 20억 달러를 얻었다.

성공적인 공모를 하기 전 상황으로 회사에 대해 고려해보자. 비즈니스 모델은 무엇이었는가? 놀랄 만한 최신 기술을 제공하는 하이테크 회사인가? 새로운 태블릿 회사인가? 새로운 페이스북 경쟁자인가? 사진을 공유하는 또 다른 방법인가? 아니다. 그렇지 않다. 주로 아이들의 옷과 장난감뿐만 아니라 여성복, 액세서리 및 실내 장식품까지도 판매하는 회사이다. 가장 오래되고 가장 전통적인 형태의 소매업인데 어떻게 이러한 큰 성과를 만들었을까? 놀라운 성과는 무엇 때문일까? 공동 창업자인 마크 바돈과 다렐 카벤스는 정보를 활용할 방법을 발견하였다. 어머니에게 즐거운 쇼핑 경험을 제공하는 기술, 고유 브랜드 상품을 제공하는 기술, 오래된 브랜드를 찾는 기술 등을 기반으로 브랜드만으로 상당 부분 판매를 한다.

줄릴리 안내서에 따르면 판매의 45%는 모바일 장치를 통해서 발생한다. 놀이터에 앉아서, 기다리는 차 안에서, 아동이 스페셜 축구 연습을 하는 동안, 또는 젊은 어머니가 있는 곳이면 어디서든 모바일 기기로 구매할 수 있는 충분한 시간이 있다.

이 수업의 목표 중 하나는 평가하는 방법을 배우는 것이다. **평가 및 새로운 정보기술을 비즈니스에 적용할 수 있다.** 빈 허식처럼 보이는가? 바돈에게는 아니었다. 그 정확한 원리는 바로 20억 달러라는 매출로 알 수 있다.

줄릴리의 비즈니스 모델

줄릴리는 어린이·여성 의류 및 여성이 관심을 갖는 기타 품목의 판매를 적극적으로 실시한다. 영업시간은 매일 태평양 표준시로 오전 6시에 실행되며 72시간 동안 진행된다. 고객은 찾기 힘든 부티크 제품과 브랜드 상품을 쉽게 찾아볼 수 있을 것이다. 줄릴리는 **큐레이트 판매**라는 용어를 만들어 쇼핑 전문가가

그림 1-8
줄릴리 상품의 다양성
출처 : Retrieved from www.zulily.com.

특별히 선택하고 그룹화하여 여성에게 흥미로운 상품을 판매하도록 만들었다. 이러한 선별된 판매는 흥미로운 다양성을 제공하기 때문에 쇼핑을 하면서 여성들은 발견의 즐거움을 누린다. 따라서 줄릴리는 엔터테인먼트뿐만 아니라 보람 있는 쇼핑 경험을 제공한다. 소매가격이 70%나 되는 저렴한 가격의 제품을 불과 72시간 만에 구매할 수 있다. 그러므로 쇼핑하고 지금 구매하시라, 여성들이여!

운영이 되고 있는가? 분명히 운영된다. 그림 1-9에서 볼 수 있듯이 4년 만에 고정 고객 수를 3,121% 늘리면서 왕성하게 활동하는 고객당 수익은 209% 증가했다. 그 결과 1,800만 달러에서 12억 달러로 수익이 성장하였다. 연간 성장률이 185%이다!

줄릴리는 어떻게 이루었는가?

판매 프로세스는 줄릴리 구매자가 상품을 선택할 때 바로 시작된다. 구매자는 공급업체와 협상하여 도매가격과 소매가격, 조건 및 최대 수량을 크기별로 설정한다. 줄릴리는 샘플 상품을 얻고 필요한 경우 사내에서 사진을 찍는다. 또한 판매 중 사진과 함께 표시될 광고 사본을 작성한다. 필요할 때 사진을 찍고 광고 사본을 작성함으로써 줄릴리 사이트의 일관된 품질의 프레젠테이션을 보장한다. 줄릴리는 이와 같은 고품질의 전문성에 접근할 수 없는 소규모 공급업체에게 상당한 가치를 부여하였다.

물건은 3일 영업 이벤트로 하여 그룹화된다. 줄릴리는 공급업체와 협상한 후 최대 수량까지 주문을 받는다. 이 시점에서 항목(또는 항목의 특정 크기)은 더 이상 사용할 수 없는 것으로 표시되므로 남아 있는 항목을 당장 구매하도록 이끈다. 이벤트가 끝난 후 줄릴리는 공급업체로부터 아이템을 주문하고 패키지를 수령한 다음 포장한 후 고객에게 배송한다. 회사에 따라서 약간의 재고를 유지한다. 고객의 제품을 포장하여 브랜드를 강화한다.

줄릴리는 공급업체의 실수에 영향을 받을 수 있다. 예를 들어, 공급업체가 특정 크기의 신발을 1,000쌍씩 판매할 것을 약속하고 줄릴리가 이를 모두 판매했는데 판매업체가 900쌍 정도만 제공한다면 일부 고객은 실망하게 된다. 그리고 그 고객은 그들을 실망하게 한 공급업체가 아닌 줄릴리를 원망할 것이다.

기술 사용

줄릴리의 비즈니스 모델은 정보시스템 없이는 실행 불가능할 것이다. 고객에게 다가가기 위해 인터넷이 필요하며, 휴대전화 및 기타 모바일 장치에서 이를 수행하려면 모바일 기술이 필요하다. 또한 줄릴리 구매자는 인터넷을 사용하여 판매할 공급업체 및 품목을 찾는다.

자사의 주식 공개를 위한 계획서에 "기술 투자를 통한 지속적인 혁신은 우리 사업의 핵심입니다."[15]라며 웹에서의 엄청난 급증을 관리하기 위한 독자적인 기술 플랫폼을 개발했다고 명

그림 1-9
줄릴리의 성과

	2010년	2011년	2012년	2013년	2014년
활동 고객 수(1,000)	157	791	1,580	3,200	4,900
수익(100만)	$18	$143	$331	$696	$1,200
왕성하게 활동하는 고객당 매출액	$117	$180	$210	$218	$245

시했다. 이러한 개발 과제를 생각해보자. 2010년 줄릴리의 플랫폼은 1,800만 달러의 매출을 달성했다. 4년 후 판매량이 12억 달러를 달성하여 수요가 66배 증가했다. 앞으로 그런 엄청난 성장을 수용할 수 있는 몇 가지 방법을 배우게 될 것이다. 지금은 그러한 성장이 정보시스템 없는 세계에서는 불가능하다는 것을 이해하라.

그러나 더 많은 것이 있다. 이 같은 계획서에서 줄릴리는 고객의 쇼핑 선호도를 예측하고 이에 따라 고객의 쇼핑 경험을 맞추는 '광범위한 데이터 수집 및 분석 기능'을 개발했다고 밝혔다. 좋은 판매원이 구매를 유도하는 것처럼 여러분이 클릭하여 보는 것과 그것이 여러분에게 보여지는 방식은 여러분이 과거에 구입한 상품에 달려 있다. 동일한 데이터를 분석하여 고객이 구매할 가능성이 가장 높은 항목을 결정할 수 있도록 도와준다. 제9장에서 데이터 분석에 대해 배우게 될 것이다.

성장 관리의 문제

이러한 놀라운 성장은 어려움 없이 이루어지지 않았다. 2014년 연례 보고서(SEC Form 10-K)에 따르면 직원 수가 2011년 말 329명에서 2014년 말 2,907명으로 늘어났다. 3년 만에 줄릴리의 노동력이 884%나 증가했다. 이러한 성장률은 관리하기가 매우 어려웠다는 사실을 인정하는 것이다.

> 지속적인 성장을 지원하기 위해 기업문화를 유지하면서 수많은 신입사원을 효과적으로 통합, 개발 및 동기를 부여해야 했다. 특히 머천다이징 및 기술 인력을 확대하기 위해 상당한 투자를 계속하였다.[16]

불행하게도 줄릴리는 아마존과 노드스트롬 바로 아래에 위치하고 있으며 마이크로소프트사의 호수 건너편에 있다. 시애틀에 머천다이징 및 기술 인력을 찾고 유지하는 것은 어려울 것이다. 연례 보고서는 특히 중간 관리자 고용의 필요성을 언급했다.

줄릴리에서 배우기

줄릴리의 놀라운 성장은 주목할 만하다. 그 성장은 아주 전통적인 시장에서 발전한 것이므로 더욱 주목할 가치가 있다. 여성에게 옷을 판매하는 것보다 더 기본적인 것은 무엇일까? 이 시장에서 회사 창립자가 5년 만에 17억 달러로 자신의 주식을 전환할 수 있다고 누가 생각할 것인가? 또 어떤 회사가 3년 동안 884%의 인력을 늘릴 수 있을까?

창립자가 정보시스템 기술의 혁신적인 응용을 개발했기 때문에 성공했다고 최종 분석되었다. 여러분이 배워야 할 필요가 있을 만큼 줄릴리가 사용하는 기술은 획기적이지 않았다. 모든 기술은 줄릴리가 설립되었을 시점에 이미 이 책 제4판에 설명되었었다. 창조적인 천재는 그 기술을 비즈니스 기회에 적용한 다음 그 아이디어를 번성하는 비즈니스로 발전시킬 수 있는 관리기술을 얻는 방법을 찾는다. 의심의 여지없이 그러한 수십 가지 기회가 여러분 앞에 놓여 있다. 여러분은 그것들을 인식하고 구축해야 한다.

질문

9. zulily.com에 접속하여 등록하라. 해당 기능을 식별하라. 어머니들이 쇼핑을 즐겁게 할 수 있는 사이트의 특징을 파악하고 그 기능이 선호받는 이유를 설명하라. 이것이 줄릴리 비즈니스 모델에 중요한 이유를 설명하라.

10. Nordstrom.com에서 아동복을 구매해보라. 줄릴리에서 제공하는 쇼핑 경험과 어떠한 차이가 있는가? 각 유형의 장점과 단점을 설명하라.

11. 여러분이 줄릴리의 구매자라면 고객 구매 습관에 대한 어떤 데이터를 원할 것인가?

12. 여러분이 줄릴리의 구매자라면 여러분은 이전 공급업체 실적에 대한 어떤 데이터를 원할 것인가?

13. 인생의 일반적인 과정에서 두 살짜리 소년이 세 살짜리 소년이 되고, 세 살짜리 소녀가 다섯 살짜리 소녀가 된다. 이 사실을 놀랍지 않게 활용할 수 있는 방법은 무엇인가? 고객의 쇼핑을 맞춤화하는 현상에는 어떤 데이터가 필요한가?

14. 비즈니스 전문가로서 정보시스템 전문가에게 질문을 할 경

우 11~13번 질문에 가장 좋은 방법은 무엇인가? 여러분은 어떻게 답할 것인가? 구두, 서면, 그림 또는 도표 등 어떤 방법을 사용할 것인가?

15. 2014년 4월에 주가가 14,.59달러, 시장가치는 18억 6,000달러에 달했다. 줄릴리의 주가는 2014년 2월 최고 68.39달러가 되었다. 줄릴리의 주요 자산은 18억 6,000달러의 가치 평가가 있는 것으로 보인다. 회사의 설명에 따라 자산에 대한 답을 정당화해보라.

주

1. *http://research.microsoft.com/pubs/64155/tr-2007-146.pdf*
2. 이 수치는 약 10만 개의 트랜지스터 비용이 필요하며 대략적으로 컴퓨팅 장치 단위로 변환될 수 있다. 이것에 의심이 간다면 139달러의 전자책을 구매할 때 무선 액세스에 대한 비용은 지불하지 않는다는 것을 생각해보라. 조프 콜빈은 트랜지스터 125,000개가 쌀 한 알보다 저렴하다고 주장했다.
   See: *http://chowtimes. com/2010/09/11/food-for-though/food-for-thought.*
3. 지프의 법칙(Zipf's Law)은 보다 정확하고 이해하기 쉽지만, 추가 네트워크 노드가 발생할 경우 네트워크의 가치가 증가하는 방식을 설명한 방법이다.
   http://spectrum.ieee.org/computing/networks/metcalfes-law-is-wrong.
4. Lynn A. Kaoly and Constantijn W. A. Panis, *The 21st Century at Work* (Santa Monica, CA: RAND Corporation, 2004), p. xiv.
5. Robert B. Reich, *The Work of Nations* (New York: Alfred A. Knopf, 1991), p. 229.
6. In the 2011 book "Literacy Is NOT Enough: 21st Century Fluencies for the Digital Age," Lee Crockett, Ian Jukes, and Andrew Churches list 는 문제 해결, 창의력, 분석적 사고, 협력, 의사소통, 윤리, 행동 등을 핵심 요소로 나열하였다. 21세기에는 기술 노동자가 필요하다고 하였다.
7. Accenture, "Accenture 2014 College Graduate Employment Survey," last modified April 16, 2014, *www.accenture.com/sitecollectiondocuments/pdf/accenture-2014-college-graduates-survey.pdf.*
8. Michael Spence and Sandile Hlatshwayo, *The Evolving Structure of the American Economy and the Employment Challenge* (New York: Council on Foreign Relations, 2011).
9. Bureau of Labor Statistics, "Computer Systems Analysts," *Occupational Outlook Handbook*, accessed April 16, 2015, *www.bls.gov/ooh.*
10. Daron Acemoglu and David Autor, "Skills, Tasks, and Technologies: Implications for Employment and Earnings" (working paper, National Bureau of Economic Research, June 2010), *www.nber.org/papers/w16082.*
11. Alibaba.com, "About Alibaba.com," accessed April 6, 2015, *http://activities.alibaba.com/alibaba/following-about-alibaba.php.*
12. Leslie Picker and Lulu Yilun Chen, "Alibaba's Banks Boost IPO Size to Record of $25 Billion," September 22, 2014, accessed April 4, 2015, from *www.bloomberg.com/news/articles/2014-09-22/alibaba-s-banks-said-to-increase-ipo-size-to-record-25-billion.*
13. Carlos Tejada, "China Raps Alibaba for Fakes," January 28, 2015, accessed April 6, 2015, from *www.wsj.com/articles/chinas-saic-criticizes-alibaba-over-fake-goods-1422425378.*
14. Ashley Vance, "If Your Password Is 123456, Just Make It HackMe," *The New York Times*, last modified January 21, 2010. Available at *www.nytimes.com/2010/01/21/technology/21password.html?hp.*
15. zulily Prospectus, *www.sec.gov/Archives/edgar/data/1478484/000119312513443794/d552850d424b4.htm.*
16. zulily, Inc. (2014). Form 10-K 2014. Retrieved from zulily.com. *http://investor.zulily.com/secfiling.cfm?filingid=1478484-15-18.*

Chapter 2

비즈니스 프로세스와 정보시스템

여러분에게도 이러한 일이 일어날 수 있다

"아니요, 펠릭스! 다시 하지 맙시다! 계속 반복만 하고 있잖아요! 하나를 결정한 다음 다시 회의를 진행합시다. 다음 모임, 다다음 모임, 이게 무슨 낭비인가요!"

"캠, 그게 무슨 의미입니까? 우리가 이 권리를 얻는 것이 중요하다고 생각합니다." 팔콘시큐리티의 고객서비스 관리자인 펠릭스가 질문한다.

"음, 펠릭스, 그게 사실이라면 왜 회의에 옵니까?"

"저는 두 가지를 놓쳤습니다."

"그래요. 지난주에 우리는 여기에서 만났습니다. 그리고 최대한 많은 가능한 부품을 3D 프린트물을 사용하여 새로운 프로토타입으로 조립하는 방법으로 진행하자고 했습니다."

"하지만 캠, 3D 고정식 충전 플랫폼을 3D로 프린트하는 것은 보통의 3D와 많이 다릅니다. 드론과 같은 복잡한 기계를 프린트해야 합니다. 비행이 안 되는 드론을 프린트할 때와는 어떤 차이가 있습니까?"

"펠릭스! 우리는 지난주에 그것을 토의했습니다. 비용을 들이지 않고 사용할 수 있는 기존 드론을 위한 계획을 세웠습니다. 이미 테스트를 마쳤으며 잘 작동합니다. 새로운 3D 프린트에 기존 쿼드콥터에서 기존 내부 구성요소를 사용할 수 있는지 지켜보고 있습니다. 쿼드콥터(자체 기술로 드론 제작)에 일반 부품을 사용할 수 있다면 비용을 줄일 수 있을 것 같습니다."

"이봐요, 캠, 조니는 마테오에게 말할 수 있는 확실한 것을 원합니다. 그들이 원하지도 않는데 비행할 수도 없는 이 새로운 3D 프린트 쿼드콥터에 대해 이야기한다면 마테오는 이 프로젝트를 취소시킬 것이고 우리는 일을 다시 해야 할 거예요. 그들이 하는 것을 아는 사람들이 비행 가능한 고품질 드론을 제작하는 일을!"

"펠릭스, 당신은 날 바보로 만드는군요. 우리는 지난주에 지겹도록 이것에 대해 논의했습니다. 이제 앞으로 좀 나아가도록 하죠. 왜 절 도와주지 않는 겁니까? 알렉시스, 어떻게 생각해요?"

"펠릭스, 캠의 말이 옳습니다." 팔콘시큐리트의 영업 담당 책임자인 알렉시스가 이야기한다. "우리는 이 문제를 해결하는 방법에 대해 오랜 토론을 했으며 비용절감을 위한 기능적 드론을 만드는 데 초점을 맞추었습니다. 그 덕분에 많은 돈을 절약할 수 있었고 더 맞춤화할 수 있는 드론 플랫폼을 제공할 수 있었습니다."

"음, 알렉시스, 저는 그게 실수였다고 생각합니다. 왜 아무에게도 이야기 안 했어요? 저는 이 3D 프린트 드론의 비행 성능을 조사하는 데 많은 시간을 할애했어요."

학습목표

 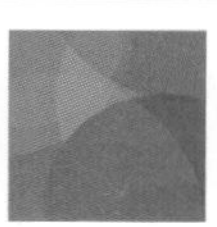  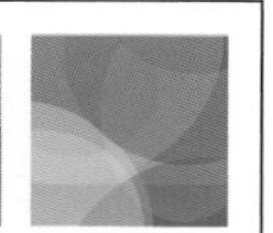

Q1 팔콘시큐리티는 왜 비즈니스 프로세스를 이해해야 하는가?

Q2 비즈니스 프로세스 모델링은 조직에 도움이 되는가?

Q3 정보시스템이 프로세스의 질을 어떻게 개선할 수 있는가?

Q4 정보란 무엇인가?

Q5 고급 정보를 위해서 데이터의 어떤 특성이 필요한가?

이 장에서의 **지식**이 **여러분**에게 어떻게 **도움**이 되는가?

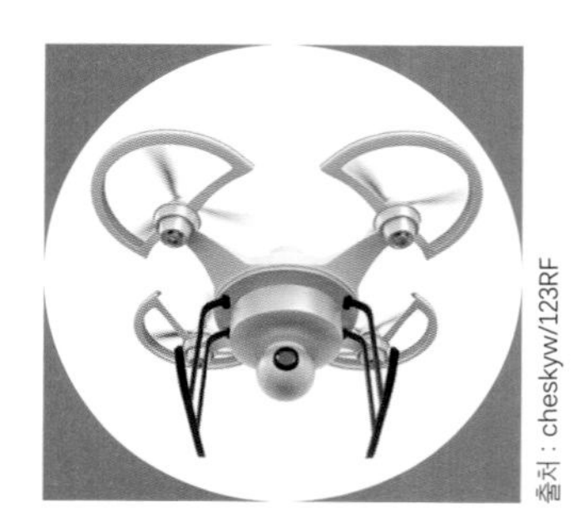

"이메일은 받았지만 첨부 파일을 다운로드할 수 없었습니다."

"이메일은 확인했습니까?" 알렉시스가 머뭇거리며 질문한다.

"어떤 이메일이요?"

"저는 매주 회의 내용을 요약해서 이메일을 보냅니다."라고 알렉시스가 한숨과 함께 말한다.

"이메일은 받았지만 첨부 파일을 다운로드할 수 없었습니다. 바이러스 검사기에 이상이 있어서 간단한 장치나 그와 비슷한 것에 액세스할 수 없었어요." 펠릭스의 목소리가 점점 작아졌다.

캠은 그 핑계를 견딜 수 없어 한다. "여기, 펠릭스, 제 것을 한번 보세요. 여기 '프로토타입을 제작하는 데 중점을 둔다.' 부분에 밑줄을 친 것입니다. 이것을 보세요."

"캠, 이것에 짜증을 낼 이유는 없어요. 저는 좋은 생각이 있다고 생각했습니다." 펠릭스가 감정이 상한 목소리로 이야기한다.

"좋아요, 이번 주에 다시 합의를 보도록 하죠. 프로토타입을 만들겠습니다. 3D 프린트 부품을 사용하여 드론을 비용을 들이지 않고 만들어봅시다. 자, 우리는 이미 충분한 시간을 낭비했어요. 지난 이야기는 덮읍시다. 앞으로 어떻게 할 것인지에 대한 새로운 생각을 해봅시다."

펠릭스는 다시 의자에 앉았고 자신의 휴대전화를 보았다.

"이런, 메이플도프에서 온 전화를 놓쳤네. 아이고."

"펠릭스, 그게 무슨 소리입니까?" 캠이 묻는다.

"걸프오일의 메이플도프에서 연락이 왔네요. 그는 플레어 스택의 새로운 멀티스펙트럼 이미지를 읽는 방법을 알고 싶어 합니다. 죄송하지만 전화 좀 해야겠어요. 몇 분 있다가 다시 올게요."라고 말하며 펠릭스가 회의실을 나갔다. 캠은 남은 두 사람을 바라보았다.

"지금 이게 뭐죠?" 그녀가 질문한다. "회의를 더 진행하면 우리는 펠릭스가 왔을 때 모든 것을 다시 논의해야 할 것 같네요. 우리도 쉬었다 할까요?"

알렉시스는 고개를 저었다.

"캠, 그러지 말죠. 저는 그 회의에 참석하기가 어렵습니다. 저는 오늘 이 시간 이후가 휴가라서 회의를 위해 다시 여기로 와야 합니다. 유치원에 있는 시몬을 데리러 가야 해요. 우리는 아무것도 한 게 없어요. 펠릭스는 무시하고 진행하죠."

"좋아요, 알렉시스. 하지만 펠릭스 없이 진행하는 건 쉽지 않아요."

문이 열리고 조니가 들어온다.

"안녕하세요! 잘 진행되고 있나요?" 그녀가 밝게 묻는다. "제가 회의에 참석해도 괜찮겠습니까?"

Q1 팔콘시큐리티는 왜 비즈니스 프로세스를 이해해야 하는가?

팔콘시큐리티의 마테오, 조니, 캠, 토시오 및 다른 직원들은 3D 프린트 기회를 평가해야 할 뿐 아니라 모든 비즈니스 성공의 열쇠인 비즈니스 프로세스를 이해해야 한다. 비즈니스 전문가는 다음과 같은 질문에 답해야 한다.

- 더 나은 목표 달성을 위해 노력하는 방식을 바꿀 수 있는가?
- 적은 비용으로 업무를 수행할 수 있는가?
- 예외 상황을 어떻게 제거할 수 있는가?
- 일의 마무리는 왜 어려운가?
- 많은 양식을 왜 작성해야 하는가?
- 정보시스템을 사용하여 프로세스를 개선할 수 있는가?
- 정보시스템은 프로세스에 보다 밀접하게 맞춰져야 하는가?

프로세스 모델을 만들고, 프로세스 변경사항을 논의하며, 정보시스템이 프로세스를 지원할 수 있는 방법을 아는 기능은 모든 비즈니스 전문가의 기술에서 중요한 부분이다.

현재 팔콘시큐리티는 3D 프린트 기회를 평가하기 위해 업무 프로세스를 이해해야 한다. 마테오가 이야기하듯이 팀이 자체 드론을 프린트하기로 결정했다면, 새로운 활동을 지원하기 위해 새로운 비즈니스 프로세스와 정보시스템을 개발해야 할 수도 있다.

모든 회의에서 모든 사람이 여러분과 동일한 관점을 갖는 것은 아니라는 사실을 기억하는 것은 중요하다. 이러한 상황에서 여러분의 행동에 따라 윤리문제가 발생할 수 있다. 46~47쪽 윤리문제에서 이 이슈를 다뤄보자.

마테오의 우려는 정확하다. 드론 구매 회사에서 드론 제작 회사로 팔콘시큐리티를 변경하는 것은 큰 변화가 될 수 있다. 회사가 하는 일뿐만 아니라 회사가 일을 하는 방식도 변화시킬 것이다.

3D 프린트가 팔콘시큐리티의 비즈니스 프로세스에 어떤 영향을 미치는지에 대한 정보를 얻고 효과적인 토론을 하려면 캠은 먼저 팔콘의 현재 프로세스의 요약추론 또는 모델을 만들어야 한다. 그런 다음 팀은 해당 모델을 사용하여 3D 드론 제조를 지원하기 위해 이러한 프로세스가 어떻게 변경될지 입증해야 한다. 3D 드론 제조가 새로운 드론과 관련된 비용을 낮추더라도 팔콘 비즈니스 프로세스의 비용이 올라갈 가능성이 있다. 캠이 3D 프린트 드론으로 상당한 비용을 절감한다면 마테오와 조니는 비용 절감이 비즈니스 프로세스의 변화를 정당화하는지 확인해야 할 것이다.

게다가 팔콘시큐리티는 비즈니스 프로세스를 지원할 때 정보시스템이 수행하는 역할을 이해해야 한다. 회사가 3D 프린트 자체 드론을 추구하고 해당 활동을 지원하는 데 필요한 프로세스를 개발하기로 결정하면 기존 정보시스템을 효과적으로 사용할 수 있을까? 어떻게 그것이 가능한가? 새로운 시스템 개발의 이점이 비용을 정당화할 수 있는가? 우리는 본문 전체에 걸쳐 이 질문들을 다룰 것이다. 여러분은 이 책을 읽는 것을 마칠 때까지 팔콘에 있는 팀과 함께 팀을 효과적으로 만드는 길에 잘 들어서 있어야 한다.

이 장 뒷부분에 있는 48~49쪽 길라잡이를 참고하여 문제에 대해 동일한 정의를 얻는 비즈니스의 전문기술을 사용하는 방법을 학습하라. 이는 효과적인 의사소통을 필요로 한다.

Q2 비즈니스 프로세스 모델링은 조직에 도움이 되는가?

이 질문을 위해 베스트바이크라는 온라인 자전거 부품 소매점의 비즈니스 모델을 살펴볼 것이다. 베스트바이크의 기본 비즈니스 프로세스를 요약추론하는 방법을 보고, 회사가 부품 공급업체로부터 부품을 구매하지 않고 3D 프린트를 결정하는 것과 이러한 프로세스를 어떻게 수정할 수 있는지 알아보자.

베스트바이크의 운영 방법

베스트바이크는 특정 가격 및 특정 조건으로 부품을 공급하기 위해 공급업체와 협상한다. 공급업체에게 부품을 제공하겠다는 약속을 받으면 부품의 설명, 사진, 가격 및 관련 판매 데이터를 웹사이트에 배치한다. 그런 다음 베스트바이크는 초기 수량의 부품을 주문하고 공급업체로부터 부품을 수령하여 재고로 보관한다. 고객이 부품을 주문하면 작업 직원이 재고에서 품목을 제거하고 고객에게 발송한다. 때때로 재고를 재확보하기 위해 부품을 주문해야 하지만, 이 예에서는 재주문 프로세스를 고려하지 않는다. 물론 베스트바이크는 공급업체에게 지불하고 고객에게 청구하며 재고 수준을 확인하고 세금을 납부하기 위해 이러한 모든 활동을 기록해야 한다.

베스트바이크의 비즈니스 활동은 상대적으로 간단한 재고가 있는 소규모 온라인 소매업체의 전형이다. 베스트바이크가 3D 프린트를 추구하지 않더라도 최선으로 개선할 수 있는 방법이 있다는 것을 알게 될 것이다.

베스트바이크의 현재 프로세스

그림 2-1
BPMN을 이용한 베스트바이크의 비즈니스 프로세스 과정

비즈니스 프로세스(business process)는 비즈니스 기능을 수행하기 위한 활동 네트워크이다. 그림

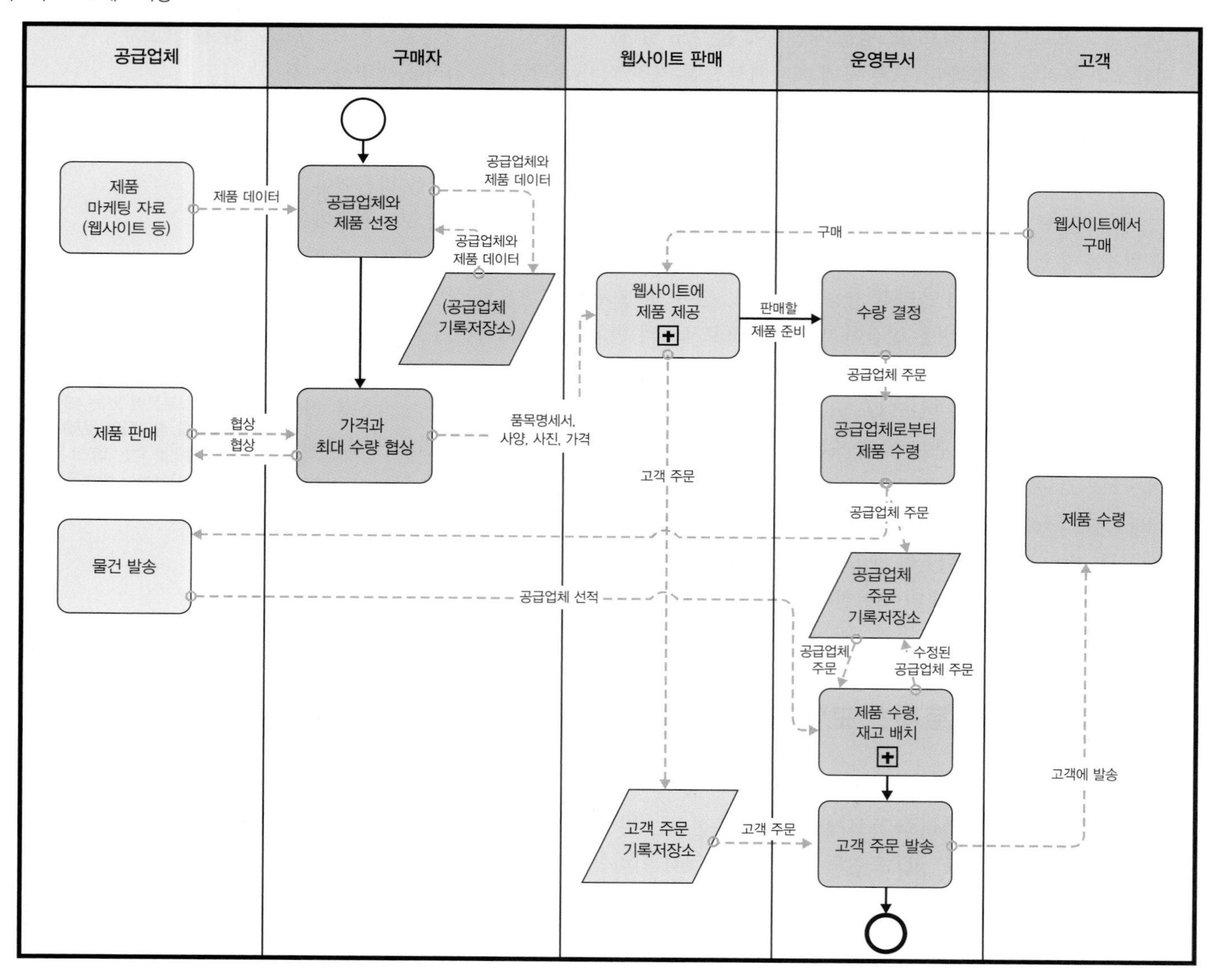

2-1은 기존의 베스트바이크 프로세스를 보여준다. 베스트바이크 활동의 모델 또는 축약판인 이 도표에는 **비즈니스 프로세스 모델 표기**(Business Process Modeling Notation, BPMN)의 기호가 사용되었다. 이 표기는 비즈니스 프로세스 도표 생성의 국제 기준이다.[1] 그림 2-2에 주요 기호가 나와 있다.

그림 2-1은 **수영 레인 형식**(swimlane format)으로, 회사에서 특정 역할이 수행하는 모든 활동을 하나의 레인에 수직 혹은 수평으로 보여준다. 각각의 수영 레인에는 여러 **활동**(activity)이 있고, 이는 프로세스의 일환으로 수행되어야 하는 특정 업무를 보여주는 것이다. 여기서 **역할**(role)이란 수행자에 의해 수행되는 비즈니스 프로세스 내 여러 활동의 부분집합을 뜻하며, **수행자**(actor)는 사람 혹은 그룹, 부서, 회사가 될 수도 있다. 그림 2-1는 공급업체, 구매자, 웹사이트 판매, 운영 부서, 고객의 역할을 보여준다.

각각의 수영 레인 상단에 특정인의 이름 대신 역할의 이름이 쓰였다는 점에 유의해야 한다. 그 이유는 하나의 역할이 여러 사람에 의해 수행될 수도 있고 한 사람이 여러 역할을 수행할 수도 있기 때문이다. 또한 시간이 가면서 인사 이동으로 인해 특정 역할에 배치된 사람이 바뀔 수도 있다. 또는 특정 역할이 정보시스템에 의해 수행되는 경우도 있다.

BPMN 기준에서는 특정 비즈니스 프로세스의 시작은 얇은 원으로, 종료는 굵은 원으로 표시한다. 그러므로 그림 2-1에서 이 프로세스는 구매자 역할로 시작된다. 혹은 구매자가 이 프로세스를 시작한다.

비즈니스 프로세스 내 활동들은 사각형으로 표시된다. 구매자 역할의 최초 활동은 공급업체 및 제품 선정이다. 이 도표에 따르면 구매자는 웹사이트에 올릴 제품과 공급업체를 물색하기 위해 인터넷을 이용한다. 또한 공급업체 기록저장소를 통해 공급업체와 제품 데이터를 얻기도 한다. **기록저장소**(repository)란 비즈니스 프로세스 내에 저장된 데이터 모음을 뜻한다. 이것은 컴퓨터 데이터베이스 혹은 클라우드와 같은 웹 공간(지금은 인터넷이라고 생각하자)에 있는 파일의 모음일 수도 있고, 파일 캐비닛에 보관된 서류 기록일 수도 있다. 비즈니스 프로세스를 기록하기 위해 데이터가 저장되는 매체는 중요하지 않다. 공급업체 데이터 기록저장소에는 이전 경매 데이터와 이전 구매자가 공급업체와 제품을 물색한 데이터가 포함되어 있다.

그림 2-1에서 점선을 **데이터 흐름**(data flow)이라고 한다. 데이터 흐름은 하나의 활동에서 다른 활동으로의 데이터 움직임을 나타내는 것이다. 데이터는 이메일, 문자, 전화, 팩스, 기타 여러 수단으로 전달될 수 있다. 데이터가 어떤 매체로 전달되는지도 중요하지 않다. 그리고 여기서는 데이터 형식도 중요하지 않다. 그러므로 그림 2-1에서 구매자는 공급업체 데이터 기록저장소에서 공급업체와 제품 데이터를 꺼내볼 수도 있고, 거기에 데이터를 저장할 수도 있다.

공급업체 및 제품 선정과 가격 및 최대 수량 협상 활동 간 실선은 구매자가 공급업체 및 제품 선정을 완료한 다음 단계가 가격 및 최대 수량 협상이라는 것을 보여준다. 이 점선을 **활동의 흐름**(sequence flow)이라 한다.

그림 2-1에서 사용된 마지막 BPMN 기호는 플러스 기호가 들어 있는 사각형이 있는 활동이다. 이 기호는 하부 프로세스를 나타내며, 업무가 매우 복잡하여 별도의 프로세스 도표가 필요할 때 사용된다. 그림 2-1에서 웹사이트에 제품 제공 활동에는 별도로 매우 많은 활동과 역할이 요구된다. 완성된 프로세스 도표에서는 이 활동 하부에 별도로 BPMN 도표가 있을 것이다. 여기서는 세부적으로 살펴보지 않겠다.

그림 2-2
BPMN 기준에 따른 프로세스 기호

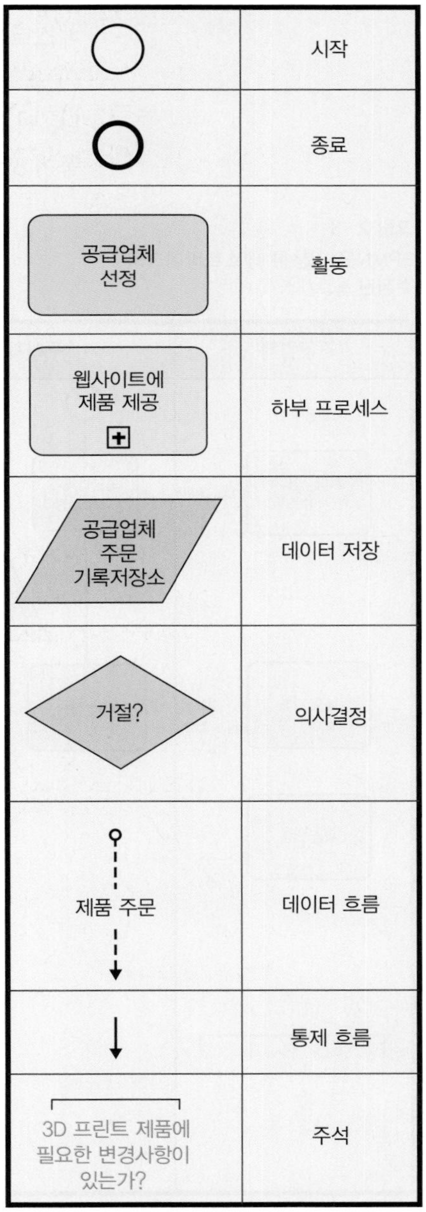

기호	의미
(얇은 원)	시작
(굵은 원)	종료
공급업체 선정	활동
웹사이트에 제품 제공 ⊞	하부 프로세스
공급업체 주문 기록저장소	데이터 저장
거절?	의사결정
제품 주문	데이터 흐름
↓	통제 흐름
3D 프린트 제품에 필요한 변경사항이 있는가?	주석

이 기호들을 이해하면 그림 2-1의 나머지 프로세스를 스스로 해석할 수 있다. 한 가지 주목할 점은 운영 부서에서 수행하는 **제품 수령과 재고 배치** 활동이다. 베스트바이크는 공급업체가 발송한 제품을 수령한 후 공급업체에 주문한 내용과 실제 수령한 제품이 일치하는지 비교한다. 그리하여 주문 내용과 수령한 제품을 기록하고 수정된 주문을 공급업체 주문 기록저장소에 기록한다. 누락되거나 손상된 제품도 기록해둔다.

요약하자면 비즈니스 프로세스란 여러 활동의 네트워크를 말한다. 각각의 활동은 특정 역할에 의해 수행된다. 역할은 사람, 그룹, 부서, 회사에 의해 수행될 수 있다. 기록저장소는 데이터의 모음을 말한다. 데이터는 활동들 간 이동하며, 하나의 활동이 다른 활동 다음에 직접 연결되는 것을 활동의 흐름으로 나타낸다. 복잡한 활동은 플러스 기호가 들어 있는 사각형으로 표시하여 별도의 도표를 생성한다.

베스트바이크 프로세스는 3D 프린트를 지원하기 위해 어떻게 변화해야 하는가?

베스트바이크는 비용 절감과 다양한 부품 선택을 위해 3D 프린트 자체 부품을 고려했다. 그림 2-3의 프로세스 도표는 기존 프로세스를 보여주지만 3D 프린트를 위한 새로운 역할도 포함되어 있다. 이 도표의 다이아몬드 모양은 의사결정을 나타낸다. 예를 들어, 부분을 저장할 때 작업은 부품이 3D 프린트를 사용하여 사내에서 제조되는지 여부를 결정해야 한다. 그림 2-3에는 베스트바

그림 2-3
BPMN을 이용한 베스트바이크의 수정된 프로세스

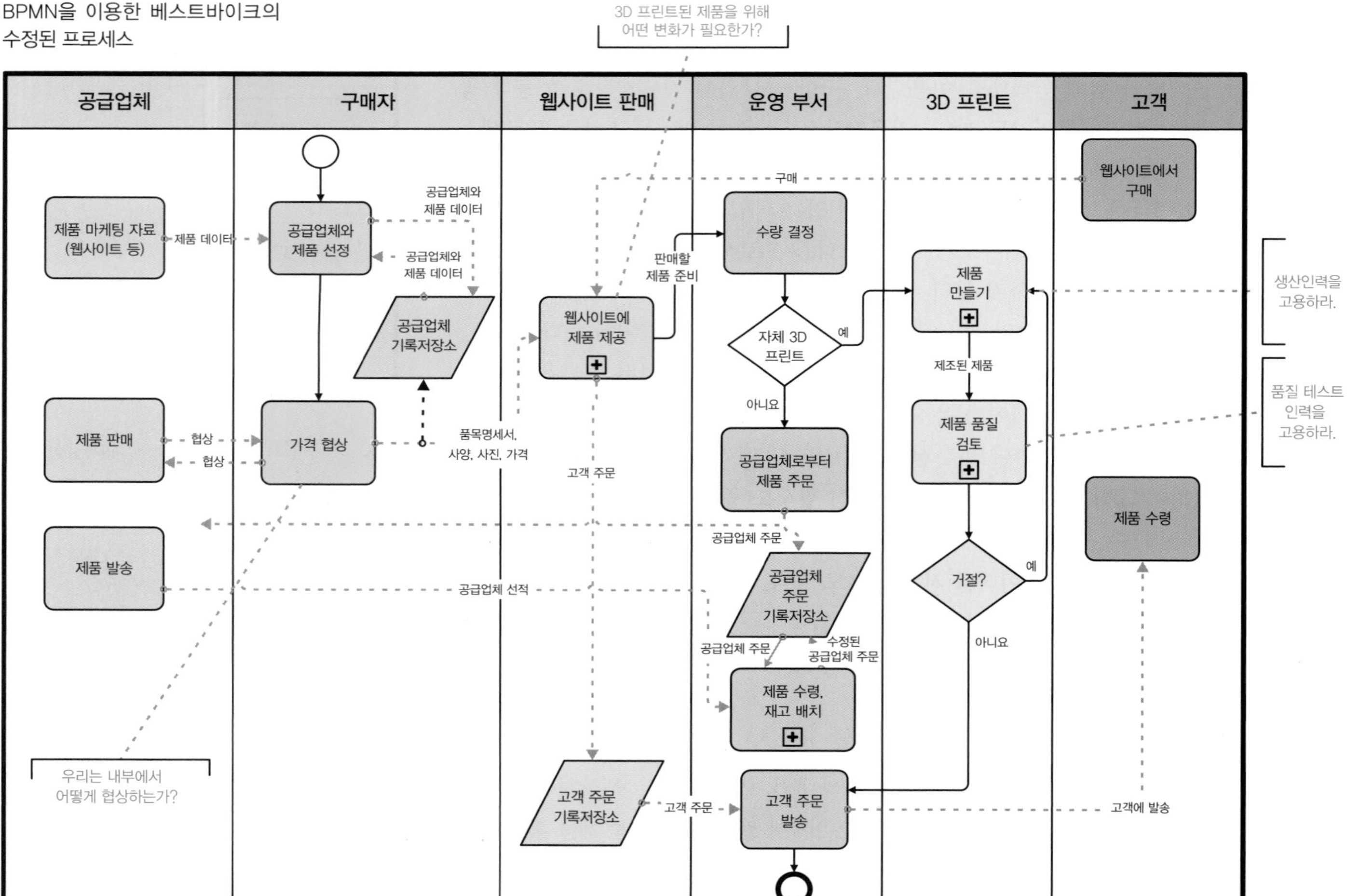

이크의 운영관리자가 도표에 대해 가지고 있는 주석이 포함되어 있다.

그림 2-3의 도표는 다른 사람들과 토론할 수 있는 기초를 제공한다. 베스트바이크의 운영관리자는 기존 프로세스를 변경해야 하는 곳을 문서화하고 추가 인력이 필요하다는 것을 증명해야 한다. 베스트바이크가 3D 프린트를 진행한다면, 제품 만들기 및 제품 품질 확인이라는 하위 프로세스를 추가로 정의해야 한다. 이 예에서 프로세스 도표가 프로세스 구조 및 가능한 변경사항에 대해 다른 사람들과 의사소통하는 방법을 볼 수 있다.

Q3 정보시스템이 프로세스의 질을 어떻게 개선할 수 있는가?

정보시스템이 비즈니스 프로세스에 유용하게 사용되는 방법은 여러 가지로 설명할 수 있다. 이 장의 학습목표를 위해 가장 이해하기 쉽고 명료한 설명은 정보시스템은 프로세스의 질을 개선시킨다는 것이다. 그 이유를 이해하기 위해서는 프로세스의 질이 무엇인지 이해할 필요가 있다.

프로세스의 질이란 무엇인가?

프로세스의 질은 두 가지 요소로 측정될 수 있다. 즉 프로세스의 효과와 효율성이다. **효과적 비즈니스 프로세스**(effective business process)는 회사가 전략을 달성하도록 한다. 베스트바이크의 전략 중 하나는 업계에서 가장 다양한 부품을 선택하는 것이다. 3D 프린트가 그 전략을 달성하는 데 도움이 되는지 조사 중이다. 그렇다면 현재의 프로세스는 3D 프린트를 지원하지 않기 때문에 효과가 없다. 대신 그림 2-3에서 요구된 것과 같은 프로세스를 구현해야 한다.

프로세스 질의 두 번째 요소는 효율성이다. **효율성**(efficiency)은 비용 대비 이득의 비율이다. 어떤 기능을 수행하기 위해 두 가지 비즈니스 프로세스가 있다고 가정해보자. 2개의 프로세스가 같은 이득을 발생시키지만 소요되는 비용이 다르다면, 비용이 높은 프로세스가 비용이 낮은 프로세스에 비해 효율성이 떨어진다고 할 수 있다. 또는 두 프로세스 비용이 같은데 발생되는 이득이 다르다면, 이득이 낮은 프로세스의 효율성이 떨어진다고 할 수 있다.

그림 2-1을 면밀히 살펴보면 공급업체 데이터의 두 가지 저장소가 있음을 알 수 있다. 하나는 구매자가 공급업체를 선택하는 데 사용되고, 다른 하나는 주문 데이터를 저장하기 위해 운영업체에서 사용된다. 이러한 분리된 데이터는 적절할 수 있지만 프로세스의 비효율을 초래할 가능성이 더 크다. 예를 들어, 공급업체가 이동하면 어떻게 되는가? 공급업체의 주소는 두 곳에서 업데이트해야 한다. 중복 업데이트는 어렵지 않지만 필요하지 않다. 또한 공급업체 주소가 한 곳에서 변경되었지만 다른 곳에서는 변경되지 않는 경우 혼란을 초래하게 된다.

그림 2-4는 공급업체 데이터가 단일 저장소에 저장되는 그림 2-1의 변경을 보여준다. 대부분이 두 번째 프로세스는 비용이 적게 들고 오류를 줄이며 첫 번째 버전만큼 효과적일 것이다. 따라서 프로세스가 보다 효율적이기 때문에 그림 2-4의 프로세스 질이 향상된다.

그림 2-1, 2-3, 2-4에서는 각각의 비즈니스 프로세스 비용을 직접적으로 알 수는 없다. 그러면 어떻게 알 수 있을 것인가? 비용의 주요 요소 중 하나는 프로세스 활동을 수행하는 직원의 근무시간이다. 직원 1명이 공급업체 및 제품 선정 활동에 10시간이 소요된다면, 그 비용은 근로시간 10시간이다. 그리고 보이지 않는 곳에 인프라 비용도 있다. 데이터는 하나의 활동에서 다른 활동으로 자동으로 전달되지 않는다. 데이터의 흐름을 위해서는 어떤 형태의 컴퓨터 네트워크나 이메일, 기타 시스템이 있어야 한다. 이 인프라 비용도 비즈니스 프로세스 비용의 일부이다.

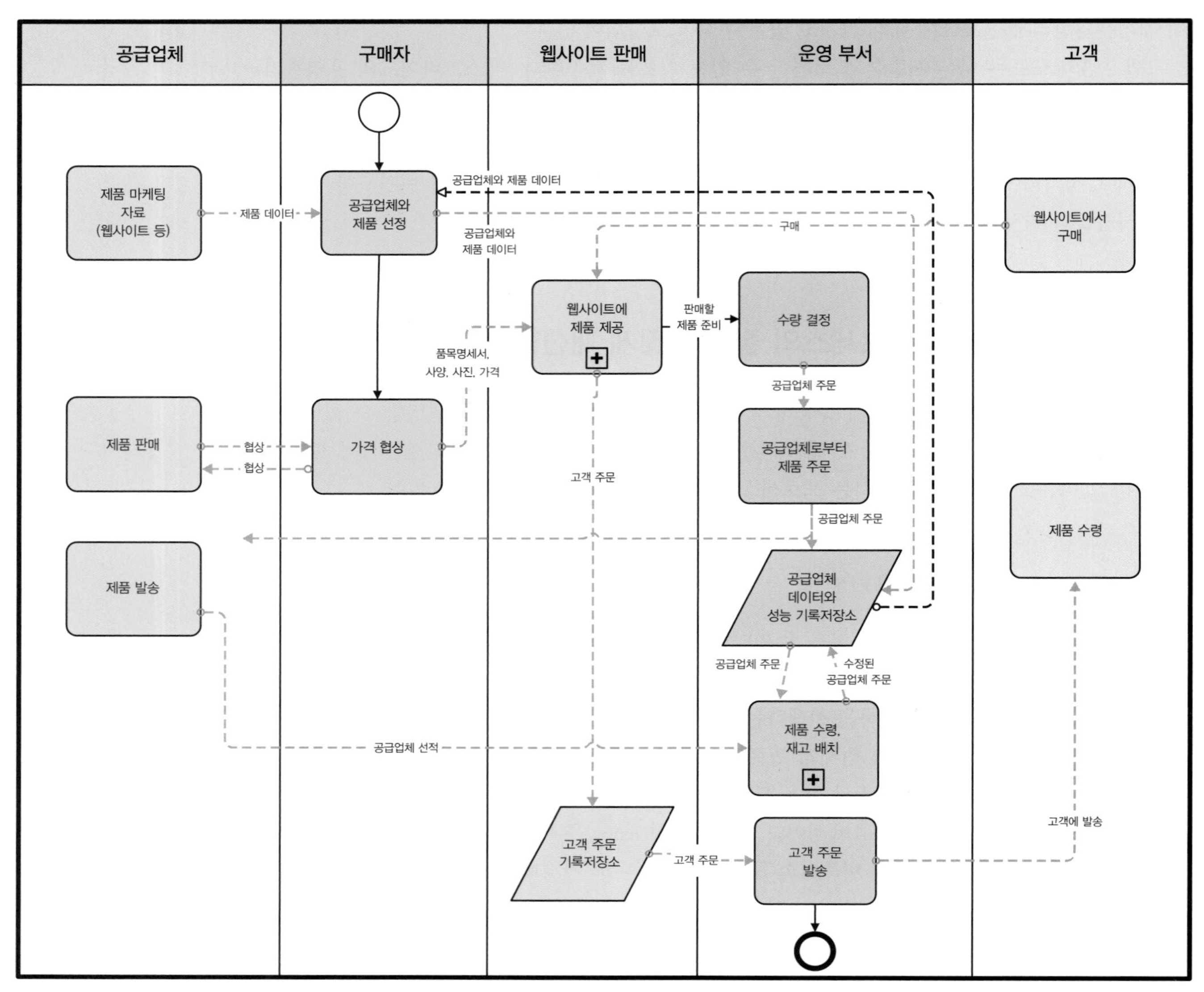

그림 2-4
단일 공급업체 기록저장소의 베스트바이크 비즈니스 프로세스

프로세스의 질을 개선시키기 위해 정보시스템 사용하기

정보시스템이 프로세스의 질을 개선하는 방법을 이해하기 위하여 그림 2-5에 있는 정보시스템의 다섯 가지 구성요소를 살펴보자. 각각의 구성요소들이 대칭을 이루고 있음을 알 수 있다. 즉 가장 바깥의 구성요소인 하드웨어와 사람은 둘 다 수행자로서 행동을 취하는 역할이다. 소프트웨어와 절차는 둘 다 명령이다. 소프트웨어는 하드웨어를 위한 명령이고, 절차는 사람을 위한 명령이다. 마지막으로 데이터는 왼쪽의 컴퓨터 부분과 오른쪽의 사람 부분을 연결하는 다리이다.

특정 비즈니스 프로세스에서 자동화된 활동이 있다면, 이전에는 사람이 절차에 따라 수행하던 업무가 소프트웨어의 명령을 따라 컴퓨터가 수행하는 업무로 이동된 것이다. 그러므로 프로세스 활동의 자동화는 그림 2-5의 오른쪽에서 왼쪽으로 업무를 이동했다는 것을 의미한다.

정보시스템을 사용하여 공급업체 데이터 저장

이것을 이해하기 위해 그림 2-2의 **공급업체 및 제품 선정** 활동을 살펴보자. 이 프로세스는 전부 수작업으로 행해질 수 있다. 구매자가 인터넷을 이용하여(여기서는 인터넷 사용을 위해 컴퓨터 시스템을 이용한다는 것은 무시하자) 공급업체와 제품 관련 데이터를 수집하고 수작업으로 비용과 이윤을 분석하여 이것을 책상의 파일 폴더에 들어 있는 문서에 기록한다. 특정 공급업체의 이전 기록을 찾으려면 책상에 있는 폴더를 수작업으로 찾아야 할 것이다.

이 프로세스를 자동화하는 한 가지 방법은 공급업체와 제품을 분석하고 이것을 컴퓨터 데이터베이스에 저장하도록 엑셀과 같은 프로그램을 사용하는 것이다. 이렇게 되면 구매자는 관련 데이터를 빠르고 확실하게 검색할 수 있다. 분석과 과거 데이터 검색에 소요되는 시간이 줄어들기 때문에 프로세스 비용이 감소하고 효율성이 증가하므로 프로세스의 질이 향상될 것이다. 또한 다수의 구매자가 하나의 데이터베이스를 공유하는 것이 가능하게 되므로 서로의 업무에 도움이 된다. 따라서 이 프로세스는 더 많은 이득을 발생시키고 효율성이 더욱 향상된다.

공급업체 제품과 데이터를 데이터베이스에 저장

또 다른 예를 들어 베스트바이크가 그림 2-4와 같은 개선된 프로세스를 구현하고, 공급업체의 성능 데이터뿐 아니라 제품 사양을 결합한 컴퓨터 데이터베이스에 공급업체 자료저장소에 저장한다고 한다고 가정해보자. 이제 구매자는 공급업체 및 제품에 대한 자체 데이터를 사용할 수 있을 뿐만 아니라 여러 공급업체의 부품을 사용할 수 있을 때 이전 공급업체 실적 데이터를 보고 공급업체 중에서 선택할 수 있다. 그림 2-6은 그러한 성능 데이터의 디스플레이 예를 보여준다.

이 새로운 정보시스템을 사용하는 프로세스는 구매자의 노동력을 절약하고 표면적으로 더 효율적이다. 그러나 새로운 정보시스템은 개발 및 운영에 비용이 소요된다. 조직이 이러한 변경을 통해 프로세스를 보다 효율적으로 수행할 수 있는지 결정하기 전에 이러한 비용을 고려해야 한다. 이 간단한 예를 통해 비즈니스 전문가가 정보시스템 개발에 반드시 참여해야 하는 이유를 알 수 있다. 시스템 개발이 기술자에게만 맡겨진다면, 기술적으로는 우아하지만 비용으로는 정당화될 수 없는 시스템을 개발할 수 있다.

프로세스 효율성을 향상시키는 것 외에도 정보시스템은 프로세스 효율성을 향상시킬 수 있다. 예를 들어 구매자가 공급업체 데이터를 공유하면 베스트바이크가 휴대할 수 있는 새 부품을 식별할 수 있다. 그렇게 함으로써 업계에서 자전거 부품의 최대 가용성을 확보한다는 목표를 달성하도록 하고 있다.

그림 2-6에 있는 수행 데이터를 살펴보자. 제너럴스포츠는 여러 차례에 걸쳐 배송하기로 합의한 물량(주문 물량)보다 적은 물량을 실제 물량(수령 물량)으로 발송했다. 게다가 손상된 제품도 있었다. 구매자는 누락된 배송으로 인해 발생한 경비를 보전하기 위해 향후 주문에서 가격 조건을 협상하는 데 이 데이터를 사용할 수 있다. 이렇게 되면 베스트바이크는 더 낮은 가격의 혜택을 고객들에게 돌릴 수 있으므로 회사 전략을 더 잘 달성할 수 있다. 따라서 그림 2-6의 보고서는 이

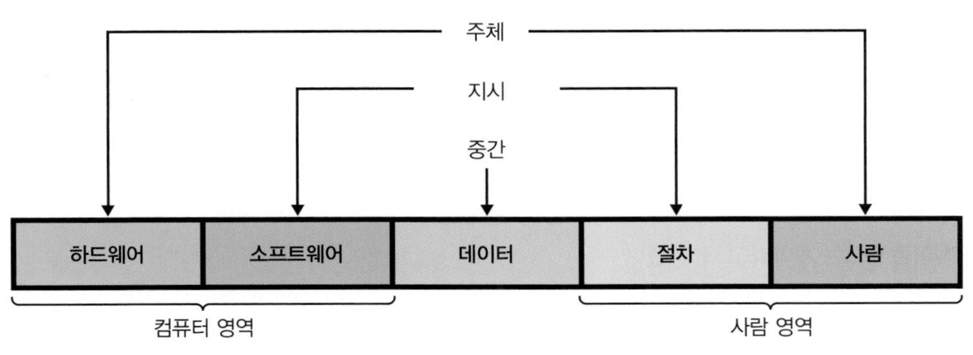

그림 2-5
다섯 가지 구성요소의 특징

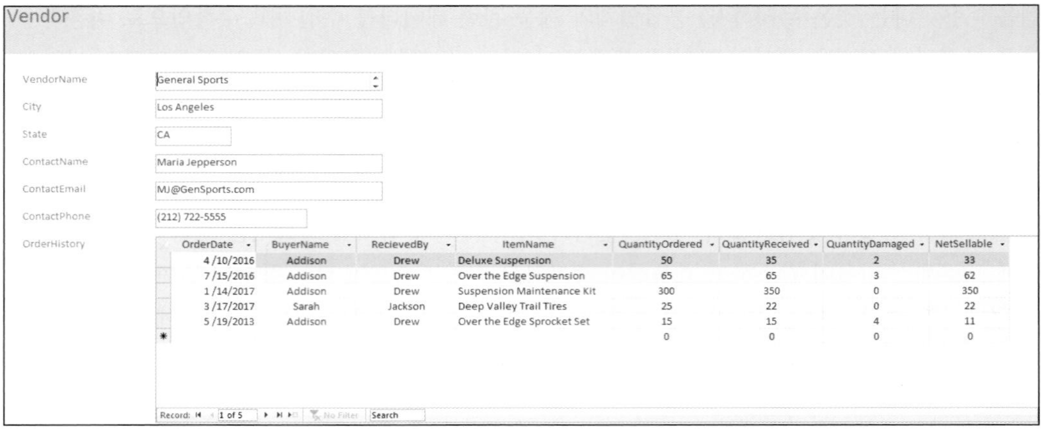

그림 2-6
제너럴스포츠에 대한 베스트바이크의 데이터

Vendor

VendorName	General Sports
City	Los Angeles
State	CA
ContactName	Maria Jepperson
ContactEmail	MJ@GenSports.com
ContactPhone	(212) 722-5555

OrderHistory

OrderDate	BuyerName	RecievedBy	ItemName	QuantityOrdered	QuantityReceived	QuantityDamaged	NetSellable
4/10/2016	Addison	Drew	Deluxe Suspension	50	35	2	33
7/15/2016	Addison	Drew	Over the Edge Suspension	65	65	3	62
1/14/2017	Addison	Drew	Suspension Maintenance Kit	300	350	0	350
3/17/2017	Sarah	Jackson	Deep Valley Trail Tires	25	22	0	22
5/19/2013	Addison	Drew	Over the Edge Sprocket Set	15	15	4	11
				0	0	0	0

Record: 1 of 5 No Filter Search

프로세스를 더 효과적으로 만든 것이다.

물론 이것은 그림 2-6의 데이터가 정확하다는 전제하에 가능한 것이다. 하지만 정말 그러한가? 이 장을 끝내기 전에 고급 정보에 필요한 요소가 무엇인지 알아야 하며, 이를 위해서는 정보와 데이터의 차이점을 이해해야 한다. 다음에서 살펴보자.

Q4 정보란 무엇인가?

정보는 우리가 매일 사용하는 기본적인 단어 중 하나이지만 정확히 정의 내리기는 매우 어렵다. 정보를 정의하는 것은 살다나 진실과 같은 단어를 정의 내리는 것과 같다. 우리는 이러한 단어의 의미를 알고 있고 혼동 없이 사용하고 있지만 정의를 내리는 것은 어렵다.

정보의 다양한 정의

이 책에서는 정보의 정의에 있어서 기술적인 문제 대신 보편적이고 직관적인 정의를 사용할 것이다. 가장 보편적으로 **정보**(information)는 데이터로부터 파생된 지식인 반면, 데이터는 기록된 사실이나 숫자를 말한다. 따라서 제임스 스미스라는 직원이 시간당 70달러를 벌고, 메리 존스가 시간당 50달러를 번다는 사실은 데이터이다. 전체 그래픽디자이너의 평균 시급이 60달러라는 것은 정보이다. 평균 시급은 개별 임금 데이터로부터 파생된 지식이다.

정보의 또 다른 보편적인 정의는 정보는 데이터에 의미를 부여하여 나타낸 것이다. 제프 파크가 시간당 30달러를 번다는 사실은 데이터이다.[2] 그러나 제프 파크의 시급이 다른 에어로빅 강사들의 시급의 절반보다 낮다는 것은 정보이다. 이것은 데이터에 의미를 부여하여 나타낸 것이다.

다른 정의는 정보는 가공된 데이터라는 것이며, 또 다른 정의로 정보는 합계, 정렬, 평균, 그룹화, 비교 등 여러 가지 작업으로 가공한 데이터라는 것이다. 즉 근본적으로 정보를 산출하기 위해 데이터를 가지고 무엇인가를 한다는 것이다.

위대한 연구 심리학자 그레고리 베이트슨이 제시한 네 번째 정보에 대한 정의가 있다. 그는 정보를 차이를 만드는 차이라고 정의했다.

이 책의 학습목표를 위해서는 이 중 아무 정의라도 좋다. 여러분에게 와닿는 정보의 정의를 선택하라. 중요한 것은 데이터와 정보를 구별하는 것이다. 특정 상황에서 특정 정의가 더 잘 맞는다는 사실을 알게 될 것이다.

정보는 어디에 있는가?

그림 2-7에서와 같이 여러분이 아마존닷컴의 주식가격과 순수익의 시간에 따른 변화를 그래프로 만든다고 하자. 이 그래프는 정보를 포함하는가? 만약 의미 있는 맥락의 정보를 나타내거나 차이를 만들어내는 차이를 보여준다면 앞에서 말한 정보의 정의 중 두 가지에 부합하는 것이고, 이 그래프가 정보를 포함한다고 말하고 싶을 것이다.

그러나 이 그래프를 여러분의 애완견에게 보여준다면 개는 정보를 발견할 수 있을까? 아마존닷컴에 관한 정보는 아닐 것이다. 개는 당신이 점심으로 무엇을 먹었는지는 알 수 있을지 모르나 아마존닷컴의 시간에 따른 주식가격에 관한 정보는 알지 못한다.

이것을 보면 그래프 자체가 정보는 아니라는 것을 알 수 있다. 그래프는 여러분과 다른 사람들이 지각하는 데이터이고 그것을 지각함으로써 정보를 인지한다. 즉 종이나 스크린에 쓰여 있는 것은 데이터이고, 사람의 마음속에 있는 것은 정보이다.

왜 이것이 중요한가? 이것을 보면 일단 여러분이 사용하는 정보시스템 중 가장 중요한 부분은 인간인 바로 자기 자신이라는 이유를 알 수 있다. 여러분의 사고의 질과 데이터로부터 정보를 인지하는 능력은 여러분의 인지 능력에 의해 결정된다. 데이터는 데이터일 뿐이고 그것으로부터 여러분이 인지하는 정보가 당신이 정보시스템에 부가하는 가치이다.

게다가 사람들은 각기 다른 인식과 관점을 가지고 있다. 그렇다면 사람들이 동일한 데이터로부터 다른 정보를 지각한다는 것은 놀라운 일이 아니다. 다른 이에게 "봐, 여기 데이터에 바로 나와 있잖아."라고 말할 수 없다. 왜냐하면 정보는 여기 데이터에 바로 나와 있는 것이 아니라 여러분의 머리에 있고, 당신이 인지한 정보를 타인이 이해하도록 설명하는 것은 여러분의 역할이기 때문이다.

마지막으로 이것을 이해하게 되면 우리가 일반적으로 하는 말이 전부 말이 안 된다는 것을 알 수 있다. "너한테 그 정보를 보내줬잖아."라는 말은 사실이 될 수 없다. "내가 그 데이터를 보내서 네가 정보를 인지한 거잖아."라고 말하는 것이 최선이다. 업무에서 이것을 기억하고 적용한다면 실망과 좌절을 많이 덜게 될 것이다.

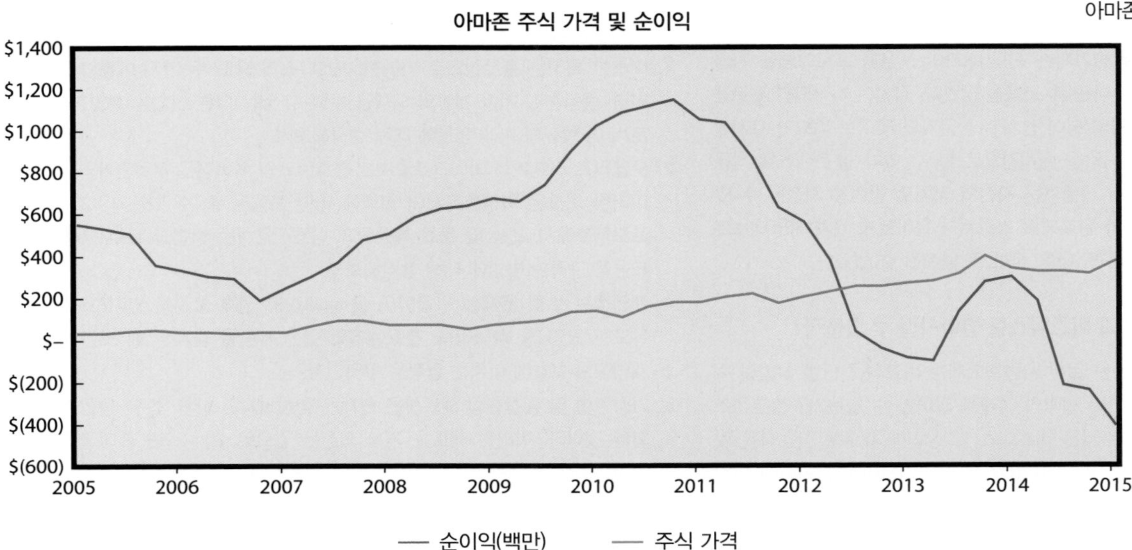

그림 2-7
아마존 주식 가격과 순이익

증강 협업

문제를 해결하는 데 도움을 얻기 위해 인터넷에 의지하는 시대로 전환된 시기는 언제일까? 불과 10년이나 20년 전만 해도 세상은 매우 다른 곳이었다. 새로운 것을 배우고 싶다면 도서관에서 책을 열심히 읽거나 유선 전화를 사용하여 친구에게 전화하는 것과 같이 상당한 노력을 기울여야 했다.

오늘날 마우스 클릭만으로 무한한 자원을 활용할 수 있다. 여기에는 고화질 비디오, 게시판, 양방향 웹사이트, 협업 도구 등 매일 사람들은 유튜브와 같은 사이트를 방문하여 자동차 타이어 변경, 새로운 프로그래밍 스크립트 작성 또는 공급망 관리 개선 방법 등을 배우고 있다.

그렇다면 다음에는 무엇이 나타날까? 단순히 책을 읽거나 비디오를 보는 것 외에 더 나은 학습 방법이 있을까? 페이스북, 구글, 마이크로소프트가 현재 개발 중인 새로운 혁신을 살펴보면 그 질문에 대한 답은 '그렇다'라고 할 수 있다.

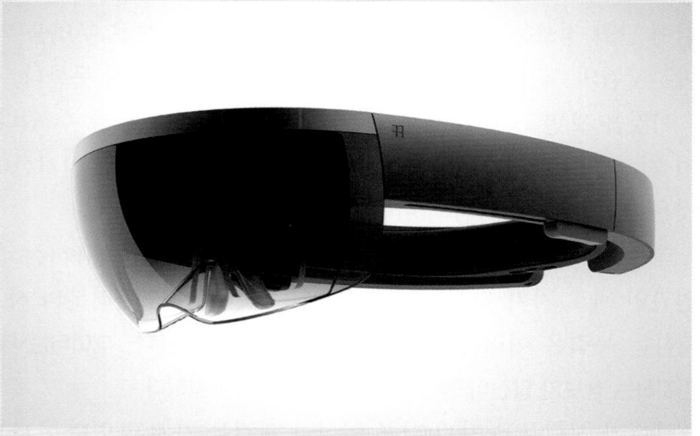
출처 : Corbis

마이크로소프트 홀로렌즈(일명 '프로젝트 바라부')란 무엇인가?

오큘러스 리프트 또는 구글 글래스에 대해 들어본 적은 있을 것이다. 그러나 그들의 차이점에 대해 알고 있는가? 페이스북의 통제하에 개발된 오큘러스 리프트는 3D 게임과 새로운 형태의 소셜미디어에 초점을 맞춘 가상현실 헤드셋이다. 구글 글래스는 증강현실을 제공하도록 설계되어 있으며, 실제 세계는 계속 표시되지만 안경 위에 인터페이스가 제공된다. 이 시장에 새로이 진입한 마이크로소프트는 최근 증강현실 헤드셋인 홀로렌즈를 발표했다.[3] 홀로렌즈에 대한 최근 리뷰에 따르면 이 혁신은 비즈니스, 생산성 및 공동 작업을 위한 게임 체인저가 될 수 있다.

홀로렌즈의 최근 시연은 협업 플랫폼으로서의 유용성을 보여주었다. 마이크로소프트 본사에서 실시된 시연에서 기자들은 라이트 스위치 설치를 포함하여 다수의 응용 프로그램에서 홀로렌즈를 시험해볼 수 있었다.[4] 평가자는 홀로렌즈를 사용하는 데 웹이나 비디오로 도움을 받지는 않았다.

홀로렌즈를 사용하면서 평가자는 전문 스카이프 응용 프로그램을 사용하여 전문 전기 기술자로부터 실제 교육을 받았다. 작업이 시작되면 홀로렌즈 사용자의 시야에 화상회의 창이 겹쳐져 전문가의 라이브 피드가 표시된다. 전문가는 사용자의 시야각을 실시간으로 볼 수 있다. 홀로렌즈를 착용한 사용자의 시야에 겹쳐서 전문가는 자신의 장치로 방향을 지정할 수 있다. 5분 만에 복잡한 단계가 완료되고 스위치가 올바르게 설치되어 테스트되었다. 그 전문가는 자유롭게 '다음 전화'로 넘어갈 수 있었다.

홀로렌즈는 어떻게 협업과 비즈니스를 변화시킬 수 있을까?

가벼운 전환을 설치하는 것은 일부 사람들에게는 비교적 간단한 작업일 수 있다. 그러나 이 기본 시연이 협력의 미래를 의미할 수 있는가? 홀로렌즈 및 다른 유형의 헤드셋은 수많은 비즈니스 및 산업에 새로운 상호작용 및 공동작업 기회를 창출할 수 있다. 이러한 유형의 기술이 건강관리에 미칠 영향에 대해 생각해보자. 수술 중에 합병증이 발생하고 의료 팀이 문제를 해결하기 위해 애쓰고 있다고 가정하자. 전국의 전문가가 증강현실 헤드셋을 사용하고 패치를 적용하여 외과의사의 시야 위에 지시와 세부 지침을 제공할 수 있다.

마찬가지로 홀로렌즈를 통해 의사소통을 하는 노련한 전문가의 감독하에 일하는 초보자가 제조 시설 또는 원자력 발전소에서 복잡한 작업 순서를 수행할 수 있다고 상상해보라. 이 두 가지 예는 빙산의 일각에 지나지 않지만 홀로렌즈와 마찬가지로 완전히 새로운 방식으로 협업의 미래를 볼 수 있도록 도와주고 있다!

질문

1. 이러한 특징은 홀로렌즈로 가능한 비즈니스의 용도 두 가지 예를 제공한다. 증강현실 기술 개발의 혜택을 누릴 수 있는 다른 산업을 확인함으로써 이 혁신의 미래 영향에 대해 생각해보라.
2. 오큘러스 리프트와 마이크로소프트 홀로렌즈의 차이점은 무엇인가?
3. 이러한 기술은 학생으로서의 협력에 어떤 도움을 줄 수 있는가? 그룹 프로젝트에서 교사 및 동료 학생들과 상호작용하는 방법과 교수로부터 도움을 구하는 방법에 대해 생각해보라.
4. 개인정보 보호 문제는 구글이 구글 글래스의 전체 출시를 연기하도록 유도한 요인 중 하나이다. 홀로렌즈와 같은 제품을 출시할 때 보안 및 개인정보 보호에 미치는 영향은 무엇인가?
5. 가상현실 및 증강현실 헤드셋은 현재는 참신하지만 향후 몇 년 동안 변화할 것이다. 이러한 새로운 기술 혁신은 앞으로 10~20년 후에 협력 및 비즈니스에 어떤 영향을 미칠 수 있는가?

Q5 고급 정보를 위해서 데이터의 어떤 특성이 필요한가?

우리는 앞에서 인간은 데이터로부터 정보를 인지한다는 것을 배웠다. 앞서 말한 것처럼 여러분이 생성하는 정보의 질은 부분적으로 여러분의 사고력에 의해 결정된다. 그러나 정보의 질은 여러분이 받은 데이터의 질에 의해서도 결정된다. 그림 2-8은 우수한 데이터의 특성을 보여준다.

정확성

먼저 우수한 정보는 정확하고 완전한 데이터로부터 정확하게 처리되어 인지된 정보이다. 데이터의 정확성은 매우 중요하다. 비즈니스 전문가는 자신의 정보시스템에서 도출된 결과를 믿을 수 있어야 한다. 정보시스템이 부정확한 데이터를 제공한다는 것이 알려지면 그 정보시스템 기능은 회사에서 나쁜 평판을 얻을 것이다. 이렇게 되면 시스템 사용자들은 부정확한 데이터를 피하기 위해 차선책을 개발하게 되므로 이 정보시스템은 돈 낭비, 시간 낭비가 되어버리고 만다.

결론적으로 여러분은 향후 정보시스템을 사용할 때 데이터가 단지 인터넷이나 멋져 보이는 보고서나 복잡한 컴퓨터 질의어(query)로부터 나온다고 해서 신뢰해서는 안 된다는 것이다. 때로 데이터가 아주 멋지고 생동적인 그래픽으로 전달되면 의심을 품기 힘들 수도 있다. 거기에 현혹되지 말라. 새로운 정보시스템을 사용할 때는 항상 의심을 품어라. 그 시스템이 제공하는 데이터를 대조하고 재차 검토하라. 정보시스템을 몇 주나 몇 달 사용한 후에는 안심해도 좋다. 그러나 처음에는 의심을 품어라. 다시 한번 강조하지만, 부정확한 데이터로부터 정확한 정보를 인지할 수는 없다.

적시성

고급 정보를 위해서는 시기적절한 데이터, 즉 필요할 때 이용 가능한 데이터가 필요하다. 6주나 늦게 나온 월간보고서는 대부분의 경우 쓸모가 없다. 어떤 정보가 필요한 결정을 이미 하고 나서 한참 후에 데이터가 도착하는 경우와 같다. 예를 들어 이미 제품을 발송하고 난 후에 불량신용고객 보고서를 제공하는 정보시스템은 도움도 되지 않고 화만 나게 할 뿐이다. 여기서 적시성은 날짜(6주 늦은) 혹은 사건(발송 전)에 대비하여 측정된다는 것을 알 수 있다.

여러분이 정보시스템 개발에 참여한다면 적시성을 요구사항에 포함해야 한다. 적절하고 현실성 있는 데이터 제공 시점을 요구해야 한다. 어떤 경우 실시간 데이터를 제공하는 시스템을 개발하는 것이 몇 시간 후에 데이터를 제공하는 시스템을 개발하는 것보다 훨씬 어렵고 비용이 많이 든다. 몇 시간이 지난 후 데이터를 받아도 상관이 없다면, 시스템 개발의 사용자 요구사항 반영 단계에서 그렇다고 말하라.

- 정확성
- 적시성
- 관련성
  - 상황 관련성
  - 주제 관련성
- 적당량
- 비용 가치

그림 2-8
우수한 데이터의 특성

예를 들어 여러분이 마케팅 부서 직원으로서 신규 온라인 광고 프로그램의 효과를 평가해야 한다고 가정해보자. 여러분은 웹광고뿐 아니라 고객들이 그 광고를 클릭하는 빈도수 데이터까지 제공하는 정보시스템이 필요하다. 클릭 수를 실시간으로 제공하는 시스템은 비용이 매우 높지만, 클릭 수 데이터를 일괄 저장하고 몇 시간 후 그것을 처리하여 제공하는 시스템은 훨씬 낮은 비용으로 쉽게 개발할 수 있다. 하루나 이틀 후에 데이터를 받아도 상관없는 경우라면 시스템 구축은 더욱 쉽고 낮은 비용으로 가능하다.

관련성

데이터는 상황과 주제에 관련이 있어야 한다. 여러분이 CEO인 상황에서는 그에 맞게 적절하게 요약된 데이터가 필요하다. 회사 전체 직원의 시급목록보다는 부서별 혹은 본부별 평균 시급 정보가 필요할 것이다. 전체 직원의 시급목록은 여러분의 상황에 관련성이 없는 데이터이다.

데이터는 또한 여러분이 다루고 있는 주제에 관련이 있어야 한다. 만약 여러분이 단기 신용대출 이자율에 관한 데이터가 필요하다면 과거 15년 주택담보대출 이자율 보고서는 관련이 없는 데이터이다. 마찬가지로 여러분이 필요로 하는 데이터가 여러 장에 걸쳐 숨어 있다면 그 또한 여러분 목적에 관련성이 떨어지는 데이터이다.

적당량

데이터는 그 목적을 이루기에 충분한 양이 필요하지만, 필요한 만큼만 충분해야 한다. 우리는 데이터 홍수 속에서 매일 어떤 데이터를 무시할지 결정하며 살아간다. 더 높은 직위로 올라갈수록 더 많은 데이터를 받을 것이고, 그만큼 시간이 부족하기 때문에 더 많은 데이터를 무시해야 할 것이다. 그러므로 데이터는 충분해야 하지만, 딱 필요한 만큼만 충분해야 한다.

비용 가치

데이터는 무료가 아니다. 정보시스템의 개발, 운영, 유지에는 비용이 발생하고, 정보시스템이 제공하는 데이터를 읽고 처리하는 사람의 시간과 인건비도 있다. 데이터가 비용 대비 가치를 창출하기 위해서는 데이터의 비용과 가치 사이에 적절한 관계가 있어야만 한다.

예를 들어, 공동묘지에 묻혀 있는 모든 시체의 이름을 나열한 보고서는 무슨 가치가 있을까? 묘지도굴 문제가 있지 않는 한 그 보고서의 가치는 제로이다. 시간 내어 그 보고서를 읽을 가치가 없는 것이다. 이 어이없는 예시에서는 경제성을 판단하기가 쉽다. 그러나 누군가 여러분에게 신기술을 제안하는 경우라면 문제는 어려워진다. 여러분은 "이 데이터로부터 얻을 수 있는 정보의 가치는 얼마인가?", "비용은 얼마인가?", "가치와 비용 간 적절한 관계가 있는가?"와 같은 질문을 해야 한다. 회사의 다른 자산을 평가하는 것과 똑같이 정보시스템도 동일한 경제성 분석을 거쳐야 한다.

이 장에서의 지식이 여러분에게 어떻게 도움이 되는가?

마테오와 팔콘시큐리티의 다른 직원들은 3D 프린트를 시작하려면 비즈니스 프로세스를 평가할 필요가 있음을 알고 있다. 그러나 그들은 이를 평가하는 방법을 알지 못한다. 이 장의 지식을 통해 팔콘의 비즈니스 프로세스를 문서화하고 3D 프린트가 팔콘에 어떤 영향을 미칠 것인지 전문적으로 설명할 수 있다. 그렇게 함으로써 그들은 제1장의 용어를 사용하여 시스템 사고, 요약추론, 협력 및 실험 능력을 입증하게 된다. 그러므로 이 지식은 팔콘을 도와줄 뿐 아니라, 그것은 팀원들의 경력에 도움이 될 것이다.

팔콘시큐리티가 3D 드론 프린트로 나아갈 경우 다음 단계는 드론을 프린트하고 IS 전문가(사내 또는 외주 계약자)와 협력하여 새로운 드론이 기존 시스템을 대신하는 것이다. 이 장에 대한 지식은 마테오, 조지, 캠 및 다른 사람들이 그 전문가들과 효과적으로 의사소통하는 데 도움이 된다. 이러한 의사소통은 더 나은 해결책을 제시할 뿐만 아니라 IS 전문가가 비즈니스를 더 빨리 이해할 수 있게 한다. 따라서 팔콘의 비용은 줄어들 것이다. 여러분의 경력에서 비슷한 문제가 발생할 수 있으므로 팔콘의 경험이 어떻게 도움이 되는지 생각해보자.

윤리문제

정말로 나는 무엇이 더 나은지 안다

여러분이 팔콘시큐리티 같은 3D 프린트 기술의 혁신적인 응용 프로그램에 참여한 소규모 창업회사에서 일한다고 가정해보자. 회사는 2년 정도 되었고 50명을 고용하고 있으며, 많은 신생 기업과 마찬가지로 자금이 부족하다. 여러분은 상대적으로 부하 직원이지만 회사 창립자에게 깊은 인상을 주었고 여러 가지 특별 프로젝트에서 지도력을 발휘하였다. 최근에 이 회사는 3D 프린트 디자인을 저장하고 고객이 구매할 수 있도록 정보시스템을 개발하기 위해 준비를 하고 있다. 여러분은 고위 경영진이 검토할 수 있는 대안으로 IS 솔루션을 개발하는 위원회에 배정받았다.

여러분과 동료인 레슬리 존슨은 위원회에 제시할 두 가지 대안을 개발했다. 여러분은 대안 2가 대안 1보다 훨씬 더 바람직하다고 생각하지만, 레슬리는 그 반대라고 생각한다. 레슬리의 대안이 선택된다면 그 결과로 큰 재정적 손실이 발생할 것이다. 젊은 신생회사가 생존할 확률은 낮다. 그렇지 않더라도 레슬리의 대안을 추구하는 데에는 시간이 많이 걸리므로 회사가 역동적으로 발전하는 시장에서 경쟁에 뒤처져 상당한 시장 점유율을 잃을 수 있다.

불행하게도 레슬리는 여러분이 대안을 제시할 순간에 가족의 위급한 연락을 받았다. 여러분은 레슬리의 계획이 회사에 돌이킬 수 없는 해를 입힐 가능성이 높다고 믿기 때문에 회사에는 여러분의 대안만 보고하기로 결심한다. 명확하게 거짓말을 한 것은 아니지만 여러분은 위원회가 여러분의 계획을 강력하게 지지하도록 이끌었다. 위원회는 여러분의 계획을 채택하였고 레슬리는 위원회가 단 하나의 대안만을 보았다는 것을 결코 알지 못한다.

여러분의 행동은 윤리적인가?

제1장의 윤리문제는 윤리적 행위를 평가하는 한 가지 방법으로 칸트의 정언 명령을 소개했다. 이 장에서는 두 번째 방법, 즉 **공리주의**를 소개한다. 이 이론의 기초는 초기 그리스 철학자로 거슬러 올라가지만, 현대 이론의 창시자는 제레미 벤담과 존, 스튜어트 밀 등으로 간주된다. 기업윤리 수업에서 배우게 될 것이다.

공리주의에 따르면 행위의 도덕성은 결과에 의해 결정된다. 가장 큰 이익을 얻거나 행복을 극대화하고 고통을 덜어주는 행동은 도덕적이라고 판단한다. 이 문장은 글자의 범위를 벗어나 다양한 변종의 공리주의를 이끌어낸 많은 미묘한 부분을 포함하고 있다. 여기서 우리는 그 진술의 요지와 함께할 것이다.

공리주의를 지침으로 삼는 경우 가장 큰 이익을 얻는다면 살해도 도덕적일 수도 있다. 아돌프 히틀러를 죽이는 것으로 유대인 대학살이 중단된다면 이 행동은 도덕적일 수 있다. 유사하게 공리주의는 거짓말이나 다른 형태의 속임수 행위로 인해 가장 큰 이익을 얻는다면 도덕적인 것으로 평가할 수 있다. 여러분이 치명적인 질병을 앓는 누군가에게 그 사실에 대해 거짓말하는 것은 그것이 그 사람의 행복을 증가시키고 고통을 줄인다면 도덕적이다.

토의문제

1. 칸트의 정언 명령에 따르면 레슬리의 대안을 제시하지 않은 여러분의 행동은 윤리적인가?
2. 공리주의에 따르면 레슬리의 대안을 제시하지 않은 여러분의 행동은 윤리적인가?
3. 다음과 같이 가정해보자.
   a. 여러분이 생각이 옳았다고 가정하고 회사가 레슬리의 대안에 착수했다면 회사가 파산할 수 있었다. 이 사실로 인해 여러분의 행동은 보다 윤리적인가? 여러분의 답변을 설명하라.
   b. 여러분의 생각이 틀렸다고 가정한다면 레슬리의 대안은 회사의 미래를 위해 여러분의 대안보다 훨씬 뛰어났을 것이다. 이 사실로 인해 여러분의 행동은 덜 윤리적인가? 여러분의 답변을 설명하라.
4. 여러분의 의견에서 의도된 결과 또는 실제 결과는 공리주의적 관점에서 윤리를 평가할 때 더 많은 도움을 주는가?
5. 레슬리가 참석할 수 있을 때까지 회의를 연기시켰다면 레슬리는 여러분의 대안을 선택할 수도 있었다. 그러나 그렇게 함으로써 위원회가 레슬리의 대안을 선택할 가능성은 높아지며, 여러분은 그 결정이 회사에 치명적일 것이라고 굳게 믿는다.
   a. 칸트의 정언 명령에 따르면 회의를 연기하기로 한 결정은 윤리적인가?
   b. 공리주의에 따르면 회의를 연기하지 않기로 한 결정은 윤리적인가?
6. 레슬리가 여러분의 대안만을 제시했다는 것을 알게 되어 두 사람은 서로의 적이 된다. 회사에 이익이 되지 않기 때문에 두 사람은 결코 다시 함께 일할 수 없다. 공리주의에 입각해 여러분의 행동 윤리를 바꾸어야 하는가?
7. 레슬리의 대안을 제시하지만 매우 부정적으로 표현했다고 가정해보라. 여러분은 그렇게 믿기 때문에 그 대안의 불이익에 대해 정직하게 설명했다. 그러나 여러분은 레슬리가 그에 동의하지 않는다는 것도 알고 있다. 편향된 발표에 의해 위원회는 여러분의 대안을 선택했다.
   a. 칸트의 정언 명령에 따르면 이 행동은 윤리적인가?
   b. 공리주의에 따르면 여러분의 행동은 윤리적인가?
8. 이 상황에서 여러분은 어떻게 할 것인가? 결정에 대한 윤리를 정당화하라.

길라잡이

자기중심적 사고와 공감적 사고

어느 정의에 따르면 '문제'란 현 상태(what is)와 그렇게 되어야 하는 상태(what ought to be)의 차이이다. 비즈니스 프로세스와 그것을 지원하는 정보시스템을 개발하고 변경할 때 개발 팀은 문제를 동일하게 정의하고 이해하는 것이 중요하다. 그러나 모든 팀원이 동일하게 이해하는 것은 어려울 수 있다.

인지과학자들은 자기중심적(egocentric) 사고와 공감적(empathetic) 사고를 구분한다. 자기중심적 사고는 자신을 중심으로 하는 것으로서, 자기중심적 사고를 하는 사람들은 자신의 관점을 '실제 관점' 혹은 '사실적 관점'으로 생각한다. 반면 공감적 사고를 하는 사람들은 자신의 관점을 어떤 상황에 대한 하나의 가능한 해석으로 생각하고 타인이 어떻게 생각하는지 능동적으로 배우려고 한다.

각 분야의 전문가들은 각기 다른 이유로 공감적 사고를 권장한다. 종교지도자들은 공감적 사고가 더 도덕적이라고 말하고, 심리학자들은 공감적 사고를 함으로써 더 풍요롭고 보람된 인간관계를 달성할 수 있다고 말한다. 비즈니스에서는 공감적 사고가 더 현명하기 때문에 권장된다. 비즈니스는 사회적 노력이고, 타인의 관점을 이해할 수 있는 사람이 항상 더욱 효과적이다. 타인의 관점에 동의하지는 않는 경우라도 그들의 관점을 이해한다면 그들과 훨씬 더 잘 일할 수 있다.

예를 들어 여러분이 MIS 교수님께, "교수님, 제가 지난주 월요일에 결석을 했는데, 혹시 중요한 내용이 있었나요?"라고 질문한다고 가정해보자. 이것은 전형적인 자기중심적 사고이다. 교수님의 관점은 전혀 고려하지 않으며, 중요한 내용이 없었다고 추측하고 있다. 교수님은 "아니, 자네가 오지 않은 것을 보고 중요한 내용은 다 빼버렸지."라고 말하고 싶을 것이다.

공감적 사고를 하기 위해서는 이 상황을 교수님의 관점에서 생각해야 한다. 결석을 하는 학생은 교수님에게 가외 업무를 발생시킨다. 결석을 한 이유가 아무리 타당해도 마찬가지이다. 사실 열이 39도까지 올라 다른 학생들에게 감기를 옮기지 않기 위해 결석을 할 수도 있다. 하지만 이유가 어쨌든 여러분이 결석을 하면 교수님은 일을 더 해야 한다. 여러분이 놓친 부분을 보강하기 위해 교수님이 무엇인가를 해주어야 하기 때문이다.

공감적 사고를 하면 여러분은 결석으로 인해 교수님이 받는 영향을 최소화하기 위해 노력할 것이다. 예를 들면, "제가 결석을 해서 메리에게 노트를 받았습니다. 그런데 비즈니스 프로세스와 정보가 어떻게 관련이 있는지 질문이 있습니다. … 아 참, 저 때문에 귀찮게 해드려 죄송합니다." 라고 말할 수 있다.

이 상황에서 매우 중요한 점을 짚고 넘어가자. "수요일 직원회의에 참석하지 못했는데 혹시 중요한 내용이 있었나요?"라는 내용의 이메일을 절대로 상사에게 보내서는 안 된다. 수업에 결석했을 때 이렇게 말하면 안 되는 이유와 같은 이유이다. 대신 여러분의 불참으로 인해 상사가 받는 영향을 최소화하는 방법을 찾으라.

이것은 MIS와 어떤 관계가 있는가? 캠은 펠릭스가 회의에 참석하지 않는다는 것이 큰 문제라고 생각한다. 펠릭스는 팀이 드론의 비행 성능에 초점을 맞추고 있다고 생각한다. 알렉스는 팀이 3D 드론을 결정해야 한다고 생각한다. 무슨 일이 일어나고 있는지 조니가 이해하고 나면 직원의 시간 낭비와 팀 구성원 간의 합의 부족에 집중할 것이다.

이제 이 상황에서 여러분이 회의에 참석했는데 회의 참석자들이 각각 다른 관점으로 문제를 인식하고 있다고 가정해보자. 모두가 자기중심적 사고를 한다면 어떻게 되겠는가? 회의는 논쟁만 하고 아마 아무 결과도 없이 끝날 것이다.

하지만 참석자들이 공감적 사고를 한다고 가정해보자. 이 경우 사람들은 각각 다른 관점을 이해하려고 공동으로 노력할 것이고 회의 결과는 훨씬 긍정적일 것이다. 아마 이 세 가지 관점을 모두 발견하고 우선순위를 정할 수 있을 것이다. 두 가지 경우 모두 참석자들은 같은 정보를 가지고 있지만 사고방식의 차이로 인해 다른 결과가 도출된다.

공감적 사고는 모든 비즈니스 활동에서 매우 중요한 기량이다. 훌륭한 협상가는 항상 상대편이 무엇을 원하는지 알고 있다. 우수 판매원은 고객의 니즈를 이해하고 있다. 공급업체의 문제를 이해하는 구매자는 더 나은 서비스를 받는다. 그리고 교수의 관점을 이해하는 학생은 더 나은….

토의문제

1. 자기중심적 사고와 공감적 사고가 어떻게 다른지 설명해보라.
2. 직원회의를 놓쳤다고 가정해보자. 공감적 사고를 사용하여 회의에서 일어난 일에 대해 필요한 정보를 얻을 수 있는 방법을 설명하라.
3. 공감적 사고는 문제 정의와 어떤 관련이 있는가?
4. 문제 정의에 대해 여러분과 다른 사람이 크게 다르다고 가정해보자. 그 사람이 말하길 "아니, 진짜 문제는 그게 아니라…."라고 하며 그 사람이 생각하는 문제에 대한 정의가 그 뒤를 이었다. 여러분은 어떻게 대답할 것인가?
5. 다시 한번 여러분과 다른 사람이 문제 정의에 대해서 의견이 다르다고 가정해보자. 여러분은 그 사람의 정의를 이해한다고 가정해보자. 여러분은 그것을 어떻게 명확하게 할 것인가?
6. 다음 문장에 대해 설명해보라. "사업에서 공감적 사고는 영리한 것이다." 여러분은 이 말에 동의하는가?

출처 : BlueSkyImages/Fotolia

생생복습

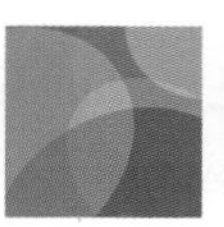

이 장에서 학습한 내용을 이해하였는지 점검해보자.

Q1 팔콘시큐리티는 왜 비즈니스 프로세스를 이해해야 하는가?

팔콘시큐리티가 비즈니스 프로세스를 이해해야 하는 이유를 요약하라. 프로세스 요약추론이 팀을 보다 효과적으로 만드는 방법을 설명하라. 정보시스템의 역할에 대한 지식이 중요한 이유를 설명하라.

Q2 비즈니스 프로세스 모델링은 조직에 도움이 되는가?

베스트바이크의 사업 운영을 요약하라. 비즈니스 프로세스를 정의하고 세 가지 예를 제시하라. *BPMN*, 수영 레인 형식, 활동, 역할, 공급업체, 저장소, 데이터 흐름, 활동의 흐름, 하위 프로세스 등을 정의하라. 각각에 대해 사용된 BPMN 기호를 설명하라. 그림 2-1을 보고 이 비즈니스 프로세스가 어떻게 작동하는지 설명하라. 그림 2-1과 그림 2-3의 프로세스 간의 차이점을 설명하고 이러한 차이점을 3D 프린트 기회와 관련지어 설명하라.

Q3 정보시스템이 프로세스의 질을 어떻게 개선할 수 있는가?

프로세스 품질의 두 가지 측면을 정의하라. 정보시스템이 어떻게 이러한 차원을 향상시킬 수 있는지 설명하라. 정보시스템이 그림 2-1과 그림 2-4에서 프로세스의 품질을 향상시킬 수 있는 방법을 설명하라. 자동화는 그림 2-5의 다섯 가지 구성요소와 관련된다. 그림 2-6에서 구매자가 데이터를 사용할 수 있는 용도를 설명하라

Q4 정보란 무엇인가?

정보의 네 가지 정의를 설명하라. 자신의 경험과 판단을 사용하여 비즈니스에서 이 네 가지 정의의 유용성의 순위를 매겨보고 그 근거를 제시하라. 데이터와 정보가 어디에 위치하는지 설명하라.

Q5 고급 정보를 위해서 데이터의 어떤 특성이 필요한가?

고급 정보를 생산하기 위해 필요한 데이터의 다섯 가지 특성을 나열하고 설명하라. 이 특성이 필요한 이유를 설명하라.

이 장에서의 지식이 여러분에게 어떻게 도움이 되는가?

팔콘시큐리티가 비즈니스 프로세스에 대한 지식을 통해 어떻게 목표를 달성할 수 있는지 요약하라. 그림 2-3과 같은 프로세스 모델을 사용하는 방법을 설명하라. 그림 2-1과 그림 2-4의 차이점을 설명하라. 프로세스 질의 두 가지 측면을 기술하고 정보시스템이 어떻게 향상시킬 수 있는지에 대해 사례를 제시하라. 프로세스 질에 대한 지식, 정보시스템의 역할 및 여러분의 경력에 요약추론 프로세스를 사용하는 방법을 설명하라.

주요용어

데이터 흐름(data flow)
비즈니스 프로세스(business process)
비즈니스 프로세스 모형(Business Process Modeling Notation, BPMN)
수영 레인 형식(swimlane format)
활동의 흐름(sequence flow)
역할(role)
기록저장소(repository)
정보(information)
활동(activity)
수행자(actor)
효과적인 비즈니스 프로세스(effective business process)
효율성(efficiency)

학습내용 점검

1. Q2에서 언급한 베스트바이크의 오너와 3D 프린트를 논의한다고 가정해보라. Q2에 제시된 것과 같은 프로세스 요약이 없다고 가정하라. 베스트바이크에서 3D 프린트에 대한 여러분의 우려를 설명하는 방법을 논하라. 이제 프로세스 요약이 있다고 가정하고, 어떻게 여러분의 우려를 설명할 것인지 준비해보라. 베스트바이크가 이러한 차이를 어떻게 인식할 것이라고 생각하는가? 베스트바이크의 다른 직원이 이러한 차이점을 어떻게 인식할 것이라고 생각하는가?

2. 여러분은 베스트바이크에서 구매자들을 관리하고 있으며 신규업체 선정시스템을 개발하는 데 필요한 사용자 요구사항을 달라고 요청받았다. 이 과정에서 여러분은 업체와 판매 제품을 선정하는 데 직원들에게 얼마만큼의 자율성을 줄지 고민한다. 업체와 제품을 시스템이 자동으로 선정하는 시스템을 요청할 수도 있고 직원들이 선정하게 하는 시스템을 요청할 수도 있다. 이것이 다음 사항에 어떻게 영향을 미치는지 설명해보라.
   a. 직원에게 필요한 기술 수준
   b. 필요한 직원 수
   c. 직원 채용 기준
   d. 경영 관행
   e. 직원의 자율성 정도
   f. 부서 관리의 융통성

3. 경영진은 2번 질문을 위한 시스템 개발의 프로세스 정의에서 여러분을 배제했다. 이 과정에 여러분이 참여해야 한다는 것을 증명하기 위해 상기 질문에 대답하며 획득한 지식을 어떻게 사용할 수 있는지 설명해보라.

협력과제 2

과제 수행을 위해서 구글드라이브, 구글플러스, 윈도우즈 라이브, 스카이드라이브, 마이크로소프트 셰어포인트 혹은 기타 협력 도구의 사용을 고려해보라.

많은 학생들, 특히 비즈니스 경험이 적은 이들은 비즈니스 프로세스의 중요성과 복잡성을 이해하는 데 어려움을 겪는다. 아주 간단한 프로세스 하나도 굉장히 복잡해질 수 있다. 다음의 비즈니스 상황과 과제는 비즈니스 프로세스의 필요성과 프로세스 구성의 중요성, 그러한 프로세스를 지원하는 정보시스템의 역할을 이해하는 데 도움이 될 것이다.

여러분이 전기, 배관 관련 자재, 장비, 도구를 판매하는 회사에서 일한다고 가정해보자. 여러분의 고객은 외상으로 구매하는 데 익숙한 주택 건축회사와 건설회사들이다. 주문이 들어오면 제품을 재고에서 꺼내 포장, 발송하기 전에 먼저 주문을 평가하고 특별 조건이 있다면 그것을 승인해야 한다. 따라서 다음의 그림 2-9와 같은 주문 승인 프로세스를 개발하였다(이 그림에서 다이아몬드는 결정을 나타낸다. 다이아몬드 이후 단계는 화살표에 표시된 답에 따라 흘러간다).

여러분의 주문 승인 프로세스는 견적, 요구 조건에 따른 견적 조정, 재고 조사, 신용 검토, 특별 조건 평가 등과 같은 여러 단계로 구성된다. 재고 조사와 신용 검토는 모든 주문에 대해 이루어져야 하지만, 특별 조건 평가는 고객이 무료배송, 추가 할인, 긴급배송과 같이 특별한 요청을 할 때만 이루어진다.

여기서 알 수 있듯이 이렇게 간단한 비즈니스 프로세스 하나라도 굉장히 복잡한 단계를 거친다. 일단 검토 단계의 순서가 맞는지 생각해보아야 한다. 이 비즈니스 프로세스에서는 고객 신용을 검토하기 전에 재고 조사를 먼저 한다. 신용 검토 전에 재고를 조사하는 것이 맞는 순서인가? 신용을 먼저 검토하는 것이 더 낫지 않을까? 또한 여러분이 특별 조건을 거절할 거라면 재고 조사와 신용 검토 전에 특별 조건을 먼저 검토하는 것이 낫지 않을까?

만약 재고가 충분히 있다면 필요한 재고는 순서에 맞게 배치된다. 그러나 그 후 고객 신용이나 특별 조건으로 인해 주문이 거절된다면 재고는 출고되지 않는다. 이 경우 여러분이나 다른 직원이 배정된 재고를 풀어주어야 한다.

그림 2-9에는 나오지 않지만 고객 신용도 위와 같은 경우에 해당된다. 만약 고객 신용이 승인되어 해당 고객의 매출채권이 늘어났는데 이후 특별 조건으로 인해 주문이 거절되면 이전 단계에서 잡은 매출채권을 그 고객에게 돌려주어야 한다.

또한 당신이 여러 주문을 동시에 처리하기 때문에 문제가 발생하기도 한다. 콜러슈프림 싱크대 1개 주문이 두 건 들어왔다고 가정해보자. 재고는 1개밖에 없다. 여러분은 처음 주문한 고객에게 판매를 하려 하고, 그러려면 싱크대를 그 고객에게 배정해야 한다. 안 그러면 1개의 싱크대에 대해 2개의 주문이

그림 2-9
기존 주문프로세스

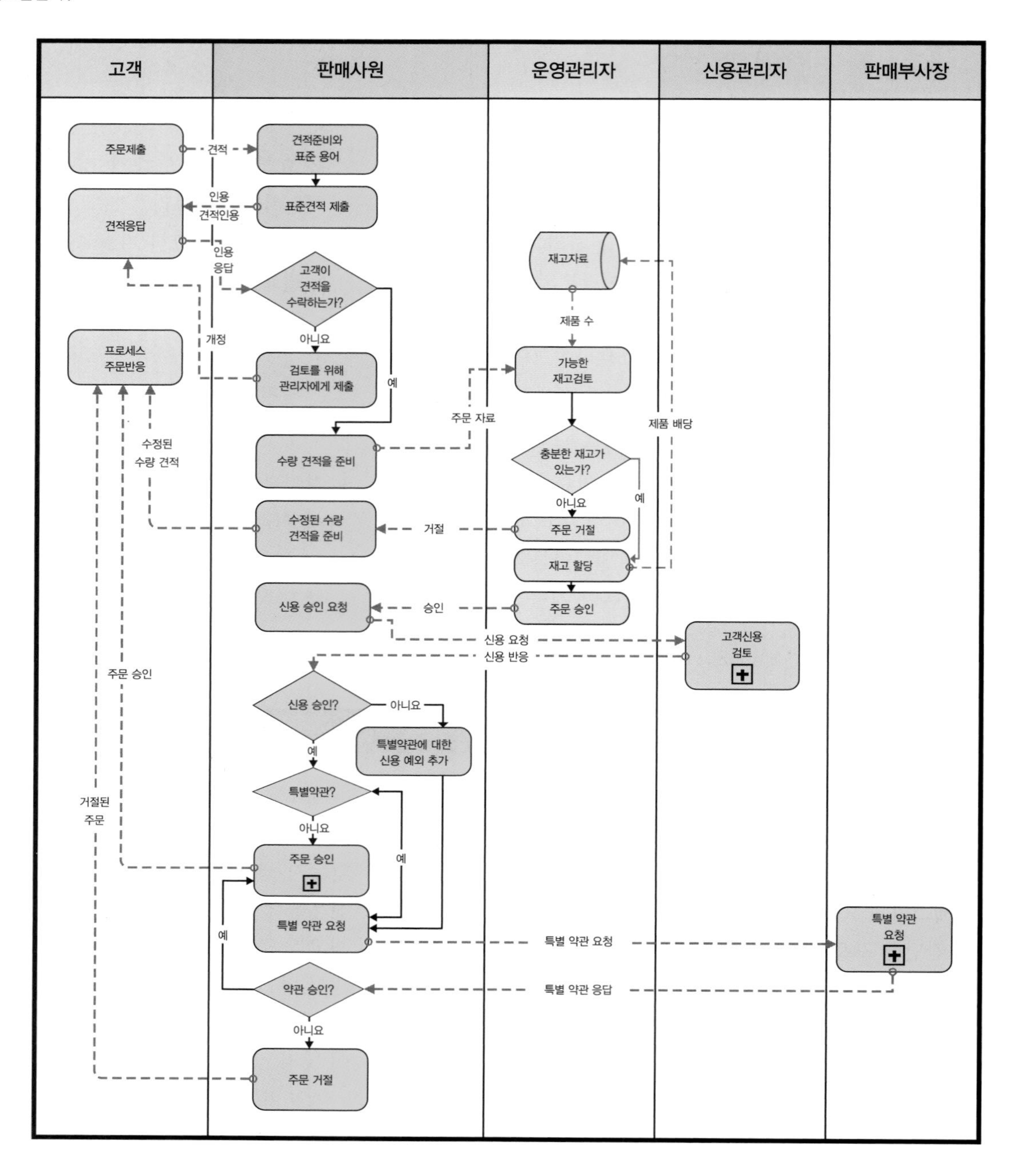

처리될 것이다. 하지만 여러분이 싱크대를 배정한 고객의 특별 조건이 거절되었고, 두 번째 고객의 주문이 아직 유효하다면 그 고객에게 싱크대를 다시 배정하려 한다. 이 프로세스를 어떻게 진행할 것인가?

이 시나리오는 다음과 같은 또 다른 가능성을 무시한다. 하나의 싱크대에 대해 두 건의 주문을 받았다. 한 고객은 자신의 산장에 설치하려 하는 소매고객이고 다른 고객은 여러분의 회사로부터 1년에 500개의 싱크대를 구매하는 빅스카이 건설회사이다. 이 싱크대를 어떤 고객에게 배정할 것인가? 그리고 그것에 대해 어떻게 알 수 있는가?

여러분의 그룹과 함께 다음의 문제에 답해보라.

4. 그림 2-9에서 재고를 할당해야 하는 이유를 설명하라.
5. 그림 2-9를 사용하여 고객에게 신용을 할당해야 하는 이유를 설명하라. 특별 조건이 승인되지 않은 경우 이러한 할당이 조정되지 않으면 비즈니스 결과는 어떻게 되는가?
6. 신용 조건이나 특별 조건이 승인되지 않은 주문에 대한 신용 조정 프로세스를 권장한다. 어떤 역할이 조정을 하는지 그리고 그렇게 진행하기 위한 데이터를 받는 방법은 무엇인가?
7. 신용 또는 특별 조건이 승인되지 않은 경우 할당된 재고가 반환되도록 그림 2-9의 프로세스를 변경하라. 조정 역할을

해야 하는 데 필요한 데이터를 얻는 방법에 대해 설명하라.

8. 그림 2-9의 세 가지 승인 업무에는 여섯 가지 단계가 있다. 각 팀의 이름을 정하고 팀이 가장 유망한 팀으로 생각하는 것을 선택하라.
9. 8번 질문에서 선택한 세 가지 단계를 각각 평가하고 가장 좋다고 생각되는 단계를 선택하라.
10. 8번과 9번 질문의 답변을 선택할 때 사용한 기준을 설명하라.
11. 지금까지는 이 프로세스가 영업사원에게 미치는 영향을 고려하지 않았다. 영업 담당자는 고객과의 원만한 관계를 유지하기 위해 어떤 정보를 필요로 하는가?

사례연구 2

자신이 작성한 소프트웨어를 직접 사용해보는 것

자신이 작성한 소프트웨어를 직접 사용해보는 것(도그푸딩)은 개발하거나 홍보하는 제품을 직접 사용하는 절차를 의미한다. 이 용어는 소프트웨어 업계에서 1980년대에 누군가가 자신의 회사에서 개발한 제품을 사용하고 있지 않다는 것을 알았을 때 나온 말이다. 또는 "그들은 자신의 것을 먹지 않고 있었다."라는 의미를 나타낸다. 위키피디아에는 1988년 마이크로소프트 LAN 테스트 관리자인 브라이언 발렌타인이 처음 사용한 것으로 표현되어 있다. 그 근원이 무엇이든, 직원들이 자신의 제품이나 아이디어를 직접 사용해보기로 결정한다면, 많은 사람들이 제품이나 아이디어가 성공할 것으로 믿는다는 것이다.

이 책은 오피스365 프로페셔널과 이 장에서 설명한 많은 기술을 사용하여 공동작업 팀에서 개발했다. 우리는 이 장에 들어갈 아이디어와 결과물을 도그푸딩하고 있었다.

그림 2-10에서는 워드, 파워포인트 등 이미지 형식의 초안장을 PDF 페이지로 변환하는 프로세스 도표를 만들었다 제12장에서 이와 같은 프로세스 도표에 대해 더 배우게 될 것이다. 지금은 각 열의 역할(이 경우 특정 사람)에 의해 수행되는 활동을 나타낸다. 이 프로세스는 왼쪽 상단의 얇은 원부터 시작하여 오른쪽 하단의 굵은 원으로 끝난다. 점선은 한 활동에서 다른 활동으로의 데이터 흐름을 나타낸다.

그림 2-10에서 볼 수 있듯이 작성자는 텍스트가 완전하고 시장 요구사항을 반영하는지 확인하는 개발 편집자와 긴밀히 협력한다. 우리는 이 과정을 상세하게 파고들 필요가 없다. 다양한 역할을 하는 사람들이 편집을 하고 승인하고 조정할 때 각각의 텍스트와 챕터 부분에 여러 버전이 만들어지는 것을 알 수 있다.

그림 2-10에서 역할을 수행하는 사람들이 다른 지리적 위치에 있기 때문에 대면 회의가 불가능하다. 과거에는 전화, 전자메일 및 파일 서버를 사용하여 개발 프로세스를 수행했다. 상상할 수 있듯이 수백 개의 문서 등으로 인해 상당한 혼란이 생기고 각각의 사본으로 여러 번의 검토가 계속되었다. 또한 이메일을 통해 전달되는 작업 요청은 쉽게 분실되기도 한다. 문서 및 설계의 삭제 및 잘못된 버전은 일반적이지 않지만 발생한다.

매년 새 개정판을 발표하기로 결정했을 때 우리는 생산성을 높이기 위한 방법을 찾아야 한다는 것을 알고 있었다. 결과적으로 우리 개발 팀은 자체 개발을 하려고 오피스365 프로페셔널을 사용하기로 결정했다. 이 기간 동안 프로세스, 작성자, 로나 타운 편집자 및 제작자는 구글 행아웃을 자주 사용했다(출판사가 스카이프 포 비즈니스를 허용하지 않았기 때문에 이를 사용할 수 없었다). 그림 2-11은 일반적인 행아웃을 보여준다. 이 프로세스에서 세 사람의 수행자가 공통의 화이트보드를 공유하고 있다. 각자는 그 화이트보드에 글쓰기 또는 그리기를 할 수 있다. 회의가 끝나면 화이트보드가 저장되어 팀의 셰어포인트 사이트에 배치되어 회의록으로 사용되었다.

그림 2-12는 팀의 최상위 셰어포인트 사이트를 보여준다. 퀵런치(왼쪽 세로 메뉴)에는 사이트의 중요한 내용에 대한 링크가 있다. 중앙 부분에는 상태에 대해 'completed(완료됨)' 이외의 값이 있는 작업이 있다. 팀은 경고를 설정하여 작업 목록에 새 작업이 만들어지면 셰어포인트는 해당 작업이 할당된 사람에게 전자메일을 보낸다. 그림 2-13에서 볼 수 있듯이 전자메일은 해당 작업 상태가 다른 사람들에 의해 변경되었다.

모든 문서와 그림은 셰어포인트 라이브러리에 저장되고 관리되었다. 그림 2-14는 이 장이 작성되었을 당시의 초안 문서 제2장의 내용을 보여준다. 이 팀은 셰어포인트에 문서를 저장함으로써 라이브러리 버전 추적 기능으로 활용했다. 그림 2-15는 이 라이브러리에 있는 문서 중 하나의 버전 기록 부분을 보여준다. 작업이 완료되면 로나는 최종 버전을 검토해야 할 것이므로 작업 요청할 것을 만들어야 한다. 이 새로운 작업은 그림 2-13의 전자메일처럼 전자메일을 그녀에게 보낸다. 나는 이 문장을 끝내자마자 바로 그 일을 할 것이다! 이것이 바로 도그푸딩이다!

질문

12. 자신 언어로 **도그푸딩**을 정의해보라. 도그푸딩이 제품 성공을 예측할 수 있다고 생각하는가? 그 이유는 무엇인가? 도그푸딩은 언제나 제품 성공을 예측할 수 있는가?
13. 이 팀이 공유 화이트보드를 사용하여 생성하는 방법을 설명하라. 이 기술의 장점은 무엇인가?
14. 이 팀이 경고를 사용하는 방법을 설명하라. 경고를 사용하는 이 팀의 장점을 요약하라.
15. 이 팀이 스카이프 포 비즈니스를 사용하지 않는 이유를 설명하라.
16. 이 팀이 셰어포인트를 사용하는 이점을 설명하라.
17. 오피스365 프로페셔널이 개발 팀의 효율성에 어떻게 기여하는지 생각해보라. 이 글의 품질에 어떻게 기여할 수 있는가?
18. 학생 팀 프로젝트에 여기에 설명된 오피스365 프로페셔널로 수행할 가치가 있는가? 현재보다 가치가 높아지는 이유를 설명하라.

그림 2-10
장 개발 프로세스

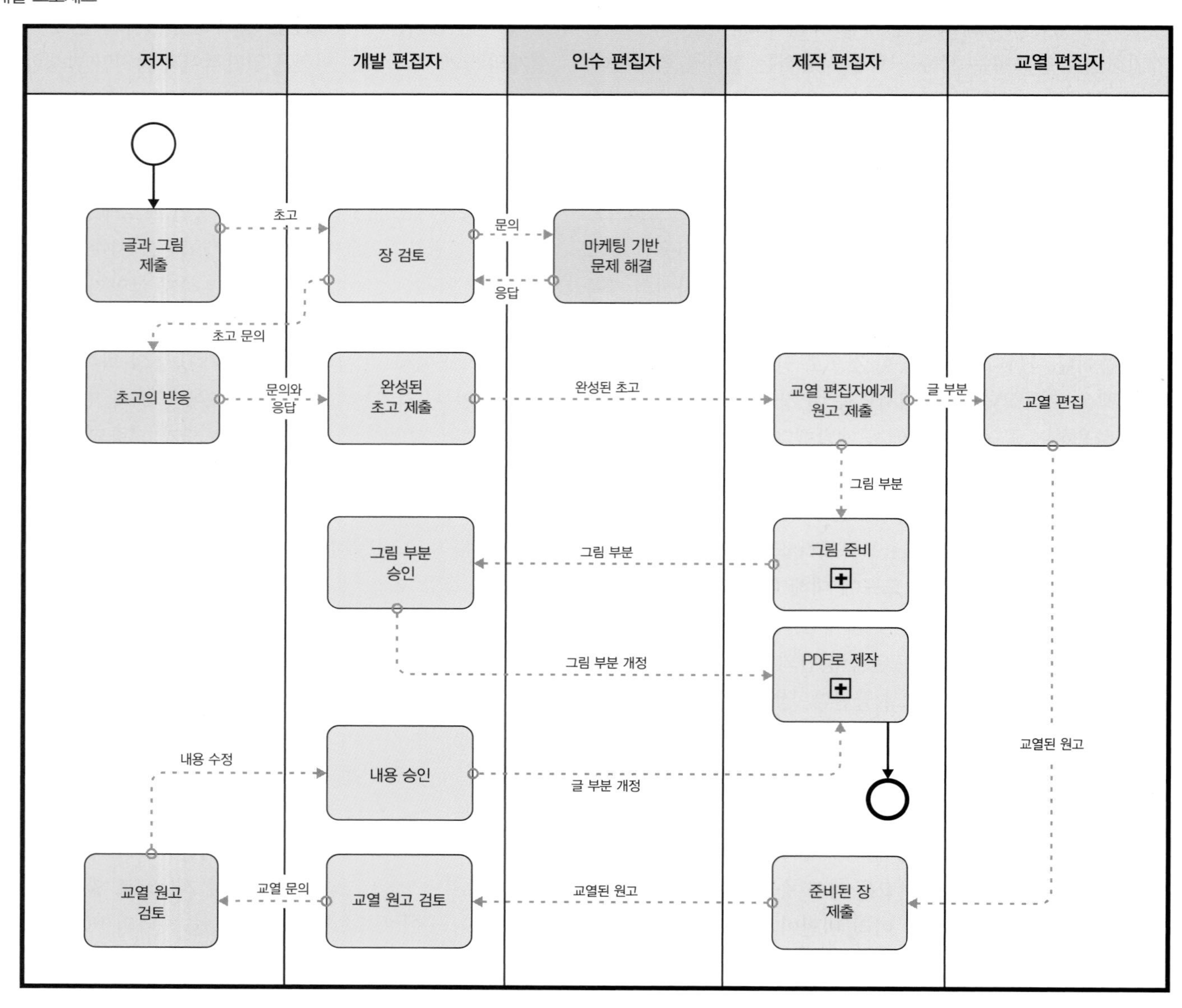

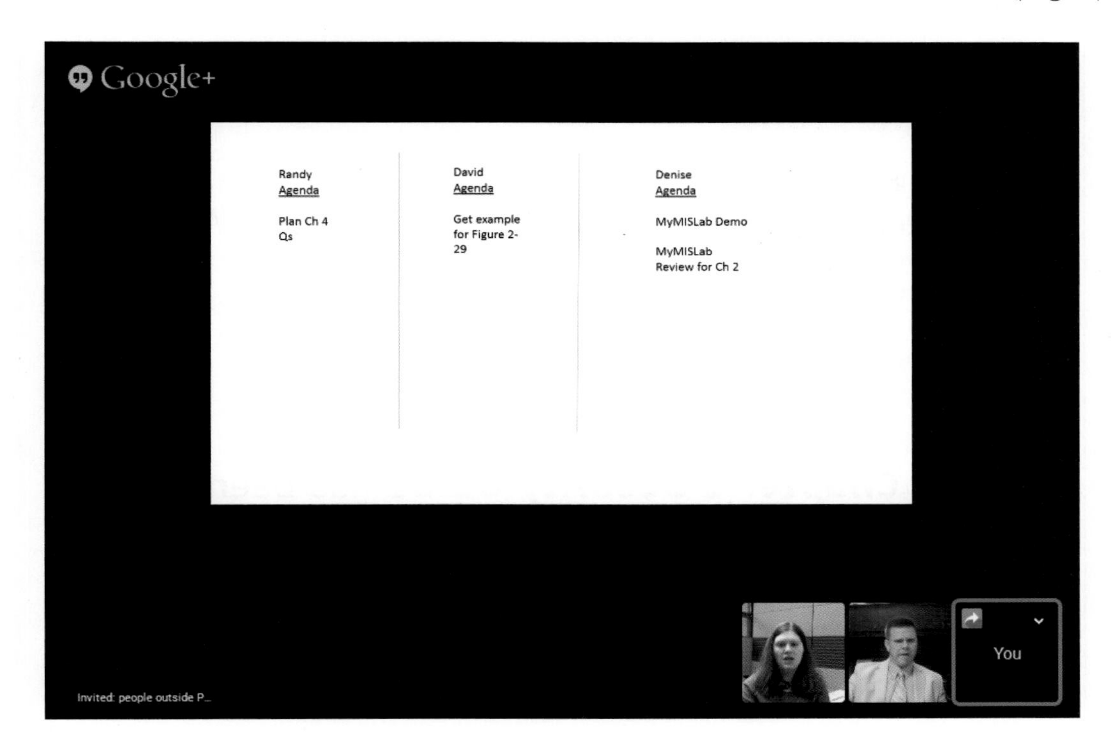

그림 2-11
구글 행아웃 그룹대화

출처 : Google Corporation

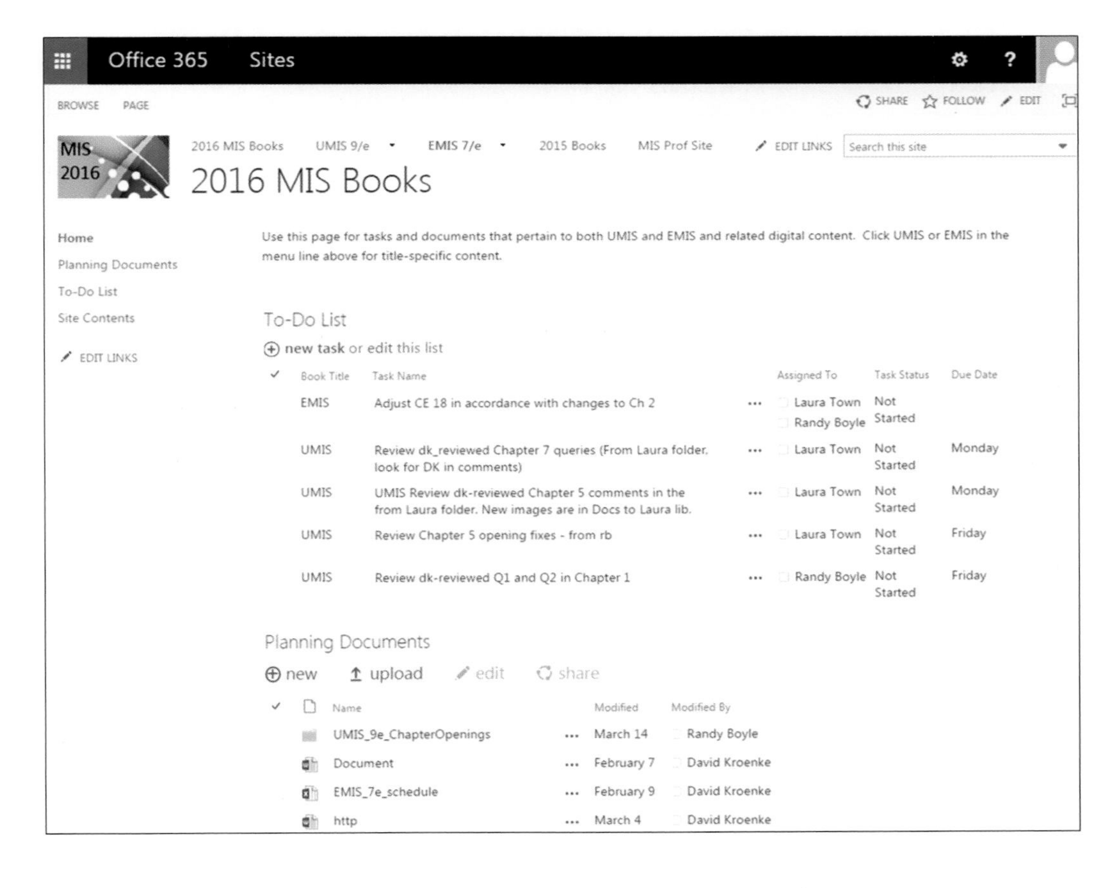

그림 2-12
셰어포인트 개발 사이트

출처 : Microsoft Corporation

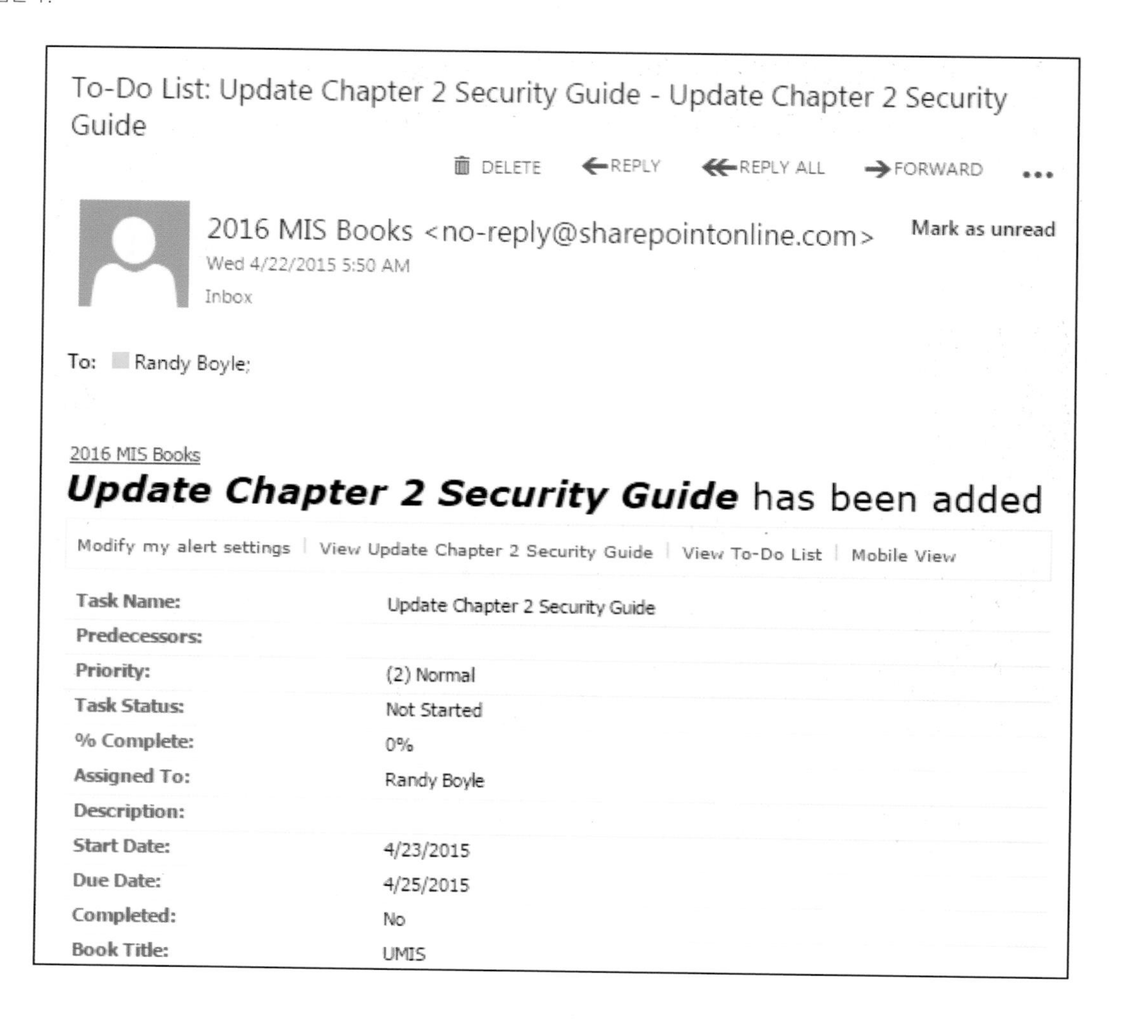

그림 2-13
세어포인트 이메일 예제
출처 : Microsoft Corporation

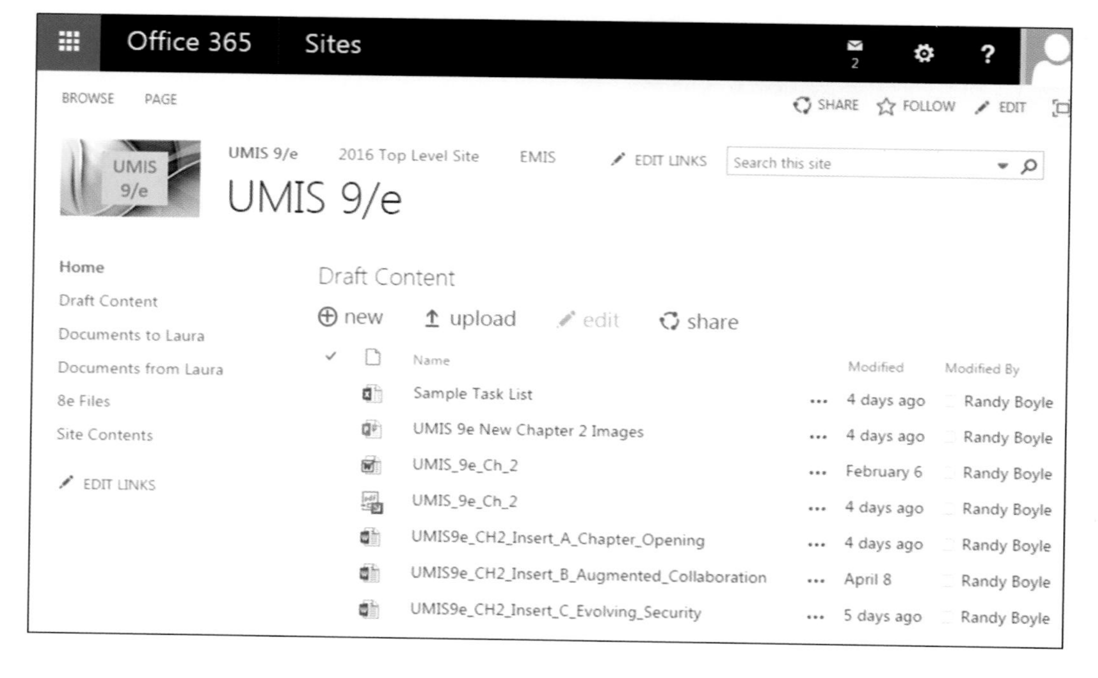

그림 2-14
초안 문서 라이브러리 내용
출처 : Microsoft Corporation

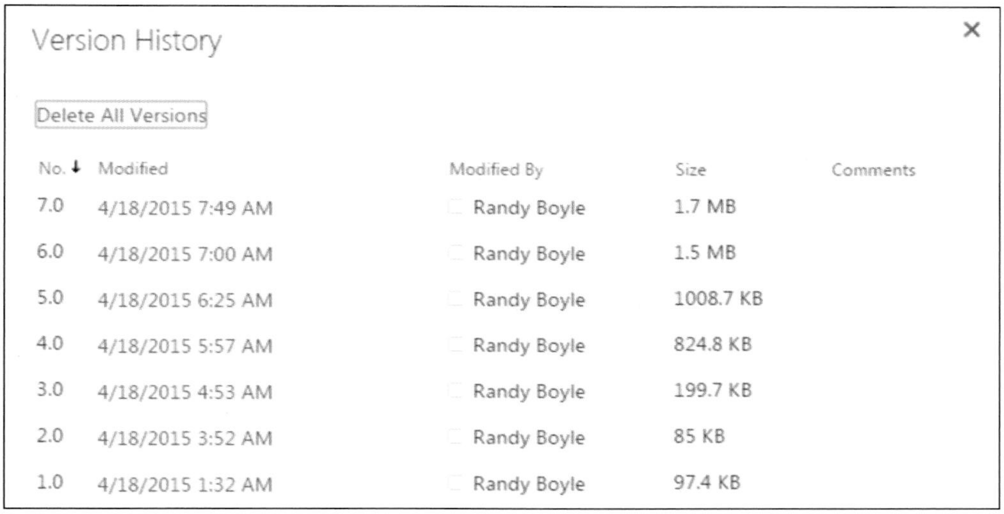

Version History

Delete All Versions

No. ↓	Modified	Modified By	Size	Comments
7.0	4/18/2015 7:49 AM	Randy Boyle	1.7 MB	
6.0	4/18/2015 7:00 AM	Randy Boyle	1.5 MB	
5.0	4/18/2015 6:25 AM	Randy Boyle	1008.7 KB	
4.0	4/18/2015 5:57 AM	Randy Boyle	824.8 KB	
3.0	4/18/2015 4:53 AM	Randy Boyle	199.7 KB	
2.0	4/18/2015 3:52 AM	Randy Boyle	85 KB	
1.0	4/18/2015 1:32 AM	Randy Boyle	97.4 KB	

그림 2-15
제6장 버전 기록
출처 : Microsoft Corporation

주

1. 마이크로소프트 비지오 2013 프로페셔널에서 이 기호들을 사용할 수 있다. 여러분의 학교가 마이크로소프트 드림스파크 회원이라면 비지오 무료버전을 받아 BPMH 도표를 만드는 데 사용할 수 있다.
2. 사실 데이터라는 단어는 복수형이다. 정확하게 말하려면 단수형인 데이텀을 써서 "제프 파크가 시간당 30달러를 번다는 사실은 데이텀이다."라고 말해야 한다. 그러나 데이텀이라는 단어가 지나치게 세밀하고 까다롭게 들리므로 이 책에서는 데이터라는 단어를 사용하기로 한다.
3. Jessi Hempel, "Project HoloLens: Our Exclusive Hands-On with Microsoft's Holographic Goggles." *Wired.com*, January 21, 2015, accessed on April 5, 2015, *www.wired.com/2015/01/microsoft-hands-on*.
4. Matt Rosoff, "I Just Tried Microsoft's Remarkable Holographic Headset—Here's What It's Like," *BusinessInsider.com*, January 21, 2015, accessed April 5, 2015, *www.businessinsider.com/microsoft-hololens-hands-on-2015-1*.

조직 전략, 정보시스템, 경쟁우위

여러분에게도 이러한 **일**이 **일어날** 수 있다

"캠, 점심 먹으러 가요. 우리가 제공할 새로운 LiDAR 이미징에 대해 저는 더 들을 필요가 있어요." 옷을 잘 차려입은 알렉시스가 개발 연구실에 들어서며 대형 쿼드코프를 테스트하고 있는 한 직원을 가까이에서 관찰하고 있는 캠에게 말했다.

"네, 좋지요, 저도 쉴 수 있어요." 캠이 말했다.

"저게 뭐에요? 새로운 쿼드를 테스트하고 있었어요?" 알렉시스가 물었다.

"음, 그러니까… 맞아요. 마테오가 우리 자체의 드론을 3D 프린터로 만들 수 있는지 알고 싶어 했어요. 우리는 방금 만들기를 끝낸 새로운 프로토타입으로 테스트하고 있었어요. 이건 드론을 사는 것보다 더욱 저렴할 것 같아요. 그런데 저는 한번도 전에 드론을 만들어본 적이 없어요." 캠이 말했다.

"와우, 그러니까 우리가 드론제작 사업에 진출하기로 결정한 겁니까?" 캠은 알렉시스에게 개인적으로 이야기할 수 있도록 복도 쪽으로 움직였다.

"솔직히, 저는 원하지 않아요. 그래도 이게 어떻게 되는지 볼 거예요. 만약 이게 가치가 있어 충분한 돈이 된다면 우리는 계속 알아보려고 노력할 거예요."라고 캠이 말했다.

"흠, 나보다 당신이 더 낫네요. 회사는 이 직무에 적합한 여성을 데리고 있어요!" 알렉시스는 웃었고 계속 대화를 밝게 유지하려 했다.

"네, 그래요. 이 프로젝트는 최소한 내 걱정거리이지요." 캠은 그녀의 눈을 돌리면서 진지하지만 불만스러워 보였다.

"그게 무슨 뜻이에요?"라고 알렉시스가 말했다.

"우리가 누구죠?" 캠이 물었다.

"무슨 의미예요?" 알렉시스가 조금 이상해했다.

"글쎄, 한 기업으로서, 우리는 누구죠? 우리는 항상 보안 모니터링을 제공하고 몇 개의 큰 계약을 체결시킨 회사라고 알고 있었어요. 그렇게 알고 있었어요. 하지만… 우리는 농업 조사, 산업 검사, 부동산 영상, 결혼식 영상에서 많은 돈을 벌어들이고 있어요. 나는 우리가 정말 실수하고 있다고 생각해요."라고 캠이 말했다.

"당신, 이것에 대해서 마테오랑 이야기해본 적 있

학습목표

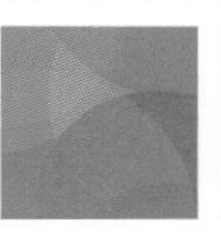

Q1 조직 전략이 어떻게 정보시스템 구조를 결정하는가?

Q2 산업구조를 결정하는 다섯 가지 세력은 무엇인가?

Q3 경쟁 전략은 무엇인가?

Q4 경쟁 전략이 어떻게 가치사슬 구조를 결정하는가?

Q5 가치사슬이 어떻게 비즈니스 프로세스와 정보시스템을 결정하는가?

Q6 정보시스템이 어떻게 경쟁우위를 제공하는가?

이 장에서의 지식이 여러분에게 어떻게 도움이 되는가?

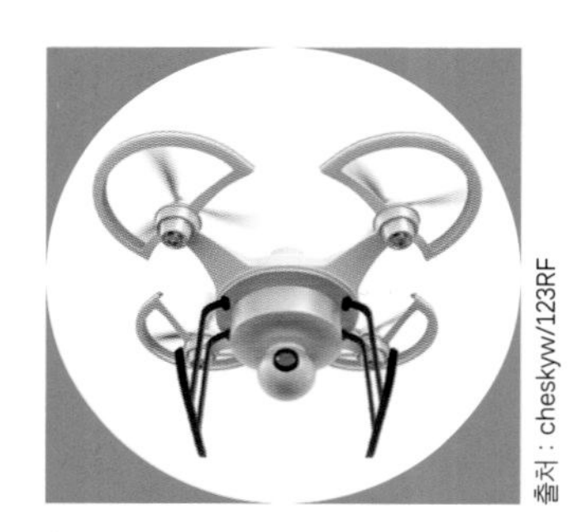
출처 : cheskyw/123RF

"우리는 모든 사람들에게 모든 것이 될 수는 없어요."

어요?"라고 알렉시스가 물었다.

"예, 그는 이것들이 전부 좋은 생각이라고 동의해줬어요. 하지만 그는 대형 보안 계약들에 계속 집중하기를 원하고 있어요. 법률 집행 대리인, 수색 및 구조, 연방 정부와 계약하는 것도 이야기하고 있어요."라고 알렉시스가 말했다.

"그러면 뭐가 단점이에요?" 알렉시스가 물었다.

"만약 제가 몇 개의 대형 판매를 마무리할 수 있으면 우리는 멋지게 자리 잡을 수 있다는 것처럼 들려요. 판매 면에서 저는 더 많은 돈을 위해서 더 적게 일을 하고 있을 거예요."라고 알렉시스가 말했다.

"맞아요, 하지만 그것이 만약 크다면 말이지요. 우리가 거기에 서명할 수 없다면? 자금이 부족할 경우에는? 드론을 사용해 시민들을 촬영하는 미국 연방 정부의 생각을 대중들이 좋아하지 않는다면?"

"저도 모르겠어요. 만약 자금이 마테오가 생각하는 만큼 좋아진다면, 그건 투자할 가치가 있을지 모르지요."

"맞아요, 하지만 우리는 이미 알고 있는 고객을 개발하면서 시간과 돈을 소비하고 있고, 오랫동안 갈 것으로 알고 있어요. 사람들은 항상 결혼을 해요. 그건 그냥 팔콘시큐리티를 '보안' 회사 이상으로 생각하는 것만큼 단순한 거예요. 너무 많은 돈이 그 판 위에 있어요." 캠은 확실히 불만스러운 기색으로 머리를 흔들었다.

"캠, 나는 완전하게 동의해요. 우리가 했던 외부 프로젝트들은 수익이 있었어요. 그것에 대해서는 논의할 것이 없어요."

"그래요?"

"그래요, 집중하자는 거예요. 우리는 모든 사람들에게 모든 것이 될 수는 없어요. 화학회사에 대한 장기간 보안 모니터링을 제공하는 것이 주말 결혼식 사진 촬영과는 매우 다른 것처럼 말이지요."

"하지만 당장 돈을 벌수 있는 것에는 무엇이 있을까요? 만약 우리가 벌 수 없다면 다른 누군가가 할 거예요."

알렉시스가 웃으면서 말했다. "점심 먹으러 가는 길에 조니를 데리고 갑시다. 그녀는 이것을 정말로 들어야 할 사람이에요. 내가 맛있는 생선 타코를 사오는 동안 두 사람은 전략에 관해 이야기할 수 있어요!"

Q1 조직 전략이 어떻게 정보시스템 구조를 결정하는가?

MIS의 정의에 따르면 조직에는 그들의 전략을 달성할 수 있도록 지원하기 위해 정보시스템이 존재한다. 여러분이 경영전략 수업에서 배우게 되겠지만, 조직의 목표와 목적은 경쟁 전략에 의해 결정된다. 그리하여 궁극적으로 경쟁 전략은 모든 정보시스템의 구조, 특징, 그리고 기능들을 결정한다.

그림 3-1은 이 상황을 요약한 것이다. 요약하면 조직은 해당 산업의 구조를 검토하고 경쟁 전략을 결정한다. 이 전략은 가치사슬을 결정하고, 가치사슬은 비즈니스 프로세스를 결정한다. 비즈니스 프로세스의 구조는 정보시스템 지원의 설계를 결정한다.

경쟁분석에 있어 핵심적인 연구자이면서 사상가 중 한 사람인 마이클 포터는 그림 3-1의 요소를 이해하는 데 도움이 되는 세 가지 다른 모델을 개발하였다. 우리는 그가 제안한 다섯 가지 세력 모델로 시작하려 한다.

Q2 산업구조를 결정하는 다섯 가지 세력은 무엇인가?

조직 전략은 산업의 기본 특성과 구조에 대한 평가로 시작한다. 산업 구조를 평가하는 데 사용되는 한 가지 모델은 그림 3-2에 요약된 포터의 **다섯 가지 세력 모델**(five forces model)이다.[1] 이 모델에 따르면 다섯 가지 경쟁세력들이 산업 수익성을 결정하는데, 고객의 협상력, 대체재의 위협, 공급기업의 협상력, 신규 진입자의 위협, 그리고 기존 기업들 간의 경쟁이다. 다섯 가지 세력의 각각의 강도는 산업의 특성, 수익성, 수익의 지속 가능성을 결정한다.

이 모델을 이해하려면 그림 3-3의 각 세력에 대한 강점과 약점의 예시를 참고하면 된다. 여러분이 이해한 것을 확인하려면 그림 3-3에서 각 범주의 다른 세력을 생각할 수 있는지를 확인해보라. 또한 자동차 수리와 같은 특정 산업을 생각해보고 이 다섯 세력이 해당 산업의 경쟁 구도를 어떻게 결정하는지 방법을 고려해보자.

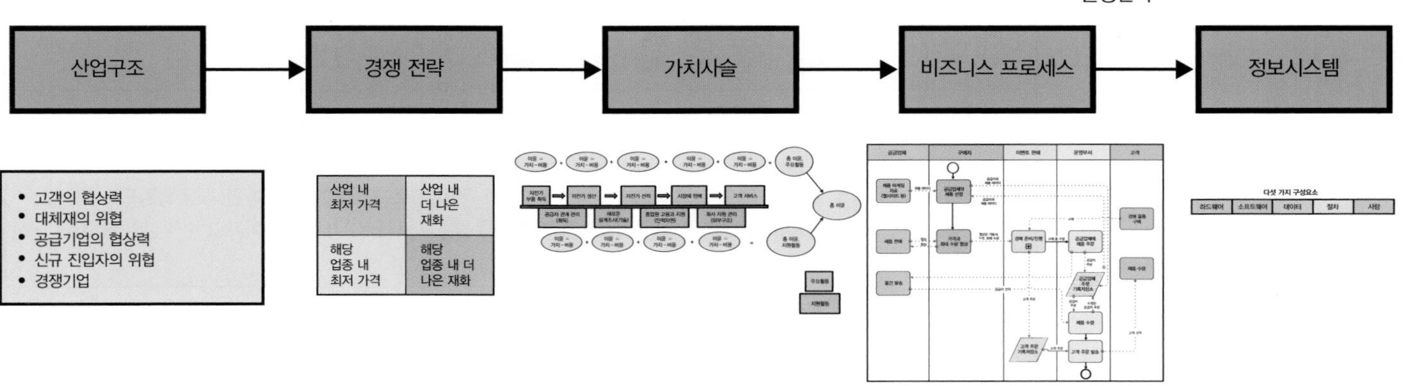

그림 3-1
조직 전략은 정보시스템을 결정한다

그림 3-2
산업구조에 관한 포터의 다섯 가지 세력 모델

출처 : Based on Michael E. Porter, *Competitive Advantage: Creating and Sustaining Superior Performance* (The Free Press, a Division of Simon & Schuster Adult Publishing Group).

- 고객의 협상력
- 대체재의 위협
- 공급기업의 협상력
- 신규 진입자의 위협
- 경쟁기업

이 장의 첫 페이지 이야기에서 캠은 물리적 보안에만 집중하면 팔콘시큐리티의 경쟁력이 떨어질 수 있다고 우려하고 있다. 그녀는 회사가 농업 조사, 산업 검사, 부동산 영상 및 결혼식 영상으로 확대될 수 있다고 생각한다. 또한 몇 개의 큰 산업 고객들에 재정적으로 의존하는 것에 대해 걱정하고 있다. 그림 3-4는 팔콘시큐리티가 직면한 경쟁환경 분석을 보여주고 있다.

팔콘시큐리티가 제공하는 대규모 산업 고객들은 팔콘시큐리티 수익의 상당 부분을 차지하기 때문에 더 많은 서비스를 제공하거나 더 낮은 가격을 요구할 수 있다. 대체재의 위협은 무선 디지털 웹 카메라를 설치하려는 고객과 같이, 위협이 다소 강하다. 하지만 이러한 대체재는 내부 기술적 전문성이나 물리적 거리 제한의 한계로 일부 산업 고객에게 실행 가능한 옵션이 될 수 없다. 아마존이 배달 드론을 사용하여 감시 서비스를 제공하기 시작한 것과 같이 신규 진입자는 상당한 위협이 될 수 있다. 하지만 팔콘시큐리티는 실시간 3D 매핑과 같은 추가 서비스를 제공함으로써 이에 대응할 수 있다. 아니면 농업 조사 및 산업 검사와 같은 새로운 시장에 진입할 수도 있다.

다른 경쟁자들은 팔콘시큐리티에 대해 걱정하지 않는다. 선택 가능한 드론 제조업체가 많기 때문에 드론 공급업체의 협상력은 약하다. 그리고 기업은 항상 자사의 드론에 3D 프린팅 옵션을 가지고 있다. 팔콘시큐리티가 자체 충전 무인 플랫폼과 경쟁자가 복제하기 어려운 통합 비디오 프로세싱 시스템을 개발했기 때문에 경쟁기업의 위협은 강력하지 않다.

팔콘시큐리티와 같이 조직은 다섯 가지 세력을 파악하고 어떻게 대응할 것인지 결정한다. 그 조사가 바로 경쟁 전략으로 이어진다.

그림 3-3
다섯 가지 세력의 예

세력	강한 세력의 예	약한 세력의 예
고객의 협상력	토요타의 자동차 페인트 구입(토요타는 페인트를 대량 구매할 거대 고객이기 때문)	대학의 절차와 정책에 대한 학생의 권한
대체재의 위협	자주 여행하는 사람의 자동차 렌탈 선택	암 유형에 효과적인 유일한 약을 사용하는 환자
공급자의 협상력	새 자동차 딜러(차량의 '진정한 가격'이 무엇인지를 판단하고 고객이 그 가격의 정확성을 신뢰성 있게 확인할 수 없기 때문)	초과생산한 해의 농민(공급 과잉으로 인해 제품의 가치가 낮아지고 수익성이 떨어짐)
신규 진입자의 위협	모퉁이 주차장(복제하기 쉬운 비즈니스이기 때문)	프로축구 팀(NFL이 팀 수를 엄격히 통제하기 때문)
경쟁기업	중고차 딜러(선택할 수 있는 곳이 많기 때문)	구글 또는 빙(검색 엔진을 개발하고 마케팅하는 비용)

세력	팔콘시큐리티의 사례	세력 강도	팔콘시큐리티의 반응
고객의 협상력	대형 고객들은 저렴한 가격으로 더 많은 서비스를 원함	강	가격을 낮추거나 다른 시장으로 다각화 시도
대체재의 위협	무선 IP 웹 카메라로 드론을 교체	중	카메라가 제공할 수 없는 LiDAR 같은 차별화된 서비스 제공
공급기업의 협상력	판매하는 드론의 비용 증가	약	자사의 드론 제작 시도
신규 진입자의 위협	아마존은 드론을 통해 상품 배송 및 감시 서비스를 시행	중	차별화된 서비스를 제공하고 다른 시장으로 진입
경쟁기업	새 드론 회사가 사업운영을 국가 전체로 확대	약	고객에게 직접적인 스트리밍 비디오와 같은 추가 기능을 제공

그림 3-4
팔콘시큐리티의 다섯 가지 세력

Q3 경쟁 전략은 무엇인가?

조직은 경쟁 전략을 선택함으로써 해당 산업의 구조에 대응하고 있다. 그림 3-5에서 볼 수 있듯이 포터는 네 가지 기본적인 경쟁 전략을 정의했다.[2] 특정 조직은 비용 선도 전략을 실시할 수 있고, 따라서 최저 가격에 제품을 제공하거나, 제품이나 서비스에 가치를 추가해서 경쟁업체와 차별화를 할 수 있다. 또한 조직은 비용 또는 차별화 전략을 한 산업 전반에 적용하거나 특정산업 부문에 전략을 집중할 수 있다. 이 글을 통해서 우리는 그림 3-5에 제시된 네 가지 대안 중 하나를 **경쟁 전략**(competitive strategy)으로 정의할 수 있다.

자동차 렌탈회사를 예로 생각해보자. 그림 3-5의 첫 번째 열에 따르면 자동차 렌탈회사는 업계에서 가장 저렴한 자동차 렌탈을 제공할 수도 있고, '집중적인' 산업 부문(예 : 미국 국내 비즈니스 여행객들)에 가장 저렴한 렌터카를 제공할 수도 있다.

두 번째 열을 보면 자동차 렌트회사는 경쟁업체로부터 제품의 차별화를 추구할 수 있다. 이는 다양한 방법으로 가능한데, 예를 들면 다양한 종류의 고품질 자동차를 제공하거나, 최고의 예약시스템을 제공하거나, 가장 청결한 차량을 소유하거나, 가장 빠른 체크인을 하거나, 혹은 어떤 다른 방법으로 제품과 서비스를 제공하는 것이다. 회사는 미국 내의 국내 출장자와 같이 산업 간의 제품 차별화를 제공하거나 산업의 특정부문 내에서 제품 차별화를 제공하기 위해 노력할 수 있다.

포터에 따르면 조직의 목표, 목적, 문화 및 활동을 효과적으로 하려면 조직의 전략과 일치해야 한다. MIS 분야에 있는 사람들에게 있어서 이는 조직의 모든 정보시스템이 조직의 경쟁 전략을 촉진해야 한다는 것을 의미한다.

	비용	차별화
산업 전반	산업 전반의 최저 비용	산업 전반의 더 좋은 제품 및 서비스
집중화	산업 부문 내 최저 비용	산업 부문 내 더 좋은 제품 및 서비스

그림 3-5
포터의 네 가지 경쟁 전략
출처 : Based on "How Competitive Forces Shape Strategy" by Michael Porter, *Harvard Business Review*, July-August 1997.

Q4 경쟁 전략이 어떻게 가치사슬 구조를 결정하는가?

조직은 해당 산업의 구조를 분석하고 그 분석을 이용하여 경쟁 전략을 수립한다. 그다음 해당 전략을 구현하기 위해 조직을 구성하고 구조화하는 것이 필요하다. 예를 들어, 경쟁 전략이 **비용 주도**가 되는 경우 비즈니스 활동은 가능한 최저 비용으로 필수 기능을 제공하도록 개발될 필요가 있다.

차별화 전략을 선택하는 비즈니스는 반드시 최소 비용 활동을 기반으로 구성할 필요는 없다. 비용이 많이 드는 시스템을 개발하는 것을 선택할 수도 있는데 차별화 전략의 이점이 비용을 넘어선 경우에는 그렇게 할 수 있다. 팔콘시큐리티의 조니는 최고의 상업용 드론이 비싸다는 것을 알고 있었고, 그녀는 그 비용이 가치가 있다고 판단했다. 그녀는 팔콘의 3D 프린팅 자체 제작 드론 역시 가치가 있다는 것을 알아낼 것이다.

포터는 고객이 자원, 제품 또는 서비스의 비용을 기꺼이 지불하려는 금액의 양을 **가치**(value)라고 정의하였다. 활동을 만드는 가치와 활동의 비용 간의 차이를 **이윤**(margin)이라고 부른다. 차별화 전략을 사용하는 비즈니스는 활동에 오직 긍정적인 이윤을 가지고 있는 동안에만 해당 활동에 비용을 추가한다.

가치사슬(value chain)은 가치창출 활동의 네트워크이다. 그 본원적 사슬은 다섯 가지 기본 활동과 네 가지 지원 활동으로 구성되어 있다. **기본 활동**(primary activity)은 조직의 제품이나 서비스의 생산과 직접 관련이 있는 비즈니스 기능이다. **지원 활동**(support activity)은 기본 활동을 지원하고 촉진하게 하는 비즈니스 기능이다.

가치사슬에서의 기본 활동

가치사슬의 본질을 이해하기 위해서, 중견 규모의 드론 제조업체인 팔콘시큐리티의 공급업체 중 하나를 고려해보자(그림 3-6 참조). 첫째, 제조업체는 공장 내 물류활동을 이용해서 원재료를 획득한다. 이 활동은 원자재 및 기타 자재들을 받고 관리하는 것이다. 조립되지 않은 부품이라도 어떤 고객에게는 가치가 있다는 점에서 물자들의 축적은 부가가치를 창출한다.

드론을 제작하는 데 필요한 부품들의 수집은 창고 선반의 공간보다 더 많은 가치가 있다. 그 가

그림 3-6
드론 제조기업의 가치사슬

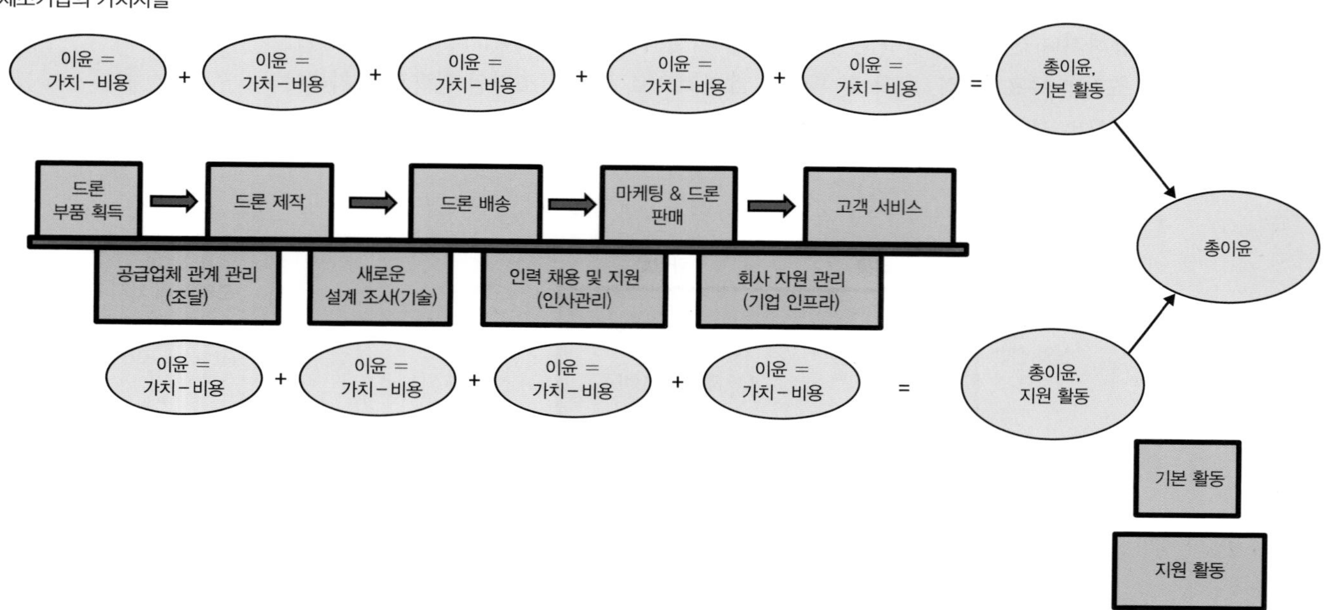

그림 3-7
가치사슬의 기본 활동에 대한 과업 설명

기본 활동	설명
입고 물류	제품의 원재료나 자재를 수령, 보관, 보급을 입력
운영/제조	입력물을 최종 제품으로 변환
출고 물류	완성품을 모으고, 저장하고, 구매자가 물리적으로 배분
영업 및 마케팅	구매자에게 제품을 구매하도록 권유하고, 그렇게 하기 위한 수단을 제공
고객 서비스	고객의 제품 사용을 지원하고, 제품의 가치를 유지하고 향상시킴

치는 부품들 그 자체의 가치뿐만 아니라 해당 부품의 공급업체에 연락하고, 해당 공급업체와의 비즈니스 관계를 유지하고, 부품을 주문하고, 배송받는 등의 시간만큼 가치가 있다.

운영 활동에서 드론 제작자는 원재료를 완성된 드론으로 변환시키고, 이는 더 많은 가치를 부가하는 프로세스이다. 다음으로 회사는 출고 물류 활동을 통해서 완성된 드론을 고객에게 배송한다. 물론, 마케팅과 영업 가치 활동이 없으면 드론을 보낼 고객도 없을 것이다. 마지막으로 고객 서비스 활동은 드론 사용자에게 고객 지원을 제공한다.

이 본원적인 가치사슬의 각 단계는 비용을 축적하고 제품에 가치를 부가한다. 최후 결과는 사슬의 전체 이윤이고, 이는 부가된 총가치와 발생한 총비용의 차이다. 그림 3-7은 가치사슬의 기본 활동을 요약한 것이다.

가치사슬에서 지원 활동

본원적 가치사슬에서 지원 활동은 기본 활동을 촉진하고, 간접적으로 제품의 생산, 판매 및 서비스에만 기여한다. 여기에는 공급업체를 찾고 계약을 준비하며 가격을 협상하는 조달 프로세스를 포함하고 있다(이것은 조달에 의한 계약절차에 따라 부품을 주문하고 수령하는 입고 물류 활동과는 다르다).

포터는 기술을 넓게 정의했다. 기술은 연구와 개발이 포함되지만, 또한 새로운 기법, 방법 및 절차를 개발하기 위한 회사 내의 다른 활동도 포함된다. 그는 전일제와 시간제 직원의 채용, 보상, 평가 및 교육훈련을 인적자원으로 정의했다. 마지막으로 기업의 하부구조는 일반관리, 재무, 회계, 법무, 대정부 업무를 포함한다.

지원 활동은 간접적이지만 부가가치를 창출하면서 비용도 발생한다. 그래서 그림 3-6에서 보듯이 지원 활동은 이윤창출에 기여한다. 지원 활동의 경우 워싱턴 DC에 있는 제조업체의 대정부 로비스트 같은 특정 부가가치는 알기 어렵기 때문에 이윤을 계산하는 것은 어렵다. 하지만 개념일 뿐이라도 지원 활동은 부가가치가 있으면서 비용이 있고 이윤을 발생시킨다.

가치사슬 연결

포터의 비즈니스 활동 모델은 가치 활동들 간 상호작용인 **연결**(linkage)을 포함하고 있다. 예를 들어, 생산시스템은 재고 비용을 감소시키기 위해 연결을 사용한다. 이러한 시스템은 판매예측을 사용해서 생산 계획을 만들고, 생산 계획을 사용해서 원재료 필요량을 결정하고, 원재료 필요량을 사용하여 구매 스케줄을 작성한다. 최종 결과는 JIT(Just In Time) 재고이며, 재고 규모와 비용을 감소시키는 재고관리를 하는 것이다.

가치사슬 분석은 드론 제조업체와 같은 제조업에 딱 맞게 적용된다. 하지만 가치사슬은 서비스 지향의 서비스업에도 존재한다. 차이는 서비스 업체의 대부분 가치가 생산운영, 마케팅/영업, 서비스 활동에 의해 생성된다는 것이다. 그래서 서비스업의 가치사슬에서 입고 및 출고 물류 활동은 일반적으로 그다지 중요하지 않다.

Q5 가치사슬이 어떻게 비즈니스 프로세스와 정보시스템을 결정하는가?

전략의 변화가 기업의 문화에 어떻게 크게 영향을 줄 수 있는지를 배우기 위해서는 74~75쪽 윤리문제를 참고하라.

지난 장에서 배운 대로 비즈니스 프로세스는 비즈니스 기능을 수행하는 활동, 자원, 설비, 그리고 정보의 네트워크이다. 이제 우리는 비즈니스 프로세스가 가치사슬 또는 가치사슬의 일부를 실행한다고 구체적으로 말할 수 있다. 그리하여 각각의 가치사슬은 하나 또는 그 이상의 비즈니스 프로세스들로 지원된다.

예를 들어, 그림 3-8은 자전거를 임대하기 위한 비즈니스 프로세스를 보여준다. 이 그림의 상단 부분은 대학생들을 대상으로 낮은 대여료를 제공하는 경쟁 전략을 가진 업체가 어떻게 운영 가치사슬의 일부를 실행하는지 보여주고 있다. 아랫부분은 콘퍼런스 리조트에 있는 비즈니스 중역들을 대상으로 높은 품질의 대여 서비스를 제공하는 경쟁 전략을 가진 업체가 동일한 가치사슬에서 일부분을 실행하는 방법을 보여준다.

가치사슬 활동은 두 회사 모두 동일하다는 것을 기억하자. 두 업체 모두 고객을 맞이하고, 고객의 요구사항을 파악하며, 자전거를 대여하고, 자전거를 회수하는 활동을 한다. 하지만 각 회사는 그들의 경쟁 전략과 부합하는 방식으로 이러한 활동을 수행한다.

저비용 업체는 뼈대만 있는, 최소한의 프로세스로 가치사슬을 지원한다. 고품질 서비스 업체는 정보시스템에 의해 지원받는 정교한 비즈니스 프로세스를 개발하여 다른 업체의 서비스와는 다른 서비스를 차별화하였다. 하지만 포터가 지적했듯이 이러한 프로세스와 시스템은 비용보다 높은 가치를 발생시켜야 한다. 그렇지 않으면 해당 시스템의 이윤은 마이너스가 될 것이다.

가치사슬의 이윤이 마이너스가 되는 경우 회사는 어떤 변화를 시도해야 한다. 가치를 증가시키든지 아니면 가치사슬의 비용을 감소해야 할 필요가 있다. 이 원칙을 더 자세히 연구하기 위해서는 이 장의 뒤쪽에 있는 협력과제 3을 참고하라.

다음으로 넘어가기 전에 그림 3-1을 다시 검토하자. 이 책 제1~3장의 주제가 그림 3-1의 오른쪽에서부터 왼쪽으로 제시되어 있다. 제1장에서 정보시스템의 구성요소로 시작하였다. 다음으로 제2장에서는 비즈니스 프로세스를 고려하였다. 이번 제3장에서는 가치사슬, 경쟁 전략, 산업 구조에 대해 학습한다.

Q6 정보시스템이 어떻게 경쟁우위를 제공하는가?

경영전략 수업에서 여러분은 포터의 모델을 훨씬 더 자세히 학습하게 될 것이다. 이를 통해서 조직이 다섯 가지 경쟁세력에 대응하는 다양한 방법을 배우게 될 것이다. 목적 달성을 위해서 그 방안들을 그림 3-9에 정리하여 목록을 간단히 만들었다. 기업의 경쟁 전략이라는 문맥 내에서 이 원칙들이 적용되어야 한다는 것을 명심하라.

이러한 몇몇 경쟁기법은 제품 및 서비스를 통해 실현되고, 일부는 비즈니스 프로세스의 발전을 통해서 실현된다. 각각에 대해 살펴보도록 하자.

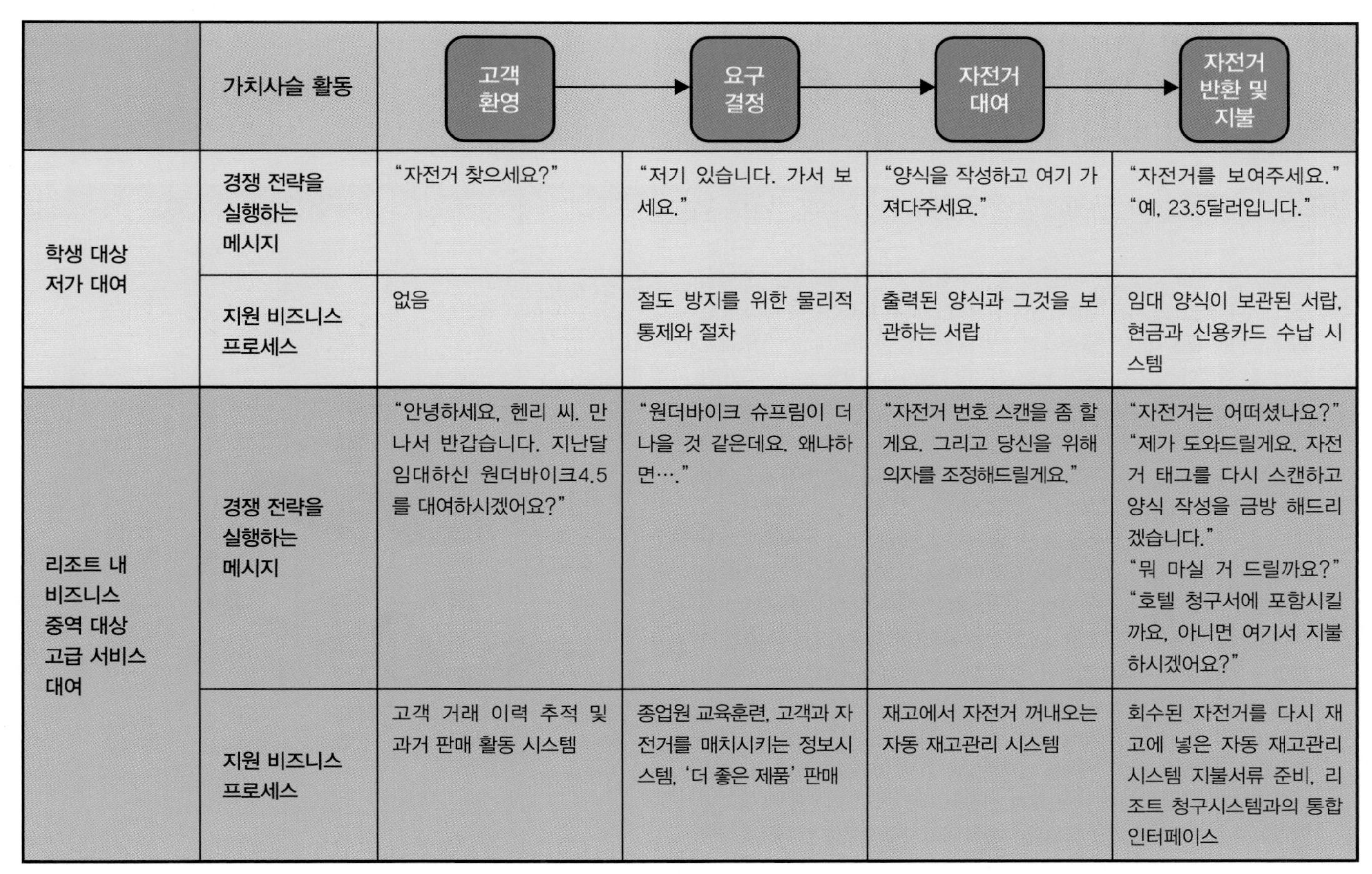

	가치사슬 활동	고객 환영	요구 결정	자전거 대여	자전거 반환 및 지불
학생 대상 저가 대여	경쟁 전략을 실행하는 메시지	"자전거 찾으세요?"	"저기 있습니다. 가서 보세요."	"양식을 작성하고 여기 가져다주세요."	"자전거를 보여주세요." "예, 23.5달러입니다."
	지원 비즈니스 프로세스	없음	절도 방지를 위한 물리적 통제와 절차	출력된 양식과 그것을 보관하는 서랍	임대 양식이 보관된 서랍, 현금과 신용카드 수납 시스템
리조트 내 비즈니스 중역 대상 고급 서비스 대여	경쟁 전략을 실행하는 메시지	"안녕하세요, 헨리 씨. 만나서 반갑습니다. 지난달 임대하신 원더바이크4.5를 대여하시겠어요?"	"원더바이크 슈프림이 더 나을 것 같은데요. 왜냐하면…."	"자전거 번호 스캔을 좀 할게요. 그리고 당신을 위해 의자를 조정해드릴게요."	"자전거는 어떠셨나요?" "제가 도와드릴게요. 자전거 태그를 다시 스캔하고 양식 작성을 금방 해드리겠습니다." "뭐 마실 거 드릴까요?" "호텔 청구서에 포함시킬까요, 아니면 여기서 지불하시겠어요?"
	지원 비즈니스 프로세스	고객 거래 이력 추적 및 과거 판매 활동 시스템	종업원 교육훈련, 고객과 자전거를 매치시키는 정보시스템, '더 좋은 제품' 판매	재고에서 자전거 꺼내오는 자동 재고관리 시스템	회수된 자전거를 다시 재고에 넣은 자동 재고관리 시스템 지불서류 준비, 리조트 청구시스템과의 통합 인터페이스

그림 3-8
자전거 대여 기업을 위한 운영 가치사슬

제품 구현
1. 새로운 제품 또는 서비스 창출
2. 제품 또는 서비스 향상
3. 제품 또는 서비스 차별화

프로세스 구현
4. 고객 및 구매자 유치하기
5. 공급업체 정하기
6. 시장 진입장벽 높이기
7. 제휴 확립
8. 비용 절감

그림 3-9
경쟁우위의 원칙

제품을 통한 경쟁우위

그림 3-9의 처음 세 원칙은 제품이나 서비스에 관련된 것이다. 기업은 새로운 제품 또는 서비스를 창출하거나, 기존 제품 또는 서비스를 향상시키거나, 경쟁업체와는 다른 그들만의 제품 및 서비스를 차별화함으로써 경쟁우위를 확보한다. 이 세 가지 원칙을 고려해서 정보시스템이 제품의 일부가 될 수 있거나 제품 또는 서비스에 대한 지원을 제공할 수 있다는 것을 인식해야 한다.

운전 전략

당신은 일주일에 차를 운전하는 데 얼마나 많은 시간을 소비하는가? 시험을 보거나 취업신청서를 제출하거나 당신의 새로운 웹사이트에 올라온 요청에 답변을 하는 데 시간을 보내면서 얻은 생산성 향상에 대하여 생각해보라. 또한 당신의 차량을 주차해놓고 사용하지 않아서 발생한 비생산적인 일이 얼마나 있었는지 생각해보라. 친구, 형제나 배우자와 공유하여 사용한다면 당신의 차량을 생산적으로 사용할 수 있는가? 어쩌면 제4장에서 언급한 무인차량이 있다면, 학교에 당신을 내려주고 집으로 돌아와 다른 누군가에 의해 사용될 수 있다면 어떨까?

기업은 무인차량의 활용을 통한 효율성, 생산성 그리고 매출에 있어서 수익을 인식하고 있다. 예를 들어, 메르세데스는 고속도로에서 자율적으로 작동할 수 있는 무인 트럭을 개발하고 있다(운전자는 주 경계 고속도로에서 직접 트럭을 운전하기도 한다).[3] 이 차량은 목적지까지 운송물을 더 빨리 배송할 수 있을 뿐만 아니라 피곤한 운전자와 산만한 운전을 제거함으로써 도로를 더욱 안전하게 만들 수 있다.

무인차량의 또 다른 잠재적 비즈니스 응용시스템을 파악하려면, 아마존의 새로운 프로젝트 중의 하나를 살펴보도록 하자. 아마존은 최근 3D 프린터가 장착된 배달 트럭에 대한 특허 신청을 제출했다.[4] 이 차량의 목적은 차량이 배달 목적지로 가는 도중에 제품을 제조하여 주문에 신속하게 대응하는 것이다. 무인차량으로 이것이 가능할지에 대해 의문이 생길지 모르지만, 무인차량에 아마존의 혁신기술이 결합한다면 바퀴가 달린 자율 공장을 갖게 되는 것이다! 주문형으로 특정 지리적 위치에서 즉시 제조 능력을 수행할 수 있다는 전략적 가치에 대해 생각해보자.

기존 시장의 변화 주도

기업은 경쟁우위를 창출하고 유지하기 위하여 경쟁 전략을 끊임없이 세우고 조정하고 있다. 시장은 때때로 신규 진입자, 대체품 또는 새로운 혁신으로 인해 때때로 방해를 받는다. 우버가 전 세계의 운송 서비스에 혁명을 일으키고 있는 것은 확실하다. 몇 년 안 되는 짧은 기간에 우버는 400억 달러 가치의 평가를 받는 운송업계의 주요 업체가 되었다.[5] 하지만 우버는 새로운 형태의 경쟁에서 천하무적인가?

한 신규 진입자가 무인차량만을 이용해서 운송회사를 시작할 수 있을까? 소비자가 우버에 갖는 가장 큰 걱정 중 하나는 운전자에게 필요한 백그라운드 검사 및 기타 검사 프로세스의 부족이다. 만약 당신이 비즈니스 모델에서 전적으로 운전자를 없애버린다면 어떻게 될 것인가?

이 무인 택시회사는 다른 이점도 누릴 수 있다. 승객들은 안전에 대하여 걱정할 필요가 없다. 기업의 이윤은 인건비, 의료비, 그리고 사고 감소로 인해서 아마 증가할 것이다. 차량은 휴식, 식사, 화장실을 가는 것 등을 위해서 멈출 필요가 없다. 그래서 회사는 지속적으로 돈을 벌 수 있다(차량 유지보수 및 가스탱크 충전의 두 가지 활동은 운영자가 있을 때에도 발생하므로 제외).

출처 : chombosan/Fotolia

무인차량의 영향은 운송 부문에만 제한되지 않는다. 운송, 항공 및 법 집행과 같은 산업에도 영향을 미칠 수 있다. 아직도 새로운 기술혁신이 힘든 기업을 포기할 수 없다고 생각한다면, 폴라로이드에게 물어보라!

질문

1. 무인차량들의 네비게이션 정보 제공과 현재 도로 상황에 따라 차량을 이동시키는 데 도움이 되는 한 가지 메커니즘은 해당 지역에서 운영되는 다른 자율 차량과의 인터넷 연결이다. 이 차량들 중 하나에 인터넷을 접속하는 것에는 어떤 약점이 나타날 수 있을까?
2. 이 글은 아마존의 모바일 제조 차량을 자율적으로 운영할 수 있는 시나리오를 설명하고 있다. 조작하는 사람 없이 배송 차량을 운영할 때 발생할 수 있는 몇 가지 물류 이슈들은 무엇인가?
3. 안전하게 작동할 수 있는 무인차량을 만드는 것은 분명히 어려운 문제이다. 이 영역에서 가능성 있는 결과를 기반으로 자동화를 위해 실현 가능성을 증명해주는 다른 어려운 과업들은 무엇이 있는가?
4. 새로운 혁신은 종종 기존 시장을 파괴하고 강제적으로 시장에 적응시키거나 제거되기도 한다(예 : 아이튠즈 및 애플 기기가 음악 산업을 새로 만든 것). 무인차량의 확산이 자동차 보험 산업에 어떠한 영향을 미칠 것 같은가?
5. 차선을 바꾸거나 돌조각을 피하고 좋지 않은 도로 상태에서 차량을 운전하고 있다면 어떻게 느낄 것 같은가? 무인차량이 합리적인 가격으로 판매된다 하더라도 모두가 소유하고 싶어 할 것이라고 생각하는가?

a. 자동차 대여의 한 부분으로서 정보시스템

b. 자동차 대여를 지원하는 정보시스템

Daily Service Schedule – November 17, 2017

StationID 22

StationName Lubrication

ServiceDate	ServiceTime	VehicleID	Make	Model	Mileage	ServiceDescription
11/17/2017	12:00 AM	155890	Ford	Explorer	2244	Std. Lube
11/17/2017	11:00 AM	12448	Toyota	Tacoma	7558	Std. Lube

StationID 26

StationName Alignment

ServiceDate	ServiceTime	VehicleID	Make	Model	Mileage	ServiceDescription
11/17/2017	9:00 AM	12448	Toyota	Tacoma	7558	Front end alignment inspect

StationID 28

StationName Transmission

ServiceDate	ServiceTime	VehicleID	Make	Model	Mileage	ServiceDescription
11/17/2017	11:00 AM	155890	Ford	Explorer	2244	Transmission oil change

그림 3-10
제품에 관한 정보시스템의 두 가지 역할

예를 들어 허츠(Hertz) 또는 아비스(Avis)와 같은 렌터카 업체를 생각해보자. 차량의 위치에 대한 정보를 생성하고 목적지에 대한 운전 지침을 제공하는 정보시스템은 차 렌트사업의 일부이고, 제품 자체의 일부이다(그림 3-10a 참조). 대조적으로 차량 정비 일정을 정하는 정보시스템은 제품의 일부가 아니고 대신해서 제품을 지원한다(그림 3-10b 참조). 어느 쪽이든 정보시스템은 그림 3-9에서 처음 세 가지 목표를 달성할 수 있다.

그림 3-9의 나머지 다섯 가지 원칙은 비즈니스 프로세스의 구현으로 인해 생성되는 경쟁우위에 관련된 것이다.

비즈니스 프로세스를 통한 경쟁우위

기업은 고객이 다른 제품으로 전환하는 것을 어렵게 하거나 비용이 많이 들도록 하여 고객들을 잡으려 한다. 이 전략은 가끔 높은 **전환 비용**(switching cost) 설정이라고 한다. 기업은 다른 기업으로 전환하는 것을 어렵게 하거나 공급자와의 업무연결 및 작업처리를 쉽게 할 수 있다는 것을 긍정적으로 전달하여 공급업체를 고정할 수 있다. 경쟁우위는 새로운 경쟁력으로 시장에 진입하기가 어렵고 비용이 많이 들도록 하는 **진입장벽**을 만들어냄으로써 얻을 수도 있다.

경쟁우위를 확보하기 위한 다른 방법은 다른 기업과의 **제휴**를 구축하는 것이다. 이러한 제휴는 표준을 만들고, 제품 인지도와 요구사항를 촉진하며, 시장 규모를 키우며, 구매 비용을 줄이고, 다른 혜택을 제공한다. 마지막으로 더 나은 비즈니스 프로세스를 구축함으로써 기업은 **비용 절감**에 의해 경쟁우위를 확보할 수 있다. 이러한 감소는 기업으로 하여금 가격을 낮추고 수익성을 높일 수 있도록 한다. 수익성 증대는 단순히 주주 가치가 향상될 뿐만 아니라 더 많은 현금 가치를 창출함으로써 더 큰 경쟁우위를 확보하기 위한 인프라 개발에 더 많은 자금을 투입할 수 있다는 것을 의미한다.

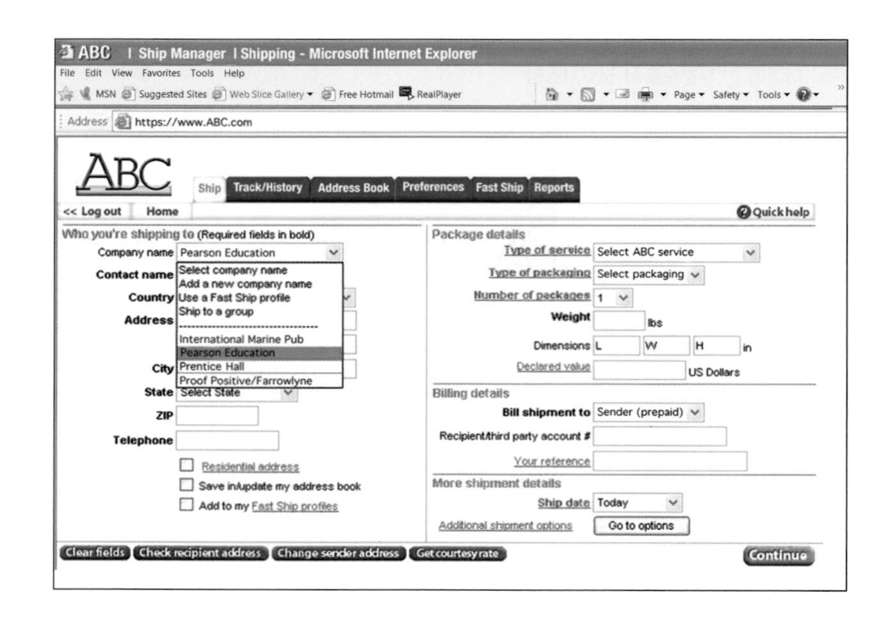

그림 3-11
고객 기록에서 수신자를 선택하는 ABC 기업 웹 페이지

모든 경쟁우위의 원칙에는 의미가 있다. 그러나 다음 질문을 생각해보자. "정보시스템이 경쟁우위를 창출하는 데 어떻게 도움이 되는가?" 이 질문에 답하기 위해서 정보시스템의 사례를 참고하라.

기업이 경쟁우위를 창출하기 위하여 정보시스템을 어떻게 사용할 수 있는가?

IS가 경쟁우위를 확보하는 방법을 이해하기 위해서는 세계적인 운송회사의 사례를 고려해보자. 이를 ABC 기업으로 부르자.

ABC는 고객의 이름, 주소 및 청구 정보뿐만 아니라 해당 고객의 신원 및 고객 배송 위치에 대한 데이터도 포함하는 고객 계정 데이터를 유지관리한다. 그림 3-11은 ABC의 고객이 발송 일정을 조절하는 데 사용하는 웹 양식을 보여주고 있다. 고객이 ABC 시스템의 양식을 작성하면 회사 이름 드롭다운 목록에 고객이 과거에 발송한 기업 이름이 채워진다. 여기서 사용자는 Pearson Education을 선택하고 있다.

사용자가 회사 이름을 클릭하면 기본 ABC 정보시스템이 데이터베이스로부터 고객의 연락처 데

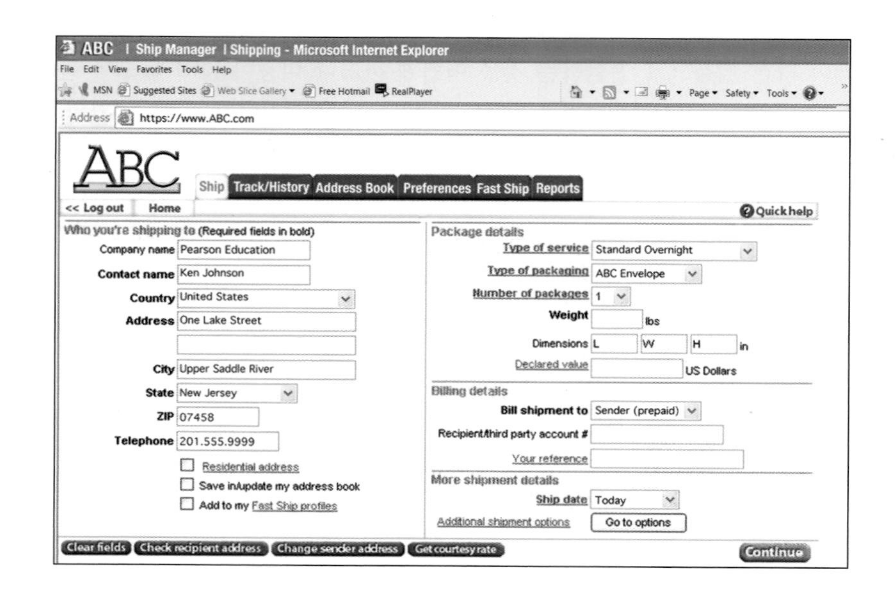

그림 3-12
고객 기록에서 계약을 선택하는 ABC 기업 웹 페이지

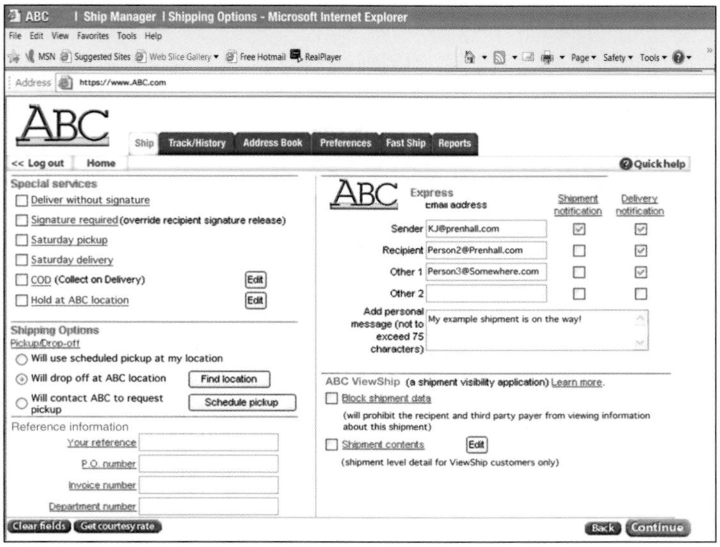

그림 3-13
이메일 공지를 설정하는 ABC 기업 웹 페이지

이터를 검색한다. 데이터는 이전 선적물품의 수신자 이름, 주소 및 전화번호로 구성된다. 그다음 사용자가 연락처를 선택하면 시스템은 그림 3-12와 같이 데이터베이스의 데이터를 사용하여 해당 연락처의 주소와 기타 데이터를 양식에 삽입한다. 그리하여 시스템은 과거에 발송한 사람들의 데이터를 다시 입력하지 않아도 된다. 이 방법으로 데이터를 제공하면 데이터 입력 오류가 줄어든다.

그림 3-13은 이 시스템의 또 다른 특징을 보여준다. 이 양식의 오른쪽을 보면 고객은 ABC가 발송인(고객), 수령인 및 다른 사람에게도 전자메일 메시지를 보내도록 요청할 수 있다. 발송 절차를 시작했을 때와 배송이 완료되었을 때 ABC가 전자메일을 전송하도록 요청할 수 있다. 그림 3-13에서 사용자는 3개의 전자메일 주소를 제공했다. 고객은 세 주소 모두에 배송 정보를 받길 원하지만, 오직 발송인만 발송 시작 정보를 받을 것이다. 고객은 개인 메시지도 추가할 수 있다. 이 기능을 발송일정 조정시스템에 추가함으로써 ABC는 제품을 화물 배송 서비스에서 화물 배송 및 정보 전달 서비스로 확장하고 있다.

그림 3-14는 이 정보시스템의 다른 기능 중 하나를 보여주고 있다. 사용자가 프린트할 수 있도록 바코드가 있는 배송 라벨이 만들어지고 있다. 라벨 생성을 통해서 기업은 배송 라벨 준비의 오

그림 3-14
배송 라벨을 출력하는 ABC 기업 웹 페이지

류를 줄일 수 있을 뿐만 아니라 문서 프린트를 위한 종이와 잉크 비용을 고객에게 전가시킨다! 수백만 건의 이러한 문서가 매일 프린트되었고, 기업에는 상당한 비용절감으로 결과가 나타났다.

이 시스템은 어떻게 경쟁우위를 창출하는가?

이제 그림 3-9의 경쟁우위 요소에 비추어서 ABC 배송정보시스템을 고려해보자. 이 정보시스템은 오류는 줄이면서 발송물을 작성하는 고객의 노력을 줄이기 때문에 기존 제품의 질을 향상시킨다. 정보시스템은 또한 유사한 시스템을 가지고 있지 않은 경쟁업체와 ABC 화물 배송 제품을 차별화하는 데도 도움이 된다. 더욱이 ABC가 화물을 인수하여 배송할 때 전자메일 메시지가 생성되는 것은 새로운 제품으로 간주될 수 있다.

왜냐하면 이 정보시스템은 수령인에 대한 데이터를 포착하고 저장하므로 발송 주문 시 고객 작업량이 줄어들기 때문이다. 고객은 이 시스템으로 인해서 고정이 될 것이다. 만약 다른 배송업체로 변경하고자 한다면 고객은 새 배송업체의 수령인 데이터를 다시 입력해야 한다. 데이터 재입력의 불편이 다른 운송업체로 전환할 때의 이점보다 훨씬 더 작용할 것이다.

이 시스템은 다른 두 가지 방법으로 경쟁우위를 확보한다. 첫째, 시장 진입장벽을 높인다. 만약 다른 회사가 배송 서비스를 개발하려는 경우, 화물 배송만이 아니라 유사한 정보시스템이 필요하게 된다. 추가적으로 시스템은 비용을 절감할 수 있다. 이는 선적 서류의 오류를 줄이고 ABC의 용지, 잉크 및 프린트 비용을 절감한다(물론, 시스템이 비용을 절감할 수 있는지 판단하기 위해 정보시스템을 개발하고 운영하는 데 드는 비용은 오류, 종이, 잉크 및 프린트 비용의 감소와 상쇄되어야 한다. 그러한 시스템 비용은 절감되는 것보다 높을 것이다. 심지어 고객 유치 및 진입 장벽 높이기와 같은 무형의 효과에 대한 가치가 순비용을 초과하는 경우 상당히 건전한 투자가 될 수 있다).

계속하기 전에 그림 3-9를 검토하자. 여러분이 경쟁우위의 각 원칙과 정보시스템이 이를 달성하는 데 어떻게 도움이 되는지를 이해했는지 확실히 하자. 사실 그림 3-9의 목록은 Non-IS 응용 프로그램에서도 사용 가능하기 때문에 외워야 할 만큼 중요하다. 여러분은 경쟁우위를 고려하여 비즈니스 프로젝트 또는 의견 제시가 가능해질 것이다.

이 장에서의 **지식**이 **여러분**에게 어떻게 **도움**이 되는가?

76~77쪽에 있는 길라잡이는 개인적인 방법으로 경쟁우위의 원칙을 사용하는 방법을 이해하는 데 도움을 준다.

이 장 서두에 나오는 사례를 다시 읽어보자. 몇 가지 대규모 보안 계약에 의존하는 것에 대한 캠의 걱정이 올바른 전략적 문제인 이유를 설명해보자. 팔콘시큐리티가 보안서비스를 넘어서 사업 확장 여부를 결정할 때 반드시 알아야 할 핵심사항을 확인하자.

여러분을 위한 경쟁 전략과 정보시스템 요구사항 간의 관계에 대한 지침을 개발해보자. 여러분이 취업면담에서 만들어낼 이야기의 예시를 통해서 배운 것을 요약해보자. 여러분의 설명이 사업 전략과의 관계, 그리고 정보기술 및 시스템의 사용에 대한 여러분의 이해를 비교하여 확인해보자.

윤리문제

야익스 자전거

여러분이 야익스(Yikes!)의 운영 관리자라고 가정해보자! 고품질의 산악용 자전거 제조업체 야익스는 25년 이상 사업을 해왔고 연간 매출이 3,500만 달러에 달한다. 창립자이자 단독 소유주는 최근에 이 회사를 투자그룹인 메이저캐피털에 매각했다. 여러분은 인수를 책임지고 있는 메이저캐피털의 파트너인 안드레아 파크스를 상사가 소개시켜주기 전까지 거래에 대해 아무것도 몰랐다. 안드레아는 야익스가 메이저캐피털에 매각되었고 임시 관리자가 될 것이라고 설명했다. 그녀는 새로운 소유자가 당신의 큰 잠재력을 보고 매각 과정에 협력하기를 원한다고 설명하였다. 만약 당신의 잠재력이 그녀가 생각한 대로라면, 당신이 야익스의 총책임자가 될 것이라고 힌트를 주었다.

안드레아는 새 소유주가 최고의 산악자전거 사업에 너무 많은 경쟁자들이 있다고 파악했으며, 그들은 야익스의 경쟁 전략을 고급 차별화에서 최저 비용 공급업체로 변경할 계획이라고 설명했다. 따라서 그들은 현지 제조공장을 철거하고, 제조 부서의 대부분을 해고하고, 중국으로부터 자전거를 수입할 것이다. 더욱이 메이저캐피털은 지출을 줄여야 할 필요성을 인식하고 전체 직원 수를 10% 줄이고, 고객지원 부서의 3분의 2를 줄일 계획이다. 새로운 자전거는 현재의 야익스 자전거보다 품질이 떨어지겠지만, 가격은 상당히 저렴할 것이다. 새로운 소유권을 가진 집단은 시장이 야익스 자전거가 과거의 품질과 동일하지 않다는 사실을 인식하는 데 몇 년이 걸릴 것이라고 믿고 있다. 마지막으로 안드레아는 그녀와 창립자가 함께 참석하는 전 직원회의에 당신이 참석할 것을 요청했다.

회의에서 창립자는 자신의 나이와 개인 상황으로 인해 야익스를 메이저캐피털에 매각하기로 결정했으며 안드레아 파크스가 현재 총괄 관리자로 근무할 것이라고 설명했다. 그는 종업원들에게 오랜 세월 동안 헌신해준 것에 대해 감사하고 모두가 잘 지내길 희망하며 건물을 떠났다. 안드레아는 직원들에게 자신을 소개하고 메이저캐피털이 강하고 우수한 브랜드의 훌륭한 기업을 인수하게 되어 매우 기쁘다고 말했다. 그녀는 자신이 사업과 환경에 적응하는 데 몇 주일이 걸릴 것이고, 회사에는 큰 변화가 없을 것이라고 말했다.

안드레아가 당신을 사무실로 불러들여 당신에게 두 가지 보고서를 준비해야 한다며 설명할 때 모든 소식을 들은 당신은 충격을 받았다. 하나는 제조 부서의 모든 직원 목록을 급여(또는 시간제 직원)별로 정리하는 것이었다. 그녀는 가장 임금이 높은 직원부터 해고하려 한다고 설명했다. "이 건에 대해 유연하지 않기를 바랍니다."라고 그녀는 말했다. "만약 당신이 보기에 남겨야 할 사람이 있다고 생각한다면 나에게 알려줘요. 그것에 대해서 이야기해보도록 하죠."

고객지원 부서 직원 명단을 각각의 직원이 고객에 대응하는 평균 시간 순으로 나열한 보고서를 요청했다. "고객지원 부서의 급여는 크게 신경 쓰지 않겠어요. 회사가 얼마를 주느냐가 문제가 아니라, 직원들이 얼마나 고객들을 상대하며 시간을 낭비하고 있는가가 문제예요. 고객지원 부서는 앞으로 최소화할 거고, 고객과 수다나 떨며 시간 낭비하는 직원들을 먼저 내보낼 거예요."라고 그녀가 말했다.

여러분은 당연히 큰 충격을 받았다. 매각이 너무 빠른 속도로 이루어졌을 뿐 아니라 회사 창립자라면 직원들에게 이렇게까지 하지 않을 것이라고 생각했기 때문이다. 여러분이 그의 집으로 전

출처 : PSD Photography/Shutterstock

화를 걸어 진행상황을 이야기하자, 그가 말했다.

"이보게, 회사를 매각할 때 그 자들에게 분명히 직원들을 잘 돌봐달라고 부탁했네. 그러겠다고 했지. 안드레아에게 전화는 해보겠네만, 이 시점에서는 내가 할 수 있는 게 없어. 자기들 마음대로 하는 거지."

여러분은 너무나 우울해서 야익스를 그만두어야겠다고 생각하지만, 여러분의 아내는 첫아이를 임신해 6개월째이다. 적어도 아기가 태어날 때까지는 의료보험이 있어야 한다. 하지만 그때까지 얼마나 비참한 업무를 수행해야 할까? 여러분이 망설인다면 파크스는 여러분도 해고할 것이다.

그날 저녁 회사를 나가다가 고객지원 부서에서 가장 인기 있고 여러분이 제일 좋아하는 로리를 만났다. 로리가 여러분에게 물었다. "안녕, 아까 회의에 대해 어떻게 생각해? 안드레아가 하는 말 믿어? 계속 고급 자전거를 생산할까?"

토의문제

1. 새 소유주는 어떠한 불법 행위를 저질렀는가? 이 시나리오에서 불법행위의 증거가 있는가?
2. 안드레아가 모든 직원들에게 한 이야기의 윤리성을 고려해보자. 정언 명령(20~21쪽)과 공리주의(46~47쪽)를 모두 사용하여, 이야기의 윤리성을 평가하라. 만약 윤리성에 대해 그녀에게 질문할 경우 그녀 자신을 어떻게 정당화할 것이라고 생각하는가?
3. 회사 창립자가 여러분과의 통화 후 안드레아에게 전화를 한다면 안드레아는 그에게 무슨 말을 할까? 창립자는 법적 조치를 취할 수 있을까? 메이저캐피털의 행동은 비윤리적인가? 그 이유는 무엇인가?
4. 안드레아는 인원 감축을 위해 정보를 이용할 것이다. 그녀의 논리는 무엇인가? 윤리적으로 볼 때 근속연수, 고과 기록과 같은 다른 기준도 고려해야 한다고 생각하는가?
5. 여러분은 로리의 질문에 어떻게 답하겠는가? 여러분이 아는 것을 로리에게 말하면 어떤 결과가 있을 것인가? 만약 거짓말을 한다면 어떤 결과가 있을 것인가? 애매하게 대답한다면 어떤 결과가 있을 것인가?
6. 여러분이 이 상황에 처했다면 회사를 떠나겠는가? 그 이유는 무엇인가?
7. 경영학에서 흥미 있는 주제로 경쟁 전략과 같은 내용을 공부한다. 그러나 야익스의 사례에서 볼 수 있듯이 경쟁 전략에 관한 결정은 사람들에게 영향을 미친다. 사람들의 요구와 어려운 경영 결정 사이의 갈등을 어떻게 해결하겠는가?
8. 고용안정의 정의는 무엇인가?

출처 : Claudiu Paizan/Shutterstock

길라잡이

여러분의 경쟁우위

다음의 가능성을 생각해보자. 여러분은 비즈니스를 전공으로 열심히 공부하여 졸업했지만 기다리고 있는 것은 높은 취업 장벽뿐이다. 6주 이상 직장을 찾아보았지만 이제 돈이 다 떨어졌다. 자포자기 상태에서 동네 레스토랑에서 웨이터로 일하기 시작했다. 2년이 지나 경제가 회복되고, 원하던 회사에 채용공고가 났다. 그러나 불행히도 여러분은 졸업한 지 2년이나 지났고, 갓 대학을 졸업한(그래서 생생한 지식을 가진) 학생들과 경쟁을 해야 한다. 2년이라는 웨이터 생활로 여러분은 서빙을 매우 잘하게 되었지만 이 경험은 여러분이 원하는 직업에 도움이 될 것 같지 않다. 이러지도 저러지도 못하는 상황에 갇혔다.

그림 3-9를 다시 살펴보자. 그러나 이번에는 경쟁우위 요소들을 여러분 개인에게 적용해보자. 여러분이 직원으로서 회사에 제공하는 기술과 능력은 여러분의 제품이다. 그림에서 처음 세 가지 항목을 살펴보고, 여러분 자신에게 물어보자. "새로운 역량을 개발하고, 이미 가지고 있는 역량을 개선시키고, 경쟁자들로부터 나의 역량을 차별화시키기 위해서 학교에서, 특히 MIS 수업시간에 배운 내용을 어떻게 사용할 수 있을까?"(참, 여러분은 국내외 시장에 진입하는 것이다. 여러분의 경쟁자는 함께 수업을 듣는 학생들뿐만이 아니라 오하이오, 캘리포니아, 영국의 컬럼비아, 싱가폴, 뉴욕, 그리고 그 외 모든 곳에서 MIS를 배우고 있는 학생들이다.)

영업직에 관심이 있어 제약 산업에서 영업직을 하기를 원한다고 가정하자. 미래의 영업사원으로서 보다 나은 경쟁력을 갖추기 위해 MIS 수업으로부터 어떤 기술을 배울 수 있을 것인가? "제약 산업은 경쟁우위를 달성하기 위해 MIS를 어떻게 사용하는가?"라고 여러분 스스로에게 물어보라. 제약 산업에서 정보시스템을 사용하는 사례를 인터넷에서 검색해보라. 예를 들어 화이자는 의사들에게 물건을 판매하기 위해 어떻게 고객 정보시스템을 사용하는가? 그러한 시스템들에 대한 지식이 제약 산업 영업 분야의 경쟁자들로부터 여러분을 어떻게 차별화시킬 수 있는가? 화이자는 지식관리시스템을 어떻게 사용하는가? 그 회사는 서로 역효과를 내는 약들에 대한 정보를 어떻게 놓치지 않고 알아내는가?

그림 3-9의 네 번째와 다섯 번째 항목은 고객, 구매자, 그리고 공급자 잡아두기에 관한 것이다. 이 요소들을 여러분의 개인적 경쟁우위에서 어떻게 해석할 수 있을까? 일단 관계를 잡아두기 위해서는 먼저 관계를 맺어야 한다. 여러분은 인턴십 프로그램에 참여하고 있는가? 아니라면 인턴십을 구할 수는 있는가? 인턴십을 하게 되면 일자리를 잡아두기 위해서 MIS에 대한 지식을 어떻게 이용할 수 있을까? 여러분이 인턴으로 참여하고 있는 회사는 고객을 관리하기 위한 정보시스템이나 (혹은 다른 중요한 정보시스템을) 보유하고 있는가? 만약 사용자가 시스템에 만족한다면, 어떤 특징들이 그것을 훌륭하게 만드는가? 이 시스템의 전문 사용자가 됨으로써, 여러분은 그 업무를 잡아둘 수 있는가? 전문 사용자가 된다는 것은 그 업무를 잡을 수 있을 뿐 아니라, 그 자리를 놓고 경쟁할지도 모를 다른 사람들에게 진입장벽을 구축한다는 것이다. 또한 여러분은 업무 확장을 위해 회사와 시스템에 대한 여러분의 지식을 활용하여 시스템을 개선하기 위한 방법을 제안할 수 있는가?

인사담당자들은 네트워킹이 취업을 하는 가장 효과적인 방법 중 하나라고 말한다. 다른 학생들과 제휴를 형성하기 위해 어떻게 이 수업을 사용할 수 있을까? 이 수업은 웹사이트가 있는가? 이 수업에는 학생들의 이메일목록 서버가 있는가? 여러분은 다른 학생들과 함께 구직 제휴를 형성하기 위해 그러한 장치들을 어떻게 이용할 수 있을까? 여러분의 수업에서 이미 직업 또는 인턴십을 가지고 있는 사람은 누구인가? 그들 중 취업을 위한 조언 또는 기회를 제공할 수 있는 사람은 없는가?

구직의 범위를 여러분이 살고 있는 지역에만 제한시키지 말라. 일자리가 더 많은 지역은 어디인가? 그런 지역에 형성되어 있는 학생 조직들을 어떻게 발견할 수 있을까? 다른 도시들의 MIS 강좌에 대해 웹에서 검색해보라. 그리고 그 지역의 학생들과 접촉해보라. 다른 도시에는 어떤 기회들이 있는지를 발견하라.

마지막으로 MIS를 공부하면서 여러분의 지식이 어떻게 고용주의 비용을 절감시킬 수 있는지 생각해보라. 나아가 고용주가 여러분을 채용함으로써 비용을 절감할 수 있는 경우를 만들 수 있는지 알아보라. 예를 들면 여러분이 가진 정보시스템 지식을 통해 회사가 여러분에게 급여로 지불하는 비용보다 더 높은 비용 절감을 달성하는 경우이다.

사실 이런 아이디어들은 실제로 실행 가능하거나 유용한 것이 거의 없다. 그러나 여러분이 창의적으로 생각하고 있다는 사실은 여러분이 기획력이 있고, 비즈니스 현장에서 실제로 발생하는 문제를 해결하기 위해 고민하고 있다는 것을 미래의 고용주에게 보여줄 것이다. 이 수업이 진행되는 동안 끊임없이 경쟁우위를 생각하며, 여기서 공부하는 내용이 그림 3-9에 나와 있는 원칙들을 개인적으로 달성하는 것을 어떻게 도와줄 수 있는지 이해하기 위해 노력하라.

토의문제

1. 졸업 후 취업하는 데 도움이 되는 경력을 쌓기 위해 지금까지 해왔던 노력들을 요약하라.
2. 그림 3-9의 처음 세 가지 원칙을 고려하여, 급우들 사이에서 여러분이 가지고 있는 경쟁우위를 한 가지 설명해보라. 만약 여러분에게 경쟁우위가 없다면, 그것을 얻기 위해 여러분이 취할 수 있는 행동을 설명하라.
3. 여러분은 네트워크 구축을 위해 학생이라는 신분을 사용하여 비즈니스 전문가들에게 접근할 수 있다. 즉 과제에 도움을 받거나 경력 지도를 받기 위해 그들과 접촉할 수 있다. 예를 들어 여러분은 은행에서 일하기를 원하고, 지역 은행이 고객 정보시스템을 보유하고 있다는 사실을 알고 있다고 가정하자. 여러분은 그 은행의 관리자에게 전화를 걸어 어떻게 정보시스템이 그 은행의 경쟁우위를 만들어냈는지 물어볼 수 있다. 또한 직원에게 인터뷰를 요청하고 그림 3-9를 사용하여 인터뷰를 시행할 수도 있다. 이 방법으로 네트워크를 구축하기 위해 학생이라는 신분과 그림 3-9를 어떻게 이용할지 구체적으로 설명하라.
4. 취업을 위해 학생 제휴를 이용할 수 있는 방법을 두 가지 설명하라. 그러한 제휴의 구축, 유지, 운영을 위해 정보시스템을 어떻게 사용할 수 있는가?

출처 : Brigida Soriano/Fotolia

생생복습

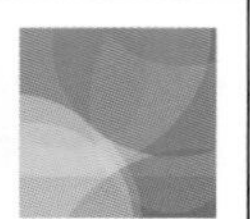

이 장에서 학습한 내용을 이해하였는지 점검해보자.

Q1 조직 전략이 어떻게 정보시스템 구조를 결정하는가?

산업구조, 경쟁 전략, 가치사슬, 비즈니스 프로세스, 정보시스템 간의 관계를 그림으로 그리고 설명하라. 아래에서 위로 가면서 처음 세 장에서 배운 내용이 어떻게 이 그림과 관련되는지 설명하라.

Q2 산업구조를 결정하는 다섯 가지 세력은 무엇인가?

다섯 가지 세력 모델이 개발된 원래 목적과 제3장에서 그것이 사용된 목적을 설명하라. 두 가지 유형의 세력을 나열하고, 각각에 대한 강점 요소들을 설명하라. 세 가지 세력을 나열하고, 각각의 강점 요소를 설명하라. 협상 세력 2개를 나열하라. 팔콘시큐리티에서 작동하는 다섯 가지 세력을 요약하여 설명하라.

Q3 경쟁 전략은 무엇인가?

포터가 정의한 네 가지 전략을 설명하라. 각각의 전략에 대해 그 전략을 사용하는 기업의 예를 들어보라. 팔콘시큐리티의 경쟁 전략을 설명하고 그것을 정당화하라.

Q4 경쟁 전략이 어떻게 가치사슬 구조를 결정하는가?

가치, 이윤, 가치사슬에 대하여 정의하라. 차별화 전략을 선택한 기업이 차별화 비용의 한계를 설정하는 데 있어서 '가치'를 사용할 수 있는 이유를 설명하라. 가치사슬에서 기본 활동과 지원 활동을 나열하고 각각의 목적을 설명하라. 연결의 개념을 설명하라.

Q5 가치사슬이 어떻게 비즈니스 프로세스와 정보시스템을 결정하는가?

가치사슬과 비즈니스 프로세스는 관계는 무엇인가? 비즈니스 프로세스는 경영 전략과 어떻게 관련되어 있는가? 정보시스템은 경쟁 전략과 어떻게 관련되어 있는가? 그림 3-8에 있는 '지원 비즈니스 프로세스'라는 두 행의 내용을 정당화하라.

Q6 정보시스템이 어떻게 경쟁우위를 제공하는가?

경쟁우위의 여덟 가지 원칙을 나열하고 간략하게 설명하라. 대학 구내 서점에서 각각의 여덟 가지 원칙이 어떻게 적용될 수 있는지 예를 들어보라. 예시에 정보시스템이 사용되도록 해보라.

이 장에서의 **지식**이 **여러분**에게 어떻게 **도움**이 되는가?

팔콘시큐리티의 경쟁 전략이 몇 가지 대형업계 고객들에 의존함으로써 어떻게 위협받고 있는지 여러분의 의견을 설명하라. 팔콘시큐리티의 계획된 반응을 설명하고 캠이 그 반응으로 인식하고 있는 문제점을 요약하라. 팔콘시큐리티를 위한 행동 방침을 제시하라. 캠의 아이디어를 참고하여 기업이 하는 사업 유형의 다각화에 대한 여러분의 의견을 설명하라.

주요용어

가치(value)
가치사슬(value chain)
경쟁 전략(competitive strategy)
기본 활동(primary activity)
다섯 가지 세력 모델(five forces model)
연결(linkage)
이윤(margin)
전환 비용(switching cost)
지원 활동(support activity)

학습내용 점검

1. 여름방학에 학생들을 채용하는 비즈니스를 시작하기로 결정했다고 가정하자. 여러분은 비어 있는 일자리에 하고자 하는 학생들을 연결시킬 것이다. 이를 위해 여러분은 어떤 일자리가 있고, 그 일자리에 적당하고 그 일을 하려고 하는 학생들이 누가 있는지 알아야 한다. 이 사업을 시작할 때, '크레이그리스트'(www.craigslist.org)라는 지역신문과 여러분의 학교가 경쟁자라는 것을 알게 될 것이다. 그 외에 다른 경쟁자도 있을 것이다.
   a. 포터의 다섯 가지 세력 모델에 따라 이 산업의 구조를 분석하라.
   b. 질문 a에서 실시한 분석 결과에 따라 경쟁 전략을 제시해보라.
   c. 이 비즈니스가 적용되는 가치사슬의 기본 활동을 설명하라.
   d. 학생들을 채용하기 위한 비즈니스 프로세스를 설명하라.
   e. 질문 d에서 설명한 비즈니스 프로세스를 지원하기 위해 사용할 수 있는 정보시스템을 설명하라.
   f. 질문 d에서 설명한 프로세스와 질문 e에서 설명한 시스템이 여러분의 경쟁 전략을 어떻게 반영하는지 설명하라.

2. Q4에 나오는 2개의 다른 자전거 임대업체를 고려하자. 그들이 임대하는 자전거에 대하여 생각해보자. 확실히 학생용 자전거는 매장 밖에서 그냥 타고 다니는 평범한 자전거일 것이고, 비즈니스 전문가들을 위한 자전거들은 새것에 광나고 깨끗한 최고급 자전거일 것이다.
   a. 각각의 자전거 관리에 적합한 두 업체의 운영 가치사슬을 비교하고 대조해보라.
   b. 두 업체의 자전거 유지관리 프로세스를 설명하라.
   c. 두 업체의 자전거 구매 프로세스를 설명하라.
   d. 두 업체의 자전거 배치 프로세스를 설명하라.
   e. 위의 문제에 대한 대답에서 정보시스템의 역할은 무엇인가? 정보시스템은 사내에서 개발한 것일 수도 있고, 크레이그리스트와 같은 제삼자에 의해 개발된 정보시스템일 수도 있다.

3. 사만다 그린은 트윅스 조경서비스를 소유 및 운영하고 있다. 사만다는 인근 대학에서 삼림관리 과정을 이수한 후, 가지치기와 벌목을 수행하는 대형 조경회사에서 근무했었다. 몇 년의 경험 후에, 그녀는 자신 소유의 트럭, 벌목 장비 및 기타 장비를 구입해 미주리주 세인트루이스에 자신의 소유 기업체를 개업했다.
   비록 대부분의 업무는 나무나 나무 밑동을 제거하는 일회성 업무지만, 매년 혹은 1년에 한 번 주기적으로 나무를 벌목하는 하는 작업도 있다. 일이 많이 없을 때는 고객에게 전화를 걸어 자신의 서비스와 정기적으로 벌목을 해야 하는 필요성을 상기시킨다.
   사만다는 마이클 포터나 그의 이론을 들어본 적이 없으며, 경험과 직감으로만 사업을 운영한다.
   a. 다섯 가지 세력 분석이 어떻게 사만다를 도울 수 있는지 설명하라.
   b. 사만다가 경쟁 전략을 가지고 있다고 생각하는가? 어떤 경쟁 전략이 사만다의 사업에 적절한 전략인가?
   c. 사만다가 경쟁 전략에 대해 알게 되면 영업, 마케팅 노력에 어떻게 도움이 될 수 있는가?
   d. 영업과 마케팅 노력을 지원하기 위해 사만다에게 필요한 정보시스템의 종류를 일반적인 용어로 설명하라.

협력과제 3

여러분의 팀원들과 만나서 구글 오피스, 셰어포인트 또는 기타 협업 도구를 사용해서 협업정보시스템을 구축하라. 절차와 팀 훈련의 필요성을 잊지 마라. 이제 정보시스템을 이용해서, 다음의 질문들에 답하라.

그림 3-15는 그림 3-8에서 설명한 고급 자전거 대여 회사의 비즈니스 프로세스 및 관련 정보시스템을 보여준다. 작은 상자(🛢)는 가장 일반적인 형태의 저장소인 컴퓨터 데이터베이스를 나타낸다.

포터의 가치사슬 모델 측면에서 이 프로세스에는 판매 및 운영 활동이 모두 포함되어 있다. 자전거 대여 회사는 고객 데이터베이스에서 고객 데이터를 유지하고, 자전거 재고 데이터베이스에서 자전거 재고 데이터를 유지하고, 호텔 대금청구 데이터를 호텔 결제시스템에 전송하기 위해 정보시스템을 사용한다.

각 정보시스템은 다섯 가지 정보시스템 구성요소로 구성되어 있다. 예를 들어, 자전거 재고 데이터베이스 처리를 위한 정보시스템을 고려해보자. 하드웨어와 관련하여 데이터베이스 자체는 컴퓨터에 저장되고, 현금 등록기나 휴대용 검색 장치(예 : 자전거 확인에 사용되는 것)와 같은 다른 컴퓨터 또는 컴퓨팅 장치에 접속될 것이다. 컴퓨터 프로그램은 시스템 사용자들이 데이터베이스를 조회하고 갱신할 수 있는 양식을 제공한다. 다른 컴퓨터 프로그램들은 데이터베이스를 관리하는 데 사용된다(제5장에서 배우게 될 것이다). 정보시스템의 세 번째 구성요소인 데이터는 데이터베이스에 저장된다. 각각의 종업원들은 시스템 활용을 위한 절차에 대해 교육을 받을 것이다. 예를 들어, 판매원은 사용 가능한 자전거가 있는지 데이터베이스를 확인하고, 상위 품목을 제안하고 결정하는 방법을 배우게 된다. 마지막으로 인적 요소는 재고시스템을 유지 관리하는 지원 담당자뿐만 아니라 대여점의 판매원으로 구성된다.

고객 데이터베이스를 지원하는 정보시스템 및 호텔빌딩 시스템과 인터페이스하는 정보시스템은 다섯 가지 정보시스템 구성요소를 가지고 있다(정보시스템을 개발하거나 이용할 때마다 이 다섯 가지 요소에 대하여 생각하는 것은 좋은 습관이다).

이 장에서 설명한 것처럼 비즈니스 프로세스는 비용보다 많은 가치를 창출해야 한다. 비즈니스 프로세스의 이윤이 부정적인 경우가 아니라면 비용을 줄이거나 가치를 높여야 한다. 그림 3-15의 비즈니스 프로세스를 고려할 때 비용 절감을 위한 한 가지 가능성은 임대 직원을 정리하는 것이다. 고객이 호텔룸 열쇠로 열 수 있는 장치가 있는 장소에 자전거를 배치하거나, 고객이 자전거를 장소에 다시 놓을 때까지 자전거를 임대할 수 있도록 하는 것이다. 또 다른 방법은 프로세스의 가치를 높이는 것이다. 대여 대리점에서 추가 유형의 장비를 대여하거나 의류나 음식 및 음료를 판매하는 방법도 있다.

협업 정보시스템을 이용해서 팀과 협력해서 다음의 질문에 답하라.

4. 포터의 모델에 따라 가치와 비용의 관계를 설명하라. 언제 비즈니스 프로세스에 비용을 증가시키는 것이 옳은 선택인가?
5. 그림 3-15의 비즈니스 프로세스의 이윤이 마이너스라는 사실을 발견했다고 가정하자. 그것이 무엇을 의미하는지 설명하라. 몇몇 비즈니스 프로세스의 이윤이 -100만 달러라고 가정하자. 여기서 비용이 120만 달러 감소된다면 이윤은 필수적으로 플러스가 되는 것인가? 그 이유를 설명하라.
6. 그림 3-15의 비즈니스 프로세스에서 대여 직원을 대체하는 대안을 고려하라.
   a. 그림 3-15에 작성된 프로세스에서 수행될 필요가 있는 변화들을 설명하라.

그림 3-15
고급 자전거 임대업체
임대 프로세스

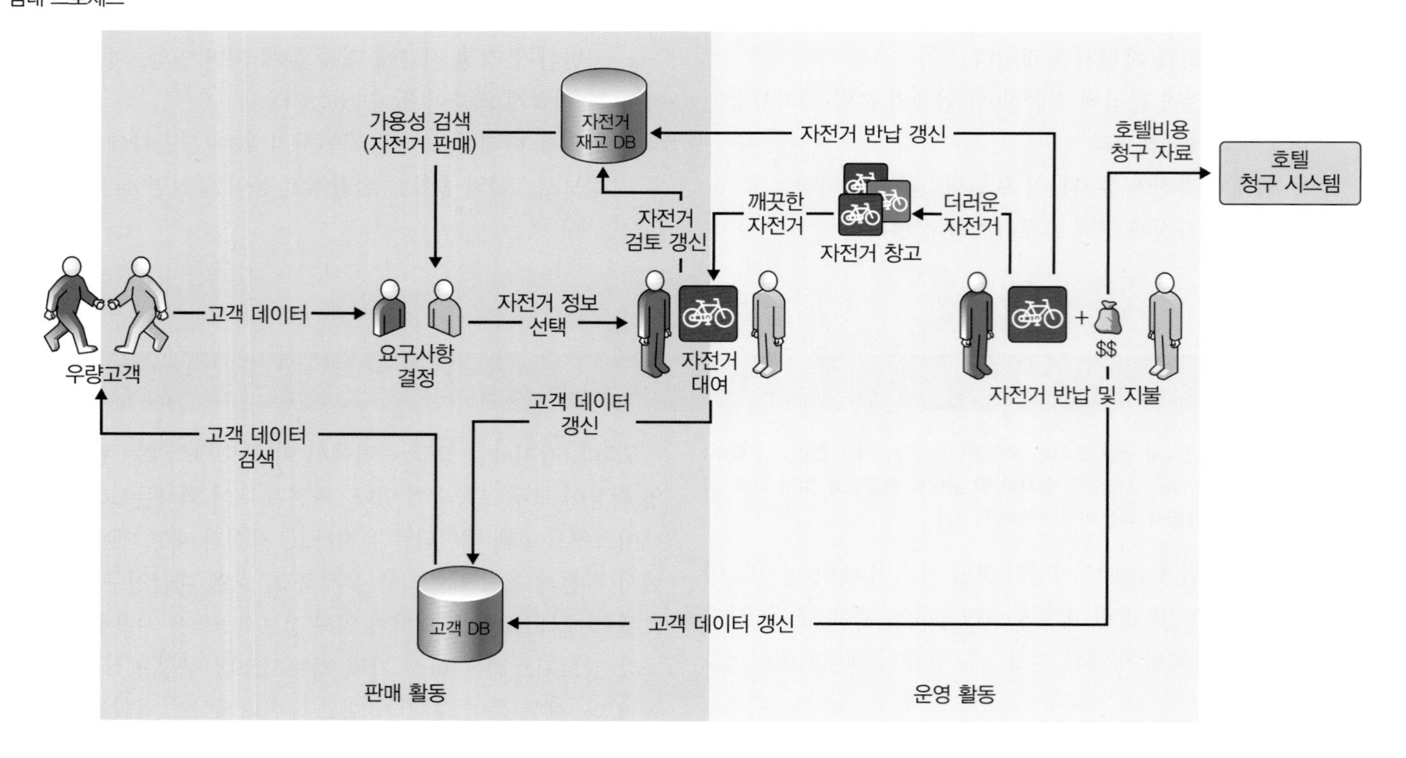

b. 임대 직원을 정리하면 이 회사의 경쟁 전략이 바뀔 것인가? 고급 자전거 임대업체가 임대 직원 없이 운영하는 것이 가능한 것인가? 그 이유를 설명하라.

c. 임대 직원 정리가 비용의 감소로 직결되는가? 직원 정리로 인해 증가하는 비용은 무엇인가?

7. 기존의 임대 직원으로 인해 발생하는 가치를 증가시킬 수 있는 방안을 생각해보라. 이 책에서는 자전거 외의 다른 제품을 추가로 임대하거나 자전거를 임대하는 고객에게 팔 수 있는 제품을 제안하였다. 다른 옵션에 대해서도 고려해보자.

a. 기존 직원이 비즈니스 프로세스의 가치를 증가시킬 수 있다고 생각하는 다섯 가지 방안을 제시하라.

b. 질문 a에서 개발한 다섯 가지 대안을 나열하고 선택 기준이 무엇인지 설명하라.

c. 질문 b에서의 기준을 사용하여 질문 a에서 제시한 각 대안들을 평가하고, 가장 좋은 대안을 선택하고 그 이유를 설명하라.

d. 질문 c에서 선택한 대안에 대하여 그림 3-15를 다시 작성하라.

사례연구 3

혁신의 아마존

2014년 12월 1일 사이버먼데이에, 아마존닷컴 고객들은 초당 18개 이상의 장난감을 주문했다. 그리고 아마존의 휴일 쇼핑객들 중에서 거의 60%가 모바일 기기를 사용하여 선물을 구매했다. 이로 인해서 아마존의 총연간 판매액인 890억 달러에서 20% 증가한 것으로 나타났다. 휴일 시즌 아마존의 마지막 주문은 12월 24일 오후 10시 24분에 이루어졌고 크리스마스 오후 11시 6분에 배달이 되었다.

여러분은 단순히 온라인 소매업체 아마존으로만 생각하고 있지만, 성공의 대부분을 진정으로 달성한 회사이기도 하다. 이렇게 하기 위해서 아마존은 거대한 지원 인프라를 구축해야만 했는데 하루에 3,680만 개의 물품을 선적하기 위해 필요한 정보시스템과 처리시설을 상상해보자. 하지만 이 인프라는 바쁜 휴일 시즌에만 필요했다. 1년 중 대부분 아마존에는 초과 인프라 용량이 남아 있다. 2000년부터 아마존은 그 용량의 일부를 다른 회사에 임대하기 시작했다. 이 과정이 여러분이 제6장에서 배우게 될 클라우드 서비스라는 용어를 만드는 데 중요한 역할을 했다. 지금은 유연한 용어로 임대하는 인터넷 어딘가에 있는 컴퓨터 자원으로서 클라우드 서비스를 생각하자.

오늘날 아마존의 비즈니스 라인은 크게 세 가지 영역으로 나눌 수 있다.

- 온라인 소매업
- 주문처리
- 클라우드 서비스

각각을 살펴보자.

아마존은 온라인 소매업을 위한 비즈니스 모델을 만들어냈다. 온라인 서점으로 시작하여 1998년부터 매년 새로운 상품 영역을 추가하였다. 아마존은 온라인 소매업의 모든 분야에 관여하고 있다. 아마존은 자체 재고를 가지고 판매한다. 협력 프로그램을 통해 그 재고를 팔면서 여러분에게 인센티브를 주기도 한다. 또는 제품 페이지나 위탁 판매점을 통해서 재고를 판매하는 데 도움을 줄 수도 있다. 온라인 경매는 아마존이 참여하지 않는 온라인 판매의 주요 영역이다. 1999년 경매에 참여했지만 더 이상 이베이와 경쟁하는 분야에 진출하지 않았다.[6]

오늘날 아마존이 개척한 당연히 해야 하는 많은 일들을 기억한다는 것은 어려운 일이다. '이것을 구매한 고객은 구매한 물품', 온라인 고객 후기, 고객 후기에 대한 고객 순위, 도서 목록, 도서 보기, 특정 주문자나 단골 고객을 위한 자동 무료 배송, 킨들도서와 장치 등이 모두 아마존의 새로운 개념이다(그림 3-16).

아마존의 소매업은 아주 적은 이윤으로 운영한다. 제품들은 보통 명시된 소매가격에서 할인된 가격으로 판매되며, 아마존 프라임 회원(연회비 99달러)의 경우 이틀 걸리는 배송이 무료이다. 어떻게 그것을 하고 있나? 우선 아마존은 믿기 어려울 만큼 직원들을 힘들게 한다. 이전 직원은 근무시간이 너무 길고 압박이 심하고 일의 양이 너무 많다고 말한다. 그밖에 무엇이 있을까? 그것은 무어의 법칙과 거의 무료로 하는 데이터 처리와 저장, 그리고 의사소통 등을 하는 혁신적인 활용으로 연결된다.

온라인 소매에 추가하여 아마존은 주문처리서비스를 판매하고 있다. 여러분은 아마존 창고에 여러분의 재고를 선적할 수 있고, 마치 자기 것인 것처럼 아마존 정보시스템에 접속할 수 있다. 웹 서비스로 알려진 기술을 이용하면 주문처리 정보시스템은 웹, 아마존 재고, 처리, 발송 응용 프로그램 등과 직접 통

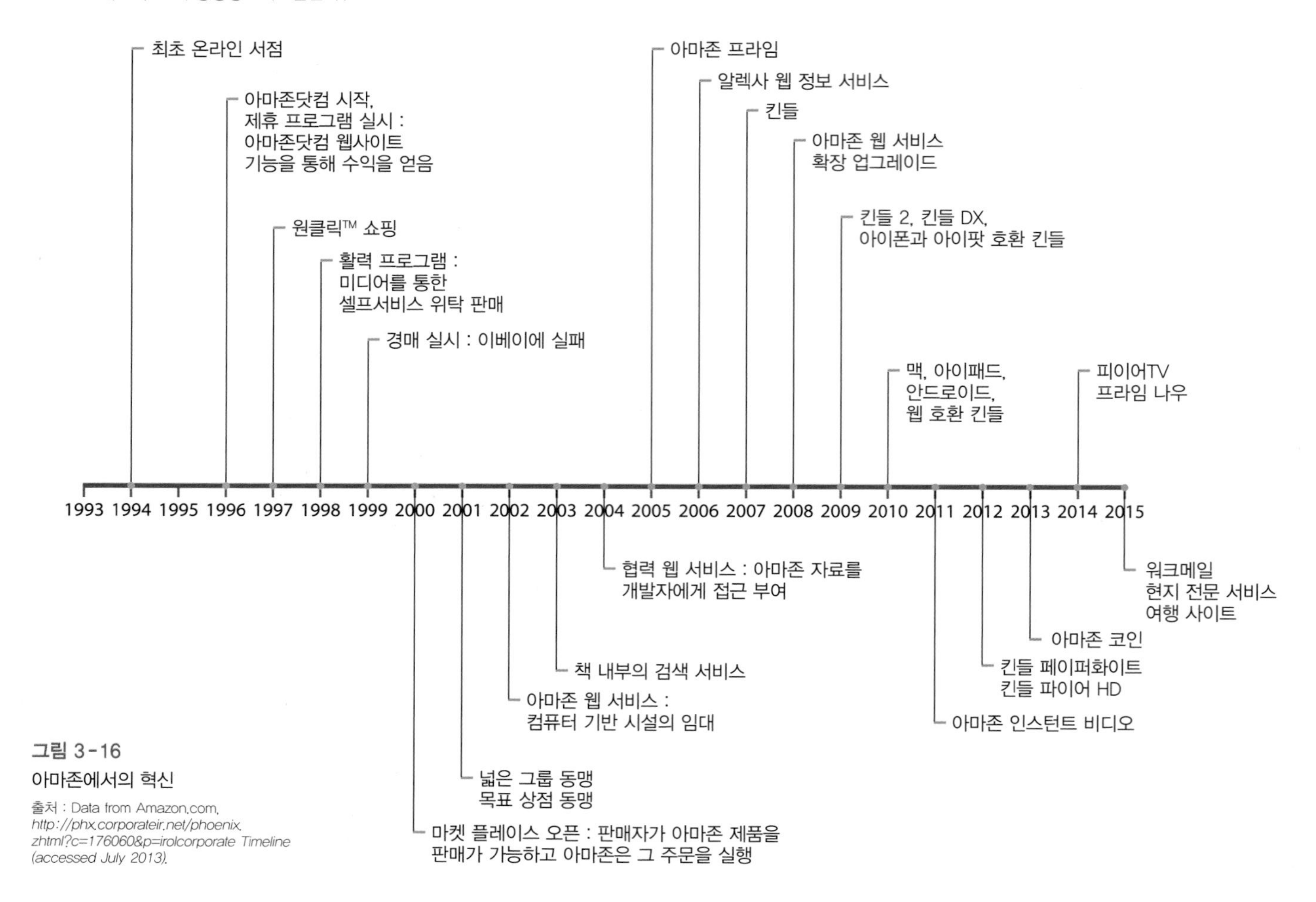

그림 3-16
아마존에서의 혁신
출처 : Data from Amazon.com, *http://phx.corporateir.net/phoenix.zhtml?c=176060&p=irolcorporate Timeline (accessed July 2013).*

합할 수 있다. 여러분의 고객은 아마존이 어떻게 운영되는지에 대해 알 필요가 없다. 여러분은 아마존의 소매 판매시스템을 통해 같은 재고를 판매할 수도 있다.

아마존 웹 서비스(AWS)는 기업들이 유연한 방법으로 리스 기간 동안 컴퓨터 기기들을 활용할 수 있게 한다.

아마존의 탄력적 클라우드(EC2)는 기업들이 몇 분 안에 필요한 컴퓨터 자원을 확장하고 계약할 수 있게 한다. 아마존은 다양한 지불 계획을 가지고 있고, 예를 들어 시간당 페니보다 더 적은 금액으로 컴퓨터 시간을 살 수도 있다. 이러한 능력의 핵심은 기업들이 컴퓨터 프로그램을 리스하는 능력이며, 컴퓨터 자원을 자동적으로 확장하거나 축소하여 아마존과 호환을 이루게 하는 것이다. 예를 들어, 만일 어떤 뉴스 사이트에서 트래픽이 갑자기 늘어난 이야기를 게시하면 해당 뉴스 사이트는 프로그램화하여 컴퓨터 자원을 더 요구하고, 환경을 설정하며, 1시간, 1일, 1개월 등 더 많은 컴퓨팅 자원을 활용할 수 있게 한다.

킨들 장비와 관련하여 아마존은 태블릿의 공급업체가 되었고 장기적으로 더 중요하게는, 온라인 음악 및 비디오 공급업체가 되었다. 그리고 2013년에 킨들 응용 프로그램을 고객이 구입하도록 유도하려고 아마존은 아마존 코인을 도입했다. 2014년에 아마존은 고객들이 그들만의 장난감, 보석, 개 뼈다귀, 그리고 수십 개의 다른 제품을 맞출 수 있도록 3D 프린트 매장을 열었다. 또한 파이어TV를 소개하면서 비디오 서비스를 제공하기로 결정했다.[7]

2015년에 아마존은 마이크로소프트 익스체인지의 클라우드 기반 대체품인 워크메일을 소개했다. 또한 아마존홈서비스(현지 전문 서비스), 아마존데스티네이션(여행 사이트), 그리고 아마존대시(원버튼 주문기기)를 소개하였다.[8]

마지막으로 제프 베조스는 2014년에 아마존이 프라임에어라는 드론을 이용한 택배 배달을 실험하고 있다고 발표했다.[9] 2015년 3월 미국 연방 항공국은 아마존에게 미국의 드론 테스트를 할 수 있는 권한을 부여했다.[10] 하지만 드론 배송은 미래에 일어날 일이다. 아마존닷컴이 지금 제공하는 비즈니스 서비스를 고려해보자.

아마존 주문처리 서비스

아마존 주문처리 서비스(FBA)는 다른 판매자가 아마존의 창고로 제품을 보내 보관, 포장, 배송하게 하는 아마존 서비스이다. FBA 고객은 재고 공간뿐만 아니라 서비스 비용을 지불한다.

아마존은 FBA 고객의 주문을 처리하기 위해 자사의 재고관리 및 주문처리 비즈니스 프로세스와 정보시스템을 사용한다.

FBA 고객은 아마존닷컴에서 상품을 판매하거나, 자신의 판매 경로를 통해 판매하거나, 혹은 둘 다 수행할 수 있다. 만약 FBA 고객이 아마존닷컴을 이용해 제품을 판매하면 아마존은 주문처리(반품처리, 배송오류 처리, 고객 주문 조회 답변 등)에 대한 고객 서비스를 제공한다.

	FBA 요금[11]
주문처리(주문당)	1.00달러
선별 및 포장(제품당)	1.04달러
무게처리(파운드당)	1파운드보다 적은 것은 0.5달러, 2파운드를 넘으면 1.59달러 + 1파운드당 0.39달러 추가
보관(월 1입방피트)	1월에서 9월까지 0.51달러, 10월부터 12월까지 0.68달러

아마존을 통한 판매 비용은 처리된 상품의 유형과 크기에 따라 다르다. 2015년 2월 현재 표준화 제품에 대한 FBA 수수료는 위의 표에 나와 있다.

제품이 아마존닷컴을 통해 판매되는 경우 아마존은 주문처리 프로세스 가동을 위해 자사의 정보시스템을 사용한다. 그러나 FBA 고객의 판매 채널을 통해 판매되는 경우 FBA 고객은 자신의 정보시스템을 아마존 정보시스템에 연결해야 한다. 아마존은 MWS(Marketplace Web Service)라고 하는 표준화된 인터페이스를 제공한다. 웹 표준 기술을 이용하여(제6장 참조) FBA 고객의 주문과 결제 데이터는 아마존의 정보시스템과 직접 연결된다.

FBA는 기업들에게 아마존에 주문처리를 위탁하여 처리하도록 하고, 주문처리에 요구되는 프로세스, 시설, 정보기술을 개발하는 비용을 피할 수 있도록 한다.

질문

8. 이 사례에서 제시된 사실에 근거하여 아마존닷컴의 경쟁 전략은 무엇이라고 생각하는가? 답을 정당화하라.
9. 아마존닷컴의 CEO인 제프 베조스는 최고의 고객 지원은 어떤 것도 아니라고 말했다. 그게 무슨 뜻인가?
10. 아마존이나 아마존이 하는 것처럼 진지하게 혁신을 하려는 회사에서 일한다고 가정하라. "그래도 어떻게 해야 할지 모르겠어요."라고 상사에게 말하는 직원에 대한 반응은 어떨 것이라고 생각되는가?
11. 여러분의 말과 경험을 이용하여 아마존과 같은 기업에서 개발해야 할 기술과 능력은 무엇인가?
12. 드론 배송에 대한 아마존닷컴의 관심에 대한 대응으로 UPS와 페덱스는 무엇을 해야 하는가?
13. 아마존을 통해 제품을 판매하는 전통적인 소매상들의 장점과 단점을 요약하라. 어떻게 권유할 것인가?
14. 만약 전통적인 소매상이 FBA를 사용한다면 어떤 비즈니스 프로세스를 개발할 필요가 없는가? 무슨 비용이 절감될 수 있는가?
15. 만약 전통적인 소매상이 FBA를 사용한다면 어떤 정보시스템을 개발할 필요가 없는가? 무슨 비용이 절감될 수 있는가?
16. 만약 전통적인 소매상이 FBA를 사용한다면 아마존과 소매상 정보시스템을 어떻게 통합할 수 있는가?(답변에 대한 깊이를 더하기 위해서 아마존 MWS 용어를 구글에서 찾아보라.)

주

1. Michael Porter, *Competitive Strategy: Techniques for Analyzing Industries and Competitors* (New York: Free Press, 1980).
2. Michael Porter, *Competitive Strategy* (New York: Free Press, 1980).
3. Chris Welch, "Mercedes Built a Self-Driving Truck That Could Save Thousands of Lives Every Year," *The Verge*, October 7, 2014, accessed April 10, 2015, *www.theverge.com/2014/10/7/6939809/mercedes-self-driving-truck-could-save-thousands-lives-each-year*.
4. Lee Matthews, "Amazon Files Patent for 3D Printing Delivery Trucks," *Geek.com*, February 25, 2015, accessed April 10, 2015, *www.geek.com/news/amazon-files-patent-for-3d-printing-delivery-trucks-1616525*.
5. Maxwell Wessel, "Making Sense of Uber's $40 Billion Valuation," *HBR.org*, December 10, 2014, accessed April 10, 2015, *https://hbr.org/2014/12/making-sense-of-ubers-40-billion-valuation*.
6. For a fascinating glimpse of this story from someone inside the company, see "Early Amazon: Auctions" at *http://glinden.blogspot.com/2006/04/early-amazon-auctions.html*, accessed August 2012.
7. *www.amazon.com/b?ie=UTF8&node=8323871011*
8. Andy Meek, "Amazon's Roadmap for 2015: Move Fast, Launch as Much as Possible," *BGR Media*, April 24, 2015, accessed May 16, 2015, *https://bgr.com/2015/04/24/amazon-earnings-q1-2015-analysis-roadmap*.
9. Marcus Wholsen, "Jeff Bezos Says Amazon Is Seriously Serious About Drone Deliveries," *Wired*, accessed May 22, 2014, *www.wired.com/2014/04/amazon-delivery-drones*.
10. Bart Jansen, "FAA Approves Amazon Drone Research Again," *USA Today*, accessed April 30, 2015, *www.usatoday.com/story/money/2015/04/09/faa-amazon-drone-approval-prime-air/25534485*.
11. Fulfillment by Amazon Fee Changes 2015," Amazon.com, accessed April 30, 2015, *www.amazon.com/gp/help/customer/display.html/?nodeId=201119410*.

PART 2 정보기술

앞으로 3개의 장은 정보시스템의 기초가 되는 정보기술을 중점적으로 학습할 것이다. 미래의 여러분이 비즈니스 전문가일 경우 그러한 기술이 별로 중요하지 않을 것이라고 생각할 수도 있다. 그러나 여러분이 살펴보게 될 것처럼 관리자와 협업 전문가는 자신들의 업무수행을 위해서 정보기술의 활용이 절대적이다.

여러분에게도 이러한 일이 일어날 수 있다

제4장에서는 하드웨어, 소프트웨어 그리고 오픈소스를 학습하게 되며 컴퓨터 관련 기본 용어와 개념을 학습하게 될 것이다. 자율주행자동차, 3D 프린트 그리고 사물인터넷에 대하여 간략하게 언급할 것이다.

제5장에서는 데이터베이스 처리를 설명하면서 정보시스템의 데이터 구성요소에 대하여 학습하게 된다. 여러분은 기본적인 데이터베이스 용어를 배우게 될 것이고 데이터베이스 처리를 위한 기술을 배우게 될 것이다. 또한 데이터 모델링을 학습함으로써 다른 사람이 개발한 데이터 모델을 평가할 수 있게 될 것이다.

제6장에서는 제4장에서 언급한 다른 컴퓨터 장치들에 대하여 학습하게 되며 데이터 통신, 인터넷 기술 그리고 클라우드에 대하여 학습하게 될 것이다. 클라우드를 사용함으로써 발생할 수 있는 잠재적 보안에 대해서도 학습할 것이다.

이러한 3개 장의 목적은 팔콘시큐리티의 마테오, 조니, 캠 그리고 알렉스와 같이 효과적인 IT 고객이 되기 위해 충분한 기술을 가르치는 것이다. 학습하게 될 기본 용어, 핵심 개념과 프레임워크에 대한 지식은 여러분이 사용자 관점에서 정보시스템 전문가에게 요청하고 응답하는 등의 의사소통에 도움을 줄 것이다.

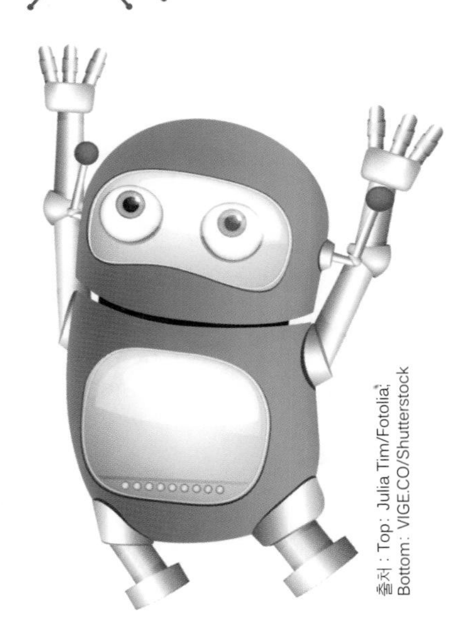

출처 : Top: Julia Tim/Fotolia; Bottom: VIGE.CO/Shutterstock

상황이 매우 빨리 변하기 때문에 가장 최근의 정보기술 상황을 유지하는 것이 어렵다. 매년 새로운 기술 혁신이 등장하고 있다. 그중 일부는 조직의 전략에 실질적인 위협이 될 수 있다. 일부는 성장을 위한 잠재적인 새로운 기회가 될 수 있다. 이러한 새로운 기술이 나타내는 전략적 의미를 이해하는 것이 중요한다. 올바른 질문을 하도록 요청할 수 있어야 한다.

3개의 장에서 제시된 개념과 프레임워크는 최신 기술 동향을 배우는 것보다 훨씬 유용한다. 트렌드는 변한다. 지금은 첨단 정보기술이지만 10년 후에는 구식될 것이다. 새로운 혁신이 가지는 비즈니스 영향을 평가하는 방법을 이해하는 것이 여러분의 경력에 도움이 될 것이다.

출처 : chesky/Fotolia

Chapter
4

하드웨어와 소프트웨어

팔콘시큐리티의 운영 관리자인 캠 포셋은 최고경영자인 마테오 토머스, 재무담당 임원 조니 캠벨, 영업총괄인 알렉스 무어에게 작은 격납고에 신규 3D 프린트된 드론의 테스트가 어떻게 진행되는지 참관하라고 하였다. 마테오는 캠에게 자체 드론의 제작을 위한 부품을 공급업체로부터 구매하는 것보다는 3D 프린트된 부품을 이용하는 가능성을 평가하도록 요청했다. 이러한 상황은 어마어마한 비용 절감의 기회가 될 것이며 기업에 드론의 최신성을 유지하는 데 높은 유연성을 제공한다.

캠은 마테오와 조니에게 그녀와 알렉스가 보고 있는 화면을 보라고 하였다. 화면은 새로운 드론이 빌딩을 근접 비행하면서 찍은 실제 상황의 비디오를 보여주고 있었다.

여러분에게도
이러한 일이
일어날 수 있다

"글쎄요, 부분적으로는," 캠은 마테오와 조니에게 억지 웃음을 지으며 대답한다. "다소 긍정적입니다. 우리는 스트리밍 방식의 비디오를 얻을 수 있습니다. 저는 답을 얻는 데 2주가 걸리지 않기를 희망합니다." 캠의 목소리는 약간 실망스러운 톤이었다.

"좋습니다. 그것을 만들기 위한 총비용은 얼마입니까?" 마테오가 묻는다.

"글쎄요, 이 특정 쿼드는 거의 아무 비용도 들지 않습니다. 우리는 주변에 있는 2개의 고장난 쿼드로부터 필요한 모든 것을 확보했습니다. 그 밖의 모든 것은 우리가 제작했습니다." 캠은 해체된 쿼드콥터 랙을 가리켰다. "일부는 웹에서 무료 디자인을 발견했지만 약간의 수정을 해야 했습니다."

"좋은 소식이군요. 그렇죠?" 마테오가 묻는다.

"뭐, 별로," 캠은 회의적인 말투로 말한다. "더 많은 드론을 제작하고 싶다면, 우리는 기존의 드론 더 많은 부품을 확보하거나 일반 부품을 구입하여 모두 정상 작동하는지 확인할 필요가 있습니다."

조니와 마테오는 모두 어리둥절한 모습이다.

마테오는 머리를 저으며 묻는다. "글쎄, 왜 처음부터 일반 부품으로 만들지 않았습니까?"

"솔직히 우리가 가진 부품을 사용해서 작동시킬 수 있을 것이라는 확신을 할 수 없었습니다. 우리는 쿼드콥터를 만들어본 적이 없습니다." 캠은 퉁명스럽게 말한다. "약 20개의 부품을 출력했지만, 우리는 여전히 모터, 속도 컨트롤러, 비행 제어 보드, 라디오 송신기 및 수신기, 프로펠러, 배터리 및 충전기가 필요했습니다."

학습목표

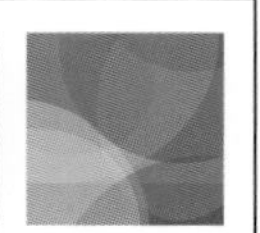

Q1 현업 전문가들이 하드웨어에 대하여 알아야 할 것은 무엇인가?

Q2 새로운 하드웨어가 어떻게 경쟁 전략에 영향을 미치는가?

Q3 현업 전문가들이 소프트웨어에 대하여 알아야 할 것은 무엇인가?

Q4 오픈소스 소프트웨어는 생존 가능한 대안인가?

이 장에서의 **지식**이 **여러분**에게 어떻게 **도움**이 되는가?

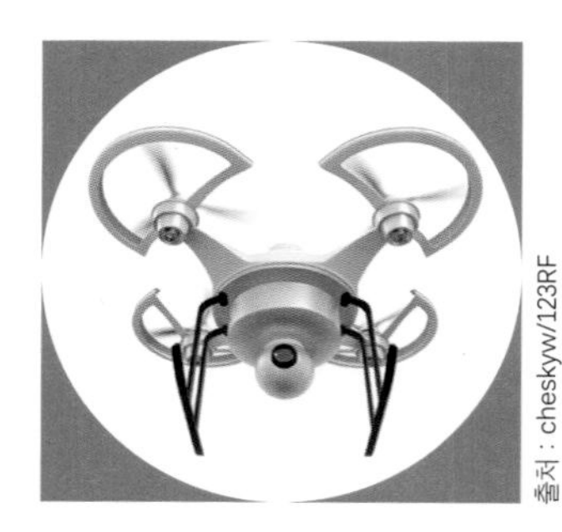

"3D 프린트를 통한 자체 드론이 돈을 많이 절약하지 않습니다."

"우리는 또한 기존 시스템과 통합할 수 있어야 했습니다. 실제로 비행할 수 있는 쿼드를 만들 수 있다는 것을 알기 전까지는 일반 부품으로 실험하지 않았습니다."라고 덧붙였다.

"좋아요. 다음 단계는 지금의 내부 부품을 일반 부품으로 대체한 후에 동작을 확인하는 것이지요. 그렇죠?" 마테오가 질문했다.

"글쎄요…." 캠이 말하기 시작한다.

조니가 끼어든다. "일부 부품이 동작하는지 여부는 중요하지 않습니다. 핵심은 프레임, 쿼드 그리고 카메라를 지지하는 다른 부품을 대체하기 시작했다는 것입니다. 그러한 것은 저렴하지 않습니다. 각 쿼드의 조립과 테스트를 위한 추가 인건비…" 그녀는 말을 잘랐다.

"게다가 우리의 내부 시스템과 그것들을 통합하기 위한 시간과 인건비는," 알렉스는 자신의 생각을 표현한다. "절대 저렴하지 않습니다."

"정확하게," 캠은 말한다. "3D 프린트를 통한 자체 드론은 돈을 많이 절약하지 않습니다. 교체할 수 있는 부품이 충분하지 않습니다. 그렇습니다. 3D 프린트 부품을 사용하여 개발한 수동 재충전 플랫폼은 큰 성공을 거두었습니다. 재충전 프로세스를 자동화하고 드론의 도달 범위를 넓힐 수 있었습니다. 그러나 저는 3D 프린트가 우리 회사가 드론 제작사가 되는 것을 정당화할 수 있을 만큼 충분할 정도로 하드웨어 비용을 줄이는 것이라고 생각하지 않습니다."

마테오는 실망스러워 보인다. "여러분이 옳을 수 있습니다. 저는 그것이 실제로 작동하게 하는 어떤 방법이 있었으면 좋겠습니다. 몇 년 안에 무용지물이 될 수많은 드론을 구매하면서 현금을 불태우는 것을 중단할 것으로 봅니다. 최첨단이 된다는 것에 대하여 정말 실망입니다."

"당신은 최첨단을 의미하는 겁니다. … 그렇죠?" 조니는 웃으며 말한다.

Q1 현업 전문가들이 하드웨어에 대하여 알아야 할 것은 무엇인가?

현업 전문가들은 최신 하드웨어의 동향을 알아야 할 필요가 있다. 자세한 것은 110~111쪽 윤리문제를 참조하라.

대부분의 사람들은 컴퓨터 하드웨어를 노트북, 데스크톱, 서버 또는 심지어 태블릿으로 생각한다. 그러나 시간이 지남에 따라 컴퓨터 하드웨어를 생각하는 방식이 바뀌고 있다. 휴대전화를 예로 들어보자. 25년 전 전화는 음성 통신을 위해 제한적으로 사용하였다. 아무도 휴대전화를 컴퓨터 하드웨어라고 생각하지 않았을 것이다.

지금은 어떤가? 스마트폰은 상당한 처리 능력을 가지고 있으며 네트워크, 내부 메모리 및 가상 키보드에 연결할 수 있는 기능을 갖추고 있고 다른 장치와도 서로 연결할 수 있다. 이제 '전화'는 확실하게 컴퓨팅 하드웨어의 중요한 부분이다. 컴퓨팅 하드웨어는 시계, 안경, TV, 자동차 및 칫솔과 같은 다른 장치에도 통합되고 있다.

컴퓨터 하드웨어(computer hardware)는 컴퓨터 프로그램 또는 소프트웨어로 인코딩된 지침에 따라 데이터를 입력, 처리, 출력 및 저장하는 전자 부품 및 관련 장치로 구성된다. 모든 하드웨어는 유사한 핵심 구성요소를 갖추고 있다. 먼저 이러한 구성요소를 살펴보고 곧이어 기본 유형의 하드웨어와 이러한 장치의 용량을 살펴볼 것이다.

하드웨어 구성요소

모든 컴퓨터는 컴퓨터의 '두뇌'라고도 부르는 **중앙처리장치**(central processing unit, CPU)를 장착하고 있다. 동물의 두뇌와 같이 추상화의 능력이 없음에도 불구하고 이처럼 두뇌라고 불리는 것이 일반화된 것은 CPU가 기계장치의 '정교함'을 가지고 있기 때문이다. CPU는 명령을 선택하고 처리하고 논리 연산 비교를 수행하여, 그 동작의 결과를 기억장치에 저장한다. 일부 컴퓨터는 2개 혹은 그 이상의 CPU를 내장하고 있다. 일부 컴퓨터는 2개 이상의 CPU를 장착하고 있다. 2개의 CPU를 장착한 컴퓨터를 **듀얼 프로세서**(dual-processor) 컴퓨터라고 한다. **쿼드 프로세서**(quad-processor) 컴퓨터는 4개의 CPU를 장착하고 있다. 일부 고성능 컴퓨터는 16개 이상의 CPU를 장착하고 있다.

CPU는 속도, 기능 및 가격이 다양하다. 인텔, AMD, 내셔널 반도체와 같은 하드웨어 공급자들은 지속적으로 CPU의 속도와 성능을 향상시키는 반면 가격은 오히려 내리고 있다(제1장의 무어의 법칙 참조). 여러분 또는 여러분이 속한 조직에 최신 CPU가 필요한지 여부에 대한 판단은 여러분 또는 여러분이 속한 조직이 수행하는 업무 성격에 따라 다르다.

CPU는 **주기억장치**(main memory)와 연계하여 작동한다. CPU는 메모리에서 데이터 및 명령을 읽고, 계산결과는 주기억장치에 저장한다. CPU와 주기억장치 간의 관계에 대해서는 이후에 다시 설명하기로 한다. 주기억장치는 램(random access memory, RAM)으로 부르기도 한다.

RAM과 1개 이상의 CPU 외에도, 모든 컴퓨터는 데이터와 프로그램을 저장할 때 사용하는 **저장 하드웨어**(storage hardware)를 장착하고 있다. 마그네틱 디스크(하드 디스크라고도 함)가 가장 보편적인 저장 하드웨어이다. 고체 저장장치(solid-state storage, SSD 드라이브라고도 함)는 하드웨어보다 속도가 빨라서 점차 인기를 끌고 있지만 상당히 비싸다. 범용직렬버스(USB) 플래시 메모리는 작지만, 휴대형 SSD로서 데이터를 백업하거나 컴퓨터와 컴퓨터 간의 자료 이동에 사용할 수 있다. CD와 DVD 같은 광학 디스크는 널리 사용되는 휴대용 저장 매체이다.

그림 4-1
하드웨어의 기본 종류

하드웨어 종류	사례
데스크톱과 랩톱을 포함한 개인용 컴퓨터(PC)	애플 맥프로
e-book 리더를 포함한 태블릿	아이패드, 마이크로소프트 서피스, 구글 넥서스, 킨들 파이어, 삼성 탭
패블릿	삼성 갤럭시 노트, 아이폰 6 플러스
스마트폰	삼성 갤럭시, 아이폰
서버	델 파워에지 12G 서버
서버팜	서버의 랙(그림 4-2)

하드웨어 종류

그림 4-1은 하드웨어의 기본 종류를 열거하고 있다. **개인용 컴퓨터**(personal computer, PC)는 기본형 연산장치로서 개인적 목적으로 사용된다. 옛날에는 PC가 업무용으로 사용되는 주된 컴퓨터였다. 지금은 태블릿과 다른 모바일 장치로 대체되고 있는 상황이며 여전히 PC가 대세를 이루고 있다. 맥프로는 최신 PC의 한 예이다. 애플은 아이패드와 더불어 획기적인 **태블릿**(tablet)을 선보였다. 2012년 마이크로소프트는 서피스를, 그리고 구글은 넥서스 시리즈를 발표했는데, 이 모두가 태블릿이다.

하드웨어 목록에서 밑으로 내려가다 보면, 패블릿(phablet)이라는 모바일 장치를 보게 된다. 이것은 스마트폰의 기능과 태블릿의 큰 사이즈 화면을 결합한 것이다. 삼성의 갤럭시 노트 또는 애플의 아이폰 6 플러스가 이 범주에 속한다. 스마트폰은 휴대전화이면서 처리 능력을 가지고 있다. 삼성S6(혹은 그 이상) 혹은 아이폰 6(혹은 그 이상)는 좋은 예이다. 이제는 휴대전화가 '스마트'하지 않은 것을 찾기가 어렵기 때문에 그냥 폰이라고 부르기도 한다.

서버(server)는 여러 대의 원격 컴퓨터와 사용자의 요청을 처리하기 위해서 설계된 컴퓨터이다. 서버는 기본 형태는 PC의 변형이지만, 동작방식이 PC와는 근본적으로 다르다. PC와 서버의 관계는 레스토랑의 고객과 서비스제공자와 유사하다. 간략하게 말해서 서버는 고객으로부터 주문을 받아서 그것을 고객에게 제공한다. 레스토랑에서 고객에게 제공하는 것은 음식, 음료 그리고 부가적인 것들이다. 비슷하게 컴퓨팅 환경에서 서버는 웹 페이지, 전자메일, 파일 또는 데이터를 PC 또는 기타 장치에 제공할 수 있다. 서버에 접속하는 PC, 태블릿 그리고 스마트폰을 **클라이언트**(client)라고 한다. 2015년 현재 서버의 좋은 예가 델 파워에지 서버이다.

그림 4-2
서버팜
출처 : © Andrew Twort/Alamy

서버팜(server farm)은 일반적으로 수천 개에 달하는 서버의 모임이다(그림 4-2 참조). 서버팜은 대체로 5,000대 이상의 서버를 수용할 수 있는 대형 트럭 트레일러에 배치된다. 일반적으로 트레일러에는 2개의 커다란 테이블이 있다. 하나는 전력용이고 다른 하나는 데이터 통신용이다. 서버 운영자는 트

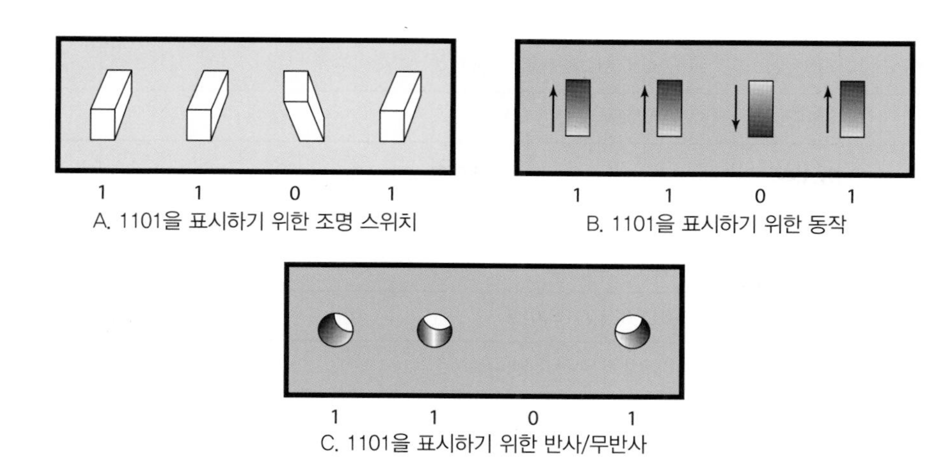

그림 4-3
비트는 물리적 표현이 용이하다

레일러를 준비된 슬래브(창고 혹은 야외)에 위치한 뒤, 전원과 케이블, 그리고 보일러를 연결하여 수천 개의 서버를 가동 중이다.

점진적으로 서버 인프라는 **클라우드**라고 하는 인터넷을 통해 제공된다. 데이터 통신에 대한 지식을 갖게 된 후 제6장에서 학습하게 될 것이다.

컴퓨터 하드웨어의 각 유형별 용량은 데이터 단위에 따라 결정되며, 다음 절에서 학습하게 될 것이다.

컴퓨터 데이터

컴퓨터는 **비트**(bit)라고 부르는 **이진화된 부호**(binary digit)를 사용한다. 한 비트는 0 또는 1이다. 컴퓨터는 비트를 사용하는데, 비트를 이용함으로써 그림 4-3에서와 같이 물리적 표현이 용이하기 때문이다. 컴퓨터는 스위치는 닫힘 또는 열림이 될 수 있다. 열림 스위치는 0을, 닫힘 스위치는 1을 나타내도록 설계될 수 있다. 또는 마그네틱의 방향이 비트를 표현할 수 있다. 마그네틱 원리는 한 방향은 0, 반대 방향은 1을 나타낸다. 또는 광학 매체에서 디스크의 표면에 빛을 쬐이면 정보에 따라 미세한 반응하게 된다. 반응은 1을, 반응 없음은 0을 의미한다.

컴퓨터 데이터의 크기

모든 컴퓨터 데이터는 비트로 표현된다. 데이터는 숫자, 문자, 통화단위, 사진, 레코딩 등 무엇이든지 될 수 있다. 모든 것은 심플하게 비트열이 된다. 비트는 **바이트**(byte)라고 하는 8개 비트의 집합이다. 영문 사람이름에서 문자와 같은 문자데이터의 경우 한 문자는 하나의 바이트로 표현된다. 그러므로 여러분의 컴퓨터가 1억 바이트의 메모리를 가졌다면 1억 개의 글자를 읽을 수 있는 능력을 가지고 있다는 뜻으로 이해하면 된다.

바이트는 문자 형태가 아닌 데이터의 표현에도 사용된다. 예를 들어, 어떤 사람이 100,000바이트 크기의 사진을 가지고 있다고 말할 수 있다. 이 문장의 의미는 그림 표현을 위해서 필요한 비트 스트링의 크기가 100,000바이트 또는 800,000비트가 된다는 것이다(1바이트는 8비트이기 때문에).

주기억장치, 디스크, 그리고 다른 컴퓨터 장치의 크기에 대한 사양은 바이트로 표현한다. 그림 4-4는 데이터 저장 능력을 표현할 때 사용되는 축약 형태이다. **킬로바이트**(kilobyte)는 줄여서 KB로서 1,024바이트이다. **메가바이트**(megabyte) 또는 MB는 1,024킬로바이트이다. **기가바이트**(gigabyte) 또는 GB는 1,024MB이며, **테라바이트**(terabyte) 또는 TB는 1,024GB이고, **페타바이**

그림 4-4
중요한 저장 능력 용어

용어	정의	축약
바이트	한 문자를 표현하기 위해서 필요한 비트의 수	
킬로바이트	1,024바이트	KB
메가바이트	1,024K = 1,048,576바이트	MB
기가바이트	1,024MB = 1,073,741,824바이트	GB
테라바이트	1,024GB = 1,099,511,627,776바이트	TB
페타바이트	1,024TB = 1,125,899,906,842,624바이트	PB
엑사바이트	1,024PB = 1,152,921,504,606,846,976바이트	EB
제타비이트	1,024EB = 1,180,591,620,717,411,303,424바이트	ZB
요타바이트	1,204ZB = 1,208,925,819,614,629,174,706,176바이트	YB

트(petabyte) 또는 PB는 1,024TB이며, **엑사바이트**(exabyte) 또는 EB는 1,024PB이다. **제타바이트**(zettabyte) 또는 ZB는 1,024EB이며, **요타바이트**(yotabyte) 또는 YB는 1,024ZB이다. 가끔 1KB는 1,000바이트 또는 1MB는 1,000KB와 같다고 단순화한 정의를 볼 수 있다. 그러한 단순화는 잘못된 것이지만, 수학에서는 보통 그렇게 사용한다.

2014년을 기준으로 월마트는 2.5PB 정도의 고객 데이터를 가지고 있었다.[1] 페이스북은 300PB의 데이터 웨어하우스를 가지고 매일 600TB의 프로세스를 처리하였다.[2] 유타주의 NSA 데이터센터는 12EB의 데이터를 가지고 있는 것으로 추정하고 있다.[3] 시스코는 2018년 말까지 전 세계 인터넷 트래픽이 연간 1.6ZB를 초과할 것이라고 예측한다.[4]

컴퓨터 데이터 크기 및 처리 속도로 하드웨어 지정

컴퓨터 디스크 용량은 포함할 수 있는 데이터의 양에 따라 결정된다. 따라서 500GB 디스크에는 최대 500GB의 데이터와 프로그램을 저장할 수 있다. 약간의 오버 헤드가 있기 때문에 실제 사용 가능한 저장 용량은 500GB가 아니지만 거의 그렇다.

저장 용량은 장치를 선택할 때 고려해야 할 유일한 것은 아니다. CPU 속도를 고려해야 한다. CPU 속도는 **헤르츠**(hertz)로 표시된다. 2015년을 기준으로 느린 개인용 컴퓨터는 3.0기가헤르츠의 속도를 보였으나 빠른 개인용 컴퓨터는 3.5기가 이상의 헤르츠 속도와 듀얼 프로세서를 사용했다. 제1장에서 학습한 무어의 법칙에 의해 예측된 바와 같이 CPU 속도는 계속 빨라지고 있다.

워드 프로세싱과 같은 간단한 작업을 하는 직원은 빠른 CPU가 필요하지 않다. 2.0기가헤르츠 CPU가 적당할 것이다. 그러나 크고 복잡한 스프레드시트를 처리하는 직원은 큰 데이터베이스 파일을 이용한다. 또는 고해상도 그림, 사운드 또는 비디오 파일을 편집하려면 3.5기가헤르츠 이상의 듀얼 프로세서를 가진 고속 컴퓨터가 필요하다. 마찬가지로 데이터 저장소의 경우 많은 큰 규모의 응용 프로그램을 동시에 사용해야 하는 직원은 12GB 이상의 RAM이 필요하다. 그렇지 않은 사람들은 낮은 사양을 사용할 수 있다.

마지막 코멘트 : 장치의 캐시와 메인 메모리는 **휘발성**(volatile)이므로 전원이 꺼지면 내용이 손실된다. 반면에 자기 및 광학 디스크는 **비휘발성**(nonvolatile)이므로 전원이 꺼져도 내용이 손실되지 않는다. 따라서 갑자기 전원이 꺼지면 메모리 안에 있던 내용이 저장되지 못하고 손실된다. 데이터를 보다 잘 보호하려면 변경 중인 문서 또는 파일을 자주(수 분에 한 번) 저장하는 습관을 가져야 한다. 룸메이트가 전원 코드를 발로 차기 전에 여러분의 문서를 저장하자!

Q2 새로운 하드웨어가 어떻게 경쟁 전략에 영향을 미치는가?

조직은 수익창출에 기회 또는 위협이 될 수 있는 첨단 하드웨어에 관심이 많다. 일기예보를 보는 것처럼 신기술 하드웨어를 계속 관찰해야 한다. 미래가 어떻게 영향을 미칠지 관망해야 한다. 지금부터는 조직이 난관에 봉착할 수 있는 사물인터넷, 자율주행차량, 3D 프린트 등과 같은 첨단 하드웨어의 발전에 대하여 살펴본다.

사물인터넷

비즈니스를 바꿀 수 있는 힘을 가진 첫 번째 파괴적인 힘은 **사물인터넷**(Internet of Things, IoT)이다. 이것은 객체들이 인터넷에 연결되어 다른 장치, 응용 프로그램 또는 서비스와 상호 작용할 수 있다는 아이디어이다. 다시 말해 모든 객체는 데이터를 감지, 처리 및 전송할 수 있는 하드웨어로 점차 보편화되고 있다. 이러한 개체는 네트워크에 연결하여 다른 응용 프로그램, 서비스 또는 장치와 데이터를 공유할 수 있다.

예를 들어, 휴대전화를 살펴보라. 아마 스마트폰일 것인데, 아쉽게도 항상 '스마트'하지는 않다. 휴대전화는 음성 통화를 처리하는 것에서 출발했다. 시간이 지남에 따라 더 많은 처리 능력, 더 많은 메모리, 인터넷 액세스, 와이파이 연결성 및 다른 장치 및 응용 프로그램과 상호 연결할 수 있는 기능을 추가하여 **스마트 장치**(smart device)가 되었다(그림 4-5). 따라서 사람들은 이전보다 안전하게 다른 방식으로 휴대전화를 사용하기 시작했다. 이러한 변화는 기업 운영 방식을 변화시켰다. 예를 들어, 2014년 아마존은 고객의 60% 이상이 모바일 장치를 사용하여 쇼핑했다고 보도했다.[5]

장치가 스마트하게 되면 어떻게 될까? 똑똑한 자동차, 스마트 가전 또는 똑똑한 건물을 이용할 수 있다면 인생은 어떻게 변할 것인가? 수십 년 내에 스마트폰을 이용하여 주변의 거의 모든 물체와 상호작용할 수 있을 것이다. 실제로 여러분의 장치는 다른 장치와 대화하고, 여러분의 행동을 예상하고, 적절하게 대처할 수도 있다.

'벙어리(dumb)' 장치에서 상호연결된 스마트 장치로의 전환은 비즈니스에서 기회 손실이 아니다. 스마트 장치를 좋아하는 소비자는 더 많은 비용을 지불할 의향이 있다. 따라서 기업은 기존 장치를 스마트 장치로 개선한 다음 2배 이상의 매출을 올린다. 내가 하지 않으면 다른 사람이 한다.

예를 들어, 컴퓨터 하드웨어 및 소프트웨어 기업으로 성장한 애플이 2007년 아이폰을 세상에 내놓았다. 아이폰이 처음 출시되었을 때 휴대전화 시장은 이미 성숙했다. 업계의 리더들은 스마트폰을 만들 수 있었지만 그렇게 하지 못했다. 애플 아이폰의 성공은 다른 휴대폰 제조사들의 성장을 가로막았고, 사람들이 휴대전화를 어떻게 사용하고 어떤 종류의 기기를 구매할 것인지를 근본적으로 바꿔놓았

그림 4-5
스마트폰의 발전
출처 : Grgroup/Fotolia

그림 4-6
마이크로소프트의 워싱턴주 레드몬드 캠퍼스
출처 : Ian Dagnall/Alamy

다. 아이폰이 휴대폰 업계에 혁명을 일으킨 것처럼 다른 스마트 장치들도 다른 산업에도 혁명을 일으킬 것이다.

사물인터넷의 영향

앞으로 IoT의 영향을 다양한 첨단 산업 분야에서 느끼게 될 것이다. 스마트 장치에는 마이크로프로세서, 메모리, 무선 네트워크 연결, 전원 그리고 새로운 소프트웨어가 필요하다. 또한 이러한 장치들은 새로운 프로토콜, 더 많은 대역폭 그리고 엄격한 보안이 필요하게 될 것이며 더 많은 에너지를 소비할 것이다.

스마트 장치에 대한 이러한 압박의 좋은 예가 GE의 산업인터넷(Industrial Internet)이다.[6] 산업인터넷은 스마트 장치를 만들고, 이러한 장치에서 데이터를 분석한 후 효율을 높이고, 낭비를 줄이며, 의사결정 수준을 향상시키기 위한 대형 프로그램이다. GE는 병원, 전력, 제조공장 및 운송수단 분야에서 스마트 장치에 대한 가장 큰 잠재력을 관측하고 있다. 예를 들어, GE는 제트 항공기에서 스마트 장치를 사용하는 보통의 항공사가 평균 2%의 연료 소비를 줄일 수 있다고 예측한다. 연료 및 이산화탄소 절감을 통한 효과는 도로에서 자동차 10,000대를 감축하는 것과 같다.[7]

뿐만 아니라 마이크로소프트는 스마트 장치를 사용하여 큰 이득을 얻었다. 마이크로소프트는 워싱턴주 레드몬드에 500에이커에 달하는 125개 스마트 빌딩 네트워크를 건설하였다(그림 4-6).[8] 이 캠퍼스는 히터, 에어컨, 조명, 팬 및 문을 포함하여 3만 개 장치에서 매일 5억 건의 데이터 트랜잭션을 처리한다. 이 네트워크 덕분에 마이크로소프트 기술자는 불필요한 조명, 가열 및 냉각 시스템 경쟁 및 불량 팬과 같은 문제를 파악하여 연간 6~10%의 에너지 비용을 줄여서 수백만 달러를 절약할 수 있다.

모든 기업 건물이 스마트 빌딩이라면 어떠할까? 세계 에너지의 40%가 기업의 건물에서 소비된다는 점을 고려한다면 막대한 에너지 비용을 절감할 수 있는 아이디어를 얻을 수 있다.

자율주행차

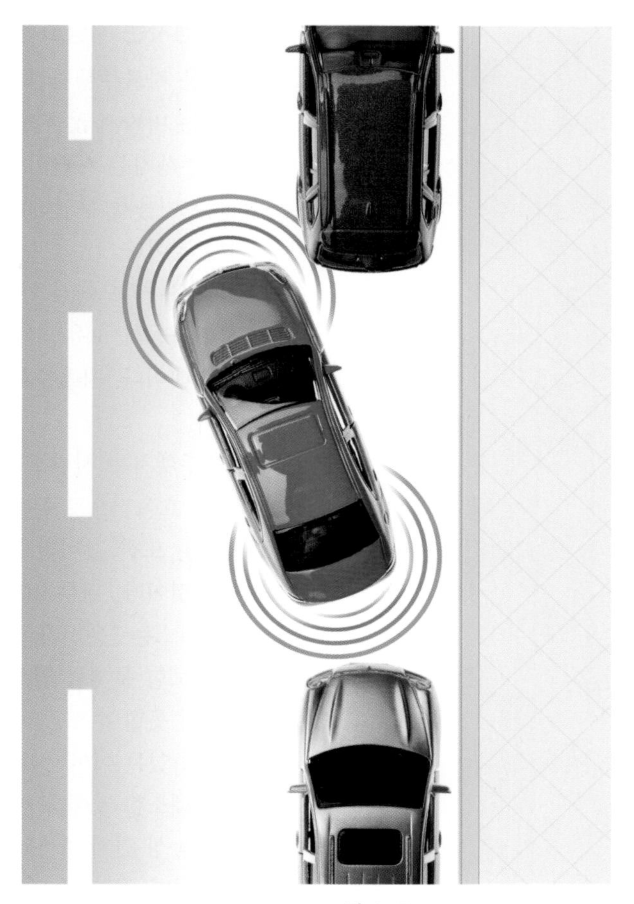

그림 4-7
미래의 자동차는 스스로 움직일 것이다
출처 : Dan Race/Fotolia

기업 운영 방식을 바꿀 수 있는 두 번째 파괴적인 요인은 자율주행차이다. **자율주행차**(self-driving car, 운전자가 없는 자동차라고도 함)는 기존의 차와 같은 방식으로 다양한 센서를 사용하여 주행하지만 사람의 개입이 없다. 고성능 하드웨어 및 통합 소프트웨어로 가득 차 있으며 모바일 시스템의 본보기가 될 것이다. 자율주행차는 움직일 수 있기 때문에 안에 아무도 태우지 않고도 이동할 수 있게 될 것이다(그림 4-7).

멀지 않은 미래에 자율주행차가 현실화된다. KPMG와 자동차 연구센터의 최근 보고서에 따르면 2019년에 현실화될 것으로 발표하고 있다.[9] 구글의 2018년 예측에 따르면 자율주행차가 현실화될 것이며 대부분의 자동차 제조업체(메르세데스 벤츠, 닛산, 아우디 및 BMW)는 2020년까지 자율주행차를 판매할 것이라고 한다.[10] 2014년 현재 구글의 최신 자율주행차는 핸들, 브레이크 페달 또는 가속기가 없는 2인승 차량이다.[11] 구글의 프로토타입 차량은 단 한 번의 사고 없이 70만 마일 이상을 주행했다. 메르세데스 벤츠 F015는 CES 2015 전시회에서 갈채를 받으며 무대에 올랐으며, 서로 마주 보는 좌석 구성으로 카페 스타일을 선보였다. 자율주행차를 개발하는 경쟁이 가열되고 있다. 경쟁이 치열하다.

다음 절에서 볼 수 있듯이 자율주행차는 더 쉽고 저렴하며 안전한 운전을 가능하게 한다. 뿐만 아니라 기존의 정돈된 산업에 파장을 줄 것이다.

자율주행차는 수월하게 만든다

자율주행차가 일반 가정의 삶을 변화시키는 방법을 상상해보자. 예를 들어, 자율주행차를 사용하면 아빠가 운전하면서 업무 보고서를 검토할 수 있다. 운전 스트레스를 줄일 수 있고 좀 더 생산적일 것이다. 자율주행차는 아빠가 탑승하지 않은 상태로 스스로 주행하여 아이들을 학교에 내려놓고 다시 집으로 돌아가 엄마의 탑승을 기다린다.

일을 마치고 나면 가족이 쇼핑을 할 수 있고 가게의 바로 앞에서 내릴 수 있다. 더 이상 주차할 필요가 없다. 시내를 돌아다니는 것도 안전해질 것이다. 쇼핑을 하는 동안 아빠는 대학생 딸로부터 공항으로 자신을 픽업해달라는 메시지를 받을 수 있을 것이다. 아빠는 자신이 직접 운전하지 않고 차만 보낼 수 있다는 것에 매우 안도할 것이다.

새 차 구매 결정에서 아빠는 자신이 직접 운전해야 했던 시절을 떠올릴 것이다. 긴 악몽 같은 기억이었다. 이제 자동차가 스스로 경로를 계획하고 탐색하여 트래픽 구간을 회피하여, 내비게이션에 정체구간을 알리는 빨간불이 들어오지 않게 할 것이다. 무엇보다도 아빠가 다른 운전자에게 화를 내지 않는다는 것이다. 여행이 쉬워졌다.

얼마 후 장거리 가족 휴가를 계획한다. 비행기가 아닌 자율주행차를 이용할 것이다. 공항 보안 라인이 없으며, 빈번한 교통안전국(TSA) 사람들의 통제를 받을 필요가 없고, 가족끼리 서로 마주 앉아 편안한 상태로 이동하며, 가방을 다른 곳에 맡길 필요가 없다. 목적지에 도착한 후 차를 빌릴 필요가 없고 게다가 언제든지 떠날 수 있다. 때로는 밤에 휴가를 떠나고 '운전'하는 동안 잠을 잘 수 있다. 실제로 운전하지 않으면 운전이 나쁘지 않다!

자율주행차는 저렴하게 한다

여러분은 자율주행차가 운전을 어떻게 더 쉽게 하는지 보았다. 하지만 비용은 어떻게 될까? 자율주행차는 비싸지 않을까?

자율주행차는 시간이 지남에 따라 훨씬 저렴할 것이다. 초기에는 기존 자동차의 구입에 비해서 더 많은 비용을 부담해야 할 것이다. 그러나 시간이 지남에 따라 여러 곳에서 비용 절감 효과가 나타날 것이다.

앞의 시나리오에서 가족이 한 대의 자동차만을 소유하고 있음을 보았을 것이다. 자율주행차가 현재의 자동차 보유방식보다 효과적임을 보여준다. 오늘날 대부분의 자동차는 하루 22시간 동안 휴면 상태이다. 자율주행차를 공유하면 여러 대의 차량을 가질 필요가 없다. 비용을 크게 절감할 수 있다.

자율주행차는 사람보다 운전을 더 잘할 것이기 때문에 비용절감 효과를 기대할 수 있다. 사람보다 더 효율적으로 운행될 것이기 때문에 연료를 절약할 수 있다(제동력 감소, 엔진 개조 및 도로 경주). 또한 값비싼 통행료, 주차비 및 음주운전 벌금을 피할 수 있다. 자동차 보험료는 크게 떨어질 것이다. 너무 낮아서 더 이상 필요하지 않을 수도 있다. 미국 최대의 보험 기업 중 하나인 트래벌러스는 "운전자 없는 자동차 또는 주택 공유 기술은 지금 고객의 제품 수요를 혼란에 빠트리거나 보험 문제를 일으키거나 손실 빈도 및 심각성에 영향을 미칠 수 있다. 우리는 효과적으로 대응하지 못할 수도 있다."[12]고 말했다.

가능성 있는 이야기이다. 자율주행차는 매년 자동차 보험료로 지불되는 1천억 달러 중에서 상당 부분을 해소할 것이다. 당연히 그렇게 되어야 한다. 자율주행차의 충돌회피 시스템이 사람의 사고 발생 가능성 인지 여부와 관계없이 브레이크를 작동시킬 것이기 때문에 안전하다. 주변의 모든 차량의 정확한 위치, 속도 및 경로를 파악할 수 있다. 자동차 사고는 먼 옛날의 일이 될 수 있다.

자율주행차는 안전하게 한다

그렇다. 안전하다. 현재 자동차 사고의 90%는 사람의 실수로 발생한다.[13] 자동차 사고는 3~33세 사이의 사망 원인 중 가장 큰 원인이다. 실제로 운전으로 시간을 보내는 것은 하루 중에 가장 위험한 일일 수 있다.

그러나 차후에는 차가 여러분보다 주변을 더 잘 살피고 더 빨리 반응하며 더 나은 운전환경 정보를 얻을 수 있다. 주변의 다른 차량과 통신하고, 교통 패턴을 동적으로 분석하며 공사구간을 피하고, 필요한 경우 응급 서비스에 연락할 수 있다.

자율주행차는 안전한 주행, 적은 사고, 적은 음주운전 수, 적은 노상 사건 및 적은 보행자 사고를 경험한다는 것을 의미한다. 자동차는 충돌회피로 더 빨리 갈 수 있다. 향후 '수동' 운전은 위험하고 값비싼 취미가 될 수 있다.

자율주행차가 산업을 혼란에 빠뜨릴 것이다

앞의 논의에서 알 수 있듯이 자율주행차는 안정화된 여러 산업을 혼란에 빠뜨릴 수 있다. 자율주행차는 도로 위의 차량 수를 줄일 수 있다. 도로에 있는 차량이 적다는 것은 자동차 판매량의 감소를 의미하고(운송산업에 영향을 미침), 자동차 대출(금융산업에 영향을 미침)이 줄어들고, 자동차 보험 정책이 줄게 되며(보험산업에 영향을 미침), 사고가 적어 자동차 부품이 줄어들게 되며(제조업에 영향을 미침) 그리고 주차장이 줄어든다(부동산 업계에 영향을 미침). 또한 운전을 하지 않아도 된다면 비행기 또는 기차보다 자동차로 더 많은 여행을 할 수 있게 될 것이다(다시 운송업계에 영향을 미침).

CES 2015의 혁신기술

하드웨어의 혁신기술은 무엇인가? 매년 1월 라스베이거스에서 열리는 CES(Consumer Electronics Show)는 3,600개의 전시품과 17만 명 이상의 하드웨어 관람객이 시끄러운 음악, 함성을 일으키는 비디오와 맥박을 빠르게 하는 매체 등으로 열광했다. 라스베이거스에서만 할 수 있는 쇼이다!

올해는 어떠한 혁신기술이 주목을 받는가?

1. **메르세데스 벤츠 F015** : CES 2015의 필수적인 혁신 목록에는 운전자가 없는 메르세데스 벤츠 F015이다. 기존의 운전자 중심 차량의 진화가 아닌 운전자가 없는 차량으로 최초의 자동차 중 하나이다. 세단형 문을 가진 은색 마차라는 표현이 적합하다. F015가 운전하는 동안 승객들은 서로 마주 앉아 채팅을 한다. 차량의 모든 장치를 제어할 수 있는 대화형 터치스크린을 내장하고 있다. 승객은 손짓과 눈동자를 사용하여 차를 조종할 수 있다.

   F015는 약 680마일을 주행할 수 있는 연료-전기 플러그인 하이브리드이다. 운전이 스트레스를 주지 않는다. 승객은 대체로 채팅, 업무 심지어 수면을 취하기도 한다. F015는 사람들의 여행에 대한 사고방식을 바꿀 것이다.

   F015는 대화도 할 수 있다. F015 앞을 걷는 보행자는 앞을 지나가는 것이 안전하다는 음성안내를 들을 수 있다. F015는 앞 횡단보도를 예측하여 보행자에게 안내 방송을 한다. 앞으로 10~15년 후에 어떤 자동차가 등장할 것인지 알고자 한다면 F015를 보면 된다.

2. **네스트와 함께 업무** : 네스트 랩은 구글이 2014년에 32억 달러에 인수된 후 1년 후에 비약적인 성장을 이루었다. 네스트 랩은 스마트 온도 감지 및 스마트 연기 감지로 유명하다. 그러나 네스트 랩는 가정용 자동화 기업으로 더 알려지고 있다. 네스트 표준을 사용하는 네트워크 지원 스마트 장치를 원격으로 제어하고 다른 장치나 응용 프로그램에 연결하여 동작한다.

   CES 2015 전시회에서 '네스트 협력사' 파트너 목록은 월풀, 엘지, 메르세데스 벤츠, 로지텍 및 오거스트 스마트 락을 압도했다. 페블(스마트워치), 라치오(스프링클러), 인터렉티브 보이스(음성 상호작용 기반 알람시계) 및 라이프360(스마트폰 추적 앱)과 같은 신생업체도 참여했다. 네스트 랩은 홈오토메이션 서비스의 선두 주자가 되어가고 있다.

   수많은 IoT 장치가 온라인으로 연결되면 그 장치는 네스트 라벨이 붙어 있는 제품이 될 것으로 예상된다. 이러한 연결을 통해 사물인터넷 장치들이 동적으로 서로 통신하여 과거에는 경험할 수 없었던 새로운 시너지 효과를 창출할 수 있게 되었다. 여러분의 자동차가 집까지 도착 20분 지점을 통과하면 집을 따뜻하게 데우기 시작하라고 온수장치에 지시하는 것을 상상해보라. 제빵기는 도착시간에 맞추어 굽기가 완성된 신선한 빵을 제공할 준비가 되어 있고, 집안의 전원은 현관문을 여는 즉시 켜질 준비가 되어 있다. 그리고 뒤뜰에서 놀고 있는 강아지의 영상을 실시간으로 볼 수 있게 되었다.

   홈오토메이션과 IoT 간의 융합은 향후 몇 년 동안 아주 흥미로운 제품을 만들어낼 것이다. CES 2016에서 선보인 네스트 랩의 새로운 발표를 찾아보자.

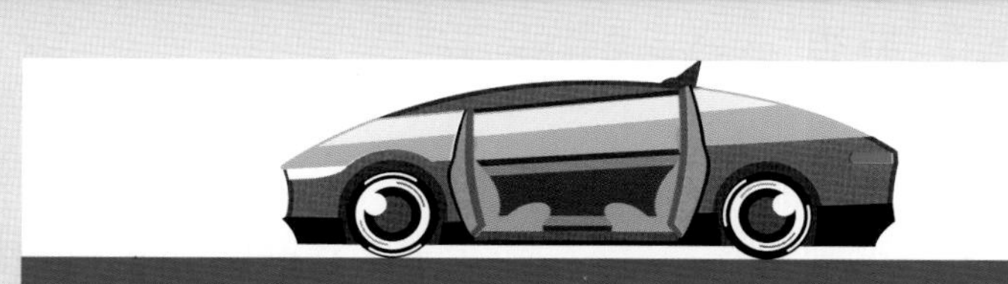

출처 : VECTORWORKS_ENTERPRISE/Shutterstock

3. **합성 필라멘트** : 메이커봇은 새로운 합성 필라멘트가 등장했던 2015년 초 실제 물체와 똑같은 3D 프린트를 선보였다. 이 필라멘트는 전통적인 PLA(폴리락트산) 열가소성 소재와 목재, 청동, 철, 석회암과 같은 소재를 합성한다. 현재 3D 프린트 산출물을 현실세계 부품의 일부로 사용할 수 있다.

   목재 가구는 실제 나무처럼 프린트, 샌딩 그리고 염색 처리할 수 있다. 느낌도 나무와 똑같다. 보석, 공구 및 부품과 같은 금속 물체는 프린트 및 광택 처리가 가능하며 실제 금속의 사촌처럼 보인다. 또한 석회석 합성 필라멘트는 실제 석회암과 똑같은 물건을 만든다.

   메이커봇의 새로운 합성 필라멘트는 금속, 목재 및 석재로 프린트하는 것이기 때문에 경제적 가치를 갖는다. 과거에는 금속으로 3D 프린트가 가능했지만 금속 레이저를 이용한 분말입자의 고체화 과정은 비용이 많이 들었다. 이 새로운 합성 필라멘트는 금속과 목재 부분을 모두 가지고 있는 해머와 같은 물체를 프린트할 수 있다. 단점은 이러한 새로운 복합 필라멘트를 사용하여 프린트하려면 각각의 필라멘트 유형별로 각자의 프린트 헤드가 필요하다는 것이다. 대부분의 일반 소비자들에게는 프린트 헤드의 추가 비용이 부담되지 않는다.

   메이커봇의 새로운 합성 필라멘트의 등장으로 취미 활동가와 발명가 그리고 제조업체를 위한 3D 프린트가 가능해질 수 있다. 일반 가정 제품의 50% 이상을 프린트할 만큼 3D 프린터의 가격이 저렴해진다면 가정용 상비품이 될 것이다.

질문

1. 운전자 없는 형태로 변경된 전통적 자동차에 비해 메르세데스 벤츠의 새로운 '마차'형 자율주행차의 이점은 무엇인가?
2. 메르세데스 벤츠는 왜 새로운 자율주행차가 보행자와 대화할 수 있도록 했는가?
3. 네스트의 자동온도조절기로 어떻게 돈을 절약할 수 있는가?
4. 네스트의 연결형 세탁기는 기존의 세탁기에 비해 어떤 장점이 있는가?
5. 3D 프린트는 파괴력을 가진 기술인가?
6. 새로운 합성 필라멘트는 혁신, 프로토타이핑과 새로운 제품개발에 어떻게 영향을 미칠 수 있는가?

동전의 양면처럼 자율주행차의 생산은 엔지니어, 프로그래머, 그리고 시스템 디자이너에게는 더 많은 취업의 기회를 제공할 것이다. 이러한 차량에는 더 많은 컴퓨터 하드웨어, 센서 그리고 카메라가 필요하게 될 것이다.

기업들은 아마도 현재 산업에 비교하여 자율주행차의 가까운 미래를 완벽하게 예견하지 못할 수 있다. 그렇다면 여러분은 어떠한가? 자율주행차가 여러분의 삶에서 어떠한 파장을 야기하고 있는가? 여러분이 결혼을 하였고 또 자녀를 두고 있다고 가정해보자. 여러분의 자녀가 자동차를 운전할 수 있을까? '수동'으로 차를 운전하는 것이 더 많은 비용을 부담하게 하지 않는가? 여러분의 후손들은 자동차를 운전하는 방법을 배울 수 없게 되겠지만 결코 이상한 일이 아닐 것이다. 여러분은 말을 어떻게 타는지 아는가? 우리 이전의 세대들은 알고 있었다.

3D 프린트

비즈니스 세계를 강타하는 세 번째 파괴적인 힘은 3D 프린트이다. 제3장에서 학습한 바와 같이 3D 프린트는 경쟁구도를 바꾼다. 게다가 비즈니스 토양 자체를 바꿀 수도 있다. 이 장의 앞부분에 있는 팔콘시큐리티의 사례를 떠올려보자. 팔콘시큐리티 팀은 제작비를 이유로 자체 드론을 제작하지 않는다. 3D 프린트를 이용한 드론 제조기업이 되고 싶지 않다.

드론 제조가 팔콘에게는 올바른 대안이 아니지만 다른 기업들에게는 선택 가능한 옵션이 된다. 나이키가 신발의 디자인과 생산 공정의 개선을 위해서 3D 프린트를 사용하고 있는 것을 고려해보라. 나이키는 최근에 나이키 나포 레이저 타론이라는 3D 프린트 기반 신발 원형을 만들기 위하여 세계 최초로 3D 프린터를 이용하였다.[14] 나이키는 최적의 인장력을 위한 최적의 기하학적 모양을 만들 수 있도록 원형 제작에 3D 프린트를 선택한다. 나이키는 3D 프린터를 이용하여 이전보다 훨씬 가볍고 강한 원형을 디자인하고 제작할 수 있었다.

3D 프린터는 스포츠 장비를 넘어 다양한 산업에 영향을 줄 수 있다. 3D 프린터가 단순한 플라스틱을 넘어 다양한 제작이 가능하다는 것을 알게 되면 다양한 활용에 대한 아이디어를 얻을 수 있다(그림 4-8). 금속, 도자기, 식품 그리고 생체도 만들 수 있다.

CES 2015에서 업계의 리더인 메이커봇은 3D 프린터에 사용할 수 있는 합성 필라멘트를 판매하기 시작할 것이라고 발표했다. 이러한 새로운 합성 필라멘트는 전통방식의 PLA(폴리락트산) 열가소성 소재를 목재, 청동, 철제, 석회암과 합성한다. 합성 필라멘트는 각 형틀마다 다른 3D 프린터 헤드를 이용하여 프린트된 물체는 실존 물체와 같은 모양과 기능을 가진다.

항공우주, 방위산업, 자동차, 엔터테인먼트, 의료산업 등 산업 전반에서 다양한 소재로 3D 프린터를 채택하고 기회를 발굴한다. 자동차,[15] 비행기, 보트, 주택 및 드론과 같은 초대형 물체를 3D로 프린트하는 것이 가능하다면 어떠한 일이 일어날까?

그림 4-8
3D 프린터
출처 : Seraficus/Getty Images

다음은 전통적인 3D 프린트가 아닌(즉 플라스틱을 사용하지 않음) 세 가지 사례이다. 각각이 얼마나 파괴력을 가지는지 생각해보자.

- 3D 시스템 새로운 세프젯프로™는 초콜릿, 바닐라, 민트, 체리, 신맛의 사과, 수박과 같은 복잡한 설탕맛을 가진 사물을 프린트할 수 있다.[16] 세프젯을 이용하면 요리 초보자라도 여러 가지 맛, 아름다운 그리고 각자의 취향을 완벽하게 반영한 디저트를 만들 수 있다.
- 하버드대학교 공학 및 응용과학 연구원은 영양분을 전달하고 낭비를 제거하는 혈관이 있는 3D 생물체를 프린트할 수 있다.[17] 이러한 개발은 의사가 간단하게 출력 버튼을 누름으로써 손상된 신체를 대체할 수 있는 신체의 일부를 출력할 수 있는 날이 올 수 있다는 것을 의미한다. 생명을 구하는 것은 당연하고 보험료 개선과 전체 건강관리 비용을 낮출 수 있다.
- 사우스캘리포니아대학교의 베록 코시네비스 교수는 24시간 내에 집 전체를 프린트할 수 있는 대형 3D 프린터를 만들었다.[18] 이 3D 주택용 프린터는 보다 안정되고 우수한 단열 구조를 만들고 재료를 줄이며 작업장 상해를 줄이고 자동으로 난방 및 배관을 설치한다. 이 모든 비용은 일반적인 비용보다 훨씬 저렴하다.

Q3 현업 전문가들이 소프트웨어에 대하여 알아야 할 것은 무엇인가?

미래 관리자 혹은 현업 전문가로서, 여러분은 현명한 소프트웨어 소비자가 될 수 있도록 핵심 용어 및 소프트웨어 개념을 알아야만 한다. 먼저 그림 4-9에 있는 소프트웨어의 기본 분류를 살펴보자.

	운영체제	애플리케이션 프로그램
클라이언트	클라이언트 컴퓨터의 리소스를 통제하는 프로그램	클라이언트 컴퓨터에서 동작하는 애플리케이션
서버	서버 컴퓨터의 리소스를 통제하는 프로그램	서버 컴퓨터에서 동작하는 애플리케이션

그림 4-9
컴퓨터 소프트웨어의 분류

모든 컴퓨터는 **운영체제**(operating system, OS)를 통해 동작하며, 운영체제는 컴퓨터의 리소스를 통제하는 프로그램이다. 운영체제의 기능은 메인 메모리의 데이터를 읽고 쓰고, 할당하며, 메모리 스와핑을 수행하며, 프로그램 시작과 끝을 수행하고, 에러 조건에 대응하며, 그리고 백업과 북구를 지원하는 것이다. 또한 운영체제는 디스플레이, 키보드, 마우스 그리고 기타 장치를 포함한 사용자 인터페이스를 만들고 관리한다.

운영체제가 컴퓨터를 이용 가능하게 하는 것은 맞지만, 애플리케이션 의존적 동작은 하지 않는다. 만약 여러분이 날씨 확인이나 데이터베이스에 접속하고자 한다면 아이패드의 날씨 애플리케이션이나 오라클의 고객관계관리(CRM) 소프트웨어가 필요하다.

클라이언트와 서버 컴퓨터는 모두 운영체제가 필요하지만 서로 같은 것은 아니다. 아울러 클라이언트와 서버는 애플리케이션 프로그램을 가질 수 있다. 애플리케이션의 설계는 클라이언트와 서버 양쪽에서 모두 처리 가능하다. 애플리케이션의 설계는 클라이언트, 서버 또는 양쪽 모두에서 처리해야 하는지를 고려해야 한다.

합리적인 컴퓨터 사용자가 되기 위해 여러분은 두 가지 중요한 소프트웨어 제약조건을 이해해야만 한다. 첫째, 대체로 특정 운영체제는 유일하게 특정 하드웨어에서만 동작한다. 마이크로소프트 윈도우는 유일하게 인텔 프로세서와 인텔 명령어 세트(즉 CPU가 처리할 수 있는 명령)를 수행할 수 있도록 프로세서 기반에서만 동작한다. 리눅스와 같은 기타의 운영체제는 각각 다양한 명령 세트를 가진 다양한 버전을 가지고 있다.

둘째, 기본형 애플리케이션과 웹 애플리케이션과 같은 애플리케이션 프로그램의 두 가지 유형을 알아야 한다. **네이티브 애플리케이션**(native application)은 특정 운영체제를 사용하도록 만들어진 프로그램이다. 예를 들어, 마이크로소프트 액세스는 윈도우 운영체제에서만 동작한다. 일부 애플리케이션은 복수 운영체제에서 동작한다. 아래아한글이나 마이크로소프트 워드는 윈도우와 매킨토시 버전이 있다. 그러나 특별한 일이 없으면 대부분 하나의 운영체제에서만 동작한다. 네이티브 애플리케이션은 **시크-클라이언트 애플리케이션**(thick-client application)이라고도 한다.

웹 애플리케이션(web application), 즉 **신-클라이언트 애플리케이션**(thin-client application)은 파이폭스, 크롬, 오페라 또는 에지(이전의 인터넷 익스플로러)와 같은 컴퓨터 브라우저에서 동작하도록 설계되었다. 웹 애플리케이션은 어떠한 브라우저에서도 동작한다. 사실이 아닐 때도 있지만 말이다(여러분이 경험한 것처럼).

주요 운영체제는 무엇인가?

모든 현업 전문가들은 다음 세 가지 유형의 운영체제를 알아야 한다. 그림 4-10에 주요 운영체제가 제시되어 있고 이제부터 자세히 알아본다.

비이동성 클라이언트 운영체제

비이동성 클라이언트 운영체제는 데스크톱 및 랩톱 컴퓨터에 사용된다. 가장 일반적인 것이 **마이크로소프트 윈도우**(Microsoft Windows)이다. 일부 윈도우 버전은 전 세계 데스크톱의 85%, 업무용 사용자를 포함한다면 95%에 설치되어 있다. 2017년 현재 가장 최신 윈도우의 클라이언트 버전이 윈도우 10이다. 넷애플리케이션이 발표한 2017년 7월을 기준으로 세계 데스크톱 OS 버전별 점유율 통계에 의하면 윈도우 7이 48.91%, 윈도우 10이 27.63%, 윈도우 XP가 6.10%, 윈도우 8.1이 6.48% 맥 OS X 10.12가 3.52% 그리고 기타 7.37%이다.[19]

윈도우 8은 이전 버전의 윈도우 운영체제를 대폭 갱신한 것이다. 윈도우 8은 마이크로소프트가

분류	운영체제	주된 사용처	비고
비모바일 클라이언트	윈도우	개인용 컴퓨터 클라이언트	현업에서 제일 많이 사용되는 운영체제. 현재 버전은 윈도우 10. 터치인터페이스
	맥 OS	매킨토시 클라이언트	그래픽 아티스트와 기타 아트 분야에서 처음 사용. 현재는 보편화. 터치 인터페이스를 제공한 첫 번째 OS이다. 현재 버전은 맥 OS X 엘 캐피탄.
	유닉스	워크스테이션 클라이언트	공학, 컴퓨터 지원 설계, 건축에서 사용하는 고성능 클라이언트에서 주로 사용. 일반 사용자에게는 어렵다.
	리눅스	모든 장치	유닉스 변형 오픈소스. 거의 모든 컴퓨터 단말기에서 채택. 오픈오피스 애플리케이션 소프트웨어를 사용하는 PC에서 동작한다. 일반 사용자들은 잘 사용하지 않는다.
모바일 클라이언트	심비안	노키아, 삼성 그리고 기타 폰	전 세계적으로 확산되어 있으나 미국에서는 인기가 별로이다.
	블랙베리 OS	블랙베리	업무용으로 개발된 단말기와 OS. 초창기에는 많이 사용했으나, iOS와 안드로이드에 의해 시장이 잠식되었다.
	iOS	아이폰, 아이팟 터치, 아이패드	아이폰과 아이패드의 성공에 기반하여 빠른 증가 추세. 맥 OS에 기초한다.
	안드로이드	삼성, 구글, HTC, 소니 스마트폰과 기타 태블릿	구글에서 시작된 리눅스 기반 폰/태블릿 운영체제. 시장 점유율이 급격하게 증가하고 있다.
	윈도우 10	노키아와 마이크로소프트 서피스	모바일 단말기에 최적화된 윈도우 10. 서피스 프로에 윈도우 10
서버	윈도우 서버	서버	마이크로소프트에 강하게 의존하는 업무에 활용한다.
	유닉스	서버	사양화. 리눅스로 대체되고 있다.
	리눅스	서버	매우 보편화. IBM이 강력하게 밀고 있다.

그림 4-10
주요 운영체제

모던 스타일 애플리케이션(modern-style application)이라고 부르며 차별화하고 있다.[20] 이러한 애플리케이션은 윈도우 10이 계승하고 있는데, 터치 스크린을 지원하며 상황 반응형, 팝업 메뉴를 제공한다. 마우스와 키보드가 여전히 사용 가능하다. 마이크로소프트는 모던 스타일 애플리케이션은 데스크톱에서 동작하던 것과 똑같이 휴대용, 이동성 장치와 같은 슬레이트에서 동작한다고 주장한다. 모던 애플리케이션의 주요 특징 중의 하나는 메뉴바, 상태라인, 그리고 기타 가시적 오버헤드의 최소화에 있다. 그림 4-11에서와 같이 모던 스타일 버전이 윈도우 익스플로러에 있는 사진을 검색하는 한 가지 사례를 보여주고 있다.

모든 컴퓨터가 윈도우를 사용하는 것은 아니다. 애플컴퓨터는 매킨토시에서 동작하는 **맥 OS**(Mac OS)를 독자 개발했다. 현재의 버전은 맥 OS X 엘 캐피탄이다. 애플은 윈도우 8이 나타나기 전까지는 세상에서 가장 진보된 데스크톱 운영시스템이었다. 윈도우 10은 맥 OS로부터 그 타이틀을 쟁취하기 위해서 많은 돈을 투자했다.

최근까지 맥 OS는 그래픽 아티스트 및 아트 분야에서 일하는 사람들이 주로 사용해왔다. 그러나 많은 이유 때문에 맥 OS는 전통적 윈도우 시장에 진입하였다. 넷애플리케이션에 따르면 2017년 7월 현재 윈도우가 91.45%, 맥 OS가 6.02%, 리눅스가 2.53%이다.[21]

원래 맥 OS는 모토로라 CPU 프로세서의 라인에서 사용하기 위해서 설계되었다. 지금은 매킨토시와 인텔 프로세서가 윈도우와 맥 OS 양쪽에서 운용 가능하게 되었다.

두 가지 비모바일 클라이언트 운영체제로서 유닉스와 리눅스가 그림 4-10에 제시되어 있다. **유닉스**(Unix)는 1970년대 벨 연구소에서 개발한 것이다. 그 당시에는 과학이나 엔지니어링 계통의 작업환경에서 사용되었다. 유닉스는 업무용 사용자를 위한 운영체제는 아니다.

리눅스(Linux)는 오픈소스협회에 의해서 개발된 유닉스 버전이다. 이 협회는 리눅스의 개발 및

그림 4-11
모던 스타일 인터페이스의 예
출처 : Microsoft Corporation

유지보수를 위해 자발적으로 자신의 시간을 할애하는 프로그래머들로서 느슨하게 결합되어 있다. 오픈소스협회가 리눅스를 소유하지만 사용에 대한 대가를 요구하지는 않는다. 리눅스는 클라이언트 컴퓨터에서도 사용하지만, 웹 서버처럼 서버에서 사용하기도 한다. 리눅스는 서버 OS로서 가장 인기 있다. 디스트로와치닷컴에 따르면 2015년까지 리눅스의 다섯 가지 가장 유명한 버전은 리눅스 민트, 우분투, 데비안 GNU/리눅스, 오픈수세, 페도라이다.[22]

모바일 클라이언트 운영체제

그림 4-10은 2014년에 사용된 다섯 가지 기본형 모바일 운영체제를 보여주고 있다. **심비안**(Symbian)은 유럽과 동아시아에서 주로 사용되었으나 북미에서는 그렇지 못했다. **블랙베리 OS**(BlackBerry OS)는 초기 모바일 운영체제에서 가장 성공적인 것 중 하나로, 블랙베리 제품을 사용하는 업무용 사용자에게 주로 사용되었었다. 이제는 시장이 iOS와 안드로이드에게 점령당했다.

iOS는 아이폰, 아이팟 터치 그리고 아이패드에서 사용하고 있는 운영체제이다. 처음 발표되었을 때, 지금은 블랙베리 OS와 안드로이드에서 보편적으로 채택하고 있는 사용의 용이성과 독보적인 화면, 특징들로 새로운 지각 변동을 가져왔다. 아이폰과 아이패드의 보편화 이후, 애플은 iOS의 시장점유율을 향상시키고 있다. 넷애플리케이션이 2017년 7월에 발표한 통계에 의하면 iOS의 시장점유율은 33.09%이다.[23] 현재의 iOS는 iOS 8이다.

대부분의 업계 관측통들은 애플이 맥 OS와 iOS 둘 다 사용이 편리한 인터페이스를 개척을 주도했다는 것에 동의할 것이다. 분명한 것은, 많은 혁신 아이디어가 매킨토시나 iOS에서 처음 등장하였고, 그 이후 후발주자들이 기능을 추가하기 시작하였으며 안드로이드와 윈도우 운영체제로 발전하였다.

이러한 OS와 관련하여 **안드로이드**(Android)는 구글이 개발한 모바일 운영체제이다. 안드로이드 장치는 기술적 사용자에게 특별하게 충성도가 높은 편이다. 넷애플리케이션이 2017년 7월에 발표한 통계에 의하면 안드로이드의 시장점유율은 64.38%이다.[24]

모바일 장치에서 윈도우 10을 사용하고자 하는 사용자는 스마트폰에 **윈도우 10(모바일)**[Windows 10(mobile)] 또는 서피스 프로 장치에 윈도우 10의 정식 버전을 이용할 수 있다. 윈도우는 모바일 OS 시장 점유율의 약 2%를 차지한다.

스마트폰 시장은 늘 성장하고 있지만 최근에는 전자책 리더 및 태블릿이 모바일 클라이언트 운영체제 시장을 더욱 확대하고 있다. 2015년 4월을 기준으로 미국인의 64%는 스마트폰을 소유하고 있으며, 53%는 스마트폰 외에도 태블릿을 소유하고 있다[25](2016년 2월 한국인의 81.6%가 스마트폰을 소유하고 있으며 태블릿의 소유비율은 점차 감소하고 있다 — 역자 주).

서버 운영체제

그림 4-10의 마지막 세 줄은 가장 많이 사용되는 3개의 서버 운영체제이다. **윈도우 서버**(Windows Server)는 윈도우 버전의 일종으로, 특별히 서버 사용을 위해 설계되고 고안되었다. 이는 다른 윈도우 버전보다 더 강하고 엄격한 보안 절차를 채택하고 있기 때문에 마이크로소프트의 제품을 선호하는 조직의 서버에서 인기가 높다.

유닉스도 서버에서 사용되고 있지만, 점차 리눅스로 대체되어가고 있다.

리눅스는 무슨 이유인지 모르겠지만 마이크로소프트의 서버에 얽매이고 싶지 않은 기관들이 주로 채택하였다. IBM은 리눅스의 첫 번째 지지자이다. 그러나 IBM이 리눅스를 소유하고 있는 것은 아니며, IBM은 리눅스를 사용하는 업무용 시스템 솔루션을 많이 개발했다. 리눅스를 사용함으로써 IBM은 마이크로소프트나 다른 업체에 라이선스 비용을 부담하지 않아도 된다.

가상화

가상화(virtualization)는 하나의 컴퓨터에 여러 다른 가상(실제는 아님) 컴퓨터를 운영하는 것을 말한다. **호스트 운영체제**(host operating system)라고 부르는 한 운영체제가 애플리케이션으로서 하나 이상의 운영체제에서 동작한다. 그렇게 호스트된 운영체제를 **가상머신**(virtual machine, vm)이라고 한다. 각 가상머신은 디스크 공간과 다른 자원을 적절하게 할당한다. 호스트 운영체제는 가상머신이 서로 간섭하는 것일 방지하기 위해 호스트 활동을 제어한다. 가상화와 더불어 각 가상머신은 단독으로, 비가상 환경과 똑같이 정확하게 작동한다.

가상화의 세 가지 유형은 다음과 같다.

- PC가상화
- 서버가상화
- 데스크톱가상화

PC**가상화**(PC virtualization)는 데스크톱 또는 이동용 컴퓨터와 같은 하나의 개인용 컴퓨터가 몇 개의 서로 다른 운영체제를 호스트하는 것을 말한다. 필요에 따라 사용자 요청에 따라 리눅스와 윈도우 8이 사용자의 컴퓨터에 동시에 동작할 필요가 있다. 이러한 환경에서 사용자는 리눅스와 윈도우 10 가상머신을 만들기 위해서 호스트 운영체제에 오라클 버추얼박스 또는 VM웨어 워크스테이션을 탑재할 수 있다. 그림 4-12에서와 같이 호스트 운영체제가 충분한 여유(즉 메모리와 CPU 파워)가 있다면 동시에 같은 하드웨어에 두 가지 시스템을 운영할 수 있다.

서버가상화(server virtualization)는 하나의 서버 컴퓨터가 하나(혹은 그 이상)의 서버 컴퓨터를 호스트한다. 그림 4-13에서와 같이 하나의 윈도우 서버 컴퓨터가 2개의 가상머신을 호스팅하고 있다. 사용자는 그러한 가상머신 중의 하나에 로그온할 수 있고, 정상적인 서버처럼 서비스를 제공한다. 그림 4-14는 가상머신 VM3가 사용자에게 어떻게 서비스하고 있는지를 나타낸다. VM3의 사용자는 셰어포인트에 접속하고 있는 브라우저에서 동작하고 있음을 확인한다. 서버가상화

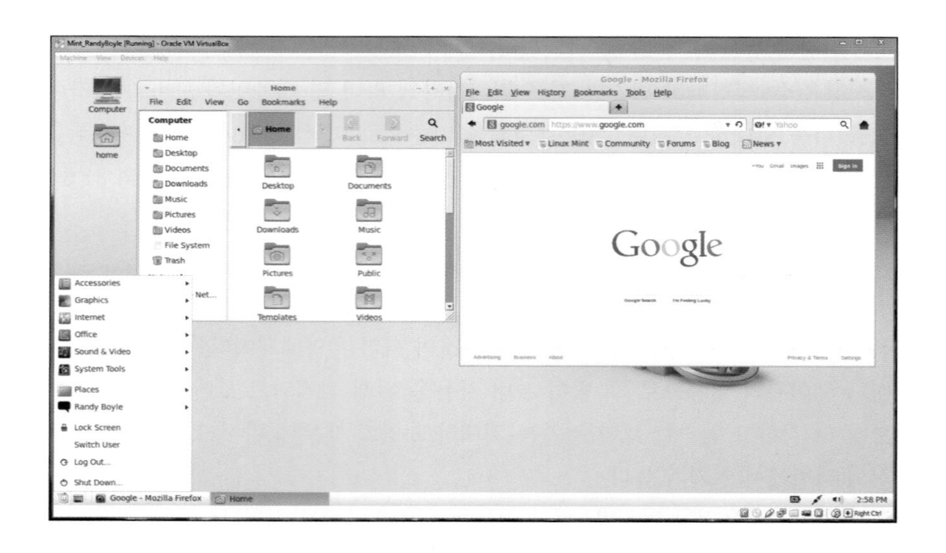

그림 4-12
마이크로소프트 프로패셔널 7에서 동작하는 리눅스민트 가상머신
출처 : Microsoft Corporation

는 클라우드 사업자의 핵심 사업 영역인데 제6장에서 학습하게 될 것이다.

제6장에서의 설명처럼 PC가상화는 중요하다. 반면에 데스크톱가상화는 혁신을 가져올 잠재력을 가지고 있다. **데스크톱가상화**(desktop virtualization)를 통하여 하나의 서버가 데스크톱 운영체제의 여러 버전을 호스트한다. 그러한 데스크톱들은 사용자마다 다른 환경을 완벽하게 제공한다. 그럼에도 불구하고 데스크톱은 사용자가 사용하는 모든 컴퓨터를 이용한 접속을 허용한다. 그러므로 여러분은 공항에 있을 수도 있고 컴퓨터로 가서 여러분의 가상화된 컴퓨터에 접속할 수 있다. 공항 컴퓨터는 마치 여러분 자신의 개인용 컴퓨터처럼 동작한다. 호텔방에 앉아 있을때도 유틸리티 컴퓨터는 동일하게 작동한다. 그런데 수많은 사용자들이 공항에 있는 그 컴퓨터에 접속할 수 있을지라도 사용자들은 자신의 컴퓨터라고 생각한다. IBM은 PC가상화를 PC당 매월 12달러의 저렴한 가격으로 서비스를 제공하고 있다.

데스크톱가상화는 유행의 측면도 내포하고 있지만, 여러분이 미래 직장 신입사원으로서 맞이하게 될 주요 현상이 될 것이다.

소유와 라이선스

이 장을 읽으면서 여러분이 컴퓨터 프로그램을 살 때 실제로는 그 프로그램을 사는 것이 아니라는 것을 이해할 것이다. 그 프로그램을 이용할 수 있는 **라이선스**(licence)를 구매하는 것이다. 여러분이 맥 OS 라이선스를 구매할 때 애플은 여러분에게 맥 OS를 사용할 권리를 판매하는 것이다. 애플은 여전히 맥 OS 프로그램을 소유한다. 개인과는 달리 큰 규모의 조직은 컴퓨터 한 대당 라이선스를 구매하지 않는다. 대신에 **사이트 라이선스**(site license)를 계약하여 해당 기업이 기업의 모든 컴퓨터 혹은 특정 사이트에 있는 모든 컴퓨터에 해당 제품(운영제제 혹은 애플리케이션)을 설치할 수 있는 총괄 비용을 지불한다.

리눅스의 경우 사용에 대한 라이선스 비용을 지불하는 기업은 없다. 이유는 오픈소스 커뮤니티가 소유하고 있으며, 리눅스는 라이선스 비용을 가지고 있지 않기 때문이다. IBM과 같은 대

그림 4-13
윈도우 서버 컴퓨터가 두 가지 가상머신을 호스팅
출처 : Microsoft Corporation

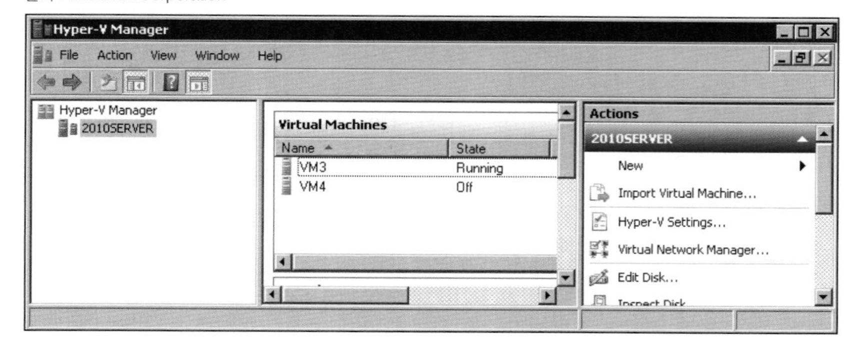

그림 4-14
가상머신 예제
출처 : Microsoft Corporation

기업과 레드햇과 같은 중소기업들은 리눅스 지원을 통하여 돈을 벌 수 있지만, 어떤 기업도 리눅스 라이선스를 판매하여 돈을 벌지는 않는다.

어떤 종류의 애플리케이션이 있으며, 어떻게 확보할 것인가?

이전 학습을 통해서 알고 있는 것처럼 **애플리케이션 소프트웨어**(application software)는 서비스나 기능을 수행한다. 마이크로소프트 엑셀이나 워드와 같은 일부 애플리케이션은 누구나 편리하게 사용할 수 있다. 반면에 일부 애플리케이션은 한정된 기능을 제공한다. 퀵북스는 일반원장과 회계처리를 위한 기능을 제공하는 애플리케이션 프로그램이다. 다음 절에서는 애플리케이션의 분류에 대해서 알아본 다음 하나씩 자세히 학습한다.

수평 애플리케이션

수평시장 애플리케이션(horizontal-market application)은 모든 조직이나 산업의 기본 업무를 지원하는 기능을 제공한다. 문서편집기, 그래픽 프로그램, 스프레드시트, 프레젠테이션 프로그램 등이 이에 속한다.

마이크로소프트 워드, 엑셀, 파워포인트는 수평 애플리케이션의 잘 알려진 예이다. 그 외 어도비의 아크로뱃, 포토샵, 페이지메이커와 자스크의 페인트샵프로도 있다. 이러한 애플리케이션은 모든 산업에 걸쳐 다양한 업무에서 공통적으로 사용한다. 그들은 박스포장 형태로 구입하기도 하며, 일부는 자기 기업나 업무에 맞게 부분적으로 고쳐서 사용하기도 한다.

일부 애플리케이션은 무료이지만 사용자 데이터를 수집하도록 설계된다. 110~111쪽 윤리문제를 참고하라.

수직 애플리케이션

수직시장 애플리케이션(vertical-market application)은 대체로 해당 조직의 상황에 맞게 부분적으로 수정해서 사용한다. 치과 병원에서 진료예약과 청구서 발행하는 것, 자동차 기술자가 고객 데이터의 추적관리와 수리를 위해서 사용하는 것, 자재 창고에서 재고, 구매 그리고 판매에 대한 기록관리를 위해서 사용하는 어플리케이션이 여기에 속한다. 만약 수평시장 애플리케이션이 세단이라면, 수직시장 애플리케이션은 굴삭기와 같은 건설용 자동차일 것이다. 특정 분야에서 사용하기 위해 특수 제작된 것이기 때문이다.

수직 애플리케이션은 항상 수정 혹은 변경하여 사용할 수 있다. 대부분의 경우 기업들은 애플리케이션 소프트웨어를 그러한 서비스를 제공할 수 있거나 혹은 이러한 서비스가 제공될 수 있도록 하는 컨설턴트를 추천한다.

단일 애플리케이션

단일 애플리케이션(one-of-a-kind application) 소프트웨어는 한정되고, 특정한 기능수행을 위해서 개발된다. 국방부에서는 다른 조직에서 사용할 필요가 없는 자신만을 위한 프로그램을 개발한다.

국방부 탱크의 자동 균형을 단일 애플리케이션 소프트웨어의 한 사례로 생각할 수 있다. 탱크는 매우 특수하고 한정된 목적으로 개발된다. 탱크 제작 비용은 세단보다 높고, 우리의 상상을 초월한다. 탱크와 같은 단일 하드웨어 구성요소를 제작하는 데 상당한 시간이 필요로 한다. 그러나 탱크는 상당 부분을 사용자 요청을 반영하여 대형 전투차량의 요구사항에 정확하게 일치시켜야 한다.

애플리케이션 형태의 채택

여러분이 전쟁터에 차출된다면 4도어 세단을 몰고 가고 싶지는 않을 것이다. 상당히 비싸지만 때로는 차 튜닝이 필요하다. 어떤 선택을 하느냐에 달렸다. 군인의 예를 들어보자. 세단, 튜닝 차, 탱크를 구입할 수 있다. 각각의 구입에는 이유가 충분하다. 컴퓨터 소프트웨어도 차를 사는 방식과 똑같이 **기성 소프트웨어**(off-the-shelf software), **일부 수정 기성 소프트웨어**(off-the-shelf with alterations software), 또는 **자체개발 소프트웨어**(custom-developed software)로 구입할 수 있다.

조직은 직접 자체개발 방식 어플리케이션을 개발하거나 개발자를 고용한다. 탱크를 사는 것과 마찬가지로 자신만을 위한 독특한 요구대로 어플리케이션을 개발하고자 한다. 소프트웨어를 자체개발함으로써 조직의 요구사항에 맞도록 수정할 수 있다.

자체개발 방식은 어렵고 위험하다. 소프트웨어 개발을 위한 팀을 구성하고 운영해나간다는 것은 도전정신을 필요로 한다. 소프트웨어 프로젝트를 관리하는 것이 불가능할 수 있다. 많은 조직들이 예정했던 개발기간을 2배 이상으로 초과하기도 한다. 비용이 생각보다 많이 발생하여 200~300%를 초과하기도 한다. 제12장에서 이러한 문제를 다루고자 한다.

애플리케이션 프로그램들은 변화하는 요구 및 변화하는 기술을 반영할 필요가 있다. 수평 및 수직 소프트웨어의 채택 비용이 수천 또는 수만 명에 이르는 소프트웨어 사용자에게 그대로 전가된다. 그러나 자체개발 방식으로 소프트웨어를 개발할 경우 이용 업체는 채택에 필요한 모든 비용을 반드시 스스로 부담해야만 한다. 그림 4-15는 소프트웨어의 원천 및 유형에 대한 요약이다.

그림 4-15
소프트웨어 원천 및 유형

소프트웨어 원천

소프트웨어 유형	기성	일부 수정 기성	자체 개발
수평 애플리케이션	■		
수직 애플리케이션	■	■	
단일 애플리케이션			■

펌웨어란 무엇인가?

펌웨어(firmware)는 프린터, 프린터 서버, 기타 여러 형태의 통신장치의 내부에 장착된 컴퓨터 소프트웨어를 말한다. 이 소프트웨어는 다른 소프트웨어와 마찬가지로 코드화되지만, 프린터 등의 장치 내에 읽기 전용으로 설치된다. 이와 같은 방식으로 프로그램의 논리가 장치 회로의 일부인 것처럼 프로그램이 장치 메모리의 일부가 된다. 프로그램의 로직이 장치의 회로에 이식되도록 설계된다. 그러므로 사용자들은 펌웨어를 장치의 메모리에 탑재할 필요가 없다. 펌웨어는 교체 또는 업그레이드될 수 있지만, 이것은 정보시스템 부서의 일상적인 일이다.

Q4 오픈소스 소프트웨어는 생존 가능한 대안인가?

오늘날 기업의 리더들은 오픈소스 소프트웨어가 비싸지는 않은지, 상업적으로 판매되거나 자체 개발 소프트웨어 대신 합리적인 비용-효과적 대안이 되는지에 대한 궁금함이 꾸준히 늘고 있다. 이러한 질문에 답하기 위해 우리는 오픈소스 운동과 프로세스에 대하여 알아야 한다. 대부분의 컴퓨터 역사학자들은 리처드 매슈 스톨먼이 그러한 운동의 아버지라는 데 동의한다. 그는 1983년 GNU(GNU는 유닉스가 아니다)라는 무료 유닉스와 유사한 운영체제를 구축하기 위한 도구를 개발하였다. 스톨먼은 오픈소스 소프트웨어를 위한 표준 라이선스 협정 중의 하나인 GNU **일반 오픈 라이선스 협정**(GNU general public license agreement, GPL)을 포함하여 오픈소스에 많은 기여를 하였다. 스톨먼은 무료 유닉스 시스템을 완성하지는 못했지만, 오픈소스 운동에 여러 가지로 기여하였다.

1991년 헬싱키에 근무하던 리누스 토발즈는 스톨먼의 도구를 이용하여 유닉스의 다른 버전을 개발하기 시작했다. 그 버전은 리눅스로 발전하였으며, 이전에 논의된 바대로 정교하며 매우 유명한 운영체제가 되었다.

인터넷은 오픈소스 운동을 위한 든든한 후원을 제공하였으며 소프트웨어는 만들어지고 있다. **오픈소스**(open source) 소프트웨어는 일반적으로 무료이며 수정 가능하고 해당 소스코드는 공개적으로 이용 가능하다. **소스코드**(source code)는 사람에 의해서 작성된 컴퓨터 코드로서 사람이 이해 가능하다. 다음과 같이 많은 오픈소스 프로젝트가 성공하였다.

- 리브레오피스(리눅스 배포판 기본 오피스)
- 파이어폭스(브라우저)
- MySQL(DBMS, 제5장 참조)
- 아파치(웹 서버, 제6장 참조)
- 우분투(윈도우와 유사한 데스크톱 운영체제)
- 안드로이드(모바일 장치 운영체제)
- 카산드라(NoSQL DBMS, 제5장 참조)
- 하둡(빅데이터 처리 시스템, 제8장 참조)

왜 프로그래머는 그러한 서비스에 봉사하는가?

컴퓨터 프로그램을 작성해본 적이 없는 사람들이 보면 컴퓨터 프로그래머들이 자신의 시간과 기술을 오픈소스 프로젝트에 기부하는 이유는 이해하기 힘들다. 그러나 프로그래밍은 예술과 논리에 대한 고도의 조합이며, 복잡한 컴퓨터 프로그램을 설계하고 만든다는 것은 정말 즐거운 일이다.

오픈소스에 기부하는 첫 번째 이유는 엄청난 즐거움 때문이다. 일부 사람은 참여할 프로젝트를 스스로 선택 가능하기 때문이라고 한다. 주어진 직무로서 자신의 선택과 다르게 프로그래밍에 투입하는 것에는 동기 부여가 되지 않을 때도 종종 있지만 자신이 선택한 재능기부는 즐거운 일이 되기 때문이다.

1950년대 할리우드 스튜디오 음악가들은 흥미 없는 영화를 위한 긴 시간 동안 지루함을 주는 비슷비슷한 음악을 찍어내는 것 때문에 괴로워했다. 음악가들은 자신들의 세계를 만들기 위해 일요일에는 재즈를 연주했고, 수준 있는 재즈클럽들이 만들어졌다. 그것이 오픈소스에 대한 프로그래머들의 입장이다. 그들은 창의력을 발산할 수 있는 곳에서 흥미와 몰입감을 느낀다.

오픈소스에 참여하는 다른 이유는 오픈소스가 자신의 재능을 보여주기 위한 것으로서 과시용일 수도 있으며 일부는 직장을 구하기 위한 방안이 되기도 한다. 마지막 이유는 오픈소스 제품을 지원하는 사업의 시작 때문이다.

오픈소스 동작원리

오픈소스는 컴퓨터가 처리하는 **기계코드**(machine code)로 변환된다. 그림 4-16은 PRIDE 프로젝트(제7장 첫부분 참조)를 위해 작성한 컴퓨터 코드의 일부이다. 기계 코드는 사람들이 이해할 수 없으며 수정될 수 없다.

예를 들어, 사람이 웹사이트에 접속할 때 프로그램의 기계코드 버전이 사용자 컴퓨터에 나타난다.

1101001010010111111001110111100100011100000111111011101111100111···

마이크로소프트 오피스와 같은 **클로즈드소스**(closed source) 프로젝트에서 마이크로소프트 오피스 소스코드는 고강도로 보호되며 인가된 직원 및 확실하게 검증된 계약업체에게만 이용 가능하다. 소스코드는 광산의 금괴와 같이 보호받는다. 인가된 프로그래머만이 클로즈드된 소스 프로젝트를 변경할 수 있다.

오픈소스와 더불어 누구나 오픈소스 프로젝트의 웹사이트를 통해 소스코드를 이용할 수 있다. 프로그래머는 이러한 코드를 자신의 관점 및 필요에 따라 수정 혹은 첨삭할 수 있다. 대개 프로그래머들은 오픈소스 코드를 자신의 프로젝트에 섞어서 사용한다. 프로그래머들은 프로젝트 사용의 라이선스 협정의 유형에 따라 그러한 프로젝트를 재판매할 수도 있다.

오픈소스는 협업 때문에 계승되고 있다. 프로그래머는 소스코드를 검증하고 필요성이나 관심을 가질 프로젝트인지를 확인한다. 프로그래머들은 새로운 기능을 만들 수 있고, 현재의 기능을 재설계 혹은 다시 프로그램할 수 있으며, 발견된 문제점을 교정한다. 그러한 코드는 다른 사람에게 전송되어 오픈소스 프로젝트의 수준과 장점을 평가하고 적합성이 있다고 판단되면 작업에 추가된다.

많은 주고받는 과정이 있다. 제2장에서 설명한 것처럼 주고받는 과정에는 수많은 반복주기가 있다. 이러한 반복성 때문에 엄격한 동료 평가를 거친 잘 관리된 프로젝트가 리눅스와 같은 높은 품질의 코드로 탄생하게 된다.

```
/// <summary>
/// Allows the page to draw itself.
/// </summary>
private void OnDraw(object sender, GameTimerEventArgs e)
{
    SharedGraphicsDeviceManager.Current.GraphicsDevice.Clear(Color.CornflowerBlue);

    SharedGraphicsDeviceManager.Current.GraphicsDevice.Clear(Color.Black);

    // Render the Silverlight controls using the UIElementRenderer.
    elementRenderer.Render();

    // Draw the sprite
    spriteBatch.Begin();

    // Draw the rectangle in its new position
    for (int i = 0; i < 3; i++)
    {
        spriteBatch.Draw(texture[i], bikeSpritePosition[i], Color.White);
    }

    // Using the texture from the UIElementRenderer,
```

그림 4-16
소스코드 예제

그래서 오픈소스는 가치가 있는가?

대답은 누구에게 그리고 누구를 위한 것인가에 따라 다르다. 오픈소스는 확실하게 합법화되어가고 있다. 이코노미스트지에 의하면 "소유권이 있는 소프트웨어와 오픈소스 소프트웨어가 양립할 것"[26]이라고 한다. 여러분의 직장 경력에서 오픈소스는 소프트웨어 분야에서 정말로 큰 역할을 할 것이다. 그러나 여러분 요구사항과 처한 환경에 따라 오픈소스는 다를 수 있다. 여러분은 요구사항과 프로그램 간의 매칭에 대하여 제12장에서 배우게 될 것이다.

일부의 경우 기업은 오픈소스가 무료라서 선택한다. 이러한 장점은 여러분이 생각하는 것보다는 덜 중요하다. 이유는 많은 경우에 지원과 운영 비용이 초기 라이선싱 비용을 능가하기 때문이다.

이 장에서의 지식이 여러분에게 어떻게 도움이 되는가?

지금의 세계 경제상황을 고려할 때 여러분은 직장에서 기술을 사용하게 될 것이다. 여러분은 현실적인 선택권이 없으며, 유일하게 수동적으로 참여할 것인가 혹은 적극적으로 참여할 것인가에 대한 선택만 가능하다. 이 장의 지식은 후자의 선택이 될 수 있도록 한다. 그렇게 함으로써 여러분은 하드웨어와 소프트웨어에 대한 좋은 질문을 할 수 있게 되고 당혹스러움을 비켜갈 수 있을 만큼 충분히 숙지하게 될 것이다. 또한 애플리케이션 소프트웨어의 유형과 각 유형의 선택 이유를 알게 되었다. 마지막으로 오픈소스는 '아마추어들의 향연'이 아니라 수많은 양질의 소프트웨어 제품들을 만들어내는 움직임이라는 것을 알게 되었으며, 대안으로 충분한 가치가 있음을 알게 되었다. 그러나 이러한 모든 지식은 농장의 토마토와 같아서 부패되기 쉽다. 여러분의 지식을 지속적으로 충전해야 할 필요가 있다.

윤리문제

데이터 무료 앱

여러분이 MIS 개론 과정을 수강하고 있는데, 담당 교수님께서 돈이 되는 소프트웨어 개발에 대하여 설명하기 시작한다. 교수님은 빌 게이츠(마이크로소프트), 래리 엘리슨(오라클), 래리 페이지(구글), 마크 저커버그(페이스북)와 같은 억만장자의 공통점은 소프트웨어 개발을 통하여 돈을 벌었다고 설명하신다. 그러나 수업을 듣고 있는 다른 학생이 자신은 그 부자들에게 돈을 지불한 적이 없다고 한다. 한 푼도 내지 않고 구글 검색, 지메일, 페이스북을 사용하고 있다고 말한다. 마이크로소프트 오피스를 사용하고 있지만 원드라이브를 통한 무료 온라인 버전이다. 스마트 폰의 앱도 무료이다.

당연한 질문이 따른다. 공짜 앱으로 어떻게 돈을 벌 수 있는가? 교수님은 시장점유율, 잠정적 수익 그리고 앞으로의 혁신에 대하여 말씀하신다. 여러분은 사지 않을 것이다. 여러분의 관심은 잠정적 수입이 아니라 실질적 수입이다.

데이터 브로커 닉

닉이 여러분 바로 옆에 앉아 크게 웃으며 고개를 끄덕인다. 닉은 여러분과 같이 과목을 수강하는 프로젝트를 위한 팀 멤버이다. 닉은 몸을 굽히지 않고 속삭인다. "돈을 내지 않기 때문에 당신의 것입니다. 돈이 되는 것은 소프트웨어가 아니라 데이터입니다. 사용자들에게 소프트웨어를 주면서 데이터를 가져오고, 돈을 버는 것입니다. 아주 간단해요."

처음에는 좀 황당하다. 그러나 닉을 처음 만난 지난 수요일로 돌아가서 생각해보자. 그는 경영정보학과를 졸업하기 위해 복학했다고 말했다. 형님의 기업에 취업하기로 되어 있는데, 직장에서 경영정보학과 관련 지식이 필요하였기 때문이다. 그는 자기 형님은 데이터 브로커(정보 브로커라고도 함)이며 기업들로부터 개인에 대한 데이터를 사서 이익을 남기고 다른 기업들에게 데이터를 판다고 했다. 사업이 잘되는 것 같았다. 닉은 합법적인지 윤리적인지 묻기도 전에 "네, 물론 합법이죠! 누구나 할 수 있습니다."라고 말했다. 닉은 분명 이 질문을 받아본 적이 있음에 틀림없다.

그런데 닉이 옳은가? 그는 빌 게이츠와 같은 억만장자는 아니다. 닉은 데이터를 사고 파는 것만 한다. 애플리케이션 개발에는 관심이 없다. 그러나 그는 중요한 점을 발견했고, 고민하고 있었다. 여러분이 개별 데이터를 수집하도록 설계된 애플리케이션 프로그램을 만드는 사업을 하면 어떨까? 수십 개의 그럴싸한 앱을 만들고 개별 데이터를 수집한 다음 닉에게 파는 것이다.

닉은 어떠한 데이터를 살 것인가? 얼마를 벌 수 있는가? 닉은 게임 데이터에는 관심이 없을 것이다. 닉은 방문하는 웹사이트, 위치, 친구 및 구매 항목과 같은 사용자 행동에 대한 데이터를 살 것이다.

손전등 앱

여러분이 모바일 애플리케이션이 스마트폰의 데이터에 액세스할 수 있는 몇 가지 방법을 검색한다. 사용자가 앱 권한을 부여하면 전화기의 모든 데이터에 액세스할 수 있다. 그것은 옳은가? 어떤 데이터인가? 수천 테라바이트의 데이터를 수집하여 닉에게 판매할 수 있을 것이라는 기대에 흥분된다.

하지만 여러분은 스누프월이 안드로이드 스마트폰용 상위 10개의 손전등 앱에 대한 권한을 조사한 충격적인 보고서를 찾았다.[27] 이러한 모든 앱은 전등을 켜고 끄는 권한만 필요한 것이 아니었다. 다음 표에는 각 앱에 필요한 권한이 나열되어 있다. 왜 손전등에 GPS 좌표가 필요할까? 누가 이 데이터를 가져왔는가? 무엇을 위해 사용했는가? 갑자기 무료 앱이 고객인 여러분에게 매력적이지 않다. 누군가 이미 여러분의 아이디어와 데이터를 훔쳐갔다.

권한	1 Super-Bright LED Flashlight	2 Tiny Flashlight + LED	3 Brightest LED Flashlight	4 Flash-light	5 Brightest Flashlight Free	6 Color Flashlight	7 High-Powered Flashlight	8 Super Bright Flashlight
사진/동영상 가져오기	×	×	×	×	×	×	×	×
인터넷에서 데이터 수신	×		×				×	
플래시 조절	×	×	×		×	×	×	
시스템 해상도 변경	×		×				×	
시스템 설정 수정	×		×				×	
수면 중 장치 잠금	×	×	×	×	×		×	
네트워크 연결 보기	×	×	×	×	×	×	×	×
네트워크 풀 접속 권한	×	×	×	×	×	×	×	×
시작 시 실행		×						
떨림 조절		×						
실행 중인 앱 조회			×				×	
USB 저장장치의 콘텐츠 수정 및 삭제			×		×		×	
USB 저장장치의 콘텐츠 읽기			×		×		×	
와이파이 연결 보기			×		×		×	
폰 상태 및 ID 읽기			×		×		×	
홈페이지 설정 및 단축키 읽기				×	×			
홈페이지 설정 및 단축키 쓰기				×				
화면 잠금 불가능				×				
단축키 설치				×	×			
단축키 삭제				×	×			
개략적 위치					×		×	
상세 위치					×		×	
상태바의 정비 또는 수정					×			

출처 : SnoopWall, SnoopWall Flashlight Apps Threat Assessment Report.

토의문제

1. 개인 데이터를 수집하도록 설계된 무료 앱을 만들기로 했다고 가정한다.
   a. 이 결정은 정언 명령(20~21쪽)에 근거하여 윤리적인가?
   b. 이 결정은 공리주의(46~47쪽)에 근거하여 윤리적인가?
   c. 만약 무료 앱의 사용대가로 자신의 데이터가 수집되었다는 사실을 알면 사람들은 어떻게 반응할까?
2. 구글이 구글 플레이 앱스토어의 앱이 기능과 관련없는 사용자 데이터를 수집하고 있음을 알게 되었다고 가정한다.
   a. 어떤 앱이 부적절하게 데이터를 수집하고 있다는 것을 고지할 법적인 의무가 있는가?
   b. 어떤 앱이 부적절하게 데이터를 수집하고 있다는 것을 고지할 윤리적인 의무가 있는가?
   c. 구글은 개인적 데이터를 대가로 무료 앱을 제공하고 있는가? 그 이유는 무엇인가?
3. 구글이 구글 플레이에서 적절한 권한 설정을 확실하게 위해서 부적합한 앱을 선별하는 노력을 어느 정도 해야 하는가?
4. 2014년 시만텍은 모든 안드로이드 앱의 17%가 변형 악성소프트웨어임을 보고했다.[28] 그러나 구글의 보고서는 모든 안드로이드 장치의 1% 이하가 잠재적 유해 앱을 설치했다고 보고했다.[29]
   a. 구글이 부적절하다고 생각하는 앱을 삭제하는 것이 윤리적인가? 정언 명령, 공리주의 두 가지 관점에서 판단하라.
   b. 구글이 특정 앱에 대한 사용권한을 제한하는 것이 윤리적인가? 정언 명령, 공리주의 두 가지 관점에서 판단하라.

길라잡이

속도유지

여러분은 맛있는 점심식사 후 잔반이 있는 식판이 컨베이어 벨트를 따라 부엌으로 이동되어 가는 식당에 가본 적이 있는가? 그러한 컨베이어 벨트는 기술로 간주한다. 컨베이어와 같이 기술은 천천히 이동하면서 우리가 기술 컨베이어 위를 달릴 수 있도록 하는 것이다. 우리는 기술 쓰레기통으로 곤두박질치지 않도록 변화하는 기술을 꾸준히 습득해야 한다.

기술변화는 사실이며, 적절한 질문은, "이 상황에서 내가 무엇을 해야 하는가?"이다. 전략 중 하나는 여러분의 머리를 모래에 박고서는 "이보게, 나는 기술은 모르는 사람일세! 나는 곧 기술을 떠나려 하네. 나는 전자우편을 보내고 인터넷을 사용하는 것만으로도 행복하네. 만약 문제가 생긴다면, 누군가에게 고쳐달라고 하면 될 것 아닌가?" 하는 것일지도 모른다.

이는 좋은 전략이며, 실제로 많은 사람들이 그러한 전략을 사용하고 있다. 그러나 그러한 전략을 사용하는 것은 다른 사람에 비해 차별적 경쟁우위를 제공해주지 않으며, 역시 마찬가지로 다른 사람도 여러분보다 나은 차별적 경쟁우위를 가지지 못한다. 여러분이 자신을 위해서 경쟁우위를 추구해나간다면 그것으로 족하다.

그런데 여러분의 부서는 어떤가? 만약 한 전문가가 "모든 직원이 윈도우 10 태블릿 장치가 필요하다."고 말한다면 여러분은 고개를 끄덕거리며 "잘 알았네. 내가 알아보도록 하겠네!"라고 말할 것이다. 혹은 윈도우 10 태블릿 슬레이트 장치의 도입이 너무 이르지 않는지 알아보려 할 것이다. 혹은 마이크로소프트에서 운영하는 상점에서 사내용 앱을 다운로드하는 데 예상되는 문제점은 무엇인지 살펴볼 것이다.

같은 선상의 정반대 쪽에는 기술을 사랑하는 사람들이 있다. 여러분은 그런 사람을 어디서든지 발견할 수 있다. 그러한 사람은 회계사일 수도 있으며, 마케팅 전문가, 혹은 생산라인 감독자들로서 자신의 업무에 필요한 지식뿐만 아니라 정보기술의 활용 및 동향에도 관심을 가지는 사람들이다. 아마 그들은 과거에 IS 전문가였거나 현장 경험과 IT 경험을 동시에 가진 전문가들일 수도 있을 것이다. 이러한 사람들은 *CNET* 뉴스와 *ZDNet*을 거의 매일 읽으며, 최신의 데스크톱 가상화 혹은 html5 혹은 윈도우 10에 대해 이야기할 수 있을 것이다. 그러한 사람들은 기술 컨베이어 벨트를 따라 전속력을 질주하며 절대 기술 쓰레기로 곤두박질하지 않을 것이며, 자신이 가진 IT 경험과 능력을 업무수행 및 일상생활에서 경쟁력을 확보하는 수단으로 활용하게 될 것이다.

많은 현업 전문가들은 이와 같이 극단적 상황 사이에 있게 된다. 그들은 자신의 머리를 기술의 모래에 파묻지 않지만 기술 마니아가 되는 것을 원하지도 않는다. 이러한 부류로 전락하지 않기 위해서 무엇을 할까? 두 가지의 전략이 있다. 하나는 기술을 무시하지 않는 것이다. 월스트리트 저널의 기술면을 보게 될 경우 읽어라. 기술에 대한 것이라고 해서 절대 그냥 넘기지 말라. 기술 광고까지도 읽어라. 많은 공급업체들이 새로운 것에 대한 광고에 투자하고 있다. 다른 전략은 세미나에 참석하거나 현장 경험과 기술을 결합하는 전문 이벤트에 관심을 가지는 것이다. 예를 들면 여러분이 은행 전시회에 참석할 경우 패널에 참가하거나 '은행에서 모바일 단말기 사용' 세션에 두 군데 이상 참가하라. 언제나 그와 같은 세션이 있을 것이며, 거기서 여러분과 비슷한 일을 하는 전문가를 만나게 될 것이고 상호 간의 공동 관심사항에 대하여 의견을 나누는 기회를 가질 수 있을 것이다.

아마도 좋은 대안은, 여러분이 기술에 어느 정도 관심이 있다면 조직 내의 기술 위원회에 사용자 대표로서 참여하는 것이다. 만약 여러분 기업이 새로운 고객관계 관리 시스템을 검토한다면, 여러분은 검토위원회의 일원이 될 수 있을 것이다. 차세대 지원체계의 구축을 위해서 부서를 대표하여 사용자 의견이 필요하다고 할 때 동참하라. 혹은 나중에 여러분의 경험을 근거로, 현장 업무 기술위원회의 일원이 될 수 있다.

그러한 그룹과 함께한다는 것만으로도 여러분은 기술에 대한 지식을 상당히 많이 가지게 될 것이다. 그룹에게 이해를 돕기 위한 설명, 기술에 대한 토론, 경쟁우위 확보를 위한 IT 활용 등은 여러분의 IT 지식 향상에 크게 도움이 될 것이다. 조직 내에서 여러분을 드러낼 수 있기도 하면서 상사에게 인정받을 수 있는 좋은 계기가 될 것이다.

모든 것이 여러분에게 달려 있다. 여러분은 어떻게 기술과 친해지는지를 선택할 수 있다. 그러나 아무 생각 없이 여러분의 머리를 모래에 파묻는 선택은 말기를 바란다.

토의문제

1. 기술의 변화는 지속적일 것이라는 것에 동의하는가? 대부분의 현업 전문가들에게 어떠한 의미를 가진다고 생각하는가? 조직에게는 어떠한가?
2. 여기서 소개된 기술에 대한 세 가지 입장을 가정하라. 여러분은 어떤 캠프에 속하기를 원하는가? 그 이유는 무엇인가?
3. 2번 질문에 대한 여러분의 선택을 정당화하기 위하여 2문단 정도로 그 이유를 기술하라. 만약 기술을 거부하는 선택을 하였다면 경쟁우위의 상실에 따른 보상을 어떻게 할 것인가? 만약 하나 또는 두 그룹에 참여하는 의사결정을 하였다면, 그 이유와 어떻게 여러분의 목표를 달성할 것인지 방안에 대하여 설명하라.
4. 2번 질문의 답변에서 여러분이 업무 인터뷰에 참여하여 기술에 대한 지식의 정도에 대한 질문을 받게 된다고 가정하라. 질문자의 질문에 세 문장으로 답하라.

출처 : Rawpixel/Fotolia

생생복습

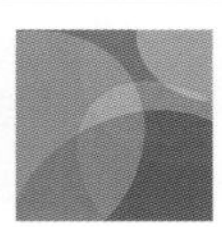
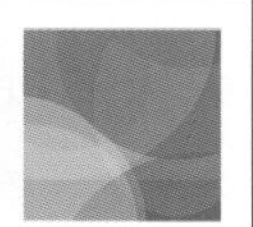

이 장에서 학습한 내용을 이해하였는지 점검해보자.

Q1 현업 전문가들이 하드웨어에 대하여 알아야 할 것은 무엇인가?

하드웨어의 범주를 열거하라. 비트와 바이트를 정의하라. 왜 비트가 컴퓨터 데이터를 표현하기 위해 사용되는지 설명하라. 메모리 크기를 나타내는 바이트의 단위를 설명하라.

Q2 새로운 하드웨어가 어떻게 경쟁 전략에 영향을 미치는가?

*IoT*를 정의하고 스마트 장치를 설명하라. 왜 스마트 장치가 촉망받는지 이유를 설명하라. 어떻게 자율주행차가 안전하고 저렴하며 생활을 편리하게 하는지 설명하라. 3D 프린트가 어떻게 동작하는지 설명하고 새로운 제품 설계, 생산, 유통 그리고 고객 구매에 어떠한 영향을 미치게 될지 설명하라.

Q3 현업 전문가들이 소프트웨어에 대하여 알아야 할 것은 무엇인가?

그림 4-10을 검토한 후 이 표의 각 셀의 의미를 설명하라. 가상화의 세 가지 유형을 설명하고, 각각의 활용에 대하여 설명하라. 소프트웨어 소유와 소프트웨어 라이선스의 차이점을 설명하라. 수평시장 애플리케이션, 수직시장 애플리케이션, 단일 애플리케이션의 차이점을 설명하라. 기업이 소프트웨어를 취득하는 세 가지 방법을 설명하라.

Q4 오픈소스 소프트웨어는 생존 가능한 대안인가?

*GNU*와 *GPL*을 정의하라. 세 가지 성공적인 오픈소스 프로젝트의 이름을 제시하라. 프로그래머가 오픈소스 프로젝트에 기여하는 네 가지 이유를 제시하라. 오픈소스, 클로즈드 소스, 소스 코드, 기계 코드를 정의하라. 여러분의 단어를 이용하여 오픈소스는 왜 합법적인 대안이 되는지 또는 왜 특정 애플리케이션에서는 적합하지 않은지 설명하라.

이 장에서의 지식이 여러분에게 어떻게 도움이 되는가?

상거래와 관련된 기술과 관련된 선정 과정에서 여러분의 참여가 고려되는 상황이다. 여러분이 하드웨어와 소프트웨어에 대하여 학습한 주제를 열거하라. 애플리케이션 소프트웨어 원천에 대한 지식을 어떻게 활용할 것인지 설명하라. 오픈소스를 간략하게 설명하고 언제 좋은 대안이 되거나 그렇게 되지 못하는지 이유를 제시하라. 이러한 지식이 왜 시들어가는지 설명하고, 그러한 사실에 대하여 여러분이 할 수 있는 것은 무엇인지 기술하라.

주요용어

가상머신(virtual machines, VM)
가상화(virtualization)
개인용 컴퓨터(personal computer, PC)
기가바이트(gigabyte, GB)
기계코드(machine code)
기성 소프트웨어(off-the-shelf software)
네이티브 애플리케이션(native application)
단일 애플리케이션 (one-of-a-kind application)
데스크톱 가상화(desktop virtualization)
듀얼 프로세서(dual-processor)
라이선스(license)
램(RAM)
리눅스(Linux)
마이크로소프트 윈도우(Microsoft Windows)
메가바이트(megabyte, MB)
맥 OS(Mac OS)
모던 스타일 애플리케이션 (modern-style application)
바이트(byte)
블랙베리 OS(blackberry OS)
비휘발성(nonvolatile)
사물인터넷(internet of things, IoT)
사이트 라이선스(site license)
서버 가상화(server virtualization)
서버(server)
서버팜(server farm)
소스코드(source code)
수직시장 애플리케이션 (vertical-market application)
수평시장 애플리케이션 (horizontal-market application)
스마트 장치(smart device)
시크-클라이언트 애플리케이션 (thick-client application)
신-클라이언트 애플리케이션 (thin-client application)
심비안(Symbian)
안드로이드(Android)
애플리케이션 소프트웨어(application software)
엑사바이트(exabyte,EB)
오픈소스(open source)

요타바이트(yottabyte, YB)
운영체제(operating system, OS)
웹 애플리케이션(web application)
윈도우 10(Windows 10)
윈도우 서버(Windows server)
유닉스(Unix)
이진화된 부호(binary digits)
일부 수정 기성 소프트웨어 (off-the-shelf with alterations software)
자율주행차(self-driving car)
자체개발 소프트웨어(custom-developed software)
저장 하드웨어(storage hardware)
주기억장치(main memory)
중앙처리장치(central processing unit, CPU)
컴퓨터 하드웨어(computer hardware)
쿼드 프로세서(quad-processor)
클라이언트(client)
킬로바이트(kilobyte, KB)
태블릿(tablets)
테라바이트(terabyte, TB)
펌웨어(firmware)
페타바이트(petabyte, PB)
픽셀센스(pixel sense)
클로즈드 소스(closed source)
헤르츠(hertz)
호스트 운영체제(host operating system)
휘발성(volatile)
GNU
GPL 협정(GNU general public license agreement)
iOS
PC가상화(PC virtualization)

학습내용 점검

1. 사회복지학 전공인 여러분의 룸메이트는 노트북 컴퓨터 구매 과정에서 여러분에게 도움을 요청하고 있다고 가정하자. 룸메이트는 전자우편, 인터넷 접속, 수업 중 필기 등의 목적으로 컴퓨터를 이용하고자 한다. 그녀는 100만 원 이하를 원하고 있다.
   a. 여러분이 추천하는 CPU, 메모리, 디스크 사양은 무엇인가?
   b. 룸메이트가 필요로 하는 소프트웨어는 무엇인가?
   c. 비교사이트(www.bb.co.kr, www.danawa.com, www.enuri.com 등)을 방문한 후 최적의 컴퓨터를 결정하라.
   d. 여러분이 추천하는 컴퓨터는 무엇이며, 그 이유는 무엇인가?

2. 마이크로소프트는 드림스파크 프로그램[이전에는 마이크로소프트 개발자 네트워크(MSDN) 아카데믹 제휴(AA)에 참여하고 있는 대학의 학생들에게 특정 소프트웨어를 무료로 사용할 수 있도록 제공하고 있다. 만약 여러분의 대학이 이러한 프로그램에 가입하고 있다면, 여러분은 많은 비용을 절감할 수 있다. 다음은 여러분이 사용할 수 있는 프로그램의 목록이다.
   - 마이크로소프트 액세스 2016
   - 원노트 2016
   - 익스프레션 스튜디오 4
   - 윈도우 2013 서버
   - 마이크로소프트 프로젝트 2016
   - 비주얼 스튜디오 디벨로퍼
   - SQL 서버 2014
   - 비지오 2016

   a. www.naver.com, www.microsoft.com, www.google.com, 혹은 www.bing.com을 이용하여 이러한 소프트웨어의 기능을 조사하라.
   b. 이러한 소프트웨어 제품들의 운영체제는 무엇이며, 애플리케이션 프로그램은 무엇인가?
   c. 이러한 프로그램의 DBMS 제품(다음 장의 주제)은 무엇인가?
   d. 이러한 제품 중에서 오늘 밤 다운로드하여 설치할 수 있는 것은 무엇인가?
   e. (1) 질문 d에 대한 답변으로 프로그램을 다운로드하여 설치하든가, (2) 그렇게 하지 못한다면 그 이유는 무엇인지 설명하라.
   f. 드림스파크는 마이크로소프트에게 불리한가? 그 이유는 무엇인가?

3. www.opensource.org에서 오픈소스 이니셔티브의 웹사이트를 방문하라. 이 재단의 사명을 요약하라. 이 사이트에서 오픈소스의 정의를 찾아내어 요약하라. 오픈소스 라이선스에 관련하여 이 재단의 역할을 설명하라. 재단이 승인한 라이선스에 대한 프로세스를 요약하라. 재단의 승인을 받는 것에 대한 이점을 설명하라.

협력과제 4

이 과제 수행을 위해서 구글드라이브, 구글플러스, 윈도우즈 라이브, 스카이드라이브, 마이크로소프트 셰어포인트 혹은 기타 협력도구에 대한 부분을 참고하라(인터넷포털사이트를 통해서 협력도구를 검색할 것을 권장한다 – 역자주).

지난 몇 년 동안 마이크로소프트는 **픽셀센스**(PixelSense)를 홍보해왔는데, 이는 하드웨어-소프트웨어 제품으로서 테이블의 표면에 있는 데이터와 상호작용할 수 있는 것이다. 픽셀센스는 새로운 제품으로 분류되었으며 해당 제품을 이해하는 가장 좋은 방법은 마이크로소프트의 홍보 비디오를 보는 것으로, https://www.youtube.com/watch?v=2Xsps0Ho9SU에서 볼 수 있다.

픽셀센스는 보이지 않는 30인치 테이블 표면으로서, 가까운 자외선 불빛을 이용해 객체의 형상을 판별해낸다. 동시에 52개의 다른 터치에 반응한다. 마이크로소프트에 의하면, 이러한 것은 4명의 사람이 픽셀센스 테이블에 앉아서 그들의 열 손가락을 모두 사용하여 12개의 객체를 동시에 움직이는 것에 해당된다.

픽셀센스는 무선과 다른 통신기술을 이용하여 카메라나 스마트폰과 같은 장치와 연결한다. 카메라가 픽셀센스 위에 놓이면 그림이 펼쳐지며, 사용자는 그러한 그림을 자신의 손을 이용하여 조작할 수 있다. 신용카드가 픽셀센스 위에 놓이고 구매할 항목을 드래그할 수 있거나 신용카드 안으로 넣을 수 있다.

동시에 마이크로소프트는 픽셀센스가 금융서비스, 헬스케어, 병원, 소매 그리고 공공 서비스 사업 영역에서 대량으로 판매될 것으로 기대하였다.

픽셀센스의 첫 번째 구현장소 중의 하나가 해라스 리오 올슈트 호텔의 아이바(iBar) 라운지와 라스베이거스의 카지노였다. 아이바의 시스템 소개를 알리는 언론을 위한 부제목은, 아이바 단골손님을 위한 '해라스의 재창조와 새로운 경험과 즐거움 제공'이었다.[30]

픽셀센스의 여러 가지 응용은 무궁하였다. 지도는 지역 이벤트를 보여주고, 소비자는 손가락 몇 번으로 이벤트 티켓을 구매할 수 있다. 픽셀센스는 새로운 컴퓨터 게임용으로 사용될 수 있으며 도박 장치도 될 수 있다. 아이들은 가상 붓을 이용하여 픽셀센스에서 그림을 그릴 수 있다. 다양한 애플리케이션이 가능하다. 마이크로소프트는 픽셀센스를 탁자, 조리대, 거울에서 구현 가능한 유비쿼터스 기반의 기술로서 수십억 달러의 가치가 있는 것으로 확신하고 있다.[31]

픽셀센스 웹사이트에서 확인할 수 있는 것처럼 이 제품은 식당, 키오스크, 가정 등의 여러 장소에서 다양한 목적으로 사용되고 있다. 픽셀센스를 위한 이벤트성 애플리케이션의 대부분은 아직 빛을 보지는 못하고 있다. 그러나 확실한 애플리케이션은 도박과 게임 산업이다. 여러분의 신용카드를 픽셀센스 도박 장치에 올려두고 그날 도박을 진행한다고 상상해보라. 여러분이 잃을 때마다 대금은 여러분의 신용카드 반대편에 만들어진다. 이미 알고 있는 것처럼 여러분은 15,000달러의 빚을 지게 되며, 여러분 카드의 신용 한도에 도달했다는 것을 알려준다.

제1장에서 소개된 RAND 연구를 상기해보면 새로운 기술과 제품을 이용하여 비즈니스 문제 해결 과정의 혁신적인 방법을 찾는 전 세계 직장인들의 요구가 늘어나게 될 것이다. 픽셀센스는 혁신적인 방법을 적용한 새로운 기술의 놀라운 사례이다.

4. 여러분의 학교에 픽셀센스를 사용할 것을 고려하고 있다고 가정하자. 건축, 화학, 법률, 의학, 경영, 지리, 정치, 예술, 음악 또는 기타 전공에서 픽셀센스를 어떻게 사용할 수 있을까? 5개의 서로 다른 전공이 선택한 픽셀센스를 위한 애플리케이션을 설명하라.

5. 4번 질문에서 선택한 다섯 가지 애플리케이션 특징과 이점을 열거하라.

6. 일반적인 용어로 4번 질문에서 여러분이 선택한 애플리케이션의 개발을 위해 수행되어야 할 요구사항은 무엇인지 기술하라.

7. 2012년 6월까지 픽셀센스는 서피스라고 불렀다. 그 당시 마이크로소프트는 그 이름을 태블릿 장치에 사용하고자 하였다. 서피스는 픽셀센스로 바뀌었다. 이러한 이름에 대한 의사결정에서 찾을 수 있는 결론은 무엇인가?

8. "떠오르는 기술은 경기장의 레벨을 꾸준히 상승시킨다."는 말은 기술이 현존하는 기업의 경쟁우위를 제거하게 되며 새로운 기업의 출현 기회를 제공한다는 것을 의미한다. 이러한 표현이 서피스, 윈도우 10, 애플 그리고 구글에게 어떻게 스며들 것인가?

사례연구 4

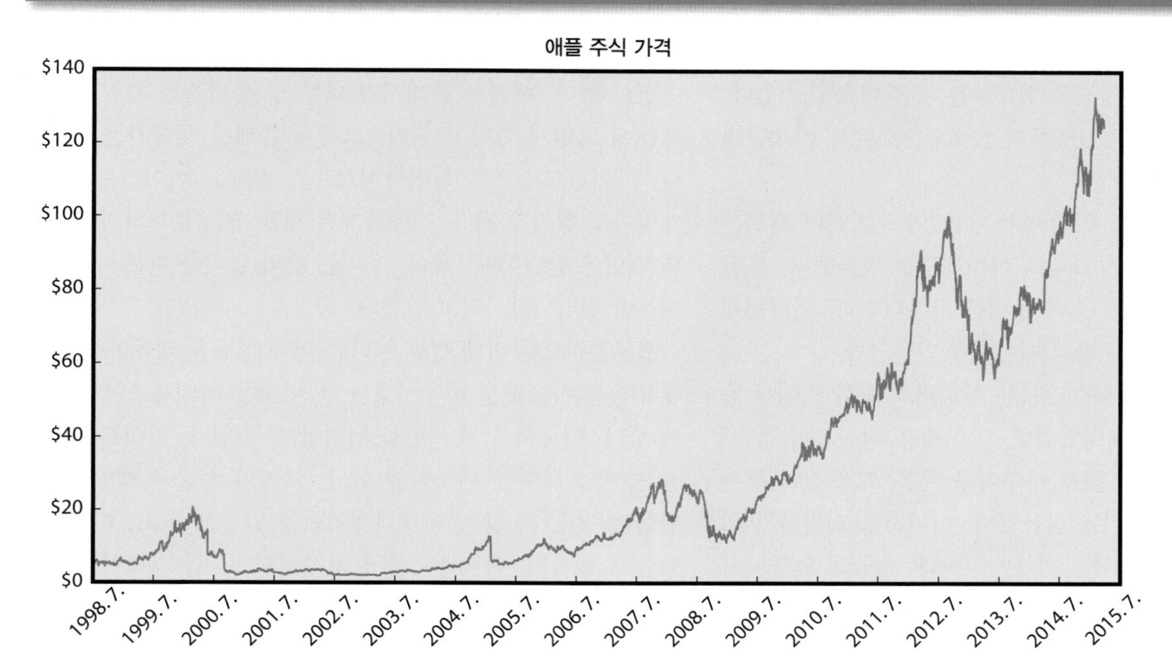

그림 4-17
애플 주식 가격 성장

여러분의 i를 위한 애플

그림 4-17의 애플 주식 이력은 애플이 놀랄 만큼의 성장을 이룬 성공한 회사이며, 한 세기를 지나면서 2007~2008년, 2012년 그리고 2015년에는 정점이었다는 사실을 보여준다. 최고점에서는 전 세계 공개 기업 중 가장 높은 시장 가치를 가졌다. 애플은 매우 성공한 회사로서 나스닥 주식거래소는 애플의 가격이 나스닥 100지수의 가격을 왜곡하고 있다고 결론 내리고 지수에서의 애플의 가중치를 20%에서 12%로 낮추었다. 애플 주가는 2013년 최저 56달러를 찍은 후 이 글을 쓰고 있는 시점(2015년 6월)에는 128달러에 거래되고 있다(이 책을 번역한 시점에는 160달러이다. 인터넷 검색창에서 '애플의 주식가격'으로 검색해서 현 시점의 거래가를 찾아보자 — 역자 주).

그러나 스티브 잡스의 사망(2011년 10월 5일) 이후 아이팟, 아이폰, 아이패드와 같은 획기적인 제품은 없었다. 아이워치가 2015년에 출시되었지만 반응은 미지근하였다.[32] 이미 비슷한 기능의 스마트워치가 시장에 출시되어 있었고 성능에 문제가 있었다. 가장 중요한 것은 아이워치가 사용자의 주머니 속에 있는 아이폰과 연동하여 부가적인 가치를 제공하지 못했다는 점이다. 즉각적인 반응이 없었다. 그렇다면 애플과 애플의 주주들의 미래는 어떻게 될 것 같은가? 잡스가 없는 애플의 지난 과거를 생각해보면, 불확실하다.

조기 성공과 패착

개인용 컴퓨터 시절인 1980년대 초 애플은 잘 설계된 가정용 컴퓨터와 혁신적인 인터페이스를 가진 가정용 컴퓨터인 애플2 PC와 학생과 지식 근로자를 위한 매킨토시 컴퓨터를 출시하였다. 당시 애플은 PC 시장의 20%를 차지하였으며, 다른 PC 업체들과는 확연하게 차이가 있었다.

그러나 애플은 자신만의 길을 잃었다. 1985년 애플의 창업자 스티브 잡스는 애플 이사회와 다툼이 있었고 방출되었다. 그는 다른 PC 기업인 넥스트(NeXT)를 만들어서 획기적인 PC를 개발하고 판매하였지만 너무 획기적이어서 주목받지 못했다. 그러는 동안 애플은 펩시콜라를 성공으로 이끈 존 스컬리를 CEO로 임명하였다. 스컬리의 지식과 경험은 PC 업계에는 잘 먹히지 않았고 기업은 하향길로 접어들어 CNBC는 14대 최악의 미국 CEO로 지목하였다.[33] 2명의 CEO가 스컬리의 전철을 밟았다.

이 시기에 애플은 혁신적인 엔지니어들에게 적절하게 보상하지 않았고, 너무 많은 시장에서 너무 많은 제품을 만들어 컴퓨터 유통매장으로부터 존경심을 잃어버리는 등 수많은 실수를 하였다. 애플의 PC 시장 점유율이 급락했다.

스티브 잡스, 두 번째

1996년 애플은 잡스의 넥스트 컴퓨터를 인수하고 나중에 매킨토시의 운영체제의 근간이 되는 맥 OS X 기술을 획득하였다.

진정한 자산은 스티브 잡스의 컴백이었다. 천하의 잡스일지라도 하룻밤만에 기적을 만들 수는 없었다. 잃어버린 시장 점유를 회복하는 것이 거의 불가능하였으며, 애플 제품을 경멸해 온 유통업체로부터 존경심을 회복하는 것은 더욱 어려웠다. 2011년 애플의 PC 시장은 10%에서 12%수준으로서 1980년대 최고 20%에서 하락하였다.

이러한 상황을 극복하기 위해 애플은 PC와 분리하여 새로운 시장으로 아이팟과 아이폰 그리고 아이패드를 만들었다. 또한 자체 매장을 개설함으로써 소매 문제를 극복하였다. 인터넷에서 음악과 애플리케이션을 판매하는 것을 만들었다.

아이팟, 아이폰 그리고 아이패드는 창의력과 공학 면에서 놀라운 단말기였다. 쉽고 재미있었다. 아이팟용 최신 음악을 판매함으로써, 밝고 빛나는 것에 마구마구 돈을 쓰고 싶어 하는 역동적인 시장과 연결고리를 만들었다. 이미지를 회전하기 위해서 아이폰을 옆으로 돌리는 기능은 아이폰 성공의 일등공신이다. 아이패드와 더불어 모바일 단말기를 읽을 수 있게 되었고, 고객들은 모바일 시장 점유율 44%로 화답하였다.[34] 애플의 성공은 아이폰 8로 이어지고 있다.

이러한 성공은 애플 시장에 프로펠러를 달았으며 전자제품 소매업체인 베스트바이를 넘어 고공행진하는 보석판매점 티파니를 앞질렀다. 2011년 애플 매장의 1평방피트당 연 매출액은 4,000달러로서 티파니의 3,000달러와 베스트바이의 880달러와 비교되었다. 2015년 현재 애플은 15개국에서 447개의 매장을 운영하고 있다.[35] 애플은 아이튠즈 온라인 스토어를 통해 250억 곡의 노래를 팔았고,[36] 앱 스토어를 통해 750억 개 애플리케이션이 다운로드되었다.[37]

애플은 개방적이고 매력적인 매장 분위기, 지니어스바 헬프데스크(종합서비스센터의 개념이며, 지니어스라는 서비스직원이 소비자의 문제를 해결해준다 — 역자 주), 믿을 수 없을 만큼 잘 훈련되고 체계적인 영업사원을 통해 고객의 방문과 충성도를 높이고 있다. 판매원은 커미션을 한 푼도 받지 않으면서 고객들의 문제해결을 돕는 컨설턴트라고 교육받는다. 심지어 사용하는 용어도 통일되어 있다. 직원이 고객의 문제를 해결해주지 못했을 때, '불행히도'라는 단어는 사용하지 말아야 하며, 대신에 긍정적인 문구로 '판명 결과'를 사용하도록 교육받는다.[38]

아이폰과 아이패드 앱의 개발을 촉진하기 위해 애플은 애플리케이션 개발자와 이익을 공유한다. 3년이 안 되는 기간 동안 개발자들에게 250억 달러를 지급하였다.[39] 개발자들은 1,000,000 iOS 애플리케이션으로 화답하였다. 지금도 수많은 개발자들이 개발 중이다.

그런데 만약 여러분이 iOS 애플리케이션 개발을 원한다면 해야 할 첫 번째는 무엇인가? 매킨토시를 구입하라. 애플은 다른 개발 방법으로 개발하는 것을 중단했다. 어도비 플래시는? 방법이 없다. 애플은 플래시가 너무 많은 버그를 가지고 있기 때문에 그렇게 했다고 한다. 그래서 플래시 개발자는 제외된다. 마이크로소프트 실버라이트는? 어렵다. 마이크로소프트 개발자도 열외가 된다. 비애플계열 개발 쪽은 분노하지만 애플의 대답은 간단하게 "좋아, 우리는 25억 달러를 다른 사람에게 지불할 것입니다."라고 말했다.

결론은? 모든 판매 성공은 다른 판매 성공을 태동하게 한다. 핫뮤직은 아이팟을 태동시켰다. 아이팟은 아이튠즈를 태동하게 했다. 이로서 고객 기반을 형성할 수 있었다. 아이폰의 판매를 통해 스토어를 태동하게 했고, 그러한 성공은 개발문화를 만들었으며, 더 많은 애플리케이션을 만들게 했고, 아이폰을 만들게 했으며, 아이패드를 등장시켰으며, 앱 스토어를 만들고, 더 많은 충성고객을 만들고, 더 많은 개발자를 만들었다.

스티브 잡스가 없는 애플

애플의 미래는 불확실하다. 잡스가 1990년대에 해고되었을 때와 같은 혼란이 있을 수 있다. 물론 오랜기간 존재할 수 있으나 믿을 수 없는 혁신적 리더십은 종말이다.

질문

9. 포터의 다섯 가지 경쟁요인(제3장 참조) 중에 애플에게 해당되는 것은 무엇인가? 설명하라.

10. 애플의 온라인 성공의 중요한 세 가지 요인은 무엇이라고 생각하는가? 여러분의 답변을 증명하라.

11. 스티브 잡스는 2011년 10월에 사망했다. 그는 애플 혁신의 심장이자 영혼이었다. 이제 93,000명의 애플 직원은 그의 부재를 받아들이고 있다. 많은 투자자들의 비중 있는 질문은 "그 없이도 기업이 성공할 수 있겠는가?" 하는 것이다. 여러분의 생각은 어떠한가? 그의 역할은 무엇이었는가? 그의 부재에 대한 애플의 대응은 무엇인가? 그의 리더십 없이도 애플에 투자할 수 있겠는가? 그 이유는 무엇인가?

12. 마이크로소프트는 태블릿 단말기(아이패드와 같은)의 개발에 선두였으며, 20년 동안 전 세계 운영체계와 애플리케이션 개발의 선두였다. 마이크로소프트가 애플과 같은 성공을 이루지 못한 이유를 다섯 가지 열거하라. 대부분의 산업 분석가들은 마이크로소프트의 128,000명 직원의 기술과 능력은 평균적으로 애플만큼 훌륭하다는 것에 공감한다.

13. 네 가지 질문에 답하면서, 여러분의 포트폴리오에서 5,000 달러의 여유가 있고 그 돈으로 주식을 사고자 한다면 AAPL(애플주식)에 투자할 것인가? 그 이유는 무엇인가?

주

1. SAS Institute Inc., "Big Data Meets Big Data Analytics," SAS.com, accessed May 14, 2014, *www.sas.com/resources/whitepaper/wp_46345.pdf*.
2. Pamela Vagata and Kevin Wilfong, "Scaling the Facebook Data Warehouse to 300 PB," Facebook.com, May 2014, accessed May 14, 2014, *https://code.facebook.com/posts/229861827208629/scaling-the-facebook-data-warehouse-to-300-pb*.
3. Kashmir Hill, "Blueprints of NSA's Ridiculously Expensive Data Center in Utah Suggest It Holds Less Info than Thought," *Forbes.com*, July 24, 2013, accessed May 14, 2014, *www.forbes.com/sites/kashmirhill/2013/07/24/blueprints-of-nsa-data-center-in-utah-suggest-its-storage-capacity-is-less-impressive-than-thought*.
4. Cisco Systems, Inc., "VNI Forecast Highlights," Cisco.com, accessed April 30, 2015, *www.cisco.com/web/solutions/sp/vni/vni_forecast_highlights/index.html*.
5. Jillian D'Onfro, "Amazon: Here's the Final Tally for All the Insane Shopping Everyone Did This Holiday Season," Business Insider, December 26, 2014, accessed May 1, 2015, *www.businessinsider.com/amazon-christmas-shopping-release-2014–12*.
6. Peter C. Evans and Marco Annunziata, "Industrial Internet: Pushing the Boundaries of Minds and Machines," General Electric, November 26, 2012, accessed May 21, 2014, *www.ge.com/docs/chapters/Industrial_Internet.pdf*.
7. Ibid.
8. Jennifer Warnick, "88 Acres: How Microsoft Quietly Built the City of the Future," Microsoft Corp., April 15, 2013, accessed May 21, 2014, *www.microsoft.com/en-us/news/stories/88acres/88-acres-how-microsoft-quietly-built-the-city-of-the-future-chapter-1.aspx*.
9. KPMG and the Center for Automotive Research, "Self-Driving Cars: Are We Ready," 2013, accessed May 1, 2015, *www.kpmg.com/US/en/IssuesAndInsights/ArticlesPublications/Documents/self-driving-cars-are-we-ready.pdf*.
10. Glenn Garvin, "Automakers Say Self-driving Cars Are on the Horizon," *Miami Herald*, March 21, 2014, accessed May 22, 2014, *www.tampabay.com/news/business/autos/automakers-say-self-driving-cars-are-on-the-horizon/2171386*.
11. Steven Musil, "Google Unveils Self-driving Car, Sans Steering Wheel," CNET, May 27, 2014, accessed May 28, 2014, *www.cnet.com/news/google-unveils-self-driving-car-sans-steering-wheel*.
12. The Travelers Indemnity Company, "2014 Annual Report," Travelers .com, December 31, 2014, accessed May 1, 2015, *http://investor.travelers.com/corporateprofile.aspx*.
13. Network of Employers for Traffic Safety, "10 Facts Employers Must Know," accessed May 1, 2015, *http://trafficsafety.org/safety/fleet-safety/10-facts-employers-must-know*.
14. Liz Stinson, "For Super Bowl, Nike Uses 3-D Printing to Create a Faster Football Cleat," *Wired*, January 10, 2014, accessed May 23, 2014, *www.wired.com/2014/01/nike-designed-fastest-cleat-history*.
15. See EDAG's GENESIS prototype car at *http://www.EDAG.de*.
16. Venessa Wong, "A Guide to All the Food That's Fit to 3D Print (So Far)," *BusinessWeek*, January 28, 2014, accessed May 23, 2014, *www.businessweek.com/articles/2014-01-28/all-the-food-thats-fit-to-3d-print-from-chocolates-to-pizza*.
17. Dan Ferber, "An Essential Step Toward Printing Living Tissues," Harvard School of Engineering and Applied Sciences, February 19, 2014, accessed May 23, 2014, *www.seas.harvard.edu/news/2014/02/essential-step-toward-printing-living-tissues*.
18. Ryan Bushey, "Researchers Are Making a 3D Printer That Can Build a House in 24 Hours," *Business Insider*, January 9, 2014, accessed May 23, 2014, *www.businessinsider.com/3d-printer-builds-house-in-24-hours-2014-1*.
19. http://netmarketshare.com
20. 이전에는 메트로 스타일이라고 불렸는데, 유럽의 상표 소송 이후 마이크로소프트는 이름을 바꾸었다.
21. http://netmarketshare.com
22. DistroWatch.com, accessed May 15, 2015, *www.distrowatch.com*.
23. http://netmarketshare.com
24. Ibid.
25. Pew Research Center, "U.S. Smartphone Use in 2015," PewInternet .org, accessed May 2015, *www.pewinternet.org/files/2015/03/PI_Smartphones_0401151.pdf*.
26. "Unlocking the Cloud," *The Economist*, May 28, 2009, accessed August 9, 2014, *www.economist.com/node/13740181*.
27. SnoopWall, "SnoopWall Flashlight Apps Threat Assessment Report," October 1, 2014, SnoopWall.com, accessed April 27, 2015, *www.snoopwall.com/threat-reports-10-01-2014*.
28. Symantec Corporation, "Internet Security Report," Symantec.com, Volume 20, April 2015, accessed April 27, 2015, *www4.symantec.com/mktginfo/whitepaper/ISTR/21347932_GA-internet-security-threat-report-volume-20-2015-social_v2.pdf*.
29. Google, "Android Security 2014 Year in Review," *GoogleUserContent.com*, accessed April 27, 2015, *http://static.googleusercontent.com/media/source.android.com/en/us/devices/tech/security/reports/Google_Android_Security_2014_Report_Final.pdf*.
30. 마이크로소프트는 픽셀센스를 탁자, 조리대, 거울에서 구현 가능한 유비쿼터스 기반의 기술로서 수십억 달러의 가치가 있는 것으로 확신하고 있다.
31. Microsoft press release, May 29, 2007, accessed August 9, 2014, *www.microsoft.com/en-us/news/press/2007/may07/05-29mssurfacepr.aspx*.
32. Will Shanklin, "Apple Watch Review: Elegant, Delightful . . . and Completely Optional," April 29, 2015, *Gizmag.com*, accessed May 22, 2015, *www.gizmag.com/apple-watch-review-iwatch-review/37244*.
33. "Portfolio's Worst American CEOs of All Time," *CNBC.com*, April 30, 2009, accessed August 9, 2014, *www.cnbc.com/id/30502091*.
34. Net Applications, "Mobile/Tablet Operating System Market Share," July 2014, accessed August 9, 2014, *www.netmarketshare.com/mobile-market-share*.
35. The Street Transcripts, "Apple (AAPL) Earnings Report: Q1 2015 Conference Call Transcript," TheStreet.com, January 28, 2015, accessed
36. Alex Pham, "iTunes Crosses 25 Billion Songs Sold, Now Sells 21 Million Songs a Day," *Billboard.com*, February 6, 2013, accessed August 9, 2014, *www.billboard.com/biz/articles/news/1538108/itunes-crosses-25-billion-songs-sold-now-sells-21-million-songs-a-day*.
37. Sarah Perez, "iTunes App Store Now Has 1.2 Million Apps, Has Seen 75 Billion Downloads To Date," TechCrunch, June2, 2014, accessed August 9, 2014, *http://techcrunch.com/2014/06/02/itunes-app-store-now-has-1-2-million-apps-has-seen-75-billion-downloads-to-date/*.
38. Yukari Iwatani Kane and Ian Sherr, "Secrets from Apple's Genius Bar: Full Loyalty, No Negativity," *Wall Street Journal*, last modified June 15, 2011, *online.wsj.com/article/SB10001424052702304563104576364071955678908.html*.
39. The Street Transcripts, "Apple (AAPL) Earnings Report: Q1 2015 Conference Call Transcript."

데이터베이스 처리

금요일 밤, 카밀리아(캠) 포셋은 예술쇼 오프닝에 가는 중이었다. 그녀는 페트로텍스의 보안 책임자인 제스 덴카로부터 긴급 전화를 받았다. 페트로텍스는 텍사스에 본사를 둔 대규모 정유 공장이며 팔콘시큐리티의 가장 큰 산업 고객 중 하나이다. 제스는 약 75,000달러 상당의 맞춤 배관 및 구리 배선을 누가 훔쳐갔는지 알 수 있는 정보를 찾고 있다.

캠은 제스에게 휴대전화 번호를 알려주면서 시간에 구애받지 말고 전화해도 된다고 말했다. 그녀는 페트로텍스가 팔콘에게 소중한 고객이라는 사실을 제스에게 인지시키는 것이 중요하다는 것을 알고 있었다. 캠은 즉시 IT 서비스 책임자인 사토 토시오에게 전화를 해서, 사무실로 다시 들어오라고 말했다. 또한 CEO인 마테오 토머스와 CFO인 조니 캠벨에게 문자 메시지를 보냈다.

여러분에게도 이러한 **일**이 **일어날** 수 있다

"아직 아무것도 찾지 못했습니까?" 조니가 묻는다. 그녀는 워크스테이션 부근에 지갑을 휙 내려놓고 토시오 뒤에서 응시하기 시작한다.

"아직 없습니다. 가능한 빨리 찾으려고 합니다." 캠은 짧게 대답한다. 캠이 페트로텍스가 팔콘시큐리티에 얼마나 중요한지가 아니라 토시오가 정확하게 보안 자료를 찾도록 돕는 데 집중하고자 한다.

"내가 도울 수 있는 일이 있습니까?" 조니가 궁금해한다.

"아닙니다. 우린 정확한 영상을 찾으려고 하는 중입니다. 검토할 것이 많습니다." 캠이 한숨을 쉰다.

"뭐가 문제입니까? 왜 그렇게 많은 영상을 보아야 하지요?"

토시오는 조니에게 '우리'가 아무것도 찾지 못하고 있다고 말하고 싶은 유혹을 받는다. 그는 검색하고 있다. 그러나 그는 혀를 깨물며 참고 있다. "글쎄요, 문제는 우리가 약 2주 동안 여러 대의 드론을 이용하여 페트로텍스의 수십 개의 서로 다른 건물을 찍었기 때문에 영상이 많습니다. 장비가 도난당했던 정확한 장면을 추적하려면 수백 개의 서로 다른 영상파일을 검색해야 합니다. 밤을 샐 수도 있습니다." 그는 사실대로 대답한다.

"더 빠른 방법이 있어야 합니다. 단서 검색이 가능하겠습니까?" 조니가 말한다.

"아니요." 토시오는 침착하게 말한다. "비디오 데이터를 추적할 방법이 없습니다. 비디오 파일은 특정 회사별로 순차적으로 번호가 지정되고 디렉토리에 저장됩니다. 비디오 파일이 생성된 날짜와 시간도

학습목표

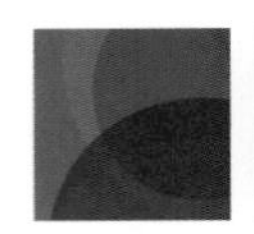   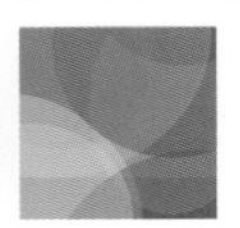

Q1 데이테베이스를 알아야 하는 이유는 무엇인가?

Q2 데이터베이스란 무엇인가?

Q3 데이터베이스 관리시스템이란 무엇인가?

Q4 데이터베이스 애플리케이션은 어떻게 데이터베이스를 유용하게 만드는가?

Q5 팔콘시큐리티는 데이터베이스 시스템을 통해서 어떻게 이득을 얻는가?

Q6 비관계형 DBMS 제품이란 무엇인가?

이 장에서의 **지식**이 **여러분**에게 어떻게 **도움**이 되는가?

출처 : cheskyw/123RF

"비디오 데이터를 추적할 방법이 없습니다."

볼 수 있습니다. 그러나 문제는 드론이 한 대가 아니라는 것입니다. 그것이…"

캠은 토시오가 산만해지지 않도록 끼어든다. "토시오와 저는 모든 비디오 파일을 추적하는 데이터베이스를 만드는 방법에 대하여 의논해왔습니다. 우리는 데이터 수집과 저장 과정을 자동화하는 것만으로도 바빴습니다."

"그래요. 얼마나 걸릴까요? 비용은 어느 정도입니까?" 조니가 묻는다.

"잘 모르겠습니다. 아직 어떠한 데이터베이스 관리시스템을 사용할지조차 결정하지 못했습니다. 토시오와 저는 마이크로소프트의 액세스를 사용해보았습니다. 토시오의 말에 의하면 비디오 파일의 추적을 위해서는 몬고DB가 더 최적이라고 합니다."

토시오는 검토 중인 비디오를 잠시 멈추고 디렉토리의 비디오 파일 목록을 지목한다. "이 모든 것을 수작업으로 검색하는 대신 회사이름, 건물이름, 날짜, 시간, 고도 등 각 비디오마다 특성을 지정할 수 있습니다. 그러한 특징과 일치하는 비디오 URL을 가져올 수 있습니다. 우리는 해당 비디오가 어떤 파일서버에 있는지 정확하게 알고 있습니다."

"반가운 말이군요. 비디오 단서 찾으면서 금요일 밤을 허비하는 일은 없어야 합니다. 그렇게 해봅시다." 조니가 으쓱하였다.

캠은 다시 일을 시작한다. "좋습니다. 그것을 목록에 올리겠습니다. 모든 단서를 다 검색할 필요는 없습니다. 이제 우리는 제스의 단서를 찾는 데 집중해야겠습니다. 우리는 오늘 밤에 할 일이 많습니다."

Q1 데이터베이스를 알아야 하는 이유는 무엇인가?

이 장에서는 데이터베이스 기술을 학습하게 될 것이다. 이러한 지식은 미래에 여러분이 직업을 가졌을 때 유용할 것이다. 사실 데이터베이스는 어디에나 있다. 비록 여러분이 그 사실을 알지 못한다고 할지라도 하루에 수십 번이 아닌 수백 번 데이터베이스에 접속한다. 스마트폰으로 전화를 하거나, 인터넷에 로그인하거나, 신용카드를 사용하여 온라인으로 물건을 구매할 때 수많은 애플리케이션들이 데이터베이스를 처리한다. 카카오톡, 라인, 스냅챗, 페이스북, 트위터, 링크드인을 사용하면 애플리케이션이 사용자를 대신하여 데이터베이스를 처리한다. 구글은 검색결과를 얻기 위해서 수많은 데이터베이스를 처리하고 있다.

데이터베이스 기술을 배우는 이유

사용자로서 여러분은 원천기술에 대하여 알 필요는 없다. 여러분의 관점에서 스티브 잡스의 말을 인용하여 "그냥 저절로 되는구나."라는 정도면 충분하다. 그러나 21세기 직장인의 관점에서는 다른 이야기이다. 네 가지 중요한 이유 때문에 이 장에 대한 지식이 필요하다.

1. 신규사업 개발 프로젝트에 참여하게 될 때 데이터베이스 기술이 프로젝트 목표달성에 도움이 되는지 알아야 한다. 그렇게 하면서 데이터베이스 구축이 조그만 창고를 짓는 것과 유사한지 아니면 초고층 빌딩을 짓는 것과 더 유사한지 평가하기를 위한 사전 지식이 필요하다. 조니는 이 장의 첫부분에 있는 신규 데이터베이스 구축의 난이도(그리고 어느 정도 비용으로 가능한지) 평가를 위한 사전 지식이 필요하다.
2. 데이터베이스는 상업적 활동에서 일상화되어 있기 때문에 매일 수십억 바이트의 데이터가 새로 저장된다. 유용한 정보를 만들기 위해 데이터를 변환하는 방법을 알아야 한다. 이를 위해 여러분은 데이터를 조회하기 위한 여러 그래픽 기반의 도구들 가운데 하나를 사용하는 것이 좋다. 또는 실무 능력의 향상을 위해 데이터베이스 조회를 위한 국제 표준인 SQL(구조화 질의 언어)을 배울 수도 있다. 많은 현업 전문가들은 그렇게 하고 있다(129쪽 데이터가 말하는 것이 아니다' 참조).
3. 업무가 동적으로 바뀌기 때문에 정보시스템은 이에 적응해야만 한다. 때로는 그러한 적응이 완전히 새로운 데이터베이스를 만들어야 함을 의미하기도 한다. 학습하면 알게 될 내용이지만, 무엇이 어떻게 조목조목 저장되어야 하는지 가장 잘 알고 있는 사람은 바로 여러분이다.
4. 마지막으로 어쩌면 여러분 혹은 여러분의 부서가 혼란을 겪을 수 있다. 아마 여러분은 누가 어떤 장비를 가지고 있는지, 어떤 도구가 어디에 있는지, 또는 저장 창고에 무엇이 들어 있는지 모를 수 있다. 이런 경우라면 자체적으로 데이터베이스를 구축하는 것을 선택할 수 있다. 만약 여러분이 IS 전문가가 아니라면 그 데이터베이스는 자그마하거나 간단하게 될 것이지만 여러분과 동료에게는 매우 유용할 수 있을 것이다. 사례연구 5에서 그러한 예를 살펴보게 될 것이다.

먼저 데이터베이스의 목적부터 알아보자.

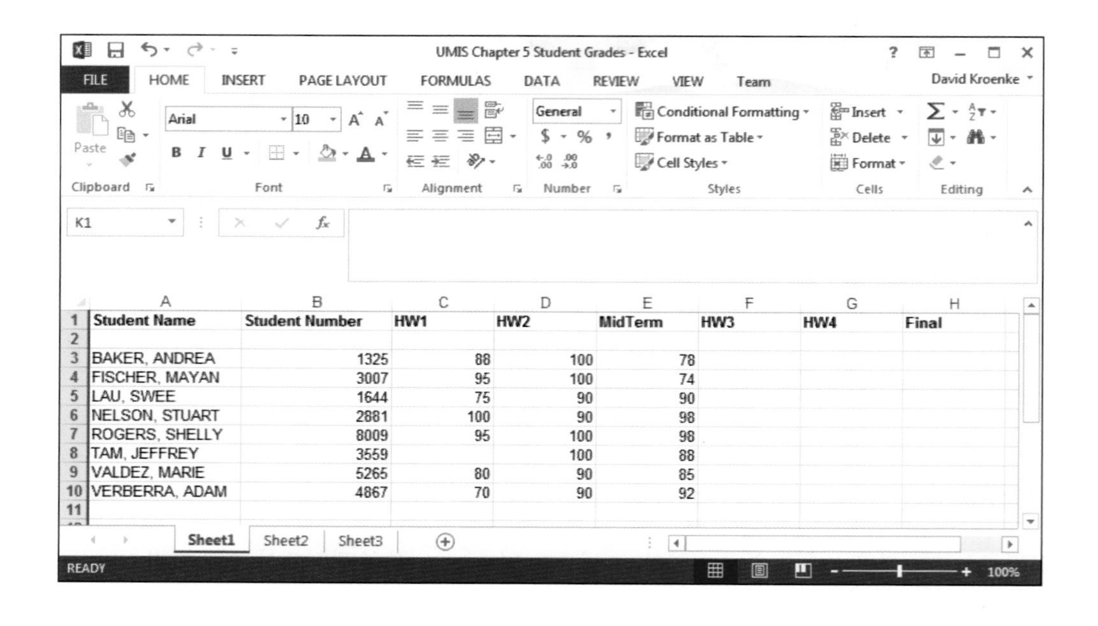

Student Name	Student Number	HW1	HW2	MidTerm	HW3	HW4	Final
BAKER, ANDREA	1325	88	100	78			
FISCHER, MAYAN	3007	95	100	74			
LAU, SWEE	1644	75	90	90			
NELSON, STUART	2881	100	90	98			
ROGERS, SHELLY	8009	95	100	98			
TAM, JEFFREY	3559		100	88			
VALDEZ, MARIE	5265	80	90	85			
VERBERRA, ADAM	4867	70	90	92			

그림 5-1
학생 학점 목록
출처 : Microsoft Excel 2013

데이터베이스의 목적은 무엇인가?

데이터베이스의 목적은 관리 대상에 대한 기록을 관리하는 것이다. 데이터베이스를 배우게 될 때 대부분의 학생들은 그렇게 간단한 문제를 풀기 위해서 따로 기술을 배워야 하는지 의아해한다. 목록을 이용하면 되지 않는가? 목록이 길면 스프레드시트를 이용하면 될 것이다.

실제로 많은 사람들이 스프레드시트를 이용하여 기록을 관리하고 있다. 목록 구조가 간단하다면 데이터베이스 기술까지는 필요 없다. 그림 5-1에서와 같이 학생 성적 목록은 스프레드시트만으로도 잘 관리할 수 있다.

그러나 교수님께서 학점을 포함하여 다른 항목까지 동시에 관리하고자 한다고 가정해보자. 교수님께서는 전자우편 주소를 포함하고자 한다. 또는 교수님께서는 전자우편 메시지와 연구실 방문기록을 동시에 관리하실지 모른다. 그림 5-1은 데이터를 추가할 수 있는 구성이 아니다. 물론

STUDENT
Student Name BAKER, ANDREA
Student Number 1325
HW1 88
HW2 100
MidTerm 78
EMAIL

Date	Message
2/1/2016	For homework 1, do you want us to provide notes on our ref
3/15/2016	My group consists of Swee Lau and Stuart Nelson.
3/4/2015	

Record: 1 of 2 No Filter Search

OFFICE VISITS

Date	Notes
2/13/2016	Andrea had questions about using IS for raising barriers to entry.

Record: 1 of 1 No Filter Search

Record: 1 of 8 No Filter Search

그림 5-2
데이터베이스 폼을 이용한 학생 데이터
출처 : Microsoft Access 2013

교수님께서 스프레드시트를 2개로 나누어서 하나는 전자우편을, 다른 하나는 방문에 대한 기록을 정리할 수 있다. 그러나 그러한 어색한 방법은 한번에 모든 것을 보여주지 못하기 때문에 사용이 불편하다.

대신 교수님께서는 그림 5-2와 같은 폼(form)을 필요로 한다. 폼을 이용하여 교수님께서는 학생들의 학점, 전자우편, 그리고 연구실 방문기록을 함께 관리할 수 있다. 그림 5-2에 있는 것과 같은 폼은 스프레드시트에서는 어렵거나 거의 불가능하다. 폼은 데이터베이스를 이용하면 간단하게 생성할 수 있다.

그림 5-1과 그림 5-2의 근본적인 차이는 그림 5-1이 단일 주제 혹은 개념이라는 것이다. 주제는 학생 학점이 유일하다. 그림 5-2에서는 복수 주제를 가진다. 학점, 전자우편, 그리고 상담기록을 한꺼번에 관리할 수 있다. 예제를 통하여 우리는 다음과 같이 합의할 수 있다. 하나의 주제를 가진 목록은 스프레드시트를 이용하면 가능하다. 여러 가지 주제를 한꺼번에 포함할 경우는 데이터베이스를 이용하는 것이 좋다. 우리는 이 장에서 이러한 내용에 대하여 학습하게 될 것이다.

Q2 데이터베이스란 무엇인가?

데이터베이스(database)는 통합된 레코드에 대한 자율설명 집합(self-describing collection)이다. 이 말을 이해하기 위해 그림 5-3의 용어를 살펴보자. 제4장에서 배운 것처럼 **바이트**(byte)는 데이터의 한 글자이다. 바이트는 *Student Number, Student Name*과 같은 **컬럼**(column)으로 그룹 지을 수 있다. 컬럼을 **필드**(field)라 부르기도 한다.

컬럼 또는 필드는 차례대로 **로우**(row)로 그룹 지울 수 있다. 로우를 **레코드**(record)라 부르기도 한다. 그림 5-3에서 모든 컬럼(*Student Name, Student Number, HW1, HW2, MidTerm*)에 대한 데이터의 집합을 로우 또는 레코드라고 한다. 이러한 정의로부터 여러분은 그림 5-4에서 볼 수 있듯이 데이터 구성요소 체계를 이해할 수 있다.

이러한 그룹 과정을 계속하여 데이터베이스는 **테이블**(table) 또는 **파일**(file)의 그룹이라고 말할 수 있다. 이 문장은 틀린 것은 아니지만 완벽한 것은 아니다. 그림 5-5에서와 같이 데이터베이스는 테이블의 집합과 더불어 그러한 테이블 내 컬럼 사이의 관계인 메타데이터(metadata)를 포함한

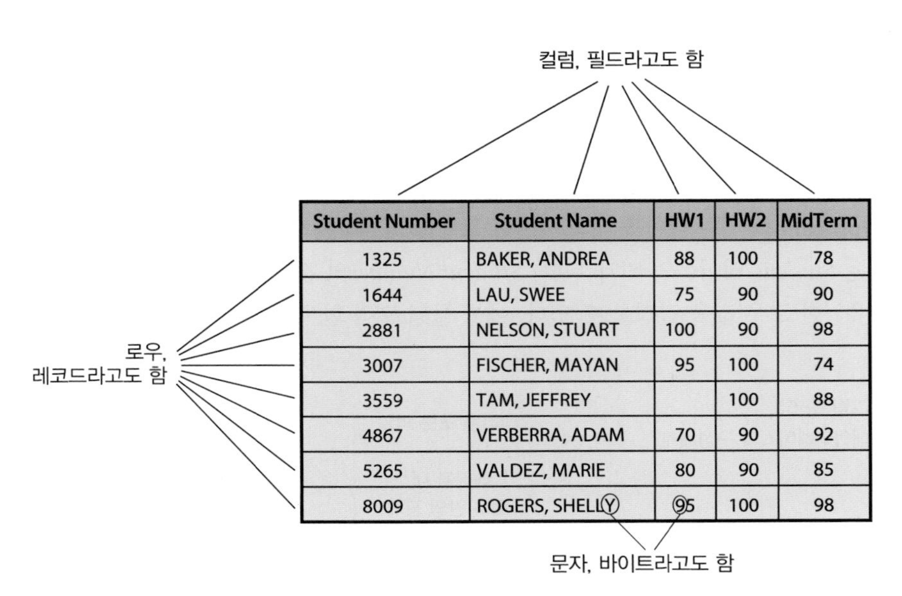

Student Number	Student Name	HW1	HW2	MidTerm
1325	BAKER, ANDREA	88	100	78
1644	LAU, SWEE	75	90	90
2881	NELSON, STUART	100	90	98
3007	FISCHER, MAYAN	95	100	74
3559	TAM, JEFFREY		100	88
4867	VERBERRA, ADAM	70	90	92
5265	VALDEZ, MARIE	80	90	85
8009	ROGERS, SHELLY	95	100	98

그림 5-3
학생 테이블 또는 파일

그림 5-4
데이터 구성요소의 체계

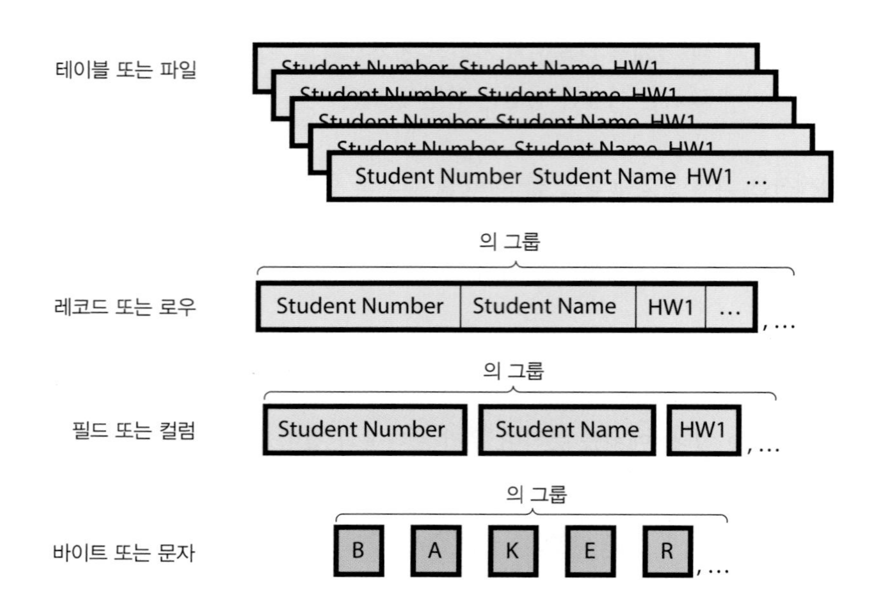

다. 여기서 실린더 모양은 컴퓨터 디스크 드라이브를 나타내고 있다. 그림 5-5에서와 같은 다이어그램은 '데이터베이스'가 컴퓨터의 마그네틱 디스크에 저장되기 때문에 그렇게 표시한다.

로우 간의 관계

그림 5-5의 왼쪽에 대한 용어를 보자. 여러분은 테이블이 무엇인지는 알고 있다. **테이블 내 로우 간의 관계**(relationship among rows in table)가 의미하는 것을 이해하기 위하여 그림 5-6을 살펴보자. *Email, Student, Office_Visit*의 3개 테이블로부터 얻은 샘플 데이터를 보여준다. *Email* 테이블에서 *Student Number*라고 적힌 컬럼을 보기 바란다. 그 컬럼은 *Email*이 연결된 로우와 일치하는 *Student*의 로우를 가리킨다. *Email*의 첫 번째 컬럼에서 *Student Number*는 1325의 값을 가진다. 이러한 것은 *Student Number*가 1325인 학생의 전자우편을 가리킨다. 만약 *Student* 테이블을 살펴보면, 이 값이 있는 것은 Andrea Baker의 로우임을 알 수 있다. 그러므로 *Email* 테이블의 첫 번째 로우는 Andrea Baker와 연관된다.

이제 그림 5-6의 아랫부분에 있는 *Office_Visit* 테이블의 맨 마지막 로우를 살펴보자. 그 로우의 *Student Number*는 4867 값을 가진다. 이 값은 Adam Verberra가 속한 *Office_Visit* 테이블의 제일 마지막 로우이다.

이러한 예제로부터 여러분은 한 테이블 내의 값은 두 번째 테이블의 로우와 연관된다는 것을 볼 수 있다. 몇 개의 전문용어가 이러한 생각들을 나타내기 위하여 사용된다. **키**[key, 또는 **주키**(primary key)]는 테이블 내의 유일한 로우를 식별하는 컬럼, 또는 컬럼의 그룹이다. *Student Number*는 *Student* 테이블의 키가 된다. *Student Number*의 값을 알게 되면, 여러분은 *Student* 테이블에서 유일한 로우 값을 결정할 수 있다. 예를 들면 오직 한 학생만이 1325라는 학번을 가지게 된다.

그림 5-5
데이터베이스의 구성체계

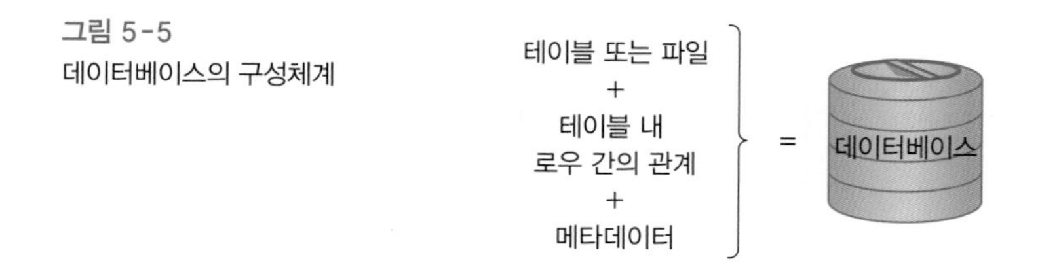

Email 테이블

EmailNum	Date	Message	Student Number
1	2/1/2016	For homework 1, do you want us to provide notes on our references?	1325
2	3/15/2016	My group consists of Swee Lau and Stuart Nelson.	1325
3	3/15/2016	Could you please assign me to a group?	1644

Student 테이블

Student Number	Student Name	HW1	HW2	MidTerm
1325	BAKER, ANDREA	88	100	78
1644	LAU, SWEE	75	90	90
2881	NELSON, STUART	100	90	98
3007	FISCHER, MAYAN	95	100	74
3559	TAM, JEFFREY		100	88
4867	VERBERRA, ADAM	70	90	92
5265	VALDEZ, MARIE	80	90	85
8009	ROGERS, SHELLY	95	100	98

Office_Visit 테이블

VisitID	Date	Notes	Student Number
2	2/13/2016	Andrea had questions about using IS for raising barriers to entry.	1325
3	2/17/2016	Jeffrey is considering an IS major. Wanted to talk about career opportunities.	3559
4	2/17/2016	Adam will miss class Friday due to job conflict.	4867

그림 5-6
로우 사이의 관계형에 대한 예시

모든 테이블은 반드시 키를 가진다. *Email* 테이블의 키는 *EmailNum*, *Student_Visit* 테이블의 키는 *VisitID*이다. 경우에 따라서는 하나 이상의 컬럼이 유일한 식별을 위해 필요할 수 있다. *City* 테이블에서 (*City, State*)의 컬럼의 조합으로 구성된 것이 키가 된다. 이유는 도시 이름은 여러 주에서 나타날 수 있기 때문이다.

*Student Number*는 *Email* 또는 *Office_Visit* 테이블의 키가 될 수 없다. 1325라는 *Student Number*를 가진 로우가 2개가 있음을 볼 수 있다. 따라서 1325는 유일한 값이 될 수 없고, *Student Number*는 *Email* 테이블의 키가 될 수 없다. *Office_Visit*에서도 *Student Number*는 키가 될 수 없다.

그림 5-6에 있는 데이터에 근거할 때 그렇게 말할 수 없지만, *Student Number*는 *Office_Visit*의 키가 아니다. 한 교수에게 한 번 이상 방문하는 학생을 그렇게 하지 못하도록 할 수 없다. 그러한 일이 있게 된다면, *Office_Visit* 테이블에서 동일한 *Student Number*가 2개의 로우에 나타나게 된다. 그림 5-6의 데이터에 한정해서 판단할 때 두 번 방문한 학생은 없었다.

*Email*과 *Office_Visit*에서 *Student Number*는 키이지만 *Student*라는 다른 테이블의 키이다. *Email*과 *Office_Visit* 테이블의 *Student Number*와 같은 역할을 하는 컬럼을 **외래키**(foreign key)라고 한다. *Student Number*는 *Student* 테이블에서 키로 사용되었지만, *Email*이나 *Office_ Visit* 테이블의 입장에서 보면 내가 속한 테이블이 아닌 외래 테이블의 키이기 때문이다.

테이블 형태로 데이터를 나타내면서 외래키를 이용하여 관계를 나타내는 데이터베이스를 **관계형 데이터베이스**(relationship database)라고 한다[관계형이라는 용어를 사용하는 것은 테이블의 공식적인 이름이 **관계**(relation)이기 때문이다]. Q5에서 여러 유형의 데이터베이스에 대하여 학습하게 될 것이다.

메타데이터

데이터베이스의 정의를 다시 적어본다. 데이터베이스는 통합된 레코드에 대한 자율설명 집합이다. 레코드는 여러분이 학습한 것처럼 데이터베이스에 표현된 로우 사이의 관계이기 때문에 통합된다. 그런데 **자율설명**이란 무슨 말인가?

그것은 데이터베이스가 자율적으로 자신의 콘텐츠를 설명함을 의미한다. 도서관을 생각해보자. 도서관은 서적과 기타 다양한 자료들의 자율설명 집합이다. 자율설명이라 함은 도서관은 도서관이 보유하고 있는 자료에 대한 분류표를 포함하고 있기 때문이다. 동일한 생각이 데이터베이스에도 적용된다. 데이터베이스는 데이터뿐만 아니라 데이터베이스가 포함하는 데이터에 대한 데이터도 동시에 포함하기 때문에 자율설명이다.

메타데이터(metadata)는 데이터를 설명하는 데이터이다. 그림 5-7은 *Email* 테이블에 대한 메타데이터를 보여준다. 메타데이터의 형식은 데이터베이스를 처리하는 소프트웨어 제품에 의존한다. 그림 5-7은 마이크로소프트 액세스의 메타데이터이다. 이 폼의 꼭대기 부분의 각 로우는 *Email* 테이블의 컬럼을 설명하고 있다. 이러한 설명 컬럼은 **필드 이름**, **데이터 유형**, 그리고 **설명**이다. **필드 이름**(field name)은 컬럼의 이름이며, **데이터 유형**(data type)은 컬럼이 포함하게 될 데이터의 유형이며, **설명**(description)에서는 컬럼의 원천 또는 활용에 대한 상세설명을 적는다. 여러분도 볼 수 있듯이 *Email* 테이블의 네 컬럼 각각에 대한 메타데이터의 첫 번째 로우는 *EmailNum*, *Date*, *Message*, 그리고 *Student Number*이다.

이 폼의 아랫부분은 더 많은 메타데이터를 보여주는데, 액세스는 각 컬럼에 대한 **필드 속성**(field properties)이라고 부른다. 그림 5-7에서, 핵심은 날짜 컬럼에 있다(*Date* 로우 부근에 그려진 옅은 삼각형). 위쪽 창에 있는 *Date*에 집중하는 이유는 아래쪽 창에서 *Date* 컬럼에 대한 상세설명이 있기 때문이다. 필드 속성은 폼, 새로운 로우가 생성될 때 제공될 액세스를 위한 초기 값, 그리고 해당 컬럼에 필요한 값에 대한 제약조건을 설명한다. 이러한 세부적인 설명은 여러분에게 중요한 것은 아니다. 대신 메타데이터가 데이터를 설명하는 데이터이며, 그러한 메타데이터는 항상 데이터베이스의 일부가 된다는 것을 이해하기 바란다.

메타데이터가 있기 때문에 스프레드시트나 다른 목록 형태의 데이터보다 더 유용하게 데이터베이스를 이용할 수 있다. 데이터베이스 내 레코드에 대한 추측이나 기억이 필요 없다. 데이터베이스가 포함하고 있는 것을 알고 있으므로 그냥 데이터베이스 내 메타데이터를 뒤져보면 되는 것이다.

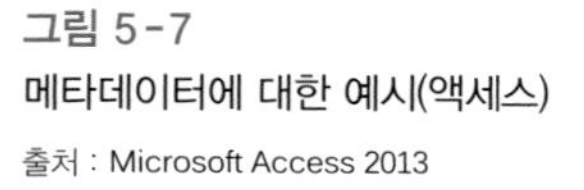

그림 5-7
메타데이터에 대한 예시(액세스)
출처 : Microsoft Access 2013

EMAIL

Field Name	Data Type	Description (Optional)
EmailNum	AutoNumber	Primary key -- values provided by Access
Date	Date/Time	Date and time the message is recorded
Message	Long Text	Text of the email
Student Number	Number	Foreign key to row in the Student Table

Field Properties

General | Lookup

Format	Short Date
Input Mask	99/99/0000;0;#
Caption	
Default Value	=Now()
Validation Rule	
Validation Text	
Required	Yes
Indexed	No
IME Mode	No Control
IME Sentence Mode	None
Text Align	General
Show Date Picker	For dates

A field name can be up to 64 characters long, including spaces. Press F1 for help on field names.

데이터가 말하는 것이 아니다

제레미 월과 닐 타운 두 제품 관리자는 상사인 사라 머피 앞에서 9월 제품 판매촉진의 효과에 대해 논쟁하고 있다.

사라 : "그렇다면 10월에 프로모션을 다시 해야 합니까?"

제레미 : "안 됩니다. 비싸고 판매량도 증가하지 않았습니다."

닐 : "저는 동의하지 않습니다. 글쎄, 잠깐만요. 저는 8월부터 매출액이 증가하지 않았다는 것에 동의하지만 판매 내역을 살펴보면 지난 9월에 상당한 증가세를 보였습니다."

제레미 : "그 데이터는 어디서 났습니까?"

닐 : "판매 데이터베이스입니다. 어쨌든 평균적으로 우리의 판매량은 지난해보다 11% 증가했습니다. 그리고 그보다 더 좋은 점은 새로운 고객이 있다는 것입니다."

제레미 : "저는 그렇게 생각하지 않습니다. 저는 4명의 다른 판매 담당자에게 전화를 걸었고, 그들은 이렇다 할 전망치가 없다고 말했습니다."

닐 : "데이터가 말하는 것은 아닙니다. 저는 그것을 액세스에 입력한 후 일련의 쿼리를 했습니다. 9월 매출의 19%는 새로운 고객의 매출이었습니다."

사라 : "놀랍군요. 그러나 당신은 그것을 캠페인에 관련시킬 수 있습니까?"

닐 : "네, 당연히요. 새로운 고객의 매출에서 나온 결과입니다. 거의 3분의 2가 쿠폰을 사용했습니다."

사라 : "닐, 보고서를 작성해주세요. 내일 임원회의에 가져가고 싶습니다."

출처 : StockLite/Shutterstock

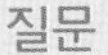
질문

1. 제레미와 닐 중에 누가 되고 싶은가? 그 이유는 무엇인가?
2. 닐이 되기 위해서는 어떤 기술과 능력이 필요한가?
3. 닐이 답변할 때 필요한 구체적인 판매 데이터를 나열하라.
4. 구두로, 닐의 대답을 만들기 위해 데이터를 처리해야 하는 방법을 설명하라.
5. 닐이 제공하는 모든 결과는 액세스 또는 SQL처리 DBMS를 이용하여 쉽게 만들 수 있다. SQL에 대한 기본적인 이해만으로 5분 이내에 쿼리를 작성할 수 있다. 이 장에서는 여러분에게 필수적인 배경 지식을 제공하지만 SQL 쿼리를 가르쳐주지는 않는다. 대학의 교육 과정을 참조하고 필요한 기술을 가르치는 과목을 찾아서 추가 학습하기 바란다. 그 과목의 이름을 말하고 그 이유를 제시하라.

Q3 데이터베이스 관리시스템이란 무엇인가?

데이터베이스 관리시스템(database management systems, DBMS)은 데이터베이스를 생성, 처리, 관리를 위한 프로그램이다. 운영체제와 마찬가지로 각 기관들은 독자적인 DBMS를 보유하지 않는다. 대신 기관들은 IBM, 마이크로소프트, 오라클 등의 벤더로부터 DBMS 제품 라이선스를 구매한다. 널리 알려진 DBMS 제품으로는 IBM의 DB2, 마이크로소프트의 **액세스**(Access)와 **SQL 서버**(SQL Server), 그리고 오라클의 **오라클 데이터베이스**(Oracle Database)이다.[1] 그 외에 잘 알려진 DBMS는 MySQL로서 모든 애플리케이션에서 무료로 이용할 수 있는 오픈소스 DBMS 제품이다. 다른 DBMS 제품도 있는데, 이 다섯 가지가 데이터베이스 시장의 거의 대부분을 차지하고 있다.

DBMS와 데이터베이스는 서로 다른 것이다. 몇 가지 이유에서 잡지나 심지어 일부 책에서도 둘을 혼용하고 있다. DBMS는 소프트웨어 프로그램이며, 데이터베이스는 테이블, 관계, 그리고 메

SQL은 데이터베이스 처리에 필수지만 범죄자가 데이터베이스를 훔치기 위해 도용할 수 있다. SQL 주입 공격은 144~145쪽 길라잡이에서 설명한다.

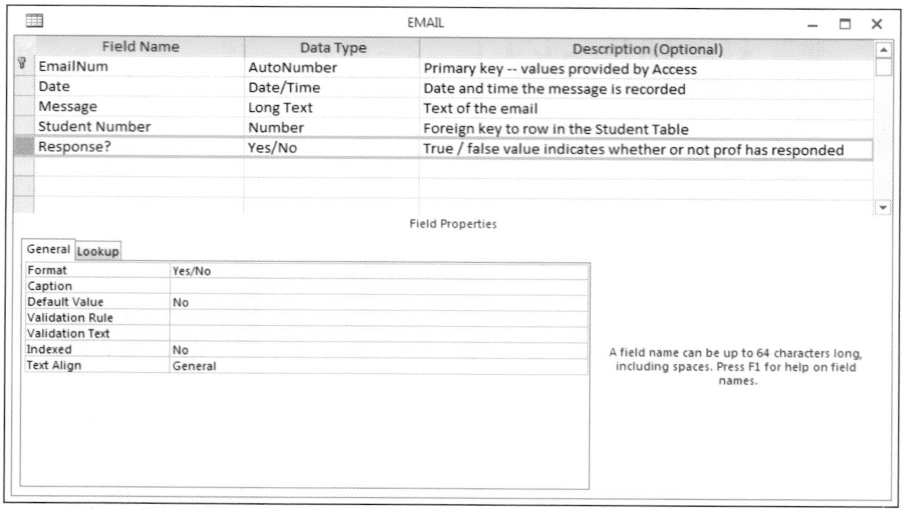

그림 5-8
테이블에 새로운 컬럼 추가(액세스)
출처 : Microsoft Access 2013

EMAIL

Field Name	Data Type	Description (Optional)
EmailNum	AutoNumber	Primary key -- values provided by Access
Date	Date/Time	Date and time the message is recorded
Message	Long Text	Text of the email
Student Number	Number	Foreign key to row in the Student Table
Response?	Yes/No	True / false value indicates whether or not prof has responded

Field Properties

General Lookup

Format	Yes/No
Caption	
Default Value	No
Validation Rule	
Validation Text	
Indexed	No
Text Align	General

A field name can be up to 64 characters long, including spaces. Press F1 for help on field names.

타데이터의 집합이다. 둘은 매우 다른 개념이다.

데이터베이스 및 데이터베이스 구조 생성

데이터베이스 개발자들은 DBMS를 이용하여 테이블, 관계, 그리고 기타 데이터베이스의 구조를 생성한다. 그림 5-7은 새로운 테이블의 정의나 기존에 존재하던 테이블을 수정하는 것을 보여주고 있다.

새로운 컬럼의 추가와 같이 존재하는 테이블의 수정을 위해서 개발자는 해당 테이블의 메타데이터 폼을 열고 메타데이터에 새로운 로우를 추가한다. 그림 5-8에서처럼 개발자는 *Response?*라는 새로운 컬럼을 추가했다. 이러한 새로운 컬럼은 데이터 타입을 *Yes/No*를 가지며, 이것의 의미는 컬럼이 유일하게 *Yes* 또는 *No* 중에서 하나의 값만을 가질 수 있다는 것이다. 교수님은 이러한 컬럼을 이용하여 학생의 전자우편에 답장을 보냈는지 여부를 기록할 수 있다. 다른 데이터베이스 구조는 유사한 방식으로 정의된다.

데이터베이스 처리

DBMS의 두 번째 기능은 데이터베이스의 처리이다. 그러한 처리는 복잡할 수 있지만 DBMS는 기본적으로 데이터 읽기, 삽입, 수정 또는 삭제와 같은 네 가지 처리작업을 위한 애플리케이션을 제공한다. 이러한 처리작업은 DBMS를 호출하는 애플리케이션이 필요하다. 폼 단계에서 사용자가 새로운 데이터를 입력하거나 혹은 데이터를 변경할 경우 폼을 처리하는 컴퓨터 프로그램은 데이터 변경에 필수적인 DBMS를 호출하여 데이터베이스를 변경한다. 웹 애플리케이션 단계에서 클라이언트나 서버에 있는 애플리케이션 프로그램 DBMS를 호출하여 변경한다.

구조화된 질의 언어(Structured Query Language, SQL)는 데이터베이스 처리를 위한 국제 표준 언어이다. 앞서 언급했던 네 가지 DBMS 제품 모두 똑같은 방식으로 SQL('see-quell'로 발음) 문장을 받아들이고 처리한다. 예컨대 다음의 SQL 문장은 *Student* 테이블에 새로운 로우를 추가한다.

```
INSERT INTO Student
([Student Number], [Student Name], HW1, HW2, MidTerm)
VALUES (1000, 'Franklin, Benjamin', 90, 95, 100);
```

이러한 문장은 폼을 처리하는 프로그램에 의해서 화면에 보이지 않게 실행된다. 다른 방식으로, 문장은 애플리케이션에 의해 DBMS에 직접 실행할 수도 있다.

여러분은 SQL 문장 구문을 이해하거나 기억할 필요는 없다. 대신 단지 SQL이 데이터베이스 처리를 위한 국제표준이라는 것만 알고 있으면 된다. 뿐만 아니라 SQL은 데이터베이스 및 데이터베이스 구조를 만들기 위해 사용된다. SQL에 대해 더 알고자 한다면 데이터베이스 관리 수업을 수강하기 바란다.

데이터베이스 관리

세 번째 DBMS의 기능은 데이터베이스의 관리를 지원하기 위한 도구를 제공하는 것이다. **데이터베이스 관리**(database administration)는 여러 가지 다양한 활동을 포함한다. 예를 들어 DBMS는 사용자 계정, 비밀번호, 접근허가, 그리고 데이터베이스 처리를 위한 제약조건 등과 관련된 보안 시스템 구축에도 사용될 수 있다. 데이터베이스 보안을 위해 사용자는 데이터베이스 사용 이전에 반드시 올바른 사용자 계정을 이용한다는 동의를 해야만 한다.

분류	데이터베이스 관리 업무	설명
개발	만들기 및 DBA	DBA 그룹의 크기는 데이터베이스의 크기와 복잡성에 의존한다. 그룹은 파트타임 한 사람에서 소수 그룹에 이르기까지 다양하다.
	운영위원회 구성	모든 사용자 그룹의 대표로 구성된다. 커뮤니티 단위의 토론과 의사결정을 위한 포럼이다.
	요구사항 구체화	모든 적절한 사용자 입력이 고려되었는지 확인한다.
	데이터 모델 유효성 검증	정확성과 완전성을 위한 데이터 모델을 확인한다.
	애플리케이션 디자인 평가	모든 필요한 양식, 보고서, 조회 및 애플리케이션이 개발되었는지 확인한다. 애플리케이션 구성요소의 디자인과 유효성을 검증한다.
운영	프로세스 처리의 권한 및 책임 관리	프로세스 처리에 대한 각 테이블 및 컬럼의 권한/제한을 결정한다.
	보안관리	필요 시 사용자 및 사용자 그룹의 추가 및 삭제, 안전한 시스템이 동작한다는 것을 보증한다.
	문제점 추적 및 해결관리	문제해결의 기록 및 관리를 위한 시스템을 개발한다.
	데이터베이스 성능 모니터	성능 향상을 위한 전문지식/솔루션을 제공한다.
	DBMS 관리	새로운 특성이나 기능을 평가한다.
백업 및 복구	백업 절차 모니터	데이터베이스 백업 절차를 준수하는지 확인한다.
	교육 실시	사용자 및 운영요원이 복구 절차를 알고 이해하는지 보증한다.
	복구 관리	복구 과정을 관리한다.
적응	요청 추적 시스템 설치	변화요청 기록 및 우선순위 부여를 위한 시스템을 개발한다.
	구성 변경 관리	애플리케이션과 사용자에 대한 데이터베이스 구조 변경의 영향을 관리한다.

그림 5-9
데이터베이스 관리 업무의 요약

접근허가는 다양한 방법으로 제한할 수 있다. 학생 데이터베이스 예제에서 특정 사용자에게 *Student* 테이블에서 *Student Name*만 읽을 수 있도록 제한하는 것이 가능하다. 다른 사용자는 *Student* 테이블의 모든 데이터를 읽을 수 있지만 *HW1, HW2, MidTerm* 컬럼만 업데이트하도록 할 수 있다. 다른 사용자는 다른 접근허가를 가질 수 있다.

보안과 더불어 DBMS 관리의 기능은 데이터베이스 데이터의 백업, 데이터베이스 애플리케이션의 성능 향상을 위한 구조 추가, 필요하지 않을 데이터의 제거 등이다.

중요한 데이터베이스를 위해서 대부분 조직들은 데이터베이스 관리의 역할을 전담하는 직원은 1~2명 정도 두고 있다. 그림 5-9는 이러한 기능의 주요 책임을 요약하고 있다. 여러분이 데이터베이스 관리 과목을 수강하게 된다면 이러한 주제에 대하여 더 많이 배우게 될 것이다.

Q4 데이터베이스 애플리케이션은 어떻게 데이터베이스를 유용하게 만드는가?

데이터베이스 테이블 세트 그 자체만으로는 쓸모가 없다. 그림 5-6의 표에는 교수님께서 원하는 데이터가 포함되어 있는 것은 맞지만 형식은 수준이 낮다. 데이터베이스 테이블의 데이터는 그림 5-2 또는 다른 형식의 폼에 배치될 때 가치를 가지거나 정보의 개념에 적합하다.

데이터베이스 애플리케이션(database application)은 **폼**(form), **보고서**(report), **쿼리**(query)사용자와 데이터베이스 사이의 중계를 제공하는 애플리케이션 프로그램[2]이다. 데이터베이스 애플리케이션은 데이터베이스 테이블을 더욱 이해하기 쉬우며 쉽게 업데이트될 수 있도록 양식을 수정한다. 애플리케이션 프로그램은 보안, 데이터일관성 유지 그리고 특별한 케이스 처리기능을 포함하고 있다.

데이터베이스 애플리케이션의 네 가지 구성요소의 목적은 다음과 같다.

폼	데이터 보기, 신규 입력, 기존 데이터 수정, 기존 데이터 삭제
보고서	정렬, 그룹화, 필터링 등의 동작을 통해 데이터의 구조화된 표현
쿼리	사용자에게 제공하는 데이터 가치에 근거한 조회
애플리케이션 프로그램	보안, 데이터 일관성 그리고 특별한 처리(예 : 재고부족 상황의 처리)

데이터베이스 애플리케이션 프로그램은 1990년대에 주목을 받기 시작했으며, 그 당시의 기술을 기반으로 했다. 지금은 그때의 애플리케이션의 확장판이다. SAP ERP 시스템이 대표적이다(제7장 참조). 여러분이 취업을 하면 최초 몇 년간은 이러한 종류의 애플리케이션 프로그램을 만나게 될 것이다. 그러나 오늘날 많은 데이터베이스 애플리케이션 프로그램은 브라우저, 웹 및 관련 표준을 사용하는 새로운 기술을 기반으로 한다. 이러한 브라우저 기반 애플리케이션 프로그램은 이전 애플리케이션 프로그램의 모든 기능을 수행할 수 있지만 지금의 상황에 맞게 더 역동적이고 더 최적화되어 있다. 이유를 알고 싶으면 각 유형별로 참고하라.

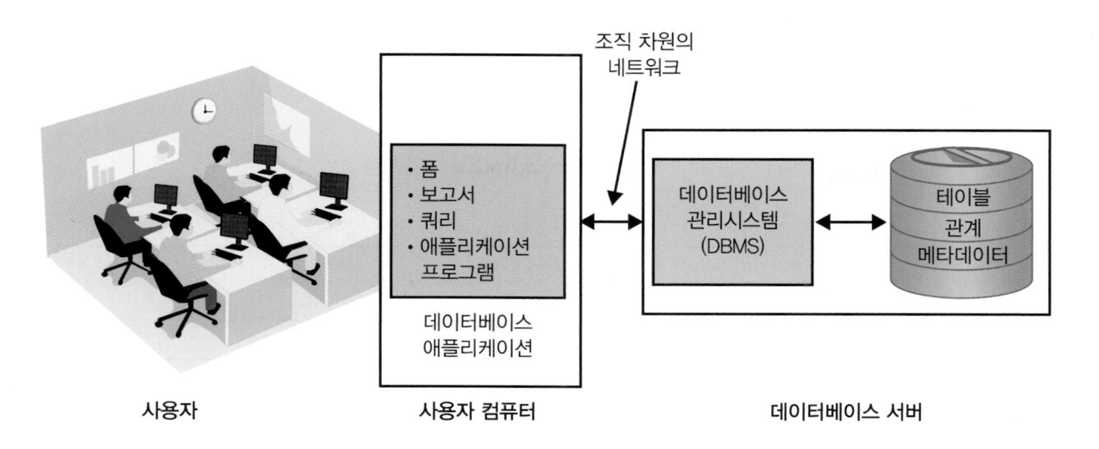

그림 5-10
전통적 데이터베이스 애플리케이션 처리 환경

전통적 폼, 보고서, 그리고 쿼리

일반적으로 전통적 데이터베이스는 여러 사용자들과 공유된다. 그렇기 때문에 그림 5-10에서 애플리케이션은 사용자 컴퓨터에 상주하며 DBMS와 데이터베이스는 서버 컴퓨터에 상주한다. 네트워크(모두 인터넷은 아님)가 사용자 컴퓨터와 DBMS 서버 간의 전송을 위해서 사용된다.

마이크로소프트 액세스와 같은 단일 사용자용은 다르다. 액세스는 데이터베이스, 애플리케이션, DBMS와 데이터베이스가 모두 사용자 컴퓨터에 상주한다.

전통적 폼은 그림 5-2에서와 같이 윈도우 형태의 모양으로 제시된다. 윈도우 형태의 폼을 통해서 사용자가 데이터를 읽고 추가하고 수정하고 삭제할 수 있는데, 지금의 관점에서 보면 수준이 떨어진다. 제4장에서 논의된 지금의 인터페이스와는 확실히 다르다.

그림 5-11은 사용자에게 유익한 데이터의 정적 상황을 제시하는 전통적인 보고서를 보여주고 있다. 이 보고서에는 학생의 이름과 성적 다음에 해당 학생의 이메일이 표시된다. 그림 5-12는 전통적인 쿼리이다. 사용자는 윈도우 형식의 박스에서 쿼리 기준을 결정하고(그림 5-12a), 애플리케이션은 그러한 기준에 맞는 데이터를 제공한다(그림 5-12b).

전통적 데이터베이스 애플리케이션 프로그램은 C++과 비주얼베이직(초창기에는 COBOL)과 같은 객체지향 언어로 작성된다. 전통적 데이터베이스 애플리케이션은 사용자 컴퓨터에 설치가 필요한 시크-애플리케이션이다. 일부이기는 하지만 애플리케이션 로직 모두가 사용자 컴퓨터의 프로그램에 포함되고, 서버는 DBMS를 실행하고 데이터를 제공하는 것을 제외하고 아무것도 하지 않는다. 어떤 경우에는 일부 애플리케이션 코드가 사용자 컴퓨터와 데이터베이스 서버 컴퓨터 양쪽에 배치된다.

데이터베이스 기술은 정보를 상상할 수 있는 대단한 능력을 사용자 손에 전해준다. 그러나 뭔가 장애를 발견한다면 그 정보로 무엇을 할 수 있을까? 142~143쪽 윤리 문제를 참고하라.

Student Homework Progress with Emails

Student Name	Student Number	HW1	HW2
BAKER, ANDREA	1325	88	100

Email Date	Message
3/15/2016	My group consists of Swee Lau and Stuart Nelson.
2/1/2016	For homework 1, do you want us to provide notes on our references?

Student Name	Student Number	HW1	HW2
LAU, SWEE	1644	75	90

Email Date	Message
3/15/2016	Could you please assign me to a group?

그림 5-11
학생 보고서의 예시

그림 5-12a
검색을 위한 입력구문을 사용한 쿼리 양식
출처 : Microsoft Corporation

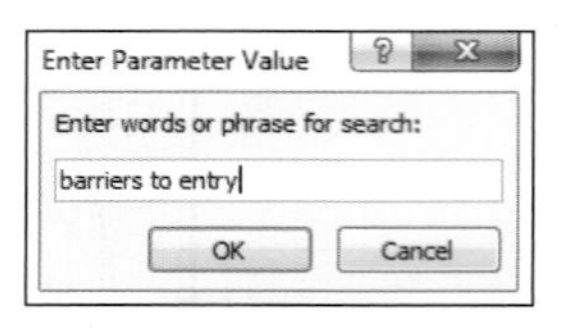

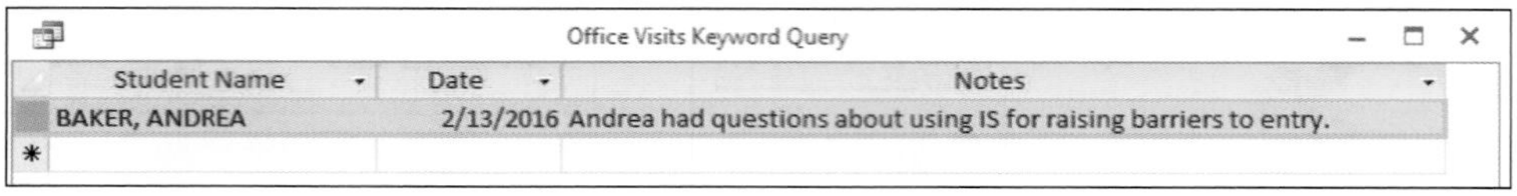

그림 5-12b
쿼리동작의 쿼리결과 예시
출처 : Microsoft Access 2013

Office Visits Keyword Query

Student Name	Date	Notes
BAKER, ANDREA	2/13/2016	Andrea had questions about using IS for raising barriers to entry.
*		

앞부분에서 언급한 것처럼 여러분의 취업 후 신입사원 시절에 ERP 및 CRM과 같은 전통적 애플리케이션(제7장 참조)을 사용하게 될 것이다. 다른 사람과 마찬가지로 여러분도 복잡한 방식은 아니겠지만 전통적인 애플리케이션 프로그램에서 신-클라이언트 애플리케이션 프로그램으로 전환에 관여하게 될 것이다.

신-클라이언트 폼, 보고서, 쿼리, 그리고 애플리케이션

신-클라이언트 애플리케이션 내의 데이터베이스는 거의 항상 많은 사용자들과 공유된다. 그림 5-13에서와 같이 사용자의 브라우저는 인터넷을 통하여 웹 서버 컴퓨터와 연결한다. 웹 서버 컴퓨터는 해당 연결을 서버 컴퓨터에 전달한다(제6장에서 배우게 되겠지만 가끔 많은 컴퓨터가 인터넷의 서버 쪽에 관련된다).

여러분도 알고 있는 것처럼 신-클라이언트 애플리케이션은 브라우저에서 동작하며 미리 사용자 컴퓨터에 설치해둘 필요가 없다. 대체로 애플리케이션 구성요소의 생성 및 동작을 위한 모든 코드가 사용자 컴퓨터와 서버 사이에 공유된다. C#과 자바 같은 언어가 서버 쪽 코드를 위해서 사용되며, 자바스크립트가 Node.js 이름의 오픈소스 제품을 이용하여 서버 쪽에서 시작된다(이러한 모든 논의는 제6장에서 학습한다).

그림 5-13
브라우저 기반 데이터베이스 애플리케이션의 처리 환경

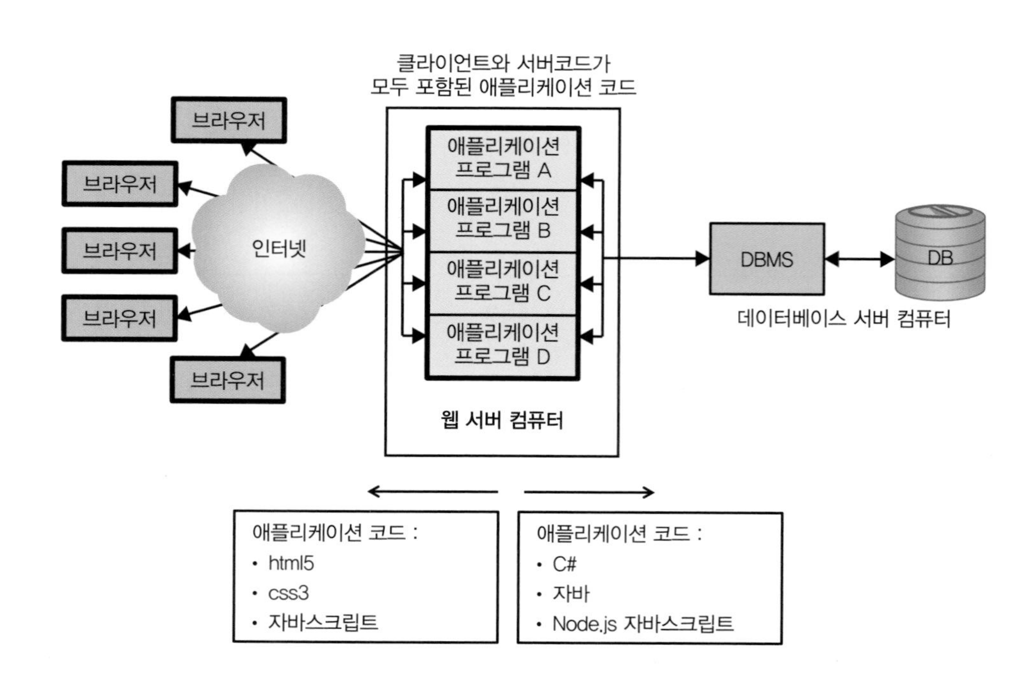

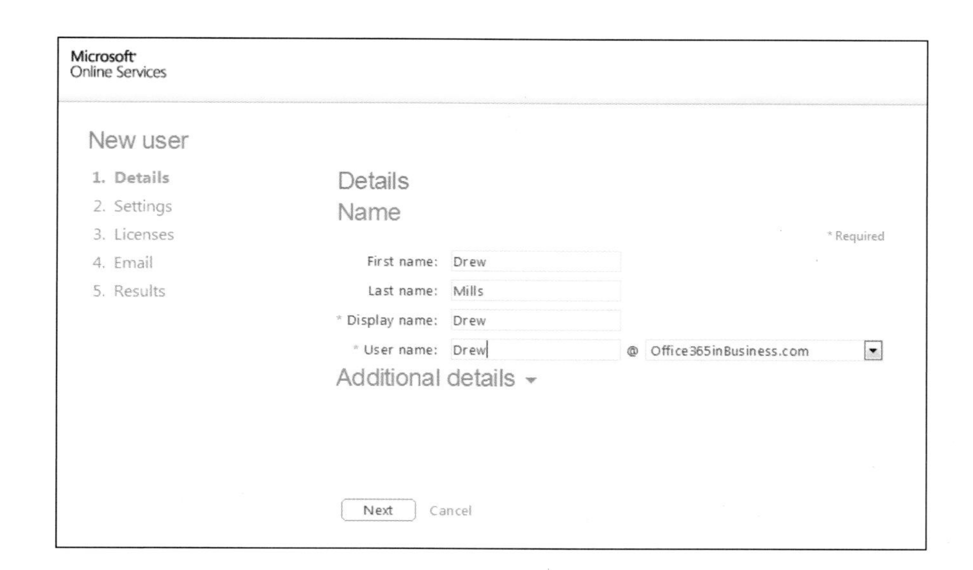

그림 5-14
마이크로소프트 오피스365 사용자 계정 양식
출처 : Microsoft Corporation

브라우저 데이터베이스 애플리케이션 폼, 보고서, 쿼리는 html을 통해서 제시되며, 최근에는 거의 대부분 제4장에서 배운 html5, css3, 자바스크립트를 통해서 제시된다. 그림 5-14는 오피스 365 내의 사용자 계정 신설을 위해 사용되는 브라우저 폼이다. 폼의 내용은 동적이기 때문에 사용자는 추가 데이터를 보기 위해서 파란 화살표 옆 세부정보(additional details)를 클릭할 수 있다. 또한 새 계정을 만들 때 관리자가 따라야 할 절차를 설명하는 왼쪽의 단계를 확인한다. 현재 단계가 색상으로 표시된다. 이 양식을 그림 5-2의 양식과 비교하고 대조해보라. 이것이 훨씬 깔끔하다.

그림 5-15는 셰어포인트 사이트의 내용을 보여주는 브라우저 보고서이다. 내용이 동적이기 때문에 항목의 거의 대부분이 다른 보고서나 다른 동작을 위해서 클릭할 수 있다. 사용자는 오른쪽 위 코너에 있는 박스에서 필요한 항목을 찾을 수 있다.

브라우저 기반 애플리케이션은 전통적 쿼리를 지원하지만, 더욱 흥미로운 것은 **그래픽 기반 쿼리**(graphical query)인데 사용자가 그래픽을 클릭할 때 쿼리 분류가 만들어지는 방식이다. 그림 5-16은 팔콘시큐리티가 보호하고 있는 시설물 중의 하나에 대한 지도이다. 사용자는 지도 위의 비디오 아이콘 중 하나를 클릭할 수 있고 클릭하면 해당 위치로부터 이용 가능한 비디오 목록 전부가 표시된다.

보안 요청사항은 신-클라이언트 애플리케이션이 전통적 애플리케이션보다 엄격하다. 대부분

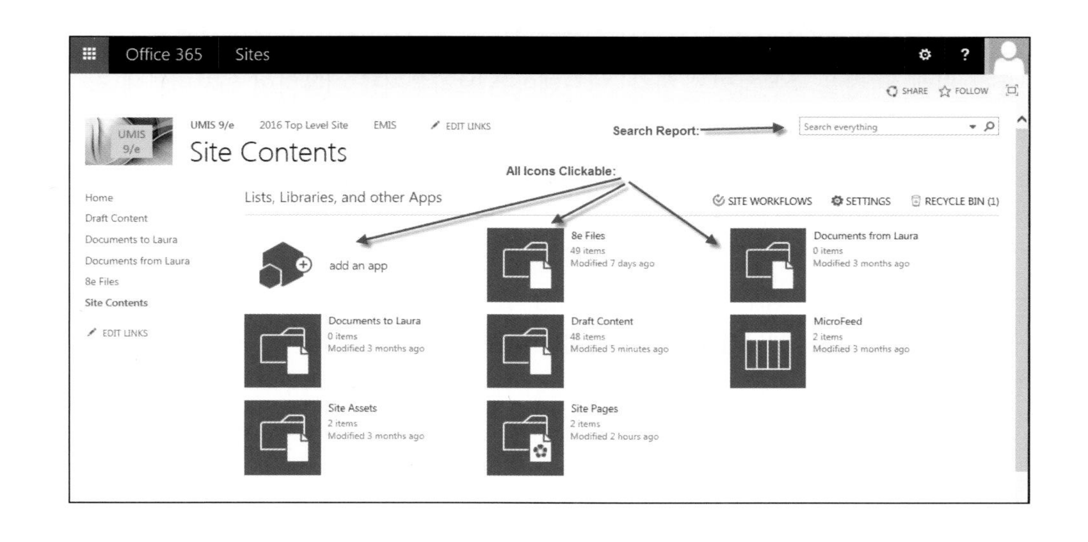

그림 5-15
셰어포인트 사이트를 위한 브라우저 보고서
출처 : Microsoft Corporation

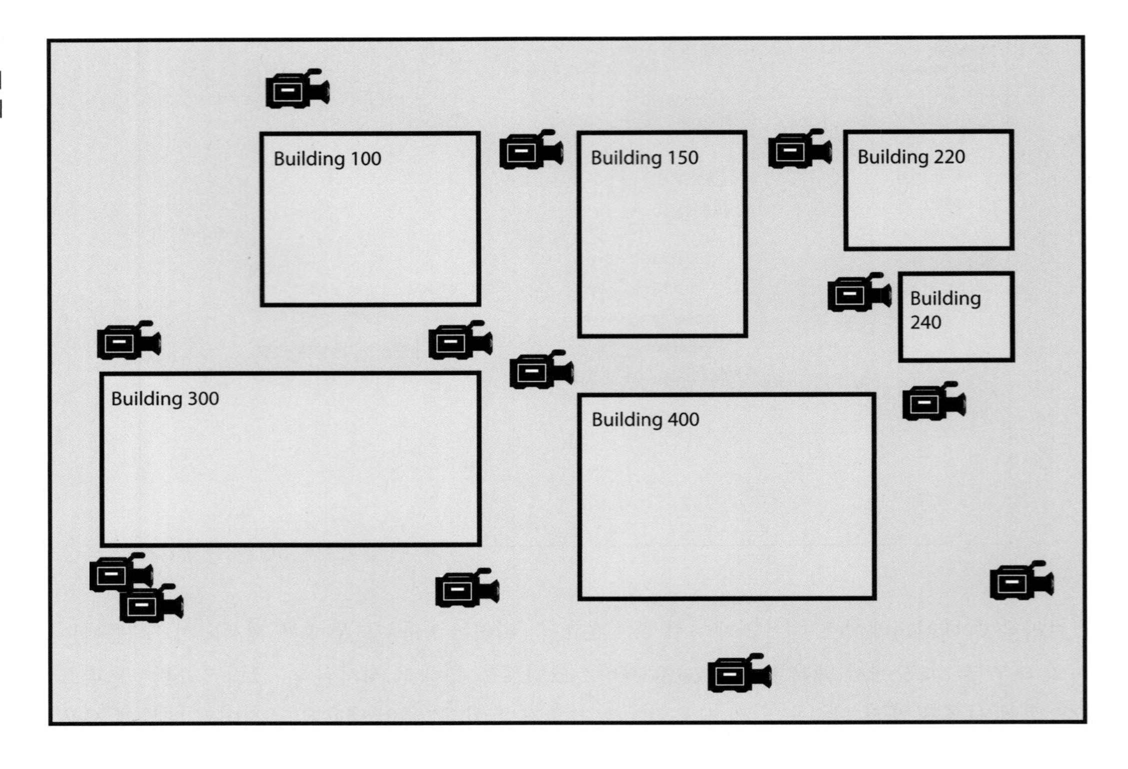

그림 5-16
그래픽 기반 쿼리 : 사용자는 비디오 아이콘을 클릭하여 해당 위치의 모든 비디오로부터 탐색

전통적 애플리케이션은 인터넷상의 일반적 공격을 방어하는 전사적 네트워크 내에서 동작한다. 브라우저 기반 애플리케이션은 인터넷상에 공개되어 있기 때문에 더욱더 취약하다. 그러므로 보안에 대한 대비는 신-클라이언트 애플리케이션의 중요한 기능이다. 전통적 데이터베이스 애플리케이션 프로그램과 같이 신-클라이언트 애플리케이션은 데이터 일관성을 제공하고 특정 상황을 처리할 수 있어야 한다. 데이터 일관성 필요성에 대한 예시는 복사처리에서 제시하는 문제점에서 확인할 수 있다.

다수 사용자 프로세싱

거의 모든 전통적 및 신-클라이언트 애플리케이션은 동일한 데이터베이스를 다수의 사용자가 처리한다. **다수 사용자 프로세싱**(multiuser processing)에는 한 가지 문제점이 있으므로 관리자의 입장에서 그것에 대하여 알아볼 필요가 있다. 이해를 돕기 위하여 다음의 시나리오를 가정한다.

티켓 웹사이트에서 2명의 고객, 안드레아와 제프리는 둘 다 인기 있는 최신의 이벤트를 위해 이용 가능한 티켓 두 장을 주문하려고 한다. 안드레아는 브라우저를 이용하여 웹사이트에 접속하여 두 장이 주문 가능하다는 것을 알았다. 그래서 쇼핑카트에 두 장을 모두 담는다. 그녀는 잘 모르고 있지만 이벤트 양식이 오픈되었을 때 서버에서 데이터베이스를 읽은 애플리케이션을 찾아서 두 장이 이용 가능하다는 것을 확인했다. 그녀는 체크아웃하기 전에 친구가 동행 가능한지 확인하기 위해 잠시 지체하였다.

그러는 동안 제프리는 브라우저를 이용해서 역시 두 장의 티켓이 구매 가능하다는 것을 발견하고 똑같은 방식으로 애플리케이션을 이용하고 데이터베이스를 읽고 두 장이 주문 가능하다는 것을 확인한다(아직 안드레아가 체크아웃을 하지 않았기 때문에). 그는 자신의 카트에 담고 체크아웃했다.

그 사이 안드레아는 두 장 모두 이용 가능하다는 것을 알고 있었다. 그녀의 브라우저가 작동하고 동일한 애플리케이션이 데이터베이스를 읽고 두 장이 이용 가능하다는 것을 발견한다(안드레아가 아직 체크아웃을 하지 않았기 때문에). 그는 두 장을 카트에 담고 체크아웃을 한다. 우리는 무엇이 문제인지 정확하게 발견한다. 안드레아와 제프리는 2개 모두를 구매할 수 있었고 체크아웃을 했다. 둘 중에 한 사람은 실망하게 될 것이다.

이러한 문제를 **갱신 실패 문제**(lost-update problem)라고 하며, 다수 사용자 데이터베이스 처리의 특수 상황의 한 예이다. 이러한 문제를 방지하기 위하여 몇 가지 유형의 잠금방식을 사용하여 공동으로 사용하는 데이터베이스를 적절하게 제어한다. 한 사람이 해당 데이터베이스를 이용할 경우, 다른 사람은 해당 데이터베이스를 갱신할 수 없도록 잠금으로 전환한다. 그러나 잠금방식 그 자체가 또 다른 문제를 야기시킬 수 있다. 우리는 이 문제에 대하여는 더 이상 언급하지 않는다.

여러분이 업무활동을 관리할 때 다수의 사용자가 데이터베이스를 공동으로 사용하는 환경에서 데이터 충돌의 가능성이 있음을 인지하고 있길 바란다. 만약 원인을 알 수 없는 문제가 발생할 경우 여러분은 다수 사용자 데이터의 충돌을 경험하게 될 것이다. 이 경우 IS 부서의 도움을 요청하여 해결한다.

Q5 팔콘시큐리티는 데이터베이스 시스템을 통해서 어떻게 이득을 얻는가?

팔콘시큐리티는 동영상의 특징을 조회하여 비디오를 탐색할 수 있기를 원한다. 예를 들어 "베레스 포드 빌딩을 2015년 10월, 3,000피트 이하에서 촬영한 동영상은 어느 것인가?"와 같은 질문에 대한 답변을 원한다. 그리고 수시로 팔콘 직원은 향후 활용을 위해 비디오 분석 의견을 기록하기 원한다.

팔콘은 두 가지 데이터베이스 아키텍처 중에 하나를 선택할 수 있다. 하나는 비디오 단서를 파일 서버에 저장하고 쿼리가 가능하도록 관계형 데이터베이스에 각 비디오에 대한 테그를 부여하는 것이다. 그 메타데이터는 비디오 단서에 대한 파일 서버의 주소를 보관한다. 반면 팔콘은 **몬고 DB**(MongoDB)와 같은 새로운 NoSQL DBMS 중의 하나를 활용할 수 있다. 몬고DB는 오픈소스 문서 기반 DBMS로서 동일한 데이터베이스에 비디오 단서를 메타데이터로서 저장할 수 있다(Q6 참조).

사토 토시오는 두 가지 대안을 조사한 후 결과를 캠 포르셋과 의논한다. 그들은 둘 다 몬고DB의 활용 가능성에 흥미를 느끼지만, 부분적으로 그들의 관심은 새로운 것을 배우려는 열망이라는 것을 알고 있다. 그들은 제품이 잘 작동할지 모른다. 몬고DB 쿼리기능이 얼마나 강력한지 알아야 한다.

한편 메타데이터를 저장할 간단한 액세스 데이터베이스를 쉽게 만들 수 있다. 메타데이터에서 비디오에 대한 파일 서버 내의 위치 URL을 저장할 수 있다(예 : https://abc.Falcon.com/Video1). 이 방법으로 액세스를 사용하여 데이터를 저장한 다음 액세스 그래픽 쿼리 기능을 사용하여 데이터를 쿼리할 수 있다. 액세스는 네이티브 SQL을 처리할 수도 있기 때문에 필요할 경우 가장 복잡한 쿼리 작업에 사용할 수 있다. 토시오와 캠은 최종적으로 액세스를 사용하여 메타 데이터를 저장하기로 결정했다. 두 사람은 알려진 기술을 사용하는 이러한 접근이 덜 위험하다는 것을 알고 있기 때문이다. 또한 두 사람 모두 액세스 사용에 능숙하며 위험 부담 없이 신속하게 데이터베이스 및 애플리케이션 프로그램을 개발할 수 있다. 토시오와 캠은 이것에 대한 짤막한 추천서를 작성한 후 이를 승인할 마테오에게 제출한다.

Q6 비관계형 DBMS 제품이란 무엇인가?

관계형 모델은 30년 이상 데이터베이스를 처리하는 하나의 표준 방식이었다. 그러나 최근에는 변화가 시작되었다. 이유 중 하나는 1960년대 말기와 1970년대 초기에는 저장공간 제약과 처리 속도의 제약으로 생긴 관계형 모델의 주요 원칙(고정크기의 테이블, 외부키에 의한 관계표현, 그리고 정규화 이론)때문이다.[3] 1990년대 중반의 어느 시점부터 이러한 제약조건은 향상된 저장 및 처리 기술로 사라졌으며 지금은 존재하지 않는다. 즉 지금은 관계형 모델이 필요 없다.

또한 관계형 모델은 비즈니스 문서와 잘 맞지 않았다. 예를 들어, 사용자는 판매 주문을 저장하려 한다고 가정하자. 정규화를 통해 판매 주문을 분해하여 데이터를 별도의 테이블에 저장하기를 원하지 않는다. 자동차를 주차장에 입고 후 관리인에게 차를 조각으로 나누어서 보관한 후 출고 때 조각을 다시 조립하는 것과 같다. 왜 그래야만 했을까? 주차 관리의 효율성과 편의성을 위해서이다. 따라서 관계형 모델의 존재에 대한 주된 이유는 사라지고 정규화를 통한 문서 작성은 더 이상 필요하지 않다. 그러므로 관계형 모델의 존재를 위한 주요 이유는 사라지고, 정규화를 통한 서류 분리작업은 더 이상 필요하지 않다.

새로운 데이터 유형을 다르게 저장해야 한다

새로운 스타일의 데이터베이스 처리가 등장하는 데는 몇 가지 이유가 있다. 하나는 팔콘시큐리티와 같이 수많은 조직에서 이미지, 오디오 및 비디오와 같은 새로운 유형의 데이터를 저장하려고 하기 때문이다. 이러한 파일은 큰 사이즈이며 관계형 구조에 적합하지 않다. Q5에서 학습했듯이 그러한 파일들의 수집은 여전히 메타 데이터를 필요로 한다. 언제, 어디서, 어떻게 그리고 어떤 목적으로 파일이 존재하는지를 기록하기 위해 그러한 데이터가 필요하지만 메타 데이터를 얻기 위해 관계형 데이터베이스에 파일을 저장할 필요는 없다.

또한 많은 인터넷 애플리케이션 프로그램은 전통적인 응용 프로그램보다 훨씬 간단한 데이터에 대해 훨씬 더 많은 트랜잭션을 처리한다. 트위터는 캔우드 트럭의 구성과 비교할 때 가벼운 데이터 구조를 가지고 있지만, 트럭 구성보다 더 많은 사연(트윗)이 있다.

더욱 중요한 것은 전통적인 관계형 DBMS 제품이 ACID(atomic, consistent, isolated, durable) 트랜잭션을 지원하기 위해 많은 코드와 처리 능력을 사용한다는 것이다. 핵심이 되는 머리글자는 다음과 같은 의미를 가진다. 모든 트랜잭션이 처리되거나 하나도 처리되지 않았거나(원자 단위), 트랜잭션이 단독으로 처리되거나 수백만 개의 다른 트랜잭션이 존재할 때(격리된 경우), 동일한 방식으로 처리되며(일관성 있음), 일단 거래가 저장되면 결코 실패하지 않는다(내구성 있음).

ACID 거래는 전통적인 상업용 애플리케이션에서 중요하다. 기계 고장이 발생하더라도 뱅가드 투자회사는 거래의 매도 및 매수 측면을 모두 처리해야 한다. 즉 거래의 일부만 처리할 수 없다. 또한 오늘 저장하는 항목은 내일도 저장해야 한다. 그러나 많은 새로운 인터넷 응용 프로그램에는 ACID가 필요하지 않다. 100만 분의 1의 확률이지만 여러분 트윗의 절반만 저장되면 어찌할 것인가? 또는 오늘은 저장되지만 내일 사라진다면?

많은 서버를 이용한 신속한 처리 필요

비관계형 데이터베이스의 개발이 필요한 다른 이유는 많은 서버를 통한 빠른 성능을 확보할 필요가 있어서이다. 몇 년 전 아마존은 관계형 데이터베이스 기술이 자신들의 처리 방식과 맞지 않다고 하며 **다이나모**(Dynamo)라고 하는 비관계형 데이터 스토어를 개발하였다.[4] 같은 이유로 구글은 **빅테이블**(Bigtable)이라 비관계형 데이터 스토어를 개발했다.[5] 페이스북은 이 두 시스템의 개념을 모두 이용하여 **카산드라**(Cassandra)라는 비관계형 데이터 스토어를 개발했다.[6] 2008년 페이스북은 카산드라를 오픈소스 커뮤니티로 전환하여, 지금은 아파치가 오픈소스 프로젝트 존경의 대상인 최상위 프로젝트(TLP)가 되었다.

비전통적 DBMS 유형

이러한 새로운 요구사항으로 인해 DBMS의 세 가지 새로운 유형이 생겼다.

1. NoSQL DBMS. 이 약어는 잘못된 것이다. 정확하게는 정규형 아닌(NotRelational) DBMS가 되어야 한다. ACID 트랜잭션 처리 없이 클라우드의 많은 서버에서 복제되는, 비교적 단순한 데이터 구조를 처리하는 매우 높은 처리 성능을 가진 새로운 DBMS 제품이다. 몬고DB, 카산드라, 빅테이블 및 다이나모가 NoSQL 제품이다.
2. NewSQL DBMS. 이러한 DBMS 제품은 NoSQL DBMS와 같이 매우 높은 수준의 트랜잭션을 처리하지만 ACID 지원을 제공한다. 관계형 모델을 지원할 수도 있고 지원하지 않을 수도 있다. 이러한 제품은 거의 매일 새로운 벤더가 출현하면서 개발이 거듭되고 있다. 주요 제품은 아직 알려지지 않았다.
3. **메모리 내** DBMS(in-memory DBMS). 이 분류는 주 메모리에서 데이터베이스를 처리하는 DBMS 제품을 말한다. 이 기술은 현재 컴퓨터 기억 장치 용량이 커서 한번에 전체 데이터베이스를 저장할 수 있기 때문에 가능하게 되었다. 보통 이러한 제품은 관계형 모델을 지원하거나 확장한다. SAP HANA는 복잡한 관계형 쿼리 처리와 동시에 대용량 ACID 트랜잭션 지원을 제공하는 메모리 내 DBMS가 있는 컴퓨터이다. 타블로 소프트웨어가 발표하는 제품은 SQL 확장을 사용하는 메모리 내 DBMS를 탑재하고 있다.

이러한 새로운 제품이 관계형 DBMS를 대체할 것인가?

신제품의 출현은 관계형 데이터베이스의 퇴출을 의미할까? 관계형 데이터 구조에 대해 SQL 문을 처리하는 수백만 줄의 애플리케이션 프로그램 코드를 사용하여 수천 개의 전통적인 관계형 데이터베이스를 만들었기 때문에 쉽게 퇴출하지 못할 것으로 보인다. 조직은 데이터베이스와 코드를 다른 것으로 변환하는 데 드는 비용과 노력을 감당해야 한다. 또한 관계형 모델을 고집하는 과거 기술 전문가들 사이의 강한 사회적 추세가 있다. 그러나 이러한 신제품은 관계형 기술이 수십 년 동안 누려왔던 요새를 허물게 될 것이며 장차 수많은 NoSQL, NewSQL 및 메모리 내장 데이터베이스가 시장에 존재할 것이다.

또한 오라클, 마이크로소프트, IBM과 같은 기존 DBMS 벤더들은 주도하지 못할 것이다. 상당한 자금력과 고도로 숙련된 개발자를 통해 DBMS의 새로운 분류의 기능을 기존 제품이나 새로운 제품에 통합할 수 있다. 특히 NewSQL 벤처기업 인수가 이루어질 가능성이 높다.

제3장의 단어를 사용하자면 20년이 넘는 기간 동안 처음으로 데이터베이스 소프트웨어 시장이 새로운 진입을 경험하였다. 따라서 마이크로소프트와 오라클 및 다른 DBMS 공급업체는 비전통적인 제품 및 공급 업체 시장에서 손실을 보게 될까? 아니면 IBM의 길을 따를까? 소프트웨어 공급업체의 수가 줄수록 카산드라와 같은 오픈소스 소프트웨어를 지원하는 서비스 공급업체가 많아질까? 아니면 오라클과 같이 현금이 풍부한 회사가 새로운 회사 중 하나를 삼키는 현상을 보게

될까? 지금쯤 그러한 일이 사실이 될 수도 있다.

비관계형 DBMS는 여러분에게 어떤 의미를 가지는가?

여러분이 입사하게 될 즈음이면 아마존, 구글, 페이스북 등의 최첨단 회사를 비롯하여 많은 기존 기업들이 비전통 데이터베이스를 개발할 것이다. 그렇다면 직장인에게는 어떤 의미를 가지는가? 첫째, 데이터베이스에 대한 지식이 유용할 것이다. 이 분야의 발전에 낙오되지 않아야 한다. 여러분이 팔콘의 신입사원이고 토시오와 오늘 회의에 참석하여 "몬고DB를 사용하여 비디오를 저장하는 것에 대해 생각해보셨습니까?"라고 말하면 여러분은 곧바로 관심과 존경을 받게 될 것이다. 팔콘의 주요 사용자위원회(또는 팔콘의 모든 위원회)에서 자신을 발견하게 될 것이며, 경력관리에서 좋은 기회가 될 것이다. 또한 투자자 관점에서 비관계형 DBMS 제품 개발을 주시해야 한다. 그러한 제품이 모두 오픈소스가 되는 것은 아니다. 비록 그들이 존재하더라도 새로운 제품이나 서비스를 제공하는 회사가 있을 것이며, 그러한 회사는 좋은 투자 기회가 될 수 있다.

주전공 또는 제2전공으로 IS에 관심이 있다면 이러한 제품에 관심을 가져야 한다. 관계형 모델과 관계형 데이터베이스의 처리를 계속 배워야 한다. 아직도 여전히 업계의 빵과 버터가 될 것이다. 그러나 비관계형 데이터베이스 분야에서도 흥미진진한 새로운 기회와 경력 경로가 보일 것이다. 이 부분에 대해서도 학습하고 사용함으로써 취업을 위한 면접에서 경쟁우위를 가지게 될 것이다. 흥미롭고 유망한 개발이 많이 진행 중이다!

이 장에서의 **지식**이 **여러분**에게 어떻게 **도움**이 되는가?

여러분은 이제 데이터베이스의 목적을 이해하고 데이터베이스가 처리되는 방식을 소개할 수 있게 되었다. 비전통적 DBMS의 새로운 분류도 알고 있다. 이 지식은 여러분의 회사가 팔콘시큐리티와 같이 필요할 때 효과적인 팀 구성을 할 수 있도록 도와줄 것이다.

윤리문제

불평등 쿼리?

메리언 베이커는 다국적 대기업에서 인간관계에 대한 데이터 분석가로 일한다. 회사는 보상 프로그램의 일환으로 직무를 직급별로 분류하고 직급별로 급여를 차등화한다. 예를 들어 직급 M1은 일급 관리자이며 75,000~95,000달러의 급여 범위가 지정된다. 모든 직무기술은 해당 직무 수행에 필요한 지식과 기술에 따라 직급을 맡는다. 따라서 고객지원 담당 직책, 기술담당 관리자 및 제품품질 보증 관리자는 모두 거의 동일한 수준의 경영 전문지식을 보유하고 있으며 모두 M1 직급에 배정된다. 메리언의 직무 중 하나는 회사 급여 데이터를 분석하고 실제 급여가 설정된 범위에 얼마나 잘 부합하는지 판단하는 것이다. 불일치가 발견되면 인간관계 관리자는 다음 중에서 어떻게 할지 판단한다.

- 직급의 급여 범위를 조정
- 직무를 다른 직급으로 이동
- 새로운 직무를 정의 또는
- 직원의 보상을 결정할 때 급여 범위의 사용 불일치가 있다는 것을 직원관리자에게 통보

메리언은 데이터베이스 쿼리를 만드는 전문가이다. 처음에는 마이크로소프트 액세스를 사용하여 보고서를 작성했지만, 그녀가 필요한 급여 데이터는 회사의 오라클 데이터베이스에 있다. 처음에는 IS 부서에 특정 데이터를 추출하여 액세스로 옮겨줄 것을 부탁했지만, 시간이 지남에 따라 운영 중인 오라클 데이터베이스에서 모든 직원 데이터를 HR 데이터 분석용으로 작성된 다른 오라클 데이터베이스로 옮겨달라고 요청하는 것이 더 빠르다는 것을 알았다. 오라클은 액세스처럼 그래픽 쿼리 인터페이스를 제공하지만 복잡한 쿼리는 SQL로 직접 작성하는 것이 더 쉽다는 것을 알고 SQL을 배웠고, 몇 달만에 SQL 전문가가 되었다.

"내가 이 일을 할줄은 꿈에도 몰랐다."고 하면서, "그러나 퍼즐을 푸는 것같이 재미가 있고, 확실히 잘해내고 있다."고 말했다.

어느 날 휴식을 끝낸 메리언은 컴퓨터에 로그인하여 자리를 비우기 직전에 실행해두었던 쿼리의 결과를 확인하였다. 이상하다고 생각하였다. "히스패닉 성을 가진 모든 사람들은 다른 사람들보다 성과급이 적네." 그녀는 그 패턴을 조사하지 않았었다. 그런데 지금 보고 있는 화면에서 그러한 일이 일어났다.

데이터를 조사하면서 일시적인 것인지 아니면 회사 내 차별적인 패턴이 있는지 궁금해지기 시작했다. 불행히도 회사의 데이터베이스에는 직원 인종을 분류하고 있지 않았기 때문에 메리언은 성씨에 대한 기록을 확인하는 것 외에 히스패닉계 직원을 쉽게 찾을 수 있는 방법이 없었다. 그러나 이 문제는 숙련된 문제해결사인 메리언의 앞을 막지는 못했다. 그녀는 히스패닉계 직원들이 텍사스, 뉴멕시코, 애리조나 및 캘리포니아와 같은 특정 도시에서 태어난 것을 알게 되었다. 물론 모든 직원에 해당되는 것은 아니었다. 히스패닉계가 아닌 직원들도 그 도시 출생이며 많은 히스패닉 직원이 다른 도시 출생이었다. 그러나 메리언이 쿼리를 통해 얻은 이 데이터는 히스패닉계 성을 가진 직원 중 그 도시 출생 비율이 매우 높다는 것을 보여주고 있기 때문에 여전히 유용했다. "좋아." 그녀는 생각했다. "나는 그 도시들을 잠정적 후보로 사용할 거야."

출생 도시를 쿼리 기준으로 사용하여 메리언은 선택한 도시에서 태어난 직원이 해당 도시에서 태어나지 않은 직원보다 평균 23%가 적다는 쿼리를 완성했다. "음, 저임금 일자리에서 근무하기 때문일 수 있다." 메리언은 조금 더 생각한 후에 직무 분류에서 임금과 성과급을 조사하였다. 그녀는 "그 도시에서 태어난 사람들은 어떤 직무 분류에 속하는 것일까?"라고 궁금했다. 그래서 특정 도시 내에서 태어난 사람들에 대한 직무 분류가 어디인지 알기 위해서 SQL을 작성했다. "와우! 그 도시에서 태어난 직원의 약 80%가 급여 범위의 아래쪽에 떨어져 있네."

메리언은 그다음 날 매니저와 약속을 잡았다.

토의문제

여러분이 메리언이라고 가정하고 다음 질문에 답하라.

1. 이러한 쿼리 결과에 대해 윤리적 책임이 있는가? 정언 명령(20~21쪽)과 공리주의(46~47쪽) 관점 모두를 고려하라.
2. 이러한 쿼리 결과에 대해 개인이나 사회적 책임을 가지는가?
3. 매니저가 "당신은 아무것도 모릅니다. 그 도시에서 급여가 낮을 수도 있습니다. 잊어버리세요."라고 한다면 어떻게 대응할 것인가?
4. 매니저가 "문제가 되는 사람이 되지 마세요. 이 문제를 해결하려고 하면 당신 신상에 불리합니다."라고 한다면 어떻게 대응할 것인가?
5. 매니저가 "그래요. 우리는 이미 그것을 알고 있습니다. 당신 할 일이나 하세요."라고 한다면 어떻게 대응할 것인가?
6. 매니저가 보다 정확한 분석을 위해 자금을 지원하고, 실제로 히스패닉계인 사람들에게 낮은 임금지불 패턴이 있다고 가정해보자. 회사는 무엇을 해야 하는가? 다음 중에서 선택하라.
   a. 즉시 불균형을 수정한다.
   b. 점진적으로 임금 인상을 함으로써 불균형을 바로잡는다.
   c. 불균형에 대해서는 아무것도 하지 않고 향후에는 차별하지 않도록 관리자를 교육한다.
   d. 아무것도 하지 않는다.
7. 더 정확한 분석을 위해 임시직을 고용했는데 그 직원이 그 결과에 대해 매우 격분하여 관련된 모든 도시의 신문사에 차별 대우를 알린다고 가정해보자.
   a. 회사는 어떻게 대응해야 하는가?
   b. 여러분은 어떻게 대응해야 하는가?
8. "답을 원하지 않는 질문은 절대로 하지 마십시오."라는 격언에 대하여 생각해보자.
   a. 그 격언을 윤리적으로 지지하는가? 정언 명령과 공리주의 관점에서 판단하라.
   b. 그 격언에 대하여 사회적 책임을 지고 있는가?
   c. 그 격언은 메리언의 입장인 여러분에게 어떤 관련이 있는가?
   d. 그 격언은 미래의 사업 전문가로서 여러분에게 어떤 관련이 있는가?
   e. 직원 성과급과 연관하여 그 격언은 회사와 어떤 관련이 있는가?

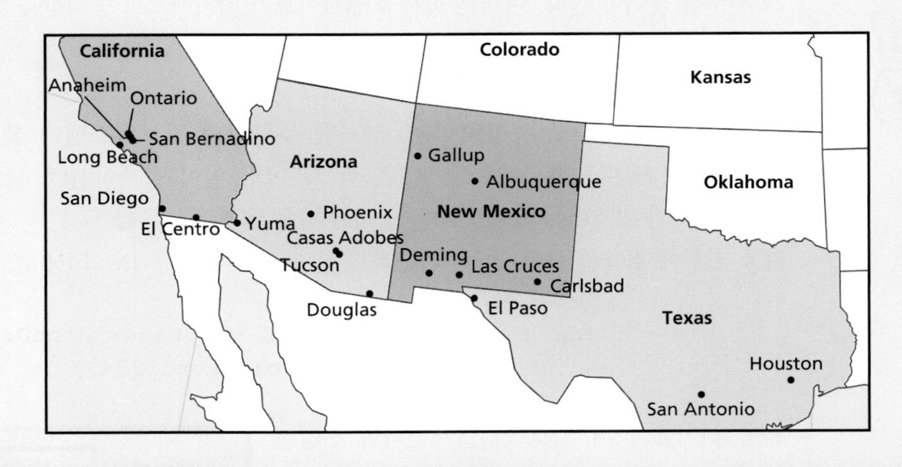

SQL을 이용한 절도

** 경고 ** *SQL* 주입이라는 정보시스템을 손상시키는 기술을 배우려 한다. 기존 시스템에서 사용하지 않도록 유의하라. SQL 주입 공격은 IP 주소가 첨부된 로그 항목을 남긴다. 허가 없이 시스템에 SQL 주입을 시도하는 것은 불법이다. 여러분은 식별, 추적 및 비용청구를 받을 수 있다. 해킹은 이력서에 한 줄을 생성하는 것이 아니다.

SQL 주입은 세계 도처에 사용할 수 있기 때문에 데이터를 훔칠 수 있는 보편적 방법이다. 해당 국가에 실제 입국할 필요도 없다. 시간을 투자할 몇 명의 똑똑한 사람과 두 대의 최신 컴퓨터만 있으면 된다. 범죄의 관점에서 보면 이 방법은 적은 위험과 높은 보상을 기대할 수 있는 제안이다.

SQL 주입은 데이터베이스에서 불법적으로 데이터를 추출하기 위하여 정보시스템을 공격하는 것이다. 정보시스템에서 데이터를 추가, 삭제, 테이블과 데이터를 누락하거나 심지어는 정보시스템을 강제로 중단시킬 수 있다. 그리고 세계 어디에서나 가능하기 때문에 러시아, 중국, 북한 등 범죄자를 인도하지 않는 국가로부터 범죄자를 데려올 수 있다.

범죄자들은 SQL에 의한 도둑질을 자주 시도하고 있다. 엔터프라이즈 데이터 보안회사인 임퍼바®는 2013 임퍼바 웹 애플리케이션 공격 보고서에 다음과 같은 주요 결과물을 열거하고 있다.[7]

1. 소매업자는 다른 산업과 비교하여 SQL 주입 공격에 2배 많은 고통을 겪는다.
2. 대부분의 웹 애플리케이션은 매달 네 번 이상의 웹 공격 캠페인을 받으며, 일부는 지속적으로 공격받고 있다(180일 중에 176일).
3. 한 웹사이트에서 하루에 94,057회의 SQL 인젝션을 받았다.

그 횟수를 줄여야 한다. 여러분 회사의 웹사이트가 정기적으로 공격받을 가능성이 있다.

SQL 주입은 어떻게 동작하는가?

SQL 주입은 말 그대로 자신의 SQL 코드를 누군가의 정보시스템에 삽입하는 방법이다. 이해를 위해 여러분이 웹사이트에 로그인할 때 어떤 일이 발생하는지 살펴보자. 사용자 이름(JohnDoe001)과 암호(password1234)를 입력한 다음 엔터를 누른다.

SQL 삽입에 취약한 사이트에서 다음과 같은 SQL문이 웹사이트의 DBMS로 전송된다.

```
SELECT * FROM Users WHERE username='JohnDoe001'
    AND password='password1234';
```

Username:	JohnDoe001
Password:	password1234

사용자 이름과 패스워드가 일치한다면 진입이 가능하다. 여러분이 웹 폼에 기대하지 못한 텍스트를 입력할 때 SQL 주입의 '주입' 부분이 나타난다. SQL문 처리 방식을 변경하는 로그인 양식에 텍스트를 입력한다.

실제 사용자 이름과 암호를 입력하지 말고 무작위 사용자 이름(여기에서는 JohnDoe001을 사용)과 형식이 잘못되었지만 암호필드(anything′or 1 = 1 --)를 입력한다.

암호의 작은 따옴표(′)는 anything이라는 단어에 포함하고 1 = 1이 포함되도록 SQL문을 변경한다. 이중 하이픈(--)은 나머지 SQL문을 나타내며 이 악용방지를 위해 표시하지 않는다.

```
    SELECT * FROM Users WHERE username='JohnDoe001'
AND password='anything' or 1=1 --';
```

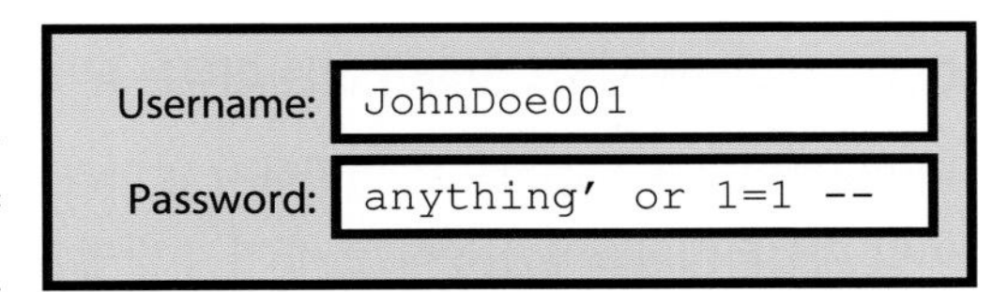

'anything'이라는 단어는 데이터베이스에서 올바른 암호는 아니지만 'or 1 = 1'이 포함되었기 때문에 결과 비교는 항상 '참'이 된다. 이는 1 = 1이 참이고 'or'가 포함되면 한쪽만 참이면 된다. 이 SQL문을 사용하면 로그인 화면을 생략하고 시스템에 접속할 수 있다. 비슷한 방식으로 잘못된 형식의 SQL문을 사용하여 데이터를 추출, 추가 또는 삭제할 수 있다. SQL 주입 프로세스를 자동화하는 소프트웨어도 있다.

SQL 주입은 쉽게 막을 수 있다. 관련된 기술은 이 책의 범위를 벗어나므로 사용자가 입력한 데이터를 SQL문에 추가하는 컴퓨터 프로그램은 작성하지 않는다. 대신 사용자의 데이터는 DBMS가 제어하는 프로그램에 전달되어 해당 사용자가 입력한 데이터를 검사한 다음 SQL코드를 변경하지 않고 이를 사용한다.[8]

불행히도 모든 회사가 SQL 주입으로부터 자신을 보호하는 것은 아니다. 소니는 2011년에 SQL 주입 공격에 1억 개가 넘는 계정을 잃었다. 2014년에 핵 항공모함에 배치된 미국 해군 시스템 관리자 2명이 SQL 주입을 사용하여 220,000명 선원의 개인 데이터를 수집했다. 그들은 '심심해서' 했다고 말했다.

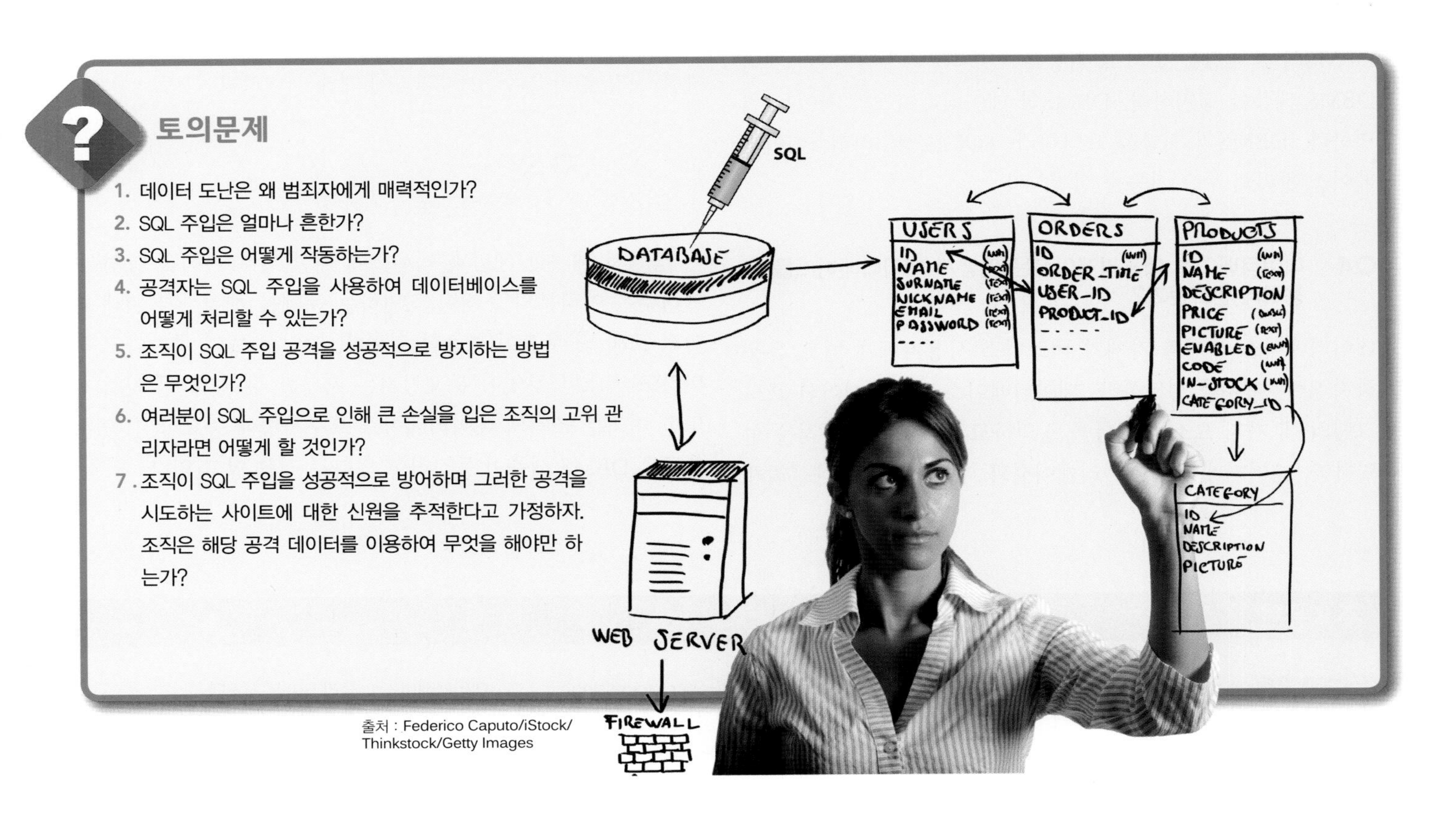

토의문제

1. 데이터 도난은 왜 범죄자에게 매력적인가?
2. SQL 주입은 얼마나 흔한가?
3. SQL 주입은 어떻게 작동하는가?
4. 공격자는 SQL 주입을 사용하여 데이터베이스를 어떻게 처리할 수 있는가?
5. 조직이 SQL 주입 공격을 성공적으로 방지하는 방법은 무엇인가?
6. 여러분이 SQL 주입으로 인해 큰 손실을 입은 조직의 고위 관리자라면 어떻게 할 것인가?
7. 조직이 SQL 주입을 성공적으로 방어하며 그러한 공격을 시도하는 사이트에 대한 신원을 추적한다고 가정하자. 조직은 해당 공격 데이터를 이용하여 무엇을 해야만 하는가?

출처 : Federico Caputo/iStock/Thinkstock/Getty Images

생생복습

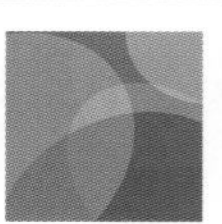

이 장에서 학습한 내용을 이해하였는지 점검해보자.

Q1 데이터베이스를 알아야 하는 이유는 무엇인가?

데이터베이스가 직접적으로 명확하지 않더라도 여러분이 매일 매일 데이터베이스에 접촉하는 세 가지 방법을 설명하라. 현업 전문가가 데이터베이스 기술을 배워야 하는 네 가지 이유를 요약하라.

Q2 데이터베이스란 무엇인가?

데이터베이스를 정의하라. 데이터의 계층과 데이터베이스의 세 가지 구성요소에 대하여 설명하라. 메타데이터를 정의하라. *Student*와 *Office_Visit* 테이블을 이용하여, 데이터베이스에서 로우 사이의 관계가 어떻게 표현되는지 보여라. 주키, 외래키 그리고 관계형 데이터베이스의 용어를 정의하라.

Q3 데이터베이스 관리시스템이란 무엇인가?

DBMS의 풀네임을 말하고 기능을 설명하라. 잘나가는 5개의 DBMS 제품을 열거하라. DBMS와 데이터베이스의 차이를 설명하라. DBMS의 기능을 요약하라. *SQL*을 정의하라. 데이터베이스 관리의 주요 기능을 설명하라.

Q4 데이터베이스 애플리케이션은 어떻게 데이터베이스를 유용하게 만드는가?

데이터베이스 테이블 자체가 비즈니스 사용자에게 별로 유용하지 않은 이유를 설명하라. 데이터베이스 애플리케이션 프로그램의 네 가지 요소의 이름을 정의하고, 각 요소의 목적을 설명하라. 데이터베이스 애플리케이션과 데이터베이스 애플리케이션 프로그램의 차이점을 설명하라. 전통 데이터베이스 애플리케이션의 특성을 설명하라. 브라우저 기반 애플리케이션 프로그램이 전통 애플리케이션보다 나은 이유를 설명하라. 브라우저 기반 애플리케이션을 지원하는 데 사용되는 주요 기술의 이름을 정의하라.

Q5 팔콘시큐리티는 데이터베이스 시스템을 통해서 어떻게 이득을 얻는가?

팔콘시큐리티에서 사용할 수 있는 두 가지 시스템 아키텍처 대안을 설명하라. 각각의 장점과 단점을 설명하라. 각자가 선택한 대안을 설명하고 선택한 이유를 설명하라.

Q6 비관계형 DBMS 제품이란 무엇인가?

NoSQL 데이터 저장소를 정의하고 세 가지 예시를 제시하라. NoSQL이 조직에서 어떻게 사용될 것인지 설명하고 마이크로소프트 액세스를 배우는 것이 왜 중요한지 설명하라. 이러한 시스템 개발의 특이점이 무엇인지 설명하라. NoSQL이 DBMS 제품 시장에 미칠 수 있는 결과에 대해 설명하라.

이 장에서의 지식이 여러분에게 어떻게 도움이 되는가?

이 장에서 제시한 개념과 액세스에 대한 일부 지식을 통하여, 여러분은 여러분의 조직이 직면하는 문제를 해결하기 위해 데이터 조회 및 추출이 가능할 것이다. 만약 그렇지 못한다고 하더라도 최소한 무엇이 문제인지는 지적할 수 있게 될 것이다. 또한 여러분 조직의 데이터베이스 요구사항에 중요할 수 있는 새로운 DBMS 제품이 등장하고 있다는 것을 알고 있다.

주요용어

갱신 실패 문제(lost-update problem)
관계(relation)
관계형 데이터베이스(relationship database)
구조화된 질의 언어(SQL)
그래픽 쿼리(graphical query)
다수 사용자 프로세싱(multi-user processing)
데이터베이스(database)
데이터베이스 관리(database administration)
데이터베이스 관리시스템(DBMS)
데이터베이스 애플리케이션(database application)
데이터베이스 애플리케이션 시스템 (database application system)
레코드(record)
로우(row)
다이나모(Dynamo)

메모리 내 DBMS(in-memory DBMS)
메타데이터(metadata)
바이트(byte)
보고서(report)
빅테이블(bigtable)
액세스(Access)
오라클 데이터베이스(Oracle Database)
외래키(foreign key)
주키(primary key)
카산드라(Cassandra)
컬럼(column)
쿼리(query)
키(key)
테이블(table)
파일(file)
폼(form)
필드(field)
파일(file)
ACID
DB2
NewSQL DBMS
NoSQL DBMS
SQL 서버
MySQL

학습내용 점검

1. 여러분이 전기회사 고객을 위한 마케팅 지원 팀의 팀원이며, 무역박람회에서 회사의 부스 설치를 책임지고 있다고 가정하자. 박람회가 개최되기까지는 몇 주의 시간이 있다. 여러분은 마케팅 관리자와 만나서 그들이 전시를 원하는 것이 무엇이며 전시를 위해 필요한 장비는 무엇인지 결정하게 될 것이다. 그런 다음 여러분은 박람회가 있을 지역으로 보내야 할 품목과 언제 보내야 할지를 확정한다. 여러분은 컨벤션 인력을 총괄 지휘하여 부스와 장비를 설치한다. 박람회가 종료되면 부스와 모든 장비를 포장하고 본사로 다시 실어서 보내는 것에 대한 총괄책임을 진다. 장비가 도착하면 자재창고에서 부스 설치에 사용했던 모든 품목을 확인하고 정확하게 회수했는지 점검한다. 만약 운송상의 파손이나 분실 문제가 발생되면 여러분이 처리해야 한다. 여러분의 일은 중요하다. 통상적인 박람회를 가정할 경우 여러분은 2억 5,000만 원을 호가하는 장비들을 책임지게 된다.
   a. 여러분은 부스 부품, 장비, 선적하는 사람, 선적회사에 대한 데이터 추적이 필요할 것이다. 각 데이터 유형에 필요한 필드를 열거하라.
   b. 이러한 데이터의 추적을 위해서 스프레드시트를 사용할 수 있는가? 그러할 경우의 장점과 단점은 무엇인가?
   c. 질문에 대한 답을 기반으로 여러분이 추적 관리해야 할 두 가지 데이터 간 관계에 대한 보기를 제시하라. 각각의 키와 외래키를 정의하라.
   d. 여러분의 데이터베이스에는 어떠한 데이터베이스 애플리케이션이 필요한지 데이터 입력 폼, 보고서, 쿼리, 또는 애플리케이션 프로그램 중에서 선택하라. 그렇게 선택한 이유는 무엇인가?
   e. 여러분의 애플리케이션은 단일 사용자용인가 아니면 다수 사용자용인가? 개인용 DBMS와 전사용 DBMS 중에서 필요한 것은 무엇인가? 만약 개인용이라면 어떤 제품을 사용할 것인가?

2. 사만다 그린(제3장, 79쪽에서 만났던 그 사만다가 맞다)은 트윅스 조경 서비스(목재 및 정원관리)를 소유 및 운영한다. 그녀는 산림학 학위를 취득하였으며 최근에 미주리 세인트루이스에서 사업을 시작하였다. 그녀의 사업은 일회성 작업(예 : 나무나 잡목의 제거)이 많으며, 반복적(예 : 2~3년에 한 번씩 고객 나무 잘라주기)이다. 일이 한가할 때 사만다는 기존 고객들에게 전화를 걸어 나무를 관리할 때가 되었다는 점을 알려준다.
   a. 사만다의 사업을 위해서 필요한 데이터 테이블의 이름을 적고 설명하라. 각 테이블에 예상되는 필드를 표기하라.
   b. 사만다는 스프레드시트를 사용하여 데이터를 관리할 수 있을까? 그러할 경우의 장점과 단점은 무엇인가?
   c. 질문에 대한 답을 기반으로 여러분이 추적 관리해야 할 두 가지 데이터 간의 관계에 대한 보기를 제시하라. 각각의 키와 외래키를 정의하라.
   d. 여러분의 데이터베이스에는 어떠한 데이터베이스 애플리케이션이 필요한지 데이터 입력 폼, 보고서, 쿼리, 또는 애플리케이션 프로그램 중에서 선택하라. 그렇게 선택한 이유는 무엇인가?
   e. 여러분의 애플리케이션은 단일 사용자용인가 아니면 다수 사용자용인가? 개인용 DBMS와 전사용 DBMS 중에서 필요한 것은 무엇인가? 만약 개인용이라면 어떤 제품을 사용할 것인가?

3. 유어파이어는 커트와 줄리 로버트가 운영하는 자그마한 사업장이다. 오스트레일리아의 브리즈번에 위치하고 있으며, 경량 캠핑 난로인 유어파이어를 만들어서 팔고 있다. 커트는 강한 바람에도 난로가 꺼지지 않는 노즐을 발명하는 항공우주 산업 엔지니어로서의 경력을 가지고 있다. 산업디자인 경험을 활용하여, 줄리는 난로를 작고 가볍고 설치가 쉬우며 견고하게 디자인했다. 커트와 줄리는 난로를 인터넷이

나 전화를 이용하여 고객에게 직접 판매하였다. 레크리에이션 목적으로 사용된 난로의 경우 5년 무상 보증하였다. 유어파이어는 모든 난로와 구입 고객들에 대한 추적관리를 원했다. 그들은 어떤 고객이 어떤 난로를 소유하고 있는지 알고자 하였다. 커트와 줄리는 수리에 대한 기록도 관리하기를 원했다.

a. 유어파이어가 필요하게 될 데이터 테이블의 이름을 적고 설명하라. 각 테이블에 예상되는 필드를 표기하라.
b. 유어파이어가 스프레드시트를 사용하여 자신의 데이터를 관리할 수 있을까? 그러할 경우의 장점과 단점은 무엇인가?
c. 질문에 대한 답을 기반으로 유어파이어가 추적 관리해야 할 두 가지 데이터 간의 관계에 대한 보기를 제시하라. 각각의 키와 외래키를 정의하라.
d. 여러분의 데이터베이스에는 어떠한 데이터베이스 애플리케이션이 필요한지 데이터 입력 폼, 보고서, 쿼리, 또는 애플리케이션 프로그램 중에서 선택하라. 그렇게 선택한 이유는 무엇인가?
e. 이 애플리케이션은 단일 사용자용인가 아니면 다수 사용자용인가? 유어파이어는 개인용 DBMS와 전사용 DBMS 중에서 어떤 것이 필요한가? 만약 전사용 DBMS라면, 무료 라이선스 조건으로 이용할 수 있는 제품은 무엇인가?

협력과제 5

팔콘시큐리티의 문제는 회사 내 소형 데이터베이스를 활용하는 좋은 사례이다. 여러분의 연습문제로도 적당하다. 그렇게 하기 위해 여러분의 팀과 협력하여 다음의 질문을 해결하라.

4. 엔티티와 그 관계를 이해하기 위해 그림 5-17을 학습하라. 이 모델에서 각각의 카디넬리티를 정의하라.
5. 팀과 협력하여 그림 5-17의 모든 엔티티를 함께 사용하는 일곱 가지 쿼리 목록을 작성하라.
6. 장비 엔티티와 관련된 연락처 엔티티를 포함하도록 그림 5-17의 E-R 모델을 수정하라. 관계를 만들고 관계의 카디널리티를 정의하고 점검하라.
7. 6번 질문에서 작성한 모델과 그림 5-17 모델의 장점과 단점에 대해 토론하라.
8. 그림 5-17의 데이터 모델을 관계형 데이터베이스 설계로 변환하라(힌트 : 각 엔티티에 대한 테이블을 만들고 이들 테이블을 연결한다).
9. 8번 질문의 디자인을 위한 액세스 데이터베이스를 작성하라.
10. 샘플 데이터로 데이터베이스를 채워라. 서버에 파일이 없으므로 URL열은 비워둔다.
11. 액세스 쿼리기능을 사용하여 5번 질문에서 생성한 일곱 가지 쿼리를 처리하라.

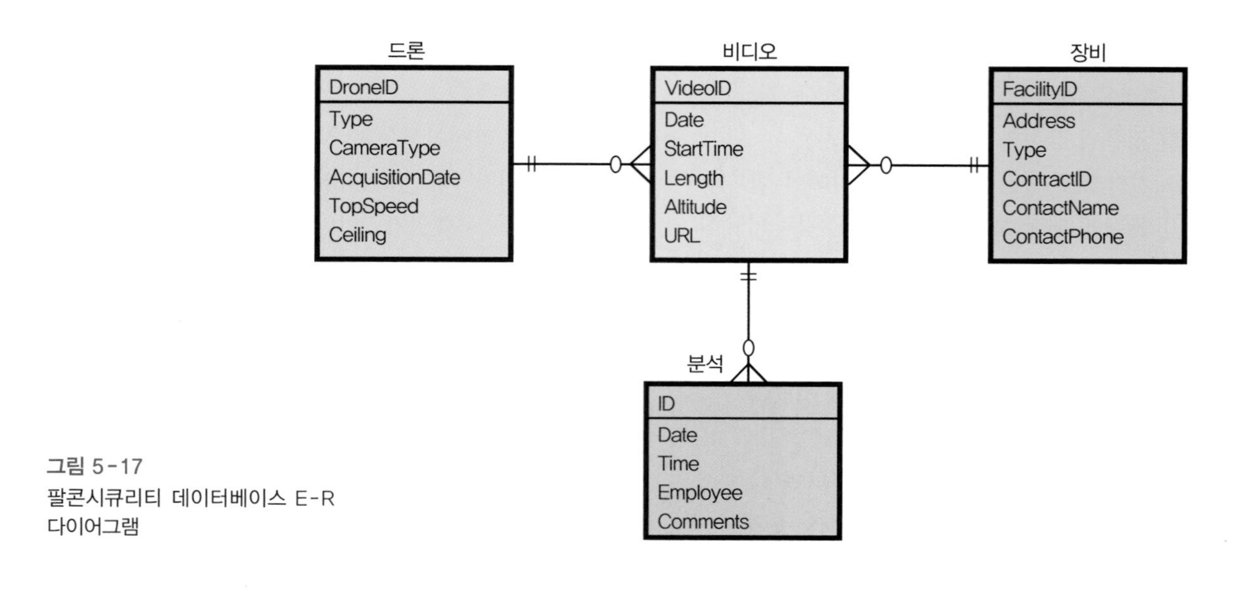

그림 5-17
팔콘시큐리티 데이터베이스 E-R 다이어그램

사례연구 5

피아노를 찾아서

그림 5-18
디아노 더 클라운
출처 : Dean Petrich

딘 페트리치는 1973년부터 피아노 수리 및 복원을 담당하는 공인된 피아노 조율사이자 기술자이다. 그는 또한 시애틀, 메트로 지역에서 어린이 파티를 진행하는 광대 연예인 디아노 더 클라운(Deano the Clown)의 경력도 있다(그림 5-18 참조, http://deanotheclown.com). 그의 두 사업의 일정은 잘 조정되어 있다. 늦은 봄, 여름, 가을에는 광대로 바쁘고, 나머지 계절은 피아노를 수리하고 복원한다.

지난 20년 동안 피아노에 대한 수요는 급격히 감소했다. 할머니가 죽거나 아이들이 이사를 하거나 어떤 사람은 삶에 변화가 있을 때 가족들은 피아노를 더 이상 사용하지 않으며, 시장이 없다는 것을 알게 되면 딘에게 전화를 한다. 딘은 값을 치루고 피아노를 가져온다. 몇 년 동안 딘은 그 피아노를 복구하고 재판매하거나 대여했다. 그러나 10년이 지난 후 피아노 수요의 감소는 그에게도 영향을 주었고, 시간이 흐름에 따라 너무 많은 피아노 재고를 가지게 되었다. 상태가 나쁜 것은 버리기도 했지만 현재 그는 100대의 피아노를 가지고 있다.

상상하는 것처럼 100대의 피아노는 상당한 공간이 필요하다. 처음에는 작업실에 보관했다. 그 이후에는 큰 금속 헛간을 만들어 보관했다(그림 5-19). 창고에 피아노가 넘치게 되자 그는 자신 소유의 풀밭에 플라스틱 텐트를 치고 피아노를 보관했다. 불행하게도 플라스틱 텐트는 찢겨지기 쉽다. 딘의 집은 태평양 북서부이기 때문에 많은 피아노들이 플라스틱 텐트 안에 플라스틱 방수 천으로 덮였어도 비로 인해 망가졌다.

2년 전 쌓여가는 피아노 재고를 정리하기 위하여 딘은 무료로 피아노를 나누어주기 시작했다. 최고의 피아노는 아니지만 팔고 싶지는 않았다. 많은 좋은 피아노를 무료로 주었다. 그러

그림 5-19
헛간의 피아노
출처 : David Kroenke

나 딘에게는 두 가지 문제가 있다. 첫째, 그는 어떤 피아노가 가장 좋고, 피아노가 작업실, 창고 또는 텐트에 어디에 있는지 알지 못한다. 둘째, 좋은 피아노를 찾기 위해 헛간과 천막에서 피아노의 꼭대기를 기어다니는 사람은 없다.

이 문제를 해결하기 위해 딘은 피아노라는 하나의 테이블을 가진 마이크로소프트의 액세스 데이터베이스를 만들었다. 데이터로 데이터베이스를 채우기 위해 딘은 먼저 모든 피아노의 목록을 작성하고 그림 5-21의 열에 표시된 데이터를 기록해야 했다.

여러분도 아는 것처럼 하나의 테이블을 가진 데이터베이스는 엑셀에 쉽게 저장될 수 있지만, 딘은 다양한 방식으로 데이터를 쿼리하기 때문에 액세스를 사용했다. 예를 들어, 그는 텐트에 있는 음질이 4 이상인 모든 피아노를 알고 싶었다. 또한 어떤 피아노가 음질이 1 이하인지 조회하여 버리길 원했다. 또한 고객들의 특별한 요구를 반영할 수 있다. 예를 들어 볼드윈 스피넷(피아노의 브랜드와 유형)을 원할 수도 있다. 데이터베이스에 없으면, 있는지 없는지, 어디에 있는지 알 수가 없다. 또는 키 탑 교체가 필요할 때, 작업실 내 아이보리 키와 음질 2 이하의 모든 피아노의 위치를 알고자 할 수 있다.

딘은 자신의 요구가 다변적이어서 액세스의 쿼리기능을 사용한다. 그림 5-22는 텐트에 있는 4보다 높은 음질의 피아노를 모두 반환하는 쿼리 예를 보여주며, 그림 5-23은 해당 쿼리의 결과를 보여준다. 딘은 또한 곳간이나 작업실보다 텐트에서 품질이 더 빨리 악화되는 것으로 의심한다. 확인을 위해서 그림 5-24와 같은 보고서를 작성했다.

그림 5-20
텐트의 피아노
출처 : David Kroenke

그림 5-21
피아노 테이블의 컬럼
출처 : Microsoft Corporation

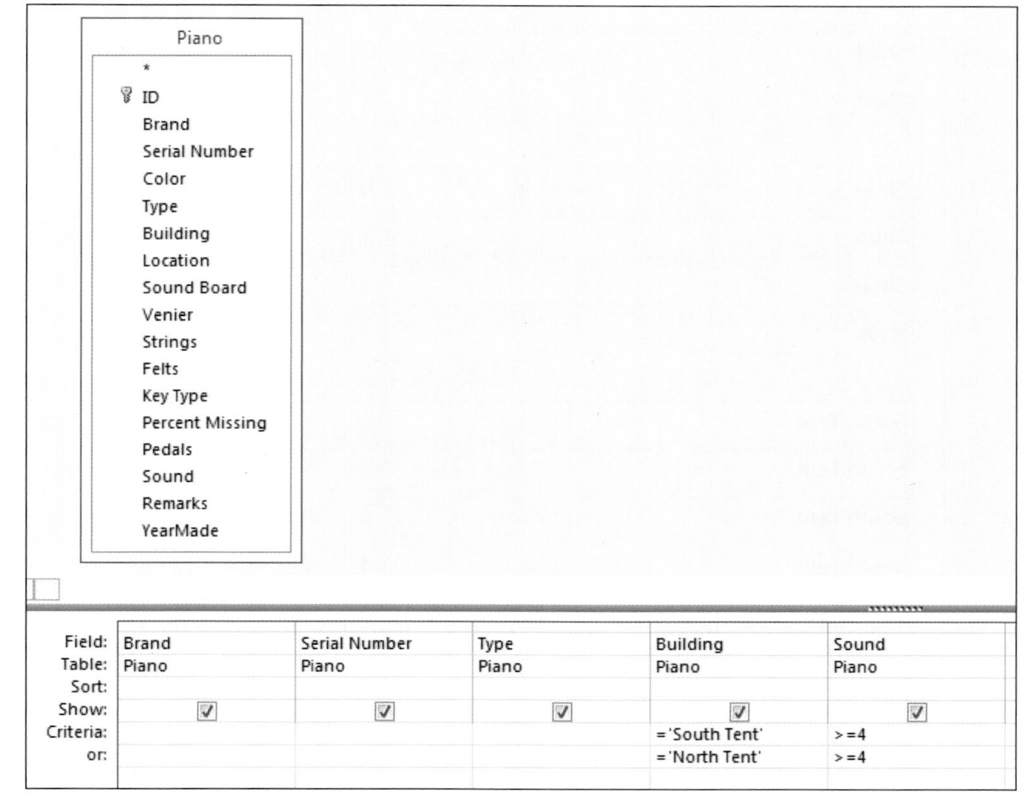

그림 5-22
액세스 쿼리 예제
출처 : Microsoft Corporation

그림 5-23
그림 5-22 쿼리의 결과
출처 : Microsoft Corporation

Brand	Serial Numb	Type	Building	Sound
Baldwin	70452	Spinet	South Tent	4
Esteu	20158	Upright	North Tent	4
H.G. Johnson	10749	Upright	North Tent	4
Winter ???	326493	Spinet	North Tent	4
Baldwin	637957	Spinet	North Tent	4
Briggs	80360	Upright	North Tent	4
Hobart Cable	77182	Upright	North Tent	4
Mehlin	28733	Upright	North Tent	4
Aeolian	182562	Spinet	North Tent	4
Farrand	27631	Upright	South Tent	4
Kurtzman	21398	Upright	South Tent	5
Mathushek	12963	Upright	South Tent	4

그림 5-24
건물별 피아노의 음질
출처 : Microsoft Corporation

Piano Sound Quality by Building

Building	Sound Quality	Number Pianos
North Tent	1	1
North Tent	3	3
North Tent	4	8
Shed	0	10
Shed	1	1
Shed	2	7
Shed	3	13
Shed	4	12
Shop	0	2
Shop	1	2
Shop	3	5
Shop	4	2
South Tent	0	6
South Tent	2	3
South Tent	3	2
South Tent	4	3
South Tent	5	1

질문

12. 하나의 테이블을 가진 데이터베이스를 액세스처럼 엑셀에서 쉽게 저장할 수 있는 이유를 설명하라.

13. 피아노 데이터베이스를 저장하기 위해 액세스를 사용하겠다는 결정의 타당성을 확인하라.

14. 그림 5-21에서 컬럼을 확인하라. 이 테이블에 나타나지 않은 피아노의 세 가지 특징을 나열하라.
   a. 여러분이 딘에게 자문을 제공하는 컨설턴트라면 여러분은 추가 데이터를 포함할지 여부를 결정할 때 어떤 기준을 사용할 것인가?
   b. 이 데이터베이스는 피아노 재고 목록 모델인가 아니면 딘의 피아노 재고 목록 모델인가? 차이점을 설명하라.
   c. 질문 14-b에 대한 여러분의 대답은 질문 14-a에 대한 대답에 어떻게 영향을 미치는가?

15. 피아노에 대한 데이터 외에도 딘은 제조업체의 주소(또는 마지막으로 알려진 주소), 운영 연수 및 해당 제조업체에 대한 일반적인 의견과 같은 제조업체 관련 데이터를 저장하려고 한다고 가정한다.
   a. 제조업체 테이블을 디자인하라.
   b. 피아노 테이블(그림 5-21)의 디자인을 변경하여 피아노와 제조업체 간의 관계를 표시하라. 가정을 세우고 증명하라.

16. 그림 5-24의 데이터를 사용하여 피아노 음질에 대한 위치 영향에 대한 결론을 도출하라. 이 데이터를 사용하여 근거를 제시하라.

17. "데이터베이스는 비즈니스의 일부 측면을 요약추론한 것이다."라는 말의 의미를 설명하라. 이 예제를 활용하여 요약추론을 통한 처리가 피아노를 직접 조사하는 것보다 더 효과적임을 설명하라. 피아노를 조사할 때 요약추론을 통한 처리가 더 효율적이라는 것을 설명하라. 일반적으로 업무 지원을 위한 데이터베이스에 대한 여러분의 관점을 일반화하라.

18. 이 데이터베이스는 최신 상태로 유지되지 않으면 쓸모가 없어진다. 딘이 자신의 데이터베이스를 최신으로 유지하기 위해 작성하고 따라야 하는 절차를 나열하라.

주

1. MySQL은 MySQL사의 지원을 받고 있었다. 2008번 선마이크로시스템즈가 MySQL를 인수한 후 이듬해에 오라클이 다시 인수하였다. 그러나 MySQL은 오픈소스이므로 오라클은 소스코드를 소유하지 않는다.
2. 데이터베이스 애플리케이션과 데이터베이스 애플리케이션 프로그램의 용어를 구분한다. 데이터베이스 애플리케이션에는 폼, 보고서, 쿼리 및 데이터베이스 애플리케이션 프로그램을 포함한다.
3. 초기 역사에 대한 요약과 관련된 아이디어의 논의를 위해 다음을 참조하라.
4. Werner Vogel, "Amazon's Dynamo," All Things Distributed blog, last modified October 2, 2007, *www.allthingsdistributed.com/2007/10/amazons_dynamo.html.*
5. Fay Chang, Jeffrey Dean, Sanjay Ghemawat, Wilson C. Hsieh, Deborah A. Wallach, Mike Burrows, Tushar Chandra, Andrew Fikes, and Robert E. Gruber, "Bigtable: A Distributed Storage System for Structured Data," OSDI 2006, Seventh Symposium on Operating System Design and Implementation, Seattle, WA, last modified November 2006, *http://labs.google.com/papers/bigtable.html.*
6. Jonathan Ellis, "Cassandra: Open Source Bigtable + Dynamo," accessed June 2011, *www.slideshare.net/jbellis/cassandra-open-source-bigtable-dynamo.*
7. Imperva, "Imperva Web Application Attack Report," July 2013, accessed May 19, 2014, *www.imperva.com/docs/HII_Web_Application_Attack_Report_Ed4.pdf.*
8. SQL 주입 방지법에 대한 자세한 내용은 OWASP.org에 있다. 쿼리를 매개변수화하고 저장 절차를 사용하여 SQL 주입 방지를 돕는 시트가 있다.

데이터 통신과 클라우드

"토시오, 당신의 계획은 무엇입니까?"

팔콘시큐리티의 최고경영자인 마테오는 회사 IT 책임자인 토시오와 CFO인 조니와 함께 회사의 데이터 저장 비용과 관련된 회의를 하고 있다.

"지금까지는 별 문제가 없어요. 하지만 곧 신규로 NAS 온라인 용량확장을 위해 거의 30% 이상의 저장 공간이 늘어야 됩니다. 하지만…." 토시오의 목소리가 잦아들고 있다.

조니는 이런 상황을 이해할 수 없다. "지금 비용이 얼마나 늘어나고 있는 상황인지 모르겠습니까? 작년 한 해 동안 데이터 저장에만 소요된 비용이 350%나 늘어났어요."

"네, 맞습니다만, 그만큼 데이터 볼륨도 400%나 늘어났잖습니까?"

"그 말도 맞긴 하지만 그래도…."

마테오는 이들의 대화를 멈추게 하고는, "지금 이런 대화는 이미 끝난 이야기이고, 다시 반복하고 싶지는 않아요. 우리 회사의 데이터 저장에 소요되는 비용이 높다는 사실은 모두 인지하고 있습니다. 토시오, 당신이 다른 대안을 가지고 있다고 들었는데, 무엇인가요?"

"클라우드입니다."

"뭐라구요?" 조니는 처음 듣는 단어라서 되물었다.

"클라우드라고요." 토시오는 한 번 더 대답하고는 말을 이었다. "우리 회사의 모든 데이터를 클라우드로 옮기는 겁니다."

마테오는 의아하다. "토시오, 도대체 클라우드가 뭔가요?"

"쉽게 말해 모든 것을 옮기는 겁니다. 요즘 유행하는 것이기도 하고요."

"그게 우리에게 무슨 도움이 된다는 겁니까?" 마테오가 되묻는다.

"제삼자로부터 데이터 저장 공간을 빌리는 겁니다."

조니는 당황스럽다. "그럼 데이터 저장을 위해 하드 드라이브를 사는 것이 아니라 빌리는 건가요?"

"음, 비슷하긴 한데… 우리 데이터센터에 하드 드라이브를 더 이상 사거나 인스톨할 필요가 없어요. 단지 온라인상에서 저장 공간을 사용하는 양만큼만 빌려서 사용료를 지불하면 됩니다. 만약 우리 회사에서 새로운 고객이 늘어나면 그만큼 필

학습목표

Q1 **기업에서 클라우드를 대안으로 생각하는 이유는 무엇인가?**

Q2 **기업은 클라우드를 어떻게 이용하는가?**

Q3 **팔콘시큐리티에서 클라우드를 어떻게 활용할 수 있을까?**

Q4 **조직이 클라우드 서비스를 어떻게 안전하게 사용할 수 있을까?**

Q5 **클라우드는 미래에 어떤 영향을 주는가?**

이 장에서의 지식이 여러분에게 어떻게 도움이 되는가?

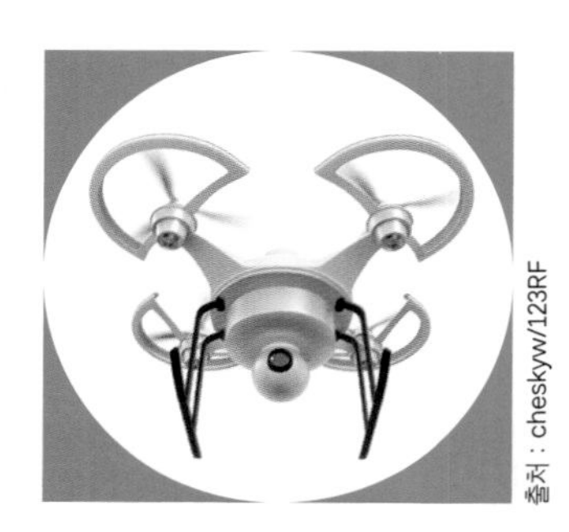
출처 : cheskyw/123RF

"테라바이트당 10달러가 정확히 어느 정도를 뜻하나요?"

요한 양을 추가적으로 빌리면 됩니다."

"그렇다면 이러한 계약 조건을 매일 갱신할 수도 있다는 말인가요?" 조니는 불가능할 것이라는 전제하에 물어본다. "그리고 비용은 얼마나 드나요? 내가 보기엔 싸지 않을 것 같은데…."

"1테라바이트에 한 10달러 정도 될겁니다."

마테오는 이 말이 정확하게 얼마가 든다는 것인지 잘 모른다.

"테라바이트당 10달러가 정확히 어느 정도를 뜻하나요?"

"한 달에 10달러를 내면, 온라인상에서 1테라바이트 정도를 빌려 쓸 수 있다는 겁니다."

토시오가 미소를 띠며 대답한다.

"뭐라고요?" 조니는 너무 놀라서 말을 잇지 못한다.

"네, 우리가 원하는 만큼 얼마든지 데이터 공간을 사용할 수 있고, 우리 회사로 들어오는 모든 데이터를 자동적으로 업로드할 수 있습니다. 제가 보기엔 지금보다 최소한 데이터 저장 비용을 50% 이상 절감할 수 있을 것이라 예상됩니다. 물론 전력 소모량이라든지 데이터를 백업하는 데 들어가는 추가 비용은 제외한 것이고요. 무엇보다도 데이터 저장을 위한 추가적인 하드웨어 구매를 더 이상 고민하지 않아도 된다는 겁니다."

토시오는 정확하게 계산하지는 않았지만, 실제 절감되는 비용 효과는 더 클 것이라 예상한다.

"농담이 아니죠? 당신 말대로라면 한 해 절감되는 데이터 저장 비용이 수만 달러에 달합니다. 이 정도면 굉장히 큰 금액이죠."

조니가 의구심을 가진 눈빛으로 말한다.

"네, 좋습니다. 하지만 당연히 우리의 현재 시스템을 세트업하기 위해 추가적인 개발 비용과 시간은 들 수 있습니다."

"토시오, 계획서를 제출해주세요." 마테오는 이러한 비용 절감이 향후 2분기 혹은 그 이상에 영향을 미칠 수 있다고 생각한다.

"다음 주 까지 제출하겠습니다." 토시오가 대답한다.

"금요일까지 부탁해요, 토시오."

Q1 기업에서 클라우드를 대안으로 생각하는 이유는 무엇인가?

대략 2010년 정도까지 대부분의 기업에서는 정보기술 관련 인프라를 자체적으로 구축하거나 관리해왔다. 즉 많은 기업들이 하드웨어를 구매하거나 리스해서 기업 내부에 시스템을 구축한 후 이메일, 웹사이트, 전자상거래 사이트 혹은 회계나 운영 시스템과 같은 기업 내부용 애플리케이션을 사용했다(다음 장에서 이에 대한 내용을 배우게 될 것이다). 하지만 2010년 이후부터는 많은 기업들이 자신들의 정보기술 인프라를 클라우드로 옮기고 있다. 이제부터 클라우드라는 것은 무엇이고, 또 기업들이 미래를 위한 대안으로 생각하는 이유는 무엇인지 살펴볼 것이다.

클라우드는 무엇인가?

클라우드(cloud)라는 것은 인터넷 프로토콜을 통해서 접근할 수 있는 컴퓨터 자원이 공동으로 모여 있으면서 이를 탄력적으로 임대하는 것이다. 클라우드라는 용어를 사용한 이유는 그림 5-13을 보면 알 수 있듯이 3계층이나 다른 인터넷 기반의 시스템을 도식화할 때, 초창기부터 인터넷을 구름 모양의 그림으로 그렸기 때문이며, 아울러 기업들도 자신들의 인프라가 '구름 속 어딘가'에 있는 것으로 생각했기 때문이다.

탄력적

이제 고딕체로 된 용어들을 정의해보기로 한다. 우선 **탄력적**(elastic)이라는 용어는 아마존닷컴에서 최초로 사용되었는데, 주어진 상황에 따라 계획적이며 동적으로 짧은 시간 안에 컴퓨터 자원을 늘리거나 줄일 수 있음을 뜻한다.

자동차 제조업체가 아카데미 시상식에서 운영할 광고를 제작하는 상황을 가정해보자. 웹사이트에 수백만 건의 조회 수를 기록할 만한 환상적인 광고가 있다. 하지만 수천 건에 그칠지, 수백만 건이 될지, 수천만 건이 될지, 아니면 그 이상이 될지는 미리 알 수 없다. 더욱이 해당 광고가 어떤 나라에서 더 많이 먹힐지도 모른다. 예를 들면, 광고 방문의 70%는 미국에서 일어나고, 나머지는 유럽에서 발생되는지, 아니면 일본에서 수백만 건이 발생될 것인지 알 수 없다. 이러한 불확실성하에서 자동차 제조업체는 과연 컴퓨팅 인프라를 어떻게 미리 준비를 해야 될 것인가? 특히 해당 자동차 회사가 광고에 대해 신속한 응답 시간을 제공하지 못한다면, 엄청나게 비싼 돈을 들여 제작한 광고의 홍보 효과는 반감되어버릴 것이다. 혹은 이와 정반대로 해당 광고가 완전히 실패작일 경우 수천 개의 서버를 사전에 준비함으로써 발생되었던 비용의 낭비는 엄청날 것이다.

그림 6-1은 아마존닷컴의 클라우드프론트의 도움을 받아 이러한 상황에 대한 실제 사례를 보여주고 있다. 해당 그림이 아카데미 시상식에서 특정 자동차 회사의 웹사이트 광고를 처리하는 상황으로 가정해보자. 하루 중의 대부분 자동차 회사는 10Gbps 미만의 콘텐츠가 발생되고 있다. 하지만 광고가 나가자마자(데이터가 수집된 하와이 시간으로 오후 2시) 7배 정도 늘어나고, 대략 30분 동안 유지되고 있다. 베스트 픽처가 발표된 이후 광고가 다시 시작되자 수요는 다시 늘어나서 시간당 30~40Gbps로 늘어나고, 이후에는 다시 낮아진다.

이때 만약 서버의 증설이 뒷받침되지 않는다면 응답 시간은 3~5초 정도 늘어나게 되고, 이는 아카데미 시상식 시청자들을 잡아두기에는 너무나 긴 시간이 된다. 하지만 해당 자동차 회사는 전 세계에서 어떤 트래픽이 발생하더라도 응답 시간을 0.5초 이내로 달성할 수 있도록 클라우드 업체와 계약을 맺었다. 해당 업체는 클라우드 기술을 활용해서 응답 시간 0.5초를 임계값으로 하여 그 이하로 유지될 수 있게 서버를 늘리도록 프로그래밍되어 있다. 따라서 광고가 처음 시작될

그림 6-1
동영상 배너광고 고객의 사례

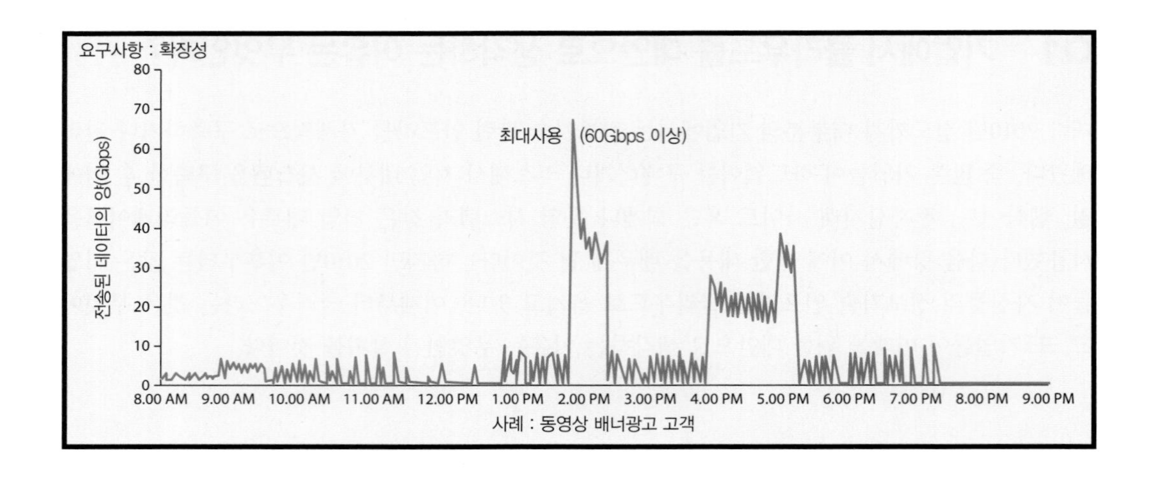

시점에는 여분의 서버를 풀어놓고, 이후 베스트 픽처 이후에 여분의 서버를 다시 할당해서 수요를 맞추게 된다.

이런 식으로 진행되기에 자동차 회사는 최대 수요에 맞추어 인프라를 구축하거나 계약할 필요가 없다. 만약 그렇게 진행했다면 대다수의 서버가 해당 일에 유휴 상태에 놓여 있었을 것이다. 앞으로 배우게 되겠지만 클라우드 공급업체는 클라우드를 통해 전 세계에 서버를 제공해줄 수 있다. 예를 들어, 만약 싱가포르에서 과도한 수요가 발생된다면 아시아 전역에 있는 유휴 서버들 제공해서 전체적인 대기 시간을 줄여준다.

공동 사용

클라우드에 대한 두 번째 주요 개념은 **공동 사용**(pooled)이다. 클라우드 자원들은 공동으로 모여 있다. 이는 서로 다른 많은 기업들이 가상화라는 방식을 통해 동일한 물리적 하드웨어를 공유하고 있음을 뜻한다. 즉 클라우드 업체는 물리적 하드웨어에 가상머신을 할당해서 고객의 요구에 따라 늘리거나 줄일 수 있다. 따라서 광고주가 아카데미 시상식에서 필요로 하는 서버를 같은 날 다른 시간에 해당 서버를 필요로 하는 공인회계사협회에 재분배할 수도 있으며, 다음 주 월요일에 온라인 강좌를 위한 출판사에 할당해도 되고, 그다음 주에 필요할 수도 있는 호텔업계에 할당할 수도 있다.

전력 공급을 떠올리면 이러한 방식을 가장 쉽게 이해할 수 있다. 과거 전력 생산의 초기 형태는 회사에서 필요로 하는 양만큼의 전력을 얻기 위해 자가 발전을 할 수밖에 없었다. 하지만 시간이 지남에 따라 전력 송전선망이 확장되고 중앙집중화된 발전이 가능해지면서 회사에서 자신들이 필요로 하는 양만큼을 전기 공급 회사로부터 구매하는 것이 가능해졌다.

클라우드 업체와 전기 공급 회사 모두 **규모의 경제**를 달성하고 있다. 즉 전기 가동량과 사용량이 늘어날수록 오히려 전기를 생산하는 비용 단가는 저렴해지게 된다. 메이저급 클라우드 업체에서는 엄청나게 많은 웹 팜을 운영하고 있다. 그림 6-2를 살펴보면 애플에서 아이클라우드 서비스를 제공하기 위해 2011년도에 만들어진 웹 팜을 보유한 건물을 볼 수 있다. 500,000제곱피트 이상의 건물 안에는 수십억 달러 규모의 시설이 들어 있다.[1] 물론 IBM, 구글, 아마존닷컴, 마이크로소프트, 오라클 등 그외 대기업에서도 자체적으로 이와 유사한 웹 팜을 운영하고 있다.

인터넷 그 이상

마지막으로 클라우드를 통해 모든 자원들은 **인터넷 그 이상**(over the Internet)에 접근할 수 있다. 이는 "나는 항상 인터넷을 사용합니다."라고 말하는 것과 같다. 앞의 사례에서 자동차 회사는 최

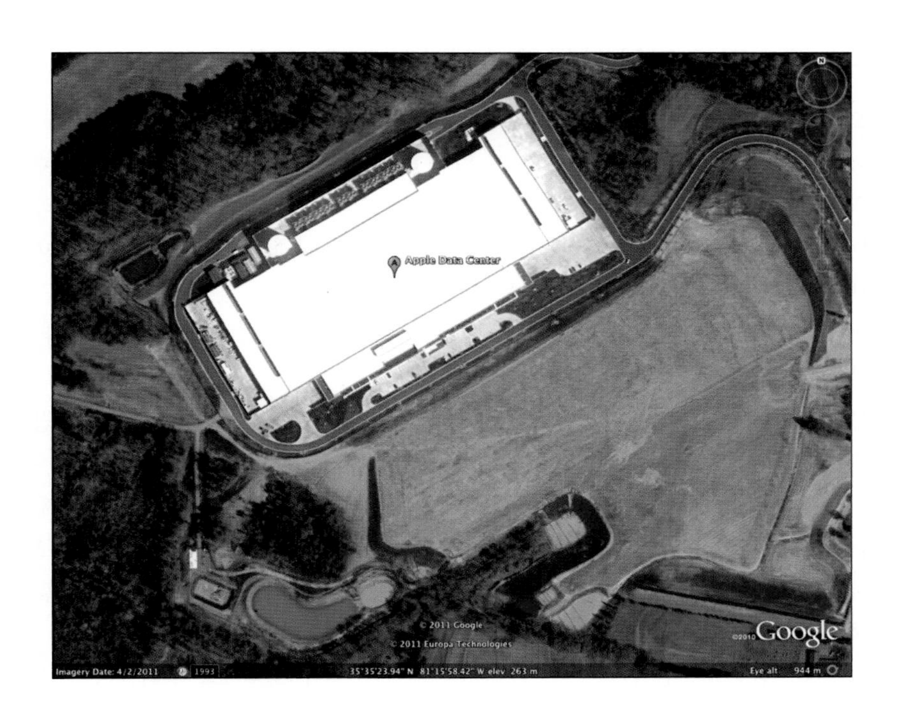

그림 6-2
노스캐롤라이나주 메이든에 위치한 애플 데이터센터
출처 : Google Inc.

대 응답 시간을 고려해서 클라우드 공급 업체와 계약을 맺었고, 해당 클라우드 업체는 필요에 따라 서버를 추가하여 고객사의 요구사항을 충족시킨다. 전술하였듯이 클라우드 공급업체는 거의 실시간으로 전 세계 흩어져 있는 서버를 미리 준비해놓을 수 있다. 특정 자동차 회사와 같이 하나의 고객도 아니고, 수천 개의 고객들이 존재하는 상태에서 이것이 어떻게 가능할 수 있을까?

예전 같으면 이러한 조직 간 처리가 요구되는 업무처리를 위해서는 자동차 회사의 개발자가 클라우드 공급업체의 개발자를 만나 인터페이스 설계부터 논의했었다. "우리 프로그램은 이러한 일을 하며, 이러한 데이터를 제공하고, 당신의 프로그램에서는 이러한 일이 수행되어야 하며, 우리한테는 이러한 데이터를 넘겨주면 됩니다." 이런 방식의 회의는 종종 며칠이 걸렸으며, 비용도 많이 들고 오류가 발생하기 쉽다. 특히 설계 부분에서 개발자들은 서로 간에 합의한 방식으로 인터페이스 디자인을 충족할 수 있는 코드를 작성했으며, 이는 서로 간에 오해의 소지를 남기기도 한다.

일반적으로 길어지고, 느리며, 돈이 많이 드는 프로세스는 실패하기 쉬운데, 모든 기업에서 상호 간의 의사소통을 위해서는 이러한 방식을 반복했다. 만약 오늘날 기업들이 이런 식으로 수행한다면, 클라우드는 실행 불가능할 것이다.

대신 컴퓨터 업계에서 인터넷을 통한 서비스를 요청하고 제공받는 표준화된 방식을 마련하였다. 즉 SOA(service-oriented architecture) 방식으로서 클라우드 처리를 위해 레고 블록을 조립하듯이 컴퓨터 프로그램들을 상호 유연하게 설계한다. 이러한 SOA를 통해 프로그램은 처리해야 하는 서비스, 예상되는 데이터, 출력되는 결과물들을 공식적으로 정의하면 된다. **웹 서비스 표준**(web service standard)은 프로그램이 수행되는 방식, 처리되어야 하는 데이터 구조, 상호 간 커뮤니케이션 방식 등을 정의한 세계적인 표준안이다. 웹 서비스 표준을 준수하는 SOA 설계 프로그램을 **웹 서비스**(web service)라고 한다. 이러한 표준 덕택에 이전에는 서로 '만난 적 없는' 컴퓨터들이 서로 모여 춤을 추듯이 PC, 아이패드, 스마트폰, 엑스박스 등에서 사용자들에게 콘텐츠를 제공하고, 업무를 처리하며, 심지어 10분의 1초 안에 서로 운용될 수 있도록 해준다. 이는 정말로 매력적이고 화려한 기술이 아닐 수 없다!

클라우드 호스팅이 기업 자체 호스팅보다 나은 이유

클라우드 기반의 호스팅과 기업 자체 호스팅의 장단점을 비교한 결과를 그림 6-3에 요약하였다. 그림에서 알 수 있듯이 클라우드 호스팅이 훨씬 더 많은 장점을 가지고 있음을 알 수 있다. 랙스페이스와 같은 클라우드 업체는 중급 정도 규모의 서버를 1시간에 1.5센트 정도 가격으로 임대하고 있다. 원하기만 한다면 오늘이라도 몇 분 안에 서버를 임대해서 사용할 수 있으며, 내일 수천 개의 서버가 갑자기 필요하더라도 얼마든지 손쉽게 확장할 수도 있다. 덧붙여 비용 측면을 살펴보면 얼마나 많은 고객이 우리 웹사이트에 방문할 것인가를 걱정할지언정 그에 따라 얼마나 많은 비용이 들어갈 것인가는 크게 걱정할 필요가 없다.

클라우드 호스팅의 또 다른 장점은 만약 우리가 적정 규모 이상이고 명성이 있는 업체와 거래하기만 하면, 최상의 보안과 재난 방지(제10장 참조) 서비스를 받을 수 있다는 점이다. 즉 해당 업체에서 이러한 위험에 대한 책임을 지고 있기 때문에 우리가 급변하는 보안 관련 문제를 해결하기 위해 최신의 보안기술을 탐색하느라 시간을 낭비할 필요가 없음을 뜻한다. 이러한 모든 것이 가능한 이유는 해당 업체에서 우리에게만 서비스를 제공하는 것이 아니라 산업 전체 혹은 기업군 전체에 대해 서비스를 제공함으로써 규모의 경제가 달성될 수 있기 때문이다.

하지만 낮은 통제 수준은 클라우드 호스팅의 단점이 될 수 있다. 즉 우리는 전적으로 클라우드 업체의 관리체계, 방침, 가격 등에 대해 의존적으로 될 수밖에 없다. 더욱이 우리 회사에 정말 중

그림 6-3
클라우드 기반 호스팅과 자체 호스팅의 비교

클라우드 기반	호스팅 자체 호스팅
긍정적인 측면	
소규모 투자 가능	데이터 저장 위치에 대한 통제 가능
신속한 개발	보안 및 재난 방지에 대해 확인 및 추적 가능
높은 유연성 및 적응성 보장과 요구사항에 대한 변동성 보장	
명확한 비용 구조	
최신 보안 및 재난 방지 기술 적용	
노후화 방지	
규모의 경제 달성으로 저렴한 비용	
부정적인 측면	
업체에 종속되는 경향	상당한 규모의 투자 요구
데이터 저장 위치에 대한 통제 결여	개발을 위한 충분한 자원 필요
보안 및 재난 방지에 대해 실제 확인 및 추적 불가	매년 유지 비용 발생
	지속적인 지원 비용 발생
	개인에 대한 교육 및 훈련
	관리 요구사항의 증가
	요구사항에 대한 유연한 대처가 힘들거나 불가능할 수도 있음
	비용에 대한 불확실성
	노후화

요할 수도 있는 데이터가 어디에 있는지조차 모른다. 또한 우리 데이터가 얼마나 많은 복사본이 만들어져 있는지, 이러한 데이터가 과연 우리나라 안에는 있는지도 알 수 없다. 결국 보안 사고나 재난에 대한 준비가 실제로 되고 있는지를 직접 눈으로 확인하는 것은 불가능하다.

기업 자체 호스팅의 장점과 단점을 그림 6-3에 요약하였다. 물론 많은 부분에서 동전의 양면과 같이 클라우드의 장단점을 뒤집으면 기업 자체 호스팅의 장단점이 될 수 있다. 하지만 주지해야 할 부분은 인력과 관리상의 추가적 부분을 간과해서는 안 된다. 즉 기업 자체 호스팅에서는 자체적으로 데이터 센터를 만들어서 필요한 인력을 채용해서 교육 훈련도 직접 시행해야 하고, 이러한 사람과 시설을 우리가 직접 관리해야 한다.

하필 지금인가?

아마 의심 많은 사람이라면 그림 6-3을 보고 이렇게 생각할 수도 있을 것이다. "만약 클라우드가 그렇게 좋다면 왜 지난 몇 년 동안 사용되지 않고 지금에서야 이슈가 되고 있는가?"

사실 클라우드 기반의 호스팅(다른 명칭으로 사용되었을 수도 있지만)은 1960년대 이전부터 존재한 개념이다. PC나 네트워크가 출시되기 오래전부터 이미 시분할 관련 업체에서는 컴퓨터 사용 시간을 기반으로 사용료를 책정했었다. 그런데 2000년대 초반까지만 하더라도 큰 규모의 데이터 센터를 건설하거나 사용함에 있어 시간을 기반으로 구축된 기술을 적용하는 데 실효성을 느끼지 못하였다.

이에 대한 사례로서 어떤 가상의 기업이 클라우드를 통해 어떻게 이윤을 남겼고, 또 그 이윤을 어떻게 쓰는지 174~175쪽 윤리문제를 읽어보라.

하지만 오늘날 클라우드 기반의 호스팅을 가능하게 만들어준 세 가지가 있다. 첫째, 최근 프로세서, 데이터 통신, 데이터 저장 장치 등의 비용이 거의 무료에 가까울 정도로 하락하였다. 즉 아주 큰 규모의 웹 팜을 운영할 경우 가상머신의 시간당 비용은 거의 제로에 가깝다. 그렇게 때문에 시간당 1.5센트 정도로도 서비스가 제공될 수 있다. 아울러 데이터 통신 비용까지 매우 저렴해져서 데이터와 프로세스 간 통신을 수행하는 데 비용이 거의 들지 않는다.

둘째, 가상화 기술의 발전으로 거의 실시간으로 새로운 가상머신을 만들 수 있다. 즉 고객은 사용 가능한 머신에게 데이터와 프로그램에 대한 디스크 이미지만을 제공(클라우드에 만드는 것)하기만 하면 된다. 그러면 가상화 소프트웨어가 알아서 처리해준다. 마지막으로 전술한 바와 같이 인터넷 기반의 표준 덕분에 클라우드 호스팅 업체가 유연하면서도 표준화된 방식으로 충분한 처리 능력을 제공할 수 있다.

클라우드가 적용되기 힘든 곳

클라우드 기반 호스팅은 대부분의 조직에 적용될 수 있다. 하지만 클라우드를 적용하기 힘든 유일한 조직은 정해진 법률이나 업계의 표준 관행에 따라 데이터를 물리적으로 통제해야만 하는 곳이다. 당연히 이러한 조직은 자체적으로 호스팅 인프라를 구축하고 유지보수해야 한다. 대표적인 곳은 금융기관으로서 여기서는 법적으로 데이터에 대한 물리적 통제를 유지해야만 한다. 하지만 이러한 상황에서도 사설 클라우드나 가상 사설 클라우드 등을 활용해서 클라우드 컴퓨팅이 가지는 이점을 누릴 수도 있다. 이에 대해서는 Q4에서 살펴볼 것이다.

Q2 기업은 클라우드를 어떻게 이용하는가?

기업은 클라우드를 다양한 방식으로 이용할 수 있다. 가장 일반적인 형태가 클라우드 서비스 업체로부터 클라우드 서비스를 제공받는 방식이다.

클라우드 업체로부터의 클라우드 서비스

일반적으로 클라우드 기반의 서비스는 그림 6-4와 같이 세 가지 형태로 제공될 수 있다. 우선 **서비스로서 소프트웨어**(software as a service, SaaS)를 제공하는 회사는 하드웨어 인프라뿐만 아니라 운영시스템과 애플리케이션 프로그램까지 제공한다. 예를 들면 세일즈포스닷컴은 고객을 위해 하드웨어를 포함한 다양한 프로그램을 제공하며, 서비스의 한 형태로 판매 추적까지 제공한다. 이와 유사하게 구글은 구글드라이브를 제공하고 마이크로소프트는 원드라이브를 제공하고 있다. 이외에도 오피스365, 익스체인지, 비즈니스용 스카이프나 셰어포인트 애플리케이션도 '클라우드 내'에서 제공되고 있다.

여러분은 아마도 애플의 아이클라우드를 들어보았거나 사용하고 있을 것이다. 이 또한 iOS 장치를 보유한 모든 고객들의 데이터를 동기화하기 위해 애플이 제공하는 클라우드 서비스의 일종이다. 2015년 기준으로 애플은 아이클라우드에 10개의 무료 애플리케이션을 제공하고 있다. 달력이 대표적인 서비스가 될 수 있다. 예를 들어 고객이 약속을 아이폰에 입력하기만 하면, 애플이 자동적으로 달력 안의 해당 약속을 모든 iOS 장치에 등록한다. 더욱이 해당 고객은 자신의 약속을 다른 사람의 달력과 공유할 수도 있다. 이외에도 메일, 사진, 애플리케이션을 비롯한 각종 자원들을 아이클라우드를 통해서 동기화할 수 있다.

기업은 서비스 제공에 대한 서명과 어떻게 사용하는지 배우기만 하면 SaaS로 갈아탈 수 있다. 애플의 경우에는 배워야 할 것도 없다. 스티브 잡스의 말을 인용하면 "그냥 저절로 된다."

클라우드 호스팅의 두 번째 서비스 형태는 **서비스로서 플랫폼**(platform as a service, PaaS)이다. 이는 업체가 호스트용 컴퓨터, 운영체제, 그리고 가능하다면 DBMS까지 제공하는 것이다. 예를 들면 마이크로소프트 윈도우 아주르는 윈도우 서버가 설치된 서버를 제공한다. 윈도우 아주르 고객은 호스트 플랫폼에 자신의 애플리케이션을 올려놓기만 하면 된다. 마이크로소프트 SQL 아주르는 윈도우 서버와 SQL 서버가 탑재된 호스트를 제공한다. 오라클 온디맨드도 오라클 DB가 탑재된 호스트 서버를 제공한다. 즉 PaaS에서는 해당 회사가 자신들이 가지고 있는 애플리케이션을 해당 호스트에 올려놓는 것이다. 아마존 EC2 또한 윈도우나 리눅스가 설치된 서버를 제공하고 있다.

그림 6-4
세 가지 클라우드 제공 형태

클라우드 범주	사례
SaaS(서비스로서 소프트웨어 제공형)	세일즈포스닷컴 구글 그리드 마이크로소프트 원드라이브와 오피스365 애플 아이클라우드
PaaS(서비스로서 플랫폼 제공형)	마이크로소프트 아주르 오라클 온디맨드
IaaS(서비스로서 인프라 제공형)	아마존 EC2(탄력형 클라우드 2) 아마존 S3(단순 저장 서비스)

마지막으로 가장 기본적인 클라우드 제공 형태인 **서비스로서 인프라**(infrastructure as a service, IaaS)가 있다. 이는 단순히 비어 있는 서버 컴퓨터나 저장 공간만을 제공하는 클라우드 호스팅 형태이다. 랙스페이스는 고객들이 원하는 운영체제를 로딩할 수 있는 하드웨어를 제공하고 있다. 아마존닷컴도 S3(Simple Storage Server)의 라이선싱을 통해 클라우드 내에 무제한의 데이터 저장 공간을 제공하고 있다.

대표적으로 아마존의 EC2는 비어 있는 서버를 제공하면서 저장 서버를 통해 클라우드에서 신뢰할 수 있는 저장 공간을 무한정 제공하고 있다. 랙스페이스 또한 유사한 서비스를 제공한다.

콘텐츠 전송 네트워크

클라우드를 활용한 두 번째 주요 활용 형태는 전 세계에 흩어져 있는 서버들로부터 콘텐츠를 전송하는 것이다. **콘텐츠 전송 네트워크**(content delivery network, CDN)는 사용자들의 데이터를 흩어져 있는 여러 군데의 서버들에 저장해놓고 요청 시 해당 데이터를 이용할 수 있도록 만들어진 정보시스템이다. 물론 CDN은 PassS의 또 다른 형태처럼 보이기도 하지만, 여기서는 별개로 간주한다.

CDN 애플리케이션을 생각해보자. 신문방송 관련 회사에서는 CDN을 사용하여 뉴스 기사의 사본을 저장해놓을 수 있다. CDN 공급업체는 대기 시간을 최소화하기 위해 전 세계에 흩어져 있는 서버에 기사들을 복사해놓고 있다. 만약 어떤 독자가 특정 기사에 접속하고자 한다면, 해당 요청 내용은 CDN 서버에서 가장 빨리 해당 기사를 제공할 가능성이 높은 라우팅 서버로 전송된다. 특히 인기 있는 사이트의 경우 트래픽 상황이 급변하기 때문에, 이러한 계산은 거의 실시간으로 이루어진다. 예를 들면, 어떤 순간에 해당 콘텐츠에 대한 요청 결과가 샌디에이고에 있는 서버에서 처리될 수 있고, 몇 분 후 똑같은 요청에 대해 솔트레이크시티에 있는 서버에 의해 제공될 수 있다.

뉴스 기사 이외에도 CDN은 좀처럼 변경되지 않는 어떤 정보를 저장하거나 전송하는 데에도 이용된다. 예를 들어, 특정 회사의 웹 페이지에 있는 회사 배너는 여러 군데 CDN 서버에 저장되어 있다가 요청이 들어왔을 때 CDN의 여러 서버에서 다양한 웹 페이지 조각들을 불러모아 한 화면으로 나타낼 수 있다. 이러한 모든 결정은 실시간으로 이루어지면서 가장 신속한 콘텐츠 전달을 제공해준다.

그림 6-5에 CDN의 장점이 요약되어 있다. 처음 두 가지는 명쾌하다. 즉 데이터가 여러 군데 흩어져 있는 서버에 저장되어 있음으로써 신뢰성이 보장된다. 만약 특정 서버에 장애가 발생되더라도 잠재적으로 더 많은 수의 다른 서버가 해당 콘텐츠를 충분히 제공할 수 있다. 제10장에서 서비스 거부 공격(DoS)에 대해 배우게 될 것이다. 서비스 거부 공격에 대해 지금은 적정 트래픽을 감당할 수 있는 서버의 성능을 넘기도록 해당 서버로 너무 많은 양의 데이터를 보내버리는 보안 공격 정도로 이해하자. 여하튼 CDN은 여러 대의 서버를 보유함으로써 이러한 공격으로부터 시스템을 보호할 수 있다.

콘텐츠 전송 네트워크의 이점	
• 로딩시간 감소	• 원서버에 대한 부하 감소
• 증가된 신뢰성	• DoS 공격으로부터의 보호
• 모바일 사용자를 위한 전송비용 감소	• 사용한 양만큼의 비용 지불

그림 6-5
콘텐츠 전송 네트워크의 이점

그림 6-6
기존 CDN 서비스에 사용된 서버 위치

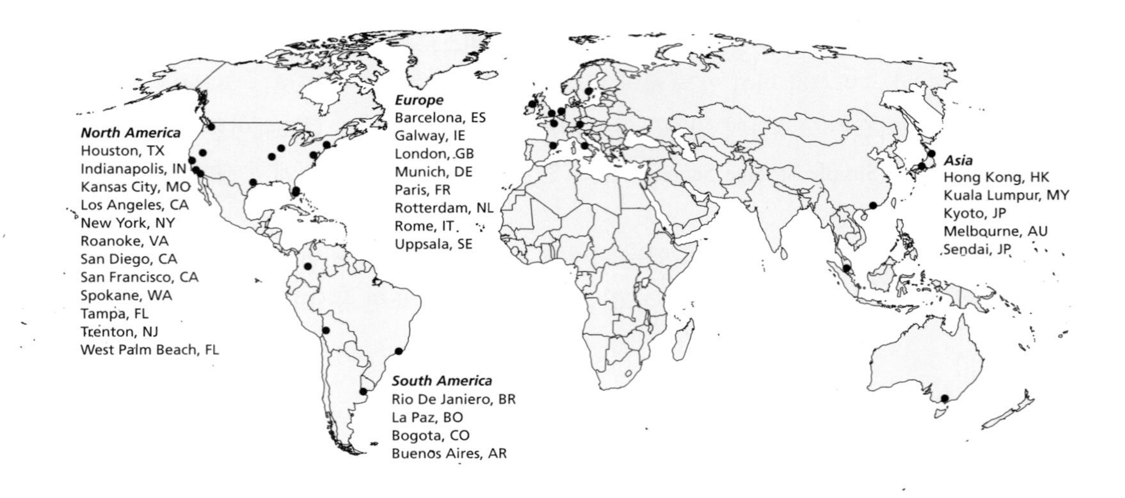

또 어떤 경우에는 CDN이 모바일 사용자(데이터 사용량이 제한적인 사용자)의 액세스 비용을 줄여주기도 한다. 즉 데이터를 빨리 전송해줌으로써 해당 사이트에 연결되는 비용을 줄여준다. 마지막으로 많은 CDN 서비스가 사용량에 따른 유연한 지불 방식을 제공한다. 즉 고객은 특정 서비스나 지불 계약을 체결할 필요가 없이 본인들이 서비스를 사용하고, 그만큼만 지불하면 된다. 그림 6-6은 CDN 서버가 흩어져 있는 모습을 보여주고 있으며, 많은 사업자들이 CDN을 제공하고 있다.

내부적으로 웹 서비스의 사용

기업에서 클라우드 기술을 사용할 수 있는 세 번째 방법은 웹 서비스를 사용해서 기업 내부에 정보시스템을 구축하는 것이다. 사실 엄밀히 말하자면, 이러한 형태는 탄력성이나 자원에 대한 공동 사용이라는 특징이 없기에 클라우드를 활용한다고 보기 어렵다. 하지만 클라우드 표준을 충분히 따르고 있기에 여기에 포함하고자 한다.

그림 6-7은 베스트바이크라는 가상의 온라인 자전거 부품 소매업체의 웹 서비스 재고관리 애플리케이션이다. 이 사례에서 베스트바이크는 자체 인프라에서 자체 서버를 돌리고 있다. 이렇게 하기 위해서는 베스트바이크는 회사 내부에 사설 인터넷 망을 설치해야 한다. 또한 베스트바이크는 웹 서비스 표준에 따라 재고처리를 수행하는 응용 프로그램을 만들어야 한다. 그리고 해당 응용 프로그램의 사용자는 웹 브라우저로 전송되는 자바스크립트를 통해 재고 웹 서비스에 접근할 수 있다.

그림 6-7
재고 앱 서비스에 적용된 웹 서비스 원리

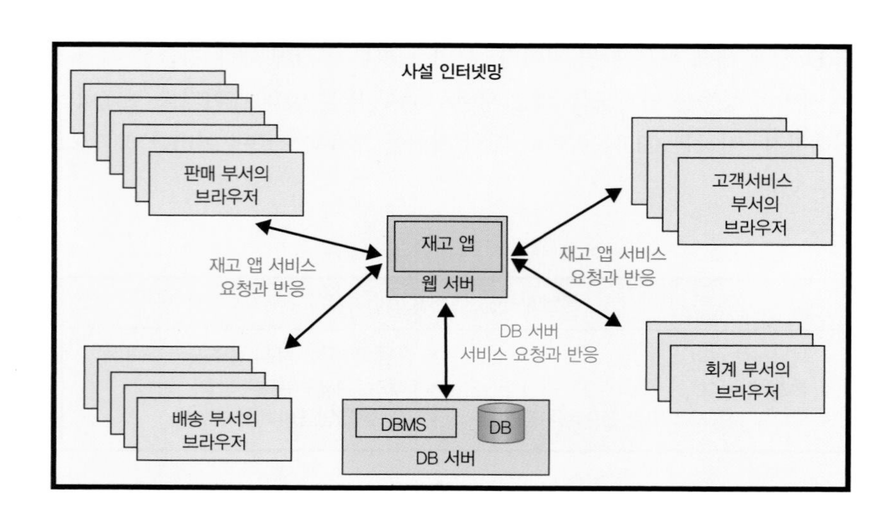

재고 웹 서비스 사용자의 범주는 영업, 배송, 고객 서비스, 회계 및 여타 부서를 포함하고 있다. 이때 내부 애플리케이션을 통해 건물의 블록을 쌓는 것처럼 재고 웹 서비스를 사용할 수 있다. 즉 일체의 웹 서비스가 캡슐화되어 있기 때문에 다른 응용 프로그램에는 영향을 주지 않고 본인들이 원하는 서비스만을 이용할 수 있고, 재고시스템을 변경할 수도 있다. 이렇듯 유연한 방식을 따르기에 보다 신속하게, 보다 저렴한 비용으로 시스템을 구축할 수 있다.

하지만 전술한 바와 같이 엄밀히 말해 이러한 형태는 클라우드라고 볼 수 없다. 해당 사례와 같이 베스트바이크는 정해진 숫자의 서버가 존재하며, 탄력성을 부여할 만한 시도도 존재하지 않는다. 아울러 해당 서버는 재고관리 업무에 종속되어 있으며, 유휴 기간 동안에도 다른 용도로 동적 재할당이 일어나지 않는다. 이에 어떤 기업에서는 사설 클라우드 구축을 통해 이러한 한계점을 극복한다. 이에 대해서는 Q4에서 논의할 것이다.

Q3 팔콘시큐리티에서 클라우드를 어떻게 활용할 수 있을까?

팔콘시큐리티는 작은 규모의 IT 부서가 있는 스타트업 회사이다. 그렇기 때문에 대규모 서버 인프라를 구축하는 데 필요한 각종 자원을 보유할 필요가 없다. 그 대신 클라우드 업체가 제공하는 클라우드 서비스를 이용하는 것이 훨씬 낫다.

팔콘시큐리티에서 SaaS 서비스 활용

서비스로서 소프트웨어의 활용이기에 하드웨어나 소프트웨어 시스템에 거의 투자를 하지 않는다. SaaS 공급업체에서 클라우드 서버를 관리하고, 신-클라이언트 형태로 해당 소프트웨어를 사용할 수 있도록 지원한다. 하지만 팔콘에서는 기존 데이터를 전송하고 신규 데이터를 생성해야 하기 때문에, 신규 절차를 개발해야 하고 사용자들에게 교육이 필요하다.

팔콘에서 활용할 수 있는 SaaS 제품군은 다음과 같다.

- 구글메일
- 구글드라이브
- 오피스365
- 세일즈포스닷컴
- 마이크로소프트 CRM 온라인
- 그 외 기타

이미 앞의 세 가지 SaaS는 익히 알고 있을 것이다. 세일즈포스닷컴과 마이크로소프트의 CRM 온라인은 고객관계관리 시스템으로서 제7장에서 다루어질 예정이다.

팔콘시큐리티에서 PaaS 서비스 활용

PaaS를 통해 팔콘은 클라우드 업체로부터 하드웨어와 클라우드 운영시스템을 임대한다. 예를 들어 EC2(탄력형 클라우드2로서 아마존닷컴에서 제공하는 PaaS 제품)를 임대하면, 아마존닷컴은 해당 클라우드 하드웨어에 리눅스나 윈도우 서버를 탑재해서 제공한다. 주어진 기본 기능에 팔콘은 자사의 소프트웨어를 올릴 수 있다. 예를 들어, 자체 개발 응용 프로그램을 설치할 수도 있고, 소프트웨어 공급업체로부터 라이선스가 부여된 여타 응용 프로그램을 설치할 수도 있다. 또한

DBMS(예 : MS의 SQL 서버)까지 라이선싱해서 EC2 윈도우 서버 인스턴스에 올릴 수도 있다. 여타 다른 업체에서 개발된 소프트웨어라고 하더라도 팔콘이 서버를 증설할 때, 아마존닷컴이 해당 소프트웨어를 복제해야 하기 때문에 복제 허용을 위한 라이선스를 취득해야 한다.

일부 클라우드 업체의 경우 자체 PaaS 서비스에 DBMS 제품군을 포함시켜 판매하는 경우도 있다. 그렇다면 팔콘은 MS 아주르 클라우드로부터 SQL 서버가 이미 설치된 윈도우 서버를 획득할 수 있다. 해당 제품이 바로 앞 부분의 대화에 나왔던 토시오가 테라바이트당 월 10달러를 언급하면서 고려했던 제품군이다.

물론 다른 업체의 클라우드 제품에도 DBMS가 포함되어 있다. 2015년 5월을 기준으로 아마존닷컴은 EC2에 다음의 DBMS 제품군을 출시하고 있다.

아마존 관계형 데이터베이스 서비스(RDS)	MySQL, 오라클, SQL 서버, PostgreSQL을 지원하는 관계형 데이터베이스 서비스
아마존 다이나모DB	빠르고 확장성을 보장하는 NoSQL 데이터베이스 서비스
몬고DB	JSON 양식(포맷)으로 개체(objects)를 저장하는 NoSQL DBMS 제품
아마존 엘라스티캐시	아주 빠른 인메모리 형태의 캐시 데이터베이스 서비스
아마존 레드시프트	페타바이트 규모의 데이터웨어하우스

마지막으로 팔콘은 전 세계에 정보를 제공하고, Q1에서 나왔던 광고로부터 얻어낸 주문에 대한 처리를 위해 CDN을 활용할 수도 있다.

팔콘시큐리티에서 IaaS 서비스 활용

전술한 바와 같이 IaaS는 클라우드에 기본적인 하드웨어까지 제공한다. 일부 회사의 경우 이러한 방식으로 서버를 획득한 이후 운영체제를 설치한다. 하지만 이렇게 하기 위해서는 해당 회사는 상당한 수준의 기술과 전문성이 요구되기에 팔콘과 같은 회사는 그렇게 하지 않을 것이다.

하지만 팔콘은 클라우드에서 데이터 저장 서비스를 제공받을 수 있다. 예를 들어, 아마존닷컴은 자사 S3 제품군에 데이터 저장 공간을 제공한다. 이를 통해 해당 기업은 클라우드에 데이터를 업로드하고, 해당 데이터를 탄력적으로 사용할 수 있다. 하지만 팔콘과 같은 회사는 부가가치 창출 측면에서 SaaS와 PaaS를 사용할 가능성이 높다.

Q4 조직이 클라우드 서비스를 어떻게 안전하게 사용할 수 있을까?

인터넷 인프라를 기반으로 하는 인터넷 및 클라우드 서비스는 개별 데이터 센터 구축 비용의 일부만으로도 강력한 처리 능력과 저장 서비스를 제공한다. 하지만 인터넷은 제10장에서 논의된 것과 같이 데이터나 컴퓨팅 인프라에 있어 온갖 위협이 도사리고 있다. 그렇다면 조직은 이러한 위협에 굴복하지 않고 클라우드 기술의 이점을 어떻게 실현할 수 있을 것인가?

이에 대한 대답 안에는 아주 높은 수준의 기술들이 모아져야 하며, 보안 관련 내용은 앞으로도 계속될 것이다. 인터넷상의 공격자는 보안 관련 보호 장치를 깨기 위해 끊임없이 노력하고, 때로는 성공을 거두기도 한다. 따라서 클라우드 보안은 앞으로도 이 책에서 설명된 것 이상으로 발전

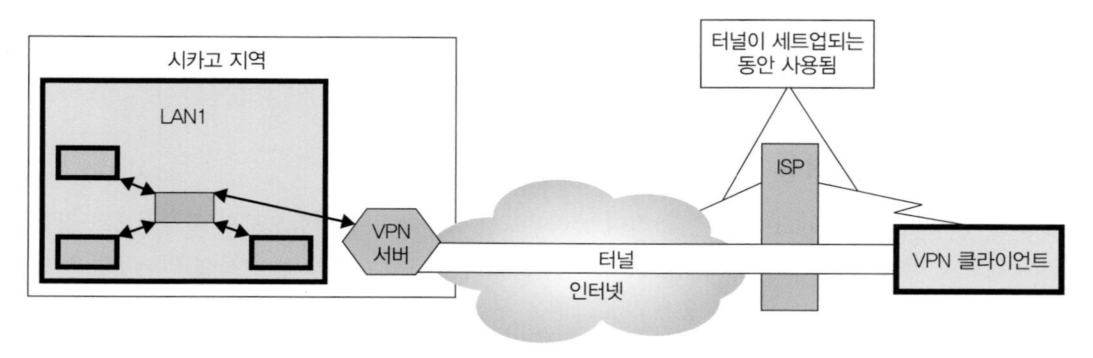

그림 6-8
VPN을 통한 원격접속 : 직접 연결

될 것이다. 이에 인터넷을 통해 안전하게 통신을 할 수 있도록 만들어 주는 기술인 VPN에 대해 알아보고자 한다.

VPN

VPN(virtual private network)은 사설망 형태로 보안이 확보된 인터넷을 사용하는 것이다. IT 환경에서 가상(virtual)이라 함은 무언가가 존재하는 것처럼 보이지만 실제로는 존재하지 않는 것을 뜻한다. 이 책에서 VPN은 사설망을 연결하기 위해 인터넷을 사용하는 것으로 국한한다.

전형적인 VPN

그림 6-8은 VPN을 사용해서 원격지에 있는 컴퓨터를 연결하는 방식을 보여주고 있다. 예를 들면 마이애미에 있는 한 호텔에서 일하고 있는 직원이 시카고 지역에 있는 LAN에 접속하는 형태가 여기에 해당될 수 있다. 원격지의 사용자가 VPN의 클라이언트가 된다. 이때 로컬 ISP에 접속해서 인터넷을 연결할 수도 있고, 호텔 자체 내에서 인터넷 연결을 제공할 수도 있다.

어떤 경우에 해당되든지 일단 인터넷에 접속되면, 원격지 사용자 컴퓨터 내에 있는 VPN 소프트웨어가 시카고에 있는 VPN 서버에 연결한다. 이렇게 되면 VPN 클라이언트와 VPN 서버가 일대일 방식으로 연결이 되며, 이를 **터널**(tunnel)이라고 부른다. 터널은 VPN 클라이언트와 VPN 서버 사이에 존재하는 공공 인터넷이나 공유 네트워크상에 존재하는 가상의 사설 통로를 의미한다. 이에 대한 연결 형태가 그림 6-9에 제시되고 있다.

인터넷이라는 공중망에서 VPN을 통한 통신이 보안성이 확보되는 것은, VPN 클라이언트가 전송되는 데이터의 보안성을 확보하기 위해 원문을 암호화하거나 코드화를 수행한다. 그러고 나서 VPN 서버의 인터넷 주소에 메시지를 전송하고, 인터넷을 통해 VPN 서버 측에 패키지를 전송한다. 일단 VPN 서버가 메시지를 송신하면, 메시지 앞부분에 붙어 있는 주소를 벗겨내는 작업(즉 코드화된 메시지를 복호화하는 것)을 거친 후에 LAN의 원주소로 해당 평문을 보낸다. 이러한 방

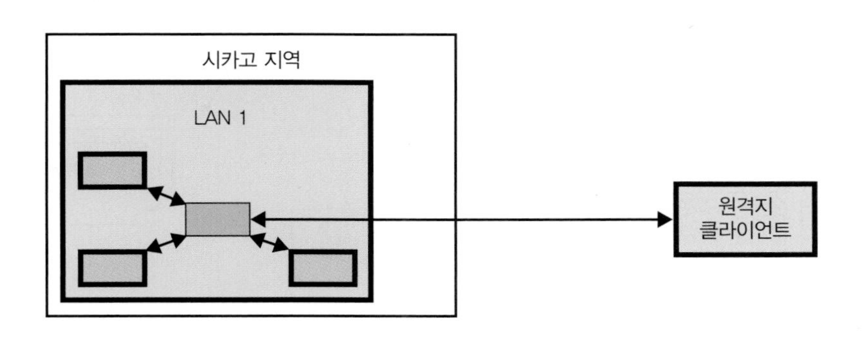

그림 6-9
VPN을 통한 원격접속 : 가상 연결

식을 통해 비록 공중망을 사용하더라도 보안된 메시지를 주고받을 수 있다.

사설 클라우드의 사용

사설 클라우드(private cloud)는 특정 조직이 클라우드를 소유하고 운영함으로써 자체적으로 장점을 누리고자 한다. 사설 클라우드를 구축하기 위해 조직은 그림 6-7과 같이 사설 인터넷망을 만들고, 웹 서비스 표준을 사용하여 응용 프로그램을 구현해야 한다. 그러고 나서 클라우드 서비스 공급업체와 마찬가지로 서버팜을 생성하고, 탄력적으로 로드 밸런싱을 통해 해당 서버를 관리한다. 이때 다중 데이터베이스 서버를 관리하는 것이 복잡하기 때문에 대부분의 조직에서는 데이터베이스 서버는 복제하지 않는 전략을 선택한다. 이러한 구조를 그림 6-10에서 도식화하고 있다.

사설 클라우드는 조직 인프라 내에서 보안을 확보하고 있지만, 조직의 인프라 바깥에서 보안 접근을 담보하지는 않는다. 그렇기 때문에 그림 6-11과 같이 보안 접근을 제공하기 위해 해당 기업은 VPN을 설정해서 사용자가 사설 클라우드에 안전하게 접속할 수 있도록 지원한다.

사설 클라우드 또한 탄력성이라는 장점을 제공하고 있지만, 의문점이 존재한다. 즉 사설 클라우드이기에 조직에서 유휴 서버로 과연 무엇을 할 수 있을까? 물론 유휴 서버의 전원을 내림으로써 약간의 비용 절감은 기대할 수 있지만, 일반적인 클라우드 공급업체와는 달리 다른 조직에서 사용할 수 있도록 용도를 변경할 수는 없다. 물론 아주 큰 대기업이나 글로벌 기업의 경우 자회사 사업부와 지리적으로 떨어진 다른 지역에서 처리되는 서버 부하에 대한 균형을 맞출 수는 있다. 예를 들어, 3M의 경우 매우 다양한 제품군과 서로 떨어진 대륙에서 업무처리에 대한 균형을 맞출 수 있다. 물론 실제로 구현되기가 힘들 수도 있지만, 그렇게만 된다면 비용이나 시간을 충분히 절약할 수는 있다. 하지만 팔콘과 같은 회사는 이러한 형태의 사설 클라우드를 운영하기가 쉽지 않다.

마이크로소프트, 아마존닷컴, 오라클, IBM 등을 포함하여 주요 클라우드 서비스 공급업체는 수천 명의 고도로 숙련된 인력을 토대로 클라우드 서비스를 만들고, 관리하고, 개선하고 있다. 3M과 같은 대기업이라고 하더라도 절대로 비클라우드 회사는 클라우드 업체와 경쟁해서 클라우스 서비스 시설을 구축하고 운영할 수 없다. 물론 특정 조직이 법률 혹은 비즈니스 관례에 따라 반드시 저장된 데이터를 물리적으로 통제해야 하는 경우에는 사설 클라우드를 반드시 유지해야 한다. 하지만 이러한 경우에도 해당 조직은 모든 데이터에 대한 물리적 통제를 유지해야 할 필요

그림 6-10
재고관리 및 기타 애플리케이션을 위한 사설 클라우드

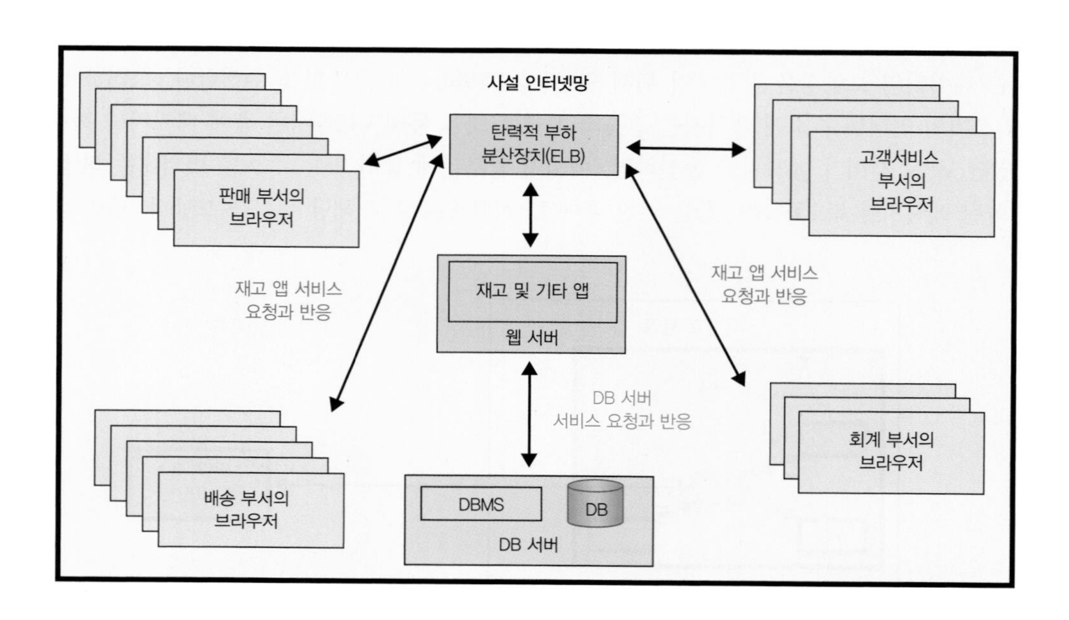

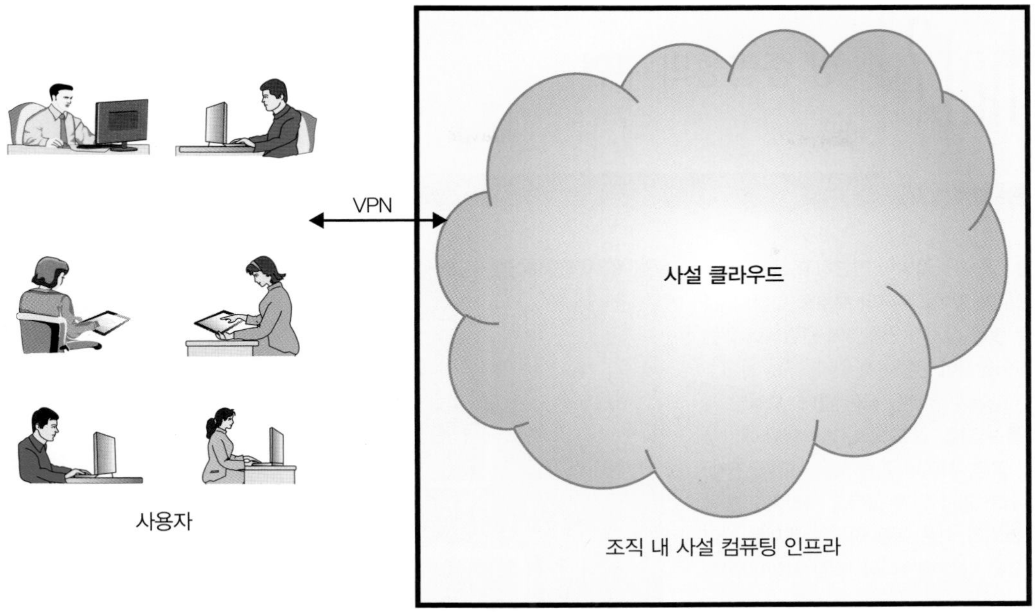

VPN

사설 클라우드

사용자

조직 내 사설 컴퓨팅 인프라

그림 6-11
VPN을 통한 사설 클라우드 접속

는 없기 때문에, 조직 내에서 반드시 관리되어야 할 중요한 데이터에 대해서만 통제를 부여하고, 나머지 데이터나 관련 응용 프로그램 등은 일반 클라우드 업체의 시설에 옮겨놓을 수도 있다. 아니면 다음 절에서 논의될 가성 사설 클라우드를 사용하기도 한다.

가상 사설 클라우드의 사용

가상 사설 클라우드(virtual private cloud, VPC)는 제한적이고 안전한 접근을 보장하는 공개 클라우드의 한 형태에 속한다. 어떤 기업이든 AWS나 여타 클라우드 공급업체가 제공하는 공용 클라우드 인프라에 자사의 VPC를 올릴 수 있다. 해당 방식이 수행되는 절차는 이 책의 범위를 벗어나지만, 간단히 말해서 VPN 터널링으로 생각하면 된다.

VPC를 사용하여 조직은 가장 중요한 데이터를 자체 인프라에 저장하고, 상대적으로 덜 민감한 데이터는 VPC에 저장해놓을 수 있다. 이러한 방식으로 데이터의 일부를 물리적으로 통제해야만 하는 조직에서는 그림 6-12에서와 같이 해당 데이터를 자체 서버에 보관하고, 나머지 데이터

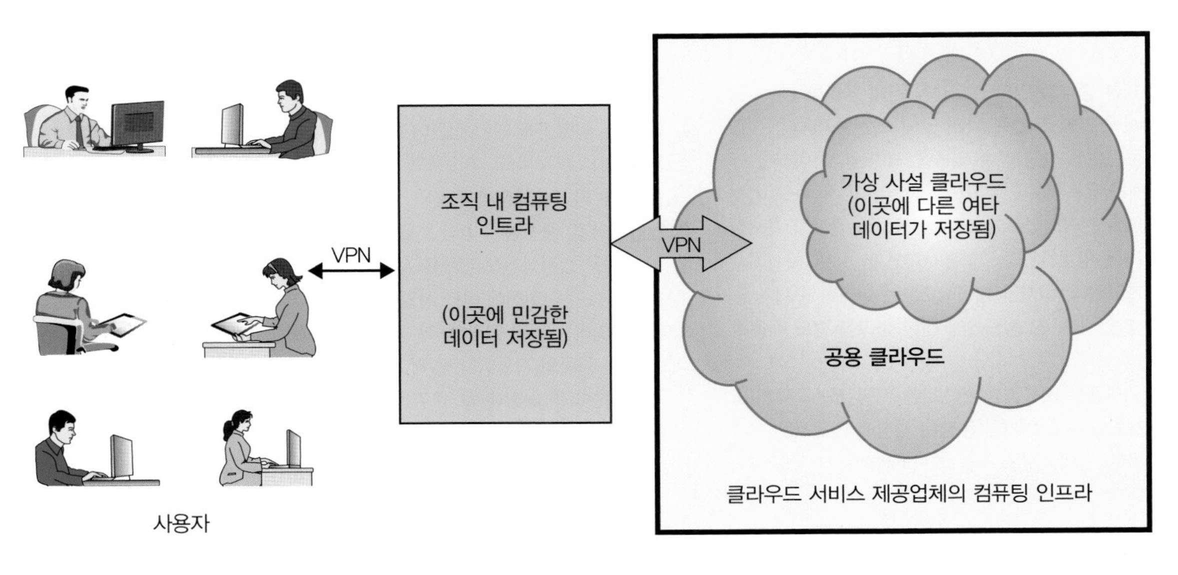

그림 6-12
가상 사설 클라우드의 사용

망 중립성의 구현

서부시대의 삶에 대해 생각해본 적이 있는가? 불법이 만연하고, 초기 정착자들은 토지에 대한 소유권이 자유로우며 정부로부터의 보호도 없다. 조금 더 깊이 생각해보면 여러 가지 형태로 많은 장치가 인터넷에 연결되어 있는 지금은 바로 디지털 서부시대와 유사한 환경이 만들어져 있다.

디지털 서부시대는 예전 미국 프론티어와 유사한 점이 많다. 오늘날 사이버 공간에서의 도적들이 일탈행위를 저지를 수도 있고, 범죄행위(예 : 사이버 왕따, 데이터 절도, 서비스 거부 공격, 사이버 기물파손, 사이버 전쟁)가 만연하며, 이러한 일들은 잡기도 쉽지 않고 법의 심판을 내리기도 힘들다. 이러한 범죄행위에 대해 법적인 조치가 힘든 것은 이러한 문제를 해결하는 데 요구되는 기존의 법이 존재하지 않기 때문이다. 또한 사이버 범죄는 물리적으로 추적해내기도 힘들다.

과거 미국 서부시대의 사람들은 땅을 '누구나 차지할 수 있는 것'으로 보았고, 보다 가치 있는 땅을 찾기 위해 몰려들었다. 유사하게도 오늘날의 디지털 자원도 누구나 차지할 수 있다는 것이 닮았다. 기업들은 앞다투어 지적소유권, 데이터 스트림, 대역폭 등을 차지하기 위해 혈안이 되어 있다. 예를 들면, 인터넷 서비스 제공자(ISP)는 전송되는 데이터의 원천이나 종류, 양 등에 구애받지 않는다. 그렇다면 이것이 왜 문젯거리가 되는지 생각해보자. 대략 5년 전에 넷플릭스의 스트리밍 서비스는 사람들이 넷플릭스를 통해 영화나 TV를 시청하는 피크 타임에 미국 전력의 데이터 트래픽을 30% 넘게 끌어올려 버렸다.[2]

물론 인기 있는 TV쇼를 시청하기 위해 광통신망을 설치하는 데 넷플릭스가 사용료를 부과한다고 생각할 수도 있다. 반면 소비자들과 콘텐츠 제공자들은 망 중립성(net neutrality)을 원한다. 즉 모든 사용자와 콘텐츠 제공자는 인터넷 회선을 빠르고 느림의 문제가 아니라, 인터넷을 자유롭게 이용할 공공 자산으로 대접하기를 원한다. ISP는 경쟁 ISP와 관련된 콘텐츠를 막거나 느리게 만들 수는 없다. 또한 과다 사용자에게 추가적인 수수료나 세금을 부가할 수도 없다.

이러한 문제를 해결하기 위해 미연방통신위원회(FCC)가 발족되어 망 중립성에 대한 중대한 규칙을 만들었고, 사이버 공간에서의 새로운 보안관이 탄생되었다.

중립 혁신?

2015년 초반 ISP는 서로 다른 종류의 인터넷 트래픽 간의 구별을 할 수 없도록 하는 규제를 FCC에서 승인하였다. 즉 다시 말해 모든 소비자들은 평등이라는 원칙하에 모든 콘텐츠에 접근할 수 있음을 의미한다.[3] 이러한 규제는 많은 측면에서 인터넷을 유용재로 간주되도록 만들었다. 즉 수도나 전기와 같은 공공재의 성격으로 관리되었으며, 그에 상응하는 규제가 가해졌다. 많은 사람들은 이에 대해 환호하였다. '빠른' 회선과 '느린' 회선에서 벗어난 인터넷의 자유를 가져왔다. 하지만 표면적으로는 이러한 규제가 긍정적인 측면을 가져온 것 같았지만, 망 중립성에 대한 불리한 점도 작용하였다.

망 중립성과 관련되어 사람들은 자유경쟁 체제하에서 정부의 규제의 또 다른 측면이라는 주장이 제기되었다. 이러한 논쟁은 시장에 대해서는 정부의 개입은 없어야 한다는 자유방임경제를 주장하는 측면에서 시작되었다.

출처 : bakhtiarzein/Fotolia

해당 원칙에 따르면 만약 어떤 기업이 망하더라도 그대로 놔둬야 하며 시장이 스스로 그 문제를 해결해나간다고 주장한다.

망 중립성의 측면에서 살펴볼 때 ISP는 자신들이 구축한 인프라를 통해 전송되는 인터넷 트래픽에 대해서 자유로이 감시할 수 있기를 원한다. 또한 콘텐츠 제공자가 보다 나은 접속을 위해 지불하는 범위에 따라 목을 조를 수도 풀 수도 있기를 원한다. FCC가 이러한 능력을 가지지 못하도록 해버렸기 때문에 ISP는 이러한 잠재적인 수입 스트림으로 인해 인프라의 확충이 저해되고, 제한된 성장만을 하게 되며, 새로운 혁신을 막게 만든다고 주장한다.

그렇다면 우리는 ISP가 제기한 이러한 주장이 사실인지 어떻게 알 수 있을까? 물론 맞을 수도, 틀릴 수도 있다. ISP는 이러한 규제를 극복하기 위한 방안을 끊임없이 찾고 있다. 만약 이러한 전쟁이 끝날 때쯤이면 망 중립성에 대한 더 큰 전쟁이 시작되지 않을까?

질문

1. 이 글은 인터넷에 대한 접근이 정부가 규제할 수 있다는 측면에서 여타 공공재와 유사하다고 기술하고 있다. 인터넷이 공공재라는 주장에 대해 동의하는가, 아닌가? 여러분의 생각을 설명해보라.
2. 인터넷이 망 중립성에 따라 보호되지 않는다고 생각해보자. 만약 여러분이 새로운 전자상거래 업체를 시작하고자 할 경우, ISP에서 만든 '빠른' 회선과 '느린' 회선에 따라 사업은 어떤 타격을 입게 될 것인가?
3. 인터넷이라는 것은 정부, 대학, 사업체, 그리고 전 세계 사람들이 사용하고 있는 공동의 자원이다. 만약 특정 나라나 특정 기업이 인터넷을 맡아서 담당한다면 어떻게 될 것 같은가?
4. 어떤 경제학자들은 통신회사나 ISP 관련 기업들의 운영에 FCC가 관여하는 것에 대해 부정적인 시각을 가지고 있다. 망 중립성으로 인해 야기

될 수 있는 잠재적 폐해를 예를 들어 생각해보자(수입이 줄어든다거나 혁신이 저해된다는 것은 제외).

5. 이 글에서 넷플릭스가 인터넷 트래픽을 가중시킨 주범의 예로 사용되었다. 그렇다면 망 중립성을 통해 넷플릭스에게 도움을 줄 수 있는 방안은 없을까?

는 VPC에서 찾을 수 있다. 이를 통해 해당 조직은 클라우드 저장이라는 장점도 누리면서 데이터를 물리적으로 통제할 필요가 없는 부분에서도 클라우드 처리를 할 수 있다.

경우에 따라 어떤 조직의 경우 정부로부터 매우 민감한 데이터까지도 VPC에 저장할 수 있는 권한을 얻기도 한다. 예를 들어, 미국 나스닥 증시를 운영하는 나스닥 OMX 그룹에 의해 관리되는 핀큐라우드(FinQloud)에 대한 논의를 사례연구 6(180~182쪽)에서 할 것이다.

Q5 클라우드는 미래에 어떤 영향을 주는가?

이제 그렇다면 클라우드는 가까운 미래에 어떤 영향을 미칠까? 인터넷 트래픽에 대한 과세나 정부 차원에서 인터넷 트래픽 마이닝에 대한 소비자의 압력 등과 같은 알려진 요소 이외에 향후 클라우드 서비스는 더 빨라지고, 보안은 더 나아질 것이며, 가격은 더 내려가게 될 것이다. 앞으로 많은 기업들이 자체적인 컴퓨팅 관련 인프라 구축은 줄여나가면서 클라우드 업체로부터 규모의 경제 효과를 누릴 수 있게 될 것이다.

하지만 조금만 더 깊게 들여다보면 클라우드는 동전의 양면과 같은 장단점이 존재한다. 장점은 당연히 기업들은 낮은 비용으로 아주 유연한 정보 자원을 확보할 수 있다. 이러한 이점은 아이클라우드나 구글 드라이브를 사용하는 개인, 오피스365를 사용하는 중소업체, PaaS를 사용하는 팔콘시큐리티와 같은 일반 기업, 그리고 IaaS를 활용하는 나스닥 OMX(사례연구 6)와 같은 대기업 모두에 적용될 수 있다.

클라우드의 규모도 점점 커지고 있다. 구글의 룬(Loon) 프로젝트는 큰 풍선에 무선 접속장치를 탑재하여 하늘에 띄우고 각 룬 수신기를 장착하여 전 지구 상에서 어디서든 인터넷에 접속할 수 있도록 하는 프로젝트이다. 구글은 여기서 멈추지 않고 클라우드 속도를 더 높이기 위해 도전하고 있다. 구글 파이버는 인터넷에 1Gbps를 목표로 하는데, 이는 일반적인 인터넷 접속보다 100배 정도 빠른 속도이다. 세계에서 가장 큰 케이블 텔레비전 회사인 컴캐스트는 초당 기가비트 서비스를 발표하면서 구글의 계획에 동조하고 있다.

그렇다면 단점은 무엇이 될까? 그림 6-2에 제시된 애플의 50만 제곱피트 규모의 웹 팜일까? 주차장 크기를 살펴보면 알겠지만 이 조그만 주차장이 전체 직원을 수용하고 있다. 컴퓨터 잡지인 **컴퓨터월드**에 따르면 해당 건물의 운영 인력은 50명 정도에 불과하며, 이는 교대 근무를 계산해보면 한번에 8명 정도의 인력만으로도 해당 센터가 충분히 운영될 수 있다. 불가능할 것 같다고 생각되는가? 그렇다면 주차장 크기를 한번 더 살펴보시라.

그런데 이것은 애플과 같은 대기업에만 적용되는 것은 아니라는 점이다. 2015년만 하더라도 거의 모든 도시에서 자체 이메일 익스체인지 서버와 다른 서버를 인스톨하고 유지하는 소규모 기업들을 지원하고 있었다. 만약 구글 드라이브나 오피스365와 같은 SaaS 제품군들이 이러한 서버들을 대체한다면, 지역사회의 고용 측면에 어떤 변화가 일어날까? 180쪽의 사례연구 6에서 해당 문제에 대해 다루고 있지만, 이는 심각한 결과를 초래한다.

물론 컴퓨팅 인프라의 가격이 내려갈수록 어딘가에 새로운 직업이 만들어질 수 있다. 그런데 그곳이 어디가 될 수 있을까? 한 가지 답으로, 기술 집약적인 스타트업 업체가 될 수 있다. 저렴하고 유연한 클라우드 서비스를 통해 소규모 스타트업을 용이하게 시작할 수 있다. 과거 같으면 수천 달러를 쓰거나 몇 년이 걸렸을 수도 있지만, 클라우드 서비스를 통해 CDN에 접속해서 축구 선수의 능력을 평가하는 허들(www. hudl.com)과 같은 소규모 업체가 예가 될 수 있다. 해당 사이트에 접속해보면 알겠지만 응답시간이 정말 빠름을 알 수 있을 것이다.

팔콘시큐리티와 같은 기업은 클라우드로 자사 데이터를 옮김으로써 데이터 저장 비용을 50%까지 줄일 수 있다. 만약 이러한 이동이 성공적이라면 팔콘시큐리티는 그만큼의 이윤이 늘어나게 되고, 보다 신뢰할 수 있는 데이터 저장 인프라를 구축하며, 처리 속도도 높일 수 있게 된다. 기업의 규모가 클수록 그만큼의 이점도 커지게 마련이다. 즉 클라우드를 통해 힘든 일은 옮겨지고, 기업이 보다 저렴하고 신속하게 더 많은 정보시스템을 개발할 수 있도록 만듦으로써, 결국에는 정보시스템을 사용하고 관리하는 방법을 알고 있는 직원들에 대한 수요를 증가시킨다.[4]

게다가 클라우드는 직무에 대한 새로운 구분을 짓게 만든다. 어떤 직무를 수행하든지 간에 모든 일이 클라우드 안에 저장된 데이터에 연결될 수밖에 없도록 만든다. 모바일 시스템이 업무의 표준으로 자리잡고, 데스크톱 컴퓨터는 그저 콘텐츠를 만드는 데만 이용될 것이다. 그렇다면 이런 상황에서 어떤 기회를 잡을 수 있을 것인가?

멀리 떨어진 곳에서 컴퓨터 기반의 동작을 수행하는 정보시스템인 **원격지 작동 시스템**(remote action system)을 생각해보자. 원격지에서 업무를 지원함으로써 해당 시스템은 시간 소모나 이동의 낭비를 줄여주고, 물리적으로 떨어진 곳에서도 특정 전문가의 능력을 충분히 활용할 수 있다. 아울러 특정 전문가도 본인의 전문 지식 영역을 확장할 수도 있다. 몇 가지 사례를 살펴보자.

원격진단(telediagnosis)은 의사가 멀리 떨어진 환자의 건강 상태를 진단할 수 있는 원격지 작동 시스템이다. **원격수술**(telesurgery)은 멀리 떨어진 곳에서 원격으로 로봇을 이용해서 수술을 가능하게 해주는 장치이다. 2001년에 뉴욕의 의사인 자크 마레스코는 대서양을 건너 프랑스 스트라스부르에 있는 환자의 수술을 성공적으로 달성했다. 이러한 사례는 충분히 우리 일상 속으로 들어올 수 있다.[5]

원격 시스템의 또 다른 예로서 레드플렉스 시스템과 같은 **원격 법 집행**(telelaw enforcement) 시스템도 존재한다. 해당 시스템은 적외선을 이용한 티켓 발행과 과속을 단속할 수 있는 카메라와 동작 감응 장치를 가지고 있다. 호주 빅토리아 사우스멜버른에 본사를 둔 레드플렉스 그룹은 미국에서 발생되는 교통범칙금 수익의 87%를 벌어들이고 있다.[6]

그외 많은 원격 시스템들이 방사능 발생 지역이나 생화학적으로 오염된 지역 등과 같은 위험한 지역에서 서비스를 제공하기 위해 개발되고 있다. 전쟁터에서 활용되고 있는 드론이나 관련 군사장비 등도 모두 원격 시스템의 범주에 포함될 수 있다. 사설 경호나 법률 집행 등도 드론이나 로봇 등과 같은 원격 시스템으로부터 도움을 받고 있다. 아마 향후 10년 안에 나이트스코프의 300파운드짜리 로봇인 K5가 우리 동네 순찰을 돌게 될 것이다.

하지만 이러한 새로운 기회 요소 안에서 모든 소식이 좋을 수만은 없다. 뉴욕 메트로폴리탄 오페라는 의심할 여지없이 세계 최고이다. 최고의 공연을 보기 위해 맨해튼까지 운전해서 주차하고, 링컨 센터까지 와서 좌석당 300달러를 지불한다. 아니면 똑같은 오페라를 동네 영화관에서 무료 주차에 12달러를 내고 메트라이브를 통해 원격 방송 형태로 볼 수도 있다. 물론 방송 품질이 너무 좋은 나머지, 실제 메트로폴리탄에서는 볼 수 없는 출연자들 의상에 있는 바늘 한 땀까지도 볼 수 있을 정도로 세밀하게 시청할 수 있다. 게다가 오디오 품질은 훨씬 더 좋을 수도 있다. 하지만 과연 동네 오페라에 가고 싶을까?

원격에서 일어나는 행위는 현장에서 느낄 수 있는 평범함의 가치를 떨어뜨린다. "물론 내가 최고는 아니지만, 최소한 난 여기에 있잖아."라는 주장이 원격 세상의 가치를 잃어버리게 만든다. 1990년에 전임 노동부 차관인 로버트 라이히는 *The Work of Nations*[7]라는 책에서 일상적인 면대면 서비스를 제공하는 사람들이 해외 아웃소싱의 위험에서 벗어날 수 있음을 주장하였다. 해당 주장은 원격 접속 세상에서는 타당성을 잃는다.

지금은 최고 연주자의 가치가 기하급수적으로 늘어나고 있다. 4백만 명의 사람들이 일상적인 메트라이브 방송을 시청하고 있기에, 해당 장소에서 공연하는 예술가들을 위한 에이전트는 1억 2천만 달러 상당의 접속 게이트들에 대한 협상을 할 것이다. 유명한 외과의나 스케이트 코치는 보다 큰 시장에 나서게 될 것이고, 보다 나은 대우를 받게 될 것이다. 그렇기 때문에 만약 여러분이 어떤 것이 되든 세계 최고가 될 수만 있다면, 무엇이든 하라!

그렇다면 나머지 우리들은 어떻게 될 것인가? 만약 세계 최고가 되지 못한다면 있는 자에게 없어서는 안 되는 길을 찾아보라. 메트라이브를 방송하는 영화관을 소유하라. 멀리 있는 피겨 스케이팅 코치를 위한 스케이트장을 소유하라. 이러한 원격 이벤트에서 식료품 관련 판매자가 되라.

그것이 힘들면 이러한 새로운 기회를 구현할 수 있는 정보시스템을 개발하고, 사용하며, 관리할 수 있는 전문가가 되라. 정보시스템 전문가와 함께하는 비즈니스는 성공을 예견할 수 있다. 이후 남은 6개 장에서 다양한 기존 정보시스템과 신규 정보시스템 애플리케이션에 대한 논의를 계속할 것이다.

이 장에서의 **지식**이 **여러분**에게 어떻게 **도움**이 되는가?

클라우드는 컴퓨팅의 미래이다. 클라우드가 무엇인지를 알고, 기업이 클라우드로부터 어떤 혜택을 받고, 클라우드를 이용함에 있어 보안 문제를 중요하게 이해하는 것은 향후 모든 비즈니스 전문가에게 반드시 필요한 능력이 될 것이다. 또한 클라우드에 대해 아는 것은 전도 유망한 새로운 직업을 탐색하는 데 도움을 준다. 마지막으로 클라우드에 대해 이해함으로써 몸담고 있는 기업에 획기적인 비용 절감을 가져온다. 혹시 여러분이 174~175쪽 윤리문제에 나오는 환상적인 리조트에 머무르고 있는 사람이 될 수도 있을지 누가 알겠는가.

윤리문제

클라우드로부터의 이점?

알리안스(가상의 이름)는 데이터 브로커이다. 제9장에서 데이터 브로커에 대해 배우겠지만, 고객의 온라인 이용 정보를 수집, 분석해서 판매하는 기업으로서 마케팅이나 기타 목적을 위해 개인의 관련 사항을 판매하는 정보 브로커 혹은 정보 재판매자를 일컫는다. 알리안스는 주로 부동산 관련 시장 정보, 구매자 및 판매자 데이터 등을 획득하고 분석하고 있다. 그래서 알리안스는 인가된 부동산 업자에게 데이터의 양이나 요청된 분석 결과에 따라 100~1,500달러에 개인 프로파일을 판매하고 있다.

알리안스는 1999년 3명의 파트너와 사업을 시작했다. 21세기 초 닷컴 비즈니스 붕괴로 힘든 시간을 보냈고, 이후 침체기를 벗어나서 회복되다가 2008년 부동산 업계의 붕괴로 인해 심각한 타격을 입기도 했다. 2008년 말 운영비를 절감하기 위해 알리안스는 데이터 공간을 자사 웹팜에서 클라우드로 이전했다. 클라우드가 제공해주는 유연함 덕분에 알리안스는 데이터 서비스의 속도와 품질 향상을 얻을 수 있었다. 더욱이 클라우드를 사용함으로써 자사 내 하드웨어 지원 인력비용을 65%까지 감축할 수 있었다.

이들은 1년에 두 번씩 회의를 통해 재정 상황을 점검하고, 전략을 평가하며, 향후 중장기적인 계획을 수립한다. 순이익에 타격이 심했던 2008년, 카리브해 영국령 버진아일랜드에 시설을 빌렸다. 그 안에 있는 해밀턴호텔에서 도넛과 오렌지주스를 먹으며 회의를 하고 있다. 다음은 올해 회의 시작 부분에서 두 사람의 대화이다.

"바트, 도대체 여기서 우리가 뭐하고 있는 거죠?"

매출과 마케팅을 담당하는 파트너인 셸리가 관리 담당인 바트에게 따지듯 물었다.

"셸리, 무슨 일 있어요? 여기가 마음에 들지 않나요?"

"아, 물론 여기는 좋죠. 내 남편도 여기를 마음에 들어 하고요. 하지만 우리는 하룻밤 이 섬을 빌리는 데 15,000달러를 썼다는 것도 알고 있죠."

"하지만 우린 섬 전체를 빌리진 않았어요." 바트가 방어적으로 대답한다.

"제가 생각할 땐 그게 아닌데요…." 그녀가 이렇게 말했다. "우리 때문에 여기 직원들 중 몇몇은 머물러 있어야만 하는 데다가, 고객은 우리밖에 없어요. 물론 이것이 제가 말하고 싶은 것은 아니고요…. 제가 말하고 싶은 것은 이 비용들을 우리가 어떻게 감당할 것인가요? 오늘 회의에만 거의 20만 달러가 들 것 같은데…. 그럼 다음 회의는 달나라에 있는 리조트에서 할 건가요?"

"자, 셸리, 우리 회사의 이익률이 74%가 넘어요. 쉽게 말해 우리 회사는 돈을 아무리 써도 들어오는 돈 뭉치에서 헤엄치고 있다니까요. 오늘 우리 회의 안건 중의 하나가 파트너들에게 1백만, 3백만, 아니 5백만 달러를 줄 건지를 결정하는 겁니다."

"안 돼요!" 그녀는 그 말에 기절할 것 같다.

"뭐가 안 돼요? 우린 클라우드 덕분에 운영 비용을 순이익의 62%에서 9%로 획기적으로 감축했어요. 또한 R&D에 최대한 많은 투자를 하고 있구요. 제이콥과 직원들이 가져갈 돈도 충분해요. 그러니까 오늘 랍스터를 주문하고, 와인을 즐깁시다."

"그것 참 역겹군요."

"좋아요." 바트가 말한다. "와인은 마시지 맙시다. 그럼 당신은 배당금을 더 받길 원하는 거죠?"

"아뇨, 아니, 제 말은, 맞아요…. 하지만 이건 정신 나간 짓이에요. 이러한 상황이 얼마나 지속될지도 모르고요…."

"그럴 수도 있겠죠. 하지만 오늘 우리가 지금 가질 수 있는 것을 가지면 됩니다."

토의문제

다음 질문에 대답할 때 알리안스가 정부나 주 혹은 지역사회에 탈세를 포함한 일체의 법적으로 위배되는 일은 하지 않았다고 가정하라.

1. 칸트의 정언 명령(20~21쪽)의 관점에서 보았을 때 알리안스의 회의비용 지출과 배당금 문제는 비윤리적인 행동인가?
2. 공리주의(46~47쪽)에서 보았을 때, 알리안스의 회의비용 지출과 배당금 문제는 비윤리적인 행동인가?
3. 시카고대학교의 유명한 경제학자인 밀튼 프리드먼은 기업의 최고경영층은 법률과 윤리적 행동에 위배되지 않는 한 최대한 많은 돈을 벌어야 하는 의무를 가진다고 주장한다.[8]
   a. 이 말에 동의하는가? 그 이유를 밝혀라.
   b. 프리드먼은 윤리적 관습을 좁은 의미로 "사기나 기만을 하지 않는 것"으로 정의 내리고 있다. 이 기준에 따를 때 알리안스는 윤리적으로 행동하는 기업인가?
   c. 여러분이 생각하는 윤리적 관습에 대한 정의를 내려보라.
   d. 여러분이 내린 윤리적 관습에 대한 정의를 따를 때 알리안스는 윤리적으로 행동하는 기업인가?
4. 다음 내용 중에 지나치게 표현된 부분이 있는지 여러분의 생각을 밝혀라.
   a. 5일 동안 회의를 개최하는 데 거의 20만 달러를 쓴다?
   b. 순이익이 74%나 된다?
   c. 6개월의 배당금이 1백만 달러, 3백만 달러, 5백만 달러가 된다? 만약 그럴수도 있다면 어느 수준이 되어야 과하다고 생각하는가?
5. 알리안스의 주 수입원은 어디인지 설명해보라.
6. 이 사례에서 주어진 데이터를 볼 때, 알리안스가 이익을 또 어디에 사용했을것 같은가?
7. 순이익을 많이 내는 회사를 떠올려서 어떤 윤리적 의무감을 가져야 된다고 생각하는가?
   a. 자선단체에 기부?
   b. 기업이 유지될 만큼의 이윤만을 보장하고, 대신 제품의 가격을 내린다?
   c. 환경보호에 기여?
   d. 상위 경영층이 아닌 하위 관리층 혹은 일반 직원들에게 급여나 복지 제공?
8. 학생들에게는 한 해 수입이 50만 달러가 넘으면 부자로 보인다. 그런데 한해 5만 달러를 버는 사람에게는 6개월마다 1백만, 3백만, 혹은 5백만 달러를 배당받는 사람이 부자로 보인다. 반면, 그런 사람들에게는 백만장자가 부자로 보인다. 여러분이 생각하기에 과연 부자는 어떤 범주 안에 있는 사람인가?
9. 부자는 어떤 윤리적 의무감을 가져야 된다고 생각하는가?
   a. 자선단체에 기부?
   b. 환경보호에 기여?
   c. 국가가 제공하는 사회보장 제도와 같은 각종 정부 혜택의 포기?

출처 : Pierre-Yves Babelon/Fotolia

길라잡이

축가(anthem)로 시작해서 저주(anathema)에 이르기까지

혹시 단 몇 시간 동안이라도 스마트폰을 잃어버린 적이 있는가? 만약 그렇다면 아마 평생에 길이 남을 수도 있는 패닉 상황을 경험하게 될 수 있다. 어떤 디지털 장치이든지 간에 분실이라는 것은 굉장히 다양한 이유로 사람을 힘들게 만든다. 우선 스마트폰이나 노트북의 경우 가격이 만만치 않다. 수십만 원에서 노트북 같이 1~2백만 원이 훨씬 넘는 가격은 사람에게 엄청난 스트레스를 가져오게 만든다. 하지만 사람을 가장 패닉 상태로 빠뜨리는 것은 내 스마트폰이나 노트북을 누군가 가져갔을 때 그 안에 들어 있는 데이터를 가져가버리는 것이다.

디지털 기기를 잃어버렸을 때 어떤 데이터가 가장 걱정이 되는가? 가령 금융거래 관련 데이터, 저장된 이메일, 소셜미디어 계정, 포토 앨범, 혹은 그 외? 여기에 대해서는 사람마다 모두 다르기에 어떤 것이 맞고 그르다고 할 수 없다. 하지만 누군가가 내 개인 정보에 접근할 수도 있을 것이라는 가능성이 있다. 그리고 더 두렵게 만드는 것은 그 범죄자는 데이터를 빼내기 위해 굳이 내 스마트폰이나 노트북에 물리적으로 접속할 필요조차 없다는 것이다. 내 데이터는 이미 어떤 회사의 클라우드 안에 들어가 있기에 너무나 쉽게 빼갈 수 있기 때문이다. 이 말이 믿기지 않는가? 2015년 2월에 앤섬 보험회사(제목의 '축가'와 동일 — 역자 주) 관계자에게 물어보면 된다.

탈취의 기회가 존재하는 클라우드

점점 많은 데이터가 클라우드로 옮겨지고 있다. 그야 당연히 데이터 저장 비용은 늘어나고 인터넷 접속 비용은 줄어들며, 접속 속도는 빨라지고 있기 때문이다. 1990년에 1백만 트랜지스터 비용이 527달러, 기가바이트급 저장은 569달러, 초당 기가비트급 대역폭은 1,245달러였다.[9] 하지만 지금은 1백만 트랜지스터 비용은 0.05달러, 기가바이트급 저장은 0.02달러, 초당 기가비트급 대역폭은 16달러이다.

인터넷 사용자들은 더 많은 데이터에 쉽게 접속하기를 원한다. 하지만 불행하게도 접속이 늘어난다는 것은 그만큼 해커들도 더 많이 들어온다는 것을 의미한다. 2015년 초에 앤섬 보험회사는 보안 침해로 대략 8천만 고객의 계좌가 도난당했음을 보고했다.[10] 이때 해커들은 이름, 주소, 소셜 시큐리티 넘버(주민등록번호), 급여 등과 같은 고객들의 민감한 정보까지 훔쳐갔다. 차라리 국가 전체적으로 발생된 보안 침해는 범국민적 차원에서 심각성이 부각되기라도 하지만, 타깃이나 홈데포에 발생된 최근의 보안 사고에 비추어볼 때, 앤섬 고객들은 피해에 대한 자세한 내용이 드러남에 따라 점점 화만 돋우었다. 앤섬은 고객들의 계정 데이터를 암호화도 하지 않은 채로 저장했음을 시인했다. 이는 해커들이 즉각적으로 고객 데이터를 블랙마켓이나 범죄자들에게 팔 수 있음을 의미하는 것이다.

보안 전문가들은 앤섬이 이렇게 민감한 정보를 암호화도 하지 않은 채 다루어왔음을 강하게 비난했다. 엄청난 고객들이 고객 데이터의 보호 실패에 대한 책임을 물어 결국 소송을 걸었다.

나쁜 영향을 줄 것인가

만약 여러분의 데이터가 앤섬 사고처럼 도난당했다면 기분이 어떨까? 이 사고로 인해 이제 보험사를 옮겨야 되겠다는 생각만 드는가? 아니면 이렇게 큰 기업에서의 데이터 유출은 디지털 세계에서 언제든 일어날 수 있는 사실이며, 다른 보험사도 똑같이 취약할 수도 있음을 이해하는가? 여기서 아주 현실적인 문제는 데이터 유출은 너무나 조용하게 발생되며, 어느 순간에 해킹된 당신의 정보를 다른 회사에서 가지고 있을 수 있다는 점이다. 실제로 앤섬에서 데이터 유출이 일어난 지 약 한 달 뒤 프리메라블루크로스는 1,100만 개의 고객 데이터 유출이 발생되었음을 시인했다. 보험사에서의 데이터 유출이 심각한 이유는 고객 데이 터 안에 은행 계좌 정보나 의료 데이터까지 포함되어 있기 때문이다.[11]

이러한 위협에도 불구하고 기업들이 데이터를 클라우드로부터 다시 자사로 가져올 가능성은 희박하다. 고객들은 이미 웹 기반 서비스의 편리함에 익숙해져 있다. 기업의 보안은 결국 경쟁우위를 달성하기 위한 필요악으로부터 발전된 것이다. 따라서 사실상 어떤 기업의 가치가 판매되고 있는 제품이나 서비스의 가치보다 얼마나 정보보안을 잘하고 있는지가 더 중요한 시대가 왔음을 의미한다.

토의문제

1. 여러분이 사용하고 있는 클라우드 서비스에 대해 생각해보자. 정보 도난에 있어 얼마나 취약한 상태에 있는가?
2. 개인 정보가 탈취될 가능성을 낮추기 위한 방안에는 어떤 것들이 있을까?
3. 이 기사에서 앤섬이 민감한 데이터를 암호화하지 않음으로 인해 얼마나 큰 피해를 입었는가를 서술하고 있다. 그렇다면 고객 데이터를 암호화하는 것은 왜 보안의 수준을 높이는 데 도움이 되는가?
4. 홈데포나 타깃에서 발생된 데이터 탈취사고가 고객으로서 당신의 행동에 어떤 영향을 미칠 것인가?
5. 현재 여러분의 직장에서 보안에 대한 경각심을 높이기 위한 방안을 고민해보라.

출처 : BillionPhotos.com/Fotolia

생생복습

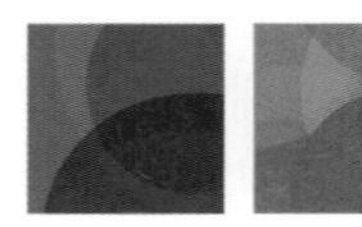

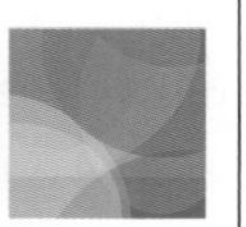

이 장에서 학습한 내용을 이해하였는지 점검해보자.

Q1 기업에서 클라우드를 대안으로 생각하는 이유는 무엇인가?

클라우드에 대한 정의를 내리고, 해당 정의에 포함되어 있는 세 가지 주요 용어를 설명하라. 그림 6-3을 토대로 클라우드 기반과 기업 내 호스팅을 비교하고 차이점을 설명하라. 오늘날 클라우드 컴퓨팅을 가능하게 만든 세 가지 요소를 설명하라. *SOA*, 웹 서비스 표준, 그리고 웹 서비스의 의미를 설명하라. 클라우드 기반 인프라를 사용하는 것이 적절하지 않을 때는 언제인가?

Q2 기업은 클라우드를 어떻게 이용하는가?

SaaS, *PaaS*, *IaaS*에 대해 정의를 내리고, 각각에 대한 사례를 들어보라. 아울러 각각에 대해 가장 적합한 선택이 될 수 있는 비즈니스 상황을 설명하라. *CDN*의 개념, 목적, 그리고 장점을 설명하라. 웹 서비스를 기업 내부적으로 어떻게 사용할 수 있는지 설명하라.

Q3 팔콘시큐리티에서 클라우드를 어떻게 활용할 수 있을까?

팔콘이 적용할 수 있는 SaaS 제품군의 이름을 나열하고 설명하라. 팔콘이 PaaS 제품군을 사용할 수 있는 방법을 설명해보라. 팔콘이 IaaS를 적용하기 힘든 이유를 설명해보라. 팔콘이 CDN을 사용할 수 있는 방법을 설명하라.

Q4 조직이 클라우드 서비스를 어떻게 안전하게 사용할 수 있을까?

VPN의 목적과 VPN의 작동 방식을 개괄적으로 설명하라. 가상이라는 용어를 정의하고, VPN과의 관계에 대해 설명하라. 사설 클라우드에 대한 정의를 내리고, 사설 클라우드의 이점에 대해 의문이 드는 부분을 제기해보라. 어떠한 형태의 조직이 클라우드 구축으로부터 충분한 혜택을 누리는가? 아무리 유명한 대기업이라고 하더라도 공용 클라우드 유틸리티와 경쟁할 수 있을 정도의 사설 클라우드를 구축하는 것이 현실적으로 힘든 이유를 설명하라. 특정 기업에 구축된 사설 클라우드는 어떤 상황에서 적합한가? VPC에 대한 정의를 내리고, 조직에서 활용되는 방법과 이유를 설명하라.

Q5 클라우드는 미래에 어떤 영향을 주는가?

클라우드의 미래는 어떻게 될 것 같은가? 클라우드가 가져오는 좋은 소식과 나쁜 소식을 요약해보라. 그림 6-2의 사진이 우리에게 불안감을 주는 이유를 설명하라. "구름(cloud)이 모든 배(boat)를 들어올린다."라는 말의 뜻을 설명해보라. 원격지 작동 시스템의 세 가지 범주를 설명하라. 원격지 작동 시스템과 관련하여 "일류 전문가의 가치는 높여 주겠지만, 범재(凡才)는 필요 없게 만든다."는 의미를 설명해보라. 그렇다면 뛰어난 능력을 가진 전문가 이외의 사람들은 무엇을 할 수 있는가?

이 장에서의 지식이 여러분에게 어떻게 도움이 되는가?

클라우드는 조직이 컴퓨팅 인프라를 구축하는 데 있어 근본적인 변화를 가져왔다. 클라우드를 통해 조직은 데이터 처리, 저장, 그리고 통신 비용을 거의 제로에 가까운 수준으로 만들어 주었다. 이 장의 팔콘 이야기와 윤리문제에 나와 있듯이 클라우드는 기업의 수익성 제고에 큰 영향력을 행사한다.

따라서 이 장에서 배운 내용을 토대로 비즈니스 전문가로서 더 좋은 정보를 얻고, 여러분의 새로운 가능성을 탐색하고, 보다 흥미 있는 직업을 찾도록 하며, 그리고 여러분이 몸담고 있는 조직에 상당한 비용을 절약할 수 있도록 만들 수 있다. 지금 근본적인 변화가 일어나고 있다. 이를 잘 활용하길 바란다!

주요용어

가상 사설 클라우드(virtual private cloud, VPC)
공동 사용(pooled)
사설 클라우드(private cloud)
서비스로서 소프트웨어(software as a service, SaaS)
서비스로서 인프라(infrastructure as a service, IaaS)
서비스로서 플랫폼(platform as a service, PaaS)
원격 법 집행(telelaw enforcement)
원격수술(telesurgery)
원격지 작동 시스템(remote action system)
원격 진단(telediagnosis)
웹 서비스(web services)
웹 서비스 표준(web service standards)
인터넷 그 이상(over the Internet)
콘텐츠 전송 네트워크(content delivery network, CDN)
클라우드(cloud)
탄력적(elastic)
터널(tunnel)
SOA(service-oriented architecture)
VPN(virtual private network)

학습내용 점검

1. 클라우드에 대해 정의를 내리고, 정의에 포함된 세 가지 주요 용어를 설명하라. 클라우드 기반의 호스팅과 자체 호스팅을 Q1에서 제시된 내용을 토대로 비교하고 설명하라. 클라우드 기반의 호스팅이 자체 호스팅보다 더 나은 이유를 세 가지 주요 요소를 토대로 설명하라.

2. 애플은 Q1에서 제시되었던 노스캐롤라이나 데이터센터 구축에 10억 달러 이상을 투자했다. 애플이 그정도의 금액을 투자한 이유만 보더라도 아이클라우드가 기업의 미래 핵심 영역임을 짐작할 수 있다. 제3장의 Q2에서 논의되었던 원칙을 토대로 아이클라우드가 여타 모바일 업체에 대항하여 경쟁우위를 가질 수 있는 방안들을 모색해보라.

3. 지금 여러분은 팔콘에서 근무하고 있다고 생각해보라. 지금 조니는 당신에게 이렇게 저렴하고 탄력적인 데이터 저장은 있을 수 없는 일이라고 말하고 있다. "어딘가에 숨어 있는 함정이 있을거야."라고 조니가 말한다. 이때 조니에게 클라우드가 어떻게 작동하고 있는지를 설명할 수 있는 한 페이지짜리 메모를 만들어보라. 해당 메모에는 클라우드 처리를 위한 표준의 역할이 필요함을 반드시 포함해야 한다.

협력과제 6

여러분의 팀원들과 만나서 구글 오피스, 셰어포인트 또는 기타 협업 도구를 사용해서 협업정보시스템을 구축하라. 절차와 팀 훈련의 필요성을 잊지 마라. 이제 정보시스템을 이용해서, 다음의 질문들에 답하라.

클라우드는 정보시스템 서비스 업계에서 기념비적인 변화를 불러일으키고 있다. 어디서든 LAN, 서버 혹은 여타 네트워크 공사나 유지보수를 위해 고객들에게 달려가는 ISV(지역 소프트웨어 업체) 트럭을 쉽게 볼 수 있다. 해당 트럭 옆면에는 마이크로소프트, 오라클, 시스코 등과 같은 로고가 박혀 있는 것을 볼 수 있다. 사실 지난 수년간 지역 내 소규모 소프트웨어 및 네트워크 업체는 LAN의 설치 및 유지보수, 사용자 컴퓨터의 인터넷 연결, 서버 설정, 마이크로소프트 익스체인지 라이선스 판매, 서버용 소프트웨어나 고객용 소프트웨어를 설치하는 일 등으로 먹고 살았다.

일단 모든 것이 설치되면 이러한 기업은 불가피하게 일어날 수밖에 없는 문제들에 대한 유지보수나 신규 버전의 소프트웨어 지원 및 설치, 혹은 신규 사용자에 대한 컴퓨터 네트워크 연결 등과 같은 업무를 통해 수익을 계속 창출해나간다. 겉으로 보기에는 고객사가 굉장히 다양할 것 같지만, 실제로는 일반적인 이메일을 사용해야 하고, 인터넷 연결이 필요하며, 퀵북스와 같은 초급용 프로그램을 운영할 수 있는 정도의 3~50명 인력 규모를 가진 소규모 회사들을 담당하고 있다.

4. 이 장으로부터 배운 지식과 팀 구성원들과의 아이디어 회의를 통해 클라우드 서비스 업체가 지역 ISV 회사들에게 가하는 위협을 요약해보라.

5. 여러분이 속한 팀이 ISV 업체라고 가정해보자. 점점 더 많은 고객이 여러분 회사의 이메일 서버를 사용하는 대신, 구글 이메일과 같은 SaaS 클라우드 서비스로 갈아타고 있다는 것을 알게 되었다.
   a. 그렇다면 여러분 회사에서는 SaaS 침해를 막기 위해 무엇을 할 수 있는가?
   b. 앞의 a의 답변에서 실행에 옮길 수 있는 세 가지 대안을

만들어보라.

c. 앞의 b의 답변에서 세 가지 중에서 어떤 것을 선택하겠는가? 그 이유는 무엇인가?

6. 비록 SaaS가 이메일이나 여타 로컬 서버에 대한 필요성을 없애버렸다고 해도, 여러분의 회사에서 제공해줄 수 있는 서비스가 여전히 남아 있다. 이러한 서비스들이 무엇이 있는지 나열하고, 각각에 대해 설명해보라.

7. 지금 여러분이 몸담고 있는 ISV 회사를 클라우드 서비스 위협에 적응해서 살아남으려고 시도하는 것 대신, 본인과 팀원이 SaaS 및 기타 클라우드 서비스가 운용되고 있는 상태에서 성공을 거머쥘 완전히 새로운 비즈니스를 발굴하기로 결정했다고 가정하자. 대학 캠퍼스 안팎에 존재하는 기업들을 찾아서 클라우드 서비스 분야에서 해당 기업이 필요로 하는 정보시스템 영역을 도출하고 기술해보라.

8. 상기 7번의 답변에서 도출된 비즈니스 요구를 맞추기 위해 새 비즈니스가 제공할 수 있는 정보시스템 서비스를 기술하라.

9. 기존 ISV 업체의 경우 이렇게 새롭게 바뀐 세상에 적응하는 것이 더 나을지, 아니면 완전히 새로운 회사로 탈바꿈하는 것이 나을 것인지 상기 4~8번 질문에 대한 답을 토대로 생각해보라. 각 대안에 대해 장점과 단점을 비교해서 설명하라.

10. 기술의 변화는 수 세기 동안 특정 제품이나 서비스에 대한 필요성을 없애기도 하고, 새로운 제품이나 서비스의 필요성을 만들어내기도 했다. 하지만 오늘날 새롭다는 것은 그만큼의 새로운 기술이 급속도로 만들어지고 맞추어졌음을 의미한다. 클라우드 서비스를 예로 들어 급변하는 환경에서 '번창'하기 위해 비즈니스 전문가가 가져야 될 기술 영역들을 나열해보라. 이 질문에서 사용된 동사가 '생존(survive)'이 아닌 '번창(thrive)'이라는 것에 주목하라.

사례연구 6

핀큐라우드는 영원할까? 글쎄, 적어도 올바르게 사용되는 한…

1937년 미국 증권거래위원회(Securities and Exchange Commission, SEC)에서는 증권 브로커와 딜러에 대한 기록 보유 요구사항을 규정하는 규칙을 제정했다. SEC의 관심사는 금융관련 거래 기록이 작성된 이후 변경되지 않아야 하고, 정해진 기간 동안은 반드시 유지되어야 하며, 해당 기록의 검색이 용이하게 될 수 있도록 색인화가 되어야 한다는 점을 규정하고 있다.

1937년 당시에는 이러한 기록은 종이 매체에 국한되었다. 하지만 1997년에 SEC는 정보시스템이 발전함 따라 WORM(Write Once, Read Many) 메모리 장치에 한해서 금융관련 거래 기록들을 전자적 방식으로도 보관할 수 있다고 규정을 개정하였다. 대표적으로 CD나 DVD가 WORM 장치였기 때문에 금융 서비스 업계에서는 해당 내용을 수용하는 데 전혀 문제가 없었다.

하지만 기술이 발전함에 따라 브로커와 딜러를 포함한 여타 금융기관에서 일반적인 디스크형 저장 장치에도 거래 기록을 저장하고자 하였으며, 이를 가능할 수 있게 SEC에 지침을 수정하도록 탄원서를 제출하였다. 이에 2003년 5월 SEC는 저장 메커니즘상에 데이터 변경을 금지하는 소프트웨어가 포함되어 있는 경우에 한해서 읽기-쓰기가 모두 가능한 저장 매체에도 거래 기록을 저장할 수 있도록 규정을 재해석하였다.

브로커 및 딜러는 통합 하드웨어 및 소프트웨어의 제어 코드를 사용하는 한, 요구되는 저장 기간 동안 레코드에 대한 덮어쓰기, 삭제 및 여타 변경을 방지하는 전자 저장시스템을 사용하는 경우에 한해서는 규칙 (f) (2) (ii) (A)의 요건을 위반하지 않는다. 브로커 및 딜러는 규칙 17a-4에 따라 지정된 기간 동안 기록을 유지해야 한다. 따라서 해당 저장 장치의 삭제 및 덮어쓰기 방지와 관련된 측면은 해당 기간을 초과해서 계속될 필요는 없다.

해당 위원회의 해석에는 어떤 기록이 삭제되거나 덮어쓰이는 위험을 줄여주는 저장시스템만 고려되고 있다. 사용자 인증이나 승인 정책, 암호나 여타 외부 보안 통제 관련 등과 같은 전자적 레코드를 보호하는 소프트웨어 애플리케이션을 사용하는 시스템의 경우는 저장 장치의 삭제 및 변경 방지와 관련된 기록물 보관 정책은 존재하지 않는다. 즉 다른 시스템에서 사용되는 외부 대책들은 해당 레코드가 변경되거나 삭제되는 것을 막지 못한다. 예를 들어, 이러한 시스템에서는 암호를 사용함으로써 레코드에 대한 접근을 제한해버릴 수 있다. 또한 해당 레코들의 내용을 기반으로 레코드에 대한 '지문'을 만듦으로써 레코드가 변경되면 지문이 변경되도록 나타낼 수 있다(물론 이러한 경우 원래 레코드는 유지될 수 없다). 따라서 이러한 시스템에 저장된 레코드를 수정하거나 삭제하는 기능은 규칙 17a-f(f)의 비준수를 의미한다.[12]

SEC는 인증이나 암호 혹은 수작업과 관련된 외부 통제를 제

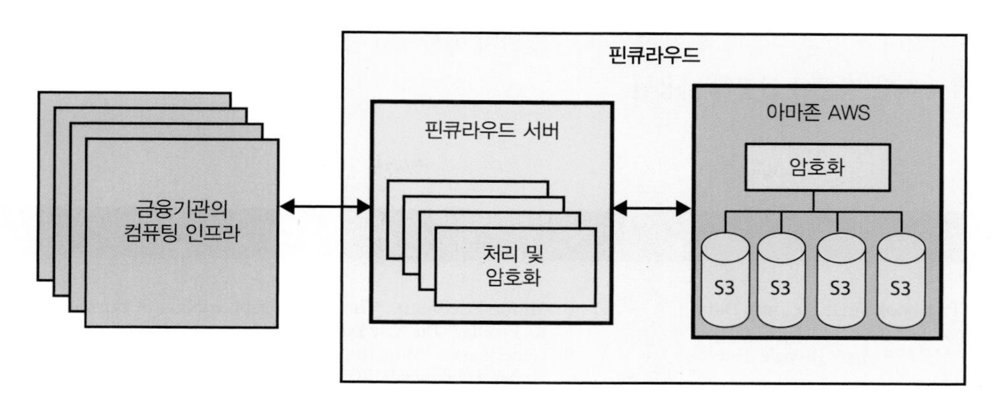

그림 6-13
핀큐라우드 시스템의 구성요소

외하고 있음은 분명하다. 왜냐하면 이러한 시스템들이 자칫 레코드를 용이하게 덮어쓰게 만들게끔 오용될 수도 있다고 여기기 때문이다. SEC는 이러한 규칙을 제정함에 있어 명확한 선을 긋고 있다. 예를 들어, 누군가가 저장시스템 소프트웨어를 변조해버리면, 당연히 데이터를 수정하거나 덮어쓸 수 있게 된다. 하지만 분명한 점은 SEC는 이러한 조작은 불법이며, 우려하지 않아도 될 만큼 발생될 가능성이 낮다고 보고 있다.

이러한 규정에 따라 기업들은 그에 맞추어 정보시스템을 개발하기 시작하였다. 나스닥 주식 시장과 여덟 군데 유럽 증권 거래소를 소유하고 운영하고 있는 다국적 기업인 나스닥 OMX 그룹은 SEC 규정을 준수하는 클라우드 기반 저장시스템인 핀큐라우드(금융기관을 위한 사설 클라우드 서비스 — 역자 주)를 개발했다. 현재 나스닥 OMX는 50개국의 70개 시장에서 전 세계 주식 거래량의 10%를 차지하고 있다.[13]

핀큐라우드 시스템의 기본 구성요소는 그림 6-13과 같다. 백엔드에서는 확장성과 탄력적인 저장 공간을 제공하기 위해 아마존의 S3를 이용하고 있다. 금융 기관이 저장될 필요가 있는 레코드를 핀큐라우드에 보내면, 핀큐라우드는 업데이트할 수 없도록 데이터를 처리하고, 처리된 데이터를 암호화하며 AWS로 전송한다. 그리고 전송된 데이터는 재암호화 과정을 거친 후 S3 장치에 저장된다. S3에 저장된 데이터는 인가된 사용자가 쉽게 검색할 수 있도록 색인화 과정을 거친다. 해당 시스템이 개발된 이후, 나스닥 OMX는 핀큐라우드의 데이터 처리 및 암호화가 SEC 요구사항을 충족시키는 방식으로 수행되었음을 인가하였다.

나스닥 OMX 측은 해당 내용이 내부적으로 검증된 것이라는 비판을 피하기 위해, 증권업 컨설팅 회사인 조던앤조던과 문서처리 관련 컨설팅 회사인 코하셋어소시에이트 등과 같은 외부 독립적인 회사를 고용하였다. **월스트리트 저널**에 따르면 두 회사가 업무를 충실히 이행할 경우, 핀큐라이드는 미국 상품 선물 거래위원회(CFTC)의 권고사항뿐만 아니라 SEC 규칙(규칙 17a-3)의 요구 사항 모두를 충족할 수 있다고 결론지었다.[14]

결론적으로 나스닥 OMX 고객들이 핀큐라우드를 올바르게 사용하는 한, 회계감사인들도 핀큐라우드가 SEC 규칙을 준수하고 있음을 알고있기에, 고객들은 얼마든지 핀큐라우드를 사용할 수 있다.

질문

11. 딜러 및 브로커의 기록물 유지와 관련된 요구사항을 아는 대로 설명해보라.
12. SEC의 2003년도 해석을 다시 한번 읽고, '통합 하드웨어 및 소프트웨어 통제 코드'와 '사용자 인증이나 승인 정책, 암호나 여타 외부 통제'를 사용하는 소프트웨어 애플리케이션의 차이점을 아는 대로 설명하고, 각각의 예제를 들어보라.
13. SEC의 관점에서는 통합된 하드웨어 및 소프트웨어 시스템의 손상 가능성은 사용자 인증, 암호 및 그 절차와 관련된 시스템의 손상 가능성보다 상대적으로 훨씬 더 낮다는 점은 명확해 보인다. 이에 대한 관점이 타당함을 증명하라.
14. 13번의 질문에 대한 SEC의 관점에 동의를 하는가? 혹은 하지 않는가? 선택에 대한 이유를 밝혀라.
15. 조던앤조던(www.jandj.com)과 코하셋어소시에이트(www.cohasset.com)의 사이트를 방문하라. 여러분이 증권사 컨설턴트라면, 이들 회사가 밝히는 성명서에 어느 정도까지 신뢰할 수 있는가?
16. 만약 여러분이 증권사 컨설턴트라면, 핀큐라우드가 SEC 규칙과 2003년도 해석을 준수하고 있음을 확인하기 위해 어떤 또다른 조치를 취하겠는가?
17. 지금까지 배운 지식들이 SEC의 2003년 해석을 이해하는데 얼마나 도움이 되었는지 설명하라. 만약 여러분이 금

융업계에 일할 경우 이러한 지식이 어떻게 도움이 될지 요약하라. 취업을 위한 면접에서 해당 질문이 어떻게 사용될 것인지 예상해서 답변하라.

주

1. Patrick Thibodeau, "Apple, Google, Facebook Turn N.C. into Data Center Hub," *Computerworld*, last modified June 3, 2011, *www.computerworld.com/s/article/9217259/Apple_Google_Facebook_turn_N.C._into_data_center_hub*.
2. M. Prince, "Thoughts on Network Neutrality, the FCC, and the Future of Internet Governance." February 27, 2015, accessed April 10, 2015, *https://blog.cloudflare.com/net-neutrality*.
3. Mike Snider, Roger Yu, and Emily Brown, "What Is Net Neutrality and What Does It Mean for Me?" *USA Today*, February 27, 2015, accessed April 10, 2015, *www.usatoday.com/story/tech/2015/02/24/net-neutrality-what-is-it-guide/23237737*.
4. See, for example, *http://online.wsj.com/article/SB10001424127887323744604578470900844821388.html?mod=itp*, accessed May 2013.
5. Issie Lapowsky, "Video Is About to Become the Way We All Visit the Doctor," *Wired*, April 30, 2015, accessed May 4, 2015, *www.wired.com/2015/04/united-healthcare-telemedicine*.
6. 교통법규 위반 정보시스템(traffic citation information system)은 일반적으로 사용되는 용어는 아니지만, 본질적으로 다섯 가지 구성요소를 모두 포함함으로써 서비스로서 정보시스템(ISaaS)이 충분히 될 수 있다.
7. Robert Reich, *The Work of Nations: Preparing Ourselves for Twenty-first Century Capitalism* (New York: Vintage Books, 1992), p. 176.
8. Milton Friedman, "The Social Responsibility of Business Is to Increase Its Profits," *The New York Times Magazine*, September 13, 1970.
9. Gene Marks, "Why the Anthem Breach Just Doesn't Matter Anymore," *Forbes*, February 9, 2015, accessed April 22, 2015, *www.forbes.com/sites/quickerbettertech/2015/02/09/why-the-anthem-breach-just-doesnt-matter-anymore*.
10. Tom Huddleston, "Anthem's Big Data Breach Is Already Sparking Lawsuits," *Fortune*, February 6, 2015, accessed April 22, 2015, *http://fortune.com/2015/02/06/anthems-big-data-breach-is-already-sparking-lawsuits*.
11. Coral Garnick, "Premera Negligent in Data Breach, 5 Lawsuits Claim," *Seattle Times*, March 27, 2015, accessed April 22, 2015, *www.seattletimes.com/seattle-news/premera-negligent-in-data-breach-5-lawsuits-claim*.
12. U.S. Securities and Exchange Commission, "SEC Interpretation: Electronic Storage of Broker-Dealer Records," last modified May 5, 2003, *www.sec.gov/rules/interp/34-47806.htm*.
13. NASDAQ OMX, "NASDAQ OMX FinQloud," accessed May 2013, *www.nasdaqomx.com/technology/yourbusiness/finqloud/*.
14. Greg MacSweeney, "Nasdaq OMX FinQloud R3 Meets SEC/CFTC Regulatory Requirements, Say Consultants," April 15, 2013, *www.wallstreetandtech.com/data-management/nasdaq-omx-finqloud-r3-meets-seccftc-reg/240152909*.

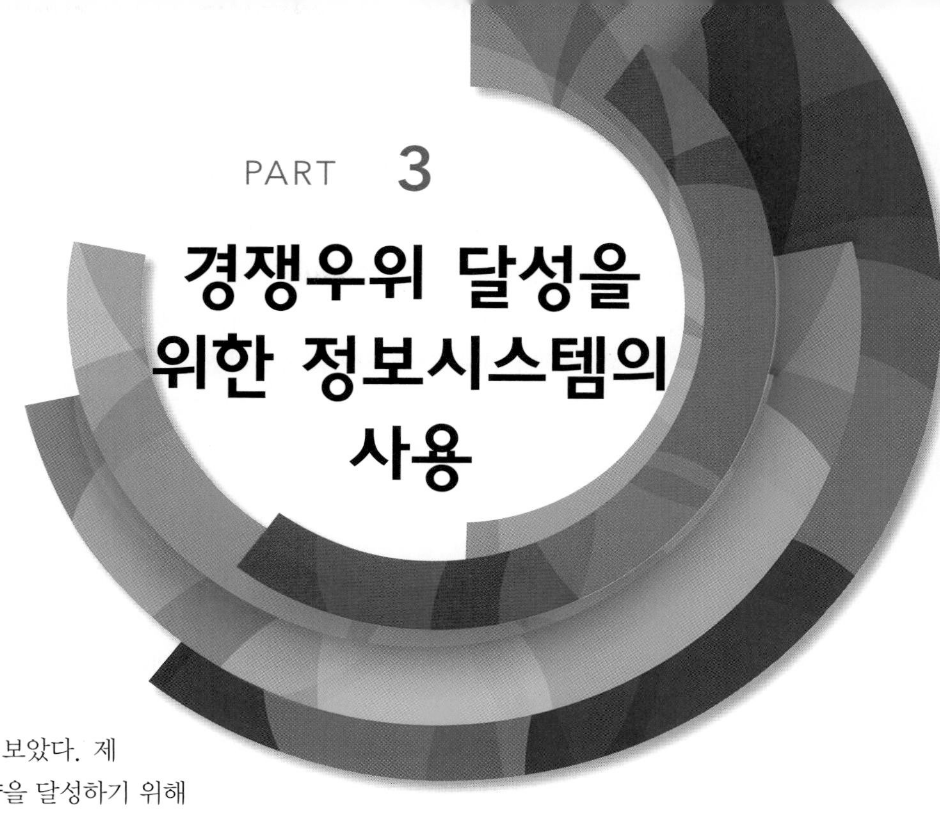

PART 3

경쟁우위 달성을 위한 정보시스템의 사용

이전 6개 장에서 정보시스템 기초에 대해 살펴보았다. 제 7~12장에서는 기초 지식을 토대로 조직이 전략을 달성하기 위해 해당 정보시스템을 어떻게 활용하는지를 배우게 될 것이다. 제7~9장인 제3부에서는 정보시스템의 애플리케이션에 초점을 맞추고, 제10~12장인 제4부에서는 정보시스템 관리 측면에 초점을 맞추어 살펴볼 것이다.

여러분에게도 이러한 일이 일어날 수 있다

제7~12장은 헬스케어 산업 영역에서 클라우드 기반 모바일 애플리케이션의 활용 분야를 살펴볼 것이다. 이 책에서 설명되는 시스템이 아직까지는 실제로 개발되지는 않았다. 하지만 충분히 실현 가능하며, 향후 산업 영역에 큰 도전 기회를 제공할 뿐만 아니라, 오늘날 가장 중요한 산업 영역에 최신의 기술을 그대로 반영하고 있다.

다음 페이지에 해당 시스템의 주요 참여자들인 PRIDE, 즉 수행기록(Performance Recording), 통합(Integration), 전송(Delivery), 그리고 평가(Evaluation)가 제시되어 있다. PRIDE를 활용해서 운동 데이터가 ANT 프로토콜과 연동된 장치들로부터 모여진다. ANT[1] 프로토콜은 러닝머신, 실내사이클, 심박 모니터, 운동 매트 등과 같은 운동 장비를 위해 만들어진 개별 네트워크용 통신 프로토콜이다. 이러한 프로토콜 덕분에 각종 운동장치로부터 전송된 데이터가 LAN이나 휴대전화 등과 같은 인터넷으로 전송되고, 해당 데이터는 종국에 클라우드 데이터베이스에 저장된다.

일단 데이터가 클라우드에 저장되기만 하면 본인, 헬스케어 전문가, 헬스클럽, 보험회사, 그리고 고용주들이 해당 운동 보고서를 언제든 검색하고 결과를 조회할 수 있다. 의사들은 환자들이 운동을 제대로 하고 있는지는 확인할 수 있고, 헬스클럽은 개별 맞춤형

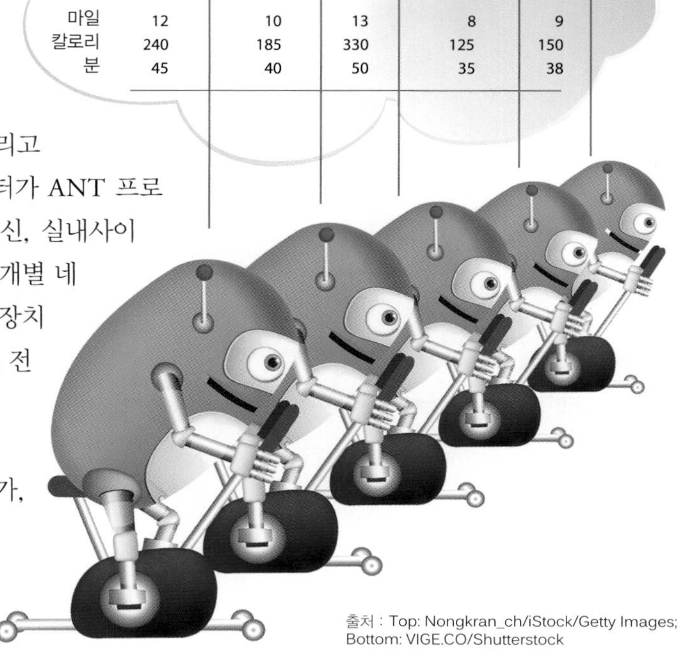

	너트	젠드라	볼트	스프로킷	기어
마일	12	10	13	8	9
칼로리	240	185	330	125	150
분	45	40	50	35	38

출처 : Top: Nongkran_ch/iStock/Getty Images; Bottom: VIGE.CO/Shutterstock

운동 데이터에 적용할 수 있으며, 보험회사는 보험율을 계산하는 데 활용하며, 고용주는 종업원의 건강증진을 위한 투자 대비 성과를 측정해 볼 수 있다.

심장외과의인 로메로 플로레스 박사가 본인의 진료업무에 사용하기 위해 포로토타입을 개발하였다. 해당 시스템은 병원에서 사용하는 동안에는 인기가 좋았으며, 환자의 회복에도 도움이 되었다. 그래서 다른 의사들도 그 시스템을 사용하기를 희망했으나 결국 실패하고 말았다.

플로레스 박사의 환자 중의 한 사람인 제브 프리드먼은 PRIDE 시스템의 첫 수혜자였다. 프리드먼은 지난 30년 동안 사업체를 팔고 사면서 상당한 부를 축적하였다. 그는 PRIDE 시스템에 대해 매우 호의적인 태도를 가지고 있었기에 병원에 방문할 때마다 해당 시스템에 대해 관심을 가졌다. 그리고 플로레스 박사가 사업가가 아니라 의사이기 때문에 해당 시스템이 성공을 거두지 못한 것에 대해 이상하게 생각하지도 않았다. 프리드먼은 PRIDE가 시장에서 성공하기 위해서는 마케팅이 절대적으로 필요하며, 능력 있는 관리자가 필요하다고 생각하였다. 그래서 플로레스 박사에게 로열티 계약을 체결하고 작은 회사 1개를 사버렸다. 그러고 나서 새로운 부장으로 재러드 쿠퍼를 마케팅 전문가로 니키 젠슨을 고용하고, 플로레스 밑에 있던 기술 전문가였던 제임스 우를 고용 승계하였다. 그리고 재러드는 판매 팀장으로 미셸 러셀을 데려왔다.

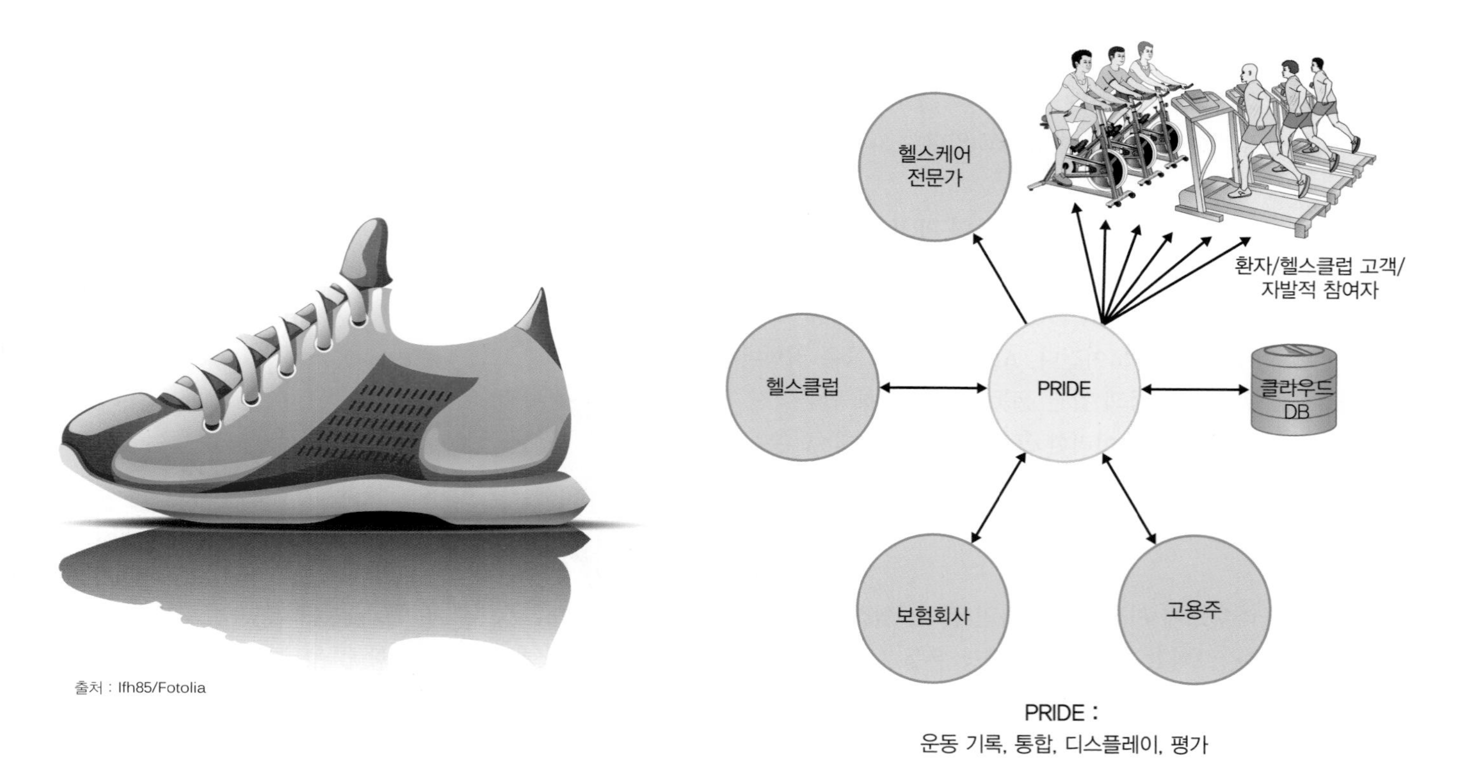

출처 : lfh85/Fotolia

PRIDE :
운동 기록, 통합, 디스플레이, 평가

조직과 정보시스템

PRIDE 시스템의 제브 프리드먼 대표, 재러드 쿠퍼 부장, 니키 젠슨 마케팅 담당, 제임스 우 정보시스템 담당이 토요일 아침 회의를 위해 프리드먼의 집에 모두 모였다. 안부 인사가 끝나고, 곧장 사업 이야기에 돌입했다.

"의사들은 운동에 도통 관심이 없거든. 플로레스가 실패한 이유가 이것 때문일 거예요." 제브가 주위를 둘러보며 이야기한다.

"의사들은 아니라고들 하던데요." 니키는 제브의 말을 끊는 것이 실수한 것은 아닌지 신경 쓰여 일단 제브의 말에 귀를 기울였다.

여러분에게도 이러한 **일**이 **일어날** 수 있다

"보통 사람들은 말하는 것과 행동하는 게 다르거든요. 의사들은 약이나 수술에는 관심이 많아요. 어떤 의사들은 아주 비싼 수술에만 관심을 보이죠. 만약 의사들이 운동에 관심이 있었다면, 벌써 헬스클럽을 가지고도 남았을 걸요." 제브는 확신에 찬 목소리로 말했고, 니키가 본인의 말을 끊은 것에는 관심이 없었다.

"사실 우리는 누가 얼마나 아픈지, 또 거기에 얼마만큼을 지불할 수 있는지부터 살펴봐야 해요."

PRIDE 시스템의 새로운 부장인 재러드는 제브의 이런 직설적인 화법이 오히려 마음에 들었다.

"맞아요. 플로레스와 팀원들은 이러한 시스템이 효과적이라는 것을 이미 보여줬어요. 클라우드를 사용해서 운동 장비와 각종 모바일 장치들이 운동 데이터를 수집하고, 통합해서 보고까지 할 수 있으니까요. 그렇다면 이 시스템을 누구에게 팔 것인지, 또 구매를 유도하기 위해 우리가 무엇을 해야 할까요?"

"보험회사 두 군데에 이미 말해놓긴 했는데, 그다지 가능성은 없어 보여요."

재러드는 제브를 쳐다봤다.

"없다고요? 왜요?" 제브는 이미 답을 알고 있긴 했지만, 재러드의 생각이 듣고 싶었다.

"그들도 운동을 좋아하지 않거든요. 운동 자체가 질병을 막을 수 있다고 생각하지 않는 거죠. 물론 뭐, 심장 쪽 질환이나 아니면 아주 멀리 봤을 때 당뇨 정도는 효과가 있을 수 있지만, 암이라든가 치매 같은 질환은 운동으로 막을 수 있는 게 아니거든요. 그래서 보험사 입장에서는 자칫 운동으로 유발된 상해 때문에 클레임만 더 늘어날까 봐 걱정을 하게 되죠."

"정말이에요?" 니키는 자신이 들은 내용이 믿기지가 않았다.

"더욱 비관적인 것은, 어쨌든 회사 입장에서는 고객이 암에 걸리거나 했음에도 불구하고 멀쩡한 모습으로 더 오래 살게 된다면, 결국 케어 비용만 늘어나게 만들게 되는 거고요."

"이런 이야기가 믿기지 않네요." 니키는 본인이 생각한 것을 이야기한다.

"자, 그럼 제브, 혹시 이런 사업에 오바마 케어 관련 펀드와 같이 정부로부

학습목표

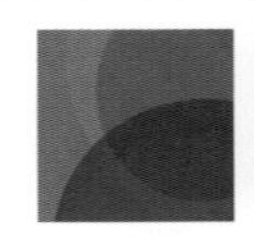

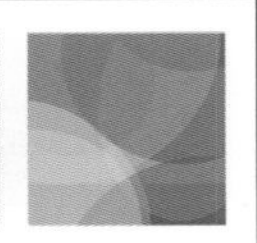

Q1 정보시스템의 범주는?

Q2 전사적 시스템이 부서 간 사일로 문제를 어떻게 해결하는가?

Q3 CRM, ERP, EAI가 전사적 시스템을 어떻게 지원하는가?

Q4 기업 간 시스템이 기업 사일로 문제를 어떻게 해결하는가?

이 장에서의 지식이 여러분에게 어떻게 도움이 되는가?

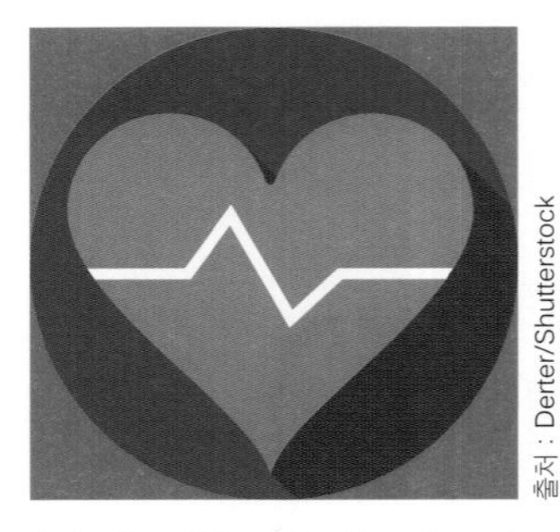
출처 : Derter/Shutterstock

"이 시스템을 소유하는 데 얼마나 들 것 같나요?"

터의 보조를 받을 수는 없을까요?"

재러드는 제브를 똑바로 쳐다보며 물었다.

"음, 그럴 수도 있겠네요. 제 친구에게 물어볼게요. 하지만 보통 이런 자금은 처리 속도가 늦고, 또 지원 신청을 하기에는 서류 작업도 만만치가 않거든요. 여하튼 즉각적인 도움은 안 되겠지만, 우리가 무엇을 얻어낼 수 있는지 알아볼게요."

"어쨌든, 이 시스템의 진정한 수혜자는 시스템 참여자 모두가 될 거예요." 제임스가 처음으로 목소리를 냈다.

"당신 말이 맞아요. 하지만 한 가지 물어봅시다. 이 시스템을 소유하는 데 얼마나 들 것 같나요?"

제브는 부드럽게 묻긴 했지만, 제임스의 순진한 말에 적잖이 놀랐다.

"흠… 전혀 들 것 같지 않은데요." 제임스는 이야기가 흘러가는 방향을 이제야 이해하게 된다.

"더구나 이 시스템은 구매자가 될 수도 없어요. 이 시스템이 이득을 가지고 있다고 말하는 것은 당신 같은 기술자에게는 맞는 말일 수도 있지만, 은행 입장에는 그렇지가 못하죠." 제브는 여전히 부드러웠지만, 제임스는 당혹함에 몸둘 바를 모른다.

"아… 그렇군요." 제임스는 쑥스러웠지만, 그냥 듣는 것이 더 낫겠다는 생각을 하게 된다.

"병원을 포함해서 고용주, 헬스클럽, 장비 제조업체, 운동하는 사람들이 이 시스템의 경계에 포함되어 있죠."

재러드는 손을 꼽으면서 말을 이어간다.

"재러드, 한번 살펴봅시다. 내가 생각하기에 고용주들은 보험회사만큼 부정적인 시각으로 여길 것 같은데요. 아, 물론 모두가 그런 것은 아니겠지만, 최소 일부는 그럴 수도 있을 것 같으니 확인 바랍니다."

"알겠습니다."

"그리고 PRIDE가 헬스클럽의 수익률 향상에 얼마나 도움될 것인지, 그렇다면 제조회사에도 얼만큼의 수익 향상을 가져올 수 있는지도 살펴봐야 합니다." 제브가 니키를 쳐다보며 말했다. "니키! 뭐 다른 할 말 있나요?"

"제가 생각하기에 광고 판매 부분도 생각해야 할 것 같은데요. 우리 경쟁 사이트에 올려놓고 광고 노출을 유도하는 거죠."

"계속해봐요."

"광고 수익 모델 중에 사용 기반으로 수익을 낼 수도 있어요. 물론 이를 위해서는 사용자를 늘려야 하겠죠. 이벤트나 소셜미디어 등을 통해 PRIDE를 많은 사람들이 쓰도록 만들어야 할 것입니다."

"마음에 드는데요.. 하지만 실현 가능성이… 어쨌든 한번 찾아봅시다. 재러드, 헬스클럽과 고용주 쪽을 맡아주세요. 니키, 광고 수익 모델을 구체적으로 실현시켜보세요. 제임스, PRIDE 시스템이 만 명 정도까지 동시에 접속할 수 있는지 검토하고, 테스트해보세요. 자, 다른 질문이 있으신가요?"

서로를 바라보았으나 별 다른 말이 없다.

"오케이. 다음 주에 봅시다!"

Q1 정보시스템의 범주는?

오늘날 조직은 조직 단위에 따라 그림 7-1에 제시된 것과 같이 네 가지 종류의 정보시스템을 사용하고 있다. 이제부터 종류별 정보시스템을 살펴보도록 하자.

개인용 정보시스템

개인용 정보시스템(personal information system, PIS)은 개인에 의해 사용되는 정보시스템이다. 아이폰이나 이메일 계정의 담당자가 개인용 정보시스템의 실례가 될 수 있다. 단일 사용자가 해당 정보시스템을 사용하기 때문에 절차도 간단하고 문서화나 공식화된 절차를 가질 필요도 없다.

개인용 정보시스템에서는 변화를 관리하는 것도 용이하다. 만약 우리가 현재 사용하고 있는 이메일 계정을 MSN에서 구글 계정으로 변경하고자 한다면, 그것은 단순히 한 회사에서 다른 회사로 연락처 목록만을 바꾸면 되고, 친구들에게 변경된 주소를 통보하기만 하면 된다. 우리 스스로 원하는 시점에 얼마든지 바꿀 수 있다. 즉 우리 스스로가 새로운 시스템의 유일한 사용자이기에 새로운 절차가 필요하면 그것을 받아들이면 그뿐이다. 따라서 만약 어떤 문제가 발생하더라도 우리 스스로 해결할 수도 있다.

제약회사 영업사원의 사례가 그림 7-1에 제시되어 있다. 각각의 영업사원은 의사나 다른 고객, 본인의 일정, 제품 설명과 가격, 제약회사 등을 관리하기 위해 개인용 정보시스템을 사용하고 있다. 이때 당연히 여기서 사용되는 모든 데이터는 다른 영업사원과는 별개로 존재한다.

업무부서용 정보시스템

업무부서용 정보시스템(workgroup information system, WIS)는 개인이 아닌 그룹의 활동 영역과 관련되어 있다. 내과 의사들의 업무의 경우 의사, 간호사, 직원 등이 환자들의 스케줄, 환자 기록 보존, 병원 내 절차들과 장비의 관리, 다른 업무 부서와의 협업 등을 위해 정보시스템을 사용한다.

업무부서용 정보시스템은 특정 업무 부서를 지원하기 때문에 때로는 **부서별 정보시스템**(departmental information system)으로 불리기도 한다. 회계 부서에서 사용되는 회계 정보시스템이 실례가 될 수 있다. 또 다른 업무부서용 정보시스템은 특정 비즈니스 기능을 지원하기 때문에 **기능별 정보시스템**(functional information system)으로 불리기도 한다. 판매 예측 애플리케이션은 기능별 정보시스템의 대표적인 예가 될 수 있다. 협업 정보시스템 또한 업무부서용 정보시스템의 예가 될 수 있다.

부서든 기능별이든 혹은 협업이든 업무부서용 정보시스템은 그림 7-1에 제시된 특징을 가지고

범주	사용 예	특징
개인	제약 판매	단일 사용자, 비공식 절차, 독립적 문제, 변화 관리가 용이함
부서	의사 업무	10~100명 사용자, 그룹 내 절차지원, 그룹 내에서 문제 해결, 변화 관리가 다소 어려움
기업	병원	100~1,000명의 사용자, 공식화된 절차, 기업에 영향을 미칠 정도의 문제, 변화 관리 어려움
기업 간	PRIDE 시스템	1,000명 이상의 사용자, 공식화된 절차, 문제 해결이 다른 조직에 영향을 미침, 변화 관리가 어려움

그림 7-1
정보시스템 범주

있다. 전형적으로 업무부서용 정보시스템은 10~100명 정도의 사용자를 가지고 있으며, 수행되는 절차 또한 해당 사용자 그룹 내에서 공유되어야 한다. 따라서 해당 절차는 문서 형태로 공식화되기도 하고, 때로는 절차의 사용에 대한 교육훈련이 수반되기도 한다.

문제가 발생되면 거의 모든 일이 해당 그룹 내에서 해결될 수 있다. 만약 특정 공급자에 대해 미수금 계정이 중복되어 있다면, 해당 그룹 내에서 얼마든지 수정될 수 있다. 만약 웹사이트상에 재고 데이터베이스 숫자와 다른 것이 있다면, 웹사이트 관리 부서 내에서 얼마든지 수정할 수 있다.

(하지만 해당 문제의 결과가 해당 그룹과 분리될 수 없는 경우도 있음을 명심해야 한다. 업무 부서는 조직의 다른 부서의 업무를 지원하기 위해 존재하기 때문에, 어떤 문제들은 조직 전반에 영향을 미칠 수도 있다. 그러나 일반적으로 해당 문제를 수정하는 것은 해당 부서 내에서 이루어질 수 있다.)

전사적 정보시스템

전사적 정보시스템(enterprise information system)은 조직 전반에 걸쳐 다양한 업무 부서의 활동을 지원하기 위한 정보시스템이다. 병원에서 의사나 간호사, 약국, 주방 혹은 기타 다른 곳에서 환자를 추적하고, 처방전을 만들고, 약물치료나 다이어트를 하고, 병실을 배정하는 등과 같은 업무를 지원하는 정보시스템이다.

전사적 정보시스템은 통상 수백에서 수천 명의 사용자를 가지고 있으며, 공식적인 교육훈련 과정을 거쳐야 할 정도로 절차와 문서화 수준은 공식화되어 있고 광범위하다. 때로는 조직 내 보안 권한 수준이나 시스템에 대한 전문지식 수준에 따라 해당 시스템의 사용자가 나누어지기도 한다.

전사적 정보시스템에서 발생되는 문제에 대한 해결은 단일 부서 범위를 벗어난다. 또한 수많은 부서들과 잠재적인 수천 명 이상의 사용자들이 관여하고 있기에 해당 정보시스템을 변경하기도 굉장히 어렵다. 따라서 변화를 위해서는 신중한 계획하에서 조심스럽게 구현되어야 하며 사용자들에게도 충분한 교육훈련이 수반되어야 한다. 이를 위해 사용자들에게 인센티브나 동기를 부여하기 위한 특별한 수단이 필요할 수도 있다.

기업 간 정보시스템

기업 간 정보시스템(inter-enterprise information system)은 둘 혹은 그 이상의 독립적인 기업이 해당 시스템을 공유하고 있다. 이 장 첫 부분에 소개되었던 PRIDE 시스템을 살펴보면 환자, 의료 전문가, 헬스클럽, 보험회사, 그리고 고용주 등 모든 사람이 해당 시스템을 공유하고 있기에 기업 간 정보시스템으로 볼 수 있다. 이러한 모든 조직이 개인의 수행도 데이터를 할당하고, 기록하고, 살펴볼 수 있다.

해당 시스템은 수백에서 수천 명 이상의 사용자를 가지고 있으며, 문제에 대한 해결을 위해 서로 다른 독립적인 조직들 간의 협업이 반드시 요구된다. 이때 회의나 사전 계약 혹은 때로는 소송 등을 통해 문제가 해결될 수 있다. 이렇듯 광범위하면서 복잡한 관계 속에서 다양한 기업들이 얽혀 있기 때문에 이런 시스템을 변경하는 것은 매우 어렵다. 따라서 독립적으로 소유되고 운영되는 정보시스템의 상호작용이 필요할 수밖에 없다.

또한 해당 정보시스템을 구축함에 있어 정보 사일로 문제도 야기될 수 있다. 다음 절에서 해당 문제점들을 살펴보고 정보시스템을 통해 해결할 수 있는 방법을 모색하고자 한다.

Q2 전사적 시스템이 부서 간 사일로 문제를 어떻게 해결하는가?

정보 사일로(information silo)라는 것은 서로 다른 정보시스템에서 데이터가 고립되어 존재하는 것을 의미한다. 사일로는 단일의 조직 단위 내에서 엔티티로 존재하면서 해당 범위 안의 특정한 요구사항만을 충족시키기 위해 정보시스템이 만들어진 것이다. 예를 들면, 그림 7-2에 6개의 일반적인 업무 부서와 이를 지원하기 위한 몇 가지 정보시스템 애플리케이션이 나열되어 있다. 이들 애플리케이션을 살펴보면 각 애플리케이션이 고객, 판매, 제품, 그리고 다른 데이터 등을 처리하고 있지만, 모두 서로 상이한 목적으로 서로 다른 곳에 데이터를 저장하고 있음을 알 수 있다. 예를 들어, 판매와 관련된 정보는 고객 구매 에이전트를 위한 고객접촉 데이터를 저장하고 있다. 하지만 회계 부서에서는 고객의 결제계좌에 해당 데이터를 저장할 것이다.

업무 부서가 정보시스템을 자신의 목적에 맞게 구축하는 것은 당연하다. 하지만 시간이 지남에 따라 이렇게 분리된 정보시스템은 수많은 문제를 야기시키는 정보 사일로의 결과를 낳게 된다.

부서	애플리케이션
판매 및 마케팅	• 리드 생성 • 리드 추적 • 고객관리 • 판매예측 • 제품 및 브랜드 관리
운영	• 주문처리 • 발주관리 • 완제품 재고관리
제조	• 재고(원자재 및 중간 재고 포함) 관리 • 생산 계획 • 생산 스케줄링 • 생산운영관리
고객 서비스	• 주문 추적 • 계좌 추적 • 고객지원
인적자원 관리	• 채용 • 보너스 • 인사고과 • 인적자원계획
회계	• 총계정원장 관리 • 재무보고 • 제비용관리 • 매입계정관리 • 매출계정관리 • 현금관리 • 예산관리 • 자금관리

그림 7-2
일반적인 업무부서용 정보시스템

정보 사일로의 문제점은 무엇인가?

그림 7-3에 업무 부서 차원에서 야기되는 정보 사일로로 인한 주요 문제점들이 나열되어 있다. 여기서는 판매 및 마케팅 부서와 회계 부서 간의 문제점을 하나의 사일로 형태로 도식화하고 있다. 첫째, 데이터가 중복되어 있다. 판매 및 마케팅 애플리케이션과 회계 애플리케이션은 동일한 고객 데이터를 저장하는 상황에서 서로 분리된 데이터베이스를 유지하고 있다. 물론 최근 데이터 저장 비용이 워낙 저렴하기 때문에 저장 공간 낭비의 문제는 아니다. 그것보다는 오히려 데이터의 불일치성이 더 심각한 문제가 된다. 판매 및 마케팅 애플리케이션에서 고객 데이터의 변경이 발생한 경우 회계 애플리케이션 데이터베이스에서 변경 사실이 반영되기 위해서는 며칠 혹은 몇 주가 걸릴 수도 있을 것이다. 만약 이 기간 동안에 지연 상황 없이 배송은 완료되었으나, 송장이 잘못된 주소로 보내질 수도 있다. 이렇듯 조직에서 서로 일치하지 않는 중복된 데이터를 가지고 있는 경우를 **데이터 무결성**(data integrity) 문제라고 한다.

또한 애플리케이션이 서로 분리되어 있을 경우 비즈니스 프로세스 또한 동떨어져 운영될 수도 있다. 15,000달러 이상의 신용 주문이 들어왔을 때는 반드시 회계 부서의 승인이 필요하다고 가정해보자. 만약 이런 업무를 지원하는 애플리케이션이 분리되어 있다면 관련 데이터 조정의 어려움으로 인하여 승인이 늦어지거나 문제가 발생할 소지가 존재할 수 있다.

그림 7-3의 두 번째 행을 보면 판매 및 마케팅 부서에서는 아약스에 주문에 대해 20,000달러의 승인을 요청하고 있다. 이때 판매 및 마케팅 데이터베이스상에는 아약스에 대한 현재 잔고가 17,800달러만큼 남아 있기에 해당 부서에서는 총 37,800달러의 신용거래 금액을 요구한다. 하지만 회계 데이터베이스상에는 미수금 계정에서 이미 아약스로부터 5,500달러만큼 지불받은 것에

그림 7-3
정보 사일로로 발생되는 주요 문제

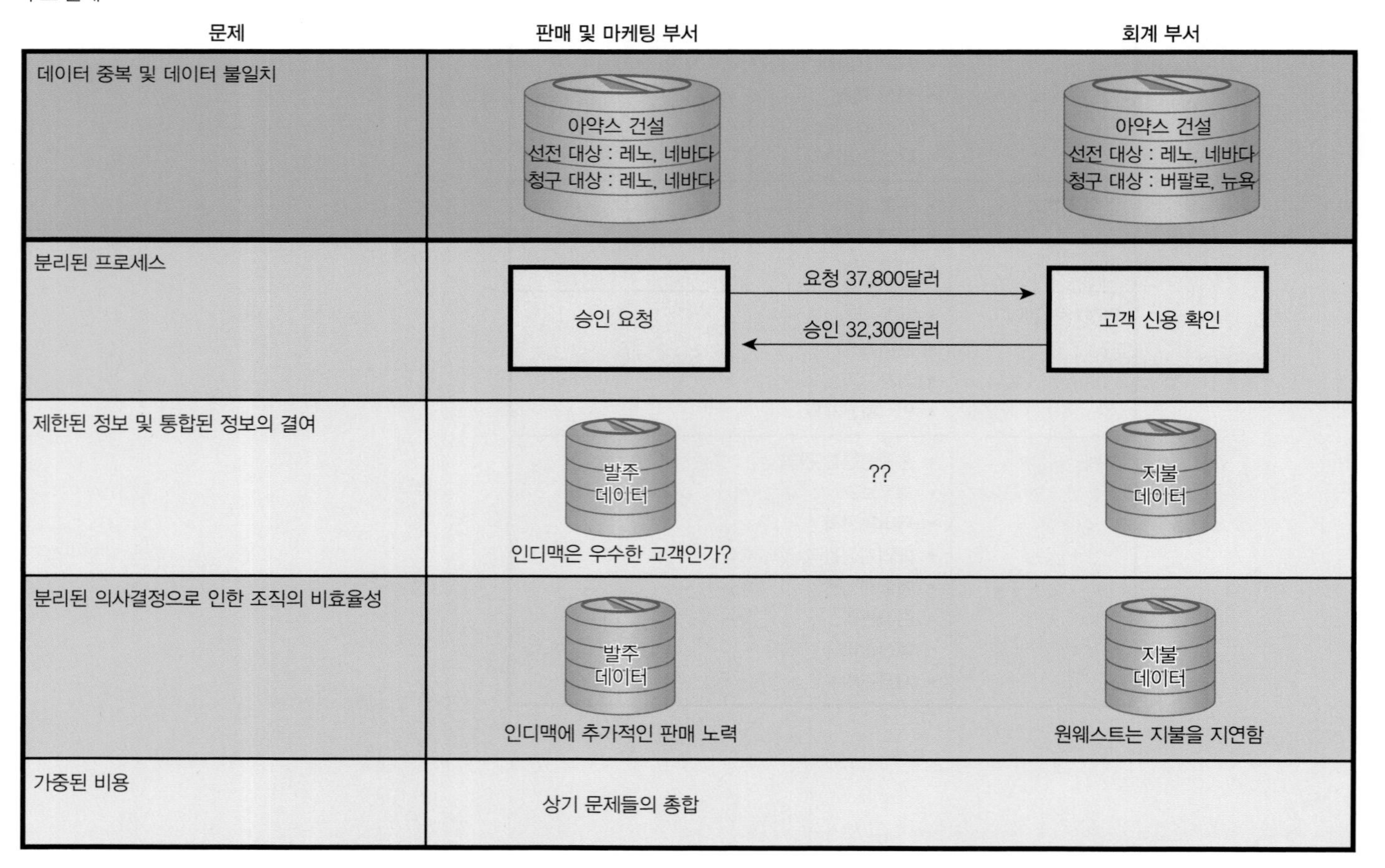

대한 승인이 완료되어 잔고가 12,300달러인 것으로 나타나고 있다. 따라서 회계 기록에 따르면, 20,000달러 주문에 대한 승인으로 전체 32,300달러의 신용 승인만 하면 된다.

이때 판매 및 마케팅 부서에서는 신용 승인 대금이 왜 32,300달러인지를 이해할 수 없다. 자신들의 데이터베이스에 따르면, 아약스는 17,800달러만큼을 지불해야 한다. 그런데 만약 전체 신용 승인금액이 32,300달러라면, 회계 부서에서는 신규 주문에 대해 14,500달러만 승인하면 되는 것인가? 그런데 어떻게 해서 이 금액이 나온 것인가? 양 부서 모두 해당 주문에 대한 승인을 내려야 한다. 그런데 이 문제를 해결하기 위해서는 엄청나게 많은 이메일과 전화를 주고받아야 할 것이다. 즉 통합된 비즈니스 프로세스의 부재로 이런 일이 발생하게 된 것이다.

이렇듯 분리된 시스템은 기업 내 정보의 통합을 방해한다. 예를 들어, 판매 및 마케팅 부서에서 인디맥이 여전히 우수한 고객인지를 알고 싶다고 가정해보자. 이를 위해 과거 거래 내역과 지불 데이터를 기반으로 판단한다고 가정해보자. 하지만 정보 사일로 상황에서는 해당 데이터는 2개의 서로 다른 데이터베이스에 분리, 저장되어 있을 것이다. 그런데 이들 데이터베이스 중의 하나에서 인디맥으로 저장된 것이 아니라 해당 회사를 인수한 원웨스트뱅크로 저장되어 있다고 가정해보자. 이렇게 되면 데이터를 통합하는 것은 어려워질 수밖에 없다. 설사 몇 초 안에 즉각적으로 답을 알더라도 이러한 확인 작업은 수작업으로 많은 시간이 소요될 것이다.

이것이 바로 네 번째 문제점인 비효율성이다. 분리된 기능별 애플리케이션을 사용할 때, 의사결정 또한 분리될 수밖에 없다. 그림 7-3의 네 번째 행에서 나타나는 것과 같이 판매 및 마케팅 부서에서는 인디맥에 대한 판매 노력을 엄청 기울일 것이다. 하지만 회계 부서에서는 인디맥이 이미 FDIC에 의해 담보권이 행사되었고 원웨스트에 매각되었으며 지불이 늦어질 수밖에 없다는 사실을 알고 있다. 즉 판매 예측에 대한 극명한 견해 차이가 발생하게 된다. 따라서 기업 내에서 오른손이 한 일을 왼손도 알도록 만들기 위해서는 통합은 필수적이다.

마지막으로 정보 사일로는 기업 내에서 비용을 가중시킨다. 중복된 데이터, 분리된 시스템, 제한된 정보, 비효율성 모든 것이 바로 비용 증가 요인이다.

기업에서 정보 사일로 문제를 어떻게 해결할 것인가?

앞서 설명한 바와 같이 정보 사일로는 서로 분리된 정보시스템에 데이터가 저장됨으로 인해 발생된다. 정보 사일로 문제를 해결하기 위한 가장 명확한 방법은 단일 데이터베이스를 구축해서 해당 데이터베이스를 사용하도록 애플리케이션(비즈니스 프로세스 포함)을 수정하는 것이다. 만일 이러한 방법이 힘들 경우 대책은 정보시스템을 분리하되 문제가 발생되지 않도록 지속적으로 관리하는 것이다.

그림 7-4에 제시된 화살표가 기업의 두 계층 간 해결책을 보여주고 있다. 첫째, 업무부서용 정보시스템에서 만들어진 분리된 데이터가 기업 전체 애플리케이션을 사용해서 통합되고 있다.

둘째, 최근 기업 차원에서 정보시스템에 의해 생성된 분리된 데이터는 분산된 애플리케이션(PRIDE와 같은)을 통해 기업 간 정보시스템으로 통합되고 있다. 해당 애플리케이션은 단일 클라우드 데이터베이스 내에서 데이터를 처리하거나 분산되거나 독립적인 데이터베이스가 연결되어 있더라도 해당 애플리케이션이 이들 데이터베이스가 마치 하나의 데이터베이스인 것처럼 처리할 수 있다. 다음의 Q4에서 기업 간 정보시스템에 대해 보다 자세히 살펴볼 것이다.

우선은 고립된 데이터 문제를 해결하는 방안을 이해하기 위해서는 병원 내 전사적 정보시스템을 생각하기를 바란다.

그림 7-4
정보 사일로 문제 해결

범주	예시	정보 사일로 예시	적용 가능 기술
업무 부서	의료진의 파트너십	담당 의사와 병원에서 환자에 대한 데이터의 분리 저장. 불필요한 검사 및 처방	기능별 애플리케이션
		⇩	전사적 애플리케이션(CRM, ERP, EAI)
기업	병원	동일한 환자에 대해 병원과 약국 간 상이한 처방전	
		⇩	클라우드 내 웹 기술을 활용한 분산시스템
기업 간	각종 의료기관 및 애플리케이션	의사, 병원, 약국이 환자의 처방전 및 기타 정보의 공유	

병원에서 퇴원수속을 위한 전사적 정보시스템

그림 7-5에서 병원 업무 중에서 환자의 퇴원수속을 위한 프로세스 일부가 제시되어 있다. 우선 의사가 환자의 퇴원수속을 승인하는 프로세스부터 시작된다. 해당 승인이 간호 부서로 전달된 후 약국에서 해야 할 일을 시작으로 환자의 가족, 그리고 가정 내 주방으로 연결된다. 이들 활동 중에서 어떤 것들은 간호 부서에서 다시 시작되기도 한다. 그림 7-5에서 볼 수 있듯이 전사적 정보시스템(빨간 실선)이 퇴원 프로세스(빨간 점선)을 지원하고 있음을 나타내고 있다.

전사적 정보시스템을 만들기 전에 병원에서는 전화를 통해 비공식적인 메시지를 전달하고, 종이 기반의 절차를 가지고서 개별 부서마다 자신들의 기록을 보관하고 있었다. 새로운 전사적 정보시스템이 구축된 이후 단일의 데이터베이스로 통합된 데이터가 저장되는 것뿐만 아니라, 새로운 컴퓨터 기반의 양식과 보고서가 만들어졌다. 직원들은 종이 기반의 시스템에서 컴퓨터 기반의 시스템으로 업무 변동이 발생되었다. 또한 더 이상의 전화 연락은 허용되지 않고, 부서 간 업무 연락은 정보시스템을 통해 이루어지도록 했다. 이러한 일련의 조치들은 상당한 변화를 요구하는 것이며, 대부분의 조직에서는 이러한 업무 변화에 상당한 고통을 경험하게 된다.

위험부담 없이 정보 사일로 현상을 제거할 수는 없다. 더 자세히 알고 싶으면 206~207쪽 길라잡이를 참고하라.

비즈니스 프로세스 리엔지니어링

네트워크, 데이터 통신, 데이터베이스 기술 등이 충분한 수준에 도달하지 못했던 1980년대 말이나 1990년대 초만 하더라도 그림 7-5에 제시된 것과 같은 전사적 시스템을 실현하기 매우 힘들었다. 그럼에도 그 당시 많은 기업에서 전사적 시스템을 구축하기 시작하였다.

이러한 노력을 기울이는 과정에 부분적으로 공유된 데이터베이스를 사용하고, 부분적으로 새로운 컴퓨터 기반의 양식과 보고서를 사용하면서 기업들은 기존의 비즈니스 프로세스가 바뀌어야 한다는 사실을 알게 되었다. 비즈니스 프로세스 변경의 필요성에 대한 더 중요한 이유는 통합된 데이터와 전사적 시스템을 통해 기업 운영상의 효율성을 달성할 수 있음을 발견하였다. 즉 과거에는 불가능했던 일들이 현재는 가능한 일로 바뀐 것이다. 포터의 말(제3장, 65쪽 참조)을 빌릴 때 전사적 시스템은 가치사슬 간의 연결활동들을 보다 튼튼하게, 빠르게, 효과적으로 만들 수 있다는 점이다.

예를 들어, 병원에서 종이 기반의 업무처리 시스템을 사용할 때 주방에서는 그 전날 밤까지만

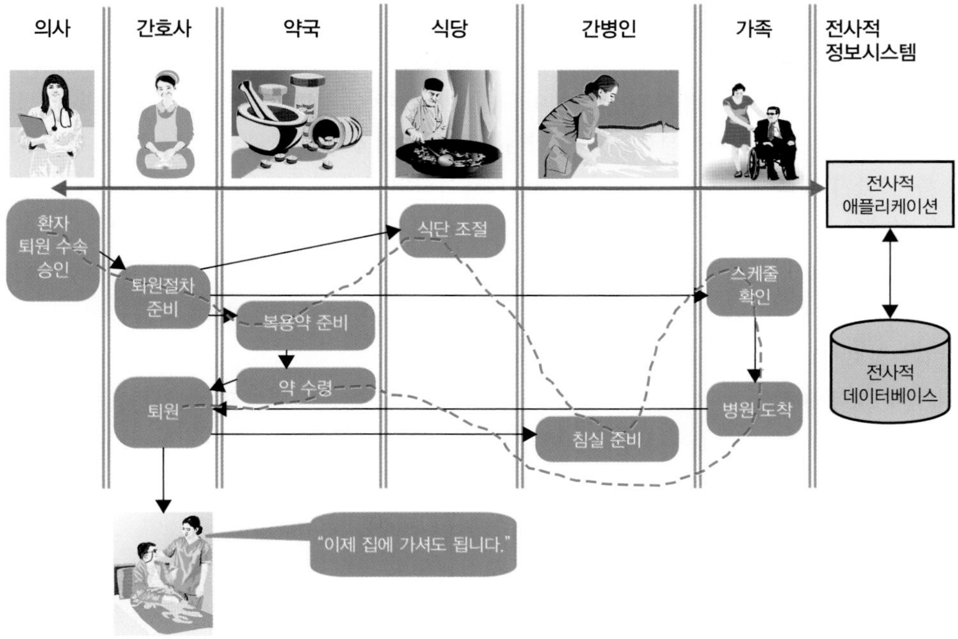

그림 7-5
환자 퇴원 수속 관련 병원 업무

하더라도 병원에서 환자였던 사람을 위한 식사를 준비할 수 있다. 즉 다음 날 저녁까지는 퇴원에 대한 어떤 정보도 받을 수 없기에 결국 음식이 낭비되거나 쓸데없는 비용이 들어가는 상황이 발생된다.

전사적 정보시스템은 주방에서도 목격될 수 있다. 즉 주방에 미리 해당 환자의 퇴원에 대한 정보를 알려줘서 음식이 낭비되는 상황을 막을 수 있다. 하지만 주방에서 통보받는 시점은 언제여야만 하는가? 즉각적으로 해야 하는가? 만약 퇴원처리가 취소되어버리면 어떠한가? 이럴 때 누가 주방에 퇴원 취소에 대한 통보를 해야 할까? 이렇듯 많은 가능성과 대안들이 존재한다. 따라서 새로운 전사적 정보시스템을 설계하기 위해서는 병원에서는 자신들의 프로세스를 새로운 업무에 도움되는 방향으로 어떻게 가장 잘 변경시킬 것인가를 결정해야 한다. 이러한 과정을 **비즈니스 프로세스 리엔지니어링**(business process reengineering)이라고 부른다. 이는 새로운 정보시스템을 통한 최대한의 이득을 얻기 위해 기존의 비즈니스 프로세스를 변경하고 재설계하는 일련의 활동을 의미한다.

불행히도 비즈니스 프로세스 리엔지니어링은 어렵고, 느리며, 과도한 비용을 수반한다. 비즈니스 및 시스템 분석가는 새로운 기술을 가장 잘 적용하도록 만들기 위해 조직 전반에 걸쳐 업무 주요 담당자와 인터뷰를 해야 한다. 이렇듯 복잡한 과정이 포함되기에 해당 프로젝트는 고급 기술과 충분한 시간이 요구된다. 많은 초기 프로젝트에서는 복잡성과 규모에 눌려 실패로 끝난 경우도 많았다. 이로 인해 많은 조직에서는 결국 심각한 문제의 소지를 내포한 채 부분적으로만 구축된 정보시스템을 낳게 되었고, 사용자들은 해당 시스템이 신규 시스템인지, 기존 시스템인지, 서로 혼합된 것인지조차도 몰랐다.

드디어 다음 절에서 논의될 세 가지 주요 전사적 애플리케이션의 출현이 준비되었다.

Q3 CRM, ERP, EAI가 전사적 시스템을 어떻게 지원하는가?

비즈니스 프로세스 리엔지니어링의 필요성이 대두된 시점에도 기업에서는 여전히 자체적으로 기업 업무에 필요한 애플리케이션을 구축하였다. 그 당시에 많은 기업들은 자신들의 요구사항이 '너무 특이'하기 때문에 기존의 패키지나 애플리케이션의 수정만으로는 원하는 정보시스템을 구축할 수 없다고 생각하였다. 하지만 기업 내 애플리케이션들이 점점 복잡해짐에 따라 자체적으로 개발하는 비용이 눈덩이처럼 불어났다. 제4장에서 언급한 바와 같이 자체 개발을 수행할 경우 처음 개발하는 것이고, 또한 요구사항의 변경 요청을 끊임없이 충족시켜야 하기 때문에 실제로 굉장히 비싼 정보시스템이 되어버렸다.

1990년대 초에 BPR의 비용은 자체 개발 비용의 2배 정도가 소요되었고, 기업들은 기존의 애플리케이션을 자사에 받아들이는 것이 더 나은 것으로 생각하게 되었다. 즉 "우리 회사는 결국 다른 회사와 많이 다르지는 않다."라고 생각의 전환이 일어났다.

이러한 기업들의 태도 변화를 기회로 삼은 대표적인 업체들 중 하나가 피플소프트였다. 해당 업체는 급여 계산과 제한적이지만 인적자원관리 시스템을 공급하였다. 또한 시벨은 판매 리드 추적 및 관리 시스템을 공급하였고, SAP은 전사적 자원 관리라는 새로운 시스템을 제공하였다.

이들 세 업체뿐만 아니라 이와 유사한 수십 개의 회사들 역시 단순한 소프트웨어나 데이터베이스 설계를 제공하는데 머무르지 않고, 표준화된 비즈니스 프로세스까지 제공하였다. 이렇듯 표준화된 비즈니스 프로세스를 **고유 프로세스**(inherent process)라고 한다. 즉 미리 설계된 절차를 토대로 소프트웨어 제품의 사용을 유도함으로써 해당 기업에서 BPR을 수행하는 데 드는 시간과 비용을 절감하도록 해주었다. 대신 기업은 해당 소프트웨어를 거래의 한 부분으로서 구매하고, 절차를 재설계함으로써 해당 업체들은 '산업 모범 사례'로 인정해주었다.

하지만 이러한 거래는 아주 좋은 것처럼 보이지만 현실적이지 못하였다. 왜냐하면 이러한 고유 프로세스가 해당 기업에 완벽한 맞춤형이 될 수 없었기 때문이다. 또한 소프트웨어 업체로부터의 제안사항도 너무 많았기에 해당 기업들의 저항도 한몫을 하였다. 결국 시간이 흐름에 따라 이러한 기업형 애플리케이션은 CRM, ERP, EAI 등과 같은 세 가지 범주 형태로 압축되었으며, 세부 내용은 다음과 같다.

고객관계관리

고객관계관리(customer relationship management, CRM) 시스템은 기업 내에서 고객 생성에서부터 고객 서비스에 이르기까지 고객과 관련된 전체 상호작용 업무에 대해 애플리케이션, 데이터베이스, 그리고 고유 프로세스 등을 연결한 통합 관리 시스템이다. 이때 고객과 관련된 모든 계약과 거래 내용은 CRM 데이터베이스에 저장된다. CRM 소프트웨어 제공업체는 자신들의 제품을 사용하는 것이 고객 중심의 기업으로 탈바꿈할 수 있는 유일한 방안이라고 주장한다. 비록 이러한 주장이 자신들의 제품을 팔아먹기 위한 사탕발림일 수도 있지만, CRM 패키지에 대한 본질과 기본적인 의도는 틀리지 않다.

그림 7-6은 **고객 수명주기**(customer life cycle)의 네 단계, 즉 마케팅, 고객획득, 관계관리, 탈퇴 등이 제시되어 있다. 마케팅 단계는 고객의 요구사항을 충족하기 위해 목표 시장에 메시지를 보낸다. 관계관리 프로세스는 기존의 고객들의 가치를 향상시켜 더 많은 제품을 구매하도록 만든다. 하지만 불가피하게 시간이 지남에 따라 기업은 고객을 잃어버리기 마련이다. 이러한 일이 발생할 때 가치평가를 통해 가치가 높은 고객을 찾아내는 고객 재획득 프로세스가 고객을 분류한다.

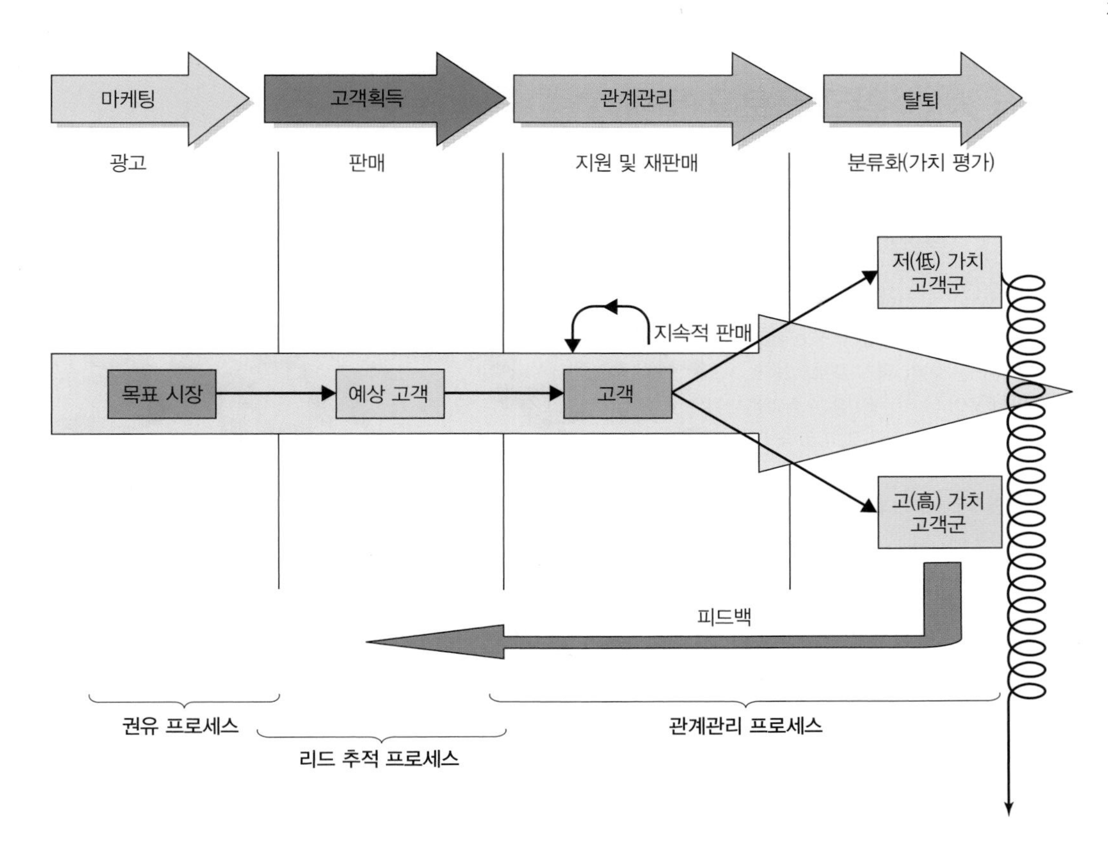

그림 7-6
고객 수명주기

출처 : Used with permission of Professor Douglas MacLachlan, Michael G. Foster School of Business, University of Washington.

그림 7-7은 CRM 애플리케이션의 주요 구성요소를 나타내고 있다. 이때 각 구성요소는 고객 수명주기의 각 단계를 나타내고 있다. 제시된 바와 같이 모든 애플리케이션 프로세스는 단일 고객 데이터베이스에 저장된다. 이러한 설계를 통해 고객 데이터의 중복을 막아주고, 데이터 불일치의 발생 가능성을 없애준다. 또한 각 부서에서는 해당 고객이 다른 부서와 어떤 일이 일어나고 있는가를 알 수 있다. 예를 들면, 이전에 300달러만큼의 비즈니스 가치를 창출한 고객에게 1,000달러 가치의 고객 지원이 제공되는 것을 막을 수 있다. 아울러 수십만 달러의 비즈니스 가치를 제공한 고객들은 기업이 자신들을 위해 애를 쓰고 있음을 알 수 있다. 즉 이렇듯 고객 정보에 대한 통합 관리를 통해 해당 고객은 자신이 다수가 아닌 하나의 실체로서 대접받고 있음을 느낀다.

CRM 시스템은 제공되는 기능에 따라서 다양하게 구분된다. 따라서 CRM 패키지를 선택할 때 중요한 과업 중의 한 가지는 우리가 필요로 하는 특성이 무엇인가, 그리고 어떤 패키지가 우리의 요구사항을 충족할 것인가를 결정하는 것이다. 이 부분에 대해서는 아마도 향후 해당 프로젝트에 참여함으로써 체험할 기회가 있을 것이다.

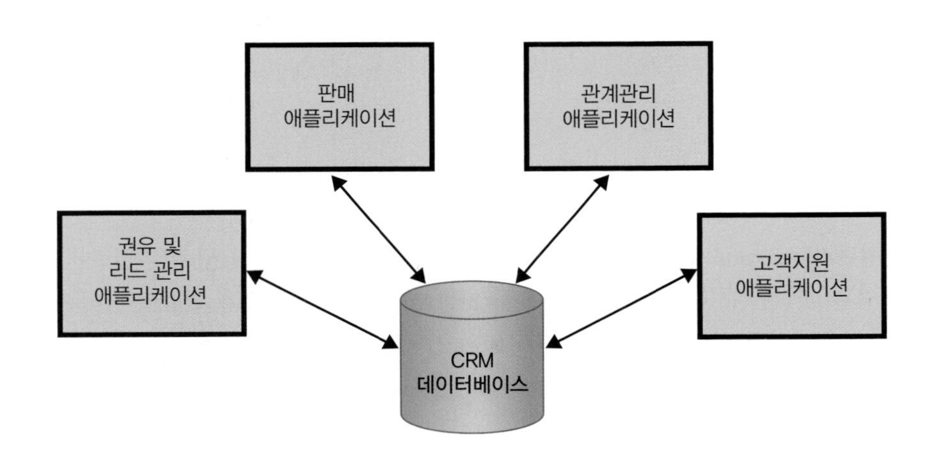

그림 7-7
CRM 애플리케이션

워크 플로우 문제

하버드 메디컬 스쿨과 그룹 헬스 시스템의 CIO인 존 할람카는 "대부분의 IT와 관련된 문제는 소프트웨어 문제가 아니라 워크 플로우 문제이다."라고 주장한다.[2] 제2장에서 배운 지식을 토대로 우리는 이미 워크 플로우가 효율성(efficiency, 제공되는 가치 대비 비용의 비율이 너무 높음) 혹은 효과성(effectiveness, 경쟁 전략에 기여하지 못함)의 문제라는 것을 알고 있다. 그렇다면 어떻게 해야 하는가?

과연 누가 워크 플로우 문제를 해결할 것인가? 프로그래머가 해야 하는가? 네트워크 관리자가 해야 하는가? 그렇다면 데이터베이스 관리자가 해야 하는가? 모두 아니다. 그렇다면 누가 해야 하는가? 이러한 문제는 비즈니스에 대한 지식을 가지고 있으면서, 만약 워크 플로우 내에 정보시스템이 끼어 있다면, 기술진과의 협업과 관련 지식을 가진 사람이 할 수 있다.

가까운 예를 한번 살펴보자. 대학마다 첨단 강의실이 있는데, 첨단 강의실을 전혀 필요로 하지 않는 과목이나 강의 방식을 가진 교수에게 해당 강의실이 배정되기도 한다. 반면에 첨단 강의실을 사용하기를 원하는 교수들은 낮은 사양의 컴퓨터가 설치된 강의실에서 러닝 카탈리틱스(Learning Catalytics)와 같은 이러닝시스템으로 수업을 하기도 한다.

자, 그렇다면 이러한 문제를 어떻게 해결할 것인가? 강의실을 할당하는 소프트웨어를 바꿀 것인가? 하지만 어떻게 바꾸고, 변화에 대한 어떤 결정이 뒤따라야 할 것인가? 그리고 소프트웨어로 모든 일이 처리될 수 있을까? 그렇다면 워크 플로우를 개선하면 문제가 해결될 것인가? 교수와 강의실을 할당할 때, 교수(혹은 학과장)가 다른 교수들이 어떤 강의실에서 강의해야 하는가에 대한 합의점을 찾을 수 있을까? 아니면 모든 강의실을 대학 차원으로 오픈해서 할당할 것인가? 아니면 멀티미디어 강의실 사용과 관련된 데이터가 확보되어 있기에, 기존 데이터를 토대로 강의실 할당 워크 플로우를 담당하는 누군가가 강의실을 할당하면 될 것인가?

과연 누가 이러한 대안들을 생각해내고 평가할 것인가? 그리고 누가 워크 플로우 담당자와 머리를 맞대고 실제로 구현해낼 것인가? 바로 여러분! 여러분만이 할 수 있다. 제12장에서 배우게 되겠지만, '비즈니스 분석가'는 비즈니스를 이해하고, 조직의 경쟁 전략과 구현 방법을 알고, 워크 플로우 변화를 모델링하고 설계할 수 있으며, 필요할 경우 기술진들과 원활한 의사소통도 하고, 정보시스템에 변화를 유발할 수 있는 정보시스템 기술에 대한 지식을 가지고 있는 사람이다.

이러한 업무를 잘 수행하기 위해서는 당연히 정보 시스템과 플러스 알파가 필요하다. 즉 정보시스템과 마케팅, 정보시스템과 기업 운영, 정보시스템과 재무관리 등이 예가 될 수 있다.

출처 : Franz Pfluegl/Fotolia

질문

1. "대부분의 IT와 관련된 문제는 소프트웨어 문제가 이나라 워크 플로우 문제이다."라는 말을 여러분이 이해한 대로 설명해보라.
2. 강의실 할당 문제를 생각해보자. 해당 문제를 해결할 수 있는 세 가지 방법을 간단히 서술해보라. 이들 중 어떤 방법이 가장 낫다고 생각하는가? 그 이유는 무엇인가?
3. 여러분이 생각하기에 정보시스템과 플러스 알파의 지식을 가진 교수의 수요가 감소할 것 같은가, 증가할 것 같은가? 아니면 변화가 없을 것 같은가? 인터넷 검색을 통해 본인의 주장을 뒷받침할 만한 데이터를 찾아보라.
4. 만약 여러분이 정보시스템 플러스 알파의 전문가가 된다면, 어떤 알파의 능력을 가질 것인가? 인터넷 검색을 통해 취업 관점에서 본인의 경력 개발과 진로 방향을 선택해보라.
5. 졸업을 위해 여러분이 이수해야 할 교과목들을 살펴보라. 정보시스템과 플러스 알파를 위해 어떤 교과목들을 들어야 할 것인지, 혹은 아닌지에 대해 해당 교과목을 선택한 이유와 선택하지 않은 이유를 설명하라.

전사적 자원관리(ERP)

전사적 자원관리(enterprise resource planning, ERP)는 비즈니스 운영을 단일의 일관된 컴퓨팅 플랫폼으로 연결하기 위해 고유 프로세스, 애플리케이션, 데이터베이스가 결합되어 있는 집합체이다. 그림 7-8에 제시된 것과 같이 ERP는 CRM의 기능들뿐만 아니라 회계, 제조, 재고관리, 그리고 인적자원관리 애플리케이션까지 광범위한 기능을 내포하고 있다.

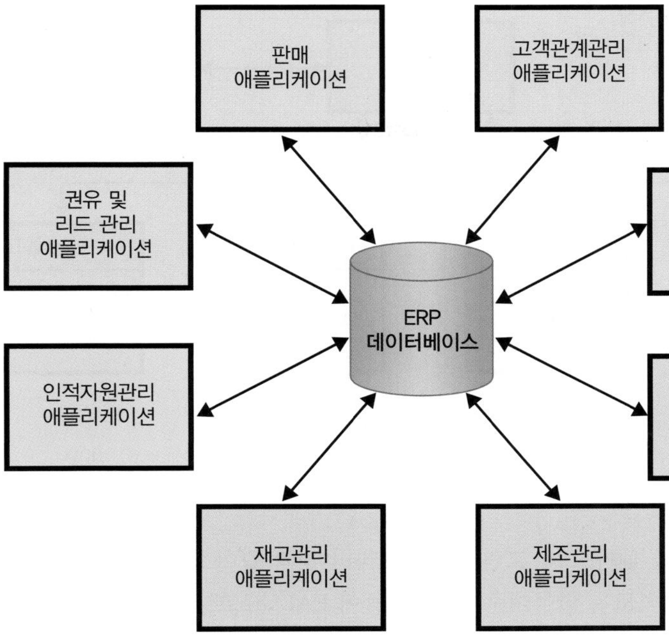

그림 7-8
EPR 애플리케이션

ERP 시스템은 제조 계획을 세우고, 판매 예측치에 맞추기 위한 스케줄링까지 수행한다. 이때 제조 스케줄은 자재, 장비, 인력 모두를 계획하고 조정해서 재고 및 인적자원 관리 애플리케이션과 연동된다. 또한 ERP가 회계 기능까지 포함하고 있기 때문에, 이런 모든 활동은 자동적으로 총계정원장이나 다른 회계 애플리케이션과 연동된다.

SAP은 세계적으로 가장 유명한 ERP 업체이다. 기본적인 ERP 기능에 덧붙여 SAP은 특정 산업에 초점을 맞추어 특정 사용자를 위해 제품을 커스터마이징한 패키지까지 제공하고 있다. 예를 들어 자동차 제조사를 위한 SAP 패키지가 있으며, 여타 다른 산업을 위한 패키지도 제공하고 있다.

ERP는 제조업에서 출발하였기에 제조업에 가장 적합하다. 하지만 다른 기업뿐만 아니라 병원과 같은 서비스 조직에도 얼마든지 적용할 수 있도록 제공되고 있다.

고유 프로세스와 ERP가 가지고 있는 명확한 장점이 있음에도 불구하고, 의도치 않은 결과를 낳을 수도 있다. 204~205쪽 윤리문제를 읽고 해당 위험에 대해 고민해보라.

전사적 애플리케이션 통합(EAI)

현실적으로 ERP 시스템을 모든 기업에 적용할 수는 없다. 예를 들어 어떤 비제조업 회사의 경우는 ERP가 오히려 업무에 부적절한 것으로 나타나기도 한다. 또한 제조업 회사에서조차도 기존의 시스템을 ERP 시스템으로 옮기는 작업이 굉장히 힘든 것으로 나타나고 있다. 어떤 기업의 경우에는 현재 본인들이 사용하고 있는 기존 제조시스템에 강한 애착을 가지고 있기 때문에 다른 시스템으로 변화를 바라지 않는 기업도 있다.

하지만 ERP가 부적절한 기업에서도 정보 사일로의 문제는 존재하기에 어떤 기업에서는 이를 해결하기 위해 **전사적 애플리케이션 통합**(enterprise application integration, EAI)을 대안으로 선택한다. EAI는 애플리케이션을 서로 연결하는 소프트웨어 계층을 제공함으로써 기존의 시스템을 통합하는 소프트웨어 애플리케이션의 조합으로서 다음의 기능을 수행한다.

- 소프트웨어와 시스템의 신규 계층을 통해 '고립된' 시스템의 연결
- 기존 애플리케이션에서 데이터 공유와 전송 가능
- 통합된 정보의 제공

그림 7-9
EAI 소프트웨어 계층(아키텍처)

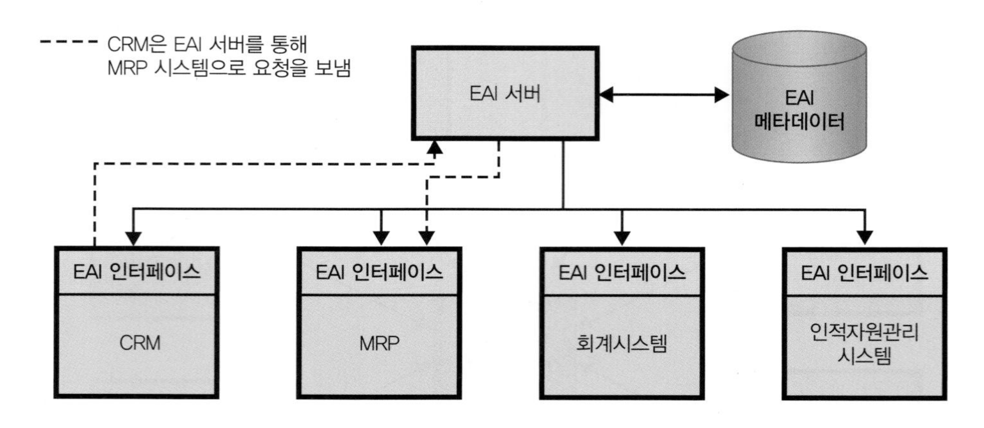

- 기존 시스템의 변경 ― 기능별 애플리케이션을 벗어나 상위 계층에서의 통합 제공
- ERP로 점진적 이동

EAI 소프트웨어의 계층을 살펴보면, 그림 7-9에 나타난 것과 같이 기존 애플리케이션 간에 서로 통신하고 데이터를 공유하도록 만들어준다. 예를 들어 EAI 소프트웨어는 서로 상이한 시스템들 간에 데이터를 공유하도록 하기 위해 자동적으로 전환되도록 구성될 수 있다. 이를테면 CRM 애플리케이션이 MRP 애플리케이션 시스템으로 데이터를 보낼 때, CRM 시스템은 해당 데이터를 EAI 소프트웨어 프로그램으로 보낸다. 해당 EAI 프로그램은 데이터 변환을 해서 ERP 시스템으로 변환된 데이터를 전송해준다. 반대로 ERP로부터 CRM으로 이동되는 데이터도 동일한 방식으로 변환된다.

비록 중앙집중화된 EAI 데이터베이스가 없다고 하더라도 EAI 소프트웨어는 해당 데이터가 어디에 저장되어 있는지를 나타내는 메타데이터 형태로 파일을 보관하고 있다. 그렇기 때문에 사용자들은 자신들이 필요한 데이터를 추출하기 위해 언제든 EAI 시스템에 접근할 수 있다. 어떤 경우에는 EAI 시스템이 사용자의 프로세스를 지원하기 위해 '가상의 통합 데이터베이스'를 공급하는 서비스를 제공하기도 한다.

EAI의 가장 큰 이점 중의 하나는 기업이 현재 가지고 있는 분산된 시스템으로부터 야기될 수 있는 많은 문제점을 제거하면서도 기존의 애플리케이션을 사용할 수 있도록 만들어준다는 점이다. 즉 EAI로 전환할 때, ERP로 변환하는 것만큼의 충격은 주지 않으면서도 ERP가 가지고 있는 많은 장점을 고스란히 받을 수 있다. 또 다른 기업에서는 완전한 형태의 ERP로 나가기 위한 중간 단계로서 EAI 애플리케이션을 구축하기도 한다. 오늘날 많은 EAI 시스템들이 EAI 구성요소 간의 상호작용을 정의하는 데 웹서비스 표준을 따르고 있으며, 각 구성요소들은 클라우드에서 처리되기도 한다.

신규 전사적 시스템을 구축함에 있어 문제점은 무엇일까?

신류로 전사적 시스템을 구축하는 것은 도전을 감수해야 하고 어려우며 비용도 많이 들고 위험 감수도 해야 한다. 전사적 시스템 구축 프로젝트를 살펴보면, 미리 정한 예산 범위를 넘어가고 완료 시점도 1년 혹은 그 이상으로 늘어지는 일이 비일비재하다. ERP를 새롭게 구축하는 것에 덧붙여 이미 15년 혹은 20년 전에 ERP를 구축했던 엄청나게 많은 기업들이 새로운 요구사항을 충족하기 위해 ERP를 끊임없이 업그레이드해야 한다. 만약 여러분의 회사에서 이미 기존 ERP를 사용하고 있다면, 어떤 부분에서 업그레이드가 필요한지 이미 느끼고 있을 것이다. ERP를 새롭게 구축하든지 아니면, 업그레이드를 하든지 간에 다음과 같이 다섯 가지 주요 원인에 기인된 비용과 위험이 발생된다.

- 협업관리
- 요구사항의 괴리
- 과도기 문제
- 구성원의 저항
- 최신 기술

협업관리

부서별 시스템에서는 단일 부서에서 한 사람의 관리자가 책임을 질 수 있지만, 전사적 시스템에서는 한 사람에게 전적인 책임을 부여하는 것은 매우 어렵다. 그림 7-5에 제시된 퇴원 프로세스를 살펴보면 퇴원과 관련된 책임자는 없다. 즉 퇴원관리 프로세스를 살펴보면, 다수의 부서들(고객 포함) 간에 협업을 통해서 이루어져야만 한다.

이때 단일의 관리자가 없는 상황에서 불가피하게 발생될 수 있는 분쟁은 과연 누가 해결할 것인가? 이들 부서 모두 궁극적으로는 CEO에게 보고하게 되고, 그 결과 이들을 통제하는 한 사람의 최고 경영자가 존재하기는 한다. 하지만 종업원들의 모든 개별 문제를 CEO와 논의할 수는 없다. 따라서 간호 부서와 집 안에 있는 보호자 간에 퇴원과 관련된 활동을 조정해야 한다. 이때 조직은 프로세스 문제를 해결하기 위해 일종의 협업관리가 요구된다.

일반적으로 기업이 위원회를 만들고 기업 프로세스 관리를 위한 운영위원회가 필요하다는 것을 의미한다. 물론 이것이 비록 효과적인 해결책이 될 수 있을지라도(사실상 유일한 해결책일 수도 있지만) 이들 그룹의 작업은 늦고 비용도 많이 소요되게 마련이다.

요구사항의 괴리

최근 기업들의 추세를 보면 자신들만이 사용할 수 있는 전사적 정보시스템을 만들지 않는다. 대신에 고유 프로세스를 포함해서 특정 기능과 특성을 제공하는 전사적 정보시스템을 구매해서 사용한다. 하지만 이러한 정보시스템 또한 기업의 요구사항을 완벽하게 맞출 수는 없다. 거의 대부분의 경우에 기업이 원하는 요구사항과 구매한 애플리케이션 간에는 간극이 존재할 수밖에 없다.

이때 우선적으로 해결해야 할 과제는 이러한 차이가 무엇인가를 찾아내는 것이다. 이를 위해서 기업은 무엇이 요구되는지와 어떤 신규 제품이 있는지를 알아야 한다. 그러나 기업에서 자신들이 무엇을 요구되는지를 결정하는 것은 매우 어렵다. 이러한 어려움 때문에 기업 내에서 자체 개발하는 것보다 차라리 만들어진 솔루션을 구매하기도 한다. 더욱이 CRM이나 ERP와 같은 솔루션의 경우 특징과 기능을 꼼꼼히 비교하기도 쉽지 않다. 따라서 요구사항의 괴리를 규명하는 것이 전사적 정보시스템을 구축할 때 매우 중요한 이슈가 될 수밖에 없다.

두 번째 과제는 요구사항의 괴리가 규명된 이후에 어떤 의사결정을 내려야 할 것인가 하는 부분이다. 즉 기업이 새로운 애플리케이션에 적응하는 방식으로 자신들을 바꾸어야 하는 경우와 반대로 기업이 원하는 방향으로 애플리케이션이 수정되어야 하는 경우로 나눌 수 있다. 이 경우 어떤 선택을 내리든지 문제의 소지는 있다. 통상적으로 조직의 구성원은 변화에 대해 저항을 하며, 변화를 위해 지불해야 할 비용도 만만치 않다. 그리고 제4장에서 제시된 것과 같이 기업은 어떤 애플리케이션이 시간을 걸쳐 변경된 이후에는 그것을 유지하려는 경향이 있다. 따라서 기업은 조금이라도 후회가 낮은 방향으로 선택함으로써 괴리를 좁히고자 한다.

과도기 문제

신규 전사적 정보시스템으로 이행하는 것 또한 어려운 일이다. 어떤 식으로든 기업은 비즈니스의 연속성을 위해 고립된 부서용 시스템에서 새로운 전사적 시스템으로 변화해야 하지만, 결코 쉬운 일은 아니다.

이렇듯 신규 시스템으로의 전환을 위해서는 신중한 계획과 충분한 교육훈련이 동반되어야 한다. 그럼에도 불구하고 불가피하게 문제는 발생될 수밖에 없다. 이런 경우 최고 경영자는 조직 구성원들과 의사소통을 통해 변화의 필요성을 강조해야 하고, 구성원들이 이해할 때까지 신규 시스템을 지지해야 한다. 사실상 모든 구성원들은 이러한 일련의 과정에 스트레스를 받게 된다. 해당 부분과 관련되어 개발 기법과 구축 전략에 대한 내용은 제10장에서 다룰 것이다.

구성원의 저항

변화는 노력을 필요로 하고 두려움을 불러일으키기 때문에 사람은 변화에 저항을 하기 마련이다. 변화에 대한 저항을 관리하고 조직이 어떻게 대처해야 하는가와 관련된 많은 연구 문헌이 존재하는데, 여기서는 주요 원칙들만 정리하고자 한다.

첫째, 최고 경영층이 조직 구성원들에게 변화의 필요성에 대한 충분한 의사소통이 요구된다. 또한 필요하다면 전체 전이 과정을 통해 반복적으로 수행되어야 한다. 둘째, 구성원들은 자신이 맡은 직무에 성공할 것으로 믿는 신념인 **자기 효능감**(self-efficacy)에 위협을 느끼기 때문에 변화를 두려워한다. 따라서 자신감을 진작시키기 위해 신규 시스템에 대한 성공적인 사용을 위해 충분한 교육훈련이 수반되어야 한다. 이때 어떤 경우에는 구전 효과는 매우 큰 효과를 발휘하기에 신규 시스템에 대해 주요 사용자들을 대상으로 미리 교육훈련을 시킴으로써 긍정적인 분위기를 만드는 것도 좋은 방법이다. 신규 시스템에 대해 영상 교육을 하는 것도 효과적인 방법으로 알려져 있다.

셋째, 여러모로 볼 때 회계나 재무 부서 그리고 부장급 정도의 직책에서는 ERP 시스템 구축으로 인한 이점을 누릴 수 있다. 사실 ERP를 구현하기 위해 본인들이 맡은 직무를 변경해야만 하는 일반 직급의 직원들 입장에서는 ERP 구축으로 인한 직접적인 이득을 기대하기 어렵다. 그렇기 때문에 신규 시스템으로 전환을 위해 구성원들에게 추가적인 보상이 주어져야 할 필요도 있다. 경험이 풍부한 컨설턴트에 따르면, "칭찬과 현금만큼 좋은 것은 없다. 특히 현금이 최고이다."라고 하였다. 변화에 대해 즉각적인 금전적 보상도 좋지만, 구성원이나 그룹 간에 상금을 걸어 변화를 도모하는 것도 매우 효과적인 방법이다.

요약하면 전사적 정보시스템을 새롭게 구축하는 것은 기존의 많은 문제를 해결해줄 수 있고, 기업에 매우 큰 효율성을 제공할 수도 있으며, 아울러 비용 절감 효과까지 선물해주지만, 겁쟁이에게는 해당되지 않는다.

최신 기술

최신 기술은 모든 형태의 정보시스템에 영향을 미치지만, 해당 기술이 보유한 가치와 중요성으로 인해 전사적 시스템에 더 큰 영향력을 행사한다. 예를 들어 클라우드를 한번 생각해보라. 클라우드 기반의 컴퓨팅으로 인한 비용 절감 때문에 기업에서는 자사의 전사적 시스템을 클라우드로 옮기고자 할 것이다. 하지만 이를 실행하기 위해서는 법적인 문제, 추가적인 위험의 고려, 기업의 비즈니스 방침 등에 대한 측면도 고려해야 한다. 예를 들어 발생되는 모든 데이터를 물리적으로 반드시 관리해야 할 필요가 있는 기업이 있을 수도 있다. 하지만 일단 기업의 데이터가 클라우드로 옮겨지는 순간, 해당 데이터에 대한 물리적 관리는 클라우드 업체로 넘어가게 되며, 다른 나라 밖으로 옮겨갈 수도 있다. 그렇기 때문에 하이브리드 모델이 제안되기도 한다.

모바일 기술에도 해당 내용이 적용될 수 있다. 기업의 직원들은 모바일 장치를 이용해서 본인 회사의 전사적 시스템을 사용하고 싶어 한다. 하지만 이러한 모바일 장치는 글자 그대로 모바일 장치이다. 즉 회사용으로 사용되는 전사적 시스템이 기업의 통제 바깥에서 상시적으로 위험에 노출되게 된다. 즉 ERP 데이터가 손쉬운 범죄의 표적이 될 수도 있다(206~207쪽 '원스톱 쇼핑' 참조). 물론 이러한 요소들로 인해 조직이 새로운 기술을 사용하지 못하도록 만들지는 않지만 해결해야 할 과제는 항상 존재하기 마련이다.

Q4 기업 간 시스템이 기업 사일로 문제를 어떻게 해결하는가?

Q2와 Q3에서 전사적 시스템이 업무 부서의 정보 사일로 문제를 어떻게 해결할 것인가와 관련된 중요한 방법을 논의하였다. 이제 해당 질문을 확장해서 PRIDE의 사례를 통해서 어떻게 기업 간 정보시스템이 기업 사일로 문제를 해결해줄 것인가를 살펴보고자 한다(192쪽 그림 7-4의 제일 마지막 행으로 가는 화살표가 이행 과정을 나타내고 있다).

그림 7-10은 의료기관, 헬스클럽, 그리고 환자 본인 사이에서 발생되는 정보 사일로를 나타내고 있다. 그림에서 알 수 있듯 의료기관은 환자의 의료 이력을 만들고, 운동 추천에 대한 기록을 하고, 운동 관련 처방을 내린다. 헬스클럽에서는 멤버십을 발급하고, 강좌(클래스)를 만들며, 개별 트레이닝과 운동 성과 데이터를 관리한다. 해당 데이터는 운동 장비나 고객의 심장 모니터로부터 자동적으로 생성되어 헬스클럽 데이터베이스에 저장된다. 가정에서는 개인이 심장 모니터와 장비에서 운동 데이터를 만들어내고, 스톱워치 등과 같은 모바일 장치에 기록된다.

이때 운동 데이터의 고립이 문제를 야기시키는 원인이 된다. 예를 들어 의사는 환자에게 부착된 장치나 헬스클럽에 저장되어 있는 운동 데이터 결과를 보고받고 싶어 한다. 환자는 헬스클럽에 저장되어 있는 운동 데이터뿐만 아니라 의료기관으로부터 처방 데이터도 받고 싶어 한다. 또한 헬스클럽은 자신들이 가지고 있는 데이터와 통합하기 위해 운동 처방전과 가정 내에서 생성된 데이터를 가지려 한다. 이렇듯 세 가지 주요 참여자는 통합된 데이터로부터 결과물을 받고자 한다.

이에 그림 7-11에서 세 가지 서로 상이한 참여자의 목표를 충족시켜주는 기업 간 시스템의 구조가 제시되어 있다. 해당 그림에서 클라우드 내부의 네모상자는 원래부터 있거나 혹은 신(thin)-클라이언트인 모바일 애플리케이션이 된다. 해당 애플리케이션의 처리방식은 클라우드 서버 내에서 수행될 수도 있고, 해당 모바일 장치 내에서 수행될 수도 있다. 이 그림에서 어떻게 처리되고 있는가는 제시되어 있지 않다. 다만 보여지는 부분은 모든 사용자가 모바일 장치를 통해 보고서를 받고 있지만, 해당 시스템이 의료기관에서는 입력해야 할 내용이 너무 많기 때문에 PC를 이용해서 처방전을 제출하고 관리하는 것으로 가정한다는 점이다.

처방과 운동 데이터는 PRIDE 데이터베이스 내에 통합 저장되어 있음을 알 수 있다. 이때 보고서 애플리케이션(제9장)이 보고서를 생성하고 전송하기 위해 통합 데이터를 처리한다.

그림 7-11에 제시된 것과 같은 시스템을 다중 컴퓨팅 장치를 통해 분산되어 처리되기 때문에 통상 **분산시스템**(distributed system)이라 부른다. 즉 http, https, html5, css3, 자바스크립트, 웹 서비스 등과 같은 표준들이 분산되어 있는 장치들을 클라우드 서버와 데이터베이스와 유연하게 통신하도록 만듦으로써 간접적으로 서로 연결되도록 한다.

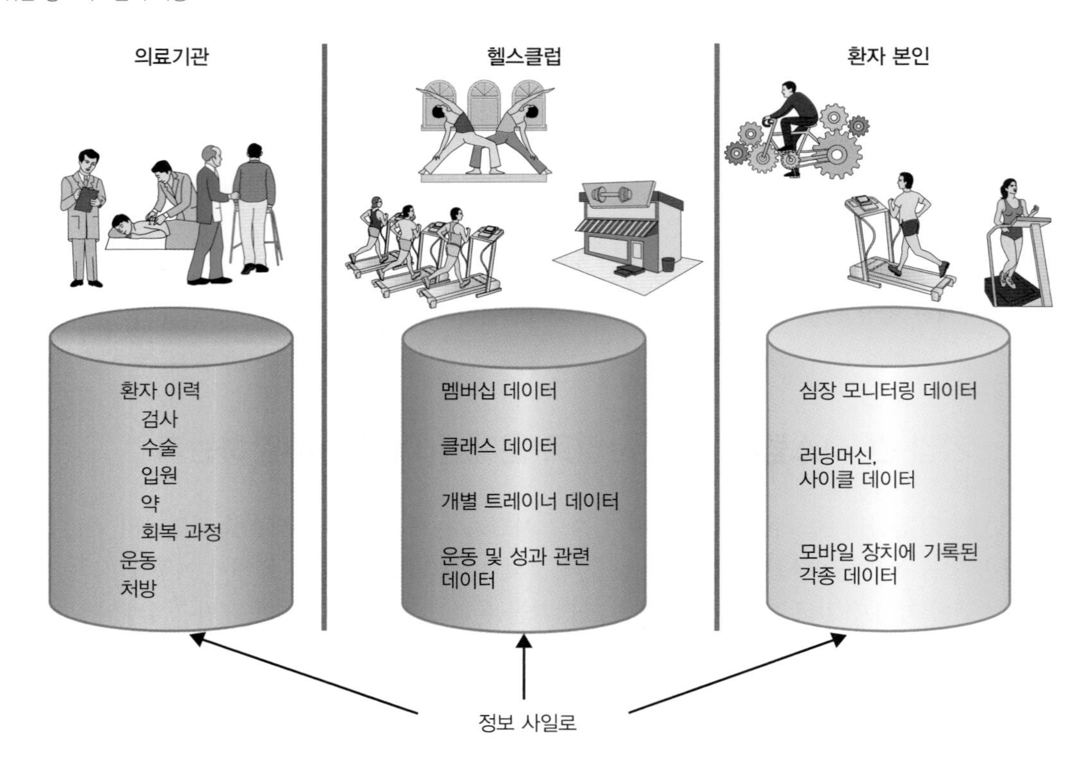

그림 7-10
PRIDE 미구축 시 예상되는 정보 사일로

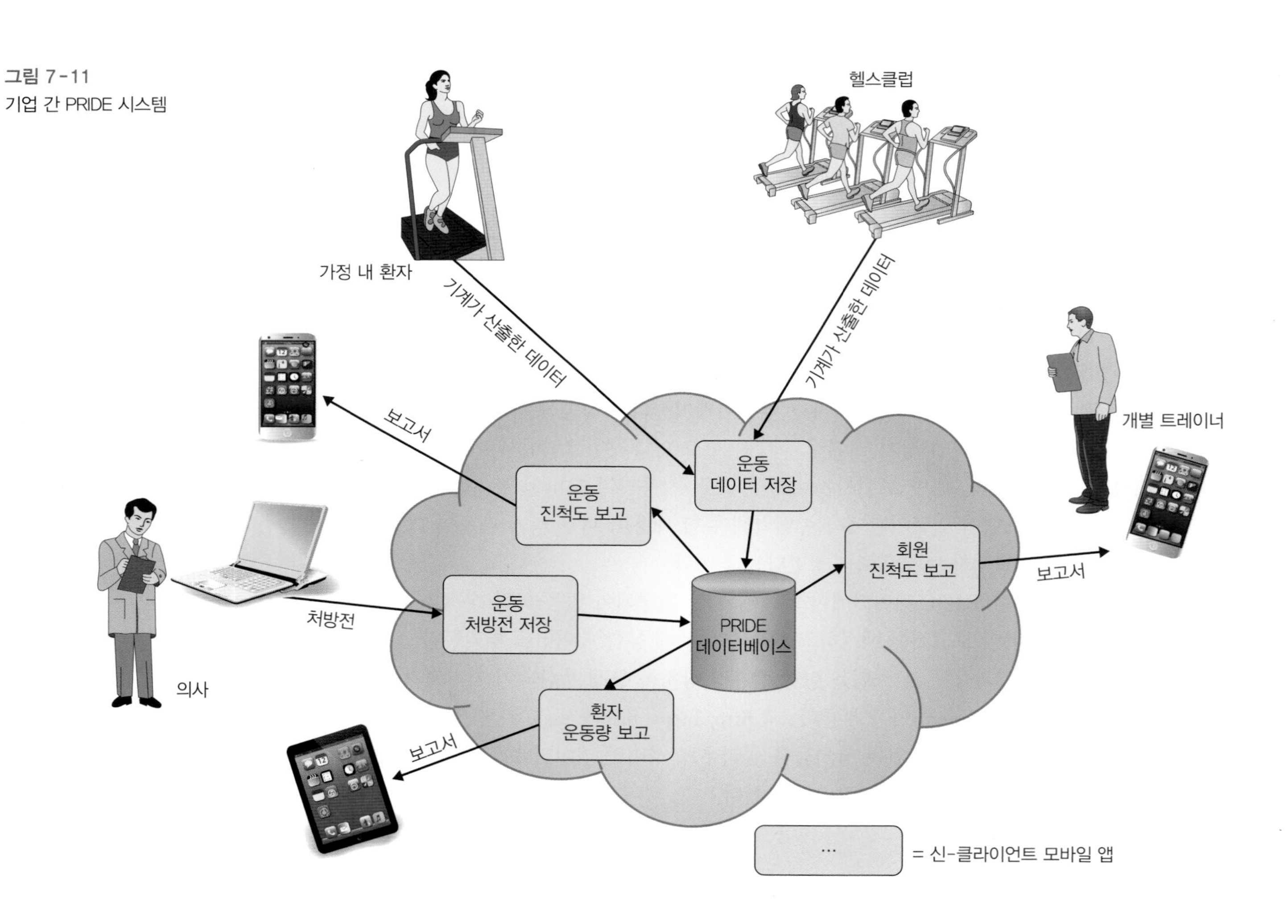

그림 7-11
기업 간 PRIDE 시스템

이 장에서의 **지식**이 **여러분**에게 어떻게 **도움**이 되는가?

지금까지 이 장의 학습을 통해 정보시스템의 수준과 해당 수준에 따라 어떤 문제 요소가 있는지를 살펴보았다. 이는 여러분이 사용하는 정보시스템에 대한 시각을 넓히고 발생될 수도 있는 정보 사일로 문제를 이해하는 데 기여하였다. 아울러 사일로 현상이 어떤 잠재적인 문제점을 안고 있는지와 업무 부서와 기업 차원에서 해당 문제를 어떻게 해결할 것인가를 학습하였다. 더욱이 향후 CRM, ERP, 그리고 EAI 등과 같은 애플리케이션에 직면하게 되었을 때, 이들이 어떤 정보시스템인지, 무엇을 위한 정보시스템인지, 그리고 해당 시스템을 구축하거나 사용할 때 어떤 문제에 직면하게 될 것인지에 대한 내용도 학습하였다. 마지막으로 PRIDE가 기업 간 정보시스템을 지원함에 있어 클라우드를 어떻게 활용하고 있는지를 이해한다면, 향후 다른 애플리케이션을 위해서 어떻게 클라우드를 사용할 것인가를 이해할 수 있을 것이다.

윤리문제

달러를 벌기 위한 전화

자! 지금부터 여러분을 영업사원으로 가정해보자. 현재 우리 회사의 판매 예측 시스템이 여러분에게 할당된 분기매출의 쿼터에 훨씬 못 미칠 것으로 예상하고 있다. 그래서 여러분은 매출액을 높이기 위해 주요 고객에게 연락을 했으나 추가적인 구매 의사는 없다는 통보만 받았을 뿐이다.

사장이 말하길 이번 분기는 모든 영업사원의 실적이 저조하다고 하였다. 사실상 너무나 저조하기에 영업부 사장이 신규 주문에 대해 20%의 할인을 허용하였다. 단, 회계장부상에 실적이 기록되기 위해 해당 분기가 끝나기 전까지 고객에게 배송이 완료되어야 한다는 것이 유일한 조건이었다. “자, 달러를 벌기 위한 전화를 하세요. 그리고 창의적인 생각을 총 동원하세요.”라고 영업부 사장이 말했다.

여러분은 CRM을 활용해서 우수고객을 찾아내고, 그들에게 할인율을 제시하였다. 첫 번째 고객은 재고를 늘이는 것에 대해 난색을 표했다. “아무래도 그렇게 많은 양을 우리가 떠안고 파는 것이 힘들 것 같네요.”

그 대답에 여러분은 다음과 같이 말한다. “그렇다면 당신이 다음 분기에 판매하지 못하는 재고를 회수한다면 어떨까요?”(만약 이렇게 한다면 여러분의 현재 매출액과 커미션은 늘어나고 또한 회사의 해당 분기 매출액 증대에도 도움이 될 수 있을 것이다. 추가된 제품은 다음 분기에 해결하면 될 것이다. ‘에이, 그때는 그때고, 지금이 더 중요해.’라고 생각하면 된다.)

“좋아요, 하지만 구매 주문에 대해 반품 조건이 명기되어야 합니다.”

회계처리상 주문에 대한 모든 기장처리가 불가능함을 알고 있기에 문서상으로 남기기 힘들었다. 그래서 여러분은 해당 고객에게 계약에 대해 이메일을 보내겠다고 말했다. 그러고 난 후 해당 고객은 주문을 늘리고, 최대 금액으로 회계처리를 하였다.

또 다른 고객에게는 두 번째 전략을 선택했다. 할인을 제시하는 대신 이번 분기에 해당 제품을 원래 가격으로 하되 다음 분기에 20%만큼 외상판매를 제안하였다. 이러한 방법을 통해 현재의 원래 가격으로 회계처리를 할 수 있었다. 이를 위해 여러분은 해당 고객에게 다음과 같은 제안을 하였다. “우리 마케팅 부서에서 신규 시스템을 사용해서 과거 매출액을 분석했더니 광고비를 늘린 덕택에 매출액의 상승을 가져올 수 있었어요. 그래서 만약 당신이 지금 더 많은 제품을 주문하면, 다음 분기에 광고비 절감에 대한 보답으로 20%만큼 외상 주문을 해드릴 수 있습니다.”

물론 해당 고객이 광고를 위해 돈을 지출할 것에 대해 믿지 않을 수도 있다. 하지만 그 고객은 외상판매를 할 수 있고 더 많은 재고를 보유할 수 있을 것이다. 물론 다음 분기의 매출액이 줄어들 가능성도 있지만 그것은 그때 해결할 문제로 미룰 수 있다.

이렇게 해서 추가 주문을 받아내긴 했지만, 여전히 여러분에게 할당된 분기 실적에는 미치지 못하고 있었다. 그래서 여러분은 자포자기의 심정으로 처남의 명의로 된 유령회사에 제품을 판매하기로 결심하였다. 신규 계좌를 개설하고 처남에게 신용 조사가 들어가면, 여러분의 계획에 협조하기로 말을 맞추었다. 그러고 나서 그 유령회사에 4만 달러의 제품을 판매하고, 처남의 차고에 제품을 쌓아놓았다. 어쨌든 이번 분기에 회계처리상으로 여러분의 분기 실적을 맞출 수는 있었다. 그리고 다음 분기가 시작되고 나서 여러분의 처남이 해당 제품을 반품하였다.

자, 하지만 그동안 여러분도 모르는 사이에 회사 제조시스템은 생산 스케줄을 가동하고 있다. 해당 프로그램은 사원들의 영업활동 결과물인 매출액을 통해서 생산 스케줄링을 하기에, 결과적으로는 제품 수요가 급증한 것으로 나타나고 있다. 따라서 생산량의 증대와 거기에 비례해서 노동력의 추가 투입까지 필요한 것으로 스케줄링되고 있다. 또한 늘어난 생산 스케줄을 맞추기 위해 원자재 구매율을 높이고, 또한 재고 애플리케이션을 통해 자재소요 계획이 여전히 가동되고 있다.

토의문제

1. 제품을 반품하는 조건에 동의하는 이메일을 쓰고 있다고 가정해보자.
   a. 여러분의 행동이 과연 양심에 따른 정언 명령(20~21쪽)의 관점에서 보았을 때, 과연 윤리적인 행동인가?
   b. 여러분의 행동이 공리주의(46~47쪽)에서 보았을 때, 과연 윤리적인 행동인가?
   c. 해당 이메일이 나중에 밝혀지게 되었을 때, 사장은 과연 어떻게 뭐라고 말할까?
2. ‘광고’ 할인을 제안하는 것은,
   a. 양심에 따른 정언 명령의 관점에서 보았을 때 과연 윤리적인 행동인가?
   b. 공리주의에서 보았을 때 과연 윤리적인 행동인가?
   c. 이러한 할인은 기업의 대차대조표에 어떤 영향을 미치게 될까?
3. 유령회사로 물건을 보내는 것은,
   a. 양심에 따른 정언 명령의 관점에서 보았을 때 과연 윤리적인 행동인가?
   b. 공리주의에서 보았을 때 과연 윤리적인 행동인가?
   c. 합법적인 행동인가?
4. 여러분이 한 이러한 행동들이 다음 분기의 재고에는 어떤 영향을 미칠 것으로 예상되는가?
5. 윤리문제는 잠시 제쳐두고, 이 사례에서 전사적 정보시스템이 과연 도움이 될까? 오히려 방해가 되는 시스템일까?

출처 : koya979/Fotolia

길라잡이

원스톱 쇼핑

이 장에서 그림 7-3에서 나타난 정보 사일로의 문제를 해결하기 위해 정보시스템의 범주를 넓히면 된다는 것을 배웠다. 업무 부서에 기인된 사일로는 전사적 정보시스템 구축을 통해 해결하고, 전사적 사일로 문제는 기업 간 정보시스템을 개발함으로써 해소할 수 있다. 하지만 이러한 논의 속에서 보안에 대한 부분은 간과되었다.

정보 사일로를 없애는 것은 앞에서 논의된 장점을 누릴 수 있으나, 실제로 데이터를 단일의 집중화된 장소로 옮김으로 인해 잠재된 보안 문제가 발생될 수 있다. 즉 어떤 나쁜 놈들이 탈취하고자 하는 모든 데이터를 한 장소에 모아두는 셈이 되는데, 이게 바로 '원스톱 쇼핑(one-stop shopping)'이다. 그렇기 때문에 데이터 통합은 기업의 보안 취약성을 높인다.

반대로 물론 데이터를 한 곳에 모아둠으로써 보안에 대한 노력을 한 곳으로 집중하게 만들 수도 있다. 즉 정보시스템 지원 부서에서 몇 개 혹은 그 이상의 분산된 각각의 모든 데이터베이스에 대해 보안 노력을 기울이는 것이 아니라 단 하나의 데이터베이스에 보안을 집중할 수 있다. 따라서 적절한 보안관리라는 것은 두 가지 요소의 균형을 잡는 것이다. 즉 손실 위험을 높이지만, 그러한 손실에 대해 보안을 집중하도록 만들고, 궁극적으로는 실제 위험보다는 낮은 결과를 가져오게 한다.

이 장의 초반에 나왔던 PRIDE 시스템과 같이 아주 광범위하게 통합된 정보시스템이 보안 문제에 어떻게 노출되어 있는지 생각해보자. 시작하기에 앞서 이 지침의 목적을 위해 개별 고객의 사생활 부분은 이미 적절하게 보안이 유지되었다고 가정한다. 고객은 본인들이 원할 때, PRIDE 개체(종업원, 헬스클럽, 장비제조사, 보험사, 의료기관)의 각각에 대해서만 데이터를 공유하고 있다.

하지만 이러한 가정하에서조차도 중대한 사생활 및 보안 문제가 대두된다. 고객, 개인 트레이너, 의료기관은 고객의 운동 데이터 전부를 보고자할 것이다. 하지만 이것은 경쟁관계에 있는 트레이너들(혹은 헬스클럽)이 경쟁자의 데이터를 볼 수 있음을 의미한다. 이것이 문제가 될까? 비록 실제 위험은 발생되지 않더라도 문제가 될 수 있으며, PRIDE의 판매와 사용에 제한이 될 수 있다.

이 사례는 기업 간 정보시스템의 관리 문제를 여실히 드러내고 있다. 부서별로 경쟁하는 관계에 있는 회사는 제외하고, 모든 사람이 동일한 고용주 밑에서 일을 하면서 데이터를 보호함에 있어 동일한 인센티브를 받는 전사적 시스템과는 달리 기업 간 정보시스템은 다른 인센티브와 목적을 가진 경쟁자들과도 연결될 수 있다. 이러한 사실이 보안 위험을 증가시키는 것만은 아니다. 보안 침해에 따른 중요한 처리 방식 중의 한 가지인 '절차(procedures)'를 날려버린다. 전사적 시스템에서는 프로그램이나 데이터 통제에 있어 보안 약점에 대해 조직 자체적으로 보안 매뉴얼에 따른 절차를 따를 수 있다. 하지만 기업 간 시스템 상황하에서 만약 사용자가 경쟁관계에 놓여 있다면, 해당 절차를 따르지 않음으로써 어떤 이득을 얻을 수도 있다.

PRIDE를 클라우드 환경에서 사용함으로써 또 다른 중요한 보안 문제가 야기될 수 있는데, 이는 전사적 시스템과 기업 간 시스템 모두 발생될 수 있다. 우선 클라우드 업체의 보안 수준이 문제가 된다. 즉 중요한 정보가 더 많이 저장될수록 공격자에게는 더 좋은 먹잇감이 될 수밖에 없다. 이에 대한 가장 단순한 사례가 바로 비트코인이다.

2014년 2월에 그 당시 가장 큰 비트코인 환전소였던 마운트곡스에서 4억 6천 달러에 해당하는 85만 비트코인이 증발되었다.[3] 이는 모든 비트코인과 현금이 날아가버린 일로, 일어나서도 일어날 수도 없는 일이 발생된 것이었다. 실제로 비트코인은 종국에 자국 내 통화를 대체할 것으로 기대를 모은 대규모 클라우드 기반의 환전시스템으로, 아주 혁신적인 아이디어의 산물이었다.

그런데 바로 그 본질적인 측면이 바로 범죄자들에게는 완전한 타깃이 되어버린 것이다. 즉 중앙집중식으로 어디서든 접근할 수 있으며, 전자적으로 빼낼 수 있는 큰 돈이 한 곳에 모여 있었다. 그렇기에 전 세계의 해커들은 끊임없이 마운트곡스를 공격하였다. 사실 금은 훔치기도 어렵고 옮기기도 힘들지만, 비트코인은 너무나 가볍고 옮기는 것이 문제가 되지 않는다. 즉 오늘날 의료기록, 개인정보, 재무 관련 정보, 신용카드 정보 등이 바로 디지털 형태로 저장되어 있다.

마운트곡스의 몰락으로 클라우드 저장에 대한 의구심이 야기되었다. 우리는 클라우드 데이터가 저장되어 있는 물리적 위치가 어디인지, 데이터 센터가 얼마나 보안 유지가 잘 되고 있는지, 누가 거기에서 일을 하고 있는지, 또 어떤 절차와 정책으로 보안처리 되고 있는지 등 모르는 것이 너무 많다. 지금부터 제10장에 있는 해당 질문으로 돌아가서 이러한 이슈에 대해 살펴보도록 하자.

토의문제

1. 정보 사일로에서 통합된 데이터베이스에서 보안 위험이 더욱 증가되는 이유를 설명해보라. 증가된 위험을 보상할 수 있는 요인은 무엇인지 기술해보라.
2. PRIDE 시스템의 예를 들어, 전사적 시스템과 기업 간 시스템에서 데이터를 보호하기 위해 사용자의 인센티브가 각각 어떻게 달라져야 하는지 설명해보라.
3. 만약 여러분이 헬스클럽 사장인데, PRIDE 영업사원이 찾아와서 "PRIDE 데이터베이스는 어느 클라우드 회사에 맡겨 놓고 있습니다."라고 말했다. 물론 그 '어느' 회사는 아마존이나 오라클, 마이크로소프트, IBM 처럼 아주 유명한 회사이다. 그래서 영업사원에게 데이터 보안은 어떠냐고 물었더니, 영업사원이 "저나 사장님이나 클라우드 회사의 보안 수준이나 정책과 관련되어서는 아무것도 모릅니다. 하지만 저기 저 건물 복도의 벽장 안에 서버를 두는 것보다야 훨씬 낫지 않습니까?"라고 대답했다. 이에 대해 어떻게 생각하는지 답변해보라.
4. 만약 여러분이 헬스클럽의 헬스 트레이너인데, 본인이 공유하고 있는 고객들에 대한 경쟁자들의 데이터를 가지고 있을 때, 그 가치를 설명해보라. 여러분이 한번도 보지 못한 경쟁자의 PRIDE 고객들 데이터를 얻을 수 있다면, 그 가치를 설명해보라.
5. 만약 여러분이 헬스클럽의 트레이너인데, PRIDE 영업사원이 찾아와서 "우리 보안시스템은 고객의 데이터를 아무도 볼 수 없도록 만들었음을 보증합니다."라고 말한다면, 이에 대해 어떻게 생각하는지 답변해보라.
6. 앞의 5번 질문에서 영업사원이 "당신과 같이 동일한 고객을 가르치는 다른 트레이너들만 고객 데이터를 볼 수 있습니다."라고 말한다면, 이 말이 진실하다고 과연 믿겠는가?
7. 만약 헬스클럽에 있는 트레이너가 비밀번호를 'dog'와 같이 아주 쉬운 것을 사용하고 있다고 가정해보자. 헬스클럽 이용자들 중에 한 사람이 그 트레이너가 로그인하는 것을 옆에서 보고, 비밀번호를 알아낸 뒤에 해당 헬스클럽에 들어 있던 모든 고객 관련 데이터를 훔쳐갔다.
   a. 데이터 도난에 대한 책임은 누구에게 있는가?
   b. 만약 여러분이 그 헬스 트레이너라면 어떻게 말하겠는가?
   c. 만약 여러분이 헬스클럽 사장이라면 이번 일로 인해 어떤 교훈을 얻을 수 있겠는가?
   d. 만약 여러분이 참여하는 의료기관의 담당자라면, 이번 일로 인해 어떤 교훈을 얻을 수 있겠는가?
   e. 만약 여러분이 해당 시스템을 사용하는 고객이라면, 이번 일에 대해 누가 책임을 져야 한다고 생각하며 그 이유는 무엇인가?
8. 마운트곡스가 물리적으로 어디에 있었는가? 데이터가 저장되어 있는 물리적인 위치가 중요한가? 왜 그렇다고 생각하는가?

출처 : Zentilia/Shutterstock

생생복습

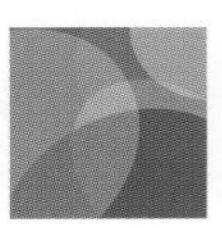
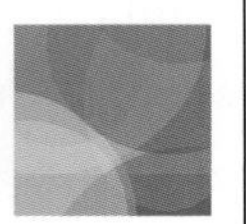

이 장에서 학습한 내용을 이해하였는지 점검해보자.

Q1 정보시스템의 범주는?

정보시스템이 범주에 따라 어떻게 나뉘는지를 설명하라. 이 장에서 제시된 것 말고, 네 가지 정보시스템의 예를 각각 제시하고, 각 정보시스템의 특징을 서술하라.

Q2 전사적 시스템이 정보 사일로 문제를 어떻게 해결하는가?

정보 사일로를 정의하고 어떤 경우에 발생될 수 있는가를 설명하라. 일반적인 기능별 애플리케이션 다섯 가지를 나열해보라. 이들 5개 애플리케이션 간에 야기될 수 있는 데이터 중복을 기술해보라. 정보 사일로로 인해 야기될 수 있는 문제를 요약해보라. 전사적 시스템을 통해 부서 차원과 기업 차원 모두에서 정보 사일로 문제를 해결할 수 있는 방안을 요약해보라. 비즈니스 프로세스 엔지니어링에 대한 정의를 내리고 이를 구현하는 것이 어렵고 비용이 많이 드는 이유를 설명하라.

Q3 CRM, ERP, EAI가 전사적 시스템을 어떻게 지원하는가?

전사적 시스템을 자체 개발하는 것이 많은 비용이 소요될 수밖에 없는 두 가지 주요 이유를 들어보라. 고유 프로세스의 장점을 설명하라. *CRM*, *ERP*, 그리고 *EAI*에 대한 정의를 내리고, 차이점을 설명해보라. CRM과 ERP가 EAI보다 더 유사한 이유를 설명해보라. 전사적 시스템을 구축함에 있어 고려해야 할 다섯 가지 문제점은 무엇인가? 전사적 시스템을 관리하기 위해 협업이 필요한 이유를 설명하라. 요구사항의 괴리를 규명하기 위해 필요한 두 가지 주요 업무를 설명해보라. 전사적 시스템으로 전이할 때 고려해야 하는 부분을 설명해보라. 조직 구성원이 변화에 대해 저항하는 이유를 설명하고, 저항을 줄이기 위한 세 가지 방안을 기술해보라.

Q4 기업 간 시스템이 기업 사일로 문제를 어떻게 해결하는가?

환자의 운동 데이터를 관리할 때 의료기관, 헬스클럽, 그리고 환자 본인 간에 나타날 수 있는 정보 사일로를 기술해보라. 이러한 정보 사일로로 인해 발생될 수 있는 문제점들을 기술해보라. 그림 7-11에 제시된 시스템을 통해 정보 사일로로 인해 발생된 문제를 어떻게 해결할 수 있는지 설명하라.

이 장에서의 **지식**이 **여러분**에게 어떻게 **도움**이 되는가?

이 장에서 소개된 내용으로부터 본인이 얻은 바가 무엇인지 기술해보라. 만약 입사면접에서 "EPR에 대해 얼마나 알고 있습니까?"라는 질문을 들었을 때, 어떻게 대답할 것인가? 만약 "조직 내 업무를 통합하는 데 있어 클라우드가 어떤 역할을 수행할 수 있는가?"와 같은 질문에 어떻게 대답할 것인가?

주요용어

- 개인용 정보시스템(personal information system, PIS)
- 고객관계관리(customer relationship management, CRM)
- 고객 수명주기(customer life cycle)
- 기능별 정보시스템(functional information system)
- 기업 간 정보시스템(inter-enterprise information system)
- 고유 프로세스(inherent processes)
- 데이터 무결성(data integrity)
- 부서별 정보시스템(departmental information system)
- 분산시스템(distributed systems)
- 비즈니스 프로세스 리엔지니어링(business process reengineering)
- 업무부서용 정보시스템(workgroup information system, WIS)
- 자기 효능감(self-efficacy)
- 전사적 애플리케이션 통합(enterprise application integration, EAI)
- 전사적 자원관리(enterprise resource planning, ERP)
- 전사적 정보시스템(enterprise information system)
- 정보 사일로(information silo)

학습내용 점검

1. 여러분이 다니고 있는 대학의 예를 토대로, 개인용, 업무부서용, 기업용, 기업 간 정보시스템의 종류를 예를 들어보라. 데이터 중복을 야기시킬 수 있는 업무부서용 정보시스템의 예를 세 가지 들어보라. 해당 정보시스템의 특징이 본인이 제시한 사례와 어떤 관련성이 있는지를 설명해보라.
2. 앞의 1번 문제에 대한 답변을 토대로 정보 사일로를 야기할 수 있는 부서별 정보시스템 세 가지를 설명해보라. 이러한 정보 사일로로 인해 발생될 수 있는 문제점을 나열해보라.
3. 앞의 2번 문제에 대한 답변을 토대로 정보 사일로를 해결할 수 있는 전사적 정보시스템을 제시해보라. 해당 시스템을 구현하기 위해 프로세스 리엔지니어링이 필요한가? 필요하다면 그 이유를 설명하고, 그렇지 않다면, 그 이유도 설명하라.

협력과제 7

여러분의 팀원들과 만나서 구글 오피스, 셰어포인트 또는 기타 협업 도구를 사용해서 협업정보시스템을 구축하라. 절차와 팀 훈련의 필요성을 잊지 마라. 이제 정보시스템을 이용해서, 다음의 질문들에 답하라.

주 관리청에서는 모든 빌딩과 관련된 프로젝트와 그에 대한 빌딩 건축 허가, 정화탱크 설치 허가, 도로 사용 허가 등을 발급하고 있다. 또한 신규 주택이나 건물 등의 공사와 관련된 소유주와 건축자에게 허가증을 발급하고, 주택가나 작업장에 있는 주차장과 같은 미등기 공간의 전환을 포함해서 전기, 가스, 하수도를 비롯한 여타 공공설비를 포함해서 관련된 모든 리모델링 사업에 대한 허가를 내린다. 아울러 정화탱크의 개선과 신규 설치, 메인 도로와 연결되는 진입 도로에 대한 허가를 담당한다.

해당 주에서 수년 동안 사용되어 온 승인 프로세스를 그림 7-12와 같이 나타내었다. 계약자와 주택 소유자는 항상 이 프로세스가 너무 느리고 실망스럽다고 느꼈다. 예를 들어 이들은 이렇게 순차적인 방식을 좋아하지 않았다. 공학 측면의 타당성 조사에서 승인이나 불허가 떨어진 이후에야 비로소 보건 부서나 교통 부서에서 또 다른 검토가 필요하다는 것을 알았다. 이러한 각 단계별 검토는 최소 3~4주가 소요되기 때문에 허가서를 제출하는 사람 입장에서는 검토 과정이 각 부서별로 병행되어 처리될 수 있기를 바랐다. 또한 허가서류를 제출한 사람과 주 관리청 직원 모두 해당 허가서류가 현재 어떤 프로세스에 놓여 있는지를 모르는 경우도 발생하였다. 따라서 계약자의 경우 얼마나 시간이 더 걸리는가를 종종 문의해야만 했고, 현재 어떤 부서에서 얼마만큼 진척되었는가를 알기에도 한 시간 이상이 걸리곤 했다.

그 결과 해당 주 관리청에서는 그림 7-13과 같이 승인 프로세스를 개선하였다. 개선된 프로세스에서는 해당 부서에서 승인 서류를 3부 복사해서 개별 부서로 넘겼다. 그래서 해당 부서에서는 자신들에게 해당되는 내용에 대한 검토를 실시함으로써 동시에 프로세스가 진행되었고, 나중에 한 사람의 직원이 각 부서별 검토 내용을 보고 거절 내용이 없으면 바로 승인처리를 하였다.

불행히도 이 프로세스 역시 많은 문제점을 가지고 있었다. 첫 번째로 어떤 허가서의 경우 양이 너무 많아서 건축 설계 도면만 40~50쪽이 넘곤 했다. 그 결과 해당 서류를 복사하는 노동과 비용이 만만치 않았다.

두 번째로 해당 부서에서 검토할 필요가 없어져 버리는 경우도 있었다. 예를 들어 어떤 허가서를 교통부에서 불허 판정을 내려버렸다면 공학 측면의 조사나 보건부에서의 검토는 무의미한 일이 되곤 했다. 초기에 관리청에서는 이런 문제점을 해결하기 위해 직원을 고용하기도 했다. 해당 직원은 불허 통지를 받았을 때 다른 부서에 검토의 취하 여부를 분석하는 업무를 담당하였다. 그러나 이러한 방식은 허가서를 제출하는 사람들에게는 매우 골치 아픈 일을 만들었다. 일단 하나의 허가서가 거절된 이후에 해당 문제점을 해결하고 나면, 허가서는 다른 부서로 다시 되돌아가버리고는 해당 부서의 맨 마지막 순번의 일로서 취급되어버렸다. 때로는 이러한 지연으로 인해 5~6주의 시간 낭비가 발생되기도 하였다.

이런 취소의 검토는 허가-검토 작업이 계속 반복되었기에 해당 부서에서도 싫어하는 업무였다. 즉 어떤 허가서는 부서에서 거절로 인해 취소가 되었음에도 불구하고 다른 부서에서는 허가서가 거의 완성되는 경우도 있었다. 그리고 특정 허가서가 다시 왔을 때, 사소한 변경들이 이전에 작업했던 검토 작업을 무의미하게 만드는 경우도 발생하곤 했다.

그림 7-12
순차 승인 프로세스

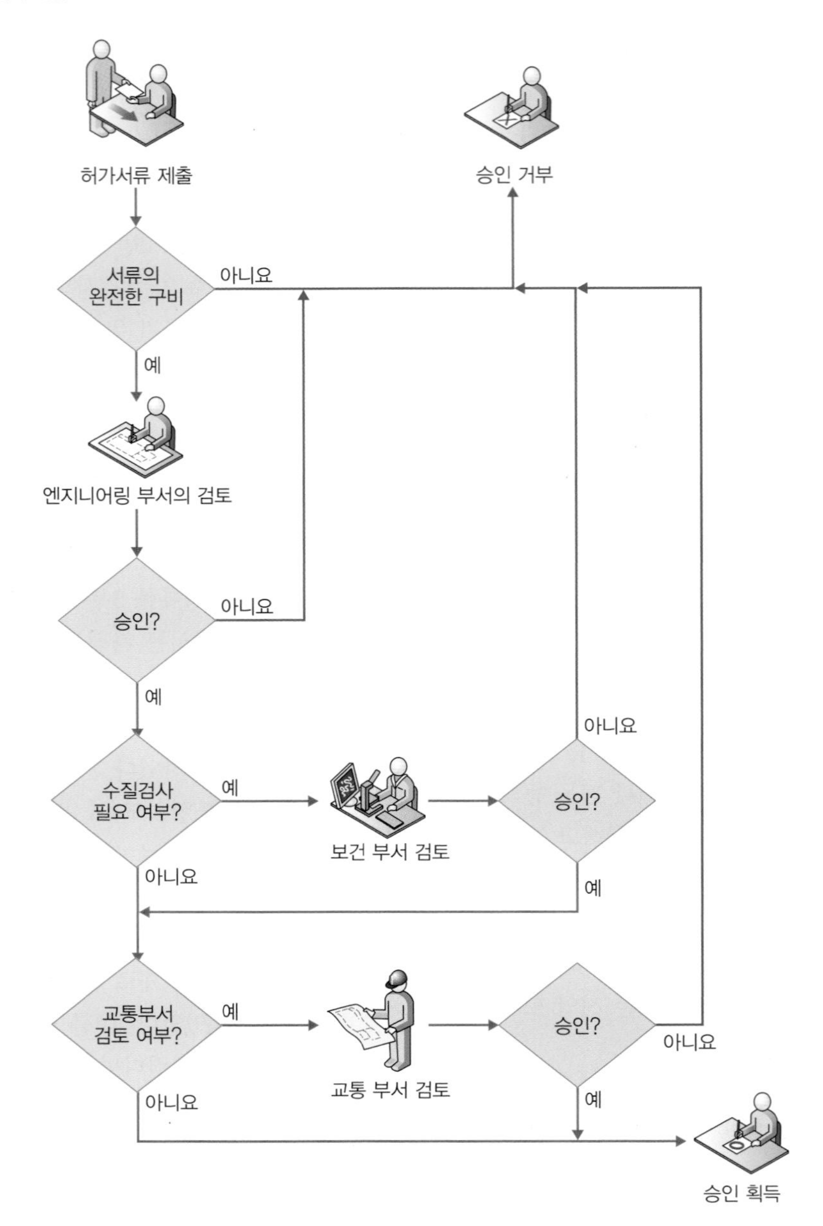

4. 그림 7-12와 그림 7-13의 프로세스들이 부서별 프로세스라기보다는 전사적 프로세스가 되는 이유를 설명하라. 이러한 프로세스들이 기업 간 프로세스가 될 수 없는 이유도 설명하라.

5. 그림 7-5의 예시를 토대로 공유 데이터베이스를 처리하는 전사적 정보시스템을 사용해서 그림 7-12를 다시 그려보라. 그림 7-12에 제시된 서류 기반의 시스템과 비교하여 해당 시스템의 장점을 설명하라.

6. 그림 7-5의 예시를 토대로 공유 데이터베이스를 처리하는 전사적 정보시스템을 사용해서 그림 7-13을 다시 그려보라. 그림 7-13에 제시된 서류 기반의 시스템과 비교하여 해당 시스템의 장점을 설명하라.

7. 해당 주 관리청에서 그림 7-12의 시스템을 그림 7-13의 시스템으로 막 변경했다고 가정할 때, 상기 질문 5번과 6번의 답변 중에서 어느 것이 더 낫다고 생각하는가? 근거를 토대로 논리적으로 설명하라.

8. 여러분이 속한 그룹에서 상기 질문 4번에 대한 답변에 제시된 시스템을 구축한다고 가정해보라. 해당 시스템의 구현과 관련되어 Q3에서 논의된 다섯 가지 문제점을 규명해보라. 여러분이 속한 그룹에서 이런 문제들을 어떻게 처리하고 해결할 것인지 논의해보라.

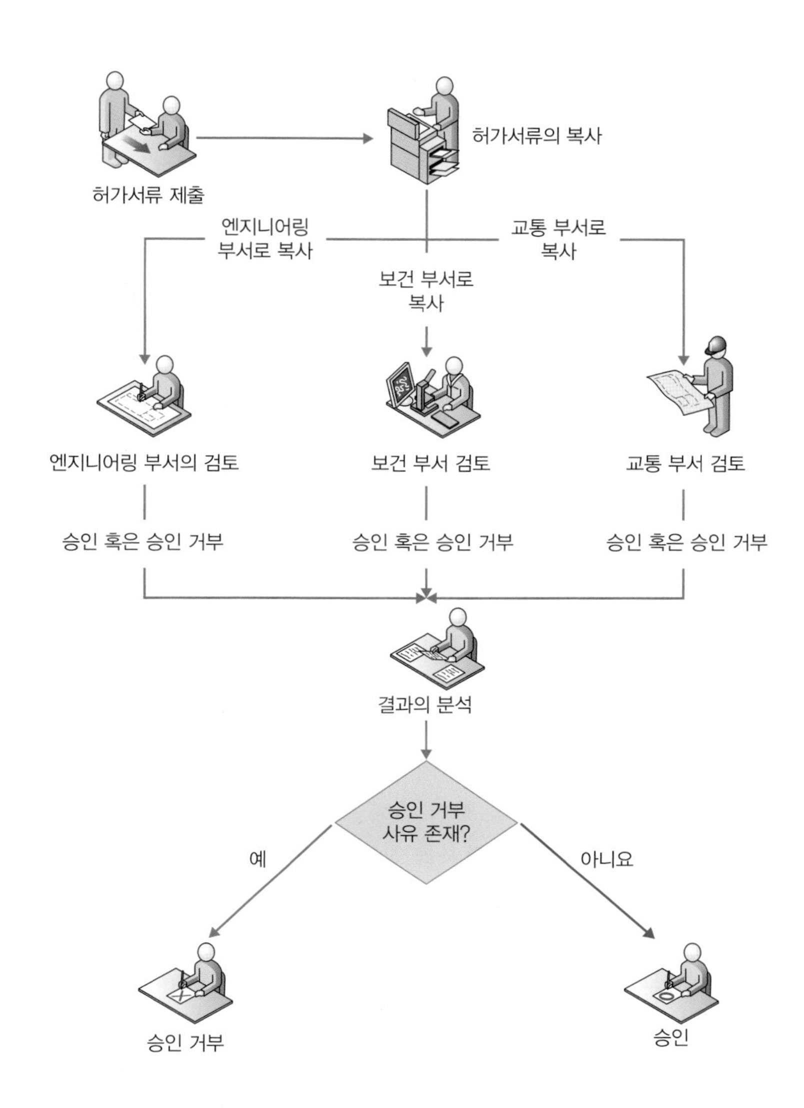

그림 7-13
병행 승인 프로세스

사례연구 7

두 조직 간 정보시스템 이야기

오바마 케어(Affordable Care Act)는 조직 간 정보시스템의 개발을 반드시 필요로 하는 건강보험 온라인 시장의 지평을 열었다. 미국 내 모든 주에서 거주자를 위해 해당 주 자체의 건강보험 온라인 상품거래소에서 보험상품을 가입하도록 유도되었지만, 투표를 통해 해당 주 주민들은 연방 정부가 개발한 건강보험에 가입할 수도 있었다. 그 결과 약 절반 정도되는 주에서 연방 정부의 건강보험을 사용하는 것으로 결정되었고, 나머지 주에서는 자체 건강보험(지원 정보시스템 구축 포함)을 개발하였다. 그 결과 동시에 병렬적으로 진행되는 대규모 개발 프로젝트를 통해서 프로젝트 자체는 유사하더라도 그 결과는 매우 다를 수 있다는 아주 중요한 교훈을 얻게 된다.

그 예로서 코네티컷주와 오리건주를 살펴보도록 하자. 코네티컷주에서는 액세스 *CT*라는 건강보험 온라인 상품 거래소를 가지고 있다. 해당 시스템은 제시간에 주어진 예산 범위 내에서 정상적으로 개발되었으며, 이러한 성공에 힘입어 메릴랜드주에서는 자체 개발을 중단하고, 대신 액세스 CT 솔루션을 라이선싱해서 구축하기도 했다.[4] 물론 다른 주에서도 해당 시스템에 대한 라이선스를 고려하고 있다. 반면 오리건주에서는 커버오리건이라는 건강보험 온라인 상품 거래소를 구축하였으나, 이는 완전한 실패로 끝나고 말았다. 해당 시스템에 대한 미국 및 오리건주의 세금 환급액만 해도 2억 4,800만 달러가 넘었는데도 불구하고 전혀 운영조차 할 수 없었다. 결국 2014년 5월 포틀랜드에 있는 미연방검사국에서 해당 프로젝트에 대한 광범위한 법정조사에 착수하게 되었다.[5]

왜 이렇게 상반된 결과가 나왔을까? 2개 주 모두 동일한 시점에 동일한 범위와 목표를 향해 프로젝트를 시작했고, 거의 비슷한 자금 투입으로 시작했으며(물론 결국엔 커버오리건이 액세스 CT보다 거의 2배 많은 비용이 지출됨), 프로젝트 마감일도 동일했다. 더욱이 두 주의 인구수도 큰 차이가 없다. 코네티컷주는 약 350만 명의 인구가 있으며, 오리건주는 약 390만 명이 거주하고 있다. 그렇다면 도대체 무엇이 이렇게 다른 결과를 가져왔는가?

오바마 건강보험 온라인 마켓플레이스는 무엇인가?

우선 온라인 마켓플레이스(Healthcare Exchange)는 개인이나 자영업자에게 건강보험 상품을 판매하는 온라인 상점(마켓플레이스)이다. 통상적으로 의료보험을 선택하는 것은 상이한 보장 수준과 보험료를 비교 분석해야 하는 복잡한 과정이기에 대부분의 사람들은 올바른 보장 상품을 선택하는 것을 매우 어렵게 여기고 있다. 그런데 해당 마켓플레이스에서 본인에게 적합한 의료보험 정책을 제공할 뿐만 아니라, 부분적이지만 자동화 과정을 통해 선택 과정을 매우 단순하게 만들었다. 또한 이를 통해 의료보험 회사들 간의 공정한 경쟁까지 유도할 수 있다.

이렇게 건강보험 가입을 단순화하는 것 이외에도 마켓플레이스의 또 다른 목표는 소비자들로 하여금 정부 보조금과 보장금 지급에 대한 가능성과 같은 매우 복잡한 과정을 손쉽게 처리할 수 있도록 도와주는 것이다. 즉 소득, 가계 규모 및 여타 개인 상황에 따라 소비자들은 연방 정부가 운영하는 메디케어(Medicare)를 포함한 다양한 정부 지원 프로그램에 혜택을 받을 자격이 부여되고 있다. 따라서 이러한 마켓플레이스를 사용할 때, 소비자는 소득이나 가계에 대한 상황과 관련된 정확한 데이터를 제공하고, 이에 따라 마켓플레이스는 소비자의 자격을 정하기 위해 다양한 정부 부처와 자동적으로 연결된다. 이러한 의사결정에 따라 마켓플레이스는 특정 소비자에게 가장 적합한 보험 상품을 제공하게 되고, 보험가입자는 일정 수수료를 부담하게 된다.

그림 7-14는 온라인 마켓플레이스에 포함된 어떤 조직의 일부를 보여주고 있다. 그림에서 알 수 있듯이 조직 간 정보시스템은 반드시 필요하다. 이 장에서 배웠듯이 이러한 프로젝트는 개발과 관리가 매우 어렵고, 또한 그렇기 때문이 일부 주에서 실패한 것이 그다지 놀라운 일이 될 수 없다.

액세스 CT

액세스 CT는 반관반민의 준공공기관이다. 이사회의 의장인 코네티컷의 부지사 낸시 와이먼은 2012년 여름부터 적합한 CEO를 찾기 위해 노력하였다. 그 결과 전국적으로 검색된 74명의 후보자를 찾았고, 2012년 7월 코네티컷 주지사는 케빈 쿠니한을 위촉했다.

쿠니한은 보험업계에서 30년 이상의 경력을 쌓았으며, 오바마 케어의 모델로 알려진 매사추세츠 의료시스템 개발에 핵심적인 역할을 수행했던 인물이었다. 또한 최근에는 캘리포니아

그림 7-14
건강보험 온라인 마켓플레이스
조직 간 IS

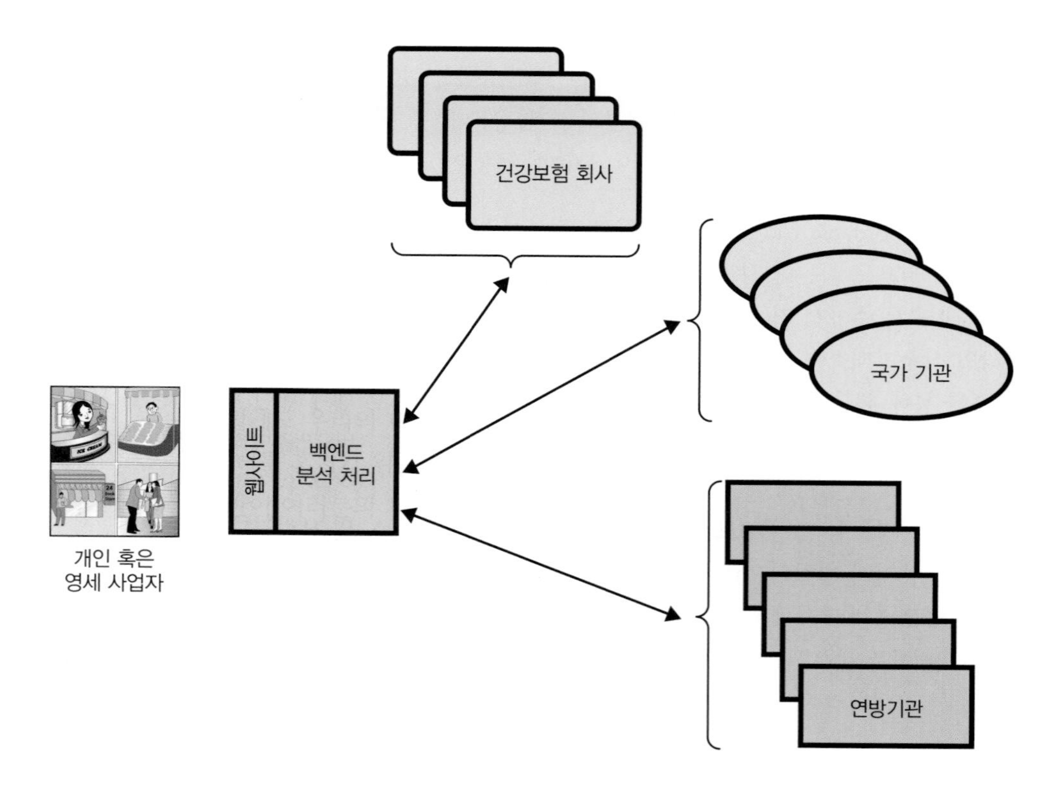

에 있는 민간 건강보험 마켓플레이스의 대표를 역임하였다.[6]

쿠니한은 마케팅 분야의 석사 학위를 소지하고 했으며, 전공 능력을 바로 드러냈다. 고용되자마자 바로 대중들에게 해당 프로젝트의 속성과 목표를 설명하기 위해 일련의 기자회견부터 시작했다(해당 인터뷰는 www.youtube.com/watch?v=8-w4nilpuiQ 참조). 몇 개월 만에 짐 와들리를 CIO로 초빙하는 것을 포함해서 보험 분야에 경험이 풍부한 고위 임원을 고용했다. 특히 와들리는 미국의 보험 회사 중 상장 기업으로서는 가장 역사가 깊은 CIGNA의 정보시스템 개발 책임자를 역임했다.[7] 와들리가 해야 할 주요 과제는 마켓플레이스 웹사이트를 개발하고, 서버 쪽 코딩 업무를 지원하고, 마켓플레이스 정보시스템 구축을 총괄적으로 관리할 수 있는 외부 계약자를 고용하고 관리하는 것이었다.

그 결과 액세스 CT는 2012년 6월까지 프로젝트 계획을 수립해서 사이트 개발을 담당할 수 있는 회사를 찾기 시작했고, 2012년 9월, 딜로이트 컨설팅 LLP를 선택했다. 당시 와들리는 "마켓플레이스가 가동 준비되는 단 12개월 안에 즉각적으로 일이 시작되길 바란다."[8]고 말했다.

그해 여름 7월 13일자 지역 언론과의 인터뷰에서 한 기자가 쿠니한에게 "어떻게 제시간에 끝낼 수 있었습니까?"라고 물었다. 그의 대답은 "주(州)와 상태(상황)가 그렇게 만들었습니다[9](state라고 표현함으로써 해당 주와 상태를 동시에 언급함 — 역자 주)."라고 대답했다.

그의 말대로 연방 정부에서 요구한 기한에 맞추어, 액세스 CT는 208,301명의 코네티컷 거주자를 등록할 수 있었으며,[10] 코네티컷은 정부의 마켓플레이스 구축 성공 모델이 되었다.

커버오리건

하지만 오리건주에서는 결과가 긍정적이지 않았다. 거의 2억 5천만 달러를 쓴 이후에도 마켓플레이스는 명확하게 실시 불가능했으며, 결국 마켓플레이스의 이사회는 개발을 중단하고 대신 주 정부 마켓플레이스를 활용하는 것으로 결정 내렸다.[11] 이후 오리건주 의회는 이러한 큰 실패에 대한 원인을 조사하기 위해 독립 기구로 퍼스트데이터코퍼레이션을 고용했다.[12]

코네티컷주와는 달리 오리건주에서는 주지사를 포함해서 해당 프로젝트에 직접적으로 참여한 공무원이 아무도 없었다. 실제로, 2014년 1월 오리건 주지사는 '10월 말경'에 실패를 인지하게 되었다고 말했다.[13] 해당 사이트는 10월 1일부터 운영될 예정이었음에도 불구하고, 해당 사이트에 대한 실패 소식이 3주가 지난 다음에야 주지사에게 전달되었음은 정말 믿기 어려울 정도의 일이었다. 어쨌든 주지사는 해당 프로젝트의 '유능한 관리자'도 아니었으며, 그렇다고 일을 이끌 만한 공무원에게 해당 역할을 위임해 놓지도 않은 것은 실패에 대한 충분한 원인이 될 수 있었다.

퍼스트데이터에 따르면[14] 이러한 불행의 시작은 해당 프로젝트의 콘트롤타워의 부재로부터 시작되었다. 커버오리건은 액세스 CT와 같이 준독립 법인이지만, OHA(Oregon Health Authority)이라는 별개의 주 정부 기관이 해당 마켓플레이스 정보시스템을 개발해야만 했다. 이는 서로 다른 두 기관의 밥그릇 싸움의 시작을 의미했으며, 프로젝트 요구사항에 대한 서로 다른 견해를 보였다. 결국 이러한 차이로 인해 소프트웨어 개발자는 항상 바뀌었고, 일관성 없는 방향으로 진행되었다.[15]

더욱이 액세스 CT와는 달리 OHA는 해당 프로젝트에 대한 관리감독을 담당하는 계약자를 고용하지 않고, 대신 본인들 스스로 시스템 개발에 적극적으로 참여하였다. 불행하게도 해당 에이전시는 직원 회전율이 높았으며, 그만큼의 실력을 갖춘 직원을 고용하고 유지하는 데 어려움을 겪었다. OHA는 주요 소프트웨어 구성품을 구축하기 위해 전문 소프트웨어 개발 회사를 고용했다. 그러나 해당 입찰에서 최종 결선 진출자 3개 업체 중에서 2개 업체가 마지막 순간에 결렬되었으며, 최종 낙찰자인 오라클이 독점 공급업체가 되어버렸다. 결국 오라클은 정해진 금액으로 정해진 산출물에 대한 계약이 아니라, 시간이나 기자재에 대한 협상을 할 수 있는 위치가 되었다. 나중에 문제가 발생했을 때, 동일 시간 및 기자재에 '주문 변경'에만 추가적으로 수천만 달러의 비용이 지급되었다. 또한 OHA는 자체 프로그래밍도 많이 시도했지만, 해당 개발 팀은 오라클과의 작업 경험도 없었고, 개발자와 관리자 또한 부족했다.[16]

아이러니하게도 기술 관련 프로젝트와 관련된 이전의 문제 때문에, 오리건 입법부는 주 정부에 해당 프로젝트를 감독할 수 있도록 품질 보증을 담당하는 기업인 맥시머스코퍼레이션을 고용할 수 있도록 요청했다. 이에 프로젝트 초기부터 맥시머스는 분리된 통제체계, 명확한 요구사항의 부재, 부적절한 계약방법론, 추진력 부족 등과 같은 중요한 문제점을 제기하였다. 하지만 해당 보고서가 누구에게 전달되었고 또 어떤 후속 조치가 취해졌는지는 불분명하다. 2013년 1월 OHA의 프로젝트 책임자가 또 다른 장문의 부정적인 보고서를 제출받았을 때 맥시머스에게 대금 지불을 보류하겠다고 위협까지 했다.[17]

슬프게도 2013년 1월 오리건주 일간지인 더오리건에서 커버오리건의 책임자인 로키 킹에게 해당 시스템이 잘 작동되는지 질문하자 그는 "사실 감도 못 잡고 있다."[18]고 대답했다. 하지만 감이 잡힐 때쯤 해당 마켓플레이스 시스템은 실패한 뒤였다.

질문

9. 오바마 건강보험 온라인 마켓플레이스의 목적과 장점은 무엇인지 요약하라.
10. 오바마 건강보험 온라인 마켓플레이스가 기업 간 정보시스템인 이유를 설명하라.
11. 이 장에서 배운 지식을 토대로 기업 간 정보시스템을 개발할 때 어려움과 극복해야 할 과제를 요약하라.
12. 온라인 마켓플레이스는 특성상 반드시 개인 정보나 사용자와 관련된 기밀 데이터를 활용해야 한다. 이러한 데이터를 신뢰할 수 있게 처리하고 저장할 수 있도록 한 문단 정도의 규정집을 만들어보라.
13. 액세스 CT의 성공 이유에 대해 여러분이 믿는 바를 설명해보라.
14. 퍼스트데이터의 경영종합 보고서(www.oregon.gov/DAS/docs/co_assessment.pdf)를 읽고, 시사점을 요약해보라.
15. 이 사례에 제시된 사실과 14번 질문에 대한 답변을 토대로 액세스 CT와 커버오리건 프로젝트로부터 얻을 수 있는 다섯 가지 주요 학습 내용을 작성해보라.

주

1. See *www.thisisant.com.*
2. D. Peak, "An Interview with John Halamka, MD, Chief Information Officer, Harvard Medical School and CareGroup Health System, USA," *Journal of IT Case and Application Research*, 10, no. 1 (2008): 70.
3. Robert Mcmillian, "The Inside Story of Mt. Gox, Bitcoin's $460 Million Disaster," *Wired*, March 3, 2014, accessed June 2, 2014, *www.wired.com/2014/03/bitcoin-exchange.*
4. Office of Congressman John Delaney, "Delaney Statement on Maryland Adopting Connecticut Health Exchange," April 1, 2014, accessed August 27, 2014, *http://delaney.house.gov/news/press-releases/delaney-statement-on-maryland-adopting-connecticut-health-exchange.*
5. Maeve Reston, "U.S. Prosecutors Investigate Oregon's Failed Health Insurance Exchange," *LA Times*, May 21, 2014, accessed May 25, 2014, *www.latimes.com/nation/nationnow/la-na-us-attorneys-office-probes-oregons-health-insurance-exchange-20140521-story.html.*
6. Matthew Sturdevant, "CT Health Exchange Has A New Chief Executive," *Hartford Courant*, June 21, 2012, accessed May 25, 2014, *http://articles.courant.com/2012-06-21/health/hc-health-exchange-ceo-20120621_1_health-insurance-exchange-health-care-victoria-veltri.*
7. Healthcare IT Connect, "Jim Wadleigh," accessed May 25, 2014, *www.healthcareitconnect.com/jim-wadleigh/.*
8. Office of Lieutenant Governor Nancy Wyman, "Health Insurance Exchange Hires Key Technical Consultant," September 27, 2012, accessed May 25, 2014, *http://ct.gov/hix/lib/hix/HIX-DELOITTE-RELEASE.pdf.*
9. Matthew Sturdevant, "Health Exchange Chief Explains How It Will Work," *Hartford Courant*, July 13, 2012, accessed May 25, 2014, *www.courant.com/health/connecticut/hc-health-exchange-20120712,0,4877364.story.*
10. Arielle Levin Becker, "Obamacare Exchange's Final Tally: 208,301 People Signed Up," *The CT Mirror*, April 17, 2014, accessed May 25, 2014, *http://ctmirror.org/obamacare-exchanges-final-tally-208301-people-signed-up/.*
11. Jeff Manning, "Cover Oregon: State Moves to Federal Exchange, but Oracle Technology Lives On," *The Oregonian*, May 6, 2014, accessed May 25, 2014, *www.oregonlive.com/health/index.ssf/2014/05/cover_oregon_state_moves_to_fe.html.*
12. "Cover Oregon Website Implementation Assessment," April 23, 2014, accessed May 25, 2014, *www.oregon.gov/DAS/docs/co_assessment.pdf.*
13. Dusty Lane, "'We Look Like Fools:' A History of Cover Oregon's Failure," *Katu.com*, January 10, 2014, accessed May 25, 2014, *www.katu.com/news/investigators/We-look-like-fools-A-history-of-Cover-Oregons-failure-239699521.html.*
14. "Cover Oregon Website Implementation Assessment."
15. Nick Budnick, "Cover Oregon: Health Exchange Failure Predicted, but Tech Watchdogs' Warnings Fell on Deaf Ears," *The Oregonian*, January 18, 2014, accessed May 25, 2014, *www.oregonlive.com/health/index.ssf/2014/01/cover_oregon_health_exchange_f.html.*
16. Nick Budnick, "Oregon Health Exchange Technology Troubles Run Deep due to Mismanagement, Early Decisions," *The Oregonian*, December 14, 2013, accessed May 25, 2014, *www.oregonlive.com/health/index.ssf/2013/12/oregon_health_exchange_technol.html.*
17. Budnick, "Cover Oregon: Health Exchange Failure Predicted."
18. Ibid.

Chapter
8

소셜미디어 정보시스템

여러분에게도
이러한 일이
일어날 수 있다

"이 모든 것들은 눈길을 끄는 일입니다." 니키 젠슨은 PRIDE 시스템의 새 마케팅 이사이고, 온라인 광고를 클릭하여 수익을 올리는 방법을 찾고 있다. PRIDE 시스템의 새 소유자인 제브 프리드먼은 그녀에게 마지막 회의(185쪽)에서 이렇게 하라고 말하였다.

"무슨 말이에요?" 제임스 우는 PRIDE의 정보시스템 매니저이다. 그는 이 회사가 플로레스 박사의 소유일 때 같이 있었다. 프리드먼이 이 회사를 인수하였을 때, 그는 제임스를 계속 직원으로 고용하였다. "제 말은, 우리의 광고를 볼 수 있는 눈의 숫자를 말하는 거예요." 니키는 대답했다.

"글쎄, 꼭 그렇지만은 않아요. 클릭하는 것도 중요해요." 미셸 윌슨은 PRIDE 시스템의 새 영업이사이다. 그녀의 일은 공급업체들에게 PRIDE의 경쟁과 이벤트 행사에서 전시를 위한 광고를 등록하도록 설득하는 것이다.

니키는 제임스를 바라보았다. "가능한 한 많은 시선들이 우리의 광고를 보게 해야 합니다. 그러고 나서 클릭하도록 유도합니다."

그녀는 계속해서 말했다. "그래서 얼마나 많은 사람들이 가상 경쟁으로 들어가고 있습니까? 우리가 데이터를 연결시키는 클라우드를 가지고 있다면 사람들이 집이나 헬스클럽, 전 세계 어디서나 서로 경쟁하게 할 수 있습니다."

미셸이 뛰어들었다. "한번에 1만 명이 될 수 있습니다." 그녀는 이 경우 공급업체에서 도움이 되는 정보를 찾고 있다.

제임스가 고개를 저었다. "그럴지도 모르지만 우리는 앞서 가고 있습니다. PRIDE는 한 운동교실에 8명에서 12명을 지원하도록 만들어졌습니다. 심장마비 같은 것을 치료하던 사람들을 말이죠. 이제 당신은 '10,000개의 교실을 가지자'라고 말하고 있습니다. 우리는 우리의 시스템과 함께 있지 않아요."

니키는 과거에 이런 종류의 말을 들어본 적이 있다. "하지만 우리는 한 이벤트에 10,000명을 지원할 수 있습니다."

"이론적으로는 그렇죠. 하지만 골치 아픈 것은 세부사항에 있어요. 이 경우 요구사항에 따라 결정이 됩니다. 어떤 종류의 사용자 경험을 원하십니까? 사람들에게 그들이 어디에 있는지 보여주기 위해 10,000개의 작은 점을 휴대전화에 넣을 수는 없습니다. 그럼 다시 생각해보죠. 물론 우리는 10,000개의 작은 점들을 휴대전화 스크린에 넣을 수 있어요. 우리는 항상 그렇게 하지만, 그것이 누군가에게 어떤 의미를 가져다줄까요? 그것은 흐릿하게 보일 거예요."

"음, 그걸 알아낼 수 있어요. 그 사람들 앞에서 사용자들에게 5개 정도만 보여줄 수 없을까요?"

"물론 할 수 있어요. 우리는 어떤 것도 할 수 있어요. 그건 그냥 사소한 일이에요. 우리는 당신이 원하는 것은 무엇이든 만들 수 있어요. 당신은 어느 정도의 자금과 시간을 가지고 있어요?" 제임스는 긍정적으로 들으려고 노력하였다.

학습목표

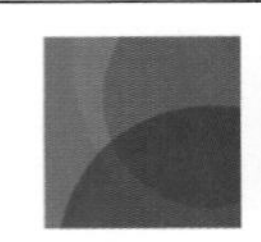

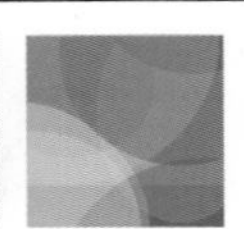

Q1 소셜미디어 정보시스템(SMIS)은 무엇인가?

Q2 SMIS는 조직 전략을 어떻게 발전시키는가?

Q3 SMIS는 사회적 자본을 어떻게 증가시키는가?

Q4 조직은 소셜미디어에서 수익을 어떻게 벌어들이는가?

Q5 조직은 SMIS의 보안 문제를 어떻게 언급할 수 있는가?

Q6 소셜미디어는 우리를 어디로 데려가는가?

이 장에서의 **지식**이 **여러분**에게 어떻게 **도움**이 되는가?

출처 : Derter/Shutterstock

"이 모든 것들은 눈길을 끄는 일입니다."

그는 잠시 멈춰서 생각을 계속하였다. "아까 말했듯이 골치 아픈 것은 세부사항에 있습니다. 사용자의 앞 사람이 0.00000005초 정도 앞에 있다고 해보죠. 그것을 어떻게 표시합니까? 그 사람이 앞으로 나아가는 것처럼 보이도록 확대하나요? 앞의 사람이 10분 앞서 있는데, 그러면 어떻게 되죠? 그리고 만약 그 사람이 지도자라면? 우리는 무엇을 보여줄 것인가요? 빈 화면?"

"아, 이해할 수 있어요. 그렇게 어렵지 않아 보이네요."

"아니요, 그렇지 않아요. 그건 그냥 사소한 것이에요. 할 수 있어요. 우리가 있는 이 오래된 창고를 대체할 20층짜리 건물을 짓는 것처럼요. 하지만 당장 내일 할 수는 없지만요 그리고 그건 공짜가 아니에요."

"그래서 제임스, 제브에게 뭐라고 말하고 싶어요?" 니키는 불만스러워했다.

"나는 아무 말하고 싶지 않아요. 하지만 그는 운동교실에서 10명을 지원하는 소프트웨어를 가진 회사를 샀어요. 그리고 이제 그는 여러분에게 우리가 그것을 1,000배로 늘려야 한다고 말해요. 할 수 있는 데까지. 그 생각에 잘못된 것은 없어요. 하지만 우리는 당장 할 수는 없어요."

니키가 재촉하였다. "얼마나 걸릴까요? 그리고 비용이 얼마나 들까요?"

"니키! 한번 더 말할게요. 이 건물을 대체할 20층짜리 건물을 건축하려면 얼마나 걸릴까요? 비용은 얼마나 들까요?"

"모르겠는데요. 건축가와 건설업자가 필요한데, 이 건물을 철거하는 데 드는 비용이 얼마인지 알고 싶어요." 니키는 제임스의 비유에 미소를 지었다.

"좋아요. 이제 알겠어요."

미셸이 이 말을 듣고 있을 때 그녀는 마지막 직장을 떠나지 않았으면 하고 바랐다. "음, 나는 당신에게 두 가지를 말하고 있어요. 나는 한 이벤트에서 10명과 함께하는 것은 아무것도 팔 수 없어요. 그건 미친 짓이에요."

"음, 10명이 참석한 1,000건의 이벤트는 어떤가요? 20,000개의 눈을 가질 수 있어요. 모든 사람이 2개의 눈을 가지고 있다고 가정한다면, 실제로는 20,000개보다 약간 적은 눈을 가질 수 있을 거예요." 제임스는 정확한 것을 좋아했다.

"제발, 제임스. 어떠한 공급업체도 나에게 외눈박이 선수가 몇 명이나 있느냐고 묻지 않아요."

"그만해요. 둘 다! 미셸, 제임스가 뭔가를 하고 있어요. 생각을 해봐요. 얼마나 많은 사람들이 온라인 체스게임에 참여하고 있나요?"

"두 사람은 4개의 눈을 의미한다고 가정해보죠, 알겠죠?"라고 미셸은 제임스의 코멘트에 혐오감을 느끼며 말하였다.

"그냥 둬요, 미셸. 하지만 이 온라인 체스 공급업자들은 돈을 벌어요. 각 10명씩 경주를 했다가 각각의 경기에서 승자가 다음 라운드에서 경쟁하게 된다면요? 우리는 계속되는 이벤트를 할 것이고 우리는 그 이벤트 사이에 팔 수 있을 거예요." 니키는 가능성을 고려하면서 목소리는 차츰 낮아졌다.

Q1 소셜미디어 정보시스템(SMIS)은 무엇인가?

이 질문을 언급하기 전에 이 장에서는 페이스북, 트위터, 링크드인, 인스타그램, 핀터레스트 또는 다른 소셜미디어 서비스의 최신 기능에 대해 논의하지 않는다는 것을 이해하기 바란다. 아마 여러분은 이미 이것들에 대해 많이 알고 있을 것이다. 게다가 오늘날 여러분이 배우는 어떤 특별한 것도 여러분이 졸업할 때에는 이미 오래되어 일을 시작할 때에는 쓸모가 없어질 것이다. 대신 이 장에서는 소셜미디어 서비스 및 기술의 변화보다는 지속될 원칙, 개념적 프레임워크 및 모델에 초점을 맞추고 있다. 이러한 방식은 여러분의 전문 경력 초기에 있어서 소셜미디어 시스템의 기회와 위험을 설명할 때 유용할 것이다.

그 지식은 여러분의 실수를 피하는 데 도움이 될 것이다. 매일 여러분은 사업가들이 말하는 것을 들을 수 있다. "우리는 트위터를 사용하고 있다." 그리고 "우리는 웹사이트에 우리의 페이스북 페이지를 연결시켰다." 혹은 "트위터에 우리를 팔로우하세요."라고 말하는 광고와 뉴스를 접할 수 있다. 이 사람들이 해야 할 중요한 질문은 다음과 같다. 무엇을 위해서인가? 현대적이기 위해서? 유행을 타기 위해서? 이러한 노력들이 그만한 가치가 있는가? 그것들이 조직의 전략을 어떻게 발전시키고 있는가?

소셜미디어(social media, SM)는 사용자 네트워크 간의 콘텐츠 공유를 지원하기 위하여 정보기술을 사용하는 것이다. 소셜미디어는 사람들로 하여금 공동 관심사에 관련된 사람들의 집단인 **실천 커뮤니티**(communities of practice) 또는 **커뮤니티**(community)를 형성하게 한다. **소셜미디어 정보시스템**(social media information system, SMIS)은 사용자 네트워크 간에 콘텐츠 공유를 지원하는 하나의 정보시스템이다.

그림 8-1에 나타난 바와 같이 소셜미디어는 여러 분야가 융합된 것이다. 이 책에서 우리는 SMIS와 그들이 어떻게 조직 전략에 기여하는지에 대해 논의할 것이며, 그림 8-1의 MIS 부분에 초점을 맞출 것이다. 여러분이 소셜미디어(SM) 분야에서 전문가로 일하기를 결정한다면 아마도 컴퓨터 과학을 제외한 모든 분야에 대한 지식이 필요할 것이다.

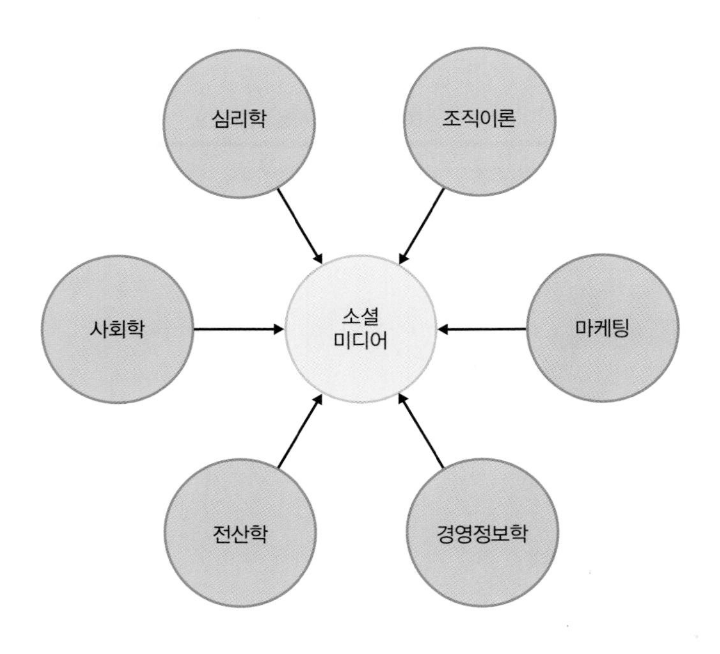

그림 8-1
소셜미디어는 융합 학문이다

SMIS의 세 가지 역할

SMIS의 구성요소를 논의하기 전에 우리는 먼저 SMIS의 세 조직 구성단위가 수행하는 역할을 확실히 할 필요가 있다.

- 소셜미디어 공급업체
- 사용자
- 커뮤니티

소셜미디어 공급업체

페이스북, 구글플러스, 링크드인, 트위터, 인스타그램 그리고 핀터레스트 같은 **소셜미디어 공급업체**(social media provider)는 공통의 관심사를 가진 사람들 사이의 **소셜 네트워크**(social network) 혹은 소셜 관계를 만들어낼 수 있는 플랫폼을 제공한다. 소셜미디어(SM) 공급업체의 성장은 지난 몇 년간 엄청났다. 그림 8-2는 2015년 1월 현재 일부 유명한 SM 공급업체의 규모를 보여주고 있다. 집합적으로 활동적 사용자의 수는 미국의 전체 인구를 초과하고 있다.[1] SM의 성장은 기업, 광고주 및 투자자로부터 특별한 관심을 불러 일으켰다. 소셜미디어 공급업체는 사용자의 주의를 끌기 위하여 서로 경쟁하고 관련 광고비를 두고 서로 경쟁한다.

사용자

사용자(user)는 사회적 관계를 구축하기 위해 SM 사이트를 사용하는 개인 및 조직을 모두 포함한다. 앞서 언급했듯이 수억 명의 개인이 정기적으로 SM 사이트를 방문하고 있으며 여러 가지 방법으로 그렇게 하고 있다. 2014년 초의 한 보고서에 따르면 인터넷 접속을 하는 사람들의 73% 이상이 소셜미디어(SM)를 사용하고 있으며, 적어도 그들 중 40% 이상이 휴대전화를 통해 SM을 사용하고 있다.[2] 예를 들면 핀터레스트 사용자의 약 70%가 여성이다.[3] 링크드인에서 사용자의 80%가 35세 이상이다.[4]

조직들도 SM 사용자이다. 한 조직을 일반적인 사용자로 생각하지 않을 수도 있지만 여러 면에서 그렇다. 조직도 여러분처럼 SM 계정을 만들고 관리한다. 포춘 500대 기업 중 77%가 활동적인

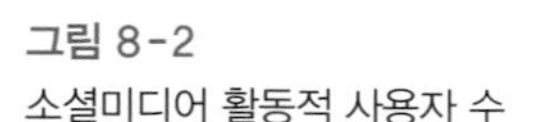

그림 8-2
소셜미디어 활동적 사용자 수

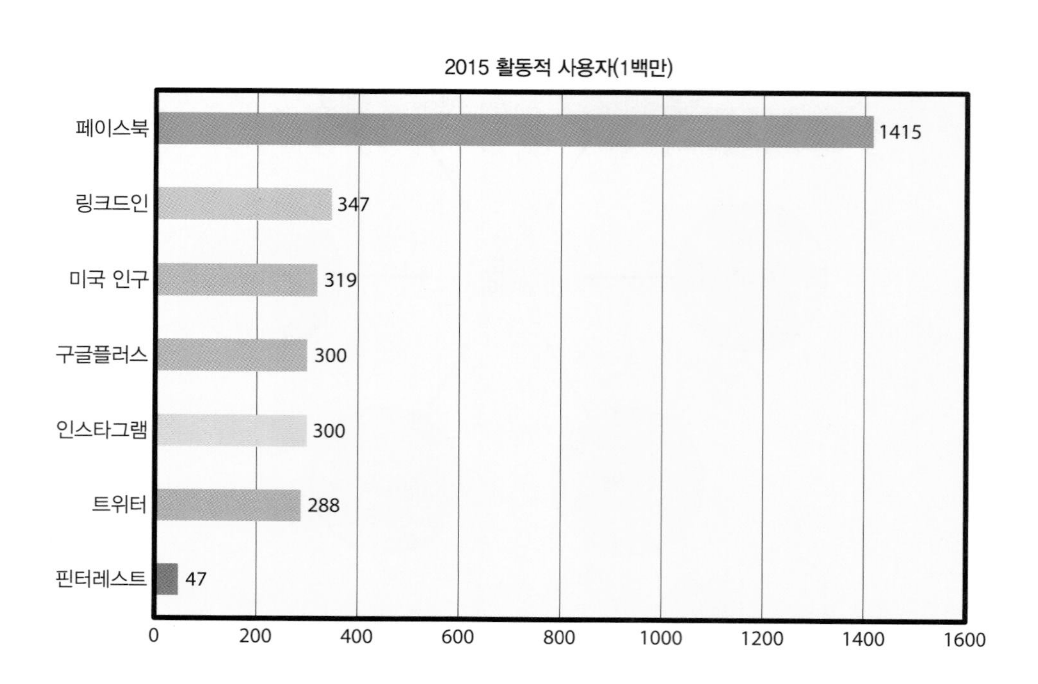

트위터 계정을 보유하고 있고, 70%가 페이스북 계정을 보유하고 있으며, 69%가 유튜브 계정을 보유하고 있는 것으로 추정된다.[5] 이러한 기업들은 SM을 유지하기 위해 직원을 고용하고, 그들의 제품을 촉진하고, 관계를 구축하며, 그들의 이미지를 관리한다.

조직이 SM을 사용하는 방법에 따라 사용자, 제공업체 또는 둘 다 될 수 있다. 예를 들어, 큰 조직은 위키, 블로그, 토론 게시판과 같은 내부 소셜미디어 플랫폼을 만들고 관리할 수 있을 만큼 충분히 크다. 이 경우 그 조직은 소셜미디어 제공업체가 될 것이다.

커뮤니티

커뮤니티 형성은 인간의 자연적인 특성이다. 인류학자들은 커뮤니티를 형성하는 능력이 인류의 진보를 초래했다고 주장한다. 하지만 과거에 커뮤니티는 가족관계나 지리적 위치에 기반을 두었다. 즉 특정 마을에 살았던 모든 사람이 커뮤니티를 형성했다. SM 커뮤니티와의 주요 차이점은 상호 이익에 기반을 두고 형성되며 가족적·지리적 및 조직적 경계를 초월한다는 점이다.

이러한 초월성 때문에 대부분의 사람들은 여러 SM 사용자 커뮤니티에 소속되어 있거나 심지어 다른 많은 SM 사용자 커뮤니티에 소속되어 있다. 구글플러스는 사용자가 하나 이상의 커뮤니티 그룹에 그들의 연결(구글플러스 용어로는 피플)을 할당할 수 있도록 서클을 만들 때 이 사실을 인식하였다. 페이스북과 다른 SM 애플리케이션 공급업체들도 이와 유사한 방식으로 적응하고 있다.

그림 8-3은 SM사이트의 관점에서 커뮤니티 A가 1차 커뮤니티라는 것을 보여준다. 이는 사이트와 직접적인 관계가 있는 사용자들로 구성되었다. 사용자 1은 차례로 A, B, C의 3개 커뮤니티

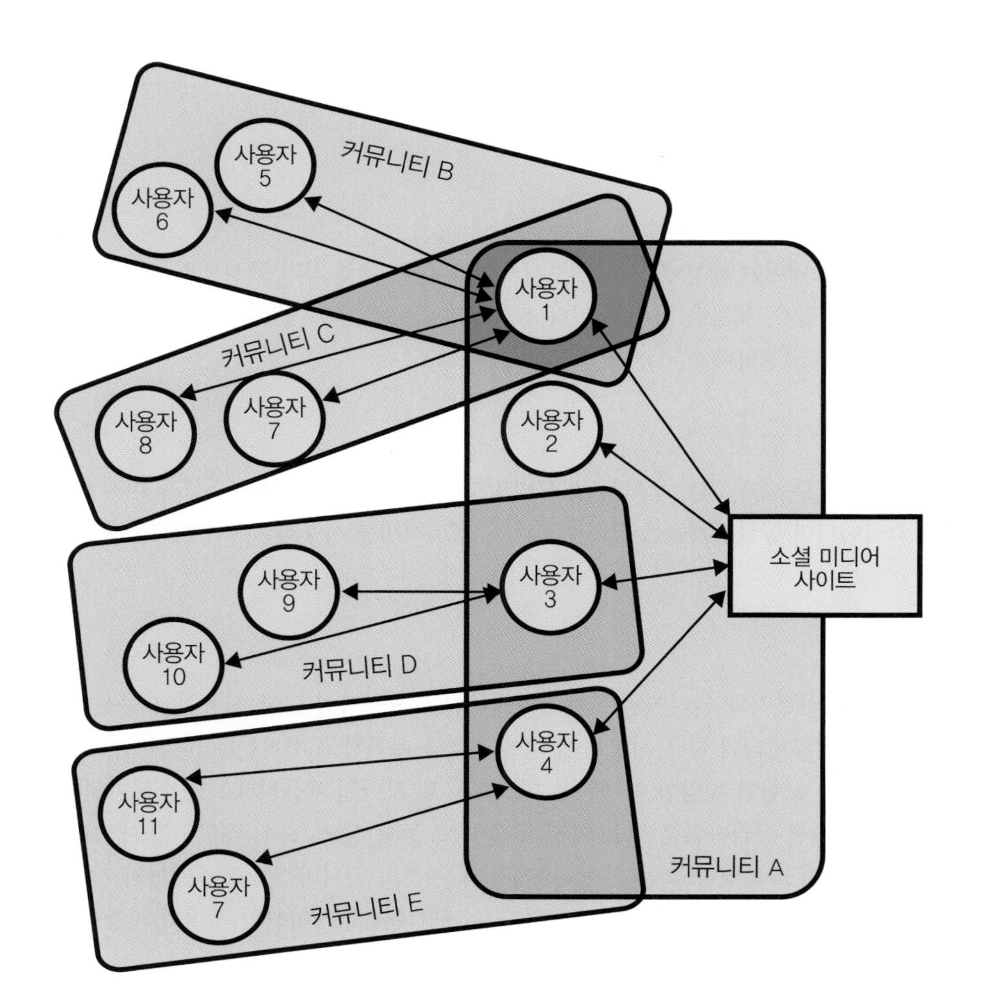

그림 8-3
SM 커뮤니티

(예 : 같은 반 급우, 전문적 관계, 그리고 친구)에 속한다. SM 사이트의 관점에서 보면 커뮤니티 B~E는 2차 커뮤니티인데, 이들 커뮤니티의 관계는 1차 사용자에 의해 매개되기 때문이다. 두 번째와 세 번째 커뮤니티 회원의 수가 기하급수적으로 증가한다. 예를 들어 각 커뮤니티에 100명의 회원이 있는 경우 SM 사이트는 100×100 또는 10,000명의 두 번째 커뮤니티 구성원을 가지고, 100×100×100 또는 100만 명의 세 번째 커뮤니티 구성원을 갖게 될 것이다. 하지만 이 설명은 커뮤니티가 종종 중복되기 때문에 아주 사실은 아니다. 예를 들어, 그림 8-3에 있는 사용자 7은 커뮤니티 C와 E에 속한다. 따라서 이러한 계산은 최대 사용자 수치를 나타내지만 반드시 실제 사용자 수는 아니다.

SM 사이트가 이런 커뮤니티들과 관계를 맺기로 선택하는 것은 그들의 목표에 달려 있다. 만약 그 사이트가 순수한 홍보에 관심이 있다면 가능한 한 많은 커뮤니티 계층과 관계를 맺고 싶어 할 것이다. 그렇다면 그것은 계층을 통해 의사소통을 전달하기 위한, 상품 또는 다른 보상과 같은 어떤 유인책인 **바이럴 훅**(viral hook)을 만들 것이다. 그러나 SM 사이트의 목적이 제품 결함을 고치는 것과 같이 당황스러운 문제를 해결하는 것이라면 커뮤니티 A와의 의사소통을 제한하려는 노력을 수행할 것이다.

커뮤니티 계층을 통한 관계의 기하급수적 확대는 조직에 축복과 저주를 동시에 제공한다. 예를 들어, 커뮤니티 A의 일원인 한 직원은 그녀의 커뮤니티에 있는 수백 혹은 수천의 사람들과 함께 그녀 회사의 최신 제품이나 서비스에 대한 진실하고 합법적인 자부심을 공유할 수 있다. 하지만 그녀는 동일한 대상에게 몇 가지 최근의 개발제품에 대한 실망감 또한 터트릴 수 있고, 혹은 더 나쁘게 경쟁업체에서 일하는 커뮤니티에 있는 누군가와도 사적인 조직 데이터를 공유할 수도 있다.

이 예에서 알 수 있듯이 소셜미디어는 강력한 도구이다. 이를 잘 활용하기 위해서는 조직이 자신의 목표와 계획을 잘 알아야 한다.

SMIS 구성요소

SMIS는 정보시스템이기 때문에 모든 정보시스템과 같이 다섯 가지 구성요소, 즉 하드웨어, 소프트웨어, 데이터, 절차, 사람을 가지고 있다. SMIS를 염두에 두고 있는 상태에서 그림 8-4에 표시된 각 구성요소를 고려하자.

하드웨어

사용자와 조직 모두 데스크톱, 노트북 및 모바일 기기를 사용하여 SM 사이트를 처리한다. 대부분의 경우 소셜미디어 공급업체들은 클라우드의 유연한 서버를 사용하여 SM 존재를 호스팅한다.

소프트웨어

SM 사용자는 브라우저와 클라이언트 애플리케이션을 사용하여 다른 사용자와 통신하고 콘텐츠를 주고받으며 커뮤니티와 다른 사용자에 대한 연결을 추가하고 제거한다. 여기에는 iOS, 안드로이드 및 윈도우를 포함한 다양한 플랫폼용 데스크톱 및 모바일 애플리케이션이 포함된다.

SM 애플리케이션 공급자들은 그들 자신의 서비스, 등록 상품, 소셜 네트워크 애플리케이션 소프트웨어를 개발하고 운영하고 있다. 제4장에서 배운 것처럼 서비스 소프트웨어의 지원은 장기적으로 비용이 든다. SM 애플리케이션 공급업자는 해당 애플리케이션의 특징과 기능들이 경쟁 전

구성요소	역할	설명
하드웨어	SM 공급업체	탄력적 클라우드 기반 서버
	사용자와 커뮤니티	사용자 컴퓨팅 장치
소프트웨어	SM 공급업체	애플리케이션, NoSQL, 혹은 다른 DBMS, 분석도구
	사용자와 커뮤니티	브라우저, iOS, 안드로이드, 윈도우 10, 혹은 다른 애플리케이션
데이터	SM 공급업체	콘텐츠 및 연결 데이터 저장을 통해 빠른 검색
	사용자와 커뮤니티	사용자 생성 콘텐츠(UGC), 연결 데이터
절차	SM 공급업체	애플리케이션 실행 및 유지
	사용자와 커뮤니티	콘텐츠 제작, 관리, 제거 및 복제
사람	SM 공급업체	애플리케이션 운영과 유지보수
	사용자와 커뮤니티	주요 사용자, 적응적, 비합리적

그림 8-4
SMIS의 다섯 가지 구성요소

략의 기본이 되기 때문에 자체적인 개발과 운영이 필요하다. 그들은 수백만의 사용자들에 의해 생성된 수익을 통해 개발 비용을 분산하는 것이 필요하기 때문에 그들은 그렇게 할 수 있다.

많은 소셜 네트워킹 업체는 기존의 관계형 DBMS 제품도 사용하지만 NoSQL 데이터베이스 관리시스템을 사용하여 데이터를 처리하고 있다. 페이스북은 자체 DBMS(카산드라) 개발을 시작했으나 나중에 이것을 유지하기 위한 비용과 노력을 깨닫자 오픈소스 커뮤니티에 기부하였다. SM 공급업체는 사용자 지정 프로그램 및 데이터베이스 외에도 사용자가 그들의 사이트 및 애플리케이션 소프트웨어와 상호 작용하는 방법을 이해하기 위해 분석 소프트웨어에 투자하기도 한다.

데이터

SM 데이터는 콘텐츠와 연결의 두 가지 범주로 분류가 된다. **콘텐츠 데이터**(content data)는 사용자가 제공한 데이터와 데이터에 대한 응답이다. 예를 들어, 당신의 페이스북 사이트에 소스 콘텐츠 데이터를 제공하고 친구들이 여러분의 담벼락에 글을 쓰거나 댓글을 달거나 여러분의 의견을 태그하거나 여러분의 사이트에 게시하면서 반응 콘텐츠를 제공한다.

연결 데이터(connection data)는 관계에 대한 데이터이다. 예를 들어, 페이스북에서 여러분의 친구들과의 관계는 연결 데이터이다. 특정 조직을 선호한다는 사실도 연결 데이터이다. 연결 데이터는 SMIS를 웹사이트 애플리케이션과 차별화한다. 웹사이트와 소셜 네트워킹 사이트 모두 사용자 및 응답자에게 콘텐츠를 제공하지만 소셜 네트워킹 애플리케이션만 연결 데이터를 저장하고 처리한다.

SM 공급업체는 사용자들을 대신하여 SM 데이터를 저장하고 검색한다. 그들은 네트워크 및 서버 장애가 발생한 경우 이를 신속하게 처리해야 한다. 하지만 SM 콘텐츠와 연결 데이터는 비교적 단순한 구조를 가지고 있기에 이 문제는 다소 쉽게 처리되기도 한다.

절차

소셜 네트워킹 사용자의 경우 절차는 비공식적이고 진화하며 사회적으로 지향하고 있다. 여러분은 여러분의 친구들이 하는 대로 한다. 여러분의 커뮤니티의 구성원이 새롭고 흥미로운 무언가를 배울 때, 여러분은 그것을 따라 한다. 소프트웨어는 배우고 사용하기 쉽게 만들어졌다.

그런 비공식적인 방법은 SMIS의 활용을 쉽게 만든다. 이것은 의도하지 않은 결과가 흔하다는 것을 의미한다. 가장 문제가 되는 예는 사용자 개인정보 보호와 관련이 있다. 많은 사람들은 새로운 고화질 TV에 대해 설명하고 있는 공개적인 사이트에 자신의 집 주소 앞에서 촬영한 사진을 게시하지 않도록 배웠다. 안타깝게도 많은 다른 사람들은 그렇지 않다.

조직의 경우 소셜 네트워킹 절차가 더 공식화되고 조직의 전략에 연계된다. 조직에서는 콘텐츠를 만들고, 사용자 반응을 관리하며, 쓸모없고 불쾌한 콘텐츠를 제거하고, 콘텐츠에서 가치를 추출하는 절차를 개발한다. 예를 들어 제품 문제에 관한 데이터를 수집하기 위해 SMIS를 설치하는 것은 그 소셜 네트워킹 데이터에서 지식을 추출하는 절차가 존재하지 않은 한 낭비되는 비용이다. 또한 기관들은 Q6에서 설명한 대로 SM 위험을 관리하기 위한 절차를 개발할 필요가 있다.

SM 애플리케이션을 운영하고 유지하는 절차는 이 문서의 범위를 벗어난다.

사람

소셜미디어 사용자들은 그들의 목표와 성격에 따라 자신이 하고 싶은 것을 한다. 그들은 특정한 방식으로 행동하고 그 결과를 관찰한다. 그들은 행동을 바꿀 수도 있고 그렇지 않을 수도 있다. 그런데 SM 사용자들이 꼭 이성적인 것만 아니라는 점을 주목해야 하는데, 적어도 금전적인 면에서는 그렇지 않다. 예를 들어, 그들은 다른 누군가가 더 많은 돈을 벌고 있다고 생각하기 때문에 사람들은 공짜로부터 떠나려고 한다는 버논 스미스의 연구를 참고하라.[6]

조직은 그렇게 평범할 수가 없다. 한 기업에서 자신의 지위를 이용하여 조직을 대변하는 사람은 누구나 SMIS 사용자 절차와 조직의 소셜 네트워킹 정책에 대한 교육을 받아야 한다. 우리는 이러한 절차와 정책을 Q5에서 논의할 것이다.

소셜미디어는 새로운 직책, 새로운 책임 및 새로운 유형의 교육훈련에 대한 필요성을 만들어내고 있다. 예를 들어, 무엇이 좋은 트위터를 만드는가? 어떻게 하면 효과적인 담벼락 게시글을 쓸 수 있는가? 그러한 일을 위해 어떤 종류의 사람들을 고용해야 하는가? 그들은 어떤 교육을 받아야 할까? 그러한 자리에 대하여 후보자들을 어떻게 평가하는가? 이런 유형의 사람들을 어떻게 찾을 수 있는가? 이 모든 질문은 오늘 질문과 답변이 이루어지고 있다.

자동화된 봇(bot) 팔로워를 구매하는 것은 미심쩍은 사례이다. 242~243쪽 윤리문제를 참고하라.

Q2 SMIS는 조직 전략을 어떻게 발전시키는가?

제3장의 그림 3-1(61쪽)에서 정보시스템과 조직 전략의 관계를 배웠다. 간단히 말해서 전략은 가치사슬을 결정하고, 가치사슬은 비즈니스 프로세스를 결정하며, 비즈니스 프로세스는 정보시스템을 결정한다. 가치사슬이 제7장에서 논의된 것과 같은 구조화된 비즈니스 프로세스를 결정하는 한, 이 가치사슬은 복잡하지 않다. 그러나 소셜미디어는 그 자체 본질이 역동적이다. 소셜미디어의 흐름은 디자인되거나 도표화될 수 없으며, 그렇게 된다면 SM 프로세스가 바뀌는 즉시 다이어그램이 완성될 것이다.

따라서 우리는 한 단계를 백업하고 가치사슬이 동적 프로세스를 결정하는 방법을 고려하여 SMIS 요구사항들을 설정해야 한다. 보다시피 소셜미디어는 사용자 간, 커뮤니티 간, 그리고 조직 간 힘의 균형을 근본적으로 변화하게 한다.

그림 8-5는 소셜미디어가 다섯 가지 주요 가치사슬 활동과 인적자원 지원 활동에 어떻게 기여하는지를 요약한다. 이 표의 각 행을 고려하자.

활동	초점	역동적 프로세스	위험
영업과 마케팅	외부 전망	소셜 CRM P2P 판매	신뢰 상실 불량 PR
고객 서비스	외부 고객	P2P 지원	통제 상실
유입 물류	상류 공급사슬 공급업체	문제해결	정보보호
유출 물류	하류 공급사슬 선적업체	문제해결	정보보호
제조 및 운영	외부 사용자 설계 내부 운영 및 제조	사용자 지원 설계 산업 관계 운영 효율성	효율성/효과성
인적자원	직원 채용 후보 직원 의사소통	직원 탐색 채용 및 평가 직원 간 소통을 위한 셰어포인트	실수 신뢰 상실

그림 8-5
가치사슬 활동에서 SM

소셜미디어 및 영업과 마케팅 활동

과거에는 조직이 구조화된 프로세스와 관련 정보시스템을 사용하여 고객과의 관계를 관리하였다. 실제로 전통적 CRM의 주된 목적은 고객과의 접촉을 관리하는 것이었다. 기존 CRM은 조직이 하나의 목소리로 고객과 대화하고 각 고객의 가치에 따라 고객이 받은 메시지, 제안 및 지원을 제어한다는 것을 확실히 하였다. 예를 들어, 1990년에 여러분이 IBM 제품에 대해 알고 싶은 경우 IBM의 지역 영업 사무소에 문의하였다. 그 사무소는 여러분을 잠재고객으로 분류하고, 여러분이 받은 문서와 자료, IBM 직원과 여러분의 접촉을 통제하는 데 그 분류 내용을 활용하였을 것이다.

전통적 CRM과 달리 **소셜** CRM(social CRM)은 동적인 SM 기반 프로세스이다. 기업과 고객 사이의 관계는 양 당사자가 콘텐츠를 만들고 처리하는 과정에서 끊임없이 변화하는 과정으로 나타난다. 조직의 직원들은 기존의 전통적인 촉진 형식 외에도 위키피디아, 블로그, 토론 목록, 자주 묻는 질문(FAQ), 사용자 후기와 논평 사이트, 그리고 다른 역동적인 콘텐츠를 만든다. 그러면 고객은 이 콘텐츠를 검색하고, 자체적으로 검토 및 의견을 제공하고, 추가 질문을 하며, 사용자 그룹을 생성하는 등의 작업을 수행한다. 따라서 소셜 CRM으로 각각의 고객들은 그들 자신과 회사와의 관계를 조정할 수 있다.

소셜 CRM은 기존 CRM의 구조화되고 통제된 프로세스 측면에서 벗어나고 있다. 관계가 공동 활동에서 나타나기 때문에 고객들은 기업만큼 많은 통제를 하게 된다. 이러한 특성은 고객이 회사와 제품에 대해 읽고, 보고, 듣는 것을 통제하기 위한 구조화된 프로세스를 원하는 기존 영업 관리자에게는 정말 싫은 것들이다.

더욱이 전통적 CRM은 평생 가치에 중점을 두고 있다. 즉 가장 많은 비즈니스 거래를 만들어낼 가능성이 있는 고객이 조직에 가장 많은 관심을 기울이면서 가장 많은 영향을 미치고 있다. 하지만 소셜 CRM을 이용하면 10센트를 거래했지만 효과적인 검토자, 논평가 또는 블로거인 고객은 연간 1,000만 달러를 구입하는 조용한 고객보다 더 많은 영향력을 가질 수 있다. 이러한 불균형은 기존 영업 관리자에게는 이해할 수 없는 것이다.

그럼에도 불구하고 기존 영업 관리자들은 P2P 권장사항을 사용하여 그들의 제품을 충성고객들에게 판매하는 것을 좋아하고 있다. 아마존닷컴에서 제품과 제품 리뷰를 간략하게 살펴보면 고객들이 좋아하거나 좋아하지 않는 제품에 대해 기꺼이 사려 깊은 장문의 리뷰를 작성하는 것을 볼 수 있다. 아마존닷컴과 다른 온라인 소매업체들도 독자들로 하여금 리뷰의 도움을 평가할 수 있도록 한다. 이 방법에서 수준 이하의 리뷰는 주의를 게을리한 사람들에게 나타난다.

오늘날 많은 조직들은 통제되고 체계적인 전통적 CRM 프로세스에서 개방적이고 적응력이 뛰어난 역동적인 소셜 CRM 프로세스로 전환하기 위해 애쓰고 있다. 이러한 투쟁은 IS, 영업 및 소셜미디어에 관심이 있는 사람들에게도 중요한 일자리를 제공한다.

소셜미디어 및 고객 서비스

제품 사용자들은 놀랍게도 문제를 해결하기 위해 서로서로 기꺼이 돕고 있다. 게다가 그들은 돈을 지불하지 않고 그렇게 하려고 한다. 사실상 금전 지불은 고객들이 서로 싸우는 것처럼 지원 경험을 틀어지게 하거나 엉망으로 만들 수도 있다. 예를 들어, SAP는 SAP 개발자 네트워크에 개인적 보상을 제공하는 것보다는 자선 단체에 기부금으로 보상하는 것이 더 낫다고 배웠다.

놀랍지 않게도 개발자 네트워크에 판매하거나 개발자 네트워크를 통해 판매하는 사업 전략을 가진 조직들은 SM 기반의 고객 지원에 있어 가장 빨리 그리고 가장 성공적으로 성장해왔다. SAP 외에도 마이크로소프트는 파트너 네트워크를 통해 오랫동안 판매해왔다. MVP(Most Valuable Professional) 프로그램은 고객 지원(http://mvp.support.microsoft.com)을 제공하는 고객에게 칭찬과 영예를 주는 전형적인 사례이다. 물론 마이크로소프트 네트워크에 있는 개발자들은 참여하려는 사업적 인센티브를 가지고 있다. 이는 그 활동이 그들이 참여하는 지역사회에 서비스를 판매하도록 돕기 때문이다.

하지만 재무적인 인센티브가 없는 사용자들 또한 다른 사용자들을 기꺼이 도우려 한다. 아마존닷컴은 구매자 커뮤니티에 사전 판매와 신제품 리뷰를 제공하기 위해 고객들이 선택할 수 있는 'Vine'이라는 프로그램을 지원하고 있다.[7] 사람들이 이런 노력을 할 수 있는 원동력을 설명하려면 심리학 수업이 필요하다. MIS는 단지 플랫폼을 제공하고 있다!

사용자 간 P2P 지원의 기본적인 위험은 통제의 상실이다. 기업들이 사용자간 P2P 콘텐츠를 제어할 수 없을 수도 있기 때문에 소중한 제품에 대한 부정적인 의견과 경쟁사 제품에 대한 권고사항이 실제로 발생하고 있다. Q5에서 이러한 위험에 대해 설명한다.

소셜미디어와 유입 및 유출 물류

수익성이 공급사슬의 효율성에 좌우되는 기업들은 구조적 공급사슬 프로세스의 효과성과 효율성을 모두 개선하기 위해 정보시스템을 오랫동안 사용해왔다. 공급사슬이 구조화된 제조 프로세스에 밀접하게 통합되어 있기 때문에, 소셜미디어와 같은 동적 적응 프로세스의 예측 불가능성에 대해 내성이 적다고 할 수 있다. 문제를 해결하는 것은 예외이다. 소셜미디어는 다양한 해결책을 제공하고 그에 대한 신속한 평가를 위해 사용될 수 있다. 예를 들어, 2011년 봄 일본의 지진으로 인해 주요 일본 제조업체들은 전원 부족과 어떤 경우에는 운영설비 부족을 경험하였고 자동차 공급사슬에 대혼란이 일어났다. 그리하여 소셜미디어는 뉴스를 내보내고, 방사성 제품에 대한 두려움을 완화하며, 끊임없이 변화하는 욕구와 문제를 언급하는 데 사용되었다.

이 예에서 알 수 있듯이 SM 커뮤니티는 복잡한 공급사슬 문제에 대해서 더 좋고 더 빠른 해결책을 제공할지도 모른다. 소셜미디어는 사용자 네트워크 간 콘텐츠 생성 및 피드백을 강화하도록 고안되었으며, 이러한 특징은 제2장에서 설명한 것과 같이 문제해결을 위해 필요한 반복과 피드백을 용이하게 한다.

하지만 사생활이 침해되는 것은 중대한 위험이다. 문제해결을 위해서는 문제 정의, 원인 및 해결 제약조건에 대한 공개적인 논의를 필요로 한다. 공급업체와 운송업체는 여러 회사와 협력하고 있기 때문에 소셜미디어를 통한 공급사슬의 문제해결은 경쟁업체들 앞에서 문제를 해결하는 방안이 될 수 있다.

소셜미디어와 제조 및 운영

운영 및 제조 활동은 구조화된 프로세스에 의해 좌우된다. 소셜미디어의 유연성과 적응성 특징을 제조 라인이나 창고에 적용한다면 혼란을 초래할 것이다. 하지만 소셜미디어는 제품 디자인, 공급업체 관계 개발뿐만 아니라 운영 효율성 향상에 중요한 역할을 수행한다.

크라우드소싱(crowdsourcing)은 사용자가 제품 디자인이나 제품 재설계에 참여하도록 하는 역동적인 소셜미디어 프로세스이다. 예를 들어, 이베이는 종종 고객들에게 이베이 경험에 대한 피드백을 제공하라고 권한다. 웹사이트에 다음과 같이 나와 있다. "우리의 고객보다 더 나은 자문 집단은 없다." 마찬가지로 사용자 주도 설계 방식은 비디오 게임, 신발 및 기타 여러 제품을 만드는 데 사용되어 왔다.

소셜미디어는 처음 도입된 이래로 최종 사용자를 대상으로 한 시장 제품에 대한 **기업 간 거래**(business-to-consumer, B2C) 관계에서 널리 사용되어 왔다. 현재 제조업체들은 소셜미디어를 사용하여 업계 선두 기업으로 발돋움하고 브랜드 인지도를 높이며 소매업체에 대한 **기업과 소비자 간 거래**(business-to-business, B2B)의 신규 영업 기회를 창출하고 있다. 예를 들어 제조업체는 최신 산업 관련 뉴스를 다루는 블로그를 시작하고, 전문가와의 인터뷰를 게시하고, 신제품 혁신에 대한 의견을 제공할 수 있다. 또한 유튜브채널을 만들고 제품 리뷰와 테스트, 공장 워크스루(walk-through) 동영상을 게시할 수 있다. 마찬가지로 페이스북과 트위터 계정은 긍정적인 소비자 이야기를 홍보하고, 새로운 제품을 발표하며, 경쟁업체를 추적하는 데 유용하다. 소매업체는 이러한 SM 노력에 참여하는 제조사들을 업계 선두주자로 볼 것이다.

운영은 소셜미디어를 사용하여 소비자와의 외부적인 소통 채널뿐만 아니라 조직 내의 커뮤니케이션 채널을 개선할 수 있다. 예를 들어, 야머와 같은 기업용 소셜 네트워킹 서비스를 사용하면 관리자에게 내부 운영 비효율성을 해결하는 방법에 대해 실시간 피드백을 제공할 수 있다. 외부적으로는 소매업체가 자사의 트위터 계정을 모니터링하고 휴가기간 중 신제품에 대한 제품 부족이나 수요 급증에 대응할 수 있다.

소셜미디어 및 인적자원

그림 8-5의 마지막 줄은 소셜미디어와 인적자원 사용에 관한 내용이다. 앞서 언급했듯이 소셜미디어는 직원들의 잠재력을 발굴하고 지원자를 채용하며, 일부 기관에서는 지원자 평가를 위해 점점 많이 활용되고 있다.

조직들은 링크드인과 같은 소셜미디어 사이트를 사용하여 더 저렴한 비용으로 더 빠르게 최고의 인재를 고용하고 있다. 한 달에 약 750달러로, 채용 담당자들은 3억 5,000만 명의 링크드인 멤버를 검색하여 완벽한 후보자를 찾을 수 있다.[8] 한 달에 750달러가 당신에게 많아 보일지 모르지만 기업 고객에게는 시시한 것이다. 신입사원 한 사람만 채용하는 데 드는 비용은 약 4,000달러이며, 독립된 채용업체가 관련된 경우에는 이 비용이 신입사원 급여의 10%만큼 높을 수 있다.[9] 링크드인은 또한 고용주들에게 일자리를 찾고 있지는 않지만 특정 직종에 완벽하게 적합한 수동적인

소셜미디어는 종업원 채용과 평가에 점점 더 많이 사용되고 있다. **244~245쪽 길라잡이를 참고하라.**

조직… 그리고 기계를 위한 페이스북?

소셜미디어는 개인에게는 재미있고 즐거운 일이지만, 상업적인 면에서는 어떠한가?

예를 들어, 만약 당신이 페이스북 기능을 가지고 기업용 소셜 네트워크를 구축한다면 어떤 일이 일어날까? 모든 사람이 모든 사람과 이야기를 한다면 조직은 어떻게 변할 것인가? 그게 바로 세일즈포스닷컴이 채터를 만들었을 때 한 일이다.

채터는 소셜미디어를 통해 직원과 고객을 연결하는 데 사용할 수 있다. 예를 들어, 소매 판매원들은 매니저들과 직접 연락하여 새로운 판매 촉진에 대한 즉각적인 피드백을 제공할 수 있다. 또한 채터는 영업 사원과 사전 판매 지원 담당자 또는 고객 서비스 담당자를 고객과 연결할 수 있다.

채터나 라이벌인 야머를 통해 조직의 실행 커뮤니티는 이전보다 더욱 빠르고 효과적으로 문제를 식별하고 해결한다. 이러한 커뮤니티는 조직 내에서 필요한 전문가를 쉽게 찾고 문제를 해결하는 데 도움을 주기 위해 채용한다. 따라서 조직은 더 빠른 프로젝트 협업으로 인해 대응 능력이 향상된다. 실제로 내부적으로 직면하고 있는 커뮤니티에서는 여러분의 개인적인 소셜미디어에 대해 좋아하는 모든 것을 사용하여 자신들의 조직을 더 좋게 만든다.

기업용 소셜미디어가 도약하고 있으며 소비자 소셜미디어는 이미 성공을 거두었다. 그러나 다음은 무엇인가? 다음에 소셜미디어가 어디에 적용될 것인가? 자, 지금까지 이 시나리오에서 하나 빠진 선수가 있다. 바로 기계이다.

수년 동안 기계는 의사소통을 원활하게 하는 데 도움이 되었지만 실제로는 의사소통 파트너로 취급되지 않았다. 하지만 최근에 우리는 인간이 자연스럽게 기계와 상호작용을 가능하게 해주는 애플의 시리와 IBM의 왓슨과 같은 애플리케이션에서 인간 대 컴퓨터 간의 의사소통을 보기 시작했다. 여기서 얻을 수 있는 잠재력은 엄청나다. 그렇다면 기계와 기계의 소통은 어떨까?

"우리는 직원, 고객 및 기계를 연결하기 위해 채터를 사용하고 싶습니다."라고 말하는 GE의 최고마케팅책임자 베스 콤스톡의 비디오에서 놀라울 정도로 기발한 응용 프로그램이 언급되었다(www.youtube.com/watch?vHaBCcn-9BU 참조). 콤스톡은 GE 제트엔진이 소셜미디어 사용자가 될 것이라는 것을 의미하는가? 이 엔진은 동일한 경로를 운항하는 다른 비행기와 함께 비행 데이터(기상, 기류, 출항, 조종사 효과 등)를 공유하는가? "찰리 스미스의 유지보수를 받아들이지 마세요. 그는 너무 거칠게 도구를 사용하고 있어요."라는 말처럼 그들은 기계에 대한 검토의견을 제출할 것인가? GE의 제트엔진이 GE의 서버와 그들의 성능 및 정기적인 유지보수의 필요성에 대해 이야기할 것인가?

소비자의 관점에서 보면 기계 간 소셜미디어는 뚜렷한 장점을 가지고 있다. 예를 들어, 여러분의 차량은 통근 속도를 높이기 위해 경로를 따라 각 신호등과 통신할 수 있다. 빨간불에 더 이상 멈추지 말라! 또한 자동차는 휴대전화, 시계, 태블릿, 집(가전제품, 조명, 문 등)과 통신하여 해결할 수 없다고 생각했던 문제를 해결할 수도 있다. 예를 들어, 자율주행차가 널리 사용되면 그들은 다른 장치의 호스트와 상호작용할 수 있을 것이다. 따라서 여러분의 자율주행차는 여러분이 5시간 동안 식사하지 않았다는 것을 보여주는 정보를 건강 모니터에서 얻을지도 모른다. 여러분의 차는 온라인 캘린더를 통해 1시간 내에 마을 건너편에서 회의를 한다는 것도 알 것이다. 그때 여러분의 차는 여러분이 가장 좋아하는 작은 레스토랑에서 멈출 수 있는 경로를 계획하고, 전자 쿠폰을 받고, 주문 전화를 하고, 건강정보 모니터로 식단정보를 보낼 수 있다. 회의시간 정시에 도착하는 동안에 할 수 있다.

출처 : Tuomas Kujansuu/istock/Getty Images

비록 이 예시가 설득력이 없어 보일지라도 사회적 기계가 사람들이 사는 방식뿐만 아니라 조직이 운영하는 방식도 바꿀 것이라는 데에는 의심의 여지가 없다. 변화를 받아들여야 한다.

질문

1. www.salesforce.com/chatter를 방문하고 채터의 기능과 응용 프로그램에 대해 자세히 배우라. 채터는 가치사슬 활동에 어떻게 영향을 미칠 수 있는가?
2. 채터는 애플이 더 나은 제품을 만드는 데 어떤 도움을 줄 수 있는가?
3. 직원, 관리자 및 소유주가 채터를 사용하려는 이유는 무엇인가? 각 그룹을 개별적으로 생각해보라.
4. 소셜미디어와 기계의 한 예는 기계가 작동 상태 데이터(즉 기계의 유형에 따라 속도, 온도, 연료 사용 등)를 채터나 다른 SM 사이트에 보고하도록 하는 것이다. 조직은 기계, 고객 및 직원용 소셜미디어와 관련하여 이러한 보고 기능을 어떻게 사용할 수 있는가?

5. 기계는 포스퀘어(위치 기반 소셜 네트워킹)를 어떻게 사용할 수 있는가? 인간과 기계의 상호작용뿐만 아니라 기계와 기계의 상호작용도 생각해 보라.

6. 기계와 기계의 사회적 상호작용이 보안이나 사생활 보호 문제와 연계될 수 있는가? 만약 그렇다면 어떻게 될 것인가?

후보자들에 대한 접근을 하게 한다. 일단 고용되면 고용주는 신입사원의 소셜 네트워크를 활용하여 그와 같은 후보자를 더 고용할 수 있다.

소셜 네트워크 이미지 관리 회사인 레플러(Reppler)는 설문에 응한 고용주 중 93%가 소셜미디어를 사용하여 후보자를 심사했다고 보고했다. 더욱이 설문조사 응답자의 55%는 소셜미디어 사이트에서 얻은 성과로 인해 후보자를 재검토했다고 답했다. 좋은 소식은 이들 중 39%가 긍정적인 재검토였다는 것이다. 나쁜 소식은 61%가 욕설, 철자나 문법 실수, 그리고 성, 마약, 술, 총에 대한 언급에 근거한 부정적인 재검토였다.[10]

소셜미디어는 직원의 의사소통을 위해서도 사용되며, 주로 셰어포인트에 있는 MySite 및 MyProfile 같은 것이나 다른 유사한 기업시스템과 같은 내부 직원 사이트를 통해 자주 사용된다. 셰어포인트는 직원들이 '질문하기' 형식으로 그들의 전문지식을 게시할 수 있도록 하는 공간을 제공한다. 내부 전문가를 찾는 직원은 셰어포인트에 원하는 전문지식을 게시한 사람이 있는지 검색할 수도 있다. 셰어포인트 2013은 이전 버전보다 소셜미디어에 대한 지원을 크게 확장한다.

인적 자원에서 소셜미디어의 위험은 페이스북과 같은 사이트를 사용하여 직원과 입사 지원자들에 대한 결론을 내릴 때 실수할 가능성에 대한 것이다. 두 번째 위험은 SM 사이트가 너무 방어적이거나 인기가 없는 관리 메시지를 발표하는 것이다. 다시 그림 8-5를 검토하여 SMIS가 지원하는 동적인 과정을 통해 조직이 전략을 달성할 수 있는 일반적인 프레임워크를 이해해야 한다. 우리는 이제 SMIS의 가치와 활용에 대한 경제적인 관점으로 전환할 것이다.

Q3 SMIS는 사회적 자본을 어떻게 증가시키는가?

경영 문헌은 전통, 인간, 사회의 세 가지 유형의 자본을 설명하고 있다. 칼 마르크스는 **자본**(capital)을 미래 이익을 위한 자원의 투자로 정의했다. 이러한 전통적인 정의는 공장, 기계, 제조 장비 등과 같은 자원에 대한 투자를 말한다. 이에 비해 **인적 자본**(human capital)은 미래의 이익을 위한 인간의 지식과 기술에 투자하는 것이다. 이 수업을 들음으로써 여러분은 자신의 인적 자원에 투자하고 있다. 다시 말해서 여러분은 여러분을 다른 직원들과 차별화시키고 궁극적으로 여러분에게 임금 프리미엄을 제공할 지식을 얻기 위해 돈과 시간을 투자하고 있는 것이다.

난 린(Nan Lin)에 따르면, **사회적 자본**(social capital)은 시장에서 수익률 기대와 함께 사회적 관계에 투자하는 것이다.[11] 여러분은 개인적인 삶에서 직장의 사회적 자본을 볼 수 있다. 여러분은 직장을 구하거나, 데이트를 준비하거나, 유명한 사람에게 친구를 소개할 때 여러분의 사회적 관계를 강화하는 것이다. 여러분은 계속해서 공짜로 얻어먹기, 도움 요청을 거절하는 것, 혹은 친구들과 시간을 보내는 것에 실패함으로써 사회관계를 약화시킨다.

직장생활을 하면서 사람들을 만나고 인간관계를 강화하기 위해 경영기능에 참여할 때 여러분의 사회적 자본에 투자하게 된다. 마찬가지로 소셜미디어를 사용하면서 링크드인에서 누군가를 추천하거나 동의하거나, 페이스북의 사진을 좋아하거나, 트위터를 리트윗하거나, 인스타그램 사진에 댓글을 달아 자신의 사회적 자본을 늘릴 수 있다.

사회적 자본의 가치는 무엇인가?

난 린에 따르면 사람들은 사회적 자본의 혜택을 네 가지 방법으로 얻는다.

- 정보
- 영향
- 사회적 자격
- 개인적 강화

첫째, 소셜 네트워크에서의 관계는 비즈니스 전문가들에게 중요한 기회, 대안, 문제 및 기타 요인에 대한 **정보**를 제공할 수 있다. 개인적 차원에서 이것은 여러분에게 새로운 직업에 대해 말하는 친구나 기업법으로 처리해야 할 것을 권고하는 선생님의 형태로 여러분에게 제안될 수 있다. 사업 전문가로서 이것은 친구가 여러분을 잠재적인 새로운 공급자에게 소개하거나 새로운 판매 지역의 개설에 대해서 알려주는 것도 포함된다.

둘째, 소셜 네트워크는 한 사람의 고용주나 여러분의 성공에 중요한 다른 조직의 의사결정자에게 **영향**을 미칠 수 있는 기회를 제공한다. 예를 들어, 여러분이 일하는 회사의 최고경영자와 매주 토요일 골프를 치는 것은 여러분이 승진할 확률을 높일 수 있다. 이러한 영향은 보고 관계와 같이 공식적인 조직 구조를 가로지른다.

셋째, 높게 평가되는 사람들의 네트워크에 연결되는 것은 일종의 **사회적 자격증**이다. 여러분은 여러분과 연결된 사람들의 영광을 함께 누릴 수 있다. 중요한 사람인 그들이 당신을 지지하거나 지원 자원을 제공할지 모른다고 다른 사람들이 믿는다면, 여러분과 훨씬 더 함께 일하고 싶어 할 것이다.

마지막으로 소셜 네트워크로 연결되면 조직이나 업계에서 전문가의 정체성, 이미지 및 위상이 **강화**된다. 그것은 여러분이 세상에 여러분을 정의하는 방식을 강화한다. 예를 들어, 은행가, 재무기획자, 투자자들과 친구가 되는 것은 금융 전문가로서 당신의 정체성을 강화시킬 수 있다.

앞서 언급했듯이 소셜 네트워크는 공통 관심사를 가진 개인들 사이의 사회적 관계의 네트워크이다. 각 소셜 네트워크는 가치가 다르다. 고등학교 친구들과 유지하는 소셜 네트워크는 비즈니스 관계자들과 연결되어 있는 네트워크보다 가치가 낮지만 반드시 그런 것은 아니다. 헨크 플랩에 따르면 **사회적 자본의 가치**(value of social capital)는 소셜 네트워크의 관계를 유지하는 사람의 수, 그 관계의 강도, 관련자가 관리하는 자원에 따라 결정된다.[12] 따라서 여러분의 고등학교 친구들이 마크 주커버그나 캐머런이나 타일러 윙클보스이고, 여러분이 고교 네트워크를 통해 여전히 강한 관계를 유지하고 있다면, 그 소셜 네트워크의 가치는 여러분이 일하는 직장에서 가지는 어떤 네트워크 가치보다 훨씬 능가할 것이다. 하지만 대부분 현재 우리의 전문적인 접촉 네트워크가 가장 좋은 사회적인 자본을 제공한다.

따라서 여러분이 전문적으로 소셜 네트워킹을 사용할 때는, 다음과 같은 요소를 고려해야 한다. 친구를 더 많이 사귀고, 기존 친구들과의 관계를 강화함으로써 사회적 자본을 얻게 된다. 또한 친구들을 추가하고 자신에게 중요한 자원을 통제하는 사람들과의 관계를 강화함으로써 더 많은 사회적 자본을 얻는다. 그러한 계산은 냉정하고, 비인격적이고, 심지어 가짜처럼 보일 수도 있다. 소셜 네트워킹의 레크리에이션 이용에 적용될 때 그러한 방법은 적합할 수 있다. 하지만 소셜 네트워킹을 전문적인 목적으로 사용할 때는 명심해야 한다.

소셜 네트워킹 작업의 성공 여부를 측정하는 한 가지 방법은 클라우트닷컴(klout.com)과 같은 온라인 서비스를 이용하는 것이다. 클라우트닷컴은 페이스북, 트위터 그리고 다른 사이트에서 소셜미디어 활동을 검색한 다음 클라우트 점수를 작성한다. 이 점수는 개인의 사회적 자본을 나타내는 척도이다. 클라우트 점수는 0에서 100까지 다양하다. 다른 사람들이 여러분의 콘텐츠에 반응할수록 더 높은 점수를 받게 된다. 또한 자주 반응하지 않는 사람들의 반응은 자주 응답하는 사람들의 반응보다 더욱 가치 있게 된다.[13] 비즈니스 전문가로서 사회 자본이 무엇이며, 왜 가치가 있고, 어떻게 혜택을 얻을 수 있는지 이해하는 것은 중요하다.

소셜 네트워크는 기업의 가치를 어떻게 추가하는가?

조직은 인간이 하는 것과 마찬가지로 사회적 자본을 가지고 있다. 역사적으로 조직은 영업 사원, 고객 지원, 그리고 PR 홍보를 통해 사회적 자본을 창출하였다. 유명인사들의 추천은 사회적 자본을 늘리는 전통적인 방법이다.

오늘날 진보적인 조직들은 페이스북, 링크드인, 트위터 및 기타 사이트에서 존재감을 유지하고 있다. 그들은 웹사이트에 그들의 소셜 네트워킹 존재에 대한 링크를 포함하고 있고, 고객과 관심 있는 사람들이 논평을 남기기 쉽게 만들고 있다.

소셜 네트워크가 기업에 가치를 더하는 방법을 이해하려면 각각의 사회적 자본요소, 즉 관계의 수, 관계의 강도, 그리고 '친구'에 의해 관리되는 자원을 고려해야 한다.

관계의 수를 늘리기 위한 소셜 네트워킹의 활용

전통적인 비즈니스 관계에서 고객은 레스토랑이나 리조트 같은 사업에 대한 경험을 가지고 있다. 전통적으로 여러분은 그 경험에 대한 의견을 구전(word of mouth)으로 여러분의 소셜 네트워크에 표현할 수 있다. 만약 여러분이 소셜 네트워크에 **영향력 있는 사람**(influencer)이라면 여러분의 견해가 다른 사람들의 행동과 신념에 변화를 가져올지도 모른다.

하지만 이런 의사소통은 신뢰할 수 없고 간략하다. 만약 그 경험이 특별히 좋거나 나쁘다면 친구들에게 뭔가를 말할 가능성이 더 높다. 그 경험이 아직 최근이라면 여러분이 우연히 만난 친구에게 뭔가를 말할 가능성이 있다. 그리고 일단 여러분이 무언가를 말했다면 그것이 전부이다. 여러분의 말은 며칠 혹은 몇 주 동안 지속되지 않는다.

하지만 SM을 사용하여 소셜 네트워크에 있는 모든 사람들에게 텍스트, 사진, 비디오를 사용하여 사용자의 경험을 즉시 알리면 어떤 일이 일어날지 생각해보자. 예를 들어 여러분이 결혼사진 작가이고 최근 고객(사용자 1)에게 여러분이 찍은 결혼사진뿐만 아니라 여러분의 페이스북 페이지에 '좋아요' 하도록 요청함으로써 비즈니스를 촉진하려 소셜미디어를 사용한다고 가정해보자(그림 8-6). 페이스북의 고객 사진에 있는 사람들에게 태그를 지정하고 고객에게 경험에 대해 트윗을 올려달라고 요청할 수도 있다.

고객의 소셜 네트워크(사용자 4~6)에 있는 모든 사람은 '좋아요'와 태그 및 트윗을 본다. 사용자 6이 사진을 좋아하면 사용자 10~12가 볼 수 있으며 그중 한 사람은 결혼사진 작가를 찾고 있을 수도 있다. 소셜미디어를 사용하면 소셜 네트워크가 확장되어 다른 방법으로 찾을 수 없었던 잠재적인 고객을 만나게 된다. 또한 고객과 가진 관계의 수를 확대하기 위해 SM을 사용한다. 이러한 관계의 수, 강도, 가치에 따라 해당 네트워크 내의 사회적 자본은 크게 증가할 것이다.

그림 8-6
소셜 네트워크의 성장

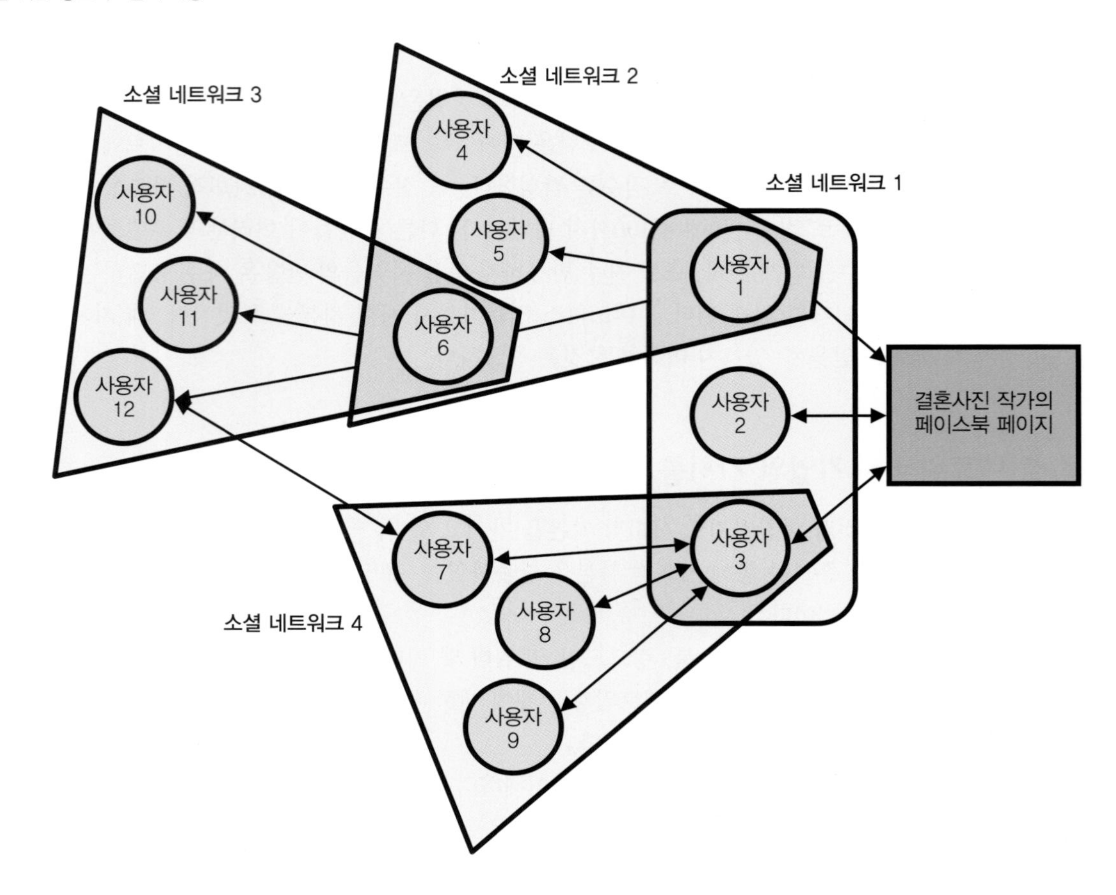

이러한 관계 판매는 수 세기 동안 입소문(WOM)에 의해 계속되어 왔다. 여기서 차이점은 SMIS가 그러한 판매가 과거 불가능했던 규모와 수준으로 확장될 수 있다는 것이다. 사실 사례의 사진작가는 만약 그 의뢰인이 수십만 명의 팔로워를 가진 유명한 연예인이라면 의뢰인에게 돈을 지불하여 결혼사진을 찍을 기회를 얻는 것을 고려해야 할 수도 있다. 이러한 방식으로 소셜미디어는 사용자들이 사회적 자본을 금융 자본으로 전환할 수 있게 한다. 실제로 일부 유명 연예인들은 140자짜리 트윗 하나에 10,000달러 이상을 받는다고 한다![14]

관계의 강도를 증가시키는 소셜 네트워크의 활동

조직에게 있어 **관계의 강도**(strength of a relationship)는 관계에 있는 다른 주체(개인 또는 다른 조직)가 조직에 이익이 되는 무언가를 할 가능성이다. 예를 들어, 여러분이 긍정적인 평가를 작성하거나 그 조직의 제품이나 서비스를 사용하여 그 사진을 게시하고, 곧 출시될 제품에 대해 트위터를 올린다면 조직은 여러분과의 관계를 더 강력하게 가지려 할지 모른다.

앞선 사례에서 사진작가는 한 고객에게 페이스북 페이지와 결혼사진을 '좋아요' 하라고 요청했다. 사진작가에게 있어서 고객이 소셜 네트워크에 두고 있는 친구의 수는 중요하다. 하지만 똑같이 중요한 것은 관계의 강도이다. 고객의 친구들이 사진작가의 페이지나 사진을 좋아할까? 그들이 고객의 성공 사례를 다시 리트윗할까? 사진작가의 페이지나 사진을 좋아하는 고객의 친구들이 없다면 관계의 강도는 약한 것이다. 하지만 고객의 모든 친구들이 사진작가의 페이지와 사진을 좋아한다면 고객의 소셜 네트워크에 있는 관계의 강도는 강한 것이다.

벤저민 프랭클린은 자서전에서 중요한 통찰을 제공했다.[15] 만약 권력에 있는 누군가와 관계를 강화하고 싶다면 여러분에게 호의를 베풀도록 그에게 부탁하라고 하였다. 프랭클린은 공공 도서관 시스템을 발명하기 전에 그는 영향력 있는 낯선 사람들에게 값비싼 책을 빌려달라고 부탁하곤 했다. 이와 같은 의미에서 조직들은 여러분에게 도움을 요청함으로써 여러분과의 관계를 강화할 수 있다는 것을 배웠다. 여러분이 그 호의를 제공할 때 조직과 여러분의 관계는 강화된다.

물론 전통적인 자본은 가치가 떨어진다. 기계는 마모되고 공장들은 낡아가고, 기술과 컴퓨터들은 쓸모없어지며 다른 것도 마찬가지다. 사회적 자본도 가치가 떨어질까? 관계는 사용되면 마모되는가? 지금까지 그 대답은 '예' 아니면 '아니요' 둘 다인 것처럼 보인다.

분명 권력을 위해 여러분은 누군가에게 요청할 수 있도록 많은 부탁을 할 수 있다. 마찬가지로 회사에서 제품을 검토하고, 사진을 게시하거나 친구에게 연락을 요청할 수 있는 기회가 여러 번 있다. 어떤 면에서 그 관계는 남용으로 인해 관계가 약화된다. 그렇다. 사회적 자본도 소비될 수 있다.

하지만 빈번한 상호작용은 관계를 강화하고 그에 따라 사회적 자본을 증가시킨다. 여러분이 회사와 더 많이 상호작용을 할수록, 여러분의 의지와 충성도는 더 강해질 것이다. 하지만 계속된 빈번한 상호작용은 두 당사자가 관계를 계속하는 데 가치가 있을 때에만 발생한다. 그리하여 어느 시점에 조직은 여러분의 호의가 계속되도록 하는 인센티브를 제공해야 한다.

따라서 사회적 자본은 소비될 수 있지만, 상호작용에 가치 있는 무언가를 추가함으로써 얻을 수도 있다. 만약 조직이 더 많은 영향력, 정보, 사회적 자격 또는 개인적 강화를 제공하기 위해 관계하고 있는 다른 당사자를 유인할 수 있다면 조직은 이러한 관계를 강화하려 한다. 그리고 시간이 지남에 따라 성공적인 관계를 지속하면 이러한 관계의 강도는 크게 높아진다.

소셜 네트워크를 사용하여 더 많은 자원을 보유한 사람들과 연결

사회적 자본의 가치에 대한 세 번째 척도는 관계에서 당사자들에 의해 통제되는 자원의 가치이다. 따라서 한 조직의 사회적 자본은 부분적으로 그것과 관련된 사람들의 사회적 자본의 기능이다. 가장 가시성 있는 척도는 관계의 수이다. 1,000명의 충성적인 트위터 팔로워를 가진 사람은 대개 10명을 가진 사람보다 더 가치가 있지만, 실제적인 계산은 그것보다 더 미묘하다. 예를 들어 만약 1,000명의 팔로워가 대학생이고 그 조직의 제품이 성인용 기저귀인 경우 팔로워와의 관계 가치는 낮다. 은퇴자 전용 주택에 사는 10명의 트위터 팔로워와 관계를 맺는 것이 훨씬 가치가 있을 것이다.

이 점을 설명하기 위해 그림 8-7은 미용 및 스타일 범주와 음식 및 요리 범주에서 가장 인기 있는 유튜브 채널 상위 5개를 보여준다.[16] 일반적으로 채널의 조회 수가 많을수록 콘텐츠 제작자가 더 많은 수익을 얻는다. 그러나 음식 및 요리 채널은 미용 및 스타일의 채널보다 수입이 높다. 조회 수가 수익에 영향을 미치는 유일한 요인은 아니다. 음식과 요리 채널의 시청자가 관리하는 자원은 미용 및 스타일의 채널의 시청자들보다 더 높을 수도 있다.

사회적 자본을 계산하는 공식은 없지만, 세 가지 요소는 합하는 것보다 곱하는 것이 더 좋아 보인다. 또는 다른 말로 표현하면 사회적 자본의 가치는 다음의 형식과 같다.

사회적 자본 = 관계 수 + 관계 강도 + 개체 자원이라는 형식보다는

사회적 자본 = 관계 수 × 관계 강도 × 개체 자원의 형식이 더 좋다.

다시 말하면 이 공식들을 문자 그대로 받아들이지 말고, 세 가지 요소의 곱셉에 의한 상호작용의 의미로 받아들여야 한다. 이러한 사회적 자본이 가진 곱셉의 특징은 자원이 거의 없는 사람들

그림 8-7
상위 유투브 채널
출처 : Adapted from Nat Ives, "What a YouTube Celeb Pulls In," Adage.com, April 15, 2015, accessed May 5, 2015, *http://adage.com/article/news/a-youtube-celeb-pulls/298015.*

상위 다섯 가지 미용 및 스타일 채널	월간 뷰(백만)	월간 수입
Yuya	35.8	$41,476
grav3yardgirl	27.7	$32,292
Zoella	23.5	$27,375
Cute Girls Hairstyles	18.3	$21,078
Rclbeauty101	17.8	$20,960

상위 다섯 가지 음식 및 요리 채널	월간 뷰(백만)	월간 수입
CharlisCraftyKitchen	29.1	$127,777
Mosogourmet	22.9	$100,031
CookiesCupcakesandCardio	17.1	$79,309
How To Cook That	16.4	$77,773
MyCupcakeAddiction	13.5	$64,268

과의 거대한 관계 네트워크가 궁극적으로 상당한 자원을 가진 작은 관계 네트워크보다 덜 가치가 있을지도 모른다는 것이다. 또한 이러한 자원은 조직과 관련이 있어야 한다. 주머니에 돈이 있는 학생들은 피자헛과 관련이 있다. 그러나 BMW 대리점과는 무관하다.

이 토론은 우리에게 소셜 네트워킹 실제 사례의 극단을 제공하고 있다. 오늘날 대부분의 조직에서는 개체 자산의 가치를 무시하고 더 강력한 관계를 가진 더 많은 사람들과 연결하려고만 한다. 이 영역은 혁신을 위하여 숙성하는 것이다. 초이스포인트 및 엑시옴 같은 데이터 집계 업체는 전 세계 사람들에 대한 상세한 데이터를 유지한다. 그러한 데이터는 정보시스템이 특정 개인에 대한 관계의 잠재적 가치를 계산하는 데 사용할 수 있을 것으로 보인다. 이러한 가능성은 특정 개인에 대한 조직의 행동을 지도할 수 있게 해줄 뿐만 아니라 조직이 소셜 네트워크의 가치를 더 잘 이해할 수 있도록 해줄 것이다.

계속 지켜보라. 많은 가능성이 존재하며, 또 어떤 아이디어들은 매우 성공적일 것이다. 여러분이 그 주인이 될 수 있다.

Q4 조직은 소셜미디어에서 수익을 어떻게 벌어들이는가?

강한 관계를 지닌 거대한 소셜 네트워크를 가지는 것은 수익성을 보장하기에 충분하지 않을 수 있다. 예를 들어, 페이스북은 매일 45억 개의 '좋아요'를 생성하는 14억 명 이상의 활성 사용자를 보유하고 있다.[17] 유튜브에는 매달 60억 시간 이상의 영상을 시청하는 10억 명 이상의 활성 사용자가 있다.[18] 두 기업은 엄청나게 많은 수의 활성화된 사용자 수를 보유하고 있다. 유일한 문제는 무료로 서비스를 제공한다는 것이다. 수십억에 0을 곱하면 0이다. 회사가 그들로부터 단 한 푼도 벌지 못한다면 그 모든 사용자들이 정말로 중요한가?

경영학을 공부하는 학생으로서 여러분은 소셜미디어의 세계에서는 아무것도 무료가 아니라는 것을 알고 있다. 처리 시간, 데이터 통신 및 데이터 저장 비용은 저렴할 수 있지만 여전히 무언가 비용이 든다. SMIS가 요구하는 하드웨어 비용은 누가 지불하는가? 페이스북, 트위터, 링크드인과 같은 소셜미디어 기업들은 SMIS를 개발, 구축, 관리하기 위해 돈을 지불해야 한다. 그리고 웹 콘텐츠는 어디에서 오는 것일까? 포춘은 저자가 무료로 제공하는 콘텐츠에 대해 비용을 지불한다. 누가 저 작가들에게 돈을 지불하고 있는가? 그리고 어떤 수익으로 이것이 가능한 것인가?

여러분은 제품이다

소셜미디어는 사용자들이 비용을 지불하지 않고 SM 애플리케이션을 사용하는 방식으로 진화했다. SM 회사는 빠르게 거대한 네트워크를 구축하고 싶어 하지만, 사용자들을 끌어들이기 위해 무료 제품을 제공해야 한다. 그러면 어떻게 그 회사들이 애플리케이션, 서비스 또는 콘텐츠로부터 **수익 창출**(monetize)을 실현할 것인가라는 딜레마가 생긴다.

정답은 사용자들을 제품으로 만드는 것이다. 처음에는 이상하게 들릴 수도 있다. 여러분은 아마도 자신을 제품으로 생각하고 싶지 않을 것이다. 하지만 회사의 관점에서 상황을 보면 회사가 광고를 운영할 때는 본질적으로 그 광고를 사용자들 앞에 내놓기 위해 돈을 지불하는 것이다. 그래서 회사는 짧은 시간 동안 여러분의 눈을 광고주에게 임대하고 있다. 예를 들어 구글은 검색어, 방문 사이트 및 이메일의 '스캔'을 기반으로 사용자를 타깃팅하는 광고에 돈을 지급한다. 따라서 본질적으로 사용자들은 광고주들에게 판매되는 제품이다. 옛말에 "돈을 내지 않으면 당신은 제품입니다."라는 말이 있다.

소셜미디어 수익 모델

SM 기업들이 수익을 내는 가장 일반적인 두 가지 방법은 프리미엄 서비스에 대한 광고와 요금을 부과하는 것이다. 예를 들어, 페이스북에서 회사 페이지를 만드는 것은 무료이지만, 페이스북은 '좋아요'라는 커뮤니티에 광고 비용을 부과한다.

광고

대부분의 SM 기업들은 광고를 통해 수익을 얻는다. 예를 들어, 페이스북은 광고를 통해 2015년 1분기 수익(35억 달러)의 94%를 벌었다.[19] 트위터의 1분기 수익 4억 3,600만 달러 중 90%는 광고에서 나온 것이다.[20] SM의 광고는 유료 검색, 디스플레이 또는 배너 광고, 모바일 광고, 분류 또는 디지털 비디오 광고의 형태이다.

구글은 유료 검색 결과로 디지털 광고 수익을 올리는 데 앞장섰고 지메일과 유튜브가 그 뒤를 이었다. 오늘날 누군가 아우디 A5 카브리올레를 검색하는 경우 그 사람이 현지 아우디 딜러 및 BMW, 메르세데츠 딜러의 광고에도 관심이 있을 수 있다는 것을 깨닫는 것은 대단한 통찰력으로 보이지는 않는다. 또는 누군가 유튜브에서 축구 경기를 보고 있다면, 그 사람이 축구를 좋아한다고 생각하는 것이 합리적으로 보인다. 상상하기 힘든 일은 아니지만 구글은 사용자 콘텐츠에 기초한 광고를 통해 처음으로 상당한 수익원을 찾았고 다른 기술 회사들도 곧 뒤를 따랐다.

광고주들은 디지털 광고를 좋아하는데, 이는 신문과 같은 전통적인 매체와는 달리 사용자들이 이런 광고에 클릭함으로써 직접 반응할 수 있기 때문이다. 월스트리트저널에 광고를 실어보면 누가 그 광고에 반응하고 얼마나 강력하게 반응하는지 알 수가 없다. 하지만 동일한 제품 광고를 신문 온라인 판에 올려놓으면, 광고를 클릭한 시청자의 비율과 그들이 다음에 취할 행동을 알게 될 것이다. 이러한 통계를 추적할 수 있는 능력은 **클릭당 지불수익 모델**(pay-per-click)의 개발로 이어졌는데, 이는 광고주들이 잠재고객들에게 광고를 무료로 보여주고 고객이 광고를 클릭할 때 돈을 받는 것이다.

광고 수익을 높이는 또 다른 방법은 사용자 기여도에 따라 사이트 가치를 높이는 것이다. **사용증가가치**(use increases value)라는 표현은 더 많은 사람들이 사이트를 사용할수록, 사이트가 가지는 가치가 더 많아진다는 것이고, 방문하는 사람들이 더 많아질 것을 의미한다. 또한 사이트의 가치가 높을수록 기존 사용자가 더 많이 돌아올 것이다. 이러한 현상은 사용자 의견 및 리뷰, 블로그 활동의 증가로 이어졌고, 몇 년 안에 소셜미디어의 증가로 이끌었다. 결과적으로 광고 수익은 더 많은 사람들이 그들이 좋아하는 사이트에서 더 많은 광고를 보고 클릭하기 때문에 증가하였다.

프리미엄

프리미엄(freemium) 수익 모델은 사용자들에게 무료로 기본 서비스를 제공하고 업그레이드나 고급 기능에 프리미엄을 부과한다. 예를 들어 링크드인은 표준 SaaS(서비스로서 소프트웨어) 제품의 업그레이드를 판매함으로써 수익의 일부를 올리고 있다. 2015년 5월 현재 일반 사용자는 링크드인에 무료로 액세스할 수 있으며, 개별 업그레이드의 경우 한 달에 29달러에서 79달러까지 다양한 고급 검색 기능을 제공하고, 사용자 프로파일의 더 큰 가시성과 네트워크 외부의 링크드인 사용자에게 더 많은 직접적인 이메일 메시지(direct email message)를 제공하도록 한다. 마찬가지로 채용을 위해 링크드인을 사용하길 원하는 기업들은 Recruiter Corporate 계정을 한 달에 120~750달러에 구입할 수 있다. 링크드인의 매출 중 약 19%는 프리미엄 가입자, 62%는 온라인 채용, 19%는 광고로부터 나오고 있다.[21]

수익원을 다양화함으로써 링크드인은 광고 수익 및 광고 차단 소프트웨어의 변동성에 대한 의존도를 줄이고 있다. 페이지페어의 최근 보고서에 따르면 웹 서핑을 하는 사람들의 27.6%는 **광고차단 소프트웨어**(ad-blocking software)를 사용하여 광고 콘텐츠를 걸러내고 있으며, 드물게 인터넷 광고를 보는 경우에도 걸러내고 있다고 한다.[22] 그 보고서는 또한 광고차단 소프트웨어의 활용이 작년보다 69%가 늘어났다고 한다. 그러므로 광고 수입에만 의존하는 SM 회사는 광고차단 소프트웨어의 사용이 널리 퍼지면 그들의 주가가 폭락하는 것을 볼지도 모른다.

SM 사이트에서 수익을 내는 다른 방법으로는 앱과 가상상품 판매, 기부금, 제휴 수수료 혹은 유료고객의 참조 결과로 지급되는 수입을 들 수 있다. 2012년에 페이스북은 가상상품으로 8억 1,000만 달러 이상의 수익을 창출하였다.[23] 위키피디아는 2014년에 약 5,280만 달러의 기부금을 받았다.[24] 흥미롭게도 핀터레스트와 같은 일부 SM 회사는 전혀 수익을 창출하지 못하였다. 그들은 이제 막대한 사용자 네트워크를 구축하고 나중에 돈을 버는 방법을 찾아내는 데 초점을 맞추고 있다.

이러한 예에서 알 수 있듯이 소셜미디어는 아마 사용증가가치의 궁극적 표현일 수도 있다. 한 사이트가 연결된 실천 커뮤니티가 많아질수록 사람들이 그 사이트를 사용하는 사람들은 더 많아지게 되고, 인센티브를 받는 사람들이 계속해서 더 많이 인센티브를 받게 될 것이다. 따라서 소셜미디어는 PC에서 모바일 장치로 이동하는 것을 제외하고는 차세대 엄청난 수익 창출원이 될 것으로 보인다.

이동성은 온라인 광고 수입을 감소시키는가?

PC에서 모바일 장치로의 전환은 소셜미디어와 관련된 또 다른 흥미로운 질문을 제시한다. 구체적으로 앞 절에서 설명한 클릭당 지불수익 모델은 많은 광고를 위한 공간이 충분한 PC 장치에 나타났다. 그러나 이제 PC에서 모바일 장치, 특히 소형 화면의 스마트폰으로 사용자들이 이동함에 따라 사용 가능한 광고 공간이 훨씬 줄어들었다. 이는 광고 수익에 있어 감소를 의미하는가?

표면적으로 대답은 '그렇다'이다. 이마케터(eMarketer)에 따르면 모바일 광고 지출은 2014년에 100% 이상 증가하여 420억 달러로, 전체 디지털 광고 지출의 29%를 차지했다.[25] 그림 8-8에서와 같이 2019년까지 모바일 광고 지출은 1,950억 달러에 이를 것으로, 전체 디지털 광고 지출의 70%를 차지할 것으로 예상된다. 하지만 모바일 장치의 수는 PC 성장을 훨씬 초과한다. 예를 들어, 2014년에는 전 세계 모바일 데이터 트래픽이 69% 증가했으며, 전 세계 모바일 장치의 수가 70억 개를 넘었다. 2019년까지 모바일 장치의 수가 100억 개에 이를 것으로 예상되어 세계 인구를 능가할 것으로 보인다.[26] 시스코는 2019년까지 스마트폰이 세계 모바일 트래픽의 75%를 차지할 것으로 예측하였다.[27] 따라서 PC보다 모바일 장치당 수익이 더 적을 수도 있지만, 사용 중인 모바일 장치의 수가 너무 많아서 매출액에서 그 차이가 줄어들 수 있다.

더욱이 장치의 수가 전부는 아니다. 마린소프트웨어에 따르면 평균 스마트폰 클릭률은 3.75%이고, PC의 경우도 평균 2.29%이다.[28] 따라서 모바일 사용자가 광고를 더 자주 클릭하여 더 많은 수익을 창출한다. 페이스북의 경우 특히 그렇다. 2015년 1분기에는 87%의 페이스북 사용자들이 모바일 장치로 방문하였으며, 전체 광고 매출의 73%가 모바일 광고로 인한 것이었다.[29]

하지만 클릭 수가 최종적인 이야기는 아니다. 광고는 PC에서보다 모바일 장치에서 훨씬 더 많은 공간을 차지하기 때문에 모바일 클릭의 많은 부분이 우발적일 수 있다. **전환율**(conversion rate)은 광고를 클릭하는 사람이 구매하거나 '좋아요'를 누르거나 광고주가 원하는 어떤 다른 행동을 취하는 빈도로 측정한다. 모네테이트에 따르면 PC의 전환율(3.41%)은 태블릿(2.86%)이나 스마트폰(0.92%)보다 높은 수치이다. 따라서 평균적으로 PC광고 클릭이 모바일 클릭보다 효과적이다.[30]

클릭스트림 데이터는 수집하기 쉽고 우리가 보는 바와 같이 분석이 광범위하다. 예를 들어 모바일 장치 유형별로 클릭과 전환율을 측정하는 것은 가능하다. 무브웹에 따르면, iOS 사용자들(1.18%)은 안드로이드 사용자들(1.04%)보다 높은 전환율을 보이고 있다.[31] 하지만 왜 그럴까? 장치 때문인가? 광고가 사용자 환경에 통합되는 방법인가? iOS 사용자들이 안드로이드 사용자들보다 더 호기심이 많은가? 아니면 더 많이 소비할 만한 소득이 있는가? 우리는 확실하게 알지 못한다.

그러나 우리가 이런 혼란스러운 데이터의 수렁으로부터 결론을 내릴 수 있는 것은 모바일 장치가 웹/소셜미디어 수익 모델의 종말을 의미할 가능성이 거의 없다는 것이다. 사용자들이 있고, 관

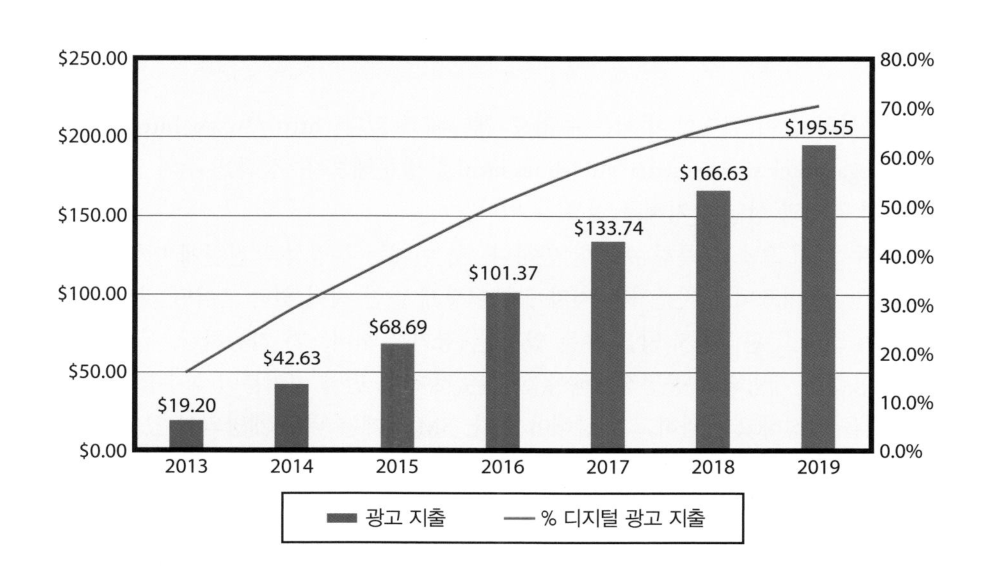

그림 8-8
모바일 광고 지출

심이 있으며, 남아 있는 것은 디자인의 문제이다. 따라서 모바일 환경을 적절한 클릭과 변환을 확보하도록 어떻게 최선의 모바일 경험을 구성할 것인가? 컴퓨터 산업은 디자인 문제를 해결하는 데 탁월하다. 현재 모바일 인터페이스와 USX의 역동적인 진화로 인해 iOS/안드로이드/윈도우 10 환경에서 광고를 게재하는 적극적이고 흥미롭고 매력적인 방법은 곧 등장할 것이다.

Q5 조직은 SMIS의 보안 문제를 어떻게 언급할 수 있는가?

20년 전에는 대부분의 조직이 가장 높은 수준의 제어를 통해 모든 공공 및 내부 메시지를 관리하였다. 기자회견, 보도자료, 공개 인터뷰, 발표, 심지어 학술논문도 법률과 마케팅 부서의 사전 승인을 받아야 했다. 이러한 승인은 몇 주 또는 몇 달이 걸릴 수 있었다.

오늘날 진보적인 조직들은 그 모델을 완전히 뒤집어버렸다. 대부분의 조직에서 직원들은 커뮤니티에 참여하도록 하고 있으며, 그렇게 하면서 그들의 고용주와 자신을 확인할 수 있도록 권유받고 있다. 하지만 이 모든 참여, 이 모든 약속들은 위험으로 다가온다. 이 질문에서 우리는 소셜미디어 정책의 필요성에 대해 논의하고, 비직원 사용자 제작 콘텐츠(UGC)의 위험성을 고려하며, 직원의 소셜미디어 사용으로부터 나타나는 위험성을 살펴보겠다.

직원 의사소통의 위험관리

어떤 조직이든 취해야 할 첫 번째 단계는 직원의 권리와 책임을 기술한 조직 강령으로 **소셜미디어 정책**(social media policy)을 개발하고 홍보하는 것이다. 여러분은 소셜미디어 투데이 웹사이트에서 100개의 다른 정책에 대한 색인을 찾을 수 있다.[32] 일반적으로 조직이 더욱 기술적일수록 사회적 정책은 더욱 개방되고 더욱 관대하게 된다. 미국 군대는 매우 놀랍게도 분류된 기밀 데이터의 보호를 위해 열성적으로 소셜미디어를 지지하였다.

인텔은 개방형의 직원 신뢰 SM 정책을 개척하였으며, 그들은 직원이 작성한 소셜미디어로 더 많은 경험을 얻을 수 있도록 계속하여 진화하는 정책을 채택하고 있다. 2015년 그 정책의 핵심 세 가지 특징은 다음과 같다.

- 공개
- 보호
- 상식적 활용[33]

그림 8-9에서와 같이 이러한 정책은 추가로 개발되고 있다. http://www.intel.com/content/www/us/en/legal/intel-social-media-guidelines.html을 방문해보자. 정책을 주의 깊게 읽어라. 거기에서 훌륭한 조언과 상당한 지혜를 얻을 수 있다.

이 목록의 두 가지 요소는 특히 주목할 만하다. 첫 번째는 투명성과 진실에 대한 요청이다. 경험 있고 현명한 한 비즈니스 전문가가 저자에게 이렇게 말한 적이 있다. "어떤 것도 진실보다 더 좋은 서비스는 없다." 편리하지 않을 수는 있지만, 장기간 서비스가 가능하다. 두 번째는 SM 참여자와 그 고용주는 개방되고 공명정대해야 한다는 것이다. 만약 여러분이 실수를 했다면 당황하지 말고, 그것을 정정하고 사과하고 배상해야 한다. SM 세계는 너무 개방되어 있고, 너무 광범위하며, 너무 강력하여 바보가 될 수 있다.

2013년에는 IAC의 PR 임원인 저스틴 사코는 남아프리카로 향하는 비행기에 탑승하고 "아프리

공개	투명하게 하라(실명과 고용자 사용) 진실하게 하라(기득권을 알려주라) 자연스럽게 하라(전문성을 지키고 아는 것을 쓰라)
보호	비밀을 말하지 마라 경쟁하며 충돌하지 마라 너무 많이 공개하지 마라
상식적 활용	가치를 더하라(가치 있는 기여를 하라) 냉정을 유지하라(모든 비평에 흥분하여 대응하지 마라) 실수를 인정하라(솔직하고 빨리 수정하라)

그림 8-9
인텔의 소셜미디어 참여 규칙
출처 : Intel Social Media Guidelines, Intel, accessed May 7, 2015, *www.intel.com/content/www/us/en/legal/intel-social-media-guidelines.html*.

카로 가는 비행기를 탔다. 에이즈에 걸리지 않기를 바란다. 농담이야. 나는 백인이야."라고 트위터에 글을 올렸다. 착륙하고 나서 그녀는 비행 중에 해고되었고 수천 개의 적대적인 게시물을 이끌어냈다는 것을 알게 되었다.

이런 실수를 피하는 가장 좋은 방법은 사용자의 연간 보안 훈련에 SM 인식 모듈을 포함시키는 것이다. 소셜미디어는 여전히 많은 사람들에게 생소하다. 솔직히 그들은 심지어 존재하는 정책을 모르고 있을지도 모른다. 휴대전화가 처음 인기를 얻었을 때 영화관에서 계속해서 벨이 울렸다. 시간이 지나면서 사람들은 붐비는 극장에 들어가기 전에 휴대전화의 음소거하는 법을 배웠다. 사회가 기술을 따라잡으려면 시간이 걸리며 교육이 도움이 된다.

부적절한 콘텐츠의 위험 관리

다른 관계와 마찬가지로 댓글은 내용 면에서 부적절하거나 어조가 지나치게 부정적이거나 하면 문제가 될 수 있다. 기업들은 소셜미디어에 참여하기에 앞서 이러한 문제를 어떻게 다룰 것인지를 결정할 필요가 있다. 이는 단일 개인이 공식적인 조직적 SM 상호작용을 담당하도록 지정하고, SM 상호작용을 모니터링하고 관리하는 프로세스를 생성함으로써 이루어진다. 이를 통해 조직은 명확하고 조정되며 일관된 메시지를 받을 수 있다.

사용자 생성 콘텐츠(user-generated content, UGC)는 SM 사이트에서 사용자가 제공한 콘텐츠를 의미하는 것으로, SM 관계의 핵심이다. 다음은 조직에 부정적인 영향을 미칠 수 있는 부적절한 UGC의 몇 가지 예시이다.

외부 자원으로부터 문제

UGC 문제의 주요 근원은 다음과 같다.

- 쓰레기 같거나 터무니없는 생각 전달
- 부적절한 콘텐츠
- 불쾌한 평가의견
- 반항적인 움직임

기업이 소셜 네트워크에 참여하거나 또는 UGC에 해당 사이트를 열 때, 사이트의 목적과 관련이 없는 쓰레기를 게시하는 잘못된 사람들에게도 개방된다. 또한 괴짜들은 UFO, 정부 은폐, 환상적인 음모론 등과 같이 관련이 없는 주제에 대한 열정적인 견해를 표현하는 방법으로 네트워크나 UGC 사이트를 사용할 수도 있다. 이런 콘텐츠의 가능성 때문에 조직들은 정기적으로 사이트를 모니터링하고 유해 자료를 즉시 제거해야 한다. 바자보이스와 같은 회사나 직원이 수행하는 모니터링은 등급 및 리뷰를 수집 및 관리할 뿐만 아니라 부적절한 콘텐츠에 대한 사이트를 모니터링하는 서비스를 제공한다.

불쾌한 평가의견은 또 다른 위험이다. 한 연구는 고객들이 어느 정도 제품이 완벽하지 않다는 것을 충분히 알고 있을 만큼 정교하다는 것을 보여주고 있다. 대부분의 고객들은 제품 구입 이전에 제품의 단점에 대해 알기를 원하며, 그러한 단점들이 자신의 활용을 위해 중요한 사항이라면 결정할 수 있다. 하지만 모든 리뷰가 나쁜 경우, 제품이 5점 만점에 1점이면, 그 회사는 소셜미디어를 사용하여 문제를 게재하고 있는 것이다. 이 경우 다음에 설명될 몇 가지 조치를 취해야 한다.

반항적인 움직임은 불쾌한 평가의견의 연장이다. 2012년 1월, 맥도날드는 고객의 이야기를 홍보하기 위한 트위터 캠페인을 시작했다. 몇 시간 만에 불만에 찬 고객들이 그 캠페인 운동을 방해하고 있다는 것이 확실해졌다. 맥도날드는 트위터 해시 태그를 지워버렸고, 몇 시간 안에 부정적인 대화가 멈추게 되었다. 맥도날드는 즉각적으로 대응하기 위해 자사의 모든 소셜미디어 마케팅에서 원치 않은 결과를 처리하기 위한 비상 대책을 수립하였다.[34]

소셜 네트워킹 문제에 대한 대응

소셜 네트워킹의 위험을 관리하는 일은 잠재적인 문제의 원인을 파악하고 문제가 있는 콘텐츠에 대해 사이트를 모니터링하는 것이다. 하지만 이러한 콘텐츠를 찾게 되면 조직은 적절하게 대응할 필요가 있다. 세 가지 가능성은 다음과 같다.

- 그대로 둔다.
- 그것에 반응한다.
- 그것을 삭제한다.

만약 문제가 되는 내용이 조직의 제품이나 서비스에 대한 합리적인 비판을 나타낸다면, 가장 좋은 대응은 그것을 그대로 두는 것이다. 이러한 비판은 사이트가 단지 조직을 위한 속임수가 아니라 합법적인 사용자 콘텐츠를 포함하고 있다는 것을 보여준다. 또한 이러한 비판은 제품 개발에 유용할 수 있는 무료 출처의 제품 검토 의견 역할도 한다. 비판이 유용하기 위해서는 개발 팀이 이에 대해 알아야 할 필요가 있고, 언급된 바와 같이 비판을 발견하고 팀에 전달할 수 있는 과정이 필요하다.

두 번째 대안은 문제가 있는 내용에 반응하는 것이다. 그러나 이 대안은 위험하다. 만약 그 반응이 어떤 식으로든 그 내용 제공자를 거들먹거리거나 모욕하는 것으로 해석될 수 있다면, 그것은 지역사회를 분노하게 할 수 있고 강한 반발을 일으킬 수 있다. 또 이런 반응이 방어적인 것으로 보일 경우는 PR 홍보에 부정적인 영향을 미칠 수 있다.

대부분의 경우 반응은 문제 콘텐츠가 조직으로 하여금 결과적으로 긍정적인 무언가를 할 수 있도록 하는 경우를 위해 유보하는 것이 최선이다. 예를 들어, 사용자가 45분 동안 고객 지원을 대기해야 한다고 게시한 경우를 생각해보자. 조직이 대기 시간을 줄이기 위한 조치를 취한 경우 비판에 대한 효과적인 대응은 비판을 유효한 것으로 방어적이지 않게 인정하고 시간 단축을 위해 어떤 조치를 취하는 것이다.

이유 있는 비방어적 반응이 같은 근원지에서 계속된 비합리적 UGC를 생성하고 있다면, 조직이 아무것도 하지 않는 것이 최선이다. 돼지와는 씨름하지 말아야 한다. 여러분은 더러워지며, 돼지는 그것을 즐기게 된다. 대신 커뮤니티는 사용자를 제한하려 할 것이다. 그렇게 될 것이다.

콘텐츠는 별난 사람들에 의해 만들어지기도 하고, 사이트와는 아무 상관이 없거나 음란한 것을 담고 있거나 그렇지 않으면 부적절한 콘텐츠를 포함하고 있기 때문에 부적절한 제공에 대해서는 콘텐츠를 삭제하는 것이 지켜져야 한다. 하지만 합법적인 부정적 검토 의견을 삭제하면 강력한 사용자 반발이 발생할 수 있다. 네슬레는 팜 오일의 사용에 관해 받은 비판에 대해 자사의 페이스북 계정에 PR 악몽을 만들기도 하였다. 누군가 네슬레 로고를 수정하였고, 그 반응으로 네슬레는 변경된 로고를 사용하는 모든 페이스북 콘텐츠를 삭제하기로 결정하고, 오만하고 고압적인 방법으로 그렇게 추진하였다. 그 결과 트위터상에 거센 비난 여론이 들끓었다.[35]

사업에 있어 하나의 건전한 원칙은 답변을 원하지 않는 질문을 결코 하지 않는 것이다. 우리는 소셜 네트워킹에서 이 원칙을 확장할 수 있다. 어떤 효과적인 반응을 하지 않는 콘텐츠를 생성하는 사이트는 결코 만들지 말라.

소셜미디어에 의한 내부 위험

소셜미디어의 도입이 증가함에 따라 조직 내에서 새로운 위험이 발생하였다. 이러한 위험은 정보 보안 위협, 조직의 책임 증가, 직원 생산성 저하로 이어질 수 있다.

첫째, 소셜미디어의 사용은 조직의 정보자원을 확실하게 확보하는 능력에 직접적인 영향을 미칠 수 있다. 예를 들어, 한 고참 직원이 "20년 전 오늘 댈러스에서 결혼했어요." 또는 "센트럴고등학교에서 열린 1984년 동창회는 굉장했어요." 혹은 "하와이에 신혼여행 간 것을 기억합니다." 라고 트윗한다. 이러한 모든 트윗은 공격자에게 비밀번호 재설정 질문에 대한 답변을 제공한다. 공격자가 사용자의 비밀번호를 재설정하면 내부 시스템에 대한 전체 액세스 권한을 갖게 된다. 따라서 겉보기에는 악의가 없어 보이는 코멘트는 조직 리소스에 대한 액세스 보안을 유지하는 데 사용되는 정보를 실수로 유출할 수 있다. 안타깝게도 모든 사람에게 생일을 말하는 것은 좋은 생각이 아닌 것으로 드러났다. 왜냐하면 여러분의 생년월일은 여러분의 신원을 훔치는 데 사용될 수 있기 때문이다.

소셜미디어를 사용하는 직원은 의도하지 않게 (혹은 의도적으로) 지적 재산, 새 마케팅 캠페인, 미래의 제품, 잠재적 해고, 예산 문제, 제품 결함 또는 향후 합병에 대한 정보를 유출할 수 있다. 정보 유출뿐만 아니라 직원들은 기존 보안조치를 우회하여 SM을 사용하여 콘텐츠를 제공하는 승인되지 않은 응용 프로그램을 설치할 수 있다. 또는 보안이 약한 SM 사이트에서 그들의 회사 비밀번호를 사용할지도 모른다.

둘째, 직원들이 소셜미디어를 사용할 때 부주의하게 기업의 책임을 증가시킬 수 있다. 예를 들어, 동료가 스마트폰에서 의심스러운 성적인 콘텐츠가 있는 SM 콘텐츠를 정기적으로 확인한다고 가정하자. 그 조직은 성희롱당할 수 있다. 직원들이 소셜미디어를 통해 정보를 누설하는 경우 다른 조직에서 법적 문제가 발생할 수 있다. 학교, 의료기관 및 금융 기관은 모두 사용자 데이터를 보호하고 규정 위반을 방지하기 위해 특정 지침을 따라야 한다. 학생, 환자 또는 고객 계정에 대한 정보를 트윗하면 법적 결과를 초래할 수 있다.

마지막으로 소셜미디어의 사용 증가는 직원 생산성에 위협이 될 수 있다. 게시물, 트윗, 핀, 좋아요, 댓글 및 추천은 모두 시간이 걸린다. 이것은 고용주가 비용을 지불하고 있지만 혜택을 보지 않는 시간이다. 포브스는 직원의 64%가 매일 업무와 관련이 없는 웹사이트를 방문한다고 말한다. SM 사이트 중에서 직원들의 생산성에 가장 해로운 것은 텀블러(57%), 페이스북(52%), 트위터(17%), 인스타그램(11%), 스냅챗(4%) 등이 있다.[36]

직원들의 관점에서 볼 때 약간의 생산성 저하는 괜찮다고 생각할 수 있다. 그러나 여러분이 고용주나 경영자라고 상상해보자. 어느 시점에 희망적이라고 할 수 있을까? 급여가 생산성에 달려 있을 때 직원들이 SM을 사용하여 다른 직장을 찾거나 친구들과 채팅하거나 휴가사진을 보면서 하루를 보낸다면 여러분의 심정은 어떻겠는가? SM이 인력 문제, 사기 문제 및 소송이 일어나는 사내의 소문거리로 사용된다면 어떻게 될까? 똑똑한 관리자들은 다른 기술들과 마찬가지로 SM에도 이익과 비용이 함께 있다는 것을 이해해야 할 것이다.

Q6 소셜미디어는 우리를 어디로 데려가는가?

소셜미디어, 웹 2.0, 엔터프라이즈 2.0과 같은 엄청난 변화가 예상된다. 곧 엔터프라이즈 3.0이 출시되는가? 소셜미디어가 단일 플랫폼에서 더 통합될 것인가 아니면 여러 플랫폼에서 더 세분화될 것인가? 우리는 모른다. 그러나 혁신적인 모바일 장치 UX와 클라우드 컴퓨팅 및 동적 가상화를 기반으로 하는 역동적이고 민첩성 있는 정보시스템과 결합된 새로운 모바일 장치는 향후 10년 동안 엄청난 변화가 발생할 것이라고 보장한다.

하버드, 마이크로소프트, 스타벅스 같은 조직들은 SM과 관련하여 혁신적인 소셜미디어 프로그램을 개발하고 관리하는 역할에 적합한 포지션으로 최고디지털중역(Chief Digital Officer, CDOs)을 고용하였다.[37]

10년을 선점하자. 이제 여러분의 중요한 신제품 시리즈의 제품 마케팅 매니저가 되었다. 예를 들어, 지능형 홈 가전제품 중 한 라인에서 가장 최신 제품을 어떻게 홍보할 것인가? 여러분의 기계는 가족들과 SM을 할 것인가? 여러분의 냉장고는 방과 후에 아이들이 무엇을 먹고 있는지를 가족의 소셜미디어 사이트에 올릴 것인가? 그러면 그때까지 어떤 창의적인 아이디어가 더 필요할까?

10년 후 매니저로서의 여러분의 역할에 대해 생각해보자. 여러분의 팀은 10명이고, 그중 3명이 당신에게 보고하고, 2명은 다른 관리자에게 보고하며, 5명은 다른 회사에서 일한다. 여러분은 구글/페이스북의 Whammo++Star에 의해 강화된 통합 모바일 비디오와 OpenGizmo 2025를 사용하며, 직원 및 팀이 블로그, 위키, 비디오 및 기타 수단을 즉시 사용할 수 있게 해주는 많은 기능을 갖추고 있다. 직원들은 더 이상 직장에서 컴퓨터를 배정받지 않는다. 자유롭고 안전한 BYOD 정책을 통해 직원들은 자신만의 고유한 방식으로 자신의 기기를 사용할 수 있다. 물론 직원들은 인기를 끌고 있는 페이스북, 트위터, 링크드인, 포스퀘어 및 다른 소셜 네트워킹 사이트에 대해서는 자신만의 계정을 가지고 있으며, 정기적으로 도움을 준다.

이 팀을 어떻게 관리할 것인가? 만약 '경영'이 계획, 조직 구성, 통제를 의미한다면, 여러분은 어떻게 이 새로운 직원들의 네트워크에서 이런 기능들을 수행할 수 있을까? 만약 여러분과 여러분의 조직이 인텔과 같은 기술에 정통한 기업들의 선례를 따른다면, 여러분은 직원들의 SM 생활을 막을 수 없을 것이며 그러고 싶지도 않을 것이다. 대신에 직원 및 파트너의 사회적 행동력을 활용하여 전략을 발전시킬 수 있을 것이다.

CRM의 맥락에서 공급업체는 고객관계에 통제를 잃을지도 모른다. 고객은 자신의 관계를 만들기 위해 찾을 수 있는 모든 공급업체의 접점을 사용한다. 경영의 맥락에서 새로운 출현은 직원 통제의 상실을 의미한다. 직원들은 10년 내에 그것이 의미하는 것이 무엇이라 하더라도 고용주와 자신의 관계를 만들려 한다. 확실히 그것은 손쉽게 세상에 공개되고 있는 것, 통제의 상실을 의미한다.

1960년대에 누군가가 스털링 쿠퍼에 있는 돈 드레이퍼에게 편지를 보내고 싶어 했을 때, 그 사람의 비서는 스털링 쿠퍼에게 보내는 봉투에 주소를 쓰고, 아래 하단에 다음과 같이 덧붙였다. "참조 : 돈 드레이퍼" 이 편지는 스털링 쿠퍼에게 보낸 것이다. 그런데 또한 돈 드레이퍼에 보낸는 것이도 하다.

이메일은 이것을 변화시켰다. 오늘날 누군가는 DonDraper@SterlingCooper.com 혹은 Don@

StérlingCooper.com에 이메일을 보낼 것이다. 그 주소는 사람에게 보내는 것이고, 회사에 보내는 것이도 하다.

소셜미디어는 향후에 주소를 더 많이 변화시킬 것이다. 돈 드레이퍼는 그 자신의 블로그를 만들 때, 사람들은 돈의 블로그에 반응한다. 그저 우연히 그들은 스털링 쿠퍼를 위해 돈이 일하고 있다는 '돈에 관한(About Don)' 블로그의 섹션에서만 주의하게 된다. 요약하면 향후 50년 내에 직원 이름을 포함하고 있는 조직으로부터 조직 이름을 포함하는 직원들에게 초점이 이동하게 된다.

이것은 조직들이 사라진다는 것을 의미하는가? 거의 그렇지는 않을 것이다. 그들은 자본을 증가시키고 보존하려 할 것이며, 광범위한 사람들의 그룹과 프로젝트 그룹이 조직될 필요가 있다. 느슨하게 제휴를 맺는 사람들 간의 어떤 그룹도 아이패드를 구상하고, 설계하고, 개발하고, 제조하고, 시장에 내놓고, 판매하고, 지원할 수 없다. 조직이 필요하다.

그래서 그러고 나서는? 어쩌면 우리는 생물학으로부터 교훈을 얻어야 할지 모른다. 게는 외골격을 가지고 있다. 진화 과정에서 훨씬 나중에 위치한 사슴의 경우 내골격을 가지고 있다. 게는 성장할 때 작은 껍질을 만들고 더 큰 껍질로 키우는, 힘들고 생물학적으로 엄청난 과정을 견딜 수 있어야 한다. 또한 그렇게 전환하는 동안에는 취약할 수 있다. 사슴이 성장할 때 골격은 내부에 있으며 사슴과 함께 자란다. 취약한 털갈이는 필요하지 않다. 그렇다면 민첩성을 고려하여 여러분은 사슴보다 게를 중요하게 생각할 것인가?

1960년대에 조직들은 직원 주위에 외골격으로 작용하였다. 향후 10년 내에 조직들은 외부에 있는 사람들의 일을 지원하는 내골격이 될 것이다.

이동성 + 클라우드 + 소셜미디어는 향후 10년 동안 여러분의 비정형화된 인지기술을 위한 환상적인 기회를 의미할 것이다!

이 장에서의 **지식**이 **여러분**에게 어떻게 **도움**이 되는가?

여러분은 개인적인 사용을 위하여 페이스북, 트위터, 그리고 다른 소셜 사이트를 사용하는 방법에 대해 이미 알고 있다. 이 장에서는 조직에 도움이 되는 지식을 적용하는 방법에 관해 여러분에게 보여주었다. 여러분은 웹 페이지에 페이스북이나 트위터 아이콘을 배치할 때, 소셜미디어 정보시스템 IS의 구성요소와 조직이 수행해야 할 약속에 대해 배웠다. 여러분은 또한 다섯 가지 기본 가치사슬 활동을 통해, 조직이 전략을 달성하기 위해 SMIS를 사용하는 방법과 SMIS가 사회적 자본을 증가시키는 방법에 대해 배웠다. 마지막으로 여러분은 조직이 소셜미디어의 위험을 관리할 필요가 있고 소셜미디어가 미래에 여러분에게 어떤 도전을 줄 것인지에 대해 배웠다.

하지만 계속 지켜보자. 이야기는 진화하고 있다. 앞으로 소셜미디어 발전에 관한 내용을 읽으면서 자신의 용도만이 아니라 조직에 대해서도 생각해보자.

윤리문제

인조 친구

여러분은 방금 전국 의류 소매상의 마케팅 매니저로 채용되었다. 여러분의 상사는 여러분의 전임자가 회사의 소셜미디어 캠페인에 참여하지 못했기 때문에 해고되었다는 것을 명백하게 밝혔다. 그는 빠른 결과를 원한다. 이 일은 여러분이 꿈꿔왔던 직업이고 잃고 싶지 않다.

여러분은 인스타그램에서 팔로우하는 봇(bots)을 샀다는 사람에 대한 온라인 뉴스 기사를 읽었다. 이렇게 하면 팔로워 수를 즉시 늘릴 수 있고 상사에게 실제 진행 상황을 알릴 수 있다. 물론 봇은 진정한 팔로워가 되지는 않겠지만, 여러분의 팔로워 수가 늘어간다면 진정한 팔로워를 끌어들이는 것이 더 쉬울 수 있다. 사람들은 인기 있는 사람들을 좋아한다.

검색을 해보면 사용자들이 그들의 봇이 얼마나 현실적인지 자랑하고 있는 온라인 포럼을 발견할 수 있다. 심지어 페이스북이 판매를 위해 '좋아요' 광고를 하는 웹사이트(클릭 농장)를 발견할 수 있다. 여러분은 100달러를 쓰고 어떻게 되는지 지켜보기로 결정한다. 여러분은 결국 다음 몇 주 동안 조금씩 흘러 들어오는 15,000명의 팔로워를 얻게 된다. 나쁘지 않다. 결코 나쁘지 않다. 상사에게 보여줄 수 있는 진정한 발전이다. 이는 아마도 '현실적인' 진보가 아닐 수도 있다. 하지만 적어도 그것은 진전이다.

여러분은 여러분이 새로 작성한 인조 친구들의 프로필을 보고 그들을 쉽게 식별할 수 있음을 알게 된다. 그들은 단지 한 단어만을 이름 필드에 넣는다. 하지만 사진, 이름 및 기타 내용은 매우 믿을 만한 것처럼 보인다. 또한 댓글에 URL과 할인 코드를 남기는 성가신 스팸 계정을 끌어들이기 시작했다는 것을 알았다. 이건 좀 복잡한 일이긴 하지만, 팔로워 수를 늘리는 데 도움이 되기 때문에 좀 더 진정한 팔로워 수를 확보하는 데 도움이 될 수 있을 것이다.

그때 삭제가 진행되었다. 여러분의 캠페인에 불과 몇 달 만에 인스타그램은 봇을 삭제하기 시작한다! 밤새 팔로워 수가 약 2,000명쯤 줄었다. 아아, 하지만 아직도 여전히 많은 가상의 팔로워들이 남아 있다. 저스틴 비버는 하루 만에 350만 명의 팔로워를 삭제당하는 가장 많은 피해를 입었다.[38] 다른 유명인들도 수백만 명의 팔로워를 잃었다. 뉴스를 확인해보면 배우, 가수, 정치인, 인기 있는 사용자들이 인스타그램의 거의 모든 팔로워를 잃어버린 것처럼 보인다. 여러분은 갑자기 속이 울렁거리는 느낌을 들었다. 여러분만 팔로워들을 확보하는 게 아니라면 어떻게 된 것인가?

토의문제

1. 회사 자금을 사용하여 봇 팔로워들을 구매하기로 한 여러분의 결정을 생각해보자.
   a. 정언 명령(20~21쪽)에 따라 여러분의 행동은 윤리적인가?
   b. 공리주의(46~47쪽)에 따라 여러분의 행동은 윤리적인가?
   c. 만약 상사가 새로운 팔로워들과 페이스북의 '좋아요'가 가짜라는 것을 알게 된다면 뭐라고 말할 것인가?
2. 봇 계정을 삭제하는 인스타그램의 행동을 생각해보자.
   a. 인스타그램이 팔로워들을 삭제하는 것이 윤리적인가? 정언 명령과 공리주의 둘 다의 관점에서 생각해보자.
   b. 인스타그램이 어떤 봇이라도 허락하는 것은 윤리적인가? 정언 명령과 공리주의 둘 다의 관점에서 생각해보자.
3. 인스타그램이나 다른 소셜미디어 회사는 봇을 제거하기 위해 얼마나 열심히 일해야 하는가?
4. 소셜미디어 벤처기업이 상장기업이 되기로 결정했다고 가정하자. 아직 수익성은 없다. 월 평균 사용자 수는 회사를 평가하는 주요 수단 중 하나이다.
   a. 봇인 사용자의 수가 얼마나 많은지 판단할 법적 의무가 있는가?
   b. 봇인 사용자의 수가 얼마나 많은지 판단할 윤리적 의무가 있는가?
   c. 봇인 사용자의 수가 얼마나 많은지 투자자가 판단할 수 있는 방법이 있는가? 어떻게 해야 하는가?
5. 회사 광고를 판매하는 광고 대행사 또는 소셜미디어 회사의 지위를 생각해보자.
   a. 여러분의 회사가 사용자들에게 보이는 광고의 숫자와 그 광고에 대한 클릭 횟수에 근거하여 요금이 부과된다고 가정해보자. 광고 대행사는 자신들이 판매하는 광고 중 얼마나 많은 수가 실제로 봇이 아닌 사람이 볼 수 있는지를 알아내야 할 윤리적인 의무가 있는가?
   b. 광고 대행사는 여러분이 출시하는 신제품 라인에 대해 '좋아요'를 구매할 것을 제안한다. 이것은 여러분이 '좋아요'를 사는 것이 TV광고에 배우를 고용하는 것과 같다는 것을 말해준다. 여러분은 여러분의 제품을 좋아한다고 말하는 데 돈을 지불하는 것이다. '좋아요'를 사거나 파는 것은 윤리적인 것인가? 정언 명령과 공리주의 둘 다의 관점에서 생각해보자.

출처 : gilbertc/Fotolia

길라잡이

디지털은 영원하다

여러분은 친구에게 무언가를 말하고 그것을 비밀로 하라고 요청한 적이 있는가? 대부분의 사람들은 그런 적이 있을 것이다. 아쉽게도 어느 시점에서 여러분이 신뢰하는 사람이 여러분의 신뢰를 져버렸다. 그 혹은 그녀는 그 정보를 다른 누군가와 공유했다. 그렇다면 여러분은 여러분이 비밀로 하고 싶은 것을 다른 사람들이 알고 있다는 것을 깨닫게 되어 끔찍한 느낌을 얻을 수 있을 것이다.

이것은 아이클라우드에 저장된 여러 장의 개인적이고 민감한 사진들이 해킹되어 인터넷상에 유포되었을 때 여러 A급 연예인들이 느꼈던 감정이다. 사이버 범죄자가 어떻게 아이클라우드 계정으로 저장된 다른 사용자의 개인정보에 액세스할 수 있는지에 대해 여러분은 궁금해하고 걱정할지 모른다.

애플의 내 아이폰 찾기는 응용 프로그램과 관련하여 보안 취약점이 있는 것으로 밝혀졌다. 애플은 해커들이 사용자 이름과 암호를 무한정 입력하는 것을 방지하기 위해 계정이 잠기기 전에 허용되는 로그인 시도 횟수를 제한하는 안전 조치를 시행하지 않았다(브루트 포스 공격).[39]

이러한 공격을 받은 연예인들은 여전히 개인정보를 웹에서 삭제하려고 한다. 슬픈 사실은 그들의 개인적인 정보가 완전히 삭제되지 않는다는 것이다. 더욱 심각한 사실은 인터넷 연결(예 : 이메일을 통한 어떤 것을 전송, 소셜미디어 사이트에서 어떤 것을 게시 등)을 통해 어떤 개인적인 정보를 전송하기로 선택한 사람도 피해자가 될 수 있다는 사실이다.

사생활? 그것이 무엇인가?

버튼을 눌러 전자 메일을 보내거나 사진을 게시하거나 비디오를 공유하면 해당 데이터에 대한 제어 권한이 상실된다. 그것을 복사하고, 공유하고, 다시 복사할 수 있다. 데이터는 의도한 수신자에게 전달될 때까지 수많은 서버를 통해 이동한다. 또한 여러분이 사용하고 있는 앱은 그것을 소유한 회사의 데이터 팜(data farm)에도 저장될 것이다. 이 정보는 결코 철회할 수 없으며 일단 전송되면 삭제가 거의 불가능하다.

이런 식으로 생각해보자. 여러분은 "둘 중 하나가 죽으면 비밀을 지킬 수 있다."라는 속담을 들어본 적이 있는가? 기술적인 관점에서 보면 "둘 중 하나가 인터넷이면 비밀을 유지할 수 없다." 인터넷상에서 공유되는 어떤 것도 사이버 공간을 영원히 떠돌게 될 운명인 디지털 좀비로 바뀐다!

여러분은 걱정할 것이 없다고 믿는 상대방과 메시지나 사진을 공유하는 한 괜찮다고 생각할지도 모른다. 유감스럽게도 우리의 디지털 세계는 기업과 일반 시민 양쪽(애플 아이클라우드 희생자들)으로부터 데이터를 훔치기 위해 수많은 시간을 보내는 사이버 범죄자들로 가득하다.

사이버 범죄자들만이 여러분의 개인정보를 이용하려는 것이 아니다. 기업들은 여러분이 디지털 방식으로 말하거나 하는 모든 것에 대해 다양한 분석으로 접근하고 운영하는 것이 가치 있다고 본다. 예를 들어, 구글은 지메일을 통해 전송된 이메일의 내용을 스캔하여 여러분에게 목표로 하는 광고를 제공할 수 있도록 한다. 실제로 구글은 여러분의 이메일만 보는 것이 아니고 그 이상을 검토한다. 구글은 광고를 보다 관련성 있게 만들기 위해 여러분의 검색어, 방문한 사이트 및 구글 프로필도 조사하고 있다.[40]

빅 데이터 = 빅 머니

사이버 범죄자와 기업 모두의 행동을 고려할 때, 우리는 개인 데이터가 (1) 범죄자에 의해 불법적으로 액세스되고 암시장에서 다른 악의적인 행위자에게 판매되거나, (2) 기업의 의해 불법적으로 액세스되고 다른 기업에 판매될 수 있는 것처럼 인터넷 사용자의 개인 데이터는 큰 돈과 같다는 한 가지를 추론할 수 있다. 좋은 소식은 아이클라우드 사건과 같은 세간의 이목을 끄는 개인정보 침해로 인해 온라인에서 개인정보를 저장하거나 공유하는 위험에 관해 모든 사람들의 인식도가 높아지고 있다는 것이다.

예를 들어, 퓨리서치센터에서 실시한 최근 여론조사는 다음과 같은 사실을 발견하였다. "인터넷 사용자 중 86%는 쿠키 삭제에서 전자 메일 암호화, 그들 이름을 이용한 제거에서 인터넷 프로토콜(IP) 주소를 가리는 가상 네트워크를 이용하는 것에 이르기까지 디지털 발자국을 제거하거나 가면을 씌우는 온라인 작업을 수행하였다."[41] 이것은 계속 격려되고 있다. 하지만 더 많은 것을 할 수도 있다. 디지털 발자국을 지우려고 하는 데 시간을 소비하는 것보다 오히려 사용자들은 처음부터 발자국을 만들지 않아야 한다. 여러분은 클릭하거나 공유하거나 게시하기 전에 생각해야 한다. 디지털은 영원하다.

토의문제

1. 길라잡이는 범죄자와 기업 모두 자신들의 이익을 위해 인터넷 사용자의 개인정보를 찾고 있다는 점을 강조하고 있지만, 이들만이 여러분의 데이터에 접근하려는 유일한 사람은 아니다. 고용주가 채용 의사결정을 내릴 때 지원자들에 대한 자료를 찾는 이유는 무엇이라 생각하는가?
2. 여러분은 아이클라우드와 소니의 위반사실에 대한 뉴스 보도를 들었을 것이다. 이로 인해 개인 사진과 이메일을 인터넷상의 많은 사람들과 공유하게 되었다. 하지만 여러분은 가해자들이 법률의 제재를 받았다는 소식을 들었는가? 그렇지 않다면 그 이유는 무엇이라고 생각하는가?
3. 도난당하거나 손상된 기기를 사용하여 여러분의 개인 데이터에 접속할 수도 있다. 데이터가 삭제된 경우에도 마찬가지이다. 삭제된 파일을 복구하는 데 사용되는 소프트웨어에 대한 정보를 웹에서 검색해보자. 정상적인 삭제는 장치의 메모리에서 영구적으로 파일을 제거하는가? 그것이 복구될 수 있을까? 어떻게 그러한가?
4. 몇 분 동안 자신의 온라인 습관에 대해 생각해보자. 여러분은 본질적으로 논란이 될 수 있다고 인식되는 이메일을 보내거나 그러한 메시지와 이미지를 게시한 적이 있는가? 미래의 고용주가 보지 않았으면 하는 게시물이 있는가? 여러분의 이메일이나 게시물이 경력에 어떤 영향을 미칠 수 있는가?

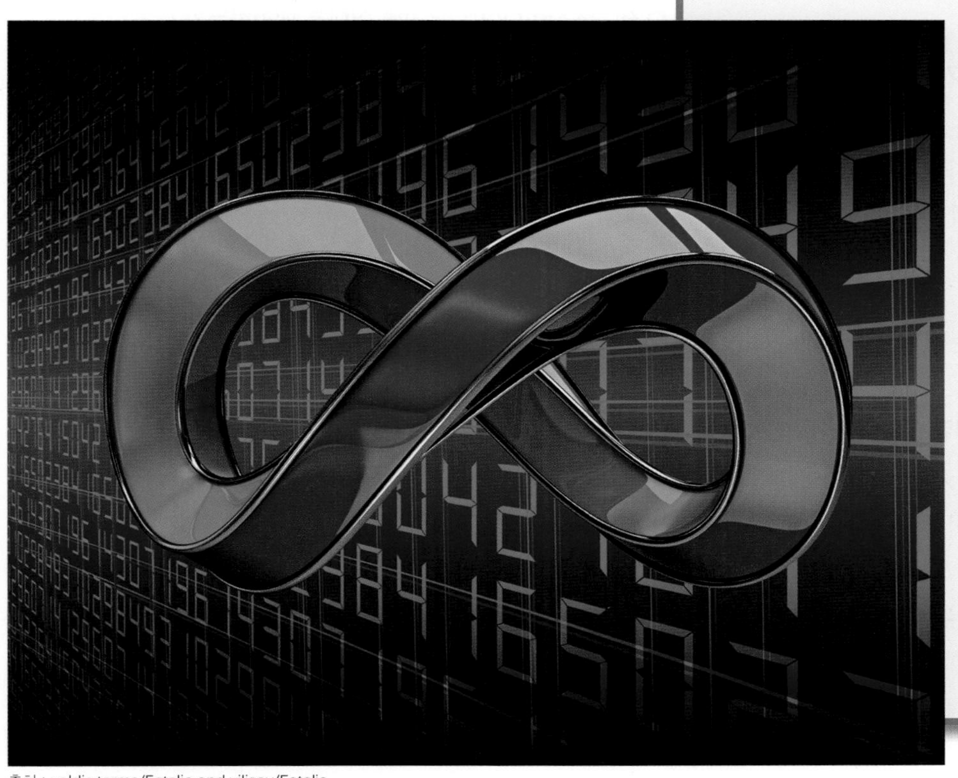
출처 : valdis torms/Fotolia and vilisov/Fotolia

생생복습

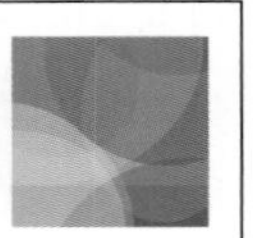

이 장에서 학습한 내용을 이해하였는지 점검해보자.

Q1 소셜미디어 정보시스템(SMIS)은 무엇인가?

소셜미디어, 커뮤니티 사례, 소셜미디어 정보시스템, 소셜미디어 공급업체, 소셜 네트워크를 정의하라. SMIS의 세가지 조직 역할에 이름을 지정하고 설명하라. 그림 8-3의 요소를 설명하라. SMIS 조직의 세 가지 역할 각각에 대해 SMIS의 다섯 가지 구성요소의 본질을 설명하라.

Q2 SMIS는 조직 전략을 어떻게 발전시키는가?

소셜미디어가 판매 및 마케팅, 고객 지원, 유입 물류, 유출 물류, 제조 및 운영, 그리고 인적 자원에 어떻게 기여하는지 요약하라. 각 활동에 대한 SM 위험을 나열하라. 소셜 CRM과 크라우드소싱을 정의하라.

Q3 SMIS는 사회적 자본을 어떻게 증가시키는가?

자본, 인적 자본, 사회적 자본을 정의하라. 사회적 자본이 가치를 부가하는 네 가지 방법을 설명하라. 사회적 자본을 결정하는 세 가지 요인을 나열하고, 그것들이 "합하는 것보다 곱하는 것이 더 좋아 보인다."가 어떤 의미인지 설명하라. 사회적 자본의 영향요인을 정의하고 사회적 관계의 수와 강도를 높이기 위해 소셜미디어를 어떻게 활용할 수 있는지 설명하라.

Q4 조직은 소셜미디어에서 수익을 어떻게 벌어들이는가?

수익 창출을 정의하고 소셜미디어 회사가 수익을 창출하는 것이 어려운 이유를 설명하라. 소셜미디어 회사가 프리미엄 서비스에 대한 광고와 요금 부과로 어떻게 수익을 내는지 사례를 제시하라. 클릭당 지불수익 모델, 전환율, 프리미엄을 정의하라. 광고 차단을 정의하고 그것이 어떻게 온라인 회사의 수익 창출 능력에 영향을 미치는지 설명하라. 모바일 장치의 성장이 매출에 미치는 영향을 요약하라. 광고 수익을 제한하는 모바일 장치에 대한 우려가 지나친 반응인 이유를 설명하라.

Q5 조직은 SMIS의 보안 문제를 어떻게 언급할 수 있는가?

SM 위험의 두 가지 원인을 나열하고 설명하라. SM 정책의 목적에 대해 설명하고, 인텔의 가이드 원칙을 요약하라. 이 글 이외에 SM 오류를 설명하고, 그것에 대한 현명한 응답을 설명하라. 사용자 생성 콘텐츠의 네 가지 문제 원인을 나열하고, 가능한 답변 세 가지와 각각의 장점과 단점을 제시하라. 소셜미디어의 내부적 활용이 정보 보안, 조직적 책임, 그리고 직원 생산성에 위험을 어떻게 초래할 수 있는지 설명하라.

Q6 소셜미디어는 우리를 어디로 데려가는가?

오늘날 소셜미디어의 사용이 변화하는 방법에 대해 설명하라. 향후 10년 이내에 직원을 제어할 때 발생할 수 있는 경영상의 문제점을 요약하라. 이 책의 제안된 응답을 설명하라. 1960년대 이후로 주소 형태의 변화가 직원들과 조직들의 비즈니스 세계에 대한 관계의 변화를 어떻게 보여주고 있는가? 이 변화에 대한 게와 사슴 간의 차이의 관계를 설명하라.

이 장에서의 **지식**이 **여러분**에게 어떻게 **도움**이 되는가?

여러분은 페이스북과 트위터를 어떻게 사용하는지를 알고 있다. 이 장에서 다루는 각 문제들이 어떻게 고용주가 그것을 사용하는 데 도움이 되는지 설명하라. 미래의 관리자인 당신에게 소셜미디어가 제공하는 과제와 기회에 대해 설명하라.

주요용어

관계의 강도(strength of a relationship)
광고차단 소프트웨어(ad-blocking software)
기업과 기업 간 거래(business-to-business, B2B)
기업과 소비자 간 거래(business-to-consumer, B2C)
바이럴 훅(viral hook)
사용자(user)
사용자 생성 콘텐츠(user-generated content, UGC)
사회적 자본(social capital)
사회적 자본의 가치(value of social capital)
소셜 네트워크(social network)
소셜미디어(social media, SM)
소셜미디어 공급업체(social media provider)
소셜미디어 정보시스템(social media information system, SMIS)
소셜미디어 정책(social media policy)
소셜 CRM(social CRM)
실천 커뮤니티(communities of practice)
연결 데이터(connection data)
영향력 있는 사람(influencer)
인적 자본(human capita)
자본(capital)
전환율(conversion rate)
커뮤니티(community)
콘텐츠 데이터(content data)
크라우드소싱(crowdsourcing)
클릭당 지불수익 모델(pay per click)
프리미엄(freemium)
수익 창출(monetize)

학습내용 점검

1. 여러분이 '좋아요' 한 회사의 페이스북 페이지를 사용하여 Q1에 나타난 SMIS 격자의 5개 구성요소를 작성하라. 해당 격자의 설명 열에 있는 문구를 페이스북, 당신이 '좋아요' 한 회사, 여러분이 알고 있는 사용자들과 관련하여 구체적인 문구로 대체하도록 하라. 예를 들어, 여러분과 여러분의 친구들이 안드로이드 기기를 사용하여 페이스북에 액세스하는 경우, 해당 특정 기기를 입력하라.

2. 여러분이 일하고 싶은 회사의 이름을 나열해보라. 가능한 구체적으로, 그 회사가 다음의 나열된 Q2의 각 영역에서 소셜미디어를 어떻게 활용할 수 있는지 설명하라. 커뮤니티 유형, 구체적인 초점, 관련 프로세스, 위험 및 기타 관찰 내용을 포함하라.
   a. 판매 및 마케팅
   b. 고객 서비스
   c. 유입 물류
   d. 유출 물류
   e. 제조 및 운영
   f. 인적 자원

3. www.lie-nielsen.com 또는 www.sephora.com을 방문하라. 선택한 사이트에서 소셜 네트워킹 사이트에 대한 링크를 찾으라. 그 사이트들은 어떤 방식으로 여러분과 사회적 자본을 공유하고 있는가? 그 사이트들은 어떤 방식으로 여러분의 사회적 자본을 그들과 공유하도록 접근하고 있는가? 여러분이 선택한 비즈니스에 대한 소셜 네트워킹의 비즈니스 가치에 대해 설명하라.

협력과제 8

여러분의 팀원들과 모여서 구글 오피스, 셰어포인트 또는 기타 협업 도구를 사용해서 협업정보시스템을 구축하라. 절차와 팀 훈련의 필요성을 잊지 마라. 이제 정보시스템을 이용해서, 다음의 질문들에 답하라.

2013년 11월 7일 트위터의 IPO는 역사상 가장 큰 기술 IPO 중 하나였다. 그 거대 소셜미디어 기업은 그날 주당 44달러 90센트로 마감되어 250억 달러의 평가 가치가 있었다.[42] 이익을 낸 적이 없는 회사로서는 나쁘지 않았다. 사실 트위터는 상장하기 전 분기에 7,000만 달러의 손실을 기록했다. 어떤 돈도 벌어들일 수 없었던 한 기업에 어떻게 250억 달러의 가치가 생겼을까?

분석가들은 그림 8-10에 나타난 것과 같은 기술 회사들이 성장 잠재력, 사용자 기반, 소비자 참여, 그리고 시장 규모에 근거하여 평가되어야 한다고 주장한다. 아마존닷컴, 인스타그램, 핀터레스트도 세상에 공개될 때 수익이 발생하지 않는 것으로 밝혀졌다.

기존의 IPO 평가는 수익성의 척도에 초점을 맞추고 있다. 이는 투자자들이 매출, 이익, 자산, 부채, 신제품을 본다는 것을 의미한다. 그림 8-10은 여러 유명 기업의 주가수익비율(P/E)을 보여준다. 반복과 피드백을 사용하여 다음 질문에 답하라.

기술 회사	시가총액($)	주가수익비율(P/E)
애플	721.63B	16.96
구글	368.98B	25.82
페이스북	219.51B	75.63
아마존닷컴	198.24B	N/A
넷플릭스	34.20B	147.31
링크드인	25.35B	N/A
트위터	24.68B	N/A

전통적인 기업	시가총액($)	주가수익비율(P/E)
GE	272.23B	N/A
월마트	251.73B	15.45
버라이즌	202.80B	20.88
토요타	216.92B	12.91
BP	126.88B	34.17
존슨앤존슨	277.11B	17.48
포드	61.65B	19.44

그림 8-10
기술 기업의 가치평가

4. 그림 8-10에서 기술회사들의 P/E 비율과 전통적 회사의 P/E 비율을 비교하라. 일부 기술 회사는 매우 높은 P/E를 가지고 있다(낮은 P/E는 좋고 높은 P/E는 나쁨). 일부는 이익을 내지 않았기 때문에 P/E 비율조차 가지고 있지 않다. 한 그룹으로 기술 회사의 P/E 비율이 높은 이유를 나열하라. 수익을 감안할 때 이 주식들의 가격은 정당한 것인가? 그 이유는 무엇인가?
5. 과소평가된 것으로 생각되는 공공 분야 기술주식을 확인하라(그림 8-10에 표시된 것에 국한되지 않음). 수익성이 있을 것으로 생각되는 기술주식으로만 구성된 투자 포트폴리오를 설계하라. 이 주식들의 위험과 수익에 관한 당신의 의사결정을 정당화하라.
6. 이 주식들에 대한 무료 온라인 포트폴리오(예 : 야후! 파이낸스를 통해서)를 만들고 진행 상황을 추적하고 성과를 보고하라.
7. 과대평가된 기술주식이 1999~2001년의 닷컴 2.0 사고를 유도할 수 있었는가? 이러한 상황이 발생하거나 발생하지 않을 수도 있는 이유에 대해 토론하라. 토론을 몇 개의 단락으로 요약하라.

사례연구 8

세도나 소설

애리조나주에 있는 세도나는 코코니노 국유림으로 둘러싸여 있는 10,000명의 주민이 사는 조그만 도시이다. 해발 4,500피트에 있으며, 포닉스와 투산의 계곡도시보다는 현저히 더 높은 곳에 있다. 하지만 플래그스탭의 고도보다 2,000피트 아래에 있다. 이 중간 고도의 위치는 여름에는 덥지 않고 겨울에는 춥지 않은 온화한 기후를 제공한다. 세도나는 그림 8-11에 보여주는 것처럼 아주 멋진 붉은 사암과 굉장히 아름다운 붉은 바위 협곡으로 둘러싸여 있다.

이 아름다운 도시는 1930~1950년에 대부분의 60여 편의 서부 영화가 촬영된 곳이다. 만약 여러분이 오래된 흑백의 서부 영화를 본 적이 있다면, 그것은 세도나에서 촬영된 것이다. 세도나에서 촬영된 잘 알려진 영화 중에는 역마차, 쟈니 기타, 천사와 악마, 3 : 10 투 유마 등이 있다.

비지트세도나닷컴에 따르면 세도나를 방문한 많은 사람들은 특히 소용돌이(Vortices)로 알려진 어떤 확실한 지역에서 아직 기운을 북돋우는 평화스러운 무언가가 있다고 믿고 있다.

"소용돌이 지역은 기도하는 사람, 명상, 심신 치유, 그리고 영혼과 신과의 관계 체험을 가능하게 하는 향상된 에너지를 주는 장소이다. 그 장소는 전기적이거나 자성이 있는 것이 아니다."[43]

과학적 도구로 실시한 여러 번의 테스트는 이미 알려진 에너지 유형의 어떤 특이한 판독을 확인하는 데 실패했다. 아직도 모든 종교나 종교적 설득을 위하여 많은 사람들이 세도나에는 영적 수행을 가능하게 하는 무언가가 있다고 믿고 있다. 그 규모의 도시에 비해 세도나에는 사람들이 생각하는 것보다 훨씬 많은 교회가 있다. 세도나는 성십자가교회(그림 8-12), 많은 지배력을 가진 개신교 교회들, 말일 성도(모르몬)교회, 지역 유대교회당, 그리고 뉴에이지 세도나 창의생활센터 등이 있다.

국립공원의 중간에 위치하고 있기 때문에 세도나는 수백 마일의 하이킹 코스로 둘러싸여 있다. 모든 코스가 가능하지는

그림 8-11
세도나 붉은 바위
출처 : © David Kroenke

않지만 1년 내내 매일 하이킹이 가능하다. 이 지역은 12~13세기에 미국 원주민의 고향이었다. 거기에는 수많은 주거 동굴이 있었고, 가까이에는 다른 원주민 지역들도 있다.

비교적 젊은 현대 도시로서 세도나는 뉴멕시코주의 산타페 혹은 타오스의 문화적 역사를 가지고 있지 않다. 그럼에도 불구하고 같은 이름의 멕시코 도시를 모델로 하여 1980년대 세워진 쇼핑 지역 틀라쿠파쿠를 중심으로 예술 커뮤니티가 급성장하고 있다.

많은 여행자들의 목적지로 긴장감이 감돌고 있다. 영적 수행자들이 명상을 하는 소용돌이 지역을 지나 핑크 지프 관광(그림 8-13)은 요란하고 거친 여행자 그룹을 위해 매일 운행되고 있다. 과거 할리우드처럼 세도나는 많은 로스앤젤레스 외국인 거주자들의 고향이 되고 있다. 지역의 건강음식을 판매하는 가게에서 홀치기 염색 셔츠를 입고 어깨 뒤로 회색의 포니테일을 흔드는 나이 든 남성 히피와 타이트한 바지와 보석 장신구를 걸치고 로데오 거리의 갓 나온 샌들을 신은 50대 중반의 금발 여성이 마지막 남은 유기농 아스파라거스를 사기 위해 흥정하는 모습을 볼 수 있다.

최근 나타난 예술 커뮤니티는 점차 진지해지고 있다. 도시 외곽의 지프차를 타는 여행객들(그림 8-13)은 사륜구동차의 스릴과 마가리타로 재미를 느끼고 싶어 한다(우리는 이런 순서를 희망한다). 도보 여행자들은 암석 조각을 방문하고 싶어 한다.

그림 8-12
성십자가교회
출처 : © David Kroenke

그림 8-13
핑크 지프 관광
출처 : ©David Kroenke

반면에 자연보호가들은 이러한 지역의 위치가 알려지는 것을 꺼린다. 영적 지도를 찾고자 하는 사람들은 침묵 속에서 깨우침을 얻고자 한다. 반면에 그 지역 사람들은 해마다 안정된 페이스로 그들의 재산 가치가 가능한 오랫동안 유지되도록 하기 위해 다른 사람들을 못 들어가게 차단하고 있다. 그 사이에 세븐캐니언리조트의 벽 뒤로 누군지 모르는 할리우드 유명 인사를 실은 리어제트기와 사이테이션 항공기가 이착륙을 하고 있다. 도심의 사업은 신뢰를 얻고 1년 내내 수익을 내면서 그렇게 경쟁이 심하지도 않은 상황이다.

주어진 모든 상황에서 볼 때 세도나 상공회의소는 여러분을 커뮤니티 소셜미디어의 첫 번째 관리자로 막 고용을 했다고 가정하자. 그들은 소셜미디어 사이트 개발에 있어서 지역 비즈니스에 도움과 지원을 줄 수 있게 되기를 희망하고 있다. 그리고 여러분이 소셜미디어 존재감 있게 잘 관리하기를 원하고 있다.

질문

8. 애리조나주 세도나에 대한 페이스북을 검색하라. 여러분이 찾는 세도나 지역의 다양한 페이지를 조사하라. 이 장에서 제공한 지식과 여러분 개인의 소셜미디어 경험을 활용하여 이 페이지들을 평가하고, 각 페이지의 긍정적인 특징과 부정적인 특징을 나열하라. 그것들이 향상될 수 있는 방법에 관하여 제안하라.
9. 다른 소셜미디어 제공자에 대해서도 8번 질문을 반복하여 대답하라. 작성하면서 가능한 것은 페이스북, 링크드인, 핀터레스트 등이다. 여러분이 원하면 다른 소셜미디어 제공자를 선택해도 좋다.
10. 상공회의소의 목적은 커뮤니티의 모든 비즈니스에 대한 건전한 기업 문화를 육성하는 것이다. 이 목적과 질문 8번과 9번에 대한 답변, 이 장에서의 지식을 활용하여 소셜미디어의 존재감을 개발할 때, 지역 기업들이 고려해야 할 7~10가지 가이드라인을 개발하라.
11. 세도나는 잠재적으로 매우 갈등이 많은 커뮤니티 집단을 가지고 있다. 상공회의소가 건전한 기업 환경을 유지하기 위해 소셜미디어를 활용하여 갈등을 관리하는 세 가지 방법을 설명하라.
12. 그림 8-5를 조사하고, 기본적인 가치사슬 활동의 각 초점이 상공회의소와 어떻게 관련되는지를 설명하라. 만약 어떤 활동이 관련되지 않는다면, 왜 그런지 설명하라. 여러분의 대답에서 상공회의소 고객이 누구인지에 관해 명확히 하라.
13. 질문 12번에 대한 답변을 얻고 상공회의소의 소셜미디어 존재감 관리에 대한 여러분의 책임을 고려할 때, 그림 8-5 각 해당 행이 여러분이 제작할 소셜미디어 사이트에 어떻게 지침을 주는지 설명하라.
14. 이 질문에 대한 여러분의 대답을 활용하여 여러분 자신을 위한 직무명세서를 작성하라.
15. 미래의 취업 면접에서 여러분이 상거래에서 소셜미디어의 역할에 대한 여러분의 지식을 보여주는 데 사용할 수 있는 사례를 두 단락의 요약으로 작성하라.

주

1. Shea Bennett, "Pinterest, Twitter, Facebook, Instagram, Google+, LinkedIn—Social Media Stats 2014," All Twitter on MediaBistro.com, January 20, 2014, accessed June 17, 2014, *www.mediabistro.com/alltwitter/social-media-stats-2014_b54243*.
2. Pew Research Internet Project, "Social Networking Fact Sheet," Pew Research, February 27, 2014, accessed May 5, 2015, *www.pewinternet.org/fact-sheets/social-networking-fact-sheet/*.
3. John McDermott, "Pinterest: The No-bro Zone," Digiday.com, February 20, 2014, accessed May 5, 2015, *http://digiday.com/platforms/why-pinterest-is-still-a-predominantly-female-platform/*.
4. Quantcast, LinkedIn.com profile, accessed May 5, 2015, *www.quantcast.com/linkedin.com*.
5. Amy Gesenhues, "Social Media Use Growing Among Fortune 500 List with 77% Tweeting & 70% on Facebook," Marketing Land, July 23, 2013, accessed May 5, 2015, *http://marketingland.com/fortune-500-companys-social-media-use-on-the-rise-52726*.
6. Vernon Smith, *Rationality in Economics: Constructivist and Ecological Forms* (Cambridge, UK: Cambridge University Press, 2007), pp. 247–250.
7. "About Customer Ratings," Amazon.com, accessed July 30, 2013, *www.amazon.com/gp/help/customer/display.html/ref=hp_200791020_vine?nodeId=200791020#vine*.
8. LinkedIn Talent Solutions, "Recruiter," accessed May 5, 2015, *http://business.linkedin.com/talent-solutions/products/recruiter.html*.
9. Erika Welz Prafder, "Hiring Your First Employee," Entrepreneur.com, accessed May 26, 2014, *www.entrepreneur.com/article/83774*.
10. Jobvite Inc., "2014 Social Recruiting Survey," Jobvite.com, August 2014, accessed July 23, 2015, *https://www.jobvite.com/wp-content/uploads/2014/10/Jobvite_SocialRecruiting_Survey2014.pdf*.
11. Nan Lin, *Social Capital: The Theory of Social Structure and Action* (Cambridge, UK: Cambridge University Press, 2002), Kindle location 310.
12. Henk D. Flap, "Social Capital in the Reproduction of Inequality," *Comparative Sociology of Family, Health, and Education*, Vol. 20 (1991), pp. 6179–6202. Cited in Nan Lin, *Social Capital: The Theory of Social Structure and Action* (Cambridge, UK: Cambridge University Press, 2002), Kindle location 345.
13. The Klout Score," *Klout*, accessed May 5, 2015, *http://klout.com/corp/score*.
14. SponsoredTweets.com maintains a list of celebrities, number of their followers, and their price for a sponsored tweet (*https://app.sponsoredtweets.com/tweeters*).
15. Founding father of the United States. Author of *Poor Richard's Almanac*. Successful businessman; owner of a chain of print shops. Discoverer of groundbreaking principles in the theory of electricity. Inventor of bifocals, the potbelly stove, the lightning rod, and much more. Founder of the public library system and the U.S. postal service. Darling of the French court and salons and, now, contributor to social network theory!
16. Nat Ives, "What a YouTube Celeb Pulls In," Adage.com, April 15, 2015, accessed May 5, 2015, *http://adage.com/article/news/a-youtube-celeb-pulls/298015*.
17. Dan Noyes, "The Top 20 Valuable Facebook Statistics," Zephoria.com, June 13, 2014, accessed July 7, 2014, *http://zephoria.com/social-media/top-15-valuable-facebook-statistics/*.
18. "YouTube Press Statistics," YouTube.com, accessed May 5, 2015, *www.youtube.com/yt/press/statistics.html*.
19. Josh Constine, "Facebook Has Mixed Q1 Earnings with Miss on $3.54B Revenue, Beat on $0.42 EPS, User Growth Up to Hit 1.44B," TechCrunch.com, April 22, 2015, accessed May 5, 2015, *http://techcrunch.com/2015/04/22/facebook-q1-2015-earnings*.
20. Twitter Inc., "Twitter Reports First Quarter 2015 Results," Twitterinc.com, April 28, 2015, accessed May 5, 2015, *https://investor.twitterinc.com/results.cfm*.
21. LinkedIn Corporation, "LinkedIn Announces First Quarter 2015 Results," *LinkedIn Investor Relations*, April 30, 2015, accessed May 5, 2015, *http://investors.linkedin.com*.
22. Sean Blanchfield, "Adblocking Goes Mainstream," *PageFair*, August 2014, accessed May 5, 2015, *http://blog.pagefair.com/2014/adblocking-report*.
23. Brittany Darwell, "27M Users Bought Virtual Goods Using Facebook Payments in 2012; Zynga's Influence on Revenue Further Diminishes," InsideSocialGames.com, February 1, 2013, accessed July 7, 2014, *www.insidesocialgames.com/2013/02/01/27m-users-bought-virtual-goods-using-facebook-payments-in-2012-zyngas-influence-on-revenue-further-diminishes/*.
24. Wikimedia Foundation, "2013–2014 Annual Plan Questions and Answers," WikimediaFoundation.org, accessed June 19, 2014, *https://meta.wikimedia.org/wiki/Wikimedia_Foundation/Annual_Report/2013-2014*.
25. eMarketer, "Mobile Ad Spend to Top $100 Billion Worldwide in 2016, 51% of Digital Market," eMarketer.com, April 2, 2015 accessed May 6, 2015, *www.emarketer.com/Article/Mobile-Ad-Spend-Top-100-Billion-Worldwide-2016-51-of-Digital-Market/1012299*.
26. Cisco, "Cisco Visual Networking Index: Global Mobile Data Traffic Forecast Update, 2013–2018," Cisco.com, February 3, 2015, accessed May 6, 2015, *www.cisco.com/c/en/us/solutions/collateral/service-provider/visual-networking-index-vni/white_paper_c11-520862.pdf*.
27. Ibid.
28. Marin Software, "Mobile Search Advertising Around the Globe: 2014 Annual Report," MarinSoftware.com, March 2014, accessed May 6, 2015, *www.marinsoftware.com/resources/whitepapers*.
29. Facebook Inc., "Facebook Reports First Quarter 2015 Results," Facebook.com, April 22, 2015, accessed May 6, 2015, *http://investor.fb.com/releasedetail.cfm?ReleaseID=908022*.
30. Monetate, "Ecommerce Quarterly EQ4 2014: The Gift of Personalization," Monetate.com, February 2015, accessed May 6, 2015, *www.monetate.com/resources/research/#ufh-i-48179143-ecommerce-quarterly-q4-2014*.
31. Moovweb, "Android vs iOS, Are iOS Shoppers More Valuable than Android Shoppers," Moovweb.com, December 9, 2014, accessed May 6, 2015, *www.moovweb.com/blog/android-vs-ios*.
32. Ralph Paglia, "Social Media Employee Policy Examples from Over 100 Organizations," July 3, 2010, *Social Media Today*, accessed May 7, 2015, *http://socialmediatoday.com/ralphpaglia/141903/social-media-employee-policy-examples-over-100-companies-andorganizations*.
33. Intel Social Media Guidelines," *Intel*, accessed May 7, 2015, *www.intel.com/content/www/us/en/legal/intel-social-media-guidelines.html*.
34. Marissa Brassfield, "McDonald's McDStories Twitter Promotion Sparks Huge Backlash," *Foodista*, last modified January 24, 2012, *www.foodista.com/blog/2012/01/24/mcdonalds-mcdstories-twitter-promotion-sparks-huge-backlash*.
35. Bernhard Warner, "Nestlé's 'No Logo' Policy Triggers Facebook Revolt," *Social Media Influence*, March 19, 2010, accessed August 27, 2014, *http://socialmediainfluence.com/2010/03/19/nestles-no-logo-policy-triggers-facebook-revolt/*.
36. Cheryl Conner, "Who Wastes the Most Time at Work," *Forbes*, September 7, 2014, accessed June 24, 2014, *www.forbes.com/sites/cherylsnappconner/2013/09/07/who-wastes-the-most-time-at-work/*.
37. Jennifer Wolfe, "How Marketers Can Shape the Chief Digital Officer Role," *CMO.com*, March 21, 2013, accessed June 21, 2014, *www.cmo.com/articles/2013/3/20/how_marketers_can_shape.html*.
38. Rex Santus, "Justin Bieber Dethroned as King of Instagram in Massive Follower Purge," *Mashable*, December 19, 2013, accessed April 2, 2015, *http://mashable.com/2014/12/19/instagram-purge*.
39. Mohit Kumar, "Apple Patches 'Find My iPhone' Vulnerability Which May Caused Celebrities Photo Leak," *The Hacker News*, September 4, 2014, accessed April 24, 2015, *http://thehackernews.com/2014/09/apple-patches-find-my-iphone.html*.
40. Google, "Ads in Gmail," *Gmail Help*, accessed April 26, 2015, *https://support.google.com/mail/answer/6603?hl=en*.
41. Lee Rainie, Sara Kiesler, Ruogu Kang, and Mary Madden, "Anonymity, Privacy, and Security Online," September 5, 2013, *The Hacker News*, accessed April 26, 2015, *www.pewinternet.org/2013/09/05/anonymity-privacy-and-security-online*.
42. Olivia Oran and Gerry Shih, "Twitter Shares Soar in Frenzied NYSE Debut," November 7, 2013, *Reuters*, accessed May 28, 2014, *www.reuters.com/article/2013/11/07/us-twitter-ipo-idUSBRE99N1AE20131107*.
43. Sedona Chamber of Commerce, accessed August 19, 2013, *www.visitsedona.com/article/151*.

Chapter
9

비즈니스 인텔리전스 시스템

여러분에게도
이러한 일이
일어날 수 있다

"점심 뭐 드실 건가요?" 제임스가 사무실을 나가면서 닉에게 물었다.

"홍식당의 오향분 소고기가 좋던데…."

"뉴차이나식당의 군만두도 좋죠."

"거긴 좋은 음식이 많아요. 당신이랑 같이 한번 가봤어야 하는데. 그런데 당신이 좀 도와줄 수 있는지 궁금합니다."

"뭘 말인가요?"

"음, 우리는 각 이벤트의 우승자와 2등을 찾고 있는데, 믿을 수 없을 정도의 매출을 기록하고 있습니다."

"아, 경쟁이군요. 참가자들이 우위를 유지하기 위해서 다음번에는 무언가를 얻기를 원하나요?"

"맞아요. 그러나 제가 알기로는 우리가 개인 트레이너와 연결될 수 있다면 더 많은 것을 할 수 있을 거 같습니다. 아마도 우승하지 못한 사람들을 찾을 수 있을 것 같습니다. 경쟁에서 이기지 못한 사람들 말이죠. 그들에게 트레이너를 보내서 소개비를 되돌려 받을 수 있을 듯하고, 아니면 트레이닝 비용의 일부를 받도록 할 수도 있겠지요."

"알겠습니다. 맞는 말이군요. 제가 무엇을 도와드릴까요?"

"경쟁자들이 어디에 사는지, 지역적으로 얼마나 분산되어 있는지 알 수 있을까요? 우리는 미니애폴리스에서 샌디에이고까지 트레이너들을 보낼 수는 없으니까 말이죠."

"네, 표시할 수 있는 지도와 같은 것들이 필요하게 되겠군요. 그들이 좋아할 겁니다. 하지만 그들이 경기에 집중하지 못하게 하는 일을 요구하고 싶지는 않습니다만."

"우리는 아마도 그들의 접속 IP 주소를 사용할 수 있을 겁니다. 그들이 어디에 사는지는 정확히 알지는 못해도 어디서 자전거를 타는지는 알 수 있을 겁니다."

"그들이 어디에 사는지가 아니라 어디서 운동을 하는지 알고 싶어요."

"만약 그들이 여행 중이라면요?"

"상관없어요. 대부분의 사람이 그렇지 않을 겁니다. 제가 무엇을 원하는지 확신은 못 하지만 이번 건은 당신을 좀 미치게 만들지도 모르겠네요."

학습목표

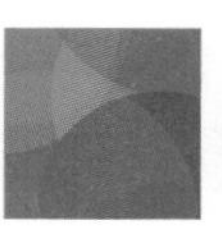
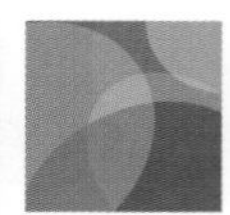

Q1 조직은 비즈니스 인텔리전스 시스템을 어떻게 사용하는가?

Q2 BI 프로세스에서 세 가지 기본활동은 무엇인가?

Q3 조직은 데이터 획득을 위해 데이터 웨어하우스와 데이터 마트를 어떻게 사용하는가?

Q4 BI 데이터 처리를 위한 세 가지 기법은 무엇인가?

Q5 BI 발행의 대안은 무엇인가?

이 장에서의 지식이 여러분에게 어떻게 도움이 되는가?

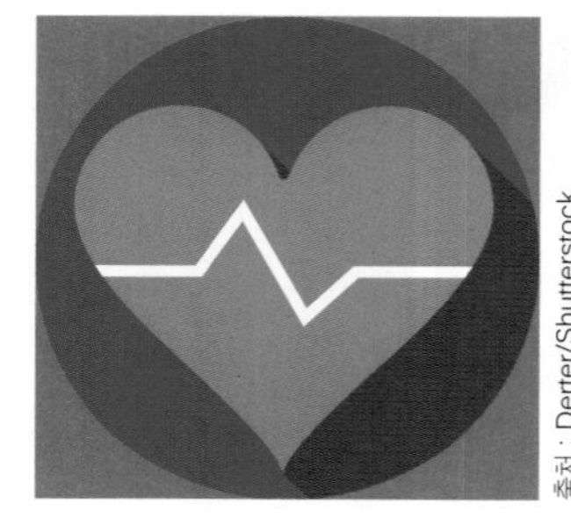

출처 : Derter/Shutterstock

"당신이 첫 번째 질문에 대한 답을 이해라느라 아직 두 번째 질문을 알지 못할 때 데이터 분석을 수행하는 것입니다."

"그건 운영적인 부분이군요. 전형적인 BI입니다."

"BI가 뭐죠?"

"비즈니스 인텔리전스입니다. 당신이 첫 번째 질문에 대한 답을 이해하느라 아직 두 번째 질문을 알지 못할 때 데이터 분석을 수행하는 것입니다."

"네, 바로 그겁니다."

"이것을 시작한다고 가정해보죠. 나는 5,000명의 경주자들의 데이터를 가지고 있고 그들의 접속 IP 위치를 알고 있습니다. 그것을 엑셀 피벗 테이블로 보여드리도록 하지요."

"알겠습니다. 그래서요?"

"음, 당신은 아마도 주, 도시, 우편번호와 같은 것을 찾아볼 수 있을 겁니다."

"왜 예산에 대해서는 물어보지 않는 겁니까?"

"물어보겠지요. 하지만 이 부분은 쉬운 겁니다. 우리는 데이터를 가지고 있고 그걸 엑셀로 전달해줄 수 있습니다. 또 사용자는 당신 혼자이고 말이죠. 따라서 나는 UI를 쉽게 만들거나 문서작업을 하거나 절차를 개발하는 등의 작업을 할 필요가 없어요. 당신은 똑똑한 사용자니까요."

"칭찬 감사합니다."

"한편으로는 만약 당신이 이러한 작업을 중단하고 사용자들을 위해서 뭔가를 만들기를 원한다거나 데이터 마이닝이나 데이터 마트를 설치하고 싶다면 예산이 좀 필요하게 될 수도 있습니다."

"이 엑셀 같은 것이 그럼 시식 음식 같은 거란 말이죠."

"맞아요. 당신이 좋아할 만한 맛일 겁니다."

"오향분 소고기보다는 나아야 할 텐데 말이죠."

"다음에 봅시다."

"보고서를 언제 받을 수 있을까요?"

"금요일 즈음이요."

"그렇게 빨리요?"

"그냥 맛보기용 시식 음식이라니까요. 닉!"

Q1 조직은 비즈니스 인텔리전스 시스템을 어떻게 사용하는가?

비즈니스 인텔리전스 시스템(business intelligence system)은 과거 성과를 분석하고 미래를 예측할 수 있는 운영상의 데이터 혹은 다른 데이터를 처리하는 정보시스템이다. BI 시스템에서 확인된 패턴, 관계, 추세 등을 **비즈니스 인텔리전스**(business intelligence, BI)라고 한다. 정보시스템으로서 BI 시스템은 하드웨어, 소프트웨어, 데이터, 절차, 사람과 같은 다섯 가지 표준 구성요소를 가지고 있다. BI 시스템의 소프트웨어 구성요소를 BI **애플리케이션**(BI application)이라고 한다.

매일 발생하는 일상적인 업무 속에서 조직은 엄청난 양의 데이터를 생성한다. 예를 들어 AT&T의 경우, 1조 9천억 개의 콜 기록 데이터베이스를 처리하며 구글의 경우에는 33조 개 이상의 개체를 데이터베이스에 저장하고 있다.[1] 비즈니스 인텔리전스는 이러한 데이터에 묻혀 있으며, BI 시스템의 기능은 그것을 추출하고 그것을 필요로 하는 사람들에게 사용할 수 있도록 만들어주는 것이다.

그림 9-1에 나타나 있듯이 BI 시스템의 소스 데이터는 조직이 보유하고 있는 운영 데이터베이스가 될 수도 있고, 소셜미디어 정보시스템에 의해 생성된 소셜 데이터가 될 수도 있으며, 데이터 공급자로부터 구매한 데이터가 될 수도 있고, 종업원의 지식이 될 수도 있다. BI 애플리케이션은 지식 근로자들이 사용할 수 있는 비즈니스 인텔리전스를 생산하기 위해 데이터를 처리한다. 여러분이 앞으로 배울 것처럼, 이 정의는 보고서 애플리케이션, 데이터 마이닝 애플리케이션, 빅데이터 애플리케이션 그리고 지식관리 애플리케이션을 포함하고 있다.

조직은 BI를 어떻게 사용하는가?

그림 9-2에 나타나 있듯이 비즈니스 인텔리전스(BI)는 네 가지 협업 업무를 위해 사용된다. 이 그림의 마지막 행부터 시작한다면 비즈니스 인텔리전스(BI)는 정보 제공에만 사용된다. 개인 트레이너들은 고객들이 새로운 시스템을 사용하는 것을 학습하는 데 PRIDE를 사용할 수도 있다. 분석을 통해서 직원은 특정의 의도한 목적을 얻을 수 없을지도 모르지만 향후의 목적을 위해 BI 결과를 탐색할 수 있다. 제1~6장에서 학습한 팔콘시큐리티에서 마테오는 팔콘의 매출 예상과 현재의 매출이 어떠한지를 알고 싶어 할지도 모른다. 그는 특정 목적을 가진 것이 아니라 단지 "현재 우리가 어떻게 하고 있는가?"를 알고 싶어 할 것이다.

그림 9-2를 보면 몇몇의 관리자들은 의사결정을 위해서 BI 시스템을 사용한다. PRIDE 시스템은 이벤트들 중에서 가장 수익을 많이 발생시키는 이벤트의 특성을 파악하여 경쟁적 우위에 있는 이벤트에 BI를 사용할 수 있다. 팔콘시큐리티는 드론과 카메라 관련 장비의 서비스 시점을 결정하는 데 비행결함에 대한 BI 분석을 사용할 수 있다.

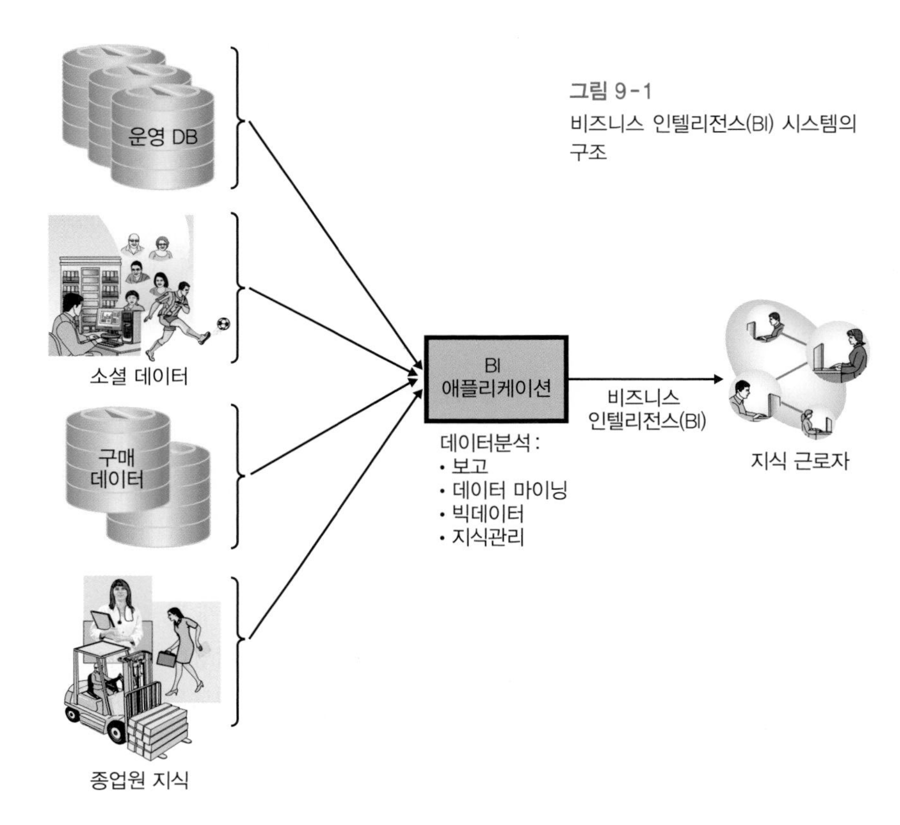

그림 9-1
비즈니스 인텔리전스(BI) 시스템의 구조

그림 9-2
비즈니스 인텔리전스(BI) 사용 예시

업무	PRIDE 예시	팔콘시큐리티 예시
프로젝트 관리	PRIDE 고객들과 지역 헬스클럽과의 파트너십 프로그램 개발	지역적 확대
문제해결	경기로부터 광고 수익을 어떻게 증가시킬수 있을 것인가?	어떻게 드론 비행을 재설정하여 비용을 줄일 수 있을 것인가?
의사결정	광고 수익이 가장 많이 발생하는 경기는 무엇인가? 보다 나은 최선의 경기를 개발한다.	유지보수가 필요한 드론이나 장비는 무엇인가?
정보제공	고객들이 어떻게 PRIDE 시스템을 사용하고 있는가?	매출 예측과 비교하여 실제 매출은 어떠한가?

[한편 몇몇 저자들은 BI 시스템을 다소 오래된 용어인 **의사결정 지원시스템**(decision support system, DSS)으로 정의하고 있다. 이 책에서는 그림 9-2에 나타나 있는 4개의 모든 업무를 포함하기 위해 넓은 관점을 택하고 있으며, 의사결정 지원시스템이라는 용어는 사용하지 않을 것이다.]

문제해결은 BI 사용의 다음 범주이다. 문제라는 것은 실체(What is)와 당위(What should be)의 인지된 차이를 말한다. BI는 실체와 당위를 결정하는 정의에 모두 사용될 수 있다. 만약 수익이 기대보다 낮다면, PRIDE 시스템은 이벤트 참가자를 증가시키거나 광고 수익이 증가할 수 있도록 변화시키는 요인이 무엇인지 학습하는 데 BI를 사용할 수 있다. 팔콘시큐리티는 드론의 비행항로를 재설정함으로써 비용을 줄일 수 있는 방법을 결정하는 데 활용할 수도 있을 것이다.

마지막으로 BI는 프로젝트 관리에도 사용할 수 있다. PRIDE는 지역 헬스클럽과의 파트너십을 생성하는 프로젝트를 지원하는 데 사용될 수 있다. 팔콘시큐리티가 새로운 지역으로 확장하고자 한다면, 가장 효과적인 지역을 결정하는 데에도 BI를 활용할 수 있다.

그림 9-2에서 배운 것처럼 이러한 작업의 계층적 특성을 기억하자. 의사결정은 정보제공을 요구하며, 문제해결은 의사결정(그리고 정보제공)을 요구하며, 프로젝트 관리는 문제해결(그리고 의사결정과 정보제공)을 요구한다.

BI의 전형적인 사용은 어떤 것인가?

이후에서는 가능한 세 가지 종류의 BI 사용에 대해서 요약하여 설명한다. BI는 요즘 이슈가 되고 있는 빅데이터와 연관이 되어 있기에 웹 검색을 통해서 다수의 유사한 사례들을 찾을 수 있을 것이다. 이 장을 읽고 나면 여러분이 관심 있는 분야에 대해서 다양한 애플리케이션들을 찾아보도록 하자.

구매패턴 변화의 식별

대부분의 학생들은 BI가 구매패턴을 예측하는 데 사용된다고 알고 있을 것이다. 아마존의 대표적인 기능 중에 하나인 '이 제품을 구매한 사람이 구입한 다른 제품'을 제시하는 것은 상당히 유명하다. 오늘날 우리가 어떠한 물건을 구매하면 우리는 전자상거래 애플리케이션이 또 다른 무언가를 구매하도록 추천해주는 것을 기대한다. 이 장의 후반부에서는 여러분은 이러한 추천을 만들어 내는 기법들에 대해서 학습하게 될 것이다.

구매패턴 변화의 식별은 상당히 흥미로운 주제이다. 소매상들은 소비자들의 생애 이벤트들이 그들의 구매를 변화시키고 새로운 브랜드에 대한 충성도를 새롭게 만든다는 것을 알고 있다. 따라서 사람들이 취직, 결혼, 출산, 혹은 은퇴와 같은 것을 시작할 때 소매상들은 이러한 것을 알고자 한다. BI 전에 소매점들은 지역신문을 통해서 졸업식, 결혼식, 출산 소식을 접하고 이에 상응하는 광고전단을 보내었다. 이러한 것은 상당히 느리고 노동집약적이며 고비용이 발생하는 프로세스이다.

타깃은 2002년부터 임산부가 될 사람들의 구매패턴을 사용하기 위해서 신문에서 얻는 것보다 나은 정보를 얻을 수 있는 프로젝트를 시작하였다. BI 기술을 매출 데이터에 적용함으로써 타깃은 로션, 비타민 그리고 다른 임신과 관련된 제품들의 구매패턴을 식별할 수 있게 되었다. 타깃은 구매패턴을 관찰하여 그러한 고객들에게 기저귀나 유아 관련 제품의 광고들을 발송하였다.

이 프로그램은 상당히 잘 작동해서 임신사실을 알리지 않은 10대 소녀에게 광고전단을 발송하였다. 그녀가 유아 관련 광고전단을 받았을 때 그녀의 아버지는 지역 타깃 관리자에게 사과할 것을 요구하였다. 그러나 딸이 임신한 사실을 알고 나서는 역으로 사과할 처지가 되었다.[2]

엔터테인먼트를 위한 BI

아마존, 넷플릭스, 판도라, 스포티파이 등의 매체전송 조직들은 고객의 매체 선호에 대한 약 10억 바이트의 데이터를 생성한다. 이러한 데이터를 사용하여 아마존은 매체의 구성, 등장인물, 선택 배우에 대한 BI 분석결과에 근거하여 자체적으로 비디오와 TV 쇼를 제작하기 시작하였다.[3]

넷플릭스는 고객의 시청 패턴을 분석한 결과를 토대로 케빈 스페이시 주연의 하우스 오브 카드를 구입하기로 결정했다. 유사하게 스포티파이는 어느 지역에서 어떠한 밴드가 많이 청취되는지에 대한 고객의 청취 습관 데이터를 처리하고 있다. 이러한 데이터를 사용하여 유명한 밴드나 다른 음악 그룹이 공연하기에 가장 좋은 공연 지역을 추천한다.[4]

"구매자는 거짓말쟁이"라는 말은 마케팅 전문가들에게 가장 유명한 격언으로, 이것은 고객들이 사고 싶어 한다고 말하는 상품과 실제 구매하는 것이 불일치한다는 것을 의미한다. 이러한 특징은 마케팅 포커스 그룹의 효능을 감소시킨다. BI는 소비자들이 말하는 것이 아닌 실제 그들의 사용 습관이나 관찰에 근거하여 데이터를 생성한다. 이러한 것이 아마존의 데이터 마이너들로 하여금 새로운 할리우드로 만들게 할 수 있을지 살펴보자.

적시(JIT) 의료 보고

의료 기록 신생기업인 프랙티스퓨전은 의사들에게 주사 통보 서비스를 제공한다. 의사가 데이터를 입력하면 소프트웨어는 환자의 기록을 분석하여 만약 주사가 필요한 경우 진찰을 통해서 주사 처방을 지시하는데, 상당히 유용하게 사용되었다. 4개월간의 연구를 통해서 의사가 추천서비스를 사용한 환자들이 이러한 서비스를 받지 않은 집단에 비해 73% 예방접종 처방이 증가하였다.[5]

이 서비스는 의사들에게 무료로 제공되었다. 프랙티스퓨전은 제약회사인 머크에게서 비용을 지급받았다. 비록 프랙티스퓨전의 소프트웨어는 머크가 생산하지 않는 다수의 제품을 추천하였지만 그와 맞먹는 규모의 머크사의 제품을 추천하였다. 따라서 이 서비스는 의료 윤리의 애매한 영역에 있다. 의사에게 제약회사의 제품을 추천하는 소프트웨어를 '무료'로 제공해야 할 것인가? 만약 주사투약이 필요하다면 누가 과연 반대할 것인가? 반면 프랙티스퓨전 소프트웨어의 공정성은 어떠한가?

윤리적 이슈를 논외로 한다면 프랙티스퓨전은 실시간으로 데이터 마이닝과 보고를 하는 탁월한 소프트웨어를 제공하고 있다. 여러분은 경험을 통해서 아마도 이러한 판매 지원 소프트웨어의 예를 상당히 많이 찾을 수 있을 것이다.

오늘날 생성되는 데이터의 속도와 처리 비용이 거의 0에 가깝기에, 아마도 보다 혁신적인 BI 애플리케이션들이 나타날 것이라고 쉽게 예측할 수 있을 것이다. 이러한 것들을 유심히 관찰한다면 새로운 기회가 여러분에게 제공될 것이다.

이러한 사례들을 토대로, 이후에서는 BI를 생성하는 데 사용되는 프로세스를 살펴볼 것이다.

Q2 BI 프로세스에서 세 가지 기본활동은 무엇인가?

데이터 마이닝과 다른 BI 시스템들은 상당히 유용하지만 278~279쪽 길라잡이에서와 같이 문제가 전혀 없는 것은 아니다.

그림 9-3은 BI 프로세스에서 중요한 세 가지 활동인 데이터 획득, 분석 수행, 결과 발행을 보여준다. 이러한 활동들은 직접적으로 그림 9-1의 BI 구성요소와 일치한다. 데이터 획득은 소스데이터의 취득, 정제, 조직, 연결, 분류의 절차로 구성된다. 여기서는 **데이터 획득**(data acquisition)의 간단한 예를 설명하고, 더 자세한 논의는 Q3에서 다룰 것이다.

BI 분석(BI analysis)은 비즈니스 인텔리전스를 생성하는 과정이다. BI 분석의 세 가지 근본적인 범주는 보고서 작성, 데이터 마이닝, 그리고 빅데이터이다. 여기서는 보고시스템의 간단한 예를 설명하고, BI 분석의 세 가지 범주에 대한 세부적인 설명은 Q4에서 논의한다.

결과 발행(publish result)은 BI를 필요로 하는 지식 근로자에게 BI를 전달하는 과정이다. **푸시 발행**(push publishing)은 사용자의 어떠한 요구가 없어도 사용자에게 BI를 전달한다. BI 결과는 일정을 따르거나, 이벤트의 결과로 혹은 특정한 데이터의 조건에 따라 전달된다. **풀 발행**(pull publishing)은 사용자들이 BI 결과를 요청하면서 이루어진다. 매체 발행은 출력물뿐만 아니라 리포트 서버라고 알려져 있는 웹 서버를 통해 전달되는 온라인 콘텐츠를 포함하고, BI 결과는 다른 프로그램에 의해서 자동적으로 전송된다. Q5에서 이러한 발행 옵션에 대해서 논의한다.

이제부터 BI 분석의 세 가지 단계에 대한 더 자세한 이해를 위해서 BI 사용의 예를 살펴보도록 하자.

후보 부품을 찾기 위한 BI의 활용

3D 프린트는 고객들에게 그들이 필요한 부품을 도소매업자로부터 구매하는 것보다 출력하여 사용할 수 있는 가능성을 제공한다. 한 자전거부품 대형 유통업자는 이러한 잠재적인 변화가 요구되는 것을 파악하고 부품을 직접 판매하는 것과 해당 부품의 도면파일을 판매하는 것을 비교하는 조사를 수행하기로 결정하였다. 유통업자는 팀을 구성하여 과거의 데이터를 조사하여 판매 가능한 부품들을 결정하였다. 이렇게 하기 위해서 기업은 검증된 부품을 식별하고 그 부품들이 얼마만큼의 잠재적 수익을 가져다줄지를 계산하였다.

이러한 문제를 다루기 위해서 팀은 IS 부서로부터 마이크로소프트 액세스에 저장된 매출 데이터를 수집하였다. 이 새로운 프로그램을 위해서 검증될 부품은 다음과 같이 크게 다섯 가지의 기

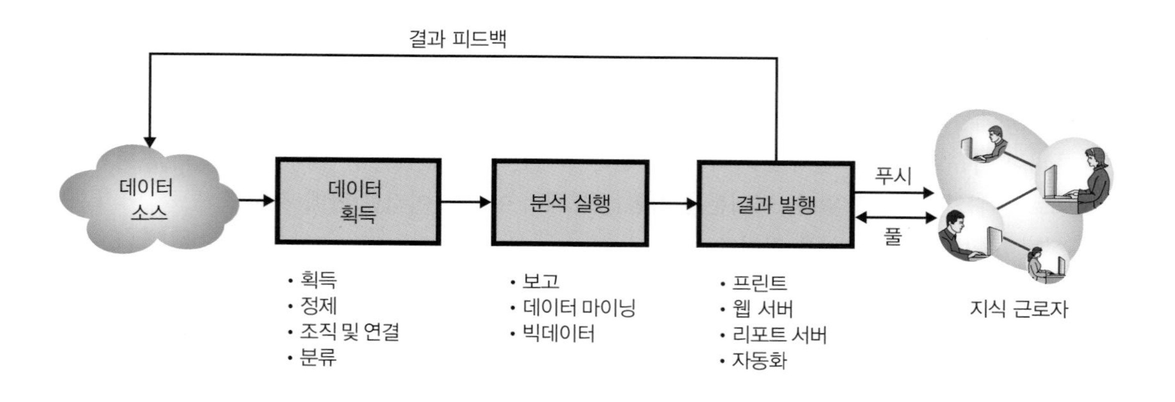

그림 9-3
BI 프로세스에서의 세 가지 기본 활동

준으로 구분되었다.

1. 확신할 수 있는 공급업체로부터 공급될 것(부품 디자인 파일을 판매할 것으로 동의한 몇몇의 공급업체들과 함께 시작)
2. 다수의 고객들이 주문하는 부품(소규모의 개인 기업은 3D 프린터를 가지고 있지 않거나 그것을 사용할 전문 능력이 필요함)
3. 빈번하게 주문될 것(인기 있는 제품)
4. 소량으로 주문되는 부품(3D 프린터는 대량생산에는 적합하지 않음)
5. 단순한 디자인(3D 프린트가 용이할 것)

팀은 이러한 다섯 가지의 기준을 평가하는 것이 기업이 부품의 본질적인 복잡성에 대한 데이터를 저장하고 있지 않기에 상당히 어렵다는 것을 알고 있었다. 몇 번의 토의 끝에 팀은 결국 부품의 무게와 가격을 단순성을 위해 사용하기로 하였고, "무겁지 않거나 가격이 높지 않은 부품은 복잡하지 않을 것이다."라는 가정하에 운영되었다. 결국 팀은 새로운 해결책을 찾았다. 팀은 IS 부서에 정확한 부품의 무게를 포함하는 데이터를 요청하였다.

데이터 획득

그림 9-3에 나타나 있듯이 데이터 획득은 BI 프로세스의 첫 번째 단계이다. 팀의 데이터 요청에 대해서 IS 부서는 다음의 두 테이블을 생성하여 운영 데이터를 추출하였다.

Sales (CustomerName, Contact, Title, Bill Year, Number Orders, Units, Revenue, Source, PartNumber)

Part (PartNumber, Shipping Weight, Vendor)

이 두 테이블의 예제 데이터는 그림 9-4와 같다. 이 데이터를 조사하였을 때, 팀 구성원들은 Sales 테이블에 있는 모든 데이터를 필요로 하지 않는다는 것을 알게 되었다. 그들은 다양한 청구 기간에 따라 데이터가 나누어진 것에 대해서 놀랐지만, 항목별 합산을 통해서 계산하여 분기별 데이터가 분석에 영향을 받지 않도록 하였다.

그림 9-4
추출 데이터 표본 : 주문 추출 테이블과 부품 데이터 테이블

출처 : Microsoft Corporation

Island Biking	John Steel	Marketing Manager	2014	14	59	$438.81	Internet
Island Biking	John Steel	Marketing Manager	2014	21	55	$255.96	AWS
Island Biking	John Steel	Marketing Manager	2015	4	11	$85.55	Internet
Kona Riders	Renate Messne	Sales Representative	2012	43	54	$349.27	Internet
Kona Riders	Renate Messne	Sales Representative	2013	30	53	$362.45	Internet
Kona Riders	Renate Messne	Sales Representative	2014	1	2	$14.34	Internet
Lone Pine Crafters	Jaime Yorres	Owner	2015	4	14	$108.89	Internet
Lone Pine Crafters	Jaime Yorres	Owner	2015	2	2	$15.56	Internet
Lone Pine Crafters	Jaime Yorres	Owner	2016	2	2	$15.56	Internet
Moab Mauraders	Carlos Gonzále	Accounting Manager	2015	2	4	$4,106.69	Internet
Moab Mauraders	Carlos Gonzále	Accounting Manager	2015	3	7	$7,404.18	Internet
Moab Mauraders	Carlos Gonzále	Accounting Manager	2015	2	6	$6,346.44	Internet
Sedona Mountain Trails	Felipe Izquierc	Owner	2015	6	7	$73.46	Internet
Sedona Mountain Trails	Felipe Izquierc	Owner	2015	3	7	$39.14	Phone
Sedona Mountain Trails	Felipe Izquierc	Owner	2015	3	9	$74.59	Phone
Sedona Mountain Trails	Felipe Izquierc	Owner	2014	5	20	$153.00	Phone
Sedona Mountain Trails	Felipe Izquierc	Owner	2012	3	8	$37.14	Phone
Sedona Mountain Trails	Felipe Izquierc	Owner	2013	1	0	$89.30	Internet
Sedona Mountain Trails	Felipe Izquierc	Owner	2013	6	20	$73.13	Phone
Sedona Mountain Trails	Felipe Izquierc	Owner	2012	4	8	$67.41	Internet
Flat Iron Riders	Maria Anders	Sales Representative	2013	7	22	$11,734.25	Internet
Flat Iron Riders	Maria Anders	Sales Representative	2015	2	1	$595.00	Internet
Flat Iron Riders	Maria Anders	Sales Representative	2014	10	29	$16,392.25	Internet
Flat Iron Riders	Maria Anders	Sales Representative	2015	20	32	$12,688.80	AWS

a. 주문 추출 테이블

Part Data

ID	PartNumber	Shipping Weight	Vendor	Click to Add
9	200-219	7.28	DePARTures, Inc.	
22	200-225	3.61	DePARTures, Inc.	
23	200-227	5.14	DePARTures, Inc.	
11	200-207	9.23	DePARTures, Inc.	
28	200-205	4.11	DePARTures, Inc.	
29	200-211	4.57	DePARTures, Inc.	
10	200-213	1.09	DePARTures, Inc.	
37	200-223	3.61	DePARTures, Inc.	
45	200-217	1.98	DePARTures, Inc.	
2	200-209	10.41	DePARTures, Inc.	
3	200-215	1.55	DePARTures, Inc.	
47	200-221	10.85	DePARTures, Inc.	
42	200-203	3.20	DePARTures, Inc.	
17	300-1007	2.77	Desert Gear Supply	
13	300-1017	9.46	Desert Gear Supply	
50	300-1016	4.14	Desert Gear Supply	
27	300-1013	2.66	Desert Gear Supply	
8	300-1008	10.13	Desert Gear Supply	
30	300-1015	5.96	Desert Gear Supply	
15	300-1014	10.18	Desert Gear Supply	
7	300-1009	3.76	Desert Gear Supply	
6	300-1011	6.41	Desert Gear Supply	
43	300-1010	10.87	Desert Gear Supply	
31	300-1012	9.08	Desert Gear Supply	
1	500-2035	9.66	ExtremeGear	
41	500-2030	4.71	ExtremeGear	
40	500-2040	9.92	ExtremeGear	

b. 부품 데이터 테이블

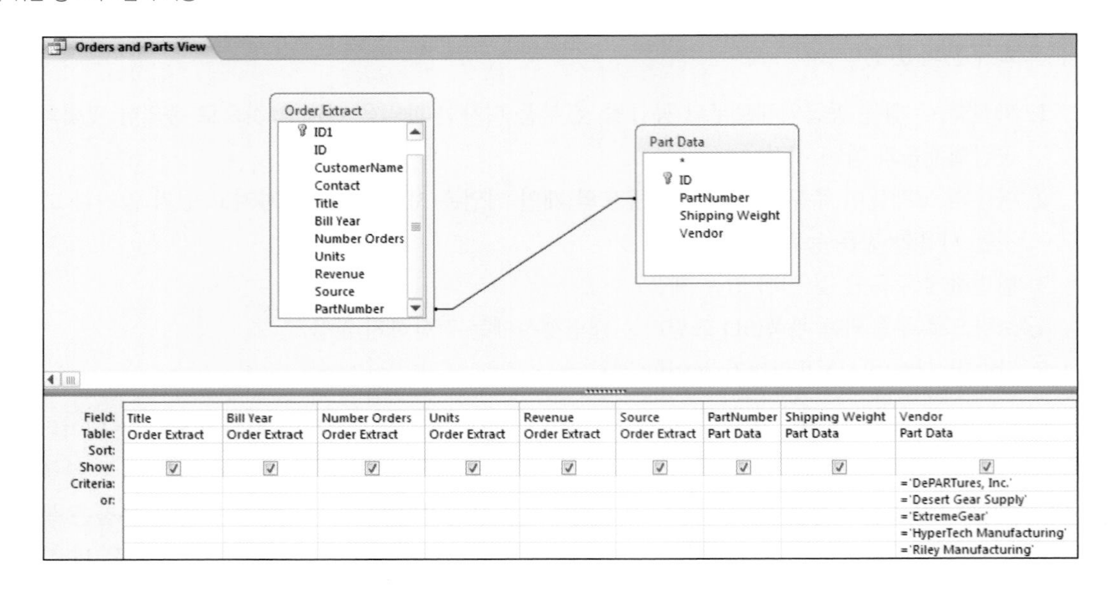

그림 9-5
주문 추출과 필터된 부품 테이블의 결합
출처 : Microsoft Corporation

데이터 분석

팀의 첫 번째 단계는 매출과 부품 데이터 모두를 포함하는 하나의 테이블로 조합하는 것이었다. 또한 확신할 수 있는 공급업체(부품 디자인 파일을 판매할 것으로 동의한 몇몇의 공급업체들)와 함께 작업을 시작했기에, 그림 9-5에 나타나 있듯이 공급업체의 이름별로 필터링되었다. 이 액세스 쿼리에서 부품 테이블과 주문 테이블에 있는 PartNumber가 연결된 선은 두 테이블에 정확하게 일치하는 값이 존재하는 경우 조합된다는 것을 의미한다.

이러한 쿼리의 결과가 그림 9-6에 나타나 있다. 몇몇의 누락된 값과 의문스러운 값이 있다는 점을 주목하자. Contact와 Title의 다수의 행이 누락되어 있고, Unit의 행이 0의 값을 가지고 있다. 누락된 값은 문제가 되지는 않는다. 왜냐하면 팀 구성원들은 이미 Contact 데이터를 가지고 있기에 그 값을 필요로 하지 않기 때문이다. 그러나 0의 값을 가지는 Unit는 문제가 될 수 있다. 팀은 이러한 값이 무엇을 의미하는지 그리고 값을 정정할 수 있는지 혹은 분석에서 제외할 수 있는지를 검토하였다. 결국 팀은 이러한 부정확한 값을 그대로 두고 진행하기로 결정하였다. 여러분은 Q3에서 데이터 추출에서 이러한 문제들에 대해서 학습하게 될 것이다.

그림 9-6
주문과 부품 데이터 표본
출처 : Microsoft Corporation

Orders and Parts View

CustomerName	Contact	Title	Bill Year	Number Orders	Units	Revenue	Source	PartNumber	Shipping Weight	Vendor
Gordos Dirt Bikes	Sergio Gutiérrez	Sales Repres	2011	43	107	$26,234.12	Internet	100-108	3.32	Riley Manufacturing
Island Biking			2012	59	135	$25,890.62	Phone	500-2035	9.66	ExtremeGear
Big Bikes			2010	29	77	$25,696.00	AWS	700-1680	6.06	HyperTech Manufacturing
Lazy B Bikes			2009	19	30	$25,576.50	Internet	700-2280	2.70	HyperTech Manufacturing
Lone Pine Crafters	Carlos Hernández	Sales Repres	2012	1	0	$25,171.56	Internet	500-2030	4.71	ExtremeGear
Seven Lakes Riding	Peter Franken	Marketing M	2009	15	50	$25,075.00	Internet	500-2020	10.07	ExtremeGear
Big Bikes			2012	10	40	$24,888.00	Internet	500-2025	10.49	ExtremeGear
B' Bikes	Georg Pipps	Sales Manage	2012	14	23	$24,328.02	Internet	700-1680	6.06	HyperTech Manufacturing
Eastern Connection	Isabel de Castro	Sales Repres	2012	48	173	$24,296.17	AWS	100-105	10.73	Riley Manufacturing
Big Bikes	Carine Schmitt	Marketing M	2009	22	71	$23,877.48	AWS	500-2035	9.66	ExtremeGear
Island Biking	Manuel Pereira	Owner	2011	26	45	$23,588.86	Internet	500-2045	3.22	ExtremeGear
Mississippi Delta Riding	Rene Phillips	Sales Repres	2012	9	33	$23,550.25	Internet	700-2180	4.45	HyperTech Manufacturing
Uncle's Upgrades			2012	9	21	$22,212.54	Internet	700-1680	6.06	HyperTech Manufacturing
Big Bikes			2010	73	80	$22,063.92	Phone	700-1680	6.06	HyperTech Manufacturing
Island Biking			2012	18	59	$22,025.88	Internet	100-108	3.32	Riley Manufacturing
Uncle's Upgrades			2011	16	38	$21,802.50	Internet	500-2035	9.66	ExtremeGear
Hard Rock Machines			2012	42	57	$21,279.24	Internet	100-108	3.32	Riley Manufacturing
Kona Riders			2012	11	20	$21,154.80	Internet	700-1880	2.28	HyperTech Manufacturing
Moab Mauraders			2012	6	20	$21,154.80	Internet	700-2180	4.45	HyperTech Manufacturing
Lone Pine Crafters			2012	35	58	$21,016.59	Internet	100-106	6.23	Riley Manufacturing
Big Bikes	Carine Schmitt	Marketing M	2010	9	36	$20,655.00	Internet	500-2035	9.66	ExtremeGear
East/West Enterprises			2011	14	60	$20,349.00	Internet	100-104	5.80	Riley Manufacturing
Jeeps 'n More	Yvonne Moncada	Sales Agent	2012	47	50	$20,230.00	AWS	500-2030	4.71	ExtremeGear
East/West Enterprises			2009	14	60	$20,178.15	AWS	500-2035	9.66	ExtremeGear
Lone Pine Crafters			2012	20	54	$20,159.28	Internet	100-106	6.23	Riley Manufacturing
Lone Pine Crafters	Carlos Hernández	Sales Repres	2012	1	0	$20,137.27	Internet	500-2030	4.71	ExtremeGear
Lazy B Bikes			2012	21	29	$19,946.78	AWS	700-1580	7.50	HyperTech Manufacturing
Eastern Connection	Isabel de Castro	Sales Repres	2012	42	173	$19,907.06	Phone	100-105	10.73	Riley Manufacturing
Lazy B Bikes			2012	8	30	$19,724.25	AWS	700-1580	7.50	HyperTech Manufacturing

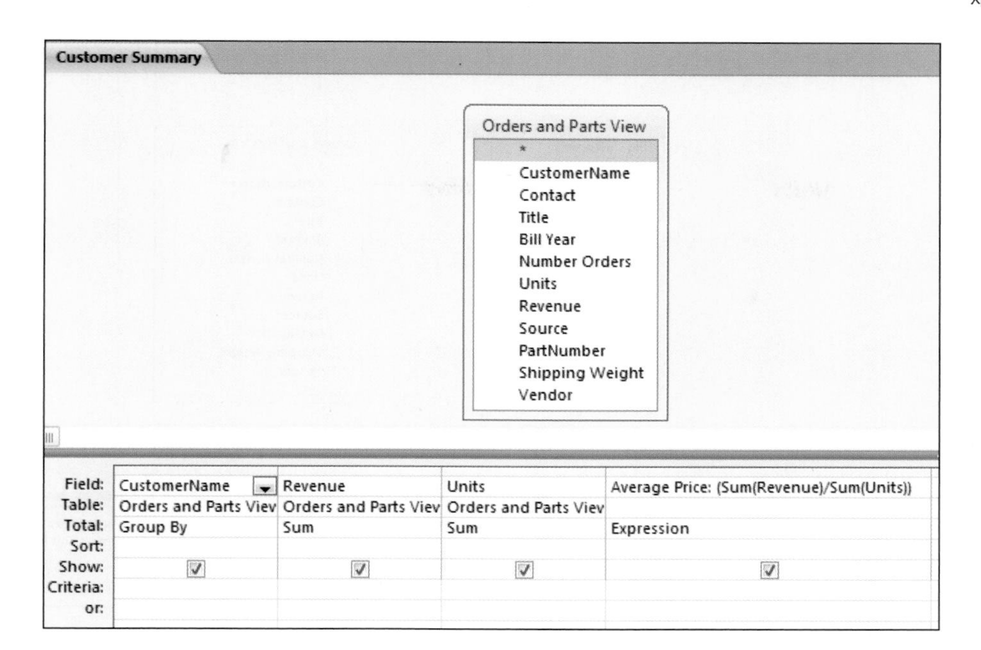

그림 9-7
Customer Summary 쿼리의 생성
출처 : Microsoft Corporation

그림 9-6에 나타나 있는 데이터는 그들의 첫 번째 기준과 특정의 공급업체만을 고려하여 필터링된 것이다. 다음 기준을 위해서 팀 구성원들은 대규모의 고객을 식별하는 방법을 결정할 필요가 있다. 그러기 위해서는 개별 고객별로 Revenue, Unit, Average Price가 합산된 그림 9-7과 같은 쿼리를 생성하였다. 그림 9-8의 쿼리 결과를 살펴보면, Revenue 합계가 200,000달러 이상인 고객만 포함되어 있다. 이러한 쿼리 결과는 Big Customers라는 쿼리로 이름이 변경되었다.

다음으로 팀 구성원들은 연간 약 50회 이상 혹은 평균적으로 주에 1회 이상 주문되는 품목들을 중심으로 자주 구매되는 부품들에 대해서 논의하였다. 이러한 것들은 Number Order를 기준으로 그림 9-9의 쿼리에 나타나 있다. 소량으로만 주문되는 제품들만을 선택하기 위해서 그들은 먼저 Average Oorder Size(Units/[Number Orders]) 행을 계산하여 추가하였으며, 그 평균값이 2.5보다 작은 값만 포함하도록 수식을 기준으로 설정하였다. 마지막 두 가지 기준은 상대적으로 저렴하고

Customer Summary

CustomerName	SumOfRevenue	SumOfUnits	Average Price
Great Lakes Machines	$1,760.47	142	12.3976535211268
Seven Lakes Riding	$288,570.71	5848	49.3451963919289
Around the Horn	$16,669.48	273	61.0603611721612
Dewey Riding	$36,467.90	424	86.0092018867925
Moab Mauraders	$143,409.27	1344	106.7033234375
Gordos Dirt Bikes	$113,526.88	653	173.854335068913
Mountain Traders	$687,710.99	3332	206.395855432173
Hungry Rider Off-road	$108,602.32	492	220.736416056911
Eastern Connection	$275,092.28	1241	221.669848186946
Mississippi Delta Riding	$469,932.11	1898	247.593315542676
Island Biking	$612,072.64	2341	261.457770098249
Big Bikes	$1,385,867.98	4876	284.222310233798
Hard Rock Machines	$74,853.22	241	310.594267219917
Lone Pine Crafters	$732,990.33	1816	403.629038215859
Sedona Mountain Trails	$481,073.82	1104	435.755269474638
Flat Iron Riders	$85,469.20	183	467.044808743169
Bottom-Dollar Bikes	$72,460.85	154	470.52502012987
Uncle's Upgrades	$947,477.61	1999	473.975794047024
Ernst Handel Mechanics	$740,951.15	1427	519.236962438683
Kona Riders	$511,108.05	982	520.476624439919
Lazy B Bikes	$860,950.72	1594	540.119648619824
Jeeps 'n More	$404,540.62	678	596.667583185841
French Riding Masters	$1,037,386.76	1657	626.063224984912
B' Bikes	$113,427.06	159	713.377735849057
East/West Enterprises	$2,023,402.09	2457	823.525474074074
Bon App Riding	$65,848.90	60	1097.48160833333

그림 9-8
Customer Summary
출처 : Microsoft Corporation

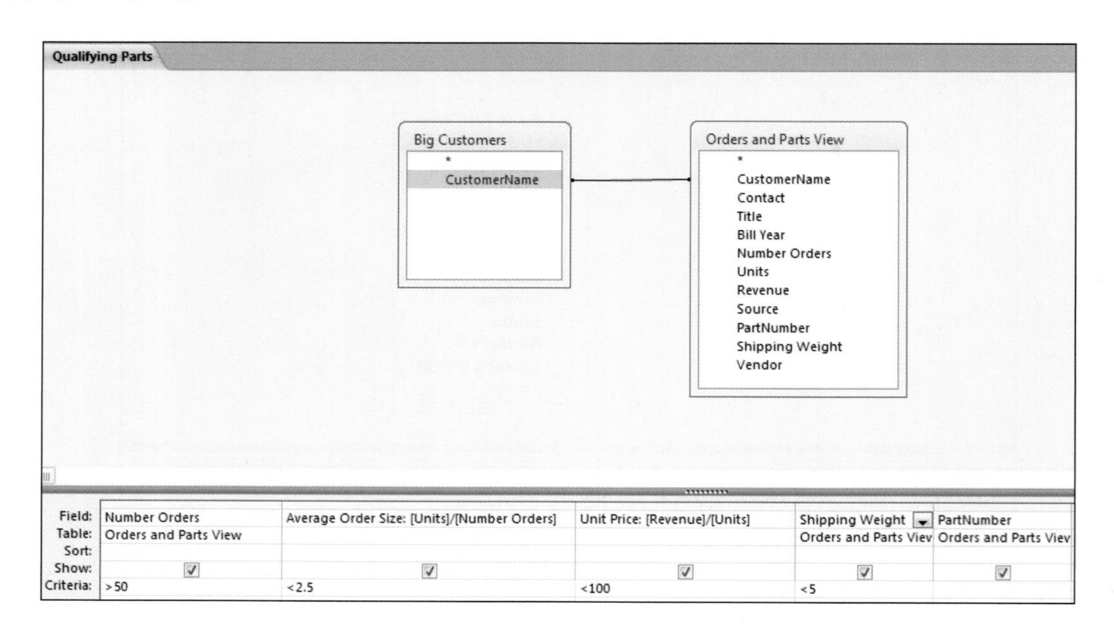

그림 9-9
적합 부품 쿼리 설계
출처 : Microsoft Corporation

경량인 부품을 선정하는 것이었다. 그들은 Unit Price(Revenue/Units로 계산)의 값이 100보다 작고 선적무게가 5파운드 이하인 부품을 선택하도록 결정하였다.

이 쿼리의 결과는 그림 9-10과 같이 나타낼 수 있다. 기업이 판매하는 부품 중에서 팀이 생성한 기준에 적합한 12개의 결과가 나타나 있다.

다음 질문은 이러한 부품들이 얼마나 많은 잠재적 수익을 가져다줄 것인가이다. 팀 구성원들은 선택된 부품들의 과거 매출 데이터와 연계하여 쿼리를 생성하였다. 이 결과는 그림 9-11과 같다.

결과 발행

결과 발행은 그림 9-3에 나타나 있듯이 BI 프로세스의 마지막 활동이다. 몇몇의 경우 결과 발행은 BI 결과를 지식 근로자를 위해 인터넷이나 다른 네트워크 서버에 저장한다. 다른 경우 다른 애플리케이션에서 사용하기 위해서 웹 서비스를 통해서 결과가 제공된다. 또 다른 경우에는 동료들 간의 의사소통이나 관리를 위해서 PDF나 파워포인트 파일로 생성된다.

그림 9-10
적합 부품 쿼리 결과
출처 : Microsoft Corporation

Qualifying Parts

Number Orders	Average Order Size	Unit Price	Shipping Weight	PartNumber
275	1	9.14173854545455	4.14	300-1016
258	1.87596899224806	7.41284524793388	4.14	300-1016
110	1.18181818181818	6.46796923076923	4.11	200-205
176	1.66477272727273	12.5887211604096	4.14	300-1016
139	1.0431654676259	6.28248965517241	1.98	200-217
56	1.83928571428571	6.71141553398058	1.98	200-217
99	1.02020202020202	7.7775	3.20	200-203
76	2.17105263157895	12.0252206060606	2.66	300-1013
56	1.07142857142857	5.0575	4.57	200-211
73	1.15068493150685	5.0575	4.57	200-211
107	2.02803738317757	6.01096405529954	2.77	300-1007
111	2.07207207207207	6.01096434782609	2.77	300-1007

그림 9-11
선택된 부품을 위한 매출 기록
출처 : Microsoft Corporation

Revenue Potential

Total Orders	Total Revenue	PartNumber
3987	$84,672.73	300-1016
2158	$30,912.19	200-211
1074	$23,773.53	200-217
548	$7,271.31	300-1007
375	$5,051.62	200-203
111	$3,160.86	300-1013
139	$1,204.50	200-205

이 사례의 경우 팀 구성원들은 이러한 결과를 회의에서 그들의 관리층에게 보고한다. 그림 9-11의 결과에 의해서 판단한다면 이러한 부품들의 설계도를 판매하는 것은 거의 수익을 만들지 못할 것으로 보인다. 현재 기업은 부품의 매출에서 최소한의 수익을 얻고 있으며 부품의 설계도는 부품의 가격보다 상당히 낮은 수준에서 책정되어야 하기에, 사실상 수익이 거의 없다는 것을 의미한다.

낮은 잠재적 수익에도 불구하고 기업은 3D 설계도를 고객에게 제공하기로 결정하였다. 이것은 고객에게 호의적인 행동으로 보이기 위한 것일 수도 있지만 분석을 통해서 보면 약간의 수익만 감수하는 것으로 나타난다. 어쩌면 이러한 것은 기업이 최신 생산기술을 가지고 있다는 것을 보여주는 PR 활동으로 간주될 수도 있다. 혹은 다수의 고객이 적합 부품을 주문하고 있지 않기에 3D 프린트에 대한 고려를 미루기로 결정한 것일 수도 있다.

물론 팀 구성원들이 잘못된 기준을 선정했을 가능성이 있다. 만약 시간이 충분했다면 기준을 변경하고 분석을 다시 수행했을 수도 있다. 그러나 이러한 과정은 파국으로 이어지는 미끄러운 경사면 오류라 할 수 있다. 그들은 원하는 결과를 찾을 때까지 계속해서 기준을 변경하게 될 것이고 최종적으로는 상당히 편향적인 결과가 될 것이다.

이러한 가능성은 정보시스템의 인적 구성요소가 중요하다는 점을 다시 강조하는 것이다. 팀 구성원들이 좋지 못한 기준을 선정하여 의사결정을 한다면 하드웨어, 소프트웨어, 데이터, 그리고 쿼리 생성 절차는 거의 가치를 가지지 못한다. BI는 인간에 의해서 생성할 수 있는 것이다.

이러한 사례를 명심하고, 이후에서는 그림 9-3의 각 활동을 세부적으로 논의하도록 한다.

Q3 조직은 데이터 획득을 위해 데이터 웨어하우스와 데이터 마트를 어떻게 사용하는가?

운영 데이터로부터 단순한 분석의 실행과 간단한 보고서의 작성은 가능하지만, 이 과정은 일반적으로 권고되지 않는다. 보안과 통제의 이유로, IS 전문가들은 운영 데이터를 데이터 분석가가 처리하기를 원하지 않는다. 만약 분석가가 오류를 만드는 경우 기업의 운영에 심각한 파괴를 야기할 수도 있다. 또한 운영 데이터는 신속하고 믿을 수 있는 거래처리를 위해서 구성되어 있다. BI 분석의 지원은 거의 구조화되어 있지 않은 형태이며, 결국 BI 분석은 상당한 처리 과정을 요구할 수도 있다. 운영 서버에 BI 애플리케이션을 두는 것은 시스템의 성능을 현격하게 떨어뜨릴 수도 있다.

이러한 이유들로 대부분의 조직은 BI 처리를 위해서 운영 데이터를 추출한다. 소규모 조직의 경우 액세스 데이터베이스와 같은 단순한 형태의 추출일 수 있다. 하지만 대규모 조직의 경우에는 전형적으로 조직의 BI 데이터를 관리하기 위한 **데이터 웨어하우스**(data warehouse)를 운영하고 관리하는 사람들이 생성하고 지원한다. 데이터 웨어하우스의 기능은 다음과 같다.

- 데이터 획득
- 데이터 정제
- 데이터 조직화와 연관화
- 데이터 분류

그림 9-12는 데이터 웨어하우스의 구성요소를 나타낸다. 프로그램은 BI 처리를 위하여 운영 혹은 다른 데이터를 읽고 이러한 데이터들을 추출하며 정제하고 준비한다. 준비된 데이터는 조직의 운영 DBMS와는 다른 데이터 웨어하우스 DBMS를 사용하여 데이터 웨어하우스 데이터베이스에

그림 9-12
데이터 웨어하우스의 구성요소

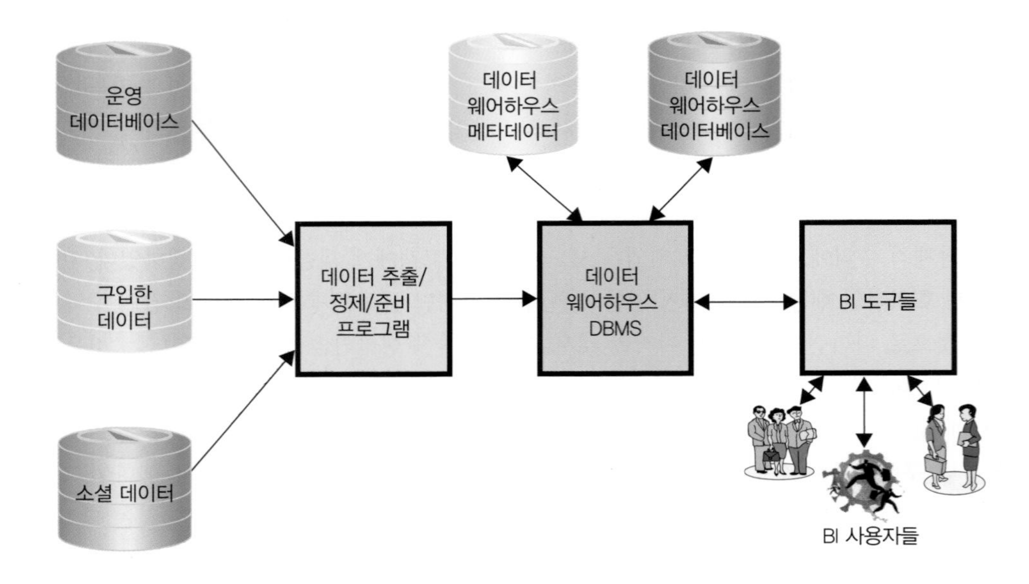

저장된다. 예를 들어, 조직은 운영처리를 위해서 오라클을 사용할 수 있으며 데이터 웨어하우스는 SQL 서버를 사용할 수도 있다. 다른 조직들은 운영처리를 위해 SQL 서버를 사용하고 데이터 웨어하우스는 SAS나 SPSS와 같은 통계 패키지 공급자가 제공하는 DBMS를 사용하기도 한다.

소비자 구매 습관에 대한 데이터를 수집하고 판매하는 것은 큰 사업이다. 그러나 여러분의 정보가 수집된다면? 그리고 그것이 사용된다면? 276~277쪽 윤리문제에서는 이러한 것들을 다룬다.

데이터 웨어하우스에는 외부에서 구매한 데이터가 포함된다. 다른 회사의 데이터는 정보 보안의 관점에서 비정상적이거나 특별한 문제가 아니다. 하지만 몇몇 기업들은 개인적인 소비자 데이터(예 : 결혼 유무)를 액시콤과 같은 데이터 공급업체로부터 구입할 수도 있다. 그림 9-13은 쉽게 구입할 수 있는 소비자 데이터들의 목록이다. 상당히 많은 양의 (정보 보안의 관점에서는 경악스러운) 데이터가 사용 가능하다.

데이터에 대한 메타데이터(출처, 형식, 가정과 제약 그리고 다른 데이터에 대한 사실)는 데이터 웨어하우스 메타데이터 데이터베이스에 저장된다. 데이터 웨어하우스 DBMS는 데이터를 추출하고 BI 애플리케이션에 데이터를 제공한다.

BI 사용자라는 용어는 그림 9-1에 있는 **지식 근로자**와는 다른 용어이다. BI 사용자들은 데이터 분석의 전문가들이고, 지식 근로자들은 BI 결과 활용에 비전문가들이다. 은행의 대출 승인 직원은 지식 근로자이지만 BI 사용자는 아니다.

운영 데이터 문제

대부분의 운영 데이터와 구입한 데이터는 BI에 대한 유용성을 저해하는 문제들을 가지고 있다. 그림 9-14는 주요 문제의 범주를 나타낸다. 첫째, 비록 데이터가 성공적인 운영을 위해 완전하고 정확해야 하는 것은 맞지만, 그렇게 필요한 요구가 있는 데이터는 아닐 수도 있다. 예를 들어, 어떤 시스템은 주문 과정에서 인구통계적 데이터를 수집한다. 그러나 이런 데이터는 주문 서류를 작성하고 배송하고 처리하기 위해 필요한 것이 아니기 때문에 그 품질이 문제가 된다.

문제가 있는 데이터를 더러운 데이터(dirty data)라고 한다. 예를 들어 고객의 성별이 B, 고객의 나이가 213세라는 값들이다. 다른 예로는 미국 전화번호 999-999-9999, 부품 색상이 'gren', 이메일주소가 *WhyMe@GuessWhoIAM.org* 값을 가지는 것이다. 그림 9-6에 Units의 값이 0으로 되어 있는 것도 더러운 데이터이다. 이런 값들은 BI 목적을 위해 문제가 될 수 있다.

소스 데이터도 누락된 항목이 있을 수 있다. 그림 9-6에서 Contact 데이터가 전형적인 예이다.

- 이름, 주소, 전화번호
- 나이
- 성별
- 인종
- 지역
- 수입
- 학력
- 선거인 등록
- 자택소유
- 차량
- 잡지 구독
- 취미
- 카탈로그 주문
- 결혼 유무
- 키, 몸무게, 머리색, 눈동자색
- 배우자 이름, 생일
- 자녀의 이름, 생일

그림 9-13
구매 가능한 소비자 데이터의 예제

주문은 정확한 데이터 없이도 배송될 수도 있으며 따라서 품질은 다수의 누락된 값에 따라 편차가 있을 수 있다. 구매된 데이터의 경우 대부분의 데이터 공급업체는 그들이 팔고 있는 데이터의 각 속성이 누락된 비율을 제시하고 있다. 몇몇 조직은 이런 데이터를 사용하기 위해서 구매하는데, 이런 데이터도 전혀 없는 것보다는 낫다. 특히 세대에서 성인의 수, 세대의 수입, 주거 형태, 주요 수입 근로자의 교육 수준과 같은 값을 가진 데이터의 수집은 사실상 어렵다. 하지만 어떤 BI 애플리케이션의 경우에는 약간의 누락된 데이터나 오류가 있는 데이터는 분석에 있어서 심각한 편향을 일으킬 수 있기 때문에 데이터 관리에 주의가 요구된다.

그림 9-14에 세 번째 문제인 데이터 불일치는 시간이 경과하면서 수집된 데이터에 대해서는 특히 공통적인 사항이다. 예를 들어 한 지역 코드가 변경될 때, 이전의 고객 전화번호는 변화 이후의 고객 번호와 일치하지 않을 수도 있다. 이와 유사하게 부품 코드가 변화될 수 있고, 판매 지역이 변화될 수도 있다. 그런 데이터가 사용되기 전에 일치성에 대한 검토를 지속적으로 수행해야 한다.

일부 데이터의 불일치는 비즈니스 활동의 본질에서 발생된다. 전 세계의 고객이 사용하는 웹 기반 주문 입력 시스템을 고려해보자. 웹 서버에 주문 시간을 입력할 때 어떤 시간대를 사용하는가? 서버의 시스템 시간은 고객 행동을 분석하는 데 적절하지 않다. 국제표준시(보통 그리니치 표준시) 역시 무의미하다. 어떻게든 웹 서버의 시간은 고객의 시간대로 조정되어야 한다.

또 다른 문제는 통합되지 않은 데이터이다. 어떤 특정의 BI 분석은 ERP 시스템과 전자상거래 시스템, 그리고 소셜 네트워킹 애플리케이션의 데이터를 필요로 할 수도 있다. 분석가는 조직의 데이터와 구입한 고객 데이터를 통합하려고 할 수도 있다. 이런 데이터의 수집은 주키/외래키 관계에서 표현되지 않는 관계를 가질 수도 있을 것이다. 이런 일들은 데이터를 통합해야 하는 데이터 웨어하우스 인력의 기능이다.

데이터는 데이터의 세부적인 수준으로 표현되는 **입도**(granularity)를 잘못 가질 수도 있다. 입도는 너무 자세할 수도 있고 너무 클 수도 있다. 전자의 경우 우리가 주문 입력 웹 페이지의 그래픽

- 더러운 데이터
- 누락된 값
- 불일치 데이터
- 통합되지 않은 데이터
- 잘못된 입도
  - 너무 자세함
  - 충분히 자세하지 않음
- 너무 많은 데이터
  - 너무 많은 속성
  - 너무 많은 데이터 포인트

그림 9-14
소스 데이터에 가능한 문제

과 콘트롤의 배치를 분석하길 원한다고 가정하자. 이것은 고객의 클릭 행동을 포착하는 **클릭스트림 데이터**(clickstream data)로 가능하다. 하지만 이러한 데이터는 웹사이트에서 이루어지는 고객의 모든 것을 포함한다. 주문처리 과정의 중간에 뉴스를 클릭하고, 이메일을 확인하고, 인스턴스 채팅, 날씨를 확인하는 데이터가 클릭스트림 데이터가 된다. 비록 이러한 데이터가 고객들의 인터넷 브라우징 활동에 대한 연구에 유용할지는 몰라도, 인터넷 광고의 위치에 따른 고객의 반응을 알고자 하는 경우에는 지나치게 광범위하다. 분석의 진행을 위해서는 데이터 분석가는 수백만 개의 클릭 데이터를 버려야만 한다.

데이터는 한편 너무 클 수도 있다. 예를 들어 지역별 총매출액 파일은 지역 내 특정 지점에 대한 매출액을 조사할 수 없고, 한 지점의 총매출 데이터는 그 지점의 특정 상품의 매출 수준을 결정하는 데 활용될 수 없다. 대신에 우리는 만들고자 하는 가장 낮은 수준의 리포트를 위해 좋은 데이터를 얻을 필요가 있다.

일반적으로 너무 큰 수준보다는 아주 자세한 수준의 입도가 좋다. 만약 입도가 너무 자세한 경우 데이터를 합산하고 조합하는 과정을 통해서 더 큰 수준으로 만들 수 있다. 그림 9-6에 있는 매출 데이터가 바로 팀이 생성한 것이다. Bill Year별로 매출이 너무 자세하다면 수년간의 합산으로 계산된다. 하지만 만약 입도가 너무 크다면 그 데이터를 구성된 요소별로 분리하는 방법은 없다.

그림 9-14에 나와 있는 마지막 문제는 데이터가 너무 많다는 것이다. 그림에 나타나 있듯이 너무 많은 속성과 데이터 포인트를 가질 수 있다. 제5장에서 논의한 테이블의 문제를 상기하자. 너무 많은 행과 열을 가질 수도 있다.

첫 번째 문제인 너무 많은 속성에 대해 생각해보자. 고객이 판촉에 반응하는 것에 대한 영향 요인을 찾는다고 가정하자. 만약 내부 고객 데이터와 구입한 고객 데이터를 결합하려는 경우, 우리는 고려해야 될 수백 개 이상의 속성을 가지게 될 것이다. 그것들 중에서 어떻게 선택해야 할까? 몇몇의 경우 분석가는 필요로 하지 않는 속성을 무시하기도 한다. 그러나 보다 복잡한 데이터 마이닝 분석에서 너무 많은 속성은 문제가 되기도 한다. **차원의 저주**(curse of dimensionality)라고 불리는 현상 때문에, 속성이 많으면 많을수록 표본 데이터에 맞는 모델을 만드는 것이 더 쉽지만 이것은 예측변수로서 가치가 없다. 속성의 수를 줄여야 하는 이유가 있다. 데이터 마이닝에서 가장 중요한 활동 중 하나는 속성 선정에 있어서 효율적이고 효과적인 방법을 모색하는 것이다.

너무 많은 데이터를 가지는 두 번째 방법은 데이터 행이 과도하게 많은 데이터 포인트를 가지는 것이다. CNN.com의 클릭스트림 데이터를 분석한다고 가정하자. 그 사이트에 매월 얼마나 많은 클릭이 있었겠는가? 수백만의 수백만 이상이다! 이러한 데이터를 의미 있게 분석하기 위해서는 데이터의 양을 줄일 필요가 있다. 이 문제에 대한 한 가지 좋은 해결책은 통계적 표본 추출이다. 조직은 이러한 상황에서 데이터를 표본 추출하는 것에 주저해서는 안 된다.

데이터 웨어하우스와 데이터 마트

데이터 마트(data mart)는 데이터 웨어하우스보다 작은 데이터 집합으로, 특정 부서나 비즈니스 기능 영역의 요구에 대한 것이다. 데이터 마트와 데이터 웨어하우스의 차이를 이해하기 위해 공급사슬에서 유통업자와 같은 데이터 웨어하우스를 생각해보자. 데이터 웨어하우스는 데이터 생산자(운영체제와 구매 데이터)로부터 데이터를 받아서 정제하고 처리한 다음, 말하자면 데이터 창고의 선반 위에 데이터를 보관한다. 데이터 웨어하우스를 다루는 사람들은 데이터 관리, 데이터 정제, 데이터 변환, 데이터 관계 등의 전문가들이다. 하지만 일반적으로 그들은 특정 비즈니스 기능의 전문가는 아니다.

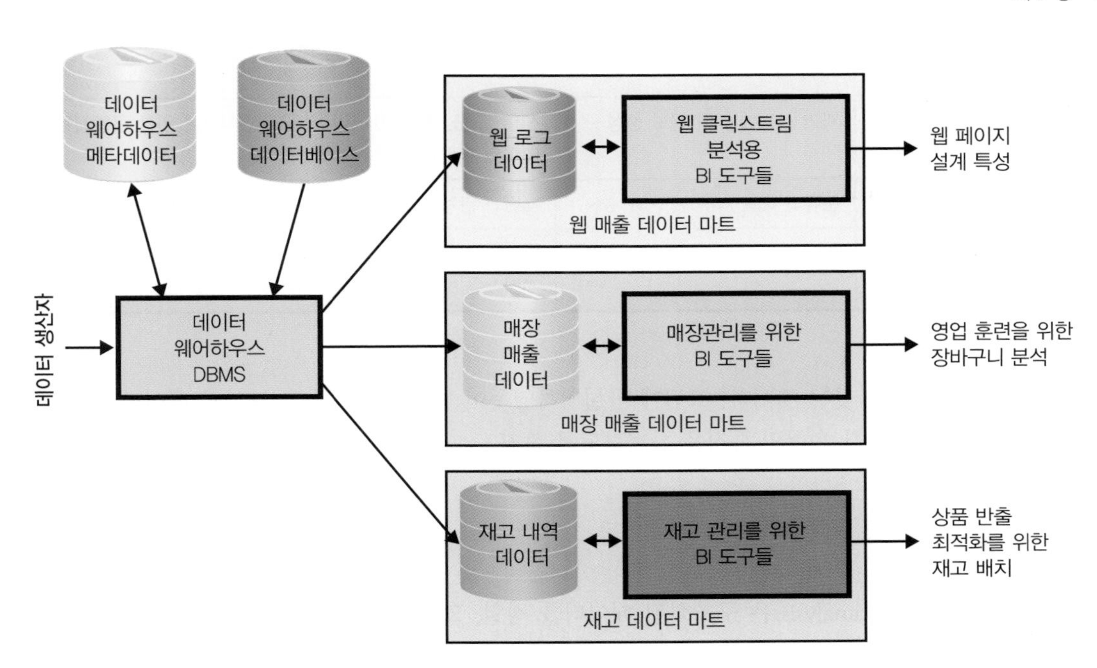

그림 9-15
데이터 마트 예시

만약 데이터 웨어하우스가 공급사슬의 유통업자라면, 데이터 마트는 공급사슬의 소매점과 같다. 데이터 마트의 사용자는 데이터 웨어하우스에서 특정 비즈니스 기능에 속하는 데이터를 얻을 수도 있다. 이러한 사용자들은 데이터 웨어하우스 직원들이 가지고 있는 데이터 관리 전문지식을 가지고 있지 않지만, 특정 비즈니스 기능에 대한 지식을 가진 분석가들이다.

그림 9-15는 이런 관계를 나타내고 있다. 예시에서 데이터 웨어하우스는 데이터 생산자로부터 데이터를 받아 3개의 데이터 마트에 데이터를 분배한다. 첫 번째 데이터 마트는 웹 페이지 설계를 위해서 클릭스트림 데이터를 분석하는 용도로 사용된다. 두 번째는 매장의 판매 데이터를 저장하고 어떤 상품들이 함께 구매되는 경향이 있는지를 결정한다. 이 정보는 판매사원이 고객에게 보다 높은 가격의 제품을 구매하는 최선의 방법을 교육하는 데 사용된다. 세 번째 데이터 마트는 창고에서 상품을 선별하는 데 소요되는 노동력을 줄이기 위한 목적으로 고객 주문 데이터를 분석하는 데 사용된다. 아마존닷컴과 같은 기업은 상품 선별 작업에 소요되는 비용을 줄이기 위해 창고에서의 동선을 조정하고 있다.

여러분이 상상할 수 있듯이 데이터 웨어하우스와 데이터 마트를 만들고 직원을 고용해서 운영하는 것은 비용이 많이 소요된다. 재무 상태가 좋은 큰 회사들만이 그림 9-12와 같은 시스템을 운영할 여유가 있다. 적은 규모의 조직들은 이런 시스템의 일부를 운영하기도 하지만, 그 방법들이 비공식적이더라도 데이터 웨어하우스가 해결하려는 기본적인 문제들을 해결하기 위한 방법들을 찾아야만 한다.

Q4 BI 데이터 처리를 위한 세 가지 기법은 무엇인가?

그림 9-16은 BI 분석의 근본적인 세 가지 유형의 목적과 특징을 나타내고 있다. 일반적으로 보고 분석은 과거의 성과에 대한 정보를 만드는 데 사용되는 반면 데이터 마이닝은 분류 및 예측을 위해 주로 사용된다. 예외가 있기는 하지만 이 설명은 합리적인 경험의 법칙이다. 빅데이터 분석의 목적은 소셜미디어 사이트나 웹 서버의 로그와 같은 출처에서 만들어지는 상당한 양의 데이터 속

그림 9-16
BI 분석의 세 가지 유형

BI 분석 유형	목표	특징
보고	과거 성과에 대한 정보 생성	정렬, 그룹, 합산, 필터링 그리고 형식화에 의한 구조화된 데이터 처리
데이터 마이닝	분류와 예측	패턴과 관계를 발견하기 위한 복잡한 통계 기법 활용
빅데이터	빅데이터에서 패턴과 관계 발견	양, 속도, 다양성이 맵리듀스 기법 활용 유도. 어떤 애플리케이션은 보고와 데이터 마이닝을 사용하기도 함

에서 패턴과 관계를 찾는 것이다. 그림에서 설명하였듯이 빅데이터 기술은 보고와 데이터 마이닝을 포함할 수 있다. 각 유형의 특징을 살펴보도록 하자.

보고 분석

보고 분석(reporting analysis)은 구조화된 데이터를 정렬, 그룹, 합산, 필터링, 그리고 형식화하는 과정이다. **구조화된 데이터**(structured data)는 행과 열의 형식을 가지고 있는 데이터를 말한다. 대부분의 구조화된 데이터란 관계형 데이터베이스의 테이블을 뜻하지만, 이것은 또한 스프레드시트 데이터라고도 말할 수 있다.

Q2에서 보았던 부품 분석은 보고 분석의 한 예시이다. 또 다른 형태의 보고로 **예외보고**(exception report)는 미리 정의된 예상 밖의 어떤 일이 발생했을 때 작성되는 보고이다. Q1에서 논의한 JIT 투입 추천은 예외보고의 예시이다.

과거에 보고는 출력물이었으므로 정적일 필요가 있었다. 하지만 모바일 시스템의 사용이 증가하면서 다수의 보고는 동적으로 가능해졌다.

데이터 마이닝 분석

데이터 마이닝(data mining)은 분류 및 예측을 위한 데이터 중에 패턴과 관계를 발견하기 위한 통계 기법의 애플리케이션이다. 데이터 마이닝 기법은 통계학, 수학, 인공지능, 기계학습 분야가 결합되면서 나타난 것이다.

대부분의 데이터 마이닝 기술은 복잡하여 많은 기법들이 잘 사용하기가 어렵다. 하지만 이런 기법들은 조직에 가치가 있으며, 특히 재무, 마케팅 분야의 비즈니스 전문가들은 이런 기술을 사용하면서 전문성을 가질 수 있다. 사실 오늘날에는 데이터 마이닝 기법의 지식을 가지고 있는 비즈니스 전문가를 위한 재미있고 보람 있는 직업들이 많이 있다.

데이터 마이닝 기법은 자율 기법과 지도 기법이라는 두 가지 큰 범주로 나눌 수 있다. 이후에서 두 가지 유형을 설명한다.

자율 데이터 마이닝

자율 데이터 마이닝(unsupervised data mining)에서 분석가는 분석을 시행하기 이전에 모델이나 가설을 만들지 않는다. 대신에 그들은 데이터 마이닝 기법을 데이터에 적용하고 그 결과를 관찰한다. 이러한 방법으로 분석가는 발견된 패턴을 설명하기 위한 분석을 한 후에 가설을 만든다.

보편적인 자율 기법에는 **클러스터 분석**(cluster analysis)이 있다. 이것은 통계적 기법을 사용하여 유사한 특징을 가지고 있는 개체들의 그룹을 식별한다. 일반적인 클러스터 분석의 사용은 고객의 주문과 인구통계적 데이터로부터 비슷한 고객의 그룹을 찾는 것이다.

예를 들어, 클러스터 분석으로 상당히 다른 두 고객 그룹을 찾는다고 가정하자. 한 그룹은 평균 나이가 33세이고, 노트북 1개, 안드로이드폰 2개, 아이패드와 킨들을 소유하고 있고 고급 SUV를 소유하며 비싼 아이들 장난감을 사려는 경향을 가진 집단이다. 두 번째 그룹은 평균 나이가 64세이고, 휴가용 재산을 소유하고, 골프를 치며, 비싼 포도주를 구매하는 집단이다. 클러스터 분석은 두 그룹 모두가 디자이너 아동용 의류를 구매한다는 것을 발견하였다고 가정하자.

이러한 발견은 데이터 분석만으로 획득할 수 있다. 이 발견들은 존재하는 패턴이나 관계에 대한 사전 모델이 없다. 사실상 왜 서로 다른 두 그룹이 모두 같은 아동용 의류를 구입하는가에 대한 이유를 설명하는 것은 분석가가 가설을 설정하는 것에서 결정된다.

지도 데이터 마이닝

지도 데이터 마이닝(supervised data mining)에서 데이터 마이닝 담당자들이 분석에 앞서 하나의 사전 모델을 개발하고, 모델의 모수 값을 평가하기 위하여 통계적 기법을 데이터에 적용한다. 예를 들어, 한 통신회사의 마케팅 전문가가 주말의 휴대전화 사용량이 고객의 나이와 고객이 계정을 보유한 기간에 의해서 결정된다고 믿고 있다는 것을 가정해보자. 이때 데이터 마이닝 분석가는 고객 나이와 계정이 유지된 기간의 영향을 평가하는 분석을 실행한다. 이런 분석과 같이 다른 변수에 영향을 주는 변수 집합의 영향을 측정하는 분석을 **회귀분석**(regression analysis)이라고 한다. 휴대전화 사례의 결과는 다음의 예와 같다.

$$\text{주말 휴대전화 사용량} = 12 + (17.5 \times \text{고객 나이}) + (23.7 \times \text{계정유지 개월 수})$$

이 공식을 사용하면 분석가는 17.5에 고객 나이를 곱하고 23.7을 계정유지 개월 수에 곱해서 이 값과 12를 더하면 주말 동안 휴대전화를 몇 분 사용할지를 예측할 수 있다.

통계 수업에서 배우는 것처럼 이런 등식 모델의 품질을 해석하기 위해 상당한 기술들이 요구된다. 회귀분석 도구는 앞에서 본 것처럼 하나의 등식을 만들 수 있다. 이 등식이 미래의 휴대전화 사용량을 예측하기에 좋은지 아닌지는 t값, 신뢰구간, 그리고 관련된 통계 기법들과 같은 통계적 요인들에 의해서 달라진다.

빅데이터

빅데이터(bigdata 혹은 big data)는 방대한 양(volume), **빠른 속도**(velocity), 그리고 많은 **다양성**(variety)의 특성을 가지고 있는 데이터 집합을 설명하기 위해 사용되는 용어이다. 데이터의 양을 고려하면, 빅데이터는 최소 페타바이트의 크기와 그보다 큰 데이터 집합으로 언급된다. 특정 일에 미국에서 모든 구글 검색을 포함하고 있는 데이터 집합이 규모 면에서 빅데이터이다. 또한 빅데이터는 데이터의 생성이 급격하게 일어나는 빠른 속도를 가지고 있다[만약 여러분이 물리학을 알고 있다면, 속도(speed)가 더 정확한 용어일 수도 있지만 *speed*는 *v*로 시작하지 않는다. *vvv*는 일반적으로 빅데이터를 설명하는 일반적인 방법이 되었다]. 특정 일의 구글 검색 데이터는 단지 하루 동안에 생성된 것이다. 과거에는 이렇게 많은 데이터를 생성하는 데 수개월 혹은 수년이 소요되었다.

마지막으로 빅데이터는 다양하다. 빅데이터는 어쩌면 구조화된 데이터를 가지고 있을 수 있지만, 자유로운 형식의 텍스트, 서로 다른 형태의 수십 가지 웹 서버 포맷과 데이터베이스 로그 파일들, 페이지에 있는 콘텐츠에 대한 사용자들의 반응에 대한 스트림 데이터, 그리고 그림, 오디오, 비디오 파일을 가질 수도 있다.

맵리듀스

빅데이터는 거대하고, 빠르고, 다양하기 때문에 전통적인 기법들을 사용해서는 처리할 수가 없다. **맵리듀스**(MapReduce)는 수천 대의 컴퓨터를 병렬처리하는 능력을 연결하는 기법이다. 기본적인 아이디어는 빅데이터를 작은 조각들로 나누고, 수백 혹은 수천의 독립적인 프로세서들이 관심 있는 어떤 것을 발견하기 위해서 이 조각들을 검색하게 하는 것이다. 이 프로세스를 맵(Map) 단계라고 한다. 예를 들어 그림 9-17에서는 구글 검색 로그를 포함한 데이터 집합이 여러 조각들로 나뉘어 있고, 각 독립 프로세스들은 특정 키워드를 검색하도록 명령이 내려져 있으며 검색된 키워드의 횟수를 계산한다. 물론 이 그림에서는 단지 데이터의 작은 부분만을 보여주고 있다. 여기서 여러분은 *H*로 시작되는 키워드들의 한 부분을 볼 수 있다.

프로세서들이 완료되면 그 프로세서들의 결과가 리듀스(Reduce) 단계라고 불리는 과정으로 결합된다. 그 결과는 특정 일 동안 검색된 모든 키워드와 그 횟수들을 보여주는 목록이다. 이 과정은 여기서 설명하는 것보다 상당히 복잡하지만, 이것이 아이디어의 요점이다.

한편 여러분은 맵리듀스의 애플리케이션을 확인하기 위해서 구글트렌드를 방문할 수 있다. 거기서 특정 용어와 용어들의 검색 수에 대한 동향 그래프를 얻을 수 있다. 그림 9-18은 웹 2.0과 하둡에 대한 검색 추세를 비교하고 있다. www.google.com/trends로 접속해서 *Big Data*, *BigData*, 그리고 *data analytics*를 입력하고 지금이 왜 이것을 배우기에 좋은 시간인지 알아보자!

하둡

하둡(Hadoop)은 맵리듀스가 구현된 수천 대의 컴퓨터를 관리하는 아파치 재단[6]에 의해 만들어진 오픈소스 프로그램이다. 하둡은 구글 검색 단어를 찾고 계산하는 프로세스를 운영할 수 있지만, 대신에 구글은 이런 작업을 수행하기 위한 구글만의 버전을 가지고 있다.

그림 9-17
맵리듀스 처리 과정 요약

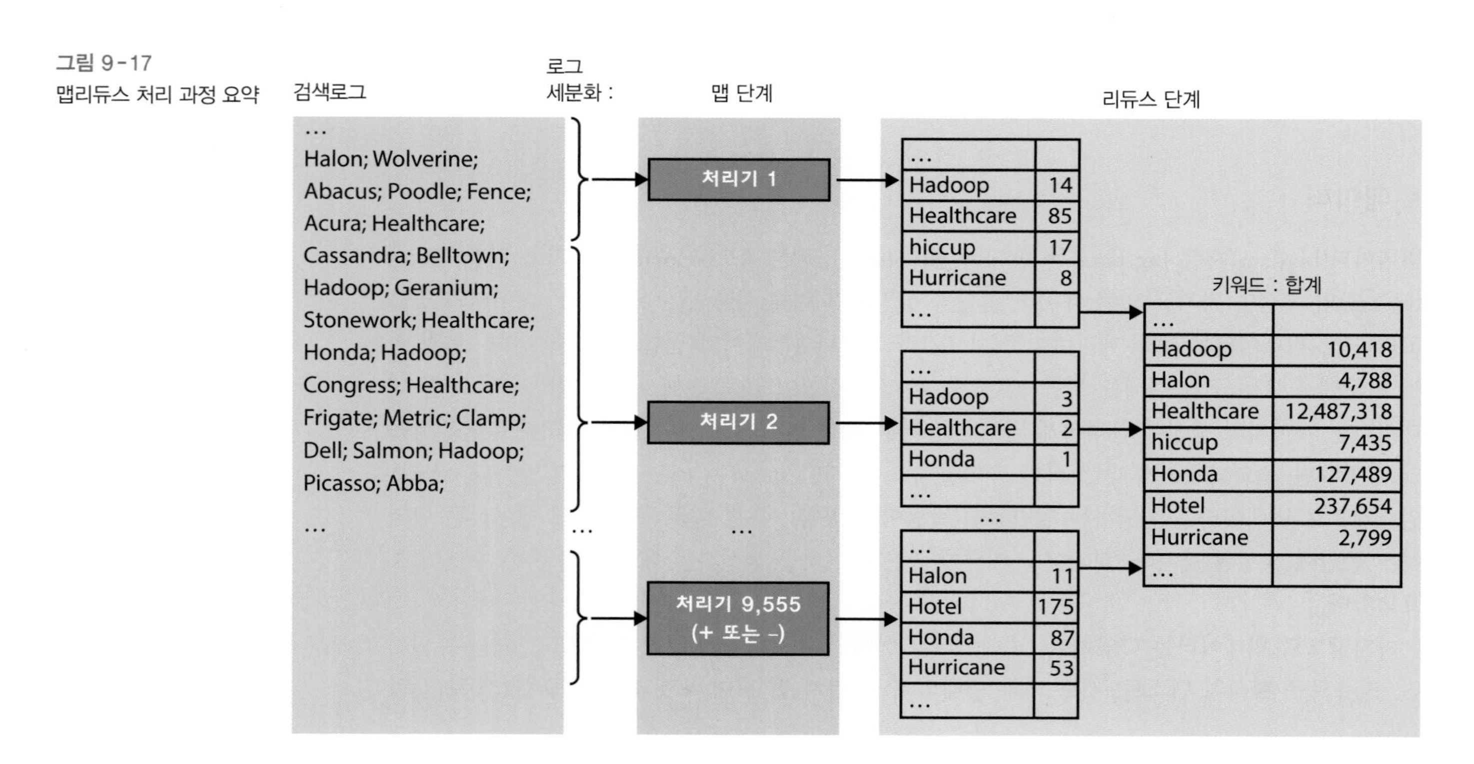

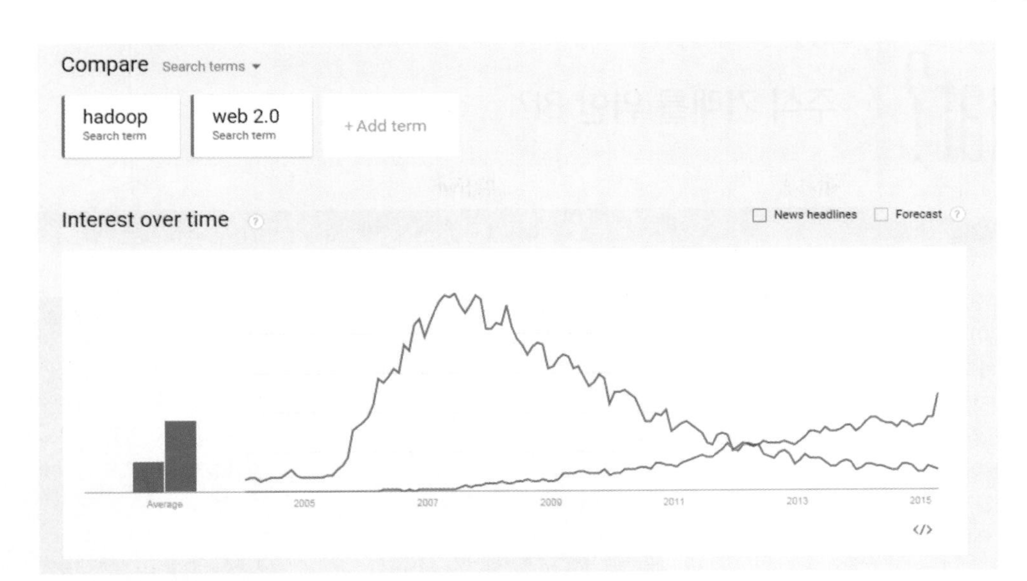

그림 9-18
구글트렌드의 웹 2.0과 하둡 검색 결과

출처 : Google and the Google logo are registered trademarks of Google Inc. Used with permission.

하둡은 카산드라의 일부로 시작했지만, 아파치 재단에서 자체적인 상품이 될 수 있도록 분리하였다. 하둡은 자바 언어로 작성되었으며 원래는 리눅스에서 구동된다. 몇몇 기업은 자체적으로 관리하는 서버팜에 하둡을 구현하고 있으며, 다른 기업들은 클라우드에서 하둡을 운영하고 있다. 아마존닷컴은 하둡을 EC3 클라우드의 일부로 제공한다. 마이크로소프트는 HD인사이트라는 이름으로 아주르 플랫폼에서 서비스를 제공하고 있다. 하둡은 Pig라는 이름의 질의어를 포함한다.

연재 하둡을 작동하고 사용하기 위해서는 매우 어려운 기술이 요구된다. 수년간의 다른 기술들의 발전에 근거해서 판단해볼 때 더 높은 수준의 사용하기 쉬운 제품들이 하둡의 정점에서 구현될 것이다. 지금은 하둡을 사용하는 데 숙련된 프로그래머가 필요하다는 것을 이해하자. 하지만 여러분은 빅데이터 연구를 계획하거나 결과를 해석하는 데 관련될 수도 있다.

빅데이터 분석은 보고나 데이터 마이닝 기법에 포함될 수 있다. 하지만 핵심적인 차이점은 빅데이터가 전통적인 보고나 데이터 마이닝보다 훨씬 더 많은 양, 속도, 다양성의 특징을 가지고 있다는 점이다.

분석이 보고, 데이터 마이닝 혹은 빅데이터 기법으로 수행될 경우에 올바른 사용자에게 전달될 때까지는 아무런 가치를 제공하지 못한다. 이에 대해서는 다음에 논의한다.

Q5 BI 발행의 대안은 무엇인가?

BI 결과가 가치를 가지기 위해서는 반드시 적절한 시간에 적절한 사용자에게 전달되어야 한다. 이 질문에서 우리는 기본적인 발행 대안에 대해 토론하고 웹 서버의 특별한 유형인 BI 서버의 기능성에 대해서 논의한다.

BI 발행 대안의 특징

그림 9-19는 BI 발행을 위한 4개의 대안을 나타낸다. **정적 보고서**(static report)는 생성 시점이 고정되어 변하지 않는 BI 문서이다. 매출 분석 출력물은 정적 보고서의 예시이다. 이 BI의 경우에는 대부분의 정적 보고서는 PDF 문서로 발행된다.

주식 거래를 위한 BI?

1970년대에 스마트 주식거래 분석을 수행하는 대형 컴퓨터가 월스트리트 근처 평범한 사무실에 묻혀 있다는 소문이 있었다. 실제로 작동했을까? 아무도 모른다. 만약 달러와 유로의 환율 하락률이 3M 주가에 영향을 미친다는 상관관계를 발견한다면 여러분은 이것을 공표할 것인가? 아마도 그렇지 않을 것이다. 여러분은 아무도 이러한 상관관계를 알지 못하기를 기대하면서 주식거래를 할 것이다. 혹은 여러분이 만든 헤지펀드 개발 모델이 심각하게 잘못되었다면, 이것도 공표할 것인가? 역시 그렇지 않을 것이다. 즉 데이터의 부족으로 모델 기반의 거래에 대한 성공과 실패의 연구가 이루어지지 않고 있다.

하지만 초단타 매매를 이용하여 수백만 달러를 벌어들인 구 소련의 물리학자인 알렉산더 미그달과 같은 거래자들은 잘 알려져 있다. 그가 만든 기업[7]은 수십만 번의 자동화된 거래를 통해서 약간의 차익만을 얻는 것을 선호했다[8]. 불행하게도 이러한 초단타 매매는 시장에 심각한 스트레스를 주었으며, 2007년과 2008년 즈음에 완전히 붕괴되었다. 하지만 여전히 보다 많은 통제를 통해서 거래가 이루어지고 있다.[9]

비평가들은 지속적으로 신뢰할 수 있는 예측분석은 시장에 지나치게 많은 노이즈들이 있어서 어렵다고 한다. 예를 들어, 3M 주가에 영향을 미치는 요인들로는 국제환율, 유가, 전체 주식시장, 최근 특허, 만료되는 특허, 직원과 소비자의 트위터, 제품 실패 등 상당히 많다. 이러한 복잡성을 설명할 수 있는 모델은 없다.

혹시 가능할까?

오늘날 새로운 등급의 정량적 애플리케이션이 빅데이터와 BI를 사용하여 엄청난 양의 데이터와 다양한 원천으로부터 분석을 수행한다. 이러한 애플리케이션들은 투자 전략을 개발하거나 평가하는 데 사용된다. 투시그마(www.twosigma.com)는 이러한 새로운 방식의 정량적인 분석의 선두주자이다. 이 기업에 따르면 기업의 재무제표, 개발 뉴스, 트위터 활동, 날씨예보 등 엄청난 양의 데이터를 분석한다고 한다. 이러한 분석으로부터 기업은 투자 전략을 개발하고 테스트한다고 한다.[10] 이론적으로는 3M과 같은 기업의 주가에 영향을 미치는 모든 요인을 모델링할 수도 있다.

투시그마는 다섯 단계의 공정을 사용한다.

1. 데이터 획득
2. 모델 생성
3. 모델 평가
4. 위험 분석
5. 거래[11]

잘 운영되고 있을까? 투시그마와 다른 기업들은 실제로 운영된다고 주장한다. 한번 살펴보자.

하지만 우리는 한 가지 중요한 점을 볼 수 있다. 일반 투자자들에게는 최고점에서 매도하고 최저점에서 매수하는 것이 결코 쉽지 않다는 것이며, 어떤 사람은 완전히 가능한 것이 아니라고 한다. 그러나 만약 지금 당장 주식거래를 한다면 여러분은 시장에 혼자가 아니고, 투시그마와 경쟁해야 하며, 그들의 수백 명의 박사와 엄청난 컴퓨터와 싸워야 되고, 유사한 기업들과도 주식시장에서 경쟁해야 한다. 뱅가드의 설립자인 존 보글은 지금 인덱스 펀드를 매수하여 6%의 수익을 얻고 행복해질 것이라고 말한다. 그리고 30년 후에는 그 6%가 거의 6배는 될 것이라고 말이다.

출처 : tonsnoei/Fotolia

질문

1. 주식시장에서 거래되는 애플과 알래스카에어라인 두 기업을 선택하자. 두 회사 주가에 영향을 미치는 10개 요인을 나열하라. 요인은 다를 수 있다.
2. 1번 질문에서 선택한 기업 중 하나를 선택하자. 여러분이 선택한 10개의 요인이 어떻게 주가에 영향을 미치는지를 간략하게 설명하라.
3. 2번 질문에서 선택된 10개의 요인을 측정하기 위한 데이터 소스를 나열하라. 이러한 데이터들을 처리하기 위해서 빅데이터는 어떠한 역할을 수행하는가?
4. 3번 질문에서 답변한 데이터를 여러분이 가지고 있다면, 주가에 영향을 미치는 각각의 요인별 영향은 얼마가 될지를 어떻게 결정할 것인가? 여러분이 사용해야 할 BI 기술은 어떠한 것이 될 것인가?
5. 4번 질문에서 답한 BI를 가지고 있다고 가정하고 10개의 요인이 주가에 영향을 미치는 모델을 어떻게 만들 수 있으며, 그 모델이 좋은 것이라고 어떻게 평가할 수 있을까? 여러분이 선택한 10개의 요인이 맞는지는 어떻게 알 수 있을까?
6. 필요한 데이터를 획득하고 51%의 정확도를 가지는 주가예측 모델을 만들었다고 가정하자. 유용한 모델인가? 모델이 효과적이기 위해서 해야 할 일은 무엇인가?
7. 여러분이 개발한 모델이 실제로는 49%만 정확하다고 가정하자. 어떠한 일이 발생할 것인가?
8. 이 질문과 답을 통해서 여러분이 배운 것을 요약하라.

동적 보고서(dynamic report)는 요청이 있을 때 업데이트가 이루어지는 BI 문서이다. 사용자가 웹 서버에 접속했을 때 그 시점의 매출 보고서가 동적 보고서의 예시이다. 거의 모든 경우에 동적 보고서의 발행은 사용자에게 전달되는 그 시점에 BI 애플리케이션이 데이터베이스나 다른 데이터 출처에 접근하도록 요구된다.

그림 9-19에서 각 서버에 대한 풀 옵션은 같다. 사용자는 사이트로 이동하고, 링크를 클릭하고 (혹은 이메일을 열고), 보고서를 획득한다. 네 가지 서버 유형에 대해서 모두 동일하기에 그림 9-19에는 나타내지 않고 있다.

푸시 옵션은 서버의 유형별로 다르다. 이메일 혹은 협업 도구의 경우에 푸시는 수동으로 이루어진다. 일선 관리자, 전문가 혹은 관리자 같은 누군가가 이메일을 만들고 보고서를 첨부파일과 같은 형태(혹은 협업 도구의 URL)로 첨부하고, 그 보고서에 관심이 있는 사용자에게 발송한다. 웹 서버와 셰어포인트의 경우 사용자는 콘텐츠가 생성되거나 변경되었을 때 주어진 유효 시간을 알려주거나 혹은 특정한 주기로 그들에게 콘텐츠를 푸시할 수 있는 알림경고와 RSS를 만들 수 있다. 셰어포인트 워크플로우 역시 콘텐츠를 푸시할 수 있다.

BI 서버는 특정한 일정이나 특정한 이벤트에 대한 응답으로 특정의 BI 결과에 대해 사용자가 요청하는 **구독예약**(subscription)을 지원하는 확장된 알림경고/RSS 기능을 지원한다. 예를 들어, 사용자는 일일 매출 보고서를 매일 아침에 전송되도록 요청하여 구독할 수 있다. 혹은 사용자는 새로운 결과가 서버에 게시될 때마다 분석 결과가 전달되도록 요청할 수 있고, 판매 관리자가 담당 지역의 주간 매출이 백만 달러를 초과할 때마다 작성되는 매출 보고서를 구독할 수도 있다.

발행 애플리케이션을 만드는 데 필요한 기술은 높거나 낮을 수 있다. 정적 콘텐츠의 경우 거의 기술이 필요하지 않다. BI 저자는 콘텐츠를 생성하고, 발행자(대부분 저자와 동일인물)는 이메일에 첨부하거나 웹이나 셰어포인트에 게시하기만 하면 된다. 동적 BI 발행은 좀 더 어려운데, 문서가 열람될 때 발행자는 데이터베이스에 접근할 수 있도록 설정을 해야 한다. 웹 서버의 경우 발행자는 이런 목적을 위해 능력을 개발하거나 프로그램을 작성할 수 있도록 해야 한다. 셰어포인트와 BI 서버의 경우 프로그램 코드가 반드시 필요한 것은 아니지만 동적 데이터 연결이 생성될 필요가 있을 때에는 이 과업은 기술적으로 상당히 어렵다. 여러분이 동적 BI 솔루션을 개발하기 위해서는 이 수업 범위 이상의 지식이 필요하다. 하지만 IS 과정의 더 많은 수업을 듣거나 IS 전공을 하고 있다면 여러분은 이러한 것을 할줄 알아야 할 것이다.

서버	보고서 유형	푸시 옵션	필요한 기술 수준
이메일 또는 협업 도구	정적	수작업	낮음
웹 서버	정적 동적	알림경고/RSS	정적일 경우 낮음 동적일 경우 높음
셰어포인트	정적 동적	알림경고/RSS	정적일 경우 낮음 동적일 경우 높음
BI 서버	동적	알림경고/ RSS 구독예약	높음

그림 9-19
BI 발행 대안

그림 9-20
일반적인 BI 시스템의 구성요소

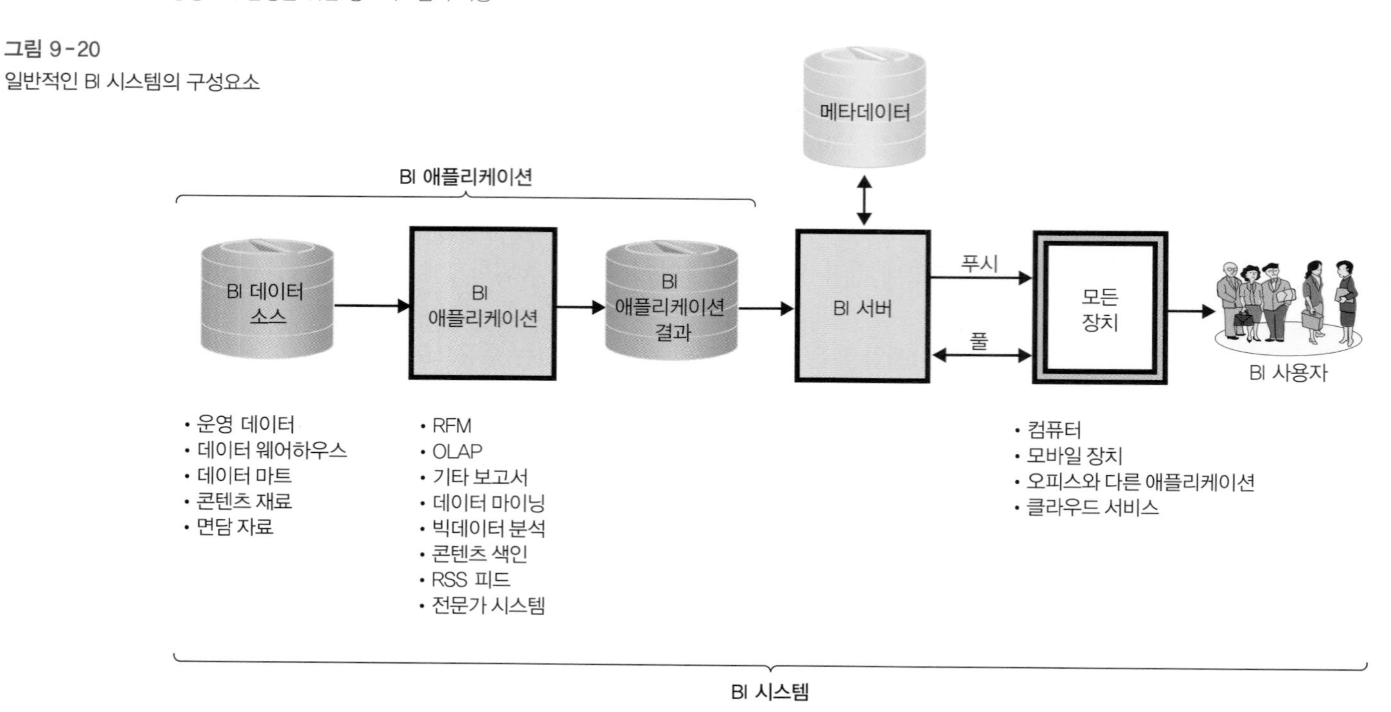

BI 서버의 두 기능은 무엇인가?

BI 서버(BI server)는 비즈니스 인텔리전스 발행을 목적으로 만들어진 웹 서버 애플리케이션이다. 마이크로소프트의 SQL 서버 리포트 매니저(마이크로소프트의 SQL 서버 리포팅 서비스의 일부)는 오늘날 가장 유명한 제품이지만 다른 제품들도 있다.

BI 서버는 주요한 두 가지 기능인 관리와 전달을 제공한다. 관리 기능은 사용자에게 BI 결과의 권한 할당에 대한 메타데이터를 유지한다. BI 서버는 어떤 결과가 사용 가능하고, 어떠한 사용자가 그 결과들을 열람하는 권한을 가지고 있는지, 그리고 권한 있는 사용자에게 제공된 결과물의 열람일정에 대해서 추적한다. 이것은 사용 가능한 결과물의 변화와 사용자의 접근 등에 대한 할당을 조정한다.

그림 9-20처럼 BI 서버가 필요로 하는 모든 관리 데이터는 메타데이터에 저장된다. 물론 이런 데이터의 양과 복잡성은 BI 서버의 기능성에 따라서 달라진다.

BI 서버는 어떤 결과물을 어떤 사용자에게, 가능하다면 어떤 일정에 따라 전송할 것인지를 결정하기 위해 메타데이터를 사용한다. 오늘날 BI 결과물이 '모든' 장치로 전달될 수 있을 것이라는 기대가 있다. 실제 여기서 말하는 '모든'에는 컴퓨터, 모바일 장치, 마이크로소프트 오피스와 같은 애플리케이션 그리고 클라우드 서비스를 의미한다.

이 장에서의 지식이 여러분에게 어떻게 도움이 되는가?

미래의 전문가로서 여러분은 BI가 상당히 중요한 기술이라는 것을 알게 될 것이다. 최근에 프라이스워터하우스 쿠퍼스에서 조사된 자료에 따르면 50%의 미국 CEO가 데이터 분석(비즈니스 인텔리전스)에 있어서 디지털 기술의 가치를 상당히 높은 것으로 평가하는 것으로 나타났다. 80%는 데이터 마이닝과 분석이 그들의 조직에 있어서 전략적으로 상당히 중요한 것으로 평가하고 있었다.[12] 2014년의 가트너에 따르면 CEO는 기술투자에 있어서 (비즈니스 인텔리전스가 핵심인) 디지털 마케팅이 가장 우선순위라고 생각하는 것으로 보고되었다. 파운데이션 캐피탈은 마케팅 기술 지출이 2014년에 120억 달러에서 2026년에는 1,200억 달러로 성장할 것으로 추정하였다. 여러분이 배웠듯이 BI는 이러한 마케팅 기술을 지원하는 핵심적인 기술이다.[13]

이 장에서는 점점 그 중요성이 증가되고 있는 이러한 비즈니스 원칙의 핵심에 대해서 논의하였다. 여러분은 BI 분석의 3단계를 알고 있으며, 비즈니스 인텔리전스의 획득, 처리, 발행을 위한 일반적인 기술에 대해서도 학습하였다. 이러한 지식은 고용주가 생성하고 그 사용의 제약조건을 아는 데이터에 대해 여러분이 혁신적으로 사용할 수 있도록 할 것이다. PRIDE에서 이 장의 지식은 생성된 운동 데이터의 가능한 사용 방법을 이해할 수 있도록 도와줄 것이다. 만약 PRIDE가 수백만의 사용자들과 함께 성공적인 제품이 되기 위해서는 빅데이터 기법들이 매분 단위의 운동 데이터를 분석하는 데 사용될 수 있다는 것을 여러분은 알고 있을 것이다. 하지만 그런 BI의 가치 있는 사용법을 찾는 것도 여러분에게 달려 있다.

윤리문제

보이지 않는 사이버라치

데이터 브로커(data broker) 혹은 **데이터 수집자**(data aggregator)는 소비자, 공공기록, 소매상, 인터넷 쿠키 공급업체, 소셜미디어 트랙커, 그리고 다른 원천들로부터 데이터를 획득하고 구매하여 BI를 개발하고 다른 기업이나 정부에 판매하는 기업체이다. 데이터로직스와 액시콤이 대표적인 데이터 브로커이다.

데이터 브로커는 엄청난 양의 데이터를 수집한다. 2012년 6월 뉴욕타임스에 따르면 액시콤은 50조 개의 거래와 5억 명의 고객 데이터를 23,000개의 서버를 사용하여 처리하였다고 한다. 여기에는 최소한 15,000개 이상의 고객에 대한 데이터 포인트가 저장되어 있다.[14]

그렇다면 데이터 브로커는 이러한 데이터를 가지고 무엇을 할까? 만약 여러분이 추가적인 할인을 받기 위해서 금요일 저녁에 피자를 온라인으로 구매하면, 데이터 브로커(혹은 브로커의 고객)는 피자 할인쿠폰을 금요일 오전에 발송해야 한다는 사실을 알게 된다. 만약 여러분이 지역 잡화상점의 고객카드를 가지고 있고, 정기적으로 감자칩을 구매한다면 데이터 브로커와 그들의 고객은 감자칩 쿠폰 혹은 감자칩을 구매한 다른 고객들이 구매한 다른 스낵 쿠폰을 발송할 것이다. Q1에서 논의하였듯이 여러분이 로션이나 비타민을 구매한다면 데이터 브로커는 여러분이 임신한 사실을 알게 될 것이다.

미국 연방 법률에는 의료 및 신용 정보를 수집하고 사용하는 것에 대해서 엄격한 제한을 두고 있다. 하지만 다른 데이터들은 비제한적이다. 이론적으로는 데이터 브로커가 여러분에 대해서 저장한 정보를 여러분이 직접 볼 수 있도록 해야 하지만, 실제로는 그러한 요청을 하는 방법을 배우는 것이 상당히 어렵다. 더구나 그렇게 하기 위해서는 고문과도 같은 일이 될 것이고, 여러분의 이름, 전화번호, 그리고 현재와 직전의 주소와 같은 크게 중요하지 않은 정보들만 제한적으로 공개된다.[15] 여러분의 모든 데이터를 쉽게 볼 수 있는 수단이 없기에 그것의 정확성을 확인하는 것은 불가능하다.

한편 그러한 데이터의 알려지지 않은 처리에 대해서는 더 우려되고 있다. 어떤 BI 기술이 그러한 기업들에 의해서 사용되는가? 그러한 기술의 정확성과 신뢰성은 어떠한가? 만약 데이터 브로커가 여러분이 금요일 저녁에 피자를 구매한다는 것을 예측하는 데 오류를 범한다고 누가 신경을 쓰겠는가? 그러나 데이터 브로커가 여러분을 테러리스트라고 예측하는 오류를 범한다면 충분히 문제가 될 수 있다. 데이터 브로커들은 이러한 질문에 침묵을 지키고 있다.

토의문제

1. 우리는 칸트의 정언 명령을 이용하여 윤리적 행동을 평가할 것이다. 여러분은 보편적 법칙에 따라서 행동할 것으로 가정하자. 리트머스 실험처럼 만약 뉴욕타임스에 여러분의 행위를 알리고 싶다면, 여러분은 정언 명령에 부합하는 행동을 해야 한다.
   a. 리트머스 실험의 반대의 경우를 생각해보자. 뉴욕타임스에 여러분의 행동이 기사화되는 것을 원하지 않는다는 것이 사실인가? 그것은 비윤리적인가?(혹은 좀 다르지만 동일하게 여러분의 행위가 윤리적이고 여러분이 뉴욕타임스에 기사화되는 것을 원한다면)
   b. 질문 a에 대한 답을 기준으로, 만약 데이터 브로커가 그들이 수집한 데이터에 대해서 공개하지 않고 그것을 어떻게 처리하는지도 공개하지 않는다면 그들의 행위가 비윤리적이라고 이성적으로 결론을 내릴 수 있는가? 여러분의 답을 설명하라.
2. 마케팅 목적으로 데이터를 구입하여 BI를 사용하는 것은 크게 문제가 되지 않는 것처럼 보인다. 사실 그러한가? 정언 명령(20~21쪽)과 공리주의(46~47쪽) 관점에서 다음의 사항이 윤리적인지를 평가하라.
   a. 유전적 요인, 습관, 낮은 교육 수준 등의 범주에 속하는 몇몇 사람들은 정크푸드를 과식하는 경향이 있다. 이 시장의 정크푸드 판매만 한정한다면 데이터 브로커와 고객은 비만을 촉진시킨다. 이 행위는 윤리적인가?
   b. 데이터 브로커는 소비자 행동 데이터로부터 민족적 특성을 추론했다고 주장한다. 그들이 특정의 민족보다 더 많이 대학에 진학한다고 밝혔다고 가정하자. 이러한 것에 따라서 그들이 그 민족집단에 대학입시 관련 자료, 장학금, 대학입학 관련서류에 대한 시장을 집중하기로 하였다. 또한 그 집단은 긍정적인 안내를 받았고 다른 집단은 그렇지 않았다. 이러한 행위는 민족집단 프로파일링과 다른가? 이것은 윤리적인가?
3. 데이터 브로커가 여러분의 할머니가 온라인 카드게임에 중독된 것을 정확하게 식별했다고 가정하자. BI를 통해서 카드게임을 자주하는 것은 온라인 도박으로 이어질 수도 있다는 예측이 나왔다. 이에 따라 데이터 브로커는 여러분의 할머니에 대한 데이터를 온라인 도박 공급자에게 제공하였다. 할머니는 온라인 도박에 빠져서 저축된 모든 돈을 날리고 심지어 여러분의 대학 등록금까지 탕진해버렸다.
   a. 데이터 브로커의 행위는 윤리적인가?
   b. 데이터 브로커가 "우리가 아니라 우리 고객인 온라인 도박 공급자가 야기한 문제란 말입니다."라고 말했다고 가정하자. 브로커의 이러한 자세가 할머니의 손해에 대한 윤리적 고려가 담겨 있는가?
   c. 온라인 도박 공업자가 "이봐요, 우리가 아니라 당신의 할머니가 문제요. 우리는 단지 정당하고 정직한 게임만 제공했습니다. 만약 할머니가 이길 확률이 낮은 게임을 즐기기를 좋아한다면, 할머니와 이야기하시오." 여러분은 게임 회사가 상당한 기간 낮은 확률의 게임에 대한 감정적 보상을 제공해왔다는 사실을 알고 있다고 가정하자. 공급자의 이러한 자세가 할머니의 손해에 대한 윤리적 고려가 담겨 있는가?
4. 미국의 1974년 개인정보 보호법에 따르면 미국 정부는 미국 시민에 대한 데이터를 저장하는 것을 엄격하게 금지하고 있다. 그러나 이 법은 데이터 브로커로부터 BI를 구매하는 것을 막지는 않고 있다. 만약 정부가 그러한 BI를 부분적으로 구매한다면 정부의 행위는 윤리적인가? 정언 명령과 공리주의 관점에서 답하라.

길라잡이

시맨틱 보안

보안은 매우 어려운 문제이고 위험은 매년 훨씬 더 커진다. 우리는 더 저렴하고 더 빨라진 컴퓨터(무어의 법칙 참조)를 가질 뿐만 아니라 또한 더 많은 데이터, 그 데이터를 보고하고 조회하는 더 많은 시스템, 그리고 더 쉽고 더 빠른 광대역 통신망을 갖고 있다. 우리는 클라우드상에 있는 조직 수준의 데이터를 갖고 있고, 그 데이터는 물리적으로 우리의 통제하에 있지 않다. 이 모든 것들이 개인 혹은 사설 정보들이 부적절하게 누설되는 기회를 증가시키면서 결합되어 있다.

접근 보안은 충분히 어렵다. 진짜 메건 조라고 사인한 사람(혹은 프로그램)이 메건 조인지 어떻게 알 수 있는가? 우리는 암호를 사용하지만, 암호 파일은 도난당할 수 있다. 이 문제와는 별도로 우리는 메건 조의 권한 설정이 적절한지 알아야만 한다. 메건이 HR 부서에 근무한다고 가정하자. 그리고 그녀가 다른 직원들의 개인적이고 사적인 데이터에 접근할 수 있다고 하자. 우리는 메건이 업무에 필요한 모든 데이터에 접근 가능하지만, 그 이상은 안 되도록 보고 시스템을 설계해야 한다.

또한 전송 시스템은 안전해야 한다. BI 서버는 어떤 침입자에게도 명백하고 흥미로운 대상이다. 누구도 침입하여 접근 허가를 변경할 수 있다. 혹은 해커가 보고서를 획득하기 위해 다른 사람처럼 행세할 수도 있다. 애플리케이션 서버는 더 많은 정보에 빠르게 접근하게 하여 인가된 사용자를 돕는다. 그러나 적합한 보안 보고가 없다면 서버 역시 비인가자의 침입을 쉽게 만든다.

이 모든 문제는 접근 보안과 관련이 되어 있다. 보안의 또 다른 측면은 똑같이 심각하면서 더 문제가 되는 **시맨틱 보안**(semantic security)이다. 시맨틱 보안은 독립적으로 보호받지 않는 보고서나 문서의 조합을 유출하는 과정에서 보호된 정보의 의도하지 않은 유출과 관련되어 있다. 데이터 삼각구도(data triangulation)라는 용어 역시 이것과 비슷한 현상에서 사용된다.

수업에서 예를 들어보자. 하나의 그룹 프로젝트를 할당하고, 그룹과 각 그룹에 할당된 학생들의 이름 목록을 게시한다고 가정하자. 나중에 모든 프로젝트 그룹이 종료되고 점수를 매겼을 때, 웹사이트에 그 점수 목록을 게시할 수 있다. 대학교 프라이버시 정책 때문에 각 학생의 이름별, 혹은 개별적 점수를 개시할 수 없지만, 대신에 그룹별로 점수를 개시한다. 만약 각 학생에 대한 성적을 얻고 싶은 경우 해야 할 일은 강의 5에서부터 강의 10까지의 모든 리스트를 조합하는 것이다. 여러분은 이 예제에서 성적의 노출이 어떤 해를 미치지 않는다고 이야기할 수도 있지만, 결국 이것은 한 과제에서의 성적 목록이다.

HR 부서의 메건 조로 돌아가자. 메건이 직원 보상 프로그램을 평가한다고 가정하자. COO는 급여가 근무기간에 맞지 않고, 부서별로 너무 다르다고 믿고 있다. 따라서 COO는 메건으로 하여금 *SalaryOfferAmount*와 *OfferDate*를 목록화한 보고서를 받도록 권한을 주고, *Department*와 *AverageSalary*를 목록화한 두 번째 보고서를 받도록 권한을 부여했다.

이 보고서들은 그녀의 업무와 관련이 있고, 충분히 해가 없는 것처럼 보인다. 그러나 메건은 그것들이 개인별 급여를 결정할 수 있을 만큼 충분한 정보를 활용할 수 있다고 깨달았다. 그 정보는 그녀가 가질 수 없고, 받을 권한도 없는 것이다. 그녀는 다음과 같이 업무를 진행한다.

모든 직원과 마찬가지로 메건은 웹 포털의 직원 디렉토리로 접근한다. 디렉토리를 사용하여 그녀는 각 부서의 모든 직원의 이름을 얻을 수 있다. 그리고 그녀의 유용한 보고 권한 시스템을 사용하여 그녀는 각 부서의 목록과 평균 급여 보고서를 조합한다. 이제 그녀는 한 그룹의 직원 이름이 있는 목록과 그 그룹의 평균 급여 목록을 갖게 된다.

메건의 고용주는 회사의 신입사원을 환영하길 좋아한다. 따라서 매주 회사는 고용된 신입사원에 대한 기사를 발행한다. 이 기사는 각 사람에 대하여 유쾌한 코멘트를 만들고, 직원들이 그들을 만나고 인사하도록 격려한다.

하지만 메건은 다른 아이디어가 있다. 보고서는 셰어포인트로 발행되기 때문에, 그녀는 그 보고서의 전자 복사본을 얻을 수 있다. 그것은 아크로뱃 보고서이다. 그리고 아크로뱃 검색 기능을 사용하여 그녀는 곧 그 주에 고용된 직원들의 목록을 얻었다.

그녀는 이제 연구를 위해 받은 *SalaryOfferAmount*와 *Offerdate* 보고서를 사용하여 시험을 해보려 하고, 어떤 해석을 내렸다. 7월 21일의 한 주 동안에 세 번의 급여가 있다. 각각 35,000달러, 53,000달러, 110,000달러이다. 그녀는 또한 '신규 직원' 보고서를 통하여 마케팅 프로그램 이사, 제품 테스트 엔지니어, 그리고 한 사람의 접수 담당자가 동일한 한 주 동안 고용된 것을 안다. 그들이 접수 담당자에게 110,000달러를 줄 것 같지는 않고, 마케팅 프로그램 이사에게 줄 것으로 생각된다. 그래서 그녀는 그 사람의 급여를 (추론하여) '안다'.

다음으로 부서 보고서로 돌아가서 직원 디렉토리를 사용해서, 그녀는 마케팅 이사가 마케팅 프로그램 부서에 있다는 것을 확인하였다. 그 부서에는 단지 세 사람이 있다. 그리고 그들의 평균 급여는 105,000달러이다. 간단한 계산을 사용해서, 그녀는 다른 두 사람의 평균 급여가 102,500달러인 것을 알았다. 만약 그녀가 다른 2명 중 1명의 채용일자를 알 수 있다면, 그녀는 두 번째, 세 번째 사람의 급여를 알아낼 수 있다.

여러분은 아이디어를 얻었다. 메건은 업무를 수행하기 위해 단 2개의 보고서를 받았다. 그러나 그녀는 그 보고서들과 공개적으로 유용한 정보를 조합하고, 적어도 어떤 사람에 대한 급여를 계산해낼 수 있었다. 이 급여들은 그녀가 안다고 추정하는 것보다 훨씬 더 클 것이다. 이것이 시맨틱 보안 문제이다.

SALARY INFORMATION

출처 : 3D folder, Steve Young/Fotolia; generic report, Pete Linforth/Fotolia; document file, kitkana/Fotolia; hand/funnel, viviamo/Shutterstock.

? 토의문제

1. 여러분만의 방법으로, 접근 보안과 시맨틱 보안의 차이점을 설명하라.
2. 왜 보고 시스템이 시맨틱 보안의 위험을 증가시키는가?
3. 시맨틱 보안 문제로 인해 우발적인 손실에 대하여 조직은 스스로를 보호하기 위해 무엇을 할 수 있는가?
4. 조직이 시맨틱 보안 문제를 보호하기 위해 어떤 법적 책임을 수행해야 하는가?
5. 시맨틱 보안 문제를 피할 수 없다고 가정하자. 여러분은 보험 회사의 관점에서 새로운 상품의 기회가 보이는가? 그렇다면 그 보험 상품에 대해 설명하라. 그렇지 않다면 그 이유를 설명하라.

생생복습

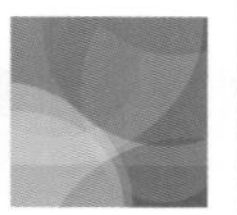

이 장에서 학습한 내용을 이해하였는지 점검해보자.

Q1 조직은 비즈니스 인텔리전스 시스템을 어떻게 사용하는가?

비즈니스 인텔리전스와 BI 시스템을 정의하라. 그림 9-1의 요소에 대해 설명하라. 조직이 그림 9-2의 네 가지 협업 도구 각각에 대해 비즈니스 인텔리전스를 사용할 수 있는 방법으로 본문과 다른 하나의 예를 들어라.

Q2 BI 프로세스에서 세 가지 기본활동은 무엇인가?

BI 프로세스의 세 가지 기본활동의 이름을 명기하고 설명하라. 부품 유통 기업의 팀이 BI 결과를 만들어내도록 이 활동을 어떻게 사용했는지 요약하라.

Q3 조직은 데이터 획득을 위해 데이터 웨어하우스와 데이터 마트를 어떻게 사용하는가?

데이터 웨어하우스와 데이터 마트의 필요성과 기능을 설명하라. 데이터 웨어하우스 구성요소의 역할에 대하여 이름을 부여하고 설명하라. 데이터 마이닝과 복잡한 리포팅에 사용되는 데이터에 존재하는 문제점을 나열하고 설명하라. 데이터 웨어하우스와 데이터 마트의 차이를 설명하기 위해 공급사슬의 예를 사용하라.

Q4 BI 데이터 처리를 위한 세 가지 기법은 무엇인가?

세 가지 기법에 대해 명칭을 말하고 설명하라. 각각에 대해 목표와 특징을 설명하라. 보고 분석을 요약하라. 구조화된 데이터를 정의하라. 데이터 마이닝을 요약하라. 지도 및 자율 데이터 마이닝의 차이점에 대해 설명하라. 보고 분석과 데이터 마이닝을 구별하라. 빅데이터의 3V의 이름을 나열하고 설명하라. 맵리듀스가 어떻게 작동하는 설명하고, 하둡의 목적을 설명하라.

Q5 BI 발행의 대안은 무엇인가?

비즈니스 인텔리전스 발행을 위해 사용된 서버의 네 가지 대안 유형에 대해 이름을 나열하라. 정적 보고서와 동적 보고서의 차이를 설명하라. 사용 가입에 대해 설명하라. 동적 보고서를 만드는 것이 왜 어려운지 설명하라.

이 장에서의 **지식**이 **여러분**에게 어떻게 **도움**이 되는가?

이 장에서 학습한 지식을 요약하고, 미래의 비즈니스 전문가로서 어떻게 사용할 수 있는지 설명하라. 여러분의 지식이 어떻게 PRIDE 프로젝트에 이익이 되는지 설명하고, 빅데이터와 PRIDE의 한 가지 사용법을 설명하라.

주요용어

결과 발행(publish result)
구독예약(subscription)
구조화된 데이터(structured data)
데이터 마이닝(data mining)
데이터 마트(data mart)
데이터 웨어하우스(data warehouse)
데이터 브로커(data broker)
데이터 수집자(data aggregator)
데이터 획득(data acquisition)
동적 보고서(dynamic report)
맵리듀스(MapReduce)
보고 분석(reporting analysis)
비즈니스 인텔리전스(business intelligence)
빅데이터(BigData)
시맨틱 보안(semantic security)
예외보고(exception report)
의사결정 지원시스템(decision support system)
입도(granularity)
자율 데이터 마이닝(unsupervised data mining)
정적 보고서(static report)
제3자 쿠키(third-party cookie)
지도 데이터 마이닝(supervised data mining)
쿠키(cookie)
클러스터 분석(cluster analysis)
푸시 발행(push publishing)
풀 발행(pull publishing)
하둡(hadoop)
회귀분석(regression analysis)
BI 분석(BI analysis)
BI 서버(BI server)
BI 시스템(business intelligence system)
BI 애플리케이션(BI application)
Pig

학습내용 점검

1. 여러분만의 방법으로 어떻게 매출분석 팀이 Q2의 5개의 기준을 구현할 수 있을 것인가를 설명하라. Q2에 나타난 데이터와 테이블을 사용하여 답하라.

2. Q2에서 매출분석 팀은 선택된 부품과 과거의 매출 데이터(Sales History for Selected Parts)를 연결하는 쿼리를 작성하였다. 왜 이 쿼리의 결과가 그러한 부품 설계의 판매를 나타내지 못하는지를 설명하라. 결과에 따라서 팀은 기준을 변경해야 하는가? 만약 그렇다면 어떻게 해야 할 것인가? 만약 그렇지 않다면 어떻게 해야 할 것인가?

3. Sales History for Selected Parts 쿼리의 결과에서 기업이 취할 수 있는 세 가지 행동을 나열하라. 세 가지 중에서 하나를 추천하고 여러분의 추천을 합리적으로 설명하라.

협력과제 9

여러분의 팀원들과 모여서 구글 오피스, 셰어포인트 또는 기타 협업 도구를 사용해서 협업정보시스템을 구축하라. 절차와 팀 훈련의 필요성을 잊지 마라. 이제 정보시스템을 이용해서, 다음의 질문들에 답하라.

아직 읽어보지 않았다면 사례연구 9(282~284쪽)를 읽도록 하자. 불행하게도 제3자 쿠키가 온라인 판매자들에게 상당한 이점을 제공하고 있다. 그들은 소비자들의 관심과 관련된 유사한 제품의 온라인 광고를 보게 될 확률을 증가시킨다. 따라서 제3자 쿠키는 소비자 서비스 역시 제공한다. 그러나 개인정보에 대한 비용은 어떠한가? 그리고 그들에 대해서 어떻게 해야 하는가? 여러분의 팀과 같이 작업을 통해 다음의 질문에 답하도록 하자.

4. 제3자 쿠키가 만들어지고 처리되는 방법을 요약하라. 비록 쿠키가 개인을 식별하는 데이터를 가지고 있지 않다고 하더라도, 어떻게 그러한 데이터가 획득되는지 설명하라(284쪽의 질문 14 참조).

5. 다수의 브라우저 기능, 추가기능 그리고 다른 도구들이 제3자 쿠키를 막는 기능을 가지고 있다. 웹을 통해서 *block third-party cookies for xxx*라고 검색해보자. *xxx*에는 여러분의 브라우저의 이름과 버전을 입력한다. 해당 사이트에서 문제가 되는 쿠키들에 대한 내용과 설명을 요약하라.

6. 상당한 수준에서 광고는 웹 콘텐츠 및 웹사이트 자체의 무료 사용을 위해 지불한다. 개인정보 보호의 두려움 때문에 많은 사람들이 제3자 쿠키를 차단하면 상당한 광고 수익을 잃게 될 것이다. 이러한 움직임이 페이스북 및 다른 광고 수익에 의존하는 기업의 가치에 어떻게 영향을 주는지에 대해 여러분의 그룹과 함께 토론하라. 포브스 또는 무료 온라인 콘텐츠를 제공업체가 제공하는 것과 같은 온라인 콘텐츠의 전달에 그것이 어떻게 영향을 미치는지 토론하라.

7. 많은 기업들이 제3자 쿠키에 관하여 이해관계의 갈등이 있다. 한편에서는 그런 쿠키들이 인터넷 콘텐츠에 대해 수익을 생성하고 지불하는 데 도움이 된다. 다른 한편에서는 사용자의 개인정보에 불법 침입하여 PR 재해로 판명될 수도 있다. 질문 5에 대한 답변에서 여러분이 배운 것과 같이 브라우저들은 제3자 쿠키를 차단하는 옵션을 포함하고 있다. 그러나 대부분의 경우 이러한 옵션은 기본 브라우저 설치에 따라 꺼지게 된다. 왜 그렇게 되는지 이유에 대해 토론하라. 사이트가 제3자 쿠키를 설치하기 전에 허가를 취득해야 한다면, 그것을 허용할 것인지에 대해 어떻게 결정할 것인가? 실제 사용할 것이라고 생각하고 여러분의 팀이 생각하는 기준을 목록으로 제시하라(여러분이 해야 한다고 팀이 생각하는 것과는 반대로). 그런 정책의 효과성을 평가하라.

8. 제3자 쿠키의 처리는 숨겨져 있다. 우리 자신의 행동에 대한 데이터를 가진 영상 뒤로 무엇이 수행되고 있는지 우리는 알 수 없다. 그런 것이 많고, 매우 많은 관계자가 참여하고 있기 때문에 설명이 가능하다 하더라도 그 가능성은 이해하기 어렵다. 그리고 만약 여러분의 개인정보가 독립적으로 작동하는 7개 다른 기업의 상호작용에 의해 구성된다면, 어디에서 책임을 져야 하는 것인가? 소비자에 관하여 이러한 사실의 중요성을 요약하라.

9. 소비자 측면에서 제3자 쿠키의 혜택을 요약하라.

10. 제3자 쿠키에 관하여 여러분이 배운 모든 것을 감안하면, 당신 팀이 그것들에 관해 수행해야 할 작업은 무엇인가? 가능한 대답은 (1) 아무것도 없다, (2) 웹사이트가 제3자 쿠키를 설치하기 전에 사용자에게 묻도록 요청한다, (3) 브라우저가 제3자 쿠키를 차단하도록 한다, (4) 브라우저가 기

본적으로 제3자 쿠키를 차단해야 하지만, 사용자의 선택으로 가능하게 한다, (5) 그 밖의 다른 방안. 여러분 팀에서 이 대안들에 관하여 토론하고 하나를 추천하라. 그리고 그 추천을 정당화하라.

사례연구 9

쿠키 커터를 하둡하라

쿠키(cookie)는 한 웹사이트가 여러분과의 상호작용에 대해 뭔가를 사용자의 컴퓨터에 기록하는 데이터이다. 쿠키는 여러분이 마지막으로 방문한 날짜, 여러분이 현재 로그인되어 있는지 여부, 혹은 해당 사이트와의 상호작용에 대한 다른 무언가와 같은 데이터를 포함하고 있다. 쿠키는 서버 회사가 여러분의 과거 상호작용을 유지하는 데이터베이스에 있는 하나 이상의 테이블에 키 값을 포함할 수 있다. 이 경우에 사이트에 접근할 때, 서버는 여러분의 기록을 조회하는 쿠키의 값을 사용한다. 이러한 자료는 여러분의 과거 구매, 완료되지 않은 트랜잭션의 일부, 또는 데이터를 포함하고 여러분의 웹 페이지에 대해 원하는 데이터나 외형 등과 같은 것을 포함할 수 있다. 대부분의 시간 쿠키는 웹사이트와 여러분의 상호작용을 쉽게 한다.

쿠키 데이터는 쿠키 소유자의 웹사이트 URL이 포함되어 있다. 따라서 예를 들면 여러분이 아마존을 방문할 때 그 이름, www.amazon.com을 포함하고 있는 여러분의 컴퓨터에 쿠키를 배치하고 있는지 브라우저에게 요청한다. 여러분이 쿠키를 해제하지 않는 한, 여러분의 브라우저는 그렇게 할 것이다.

제3자 쿠키(third-party cookie)는 여러분이 방문한 것과 다른 사이트에서 생성된 쿠키이다. 이러한 쿠키는 여러 가지 방법으로 생성된다. 하지만 웹 페이지가 여러 원천에서 콘텐츠를 포함할 때 가장 많이 발생한다. 예를 들어 아마존은 하나 이상의 섹션에 광고 서비스 회사에 더블클릭으로 제공하는 광고가 포함될 수 있도록 페이지를 설계하고 있다. 브라우저가 아마존의 페이지를 생성할 때, 그 섹션에서 콘텐츠를 포함하는 더블클릭을 수행한다(이 경우 광고). 그것이 콘텐츠와 응답할 때 더블클릭은 더블클릭 쿠키를 저장하도록 브라우저에 지시한다. 그 쿠키가 제3자 쿠키이다. 일반적으로 제3자 쿠키는 특정 사용자를 식별하는 이름 혹은 어떤 값을 포함하고 있지 않다. 대신에 그것들은 콘텐츠가 전달되었던 IP 주소를 포함하고 있다.

자신의 서버에서 이 쿠키를 만들 때 더블클릭은 그 데이터를 로그파일에 저장하고, 여러분이 광고를 클릭하면, 그 클릭 사실을 로그파일에 추가한다. 이 로그 기록은 더블클릭이 광고를 표시할 때마다 반복된다. 쿠키는 유효 날짜를 가지고 있다. 하지만 그 날짜는 쿠키 작성자에 의해 설정되고, 그것들은 몇 년 동안 지속될 수 있다. 그래서 시간이 지남에 따라 더블클릭 및 어떤 다른 제3자 쿠키 소유자는 그들이 무엇을 보았는지, 어떤 광고가 클릭되었는지, 그리고 상호작용 간의 간격에 대한 이력을 가지게 된다.

하지만 기회는 훨씬 더 크다. 더블클릭은 아마존에도 있을 뿐만 아니라 페이스북과 같은 많은 다른 것들과도 계약을 가지고 있다. 페이스북이 자사 사이트에 어떤 더블클릭 콘텐츠를 포함하고 있는 경우, 더블클릭은 사용자의 컴퓨터에 다른 쿠키를 배치하게 된다. 이 쿠키가 아마존을 통해 배치한 것과는 다르지만 두 쿠키는 첫 번째와 같은 소스에서 발생한 것처럼 두 번째 쿠키와 관련되기에 충분한 사용자의 IP 주소 및 다른 데이터를 가지고 있다. 그래서 더블클릭은 이제 두 사이트에서의 광고 응답 데이터의 기록을 가지게 된다. 시간이 경과하면서 쿠키 로그는 여러분이 광고에 어떻게 응답하는지뿐만 아니라 광고를 배치하는 모든 사이트에서 다양한 웹사이트를 방문하는 여러분의 패턴을 보여주는 데이터를 포함하고 있다.

여러분은 여러분이 얼마나 많은 제3자 쿠키를 어떻게 가지게 되었는지 배우면서 놀랄 수도 있다. 브라우저 파이어폭스에는 사용자 컴퓨터에 있는 모든 쿠키를 추적하고 그래프로 그리는 **라이트빔**이라 불리는 옵션 기능이 있다. 그림 9-21은 여러 웹사이트를 방문하면서 내 컴퓨터에 저장한 쿠키를 보여주고 있다. 여러분이 볼 수 있듯이 그림 9-21a에서 내 컴퓨터와 브라우저를 시작했을 때 어떤 쿠키도 없었다. www.msn.com을 방문한 이후 내 컴퓨터에 있는 쿠키는 그림 9-21b에 나타나 있다. 이 시점에 이미 8개의 제3자 쿠키가 내 행동을 추적하고 있다. 내가 5개의 사이트를 방문하고 난 뒤에는 그림 9-21c와 9-21d에 나타난 것처럼 27개의 제3자 쿠키를 가지게 되었다.

내 브라우저의 동작 데이터를 수집하는 이 회사들은 누구인가? 여러분이 제3자 쿠키 소유자의 이름을 클릭하면, 라이트빔은 오른쪽의 데이터 열을 강조한다. 그림 9-21d에서 알 수 있듯이 더블클릭은 총 16개의 사이트로 연결되었는데, 단 7개만이 실제 방문한 사이트였다. 즉 더블클릭은 사용자가 알지 못하는 사이에 사용자의 컴퓨터를 연결하게 한다. 오른쪽에 있는 연결 열을 살펴보자. 사용자는 MSN, 아마존, 마이노스웨스트, 그리고 WSJ를 방문하였다. 그러나 BlueKai와 Rubiconproject

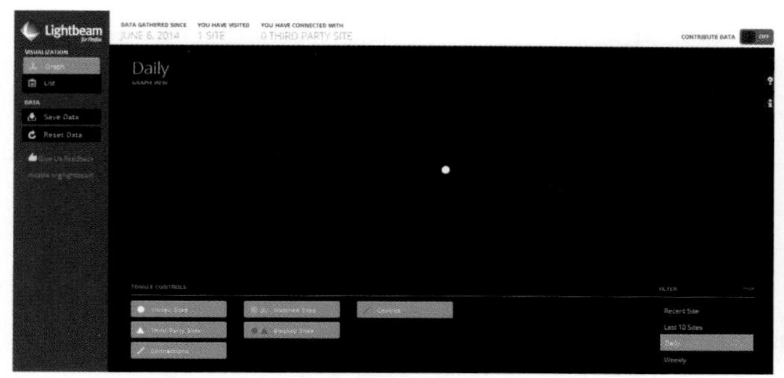

a. 시작 시 표시화면

b. MSN과 Gmail 방문 이후 화면

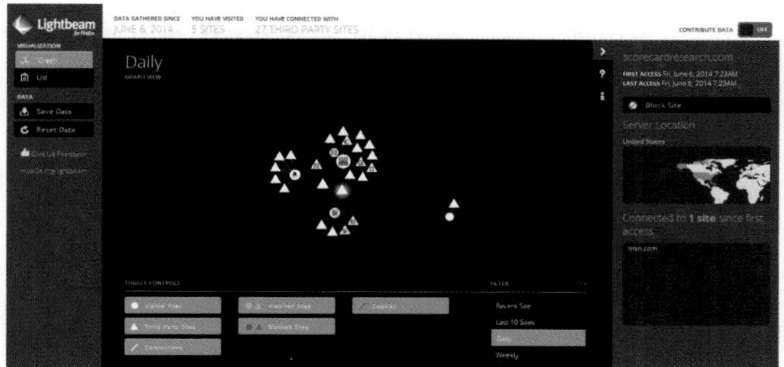

c. 5개의 사이트 방문 후 27개의 제3자 쿠키

d. 더블 클릭으로 연결된 사이트

그림 9-21
제3자 쿠키 증가
출처 : Mozilla Foundation

는 무엇일까? 사용자는 아마도 전혀 들어보지 못했을 것이다. 그러나 그들은 사용자를 알고 있다.

제3자 쿠키는 놀랄 만한 로그 데이터의 양을 생성한다. 예를 들어 한 회사가 더블클릭으로 하루에 지정된 컴퓨터에 100개의 광고를 보여주었다고 가정하자. 만약 그것이 1,000만 컴퓨터(가능하다면)에 광고가 보여지고 있다면, 하루에 10억의 로그 입력 혹은 1년에 3,650억 개의 데이터가 생성된다. 진정 이것이 빅데이터이다.

스토리지는 기본적으로 무료이지만, 어떻게 그들은 모든 데이터를 가능하게 처리할 수 있을까? 그들은 여러분의 컴퓨터에 대해서만 입력 항목을 찾을 수 있도록 어떻게 로그를 분석하고 있는가? 그들은 같은 IP 주소에 있는 다른 쿠키로부터 어떻게 데이터를 통합하고 있는가? 그들은 여러분이 클릭한 광고를 결정하기 위해 어떻게 이 항목들을 분석하는가? 그러고 나서 그들은 광고에 있어서의 차이를 어떻게 특성화하고 어떤 특징이 당신에게 가장 중요하다고 결정하는가? Q4에서 배운 것처럼 그 대답은 병렬처리를 사용하는 것이다. 맵리듀스 알고리즘을 사용하여 그들은 병렬로 작업하는 수천 개의 프로세서에 그 작업을 배분할 수 있다. 그런 다음 이 독립적인 프로세서의 결과를 집계하고, 다시 그것을 수행하는 두 번째 단계의 분석으로 이동하게 된다. 여러분이 Q4에서 배운 오픈소스 프로그램인 하둡이 이 프로세스에서 가장 좋아하는 것이다. 당연히 아마존은 EC3의 일환으로 하둡 맵리듀스를 제공하는 데 아무 걱정이 없다. 그들은 그들 자신이 구축하였고, 지금 그들은 그것을 가지고 있는데, 왜 그것을 외부에 임대하려 하겠는가?

(제3자 쿠키 문제의 추가적인 논의는 281쪽의 협력과제 참조)

질문

11. 자신만의 단어를 사용하여 제3자 쿠키가 어떻게 생성되는지 방법을 설명하라.

12. 여러분이 광고 서비스 회사에서 특정 공급업체(아마존)를 위해 웹 페이지에 제공한 광고에 대하여 쿠키 데이터의 로그를 유지하려 한다고 가정하자.
    a. 어떤 것이 최고의 광고인지를 결정하기 위해 이 데이터를 어떻게 사용할 수 있는가?
    b. 어떤 것이 최고의 광고 형식인지를 결정하기 위해 이 데이터를 어떻게 사용할 수 있는가?
    c. 어떤 광고를 특정 IP 주소로 보낼 수 있는지를 결정하기 위해 지난 광고와 광고 클릭의 기록을 어떻게 사용할 수 있는가?

d. 질문 c의 대답에서 사용된 기법이 얼마나 잘 작동하고 있는지를 결정하기 위해 이 데이터를 어떻게 사용할 수 있는가?
e. 특정 IP 주소가 한 사람 이상에 의해 사용되는지를 결정하기 위해 이 데이터를 어떻게 사용할 수 있는가?
f. 이 데이터의 보유는 다른 광고회사와 경쟁하면서 어떻게 경쟁우위를 주고 있는가?

13. 여러분은 광고 서비스 회사에서 여러분의 고객 회사(아마존, 페이스북 등)의 웹 페이지에 올린 광고에 대하여 쿠키 데이터의 로그를 가지고 있다고 가정하자.
a. 일반적인 용어로, 특정 IP 주소에 대한 로그 항목을 연결하는 쿠키 데이터를 어떻게 처리할 수 있는지 그 방법을 설명하라.
b. 추가적인 데이터를 가지고 질문 12에 대한 여러분의 대답을 어떻게 변경할 것인지 설명하라.
c. 계속하여 가장 낮은 가격을 찾고 있는 사용자를 결정하기 위하여 이 로그 데이터를 어떻게 사용할 수 있는지 그 방법을 설명하라.
d. 일관되게 가장 최신의 패션을 추구하는 사용자를 결정하기 위하여 이 로그 데이터를 어떻게 사용할 수 있는지 그 방법을 설명하라.
e. 질문 c와 d에 있는 것과 같은 용도로 맵리듀스 혹은 유사한 기법으로 가능한 이유를 설명하라.

14. 언급한 바와 같이 제3자 쿠키는 일반적으로 특정한 사람처럼 당신을 식별하는 데이터를 자체적으로 포함하고 있지 않다. 하지만 아마존, 페이스북, 기타 자체 쿠키업체는 로그인을 하였기 때문에 여러분이 누구인지를 알고 있다. 그들 중 하나만이 광고 서버에 여러분의 신원을 나타낼 필요가 있고, 여러분의 신원이 그때 여러분의 IP 광고 주소와 관련될 수 있다. 그 시점에 광고 서버와 잠재적으로 모든 고객은 여러분이 누구라는 것을 알게 된다. 제3자 쿠키가 활성화하고 있는 여러분의 개인정보 침해에 대하여 우려하고 있는가? 여러분의 대답을 설명하라.

주

1. Nipun Gupta, "Top 10 Databases in the World," May 4, 2014, accessed April 2, 2015, *http://csnipuntech.blogspot.com/2014/05/top-10-largest-databases-in-world.html.*
2. Charles Duhigg, "How Companies Learn Your Secrets," *The New York Times,* last modified February 16, 2012, *http://www.nytimes.com/2012/02/19/magazine/shopping-habits.html?_r=2&hp=&pagewanted=all&.*
3. Alistair Barr, "Crowdsourcing Goes to Hollywood as Amazon Makes Movies," *Reuters,* last modified October 10, 2012, *www.reuters.com/article/2012/10/10/us-amazon-hollywood-crowd-idUSBRE8990JH20121010*
4. Martin U. Müller, Marcel Rosenbach, and Thomas Schulz, "Living by the Numbers: Big Data Knows What Your Future Holds," *Der Spiegel,* accessed July 31, 2013, *www.spiegel.de/international/business/big-data-enables-companies-and-researchers-to-look-into-the-future-a-899964.html.*
5. Elizabeth Dwoskin, "The Next Marketing Frontier: Your Medical Records," *Wall Street Journal,* March 3, 2015, accessed April 3, 2015, *www.wsj.com/articles/the-next-marketing-frontier-your-medical-records-1425408631?mod=WSJ_hpp_MIDDLENexttoWhatsNewsFifthhttp.*
6. 오픈소스 소프트웨어 프로젝트를 지원하기 위한 비영리 기업. 원래 아파치 웹 서버를 위해 있었으나, 최근에는 많은 수의 부가적으로 중요한 소프트웨어 프로젝트를 지원하고 있다.
7. Bradley Hope, "5 Things to Know about High Frequency Trading," *Wall Street Journal,* April 2, 2014, accessed April 2, 2015, *http://blogs.wsj.com/briefly/2014/04/02/5-things-to-know-about-high-frequency-trading/.*
8. Bradley Hope, "How Computers Troll a Sea of Data for Stock Picks, *Wall Street Journal,* April 2, 2015, accessed April 2, 2015, *www.wsj.com/articles/how-computers-trawl-a-sea-of-data-for-stock-picks-1427941801?mod=WSJ_hp_RightTopStories.*
9. Scott Patterson. *The Quants.* (New York: Crown Business, 2011).
10. *www.twosigma.com/about.html,* accessed April 2, 2015.
11. Bradley Hope, "How Computers Troll a Sea of Data for Stock Picks, *Wall Street Journal,* April 2, 2015, accessed April 2, 2015, *www.wsj.com/articles/how-computers-trawl-a-sea-of-data-for-stock-picks-1427941801?mod=WSJ_hp_RightTopStories.*
12. Pricewaterhouse Coopers. *2015 US CEO Survey,* accessed April 3, 2015, *www.pwc.com/us/en/ceo-survey/index.html.*
13. Mary K Pratt, "Data in a Blender," *CIO,* April 1, 2015, p. 12.
14. Natasha Singer, "Mapping, and Sharing, the Consumer Genome," *The New York Times,* last modified June 16, 2012, *www.nytimes.com/2012/06/17/technology/acxiom-the-quiet-giant-of-consumer-database-marketing.html.*
15. Lois Beckett, "What Data Brokers Know About You," *RealClearTechnology,* last modified March 8, 2013, *www.realcleartechnology.com/articles/2013/03/08/what_data_brokers_know_about_you_326.html.*

PART 4

정보시스템 관리

제4부는 정보시스템 보안, 개발 그리고 자원에 대해서 논의한다. 오늘날 그 중요성이 상당하기에 우리는 보안부터 먼저 논의한다. 인터넷, 시스템의 상호연결, 국제적인 IS의 성장 등으로 인해 한 조직의 보안 문제는 연결된 다른 조직의 보안 문제로 파급된다.

여러분에게도 이러한 일이 일어날 수 있다

미래의 경영자로서 IS 보안에 대해서 이미 이해하고 있다면, IS 개발에 대해서 왜 알아야 할 필요가 있는지를 이해하는 것은 다소 어려울 수 있다. 전문경영자로서 여러분은 개발 프로젝트의 고객이 될 것이다. 여러분은 여러분을 대신해서 이루어지는 작업의 품질을 평가하기 위해서 개발공정에 대한 기본적인 지식을 알고 있을 필요가 있다. 관리자로서 여러분은 IS 개발을 위한 예산을 할당하고 자금을 지출할 수도 있다. 여러분은 그러한 프로젝트의 능동적이고 효과적인 참가자로서 이러한 지식을 알 필요가 있다.

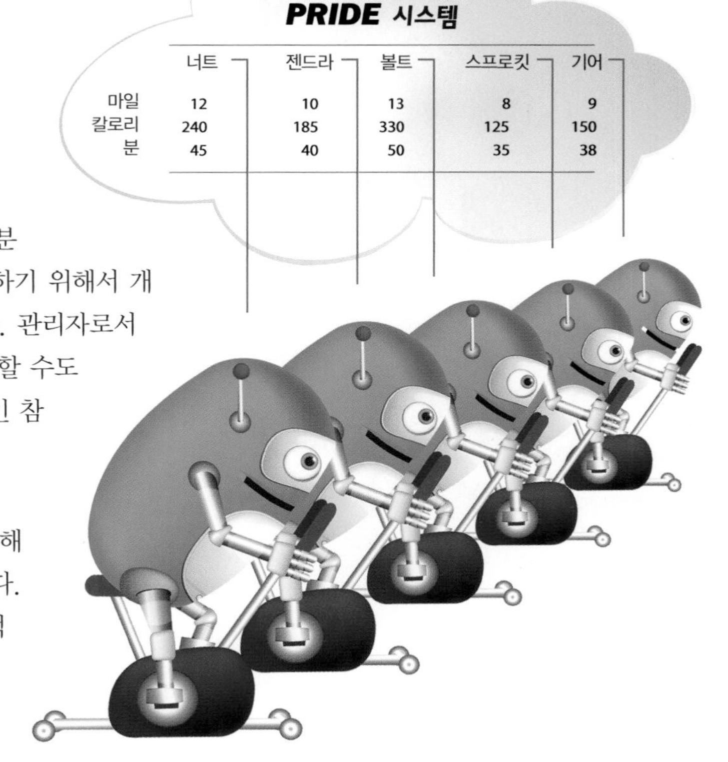

PRIDE 시스템
너트
젠드라
볼트
스프로킷
기어
마일
칼로리
분
12 240 45
10 185 40
13 330 50
8 125 35
9 150 38

출처 : Top: Nongkran_ch/iStock/Getty Images; Bottom: VIGE.CO/Shutterstock

마지막으로 여러분은 IS 부서와의 보다 나은 관계를 위해서 IS 자원을 어떻게 관리하는지에 대해서 알 필요가 있다. IS 관리자는 IS 자산에 대해서 엄격하고 지나치게 보호적인 태도를 보일 수 있다. 그러나 그들의 행동에는 중요한 이유가 있다. 여러분은 IS 부서의 관점을 이해하고 IS 사용자로서 여러분의 권리와 책임을 알 필요가 있다. 이러한 지식을 통해서 오늘날 대부분의 기업에서 여러분은 성공하게 될 것이다.

출처 : lfh85/Fotolia

정보시스템 보안

제임스와 미셸은 미셸이 경주 이벤트에 참여하길 원하는 대규모 스포츠 장비 공급업체인 샌디에이고스포츠의 보안 관리자인 샘 이드와 화상회의 중이다. 이드의 직무는 PRIDE 시스템이 수용할 만한 보안 수준을 제공하는지를 결정하는 것이다. 미셸은 이것에 대해서 샌디에이고스포츠의 직원과 수차례 면담한 적이 있으며 그들은 PRIDE 시스템의 보안에 대한 지식을 가지고 있는 영업부 이외의 사람과 논의할 것을 요청하였다. 미셸은 제임스에게 이드와의 화상회의에 같이 참석할 것을 요청받았다.

여러분에게도 이러한 **일**이 **일어날** 수 있다

"샘, 저는 우리 IS 관리자인 제임스 우와 화상회의에 같이 있습니다. 당신의 우려에 대해서 제임스에게 설명해주지 않겠습니까? 그가 아마도 답변을 할 것입니다."

"알겠습니다. 제임스, 저와 통화할 시간을 내어주어서 감사합니다."

"별 말씀을요."

"네, 우리 SDS… 아, 우리는 샌디에이고스포츠를 SDS라고 부릅니다. 우리 SDS는 보안에 대해서 늘 신경을 써왔습니다. 그러나 최근 발생한 타깃과 어도비 사태로 우리 중역 관리 팀에서는 좀 더 신중할 것을 요청해왔습니다. 범죄자들이 조직 간 시스템에 초점을 맞추어 공격을 시작할 것이라고 하기에, 우리는 모든 협력업체와 보안에 대해서 협의하기로 했습니다."

"이해합니다, 샘. 비록 이번 건이 당신과 우리 시스템 사이의 연결에 대해서 논의하지 않더라도 말입니다. 제가 알고 있기로, 우리는 SDS가 이벤트의 광고와 촉진에 있어서 중요한 역할을 담당해주기를 원합니다." 제임스는 조심스럽게 그의 관심을 끌려고 했다.

"고맙습니다, 제임스. 저 역시 그렇게 이해하고 있습니다. 우리는 다른 어떠한 기업과도 보안상의 문제로 적대적인 감정을 가지고 싶지 않습니다. 그리고 그것이 이렇게 통화를 하게 된 이유입니다."

"알겠습니다. 혹시 특별하게 언급하고 싶은 문제가 있습니까?"

"사실 그렇습니다. 미셸이 당신의 보안 프로그램의 기본적인 것들을 저에게 설명해주었습니다. 그리고 그녀는 당신의 시스템이 원래 의료 데이터를 저장하기 위해서 설계된 것이라고도 말을 해주었습니다. 당신의 시스템에는 상당한 보안이 설계되어 있는 것 같습니다." 샘은 마치 글을 읽듯이 말을 했다.

"그렇지요." 제임스는 그 말을 듣자 미셸을 보며 고개를 끄덕였다.

"좀 더 상세하게 설명을 해주실 수는 없을까요?"

"좋습니다. 그러나 먼저 당신의 기술적인 배경을 물어봐도 될까요?" 제임스는 그에게 어느 정도 수준으로 세부적인 내용을 알려줄지를 가늠하지 못하고 있다.

학습목표

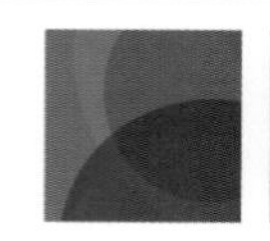
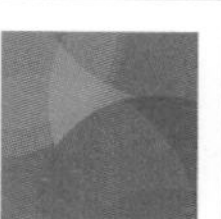

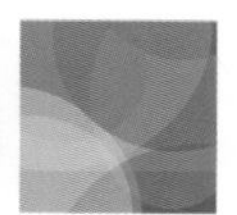

Q1 정보시스템 보안의 목적은 무엇인가?

Q2 컴퓨터 보안 문제는 얼마나 심각한가?

Q3 보안 위협에 대해서 개인은 어떻게 대처해야 하는가?

Q4 보안 위협에 대해서 조직은 어떻게 대처해야 하는가?

Q5 보안 위협에 대처하기 위한 기술적인 보안대책은 무엇인가?

Q6 보안 위협에 대처하기 위한 데이터 보안대책은 무엇인가?

Q7 보안 위협에 대처하기 위한 인적 보안대책은 무엇인가?

Q8 보안 사고에 대해서 조직은 어떻게 대처해야 하는가?

이 장에서의 **지식**이 **여러분**에게 어떻게 **도움**이 되는가?

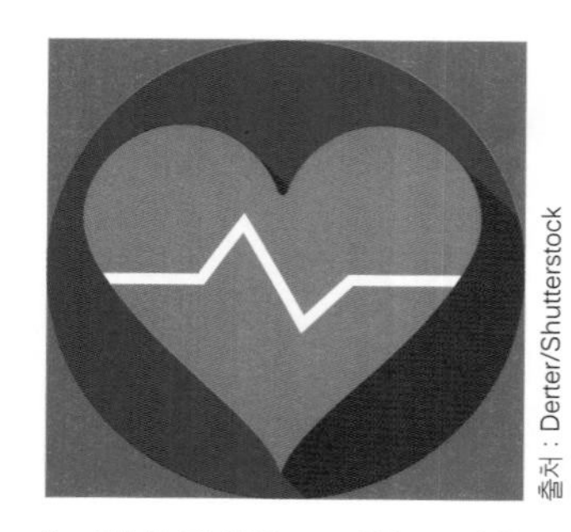
출처 : Derter/Shutterstock

"그런데 당신은 그러한 보안을 어떻게 구축하였습니까?"

"나는 개발자는 아닙니다만, 다수의 우리 시스템의 개발에 있어서 시스템 분석에 관련되어서 과업을 수행했습니다." 샘은 사실 상당히 기술적인 능력을 가지고 있는 사람이었다.

"좋습니다. 그럼 깊이 들어가볼까요? 만약 너무 깊이 들어갔다면 말씀해주세요." 제임스의 목소리에서는 전혀 생색을 내는 듯한 태도는 보이지 않았다.

"그렇게 하지요."

"개별 사용자들은 데이터 유통에 책임을 부여받고 있습니다. 처음에 사용자들의 데이터는 전혀 공유되지 않았습니다. 그러나 우리가 사용하기 쉬운 UI를 제공하면서 사용자들은 보안 설정을 변경할 수 있게 되었습니다."

"알겠습니다. 미셸이 그것에 대해서 말해주었습니다. 그런데 당신은 그러한 보안을 어떻게 구축하였습니까?" 샘은 좀 더 깊이 들어가보기를 원했다.

"수백만 명의 사용자가 있기 때문에, 우리는 모든 개인정보 설정을 데이터베이스에 저장을 했고, 그 데이터베이스에 심혈을 기울인 보안을 구축하였습니다. 당신이 원하면 차후에 좀 더 설명해드리겠습니다."

"아마도요. 설명 계속하십시오."

"이벤트 참가자들은 우리의 모든 주요 플레이어들과 다대다의 관계를 가지고 있는 것으로 밝혀졌습니다. 예를 들면, 참가자는 몇 개의 헬스클럽에 속해 있고, 당연히 헬스클럽은 다수의 참가자들을 가지고 있습니다. 유사하게 참가자들은 잠재적으로 다수의 보험회사와 관계를 가지고 있으며, 각 회사는 다수의 참가자들과 관계를 가지고 있습니다. 이해가 되십니까?"

"네, 계속 하십시오." 샘은 호기심을 보였다.

"그래서 당신이 알고 있듯이 우리는 다대다의 관계를 나타내기 위해서 교차 테이블 혹은 브릿지 테이블을 만들었습니다. 그리고 우리는 개별 사람들과 외부 에이전트와의 관계와 관련된 보안사항을 교차 테이블에 저장했습니다."

미셸이 갑자기 말했다. "샘, 당신 화면에 그림을 좀 그려서 보여드리겠습니다. 테이블 다이어그램이 보이시나요?"

"잠시만요, 읽고 있는 중이네요. 아, 보입니다."

제임스가 계속 말을 이어갔다. "좋습니다. 개별 참가자들의 데이터는 가운데 있는 Person 테이블에 저장이 되어 있군요. 사실 우리는 여기에 보이는 것보다 상당한 양의 데이터를 저장하고 있습니다. 하지만 이건 우리가 처리하는 아이

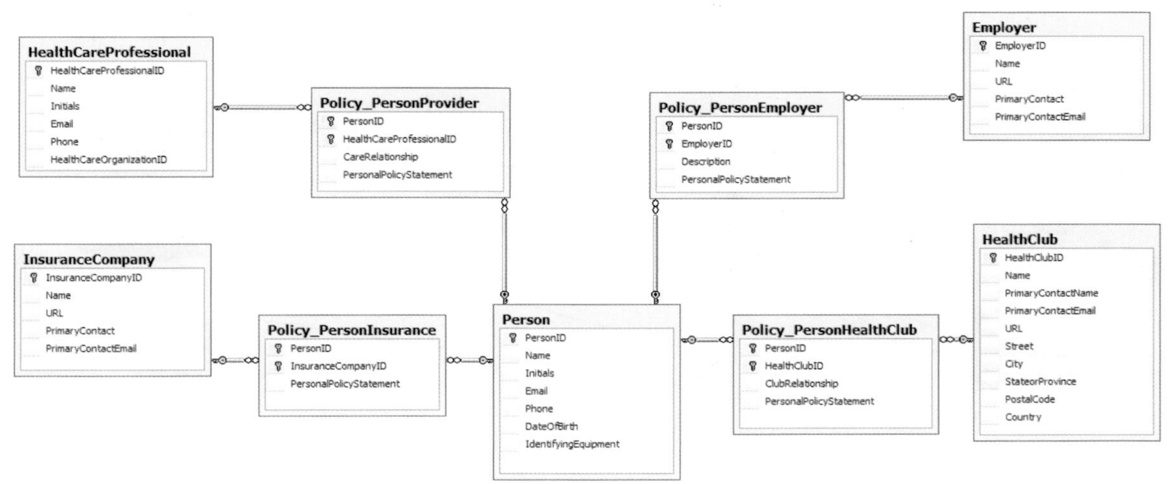

출처 : Microsoft Corporation

디어만 보여주는 것입니다. 보안 허용사항은 *PolicyStatements*라는 속성으로 교차 테이블에 저장되어 있습니다. 기본값은 None입니다. 하지만 누군가가 그의 데이터를 공유하기로 결정한다면 그는 특정의 폼을 사용할 수 있고 우리는 그러한 결정을 PolicyStatements 속성에 저장합니다. 우리의 모든 코드는 제한된 자료 접근 속성을 가지고 있습니다."

"그렇군요. 깔끔한 설계입니다. 하지만 SQL 주입 공격은 어떻게 합니까?"

"좋은 질문입니다. 네 가지의 유형으로 접근이 허용됩니다. 기본값인 None, Non-identifying, Summary, Full Access가 그것입니다. 마지막 2개는 개별 사람의 ID를 포함합니다. 폼에서는 이러한 것이 라디오 버튼으로 표시되어 사용자가 선택을 할 수 있습니다. SQL 주입 공격이 발생하지는 않습니다."

회의는 15분가량 더 이어졌다. 샘은 제임스의 답변에 대해서 만족스러운 것처럼 보였다. 이후 제임스와 미셸은 함께 사무실로 복귀했다.

"제임스, 당신과 함께한 회의 중에서 최고였습니다. 회의 때는 성급하게 보였는데 당신과는 상당히 잘 맞는군요."

"그런 말을 들으니 기쁘군요. 저는 그가 무엇을 생각하는지 알지는 못했지만, 그의 질문은 훌륭했고 우리가 상당히 생각했던 것이었습니다."

"음, 제임스, 당신은 설명에 능숙한 것 같습니다. 영업부로 옮기실 의향은 없으십니까?"

"전혀요, 미셸. 하지만 칭찬으로 받아들이지요."

"다시 한번 감사드립니다."

Q1 정보시스템 보안의 목적은 무엇인가?

정보시스템 보안은 상충관계에 관련된 것이다. 이러한 상충관계는 보안과 자유 사이의 문제일 수도 있다. 예를 들어, 조직은 그들의 정보시스템 보안을 높이기 위해서 사용자들이 패스워드를 선택할 자유를 박탈하고 해커가 크래킹할 수 없는 수준의 복잡한 패스워드를 사용하도록 강요할 수도 있다.

이 장에서 중점적으로 집중하겠지만 정보시스템 보안을 보는 또 다른 관점은 비용과 위험 간의 상충관계로 보는 것이다. 이러한 상충관계의 본질을 이해하기 위해서는 우리는 보안 위협/손실 시나리오와 보안 위협의 원천에 대해서 먼저 논의하도록 한다. 이 후에서는 정보시스템 보안의 목표에 대해서 논의한다.

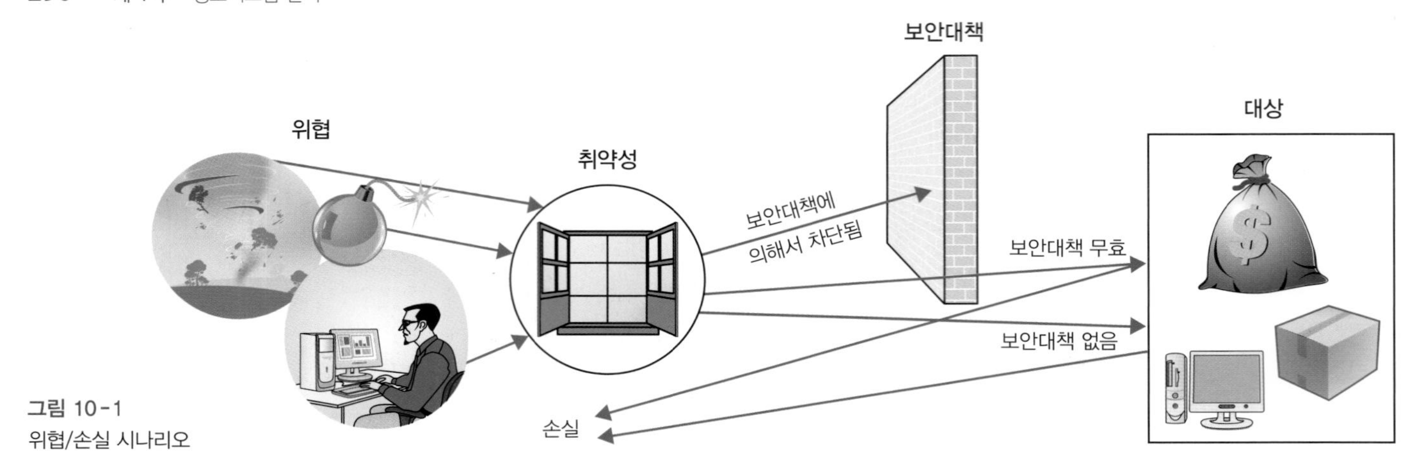

그림 10-1
위협/손실 시나리오

IS 보안 위협/손실 시나리오

그림 10-1은 오늘날 개인이나 조직이 직면하는 보안 문제의 중요한 요소를 설명하고 있다. **위협**(threat)은 소유자의 허락이나 소유자의 지식 없이 불법적으로 데이터를 획득하거나 다른 자산을 획득하려고 시도하는 개인 혹은 조직이다. **취약성**(vulnerability)은 위협이 개인이나 조직의 자산에 접근할 수 있는 기회이다. 예를 들면 온라인에서 구매를 하는 경우 여러분의 신용카드 데이터를 제공하게 되며, 이러한 데이터가 위협에 취약한 인터넷을 통해서 전송되게 되는 경우가 그것이다. **보안대책**(safeguard)은 자산을 획득하려는 위협으로부터 보호하려는 여러 가지 수단을 말한다. 그림 10-1에서 보면 보안대책이 항상 효과적인 것은 아니다. 몇몇의 위협은 보안대책에도 불구하고 실현되기도 한다. 마지막으로 **대상**(target)은 위협이 목표로 하는 자산을 말한다.

그림10-2는 위협, 대상, 취약성, 보안대책, 결과를 나타내는 예이다. 상단의 두 줄은 해커(위협)가 여러분의 은행계좌에 접근하기 위해서 여러분의 은행 로그인 증명서(대상)를 원한다는 것이다. 이메일의 링크를 클릭하는 경우 여러분의 거래은행과 똑같은 피싱 웹사이트로 연결될 수도 있다. 피싱 사이트는 대부분 https를 사용하지 않는다. 그림 10-2의 첫 행에 나타나 있듯이 만약 여러분이 거래은행의 사이트를 http 대신 https를 사용한다면, 여러분은 효과적인 보안대책을 사용할 수 있으며 위협에 대해 성공적으로 대처할 수 있게 될 것이다.

하지만 그림 10-2의 두 번째 행에 나타나 있듯이 만약 거래은행처럼 보이는 사이트를 https를 사용하지 않고(즉 보안되지 않은) 접근한다면 여러분은 아무런 보안대책도 가지고 있지 않은 것이다. 여러분의 로그인 증명이나 정보는 순식간에 기록되고 다른 범죄자들에게 재판매될 수도 있다.

그림 10-2의 마지막 행은 또 다른 상황을 나타내고 있다. 한 직원이 사실은 누구나가 접근을 할

그림 10-2
위협/손실 예시

위협/대상	취약성	보안대책	결과	설명
해커가 여러분의 은행 로그인 관련 데이터를 절취하기를 원함	해커가 여러분의 거래은행과 거의 똑같은 피싱 사이트를 생성	https만을 사용하여 접근	손실 없음	효과적 보안대책
		없음	로그인 관련 데이터 손실	비효과적 보안대책
직원이 중요한 데이터를 공개된 구글플러스에 게시	보호되지 않은 그룹으로 일반 대중이 접근	암호 절차 직원훈련	중요한 데이터 손실	비효과적 보안대책

수 있는 공공 그룹이지만 사용자가 제한된 구글플러스 그룹이라고 착각한 곳에 중요한 정보를 올리는 경우이다. 대상은 중요한 정보가 되고 취약성은 그룹에 접근하는 누구나가 될 수 있다. 이러한 경우에는 손실을 예방하기 위해서 몇 가지 보안대책이 존재할 수 있는데, 중요한 정보를 획득하기 위해서는 암호를 사용하도록 하여 사적인 그룹에 접근하도록 하는 것과 사용자가 제한된 그룹을 사용하는 것이다. 고용주는 직원이 구글플러스와 같은 공공 게시판이나 공공 그룹에 중요한 데이터를 게시하지 못하도록 하는 절차를 가지고 있지만, 이러한 절차는 무시되거나 직원들이 인지하지 못하는 경우가 많다. 세 번째 보안대책은 모든 직원들을 훈련시키는 것이다. 그러나 직원들이 이러한 절차들을 무시하거나 인지하지 못하는 경우에는 이러한 보안대책은 비효과적이거나 대중에게 데이터가 노출되는 문제를 야기한다.

위협의 원천은 무엇인가?

그림 10-3은 보안 위협의 원천에 대해서 요약하고 있다. 위협의 유형은 열로 그리고 손실의 유형은 행으로 나타나 있다.

인간의 실수

인간의 오류와 실수는 조직 구성원과 비조직 구성원에 의해서 야기되는 사건을 포함한다. 예를 들면 운영 절차를 잘못 이해한 직원이 고객의 기록을 실수로 삭제하는 것을 들 수 있다. 또 다른 예를 들자면 데이터베이스 백업작업을 하는 직원이 과거의 데이터베이스를 실수로 현재의 데이터베이스에 부적절하게 설치해버리는 것이다. 이 범주에는 엉성하게 작성된 애플리케이션 프로그램이나 미숙하게 설계된 운영절차도 포함된다. 극단적으로는 직원이 지게차 운전 미숙으로 전산실 벽에 충돌하는 사고를 일으키는 것과 같은 물리적인 사건도 포함된다.

컴퓨터 범죄

위협의 두 번째 유형은 컴퓨터 범죄이다. 이 유형에는 직원이나 퇴사한 직원이 의도적으로 데이터

그림 10-3
보안 문제와 원천

		위협		
		인간의 실수	컴퓨터 범죄	자연재해
손실	비인가된 데이터 노출	절차적 실수	프리텍스팅 피싱 스푸핑 스니핑 해킹	복구 중 노출
	부정확한 데이터 수정	절차적 실수 부정확한 절차 비효과적인 계정 통제 시스템 오류	해킹	부정확한 데이터 복구
	서비스 결함	절차적 실수 개발과 설치 오류	침해	서비스의 부적절한 복구
	서비스 거부	우발적 사고	서비스거부 공격	서비스 중단
	기반구조 손실	우발적 사고	절취 테러활동	재산 손실

나 시스템을 파괴하려는 것을 포함한다. 또한 해커에 의해서 바이러스나 웜을 시스템에 침입시키는 것도 포함된다. 컴퓨터 범죄는 테러리스트와 외부 범죄인이 금전적인 이익을 얻기 위해서 시스템에 몰래 잠입하는 것도 포함된다.

자연재해

자연재해는 보안 위협의 세 번째 원천이다. 이 범주에는 화재, 홍수, 태풍, 지진, 해일, 산사태와 같은 자연적인 사건이 포함된다. 이 범주에 속하는 문제들은 초기의 서비스 능력 손실뿐만 아니라 초기의 문제로부터 발생한 손실들의 복구 과정까지도 포함된다.

어떠한 유형의 보안 손실이 존재하는가?

보안 손실은 비인가된 데이터 노출, 부정확한 데이터 수정, 서비스 결함, 서비스 거부, 기반구조 손실과 같은 다섯 가지 유형으로 존재한다. 각각을 살펴보자.

비인가된 데이터 노출

비인가된 데이터 노출은 보호되어야 할 데이터가 위협에 의해서 획득되는 것이다. 어떤 사람이 부주의하게 정책을 위반하여 데이터를 유출하는 실수에 의해서도 발생할 수 있다. 예를 들면 미국의 경우 대학에서 학생의 이름과 학번 그리고 학년을 공개적인 장소에 게시하는 경우 주 법령에 위배된다. 다른 예로는 직원이 부주의하게 혹은 실수로 경쟁자나 다른 매체에 유출하는 것이다. 위키리크스는 비인가된 노출의 유명한 사례이다. 이러한 상황에 대한 설명은 그림 10-2의 세 번째 행에서 또 다른 예를 찾아볼 수 있다.

검색엔진의 인기와 효능감은 의도하지 않은 또 다른 유출의 원천이 될 수 있다. 직원이 검색엔진에 의해서 검색이 되는 웹사이트에 회사의 제한된 데이터를 입력하는 경우에도 데이터가 웹을 통해서 공개될 수도 있다.

물론 기밀 데이터나 개인 데이터가 악의적으로 노출될 수도 있다. **프리텍스팅**(pretexting)은 특정인인 것처럼 속이는 경우 발생할 수 있다. 보편적인 사기는 신용카드사의 직원인 것처럼 전화를 걸어서 다음과 같이 이야기하며 신용카드의 번호를 확인하려는 것이다. "고객님의 마스터카드 번호를 확인하고자 전화를 드렸습니다. 고객님의 신용카드 번호가 5491로 시작하는데 나머지 번호를 불러주실 수 있겠습니까?" 수천 개의 마스터카드의 신용카드 번호가 5491로 시작하기 때문에 전화를 건 사람은 신용카드 번호를 의도적으로 알기 위한 시도를 하고 있는 것이다.

피싱은 합법적인 원래의 브랜드와 트레이드마크에 심각한 손상을 야기한다. 318~319쪽 길라잡이를 참조하자.

피싱(phishing)은 프리텍스팅과 유사하나 이메일을 통해서 권한 없는 데이터를 얻기 위한 수법이다. 피싱메일 **피셔**(phisher)는 합법적인 회사인 것처럼 가장하여 계좌번호, 주민등록번호, 계좌 비밀번호와 같은 중요한 정보를 요구하는 이메일을 발송한다.

스푸핑(spoofing)은 다른 사람으로 가장하는 또 다른 용어이다. 만약 당신이 교수인 것처럼 행동한다면 당신은 교수라는 신분을 스푸핑하는 것이다. IP **스푸핑**(IP spoofing)은 침입자가 해당 사이트에 속하는 아이피 주소인 것으로 가장하는 경우 발생한다. **이메일 스푸핑**(email spoofing)과 피싱은 동의어로 간주된다.

스니핑(sniffing)은 컴퓨터 간의 통신 내용을 가로채는 기법이다. 유선 네트워크에서는 물리적으로 네트워크에 연결이 되어 있어야 스니핑이 가능하다. 그러나 무선 네트워크에서는 그러한 연결이 반드시 필요한 것은 아니다. **워드라이버**(wardriver)는 단순히 무선 네트워크에 연결된 컴퓨터를 점유하고 보호되지 않은 무선 네트워크를 탐색한다. 그들은 보안되지 않은 무선 네트워크의 트래픽을 가로채거나 감시할 수도 있다. 심지어 보호된 무선 네트워크의 경우에도 역시 취약성은 존재하는데, 이러한 것은 이후에 논의한다. 스파이웨어와 애드웨어 같은 스니핑 기술은 이 장의 후반에서 논의한다.

또 다른 형태의 컴퓨터 범죄는 네트워크에 침입하여 고객명단, 제품 재고데이터, 직원데이터, 기밀데이터 등을 훔치는 것과 같은 **해킹**(hacking)을 포함한다.

마지막으로 자연재해를 복구하는 동안에 의도하지 않게 데이터가 유출되는 경우도 있다. 복구 동안에는 시스템 능력의 재생에만 초점이 맞추어져 있어서 정상적인 보안대책을 무시해버리는 경우가 그러하다. 자연재해의 복구기간 동안에 요구되는 고객 명단의 백업요청은 평상시보다 소홀하게 감독되는 것이 일반적이기 때문이다.

부정확한 데이터 수정

그림 10-3에서 두 번째 문제 범주는 **부정확한 데이터 수정**이다. 고객 할인율의 잘못된 증가나 부정확하게 직원의 급여, 휴가일수, 보너스를 수정하게 되는 것을 예로 들 수 있다. 또 다른 예로는 기업의 웹 페이지나 기업 포털 사이트에 잘못된 가격 변경과 같은 부정확한 정보를 게시하는 것을 들 수 있다.

부정확한 데이터 수정은 직원이 절차를 부정확하게 수행하거나 절차가 부정확하게 설계된 경우에 발생할 수 있다. 제품과 설비 같은 자산에 대한 정확한 통제나 재무적인 데이터의 처리를 위한 시스템의 적합한 내부 통제를 위해서 기업은 의무와 권한에 대한 분리를 명확하게 해야 하고 데이터에 대한 확인과 검사를 꼼꼼하게 수행해야 한다.

부정확한 데이터 수정의 마지막 유형은 **시스템 오류**를 포함하는 인간의 실수에 의해서 발생하는 것이다. 업데이트 유실 문제와 같은 사례는 제5장(121쪽)에서 이미 논의하였다.

컴퓨터 범죄자들은 컴퓨터 시스템에 대한 해킹을 통해서 비인가된 자료의 수정을 할 수도 있다. 예를 들어 해커들은 고객의 계좌 잔고에서 이체를 시킬 수도 있으며 제품 배송을 비인가된 지역이나 고객에서 배송하도록 만들 수도 있다.

마지막으로 자연재해에 대한 결함 복구 조치도 부정확한 데이터 변화를 발생할 수도 있다. 이러한 결함 복구 조치는 비의도적이거나 악의적인 것일 수도 있다.

서비스 결함

보안 손실의 세 번째 유형인 **서비스 결함**은 부정확한 시스템 운영의 결과로 발생하는 문제들을 포함한다. 서비스 결함은 앞서 언급한 부정확한 데이터 수정을 포함한다. 또한 제품의 잘못된 배송, 다른 고객에게 주문된 제품 배송, 부정확한 계산서를 발부, 직원에게 잘못된 정보의 전송까지도 포함된다. 수행되는 절차적인 실수에 의해서 사용자는 실수를 불가피하게 범할 수도 있다. 시스템 개발자도 하드웨어, 소프트웨어, 프로그램 그리고 데이터의 설치 시에 프로그램을 부정확하게 코딩하거나 오류를 범할 소지가 있다.

침해(usurpation)는 컴퓨터 범죄자가 컴퓨터 시스템을 침범하여 본래의 프로그램을 대신하여 합법적인 애플리케이션을 중단시키거나 스파이 역할을 수행하게 하거나 데이터를 절취하는 등의 목적을 가진 그들의 프로그램으로 대체해버리는 것이다. 서비스 결함은 자연재해의 복구 과정에서도 서비스가 부적절하게 저장될 때 역시 발생할 수 있다.

서비스 거부

지속적인 절차수행에서의 인간의 실수 혹은 절차의 불충분함은 네 번째 손실 유형인 **서비스 거부**

(denial of service, DoS)를 초래한다. 예를 들어 사용자가 복잡한 연산을 수행하는 애플리케이션을 수행하는 과정에서 의도하지 않게 웹 서버나 게이트웨이 라우터의 다운을 발생시킬 수도 있다. 대량의 DBMS 자원을 소비하는 OLAP 애플리케이션의 경우에는 주문입력 처리가 제대로 수행되지 않을 수도 있게 된다.

컴퓨터 범죄자들은 의도적인 DoS 공격, 예를 들어 악성 해커가 수백만 개 정도의 모호한 요청을 서버에 실행하도록 하여 서버가 정상적인 처리를 할 수 없게 만들어 버릴 수도 있다. 또한 컴퓨터 웜(worm) 역시 정상적인 트래픽이 처리될 수 없도록 엄청난 양의 인위적인 트래픽을 서버에 침투하도록 한다. 마지막으로 자연재해 역시 서비스 거부의 문제나 시스템의 실패를 야기하기도 한다.

기반구조 손실

인간의 실수에 의한 우발적 사고가 대부분을 차지하는 기반구조 손실이 마지막 유형이다. 불도저가 광케이블 선관을 끊어버리거나 웹 서버 선반을 파괴하는 것을 예로 들 수 있다.

도둑과 테러리스트 역시 기반구조 손실을 야기한다. 불만을 가진 퇴직 종업원이 기업의 데이터 서버, 라우터 혹은 다른 장비를 퇴사하면서 가져갈 수도 있다. 테러리스트 역시 물리적인 설비나 장비의 손실을 야기한다.

자연재해는 기반구조 손실의 가장 큰 위험이다. 화재, 홍수, 지진과 같은 재해는 데이터 센터와 저장된 데이터를 파괴할 수도 있다.

바이러스나 웜 그리고 트로이목마와 같은 것들이 그림 10-3에 포함되어 있지 않은 것에 대해 의문을 가질 수도 있다. 그 이유는 그림에 나타난 문제를 야기하는 기술들이기 때문이다. 바이러스, 웜, 트로이목마들은 DoS 공격이나 악성적이고 비인가된 데이터 접근과 데이터 손실을 야기한다.

마지막으로 최근에 나타난 위협용어가 있다. **지능형 지속 위협**(Advanced Persistent Threat, APT)은 대규모로 상당한 자금을 가진 정부와 같은 조직에 의해서 복잡하고 장기적으로 이루어지는 컴퓨터 해킹이다. 이것은 사이버 전쟁무기나 첩보활동을 의미할 수도 있다. 상하이에 근거를 둔 'APT1'이라 불리는 것이 대표적인 예이다. 2014년 미국 법무부는 APT1과 관련된 5명을 미국 기업의 지적재산권을 절취한 것으로 주목하였다. 미국 보안 기업인 맨디언트는 APT1이 7년간 거의 150개의 조직을 공격한 내용의 세부 보고서를 발간하였다. 여기에는 APT1의 도구, 전술, 절차에 대해서 상세하게 설명되어 있다.[1] 가장 최근에는 포렌식 전문가에 의해서 발견된 '딥판다'라는 집단이 앤썸 의료 데이터를 침해하여 8천만 명의 중요한 자료를 손상시키는 결과를 발생시켰다. 만약 여러분이 정보 기관이나 군사 관련 기관에서 근무한다면 이러한 지능형 지속 위협에 상당히 관심을 두어야 할 것이며 그렇지 않더라도 관심을 두어야 할 것이다.

정보시스템 보안의 목적

그림 10-1에 나타나 있듯이 위협은 저지될 수 있고, 저지되지 못하더라도 적절한 보안대책에 의해서 손실 비용이 감소될 수 있다. 하지만 보안대책을 생성하고 관리하는 것은 비용이 상당히 소요된다. 또한 보안대책은 일상적인 업무를 복잡하게 만들거나 추가적인 노동 비용을 발생시켜 작업 효율을 감소시키기도 한다. 정보시스템 보안의 목적은 위험과 손실 간의 적절한 상충관계와 보안대책 구현 비용을 고려하여 적절한 균형점을 발견하는 것이다.

전문경영자들은 이러한 상충관계를 주의 깊게 검토해야 한다. 여러분 개인적으로는 안티바이러스 소프트웨어를 설치해야만 한다. 아마도 Q3에서 학습하게 될 다른 보안대책을 설치해야만 한다. 브라우저의 쿠키를 제거하는 것과 같은 보안대책들 중 일부는 컴퓨터를 사용하는 것을 좀 더 어렵게 만들 수도 있다. 그러한 보안대책이 그만큼의 가치가 있을까? 그러한 보안대책의 가치를 위험과 이익의 관점에서 평가해야 할 필요가 있다.

조직의 경우에도 개인의 차원에 비해서 조금 더 체계적이긴 하지만 유사한 대응책이 적용될 수 있다. 중요한 것은 분석을 통해서 발견된 문제를 그대로 방치해두지 말라는 점이다. 조직의 이익과 업무에서 존재하는 적절한 상충관계를 결정하고 보안 문제를 직시하라.

Q2 컴퓨터 보안 문제는 얼마나 심각한가?

컴퓨터 보안 위협으로 인한 데이터와 재무적인 손실의 전체를 알 수는 없다. 사실 인간의 실수로 인한 손실이 발생하는 경우는 상당하지만 대부분의 조직이 이러한 손실을 계산하거나 공표하는 경우는 거의 없다. 리스크베이스드시큐리티의 보안 보고서에 따르면 2014년은 3,014건의 보안 사고에서 11억 개의 개인기록이 손실된 기록적인 해로 나타나 있다. 주목할 만한 데이터 침해사고는 홈데포(5,600만), JP모건(8,300만), 그리고 이베이(1억 4,500만) 사고를 포함하는데,[2] 애플의 아이클라우드에 저장된 유명인들의 누드사진 유출이나 소니의 100TB 이상의 데이터 손실은 계산에 포함되지도 않았다. 대부분(83%)의 사용자 기록들은 외부의 해커들에 의해서 이루어졌다. 이러한 것들은 단지 추정된 손실이 보고되거나 뉴스로 알려진 기업만 포함되었다.

자연재해로 인한 손실 또한 상당하며 추정하는 것이 불가능에 가깝다. 2011년 일본에서 발생한 지진의 경우를 예를 들면, 일본 제조 기업의 운영 중단으로 인한 손실이 극동에서 유럽과 미국에 이르는 공급사슬 전반에 걸친 손실을 야기하였다. 이 사건에서도 단지 일본 기업의 IS 복구에 소요되는 엄청난 비용만 상상할 수 있을 뿐이다.

또한 누구도 컴퓨터 범죄로 인한 비용을 알지 못한다. 그 이유로는 먼저, 범죄 비용을 계산하는 표준이 없기 때문이다. DoS 공격으로 인해 발생한 비용에 고용자들의 시간 손실, 수익 손실, 고객 이탈로 인한 장기 수익 손실이 포함될까? 만약 종업원이 2,000달러짜리 노트북을 잃어버렸을 경우, 거기에 있던 데이터의 가치도 포함해야 할까? 또 노트북을 재구매하는 시간과 소프트웨어를 재설치하는 데 소요되는 시간도 포함되어야 할까? 만약 누군가가 내년 재무계획을 도난당했을 경우 경쟁자가 그러한 정보를 획득하는 데 소요되는 비용은 얼마로 계산해야 할까?

두 번째로 컴퓨터 범죄의 비용에 대한 연구들은 모두 설문조사에 기초하고 있다는 점이다. 다양한 응답자들이 용어들을 다양하게 해석하고, 몇몇의 조직은 그들의 전체 손실을 보고하지 않으며, 어떤 조직은 아예 보고조차 하지 않고 있다. 표준화된 정의와 범죄 데이터의 보다 정확한 수집 방법의 부재(不在)는 어떠한 특정의 추정법에 대해서도 정확성을 기대할 수 없다. 우리가 할 수 있는 대부분은 다양한 형태의 응답자들에게 동일한 방법론으로 매년 데이터의 비교를 통한 추세를 찾아보는 것이다.

그림 10-4는 지난 5년간의 설문조사 결과를 나타내고 있다.[3] 이 조사는 휴렛팩커드(HP)와 컴퓨터 범죄 전문 컨설팅 단체인 포네몬에 의해서 수행되었다. 이 조사에서는 가장 손실이 큰 6개의 유형의 공격에 대한 전체 사고 대비 비율과 평균 비용을 보여주고 있다. 신뢰성 검정이 없다면 차이가 무작위적인 것인지를 결정하는 것은 어려울 것이다. 그러나 컴퓨터 범죄에서 대부분의 증가 원천이 악의적인 내부자에 의해서 발생한다는 것이 직관적으로 나타나고 있다. 이러한 유형의 공격의 숫자는 약간 감소하고 있지만, 평균적인 비용은 점점 증가하고 있다(그림 10-5). 명백히 내부자들은 절취에 있어서 상당히 높은 수치를 보여준다. 한편 연구에서는 내부자들을 정규직 종업

그림 10-4
평균 컴퓨터 범죄 비용과 유형별 공격 비율(6대 주요 유형)

출처 : Based on Ponemon Institute. *2014 Cost of Cyber Crime Study: United States*, October 2014, p. 12.

	2010년	2011년	2012년	2013년	2014년
서비스 거부	NA	$187,506 (17%)	$172,238 (20%)	$243,913 (21%)	$166,545 (18%)
악의적인 내부자들	$100,300 (11%)	$105,352 (9%)	$166,251 (8%)	$198,769 (8%)	$213,542 (8%)
웹기반 공격	$143,209 (15%)	$141,647 (12%)	$125,795 (13%)	$125,101 (12%)	$116,424 (14%)
악성 코드	$124,083 (26%)	$126,787 (23%)	$109,533 (26%)	$102,216 (21%)	$19,500 (23%)
피싱과 사회공학	$35,514 (12%)	$30,397 (9%)	$18,040 (7%)	$21,094 (11%)	$45,959 (13%)
장비 절취	$25,663 (17%)	$24,968 (13%)	$23,541 (12%)	$20,070 (9%)	$43,565 (10%)

원, 임시적 종업원, 계약직 혹은 협력사로 정의하고 있다. 나머지 범주의 평균 비용은 점점 감소하는 추세를 나타내고 있다.

이러한 데이터에 추가하여 포네몬은 피해자산 유형별 손실을 조사하였다. 여기에서는 사업 방해가 2014년 총비용의 38%를 차지하는 단일 컴퓨터 범죄로 발생한 가장 높은 비용의 결과로 밝혀졌다. 정보 손실은 2014년 기준으로 35%의 비용을 차지하는 두 번째 결과로 나타났다. 장비 손실과 피해는 단지 4%에 지나지 않았다. 명백하게 가치는 하드웨어가 아니라 데이터에 있는 것이다!

또 다른 연구를 살펴보면[4] 포네몬은 78%의 응답자가 종업원들이 보안 정책을 준수하지 않는 것에 부주의하거나 무시하는 것이 그들의 조직에 심각한 위험이라고 생각하는 것으로 나타났다. 다음으로 가장 걱정하는 것으로는 개인 장비를 기업의 네트워크에 연결하는 것(68%)과 종업원들이 상업적인 클라우드 기반의 애플리케이션을 작업 중에 사용하는 것(66%)으로 보고되었다.

2014년 컴퓨터 범죄 비용 조사는 컴퓨터 범죄 비용 절감에 대한 다양한 보안 정책에 대한 심층분석 내용을 포함하고 있다. 핵심적인 내용은 조직이 Q4에서 Q7까지 다루는 보안대책을 만드는 데 보다 많은 비용을 지출하는 조직일수록 컴퓨터 범죄 발생과 피해손실을 보다 적게 받는다는 것이다. 보안대책은 효과적이다!

만약 여러분이 컴퓨터 범죄 통계라는 용어를 웹에서 검색한다면 상당한 수의 유사한 연구를 찾

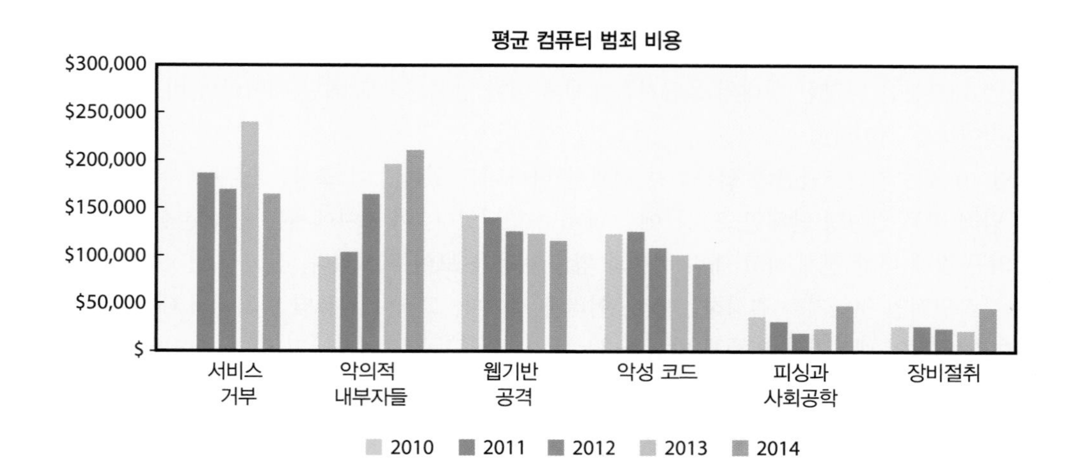

그림 10-5
컴퓨터 범죄 비용

출처 : Based on Ponemon Institute. 2014 Cost of Cyber Crime Study: United States, October 2014, p. 12.

을 수 있을 것이다. 몇몇은 의아한 표본추출 기법에 기초하고 있으며 특정의 보안대책 제품을 홍보하는 것처럼 보이거나 그러한 관점에서 작성된 것도 있다. 이러한 편의(bias)에 유의해서 읽어보자.

2014년의 포네몬 연구의 핵심은 다음과 같다.

- 악의적인 내부자들은 점점 심각한 보안 위협으로 되고 있다.
- 업무 방해와 데이터 손실은 컴퓨터 범죄의 주요한 비용/피해이다.
- 설문 응답자들은 종업원들이 보안 정책을 준수하지 않는 것에 부주의하거나 무시하는 것과 개인 장비를 기업의 네트워크에 연결하는 것 그리고 종업원들이 상업적인 클라우드 기반의 애플리케이션을 작업 중에 사용하는 것이 중요한 보안 위협이라고 답하였다.
- 보안대책은 효과적이다.

Q3 보안 위협에 대해서 개인은 어떻게 대처해야 하는가?

Q1의 마지막에 언급하였듯이 여러분의 개인 보안 목표는 손실의 위험과 보안대책의 비용 간에 효과적인 상충관계를 발견하는 것이다. 하지만 보안의 심각성을 알고 보안대책을 사용하는 사람은 거의 없으며, 아주 낮은 비용의 보안대책도 구현하지 않고 있다.

그림 10-6은 권고하는 개인 보안대책 목록을 나타내고 있다. 보안을 중요하게 생각하는 것이 가장 먼저이다. 여러분은 지금 여러분의 컴퓨터에 접근을 시도해서 침해하려는 시도를 볼 수 없지만 그러한 시도는 존재할 수 있다.

불행하게도 여러분이 보안 침해로 피해받는 첫 번째 지표는 위조된 신용카드 청구서이거나 여러분의 친구들로부터 이상한 메일을 발송받았다는 불평일 것이다. 컴퓨터 보안 전문가들은 공격을 탐지하기 위해서 침입 탐지 시스템을 사용한다. **침입 탐지 시스템**(intrusion detection system, IDS)은 다른 컴퓨터가 컴퓨터나 네트워크를 탐색하거나 접근하려는 의도를 감지하는 컴퓨터 프로그램이다. IDS 로그는 매일 수천 번의 시도를 기록한다. 만약 이러한 시도가 해외로부터 발생한 것이라면 여러분은 합리적인 보안대책을 사용하는 것 말고는 다른 방법이 없다.

만약 보안을 중요하게 생각한다면 여러분이 취할 수 있는 가장 중요한 보안대책은 강력 패스워드를 만들고 사용하는 것이다. 이러한 내용은 제1장(17~18쪽)에서 이미 논의하였다. 요약하자면 패스워드의 일부에 의미 있는 말이나 단어를 사용하지 않는 것이다. 대문자와 소문자, 숫자 그리고 특수문자를 조합한 패스워드를 사용하도록 하자.

이런 강력 패스워드도 역시 패스워드로 사용 가능한 모든 문자와 숫자 등을 조합하여 사용하는 **무차별 대입 공격**(brute force attack)에는 취약하다. 보안 연구자인 존 포자드지데스는 무차별 대입 공격으로 대문자 혹은 소문자로만 구성된 6자리의 패스워드의 경우 약 5분 만에 풀린다고 주장한다. 그러나 대문자와 소문자, 숫자 그리고 특수문자가 조합된 경우에는 패스워드를 알아내는 데 약 8.5일 정도가 걸린다고 한다. 10자리의 패스워드를 대문자, 소문자 모두 사용하여 구성하는 경우에는 4.5년이 소요되고 대문자, 소문자, 숫자, 그리고 특수문자까지 조합하는 경우에는 거의 200년이 소요된다고 한다. 12자리의 문자로만 구성된 패스워드는 무차별 대입 공격으로 약 300년이 소요되고 12자리를 문자와 숫자 그리고 특수문자로 조합하는 경우에는 수백만 년이 소요된다고 한다.[5] 물론 이러한 패스워드는 의미 있는 단어이거나 어휘가 패스워드로 사용되지 않는다는 가정하에서 추정된 시간이다. 요약하면 강력 패스워드라는 것은 10글자 이상으로 의미 있는 단어가 아니며 문자와 숫자 그리고 특수문자로 조합된 것이다.

길고 복잡한 패스워드의 사용에 추가하여 여러분은 사이트별로 다른 패스워드를 사용해야만 한다. 이러한 방법으로 여러분의 패스워드 중에서 하나가 노출되더라도 여러분 전체 계정의 통제를 잃지 않을 수 있다. 중요한 사이트(예 : 은행 사이트)에는 상당히 강력한 패스워드를 사용하고, 약간 덜 중요한 사이트(예 : 소셜 네트워킹 사이트)에 이러한 패스워드를 재사용하지 말아야 한다. 몇몇 사이트는 혁신적인 제품에 집중하고 있고 여러분의 정보를 보호하는 데 상당한 양의 자원을 할당하지 않을지도 모른다. 여러분의 정보를 패스워드로 보호하는 것은 충분히 가치가 있다.

패스워드, 신용카드 데이터 혹은 다른 가치 있는 데이터를 이메일이나 메신저로 보내지 말아야 한다. 몇 번이나 여기에서 언급을 했지만 대부분의 이메일과 메신저는 암호화로 보호되지 않으며, 여러분이 이메일이나 메신저에 입력한 내용들은 어쩌면 **뉴욕타임스** 1면에 나올지도 모른다.

https를 사용하여 믿을 수 있고 평판이 좋은 온라인 공급업체에게만 구매하자. 만약 공급업체가 https를 지원하지 않는다면(브라우저 주소창에 https://를 찾아보자), 구매를 하지 말도록 하자.

여러분의 컴퓨터에 있는 높은 가치를 가진 자산을 제거함으로써 취약성을 감소시킬 수 있다. 미래의 사업전문가로서 지금 그리고 이후부터는 필요로 하지 않는 어떠한 데이터가 저장된 노트북이나 장비를 가지고 여행을 하지 않는 것을 습관화하자. 일반적으로 서버에 중요한 기밀 데이터를 저장하거나 이동식 저장장치를 가지고 여행하지 말아야 한다(한편 오피스365는 셰어포인트에서 https를 사용하여 데이터를 전송할 수 있다. 이와 유사한 애플리케이션을 사용하여 여행하는 동안에 공항과 같은 공공장소에서 문서를 처리할 수 있다).

브라우저는 여러분의 탐색기록이나 여러분이 어디를 방문했고, 무엇을 구매했으며, 계정 이름과 패스워드 등과 같은 중요한 내용을 가지고 있는 임시파일을 자동적으로 저장한다. 브라우저는 여러분이 사이트를 방문했을 때 브라우저가 수신하는 작은 파일들인 **쿠키**(cookies)라는 것도 역시 저장을 한다. 쿠키는 일일이 확인해야 하는 절차 없이 웹사이트의 접근을 가능하게 하여 일부 사이트의 처리 속도를 높인다. 불행하게도 몇몇 쿠키는 상당히 중요한 데이터를 가지고 있다. 최고의 보안대책은 탐색기록, 임시파일 그리고 쿠키를 여러분의 컴퓨터에서 제거하는 것이며 여러분의 브라우저의 검색기록과 쿠키 저장을 해제시키는 것이다.

C클리너는 무료의 공개된 소프트웨어로 안전하게 이러한 데이터들을 제거시켜준다(http://download.cnet.com/ccleaner). 하지만 C클리너를 사용하기 전에 반드시 백업을 해야만 한다.

쿠키를 제거하거나 사용하지 않는 것은 보안과 비용 간의 상충관계에 있어서 훌륭한 예시가 된다. 보안은 상당히 개선되지만 여러분의 컴퓨터는 조금 더 사용하기 어려워질 것이다. 여러분은 그러한 데이터들의 취약성을 알지 못하는 상태가 아니라 충분이 숙지한 상태에서 이러한 의사결정을 해야만 한다.

우리는 Q5에서 안티바이러스 소프트웨어의 사용에 대해서 살펴볼 것이다. 그림 10-6에 있는

그림 10-6
개인 보안대책

- 보안의 중요성을 인식한다.
- 강력 패스워드를 사용한다.
- 다수의 패스워드를 사용한다.
- 이메일이나 메신저로 중요한 데이터를 전송하지 않는다.
- 신뢰할 수 있는 공급업체의 https를 사용한다.
- 컴퓨터에 중요한 가치를 가진 자산을 제거한다.
- 검색 기록, 임시 파일, 그리고 쿠키를 제거한다(CCleaner나 유사한 것 사용).
- 안티바이러스 소프트웨어를 정기적으로 업데이트한다.
- 동료 작업자에게 보안의 중요성을 설명한다.
- 조직의 보안체계와 지침을 준수한다.
- 보안을 무엇보다 가장 중요한 업무로 다룬다.

마지막 세 가지 항목은 여러분이 전문가가 되면 적용해야 할 사항들이다. 동료들, 특히 여러분이 관리하는 사람들에게 보안을 위한 관심과 고려해야 할 사항들을 보여주어야 한다. 여러분은 모든 조직의 보안 지시와 지침을 역시 준수해야 한다. 마지막으로 보안을 업무에 가장 핵심적인 것으로 생각하자.

Q4 보안 위협에 대해서 조직은 어떻게 대처해야 하는가?

Q3에서는 개인이 보안 위협에 어떻게 대처해야 하는가에 대해서 논의하였다. 조직의 차원에서는 보다 광범위하고 체계적인 접근이 필요하다. 시작하기에 앞서 상위 경영자들은 보안 정책과 위험 관리에 대한 중요한 기능에 대해서 언급할 필요가 있다. 보안 정책은 최소한 다음과 같은 것이 포함되어야 한다.

- 조직이 저장하려는 중요한 데이터에 대한 내용
- 중요한 데이터가 처리되는 과정에 대한 내용
- 다른 조직과 데이터가 공유되는지에 대한 내용
- 직원들과 다른 사람들이 데이터를 복제할 수 있는 절차와 방법에 대한 내용
- 직원들과 다른 사람들이 부정확한 데이터를 수정할 수 있는 절차와 방법에 대한 내용

정책의 세부적인 규정은 조직이 정부기관인지 비정부기관인지, 공공기업인지 개인기업인지, 어떠한 산업군에 속한 조직인지, 경영층과 종업원의 관계 등과 같이 다양한 요인에 따라서 결정된다. 신입사원의 교육에 직원의 보안과 관련된 훈련이 없다면 새롭게 정책을 적용해야 한다.

두 번째로 상위 관리자가 수행해야 하는 보안 기능은 위험을 관리하는 것이다. 위험은 완벽하게 제거될 수 없다. 따라서 관리가 되어야 하는데, 이것은 위험과 비용 간의 상충관계를 적절하게 균형 잡는 것을 의미한다. 이러한 상충관계는 산업별은 물론 조직별로도 다르다. 금융기관의 경우에는 범죄의 주 대상이 되기에 보안대책에 대해서 상당한 투자를 해야만 한다. 그러나 볼링장과 같은 소규모 기업 혹은 중소기업은 컴퓨터나 모바일 기기에 신용카드 정보를 저장하지 않는 이상 공격의 대상이 되는 경우는 거의 없다(이러한 보안에 대한 결정은 볼링장뿐만 아니라 대부분의 소규모 기업도 조직의 보안 정책의 한 부분으로서의 의사결정이다).

상충관계와 관련된 의사결정을 위해 조직은 그들이 저장하는 데이터와 위협의 대상이 되는 것들에 대해서 목록을 작성할 필요가 있다. 그림 10-3은 위협의 빈도와 범주를 이해하는 데 도움이 될 것이다. 이러한 위협과 목록을 통해서 조직은 수용할 위험의 수준과 구현할 보안대책의 수준을 결정할 필요가 있다.

정보 자산을 보호하기 위해 보안대책을 사용하는 것과 유사한 예는 자동차 보험에 가입하는 것이다. 자동차 보험을 가입하기 전에 여러분은 자동차의 가치와 차에 발생할 손상의 확률을 추정하고 수용할 위험의 수준을 결정한다. 그러고 나면 보험 정책이라고 불리는 보안대책을 구입함으로써 보험으로 전가할 위험을 결정한다. 단일 보험을 가입하는 것과는 달리 조직은 그들의 데이터와 하드웨어를 보호하기 위해서 다양한 보안대책을 구현한다.

정보시스템 보안대책을 가장 쉽게 기억하는 방법은 그림 10-7과 같이 정보시스템을 구성하는 다섯 가지 요소와 관련하여 살펴보는 것이다. 몇몇 보안대책은 하드웨어와 소프트웨어와 관련이 있다. 일부는 데이터와 관련이 있으며 인간이나 절차와 관련되어 있다. 이후에서는 기술적 보안대책, 데이터 보안대책, 인적 보안대책에 대해서 살펴본다.

블랙햇 2014의 새소식

해커, 보안 전문가, 그리고 정부 요원은 매년 라스베이거스에서 개최되는 중요한 보안 회의인 블랙햇에 대거 참석한다. 블랙햇은 해커, 보안 전문가, 기업, 그리고 정부 부처들을 대상으로 하고 있다.

매년 연설자들은 해킹사례들에 대해서 간략하게 발표한다. 발표자들은 하드웨어, 소프트웨어, 프로토콜 혹은 시스템의 취약성이 어떻게 노출되는지 정확하게 보여준다. 어떤 세션에서는 여러분의 스마트폰을 해킹하는 것에 대해서 보여주기도 하고, 다른 세션에서는 현금자동인출기(ATM)에서 현금을 전액 인출하는 것을 보여주기도 한다.

여기서의 발표들은 기업으로 하여금 제품의 취약성을 보완하도록 하며, 해커, 개발자, 제조업체 그리고 정부 요인들을 위한 교육적인 포럼을 제공한다. 다음은 2014년도 블랙햇 회의의 주요한 내용들이다.

댄 기어의 기조연설 : 블랙햇에서 가장 화두가 된 것은 인큐텔의 CISO인 댄 기어의 기조연설이었다. 인큐텔은 벤처캐피털 기업으로 미국 중앙정보부(CIA)와 미국 정보기관의 업무를 지원하는 기술들에 투자하는 회사이다. 그는 연설에서 10개의 정책에 대해서 제안하고 이것이 정보 보안을 상당히 향상시킬 것이라고 언급하였다.[6] 주목할 만한 그의 정책 제안은 다음과 같다.

1. 강제적인 보안 취약성에 대한 보고는 전염병 발생을 질병예방 및 통제국에 보고하는 것과 같다.
2. 소프트웨어 개발자는 그들이 신경 쓰지 않은 코드에 의해서 발생한 피해에 대해서 책임질 의무가 있으며, 사용자에게 소스코드를 공개하여 그들이 실행되지 않기를 원하는 부분을 뺄 수 있도록 허용해야 한다.
3. 인터넷 서비스 제공자(ISP)는 전송되는 데이터를 조사하였다면, 네트워크를 통해서 전파되는 해로운 콘텐츠에 대해서 책임을 질 의무가 있다. 만약 그들이 사용자의 데이터를 조사하지 않았어도 여전히 통신사업자로서 보호해야 한다.
4. EU의 법률이 '잊혀질 권리(right to be forgotten)'를 인정하고 있는 것은 적절하고 이점이 있다.

사용자 간 암호화된 이메일 : 야후의 CISO인 알렉스 스태모스는 2015년에 사용자들 간에 암호화된 이메일을 야후메일을 통해서 사용할 수 있을 것이라고 언급했다.[7] 이것은 최초발신자와 최종수신자만이 메시지의 내용을 읽을 수 있다는 것을 의미한다. 이 발표는 개인정보 보호에 관심이 있는 참석자들에게 가장 화두가 되는 내용이었다. 에드워드 스노든이 발표한 소비자 감시에 관련된 정부와 거대기술 기업 간의 관계충돌은 역시 보안 전문가와 시민 자유주의자에게 주위를 환기시키는 내용이었다.

스마트기기 해킹 : 블랙햇에서 가장 주목을 받은 발표는 스마트폰, TV, 웹캠, 온도조절기, 자동차와 같은 기기들을 해킹하는 것에 대한 내용이었다. 보안 연구자인 찰리 밀러(트위터©)와 크리스 발라섹(IO액티브©)은 24개의 자동차가 가지고 있는 잠재적 취약성을 발표하였다.[8] 그들은 무선기능(예 : 블루투스, 와이파이, 휴대전화 연결)을 가진 자동차가 내부적 시스템 구조가 부실한 경우에 해커들은 자동차의 라디오를 켜는 기능으로도 자동차를 움직일 수 있게 만들 수 있다고 주장하였다.

출처 : Rawpixel/Fotolia

다른 보안 연구자인 헤수스 몰리나는 중국에 있는 세인트레지스 선전 호텔의 보안 취약성에 대해서 이야기하였다.[9] 최근에 몰리나는 호텔에 숙박하면서 자동제어 프로토콜인 KNX/IP를 역공학(reverse-engineering)으로 최소 200여 개 방의 전등, 온도조절기, TV, 블라인드를 통제할 수 있다는 것을 발견했다고 언급했다. 이러한 발표는 IP 기반의 스마트 장치를 위해 보안 소프트웨어를 개발하는 기업에게 상당히 중요한 내용으로 받아들여졌다. HP가 수행한 스마트기기의 취약성에 대한 연구에서는 70%가 암호화되지 않은 네트워크 서비스를 사용하고 있으며, 60%의 기기가 XSS(cross-site scripting)와 인증에 취약점을 가지고 있는 것으로 밝혀졌다.[10]

질문

1. 어떻게 강제적 취약성 보고가 시스템 보안을 강화하는가?
2. 댄 기어는 소프트웨어 개발자는 그들이 신경 쓰지 않은 코드에 의해서 발생한 피해에 대해서 책임질 의무가 있으며, 사용자에게 소스코드를 공개하여 실행되지 않기를 원하는 부분을 뺄 수 있도록 허용해야 한다고 제안하였다. 이러한 정책이 마이크로소프트에 미치는 영향은?
3. '잊혀질 권리'는 구글이나 페이스북 같은 온라인 비즈니스에 어떤 영향을 미칠 것인가?
4. 사용자 간 암호화된 이메일의 피해를 받는 사람은 누구일까?
5. 왜 스마트 장치의 취약성이 중요할까?

하드웨어	소프트웨어	데이터	절차	사람

기술적 보안대책	데이터 보안대책	인적 보안대책
식별과 인증	데이터 권리와 책임	고용
암호화	암호	훈련
방화벽	암호화	교육
악성소프트웨어 보호	백업과 복구	절차 설계
애플리케이션 설계	물리적 보안	관리
		평가
		책임추적성

그림 10-7
정보시스템 구성요소와 관련된 보안대책

Q5 보안 위협에 대처하기 위한 기술적인 보안대책은 무엇인가?

기술적 보안대책(technical safeguard)은 정보시스템을 구성하는 하드웨어와 소프트웨어와 관련이 있다. 그림 10-8은 주요한 기술적 보안대책에 대해서 설명하고 있다.

식별과 인증

오늘날의 모든 정보시스템은 사용자 이름과 암호(password)를 입력하도록 요구하고 있다. 사용자 이름은 사용자를 **식별**(identification)하고 암호는 사용자를 **인증**(authentication)한다.

암호는 중요한 약점을 가지고 있다. 먼저 사용자들은 암호에 대한 반복적인 경고(여러분들은 그렇게 하지 않기를 바란다)에도 불구하고 다른 사람과 암호를 공유하기도 하고 비효과적이고 단순한 암호를 사용하기도 한다. 사실 2014년 버라이즌 보고서에서는 다음과 같이 언급하고 있다. "암호, 사용자 이름, 이메일, 신용/직불카드, 금융계좌 정보, 주민등록번호(Social Security number)는 심각한 수준으로 침해당하고 있으며 전 세계 소비자들을 위협하고 있다."[11] 이러한 문제들 때문에 일부의 조직에서는 스마트카드나 생체 인증을 암호와 함께 사용하기도 한다.

스마트카드

스마트카드(smart card)는 신용카드와 비슷한 플라스틱 재질로 만들어진 카드이다. 마그네틱 선(magnetic strip)를 가지는 신용카드, 직불카드, 현금 자동인출기 카드와는 달리 마이크로 칩을 가지고 있다. 마이크로 칩은 마그네틱 선보다 많은 데이터를 저장할 수 있으며 또한 데이터 식별이

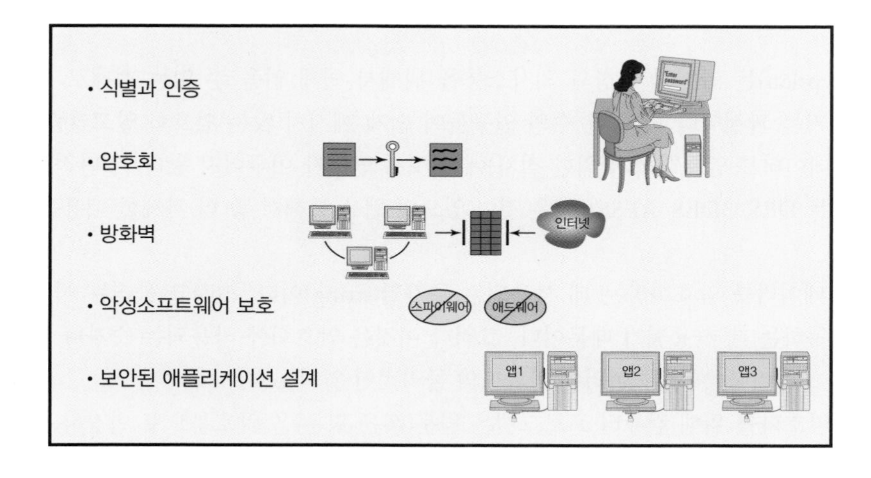

그림 10-8
기술적 보안대책

가능하다. 스마트카드를 사용하기 위해서는 식별을 위해서 **개인 식별 번호**(personal identification number, PIN)를 입력하여 인증을 받는 과정이 요구된다.

생체 인증

생체 인증(biometric authentication)은 사용자의 지문, 얼굴 형태, 홍체 등 물리적 특성을 사용하여 인증한다. 생체 인증은 강력한 인증을 제공하지만, 요구되는 장비의 가격이 높다. 종종 사용자에게 인권 침해적인 느낌을 주는 특성이 있어서 인식 과정에 대한 저항을 불러오기도 한다.

생체 인증은 도입 초기에 속한다. 강력한 특성으로 향후 지속적인 활용의 증가가 예상된다. 또한 생체 식별, 관련 데이터의 보호, 사용 및 저장과 관련한 법률적인 문제도 향후 해결될 것으로 보인다. 보다 자세한 내용은 http://searchsecurity.techtarget.com에서 살펴볼 수 있다.

인증은 사용자가 알고 있는 것(암호나 개인 식별 번호), 사용자가 가지고 있는 것(스마트카드), 사용자 자체인 것(생체 특성)의 세 가지 범주로 구분된다.

다중 시스템을 위한 싱글 사인-온

정보시스템은 인증을 위하여 다양한 원천을 요구하기도 한다. 예를 들어 개인용 컴퓨터에 접속하기 위해서는 개인 인증이 필요하다. 여러분 학과의 근거리통신망(LAN)에 접속하기 위해서는 또 다시 인증이 필요하다. 여러분 조직의 광역통신망(WAN)에 접속하기 위해서는 계속해서 많은 네트워크의 인증이 필요하다. 또한 데이터베이스의 데이터를 요청하기 위해서는 데이터베이스를 관리하는 DBMS 서버가 다시 인증을 요구하게 된다.

이러한 반복되는 사용자 이름과 암호의 입력 과정은 사용자에게 불편함을 줄 수 있다. 아마도 이러한 상황에서는 사용자는 5~6개의 다른 암호를 기억하고 있어야만 자신의 작업을 수행할 수 있게 될 것이다. 또한 여러 개의 암호를 이러한 네트워크를 통해서 전송하는 것은 역시 바람직하지 않다. 이러한 경우 암호가 노출되거나 유출될 위험은 점점 더 증가하게 될 것이다.

한편 현재의 운영체제들은 네트워크와 다른 서버에 대한 인증을 한번에 처리할 수 있는 능력을 가지고 있다. 즉 사용자가 개인의 운영체제에서 인증되면 개인 사용자의 컴퓨터를 인증한 네트워크나 서버에 운영체제가 인증과 관련된 데이터를 전송하여 해당 사용자에 대한 인증을 처리한다. 이렇게 함으로써 여러분의 ID와 암호는 여러분의 지역 네트워크 컴퓨터에 개방되어 사용되게 된다. 암호를 선택할 때 이점을 명심하자.

암호화

암호화(encryption)는 안전한 저장과 의사소통을 위해서 쉽게 읽을 수 없는 형태로 원래의 문자들을 변환시키는 과정이다. 상당한 수의 연구들이 쉽게 깨지지 않는 **암호화 알고리즘**(encryption algorithms, 데이터를 암호화하기 위한 절차)에 대해서 연구가 이루어져 왔다. 일반적으로 사용되는 방법으로는 DES, 3DES, AES와 같은 것이 있으며 웹을 통해서 좀 더 자세한 내용을 찾아볼 수 있다.

키(key)는 데이터를 암호화하는 데 사용되는 문자열(string)이다. 키라고 불리는 이유는 이것이 메시지를 해독하는 데 사용되기 때문이다. 그러나 이것은 암호화에 사용되는 숫자나 문자로 표현되는 비트의 조합이다. 이것은 여러분 아파트의 물리적인 열쇠(key)는 아니다.

메시지의 암호화를 위해 컴퓨터 프로그램은 원문(혹은 평문)을 암호문으로 변경하는 암호화 알고리즘(AES 같은)과 키(앞서 언급한 '키')를 조합하여 사용한다. 암호화된 메시지("U2FsdGVkX1+b637aTP80u+y2WYlUbqUz2XtYcw4E8m4=")는 어휘적 의미가 없고 판독하기 어려운 형태로 변환된다. 암호를 해독하는 과정을 복호화라고 하는데, 암호문을 원문으로 변환하는 과정은 암호화를 하는 과정과 유사하게 진행된다. **대칭키 암호화**(symmetric encryption)는 암호화와 복호화에 동일한 키를 사용하는 방식이다. **비대칭키 암호화**(asymmetric encryption)는 2개의 키를 사용하여 하나는 암호화에 나머지 하나는 복호화에 사용한다. 대칭키 암호화는 비대칭키 방식에 비해서 상대적으로 단순하며 빠른 암호화의 과정을 가진다.

인터넷에서 사용되는 특수한 형태의 비대칭키 암호화 방식은 **공개키 암호화**(public key encryption)를 사용한다. 이 방식으로 개별 사이트는 공개키로 메시지를 암호화하고 비밀키로 복호화한다. 세부적은 내용을 설명하기에 앞서 다음과 같은 유사한 사례를 살펴보자.

여러분이 친구에게 번호로 열고 닫을 수 있는 사물함에 사용하는 일반적인 숫자조합 자물쇠(예 : 헬스클럽이나 학교 사물함에 사용하는 자물쇠)를 친구에게 주었다고 가정하자. 여러분은 그 자물쇠를 열 수 있는 번호를 아는 유일한 사람이다. 친구가 다른 자물쇠를 사용하여 선물이 담긴 박스를 잠그고 사물함에 그 박스를 넣고 사물함을 닫았다고 가정하자. 이제 여러분의 친구나 다른 어떤 사람도 사물함 안의 그 박스를 열 수가 없을 것이다.

여기서 공개키는 숫자조합 자물쇠이고, 비밀키는 자물쇠를 열 수 있는 숫자라고 보면 될 것이다. 여러분의 친구는 공개키를 통해서 메시지를 암호화하고(박스를 잠금), 여러분은 비밀키를 사용하여 메시지를 원문으로 변환(숫자조합으로 자물쇠를 해제)할 수 있다.

이제 A와 B 두 대의 컴퓨터가 있다고 가정하고 B에서 A로 암호화된 메시지를 전송하고자 한다고 하자. 이러한 경우 A는 B에게 자신의 공개키를 전송한다(A가 B에게 숫자조합 자물쇠를 보내는 것과 유사하다). 그리고 B는 A의 공개키를 사용하여 암호화를 하고 이를 다시 A에게 보낸다. 여기서 암호화된 코드는 A 이외에는 아무도 복호화할 수 없다. A가 암호화된 메시지를 받았을 때, A는 자신의 비밀키(숫자조합)를 사용하여 메시지를 복호화한다.

다시 설명하자면 공개키는 열려 있는 숫자조합 자물쇠와 같다. 컴퓨터 A는 요청하고자 하는 누구에게나 자신만이 번호를 알고 있는 자물쇠를 줄 수 있다. 그러나 A는 절대 그 비밀번호까지 함께 주지는 않을 것이다. 숫자의 조합과 동일한 이 비밀키는 여전히 비밀키로 남아 있게 된다.

인터넷을 통한 의사소통에서 가장 안전한 것은 https 프로토콜을 사용하는 것이다. https를 통해서 데이터는 SSL(Secure Socket Layer) 혹은 TLS(Transport Layer Security)라고 불리는 프로토콜을 사용하여 암호화된다. SSL/TLS 프로토콜은 공개키/비밀키와 대칭키 암호화를 조합하여 사용하고 있다.

기본 아이디어는 다음과 같다. 대칭키 암호화는 상대적으로 빠르고 보다 선호된다. 그러나 두 집단(여러분과 웹사이트)이 대칭키를 공유하지 않는다. 따라서 두 사람 간에는 공개키 암호화를 통해서 동일한 대칭키를 공유하게 된다. 일단 여러분이 2개의 키를 모두 획득하고 나면 여러분은 대칭키 암호화를 사용하여 이후의 의사소통이 이루어진다.

그림 10-9는 SSL/TLS가 웹사이트에서 어떻게 안전한 의사소통을 하도록 하는지를 나타내고 있다.

1. 여러분의 컴퓨터가 연결될 웹사이트로부터 공개키를 획득한다.
2. 여러분의 컴퓨터가 대칭키 암호화를 위한 키를 생성한다.
3. 여러분의 컴퓨터가 그 키를 웹사이트의 공개키를 사용하여 암호화한다. 컴퓨터는 암호화된 대칭키를 웹사이트로 전송한다.
4. 웹사이트는 웹사이트의 비밀키를 사용하여 대칭키를 복호화한다.

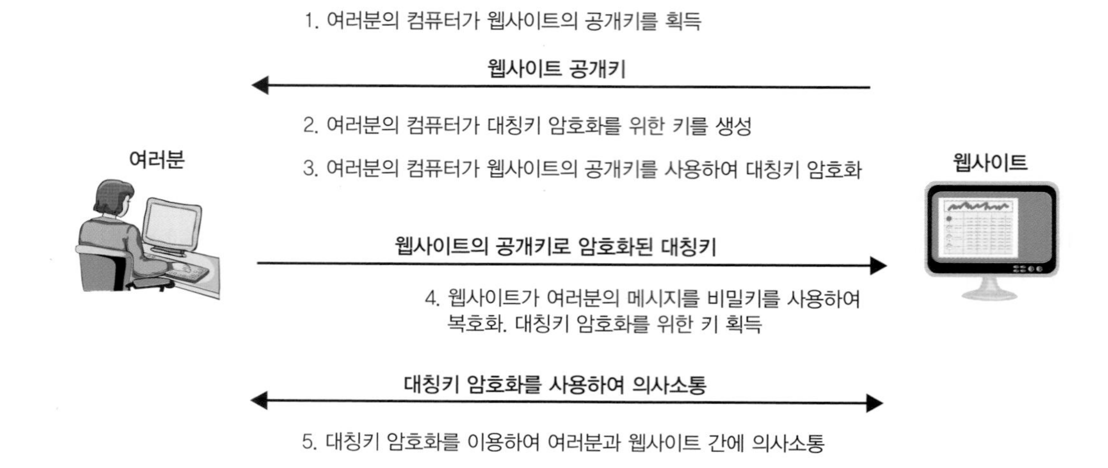
1. 여러분의 컴퓨터가 웹사이트의 공개키를 획득
웹사이트 공개키
2. 여러분의 컴퓨터가 대칭키 암호화를 위한 키를 생성
3. 여러분의 컴퓨터가 웹사이트의 공개키를 사용하여 대칭키 암호화
여러분
웹사이트
웹사이트의 공개키로 암호화된 대칭키
4. 웹사이트가 여러분의 메시지를 비밀키를 사용하여 복호화. 대칭키 암호화를 위한 키 획득
대칭키 암호화를 사용하여 의사소통
5. 대칭키 암호화를 이용하여 여러분과 웹사이트 간에 의사소통

그림 10-9
https(SSL/TLS)의 핵심

5. 이 시점 이후로 여러분의 컴퓨터와 웹사이트는 대칭키 암호화를 사용하여 의사소통하게 된다.

세션이 종료되면 여러분의 컴퓨터와 웹사이트는 키를 폐기한다. 이러한 전략은 상대적으로 빠른 대칭키 암호화를 통해서 대량의 암호화된 의사소통이 가능하게 된다. 또한 키는 아주 짧은 순간에만 사용되므로 키가 노출될 위험도 상당히 낮다.

SSL/TLS를 이용하는 것은 신용카드 번호나 은행계좌 잔고와 같은 중요한 데이터를 전송하는 것을 안전하게 만들 수 있다. http:// 대신에 https://를 사용하도록 하자. 대부분의 브라우저는 강제적으로 https 연결을 하게 만드는 추가적인 플러그인(plug-ins)이나 추가기능(add-ons)을 제공하고 있다.

방화벽

방화벽(firewall)은 비인가된 네트워크 접근을 막는 컴퓨터 장치이다. 방화벽은 특수한 목적을 가진 컴퓨터가 될 수도 있고 일반적인 컴퓨터에서 사용되는 프로그램일 수도 있으며 라우터일 수도 있다. 요약하자면 방화벽은 단순히 필터라고 할 수 있다. 이것은 네트워크 트래픽의 출처, 전송되는 패킷의 유형, 패킷의 내용 그리고 패킷이 인증된 연결의 부분인지 등을 확인하는 다양한 방법을 통해서 트래픽을 필터할 수 있다.

조직은 보통 다수의 방화벽을 사용한다. **경계 방화벽**(perimeter firewall)은 조직 네트워크의 가장 외부에 위치하고 인터넷 트래픽을 처리하는 최초의 장치이다. 일부의 조직은 이러한 경계 방화벽에 추가적으로 **내부 방화벽**(internal firewall)을 사용하기도 한다. 그림 10-10은 조직 외부로부터 조직의 컴퓨터를 보호하는 경계 방화벽과 근거리통신망(LAN)을 보호하기 위한 내부 방화벽의 사용을 나타내고 있다.

패킷 필터링 방화벽(packet-filtering firewall)은 각각의 메시지 부분을 검사하고 네트워크를 통과시킬지의 여부를 결정한다. 이러한 결정을 위해서 데이터의 발송주소, 도착주소 등 여러 데이터를 함께 검토한다.

패킷 필터링 방화벽은 방화벽 내부의 사용자들과 외부의 사용자들이 의사소통하는 것을 억제할 수 있다. 또한 알려진 해커 어드레스와 같은 특정의 사이트에서 유입되는 트래픽을 제거하거나 외부로 나가는 트래픽 역시 통제할 수 있다. 직원들이 경쟁자의 사이트나 음란 사이트 혹은 뉴스 사이트에 접속하는 것도 통제할 수 있다. 미래의 경영자로서 여러분은 직원들이 접속하는 것을 원하지 않는 사이트가 있다면 정보시스템 부서에 요청하여 방화벽으로 접근을 통제할 수 있다.

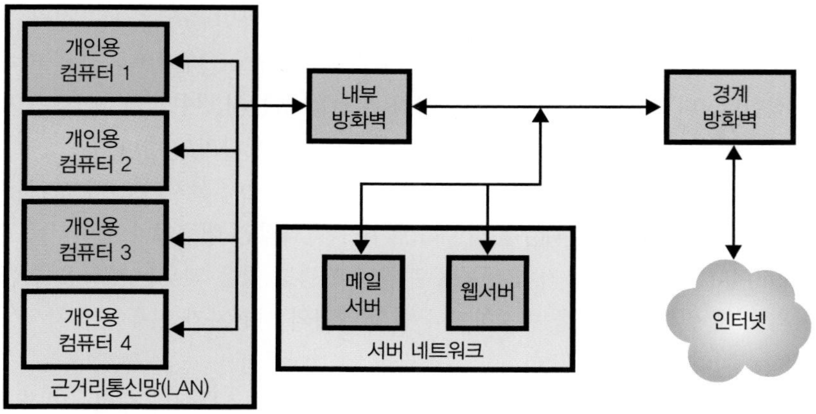

그림 10-10
다중 방화벽의 사용

패킷 필터링 방화벽은 방화벽 중에서 가장 단순한 유형이다. 다른 방화벽들은 보다 복잡하게 운영된다. 만약 여러분이 네트워크나 데이터 통신 관련 과목을 수강한다면 이러한 것들을 배우게 될 것이다. 여기서는 단지 방화벽이 어떻게 조직적인 차원에서 비인가된 네트워크 접근을 통제하는지를 이해하는 것으로 충분하다.

어떠한 컴퓨터도 방화벽 없이 인터넷으로 연결되지 않아야 한다. 대부분의 인터넷 서비스 제공자(ISP)는 고객을 위해서 방화벽을 제공하고 있다. 이러한 방화벽은 포괄적인 것이다. 대규모의 조직은 자체적으로 이러한 포괄적인 방화벽을 구축하기도 한다. 대부분의 가정용 라우터도 방화벽을 포함하고 있으며 마이크로소프트사의 윈도우도 방화벽을 가지고 있다. 다른 기업들도 역시 방화벽 제품을 승인하고 있다.

악성소프트웨어로부터 보호

그림 10-8에서 제시된 기술적 보안대책 중에서 이후에서 설명되는 것은 **악성소프트웨어**(malware)와 관련된 것이다. 악성소프트웨어는 바이러스, 스파이웨어, 애드웨어와 같은 소프트웨어를 포괄하는 범주이다.

바이러스(virus)는 자신을 복제하는 컴퓨터 프로그램이다. 확인되지 않은 복제는 컴퓨터에게는 암과도 같다. 궁극적으로 바이러스는 컴퓨터의 자원을 소모한다. 더구나 다수의 바이러스는 원하지 않는 실행이나 피해를 준다. 이러한 프로그램 코드를 **페이로드**(payload)라고 한다. 페이로드는 프로그램이나 데이터를 지우거나 심지어 탐지되지 않는 방식으로 데이터를 조작하기도 한다.

트로이목마(trojan horses)는 유용한 프로그램이나 파일로 가장한 바이러스를 말한다. 이러한 이름은 트로이 전쟁기간 동안 만들어진 거대한 나무목마 안에 병사들을 태우고 트로이 성안으로 잠입한 것에서 유래한다. 전형적인 트로이목마는 컴퓨터 게임, MP3 음악 파일, 혹은 다른 유용한 프로그램으로 위장한다.

웜(worm)은 인터넷이나 다른 네트워크를 이용하여 스스로 복제하는 바이러스를 말한다. 웜은 스스로를 복제할 수 있기 때문에 다른 바이러스 유형들보다 빨리 확산된다. 사용자가 컴퓨터를 통해서 파일을 공유하는 동안 기다려야 하는 다른 바이러스와는 다르게 웜은 능동적으로 네트워크를 사용하여 전파된다. 때로는 웜이 지나치게 빠르게 전파되어 네트워크에 과부하를 걸거나 파괴하기도 한다.

스파이웨어(spyware)는 사용자의 동의나 지식 없이 임의로 설치하는 프로그램을 말한다. 스파이웨어는 백그라운드에 위치하고, 사용자가 인지하지 못하며, 사용자의 행동과 키보드 입력을 관찰하고, 컴퓨터의 활동을 감시하며, 특정의 지원 조직에게 사용자의 활동을 보고한다. **키 로거**(key logger)라고 불리는 몇몇의 악성 스파이웨어는 사용자 이름, 암호, 계좌번호 그리고 다른 중요한 정보들을 수집한다. 다른 스파이웨어는 사용자가 무엇을 하는지, 어떤 웹사이트를 방문하는지, 찾아보고 구매하는 제품이 무엇인지와 같은 마케팅 분석을 지원하기도 한다.

애드웨어(adware)는 스파이웨어와 비슷하게 사용자의 허가 없이 설치되고 백그라운드에서 실행되며 사용자의 행동을 관찰한다. 대부분의 애드웨어는 악의적인 행동이나 데이터를 훔쳐가지 않는 양성(benign)이다. 하지만 사용자의 행동을 관찰하고 광고 창을 띄우는 행동을 취한다. 애드웨어는 사용자의 기본 윈도우 설정을 변경하거나 검색 결과와 사용자가 이용하는 검색 엔진을 수정하기도 한다.

랜섬웨어(ransomware)는 공격자에게 돈을 지불하기 전까지 시스템이나 데이터의 접근을 차단하는 악성소프트웨어이다. 몇몇 형태의 랜섬웨어는 여러분의 데이터를 암호화(크립토로커)하고, 애플리케이션의 실행을 막거나 운영체제를 패쇄하기도 한다(레베톤).

그림 10-11은 애드웨어와 스파이웨어의 감염 증상을 나타내고 있다. 이러한 증상은 서서히 악성소프트웨어가 설치되면서 나타나는 경우도 있다. 이러한 증상이 여러분의 컴퓨터에서 발견된다면 안티바이러스 프로그램을 활용하여 제거하는 것이 바람직하다.

악성소프트웨어 보안대책

다행히도 다음과 같은 보안대책을 사용함으로써 악성소프트웨어를 회피할 수 있다.

1. 안티바이러스 프로그램과 안티스파이웨어 프로그램을 설치한다. 여러분의 IS 부서는 이러한 목적을 위한 추천 프로그램의 목록을 가지고 있을 것이다. 만약 여러분이 스스로 선택해야 한다면, 믿을 수 있는 회사의 제품을 선택하도록 하자. 구매하기 전에 웹에서 안티악성소프트웨어에 대한 후기를 확인한다.
2. 안티악성소프트웨어 프로그램으로 컴퓨터를 정기적으로 검사하도록 설정한다. 최소한 일주일에 한 번 이상은 컴퓨터를 검사하도록 하고, 가급적 자주 실행하도록 한다. 악성소프트웨어 코드가 발견되면 안티악성소프트웨어로 치료하거나 제거하도록 한다. 만약 코드가 제거되지 않는 경우에는 IS 부서나 프로그램 판매자에게 문의한다.
3. 악성소프트웨어 정의목록을 갱신한다. **악성소프트웨어에 대한 정의**(malware definition—악성소프트웨어 코드에 존재하는 패턴)와 목록을 주기적으로 다운로드한다. 대부분의 프로그램 판매자들은 지속적으로 사용자에게 제공하므로 가능한 한 빨리 설치한다.
4. 알고 있는 사람에게서 발송된 이메일만 첨부파일을 열도록 한다. 물론 알고 있는 사람에게서 발송된 첨부파일이라도 역시 주의를 기울여야 한다. 적절하게 잘 구축된 방화벽에서는 이메일만이 조직의 외부에서 내부로 유입되어 사용자의 컴퓨터로 접근할 수 있다.

   대부분의 안티악성소프트웨어 프로그램은 악성코드가 포함된 첨부파일을 검사하기는 하지

그림 10-11
스파이웨어와 애드웨어 감염 증상

- 시스템 시작이 느려짐
- 시스템 성능이 떨어짐
- 다수의 광고창이 나타남
- 인터넷 브라우저의 홈페이지가 변경됨
- 작업표시줄이나 시스템 인터페이스가 변경됨
- 비정상적으로 하드디스크가 작동함

만, 알지 못하는 사람이나 조직으로부터 발송된 이메일 첨부파일을 열어보지 않는 것을 습관화하는 것이 바람직하다. 또한 알고 있는 사람이나 조직으로부터 발송된 경우라도 제목이 이상하거나, 오타가 있거나, 문법적으로 이상한 제목을 가진 이메일의 경우에는 발송자에 대한 확인을 먼저 하고 첨부된 문서가 올바른 것인지를 검증해야 한다.

5. **소프트웨어 업데이트를 정당한 원천으로부터 즉각적으로 수행한다.** 불행하게도 모든 프로그램은 보안에 취약한 특성을 가지고 있다. 개발자와 판매자들은 그러한 문제들이 발견되면 물론 실제는 다소 부정확하지만 가급적 빨리 수정을 한다. 사용자는 애플리케이션과 운영체제와 관련된 패치 등은 즉각적으로 설치해야 한다.
6. **믿을 만한 웹사이트만 접근한다.** 단순히 특정 사이트를 방문하는 경우에도 즉각적으로 악성소프트웨어가 설치되는 경우도 있으므로 이러한 사이트는 웹브라우저로 열어보지 않도록 한다. 여러분은 WOT(Web of Trust) 브라우저 플러그인을 사용하여 피해를 줄 수 있는 사이트를 알아보는 데 도움을 받을 수 있다. 최근 악성소프트웨어 작성자들은 합법적인 사이트에 비용을 지불하는 배너광고를 게시하고 여기에 악성소프트웨어를 설치하기도 한다. 단 한 번의 클릭으로 여러분은 감염될 수 있다.

안전한 애플리케이션을 위한 설계

그림 10-8에 나타나 있는 기술적 보안대책 중 마지막은 애플리케이션 설계와 관련되어 있다. 이 장에 맨 처음에서 논의하였듯이 미셸과 제임스는 PRIDE를 설계하는 데 있어서 보안을 생각하고 있었다. PRIDE는 사용자의 개인정보 설정을 데이터베이스에 저장하고 모든 애플리케이션을 개발하는 과정에서 운동 보고서를 작성하기 전에 먼저 개인정보 설정에 대한 내용을 읽도록 설계하였다. PRIDE는 대부분의 프로그램을 서버에서 운영하도록 하여 개인정보 역시 서버에서 처리되도록 하였다. 이러한 설계는 단지 데이터가 생성되거나 수정될 때만 인터넷을 통해서 전송되도록 한 것이다.

한편 SQL **주입 공격**(SQL injection attack)은 사용자가 이름이나 다른 데이터를 입력하는 폼에 데이터를 입력하려고 SQL 구문을 실행하는 경우 발생한다. 만약 프로그램이 제대로 설계가 되지 않았다면, SQL 코드를 실행하고 데이터베이스에 데이터를 기록하는 과정에서 명령어의 한 부분으로 만든다. 부적절한 데이터 유출과 데이터 손실이 그 결과로 발생할 것이다. 설계가 잘된 애플리케이션이라면 이러한 주입 공격은 비효과적이 될 것이다.

미래의 정보시스템 사용자로서 여러분은 프로그램을 직접 설계하지는 않을 것이다. 하지만 보안을 여러분이나 여러분의 조직이 사용하는 애플리케이션의 설계에서 반드시 포함되어야 하는 중요한 요구사항으로 인식해야만 한다.

Q6 보안 위협에 대처하기 위한 데이터 보안대책은 무엇인가?

데이터 보안대책(data safeguard)은 데이터베이스와 조직의 데이터를 보호한다. 데이터 보안대책을 위하여 2개의 조직적 단위가 대응한다. **데이터 관리**(data administration)는 데이터 정책을 개발하고 데이터 표준을 확정하는 책임을 총괄하는 조직의 전반적인 기능을 담당한다.

데이터베이스 관리(database administration)는 특정의 목적을 위해서 만들어진 데이터베이스와 관련되어 있는 기능이다. 전사적 자원관리(ERP), 고객관계관리(CRM), 자재소요계획(MRP) 데

그림 10-12
데이터 보안대책

- 데이터 정책 정의
- 데이터 관리와 책임
- 암호에 의해서 인증된 사용자 계정에 의한 강화
- 데이터 암호화
- 백업과 복구 절차
- 물리적 보안

이터베이스는 각각의 데이터베이스 관리 기능을 가지고 있다. 데이터베이스 관리는 다수 사용자의 데이터베이스 처리, 데이터베이스 변화 통제, 그리고 데이터베이스 보호 같은 것과 관련되어 있다. 자세한 내용은 이미 제5장에서 논의하였다.

데이터와 데이터베이스 관리는 모두 그림 10-12에 있는 데이터 보안대책과 관련되어 있다. 먼저 데이터 관리는 "고객의 데이터를 다른 조직과 공유하지 않는다."와 같은 데이터 정책을 정의해야 한다. 그리고 데이터 관리와 데이터베이스 관리는 사용자 데이터의 권리와 책임을 규정한다. 세 번째로 그러한 권리들은 최소한 패스워드를 통한 사용자 인증을 통해서 처리될 수 있도록 사용자 계정을 통해서 강화되어야 한다.

조직은 중요한 데이터를 암호화의 형태로 보호해야만 한다. 이러한 암호화는 데이터 통신 암호화와 유사한 방법으로 하나 혹은 2개의 키를 사용한다. 하지만 이러한 저장된 데이터라도 키 자체의 분실의 문제와 악의적 의도를 가진 퇴사한 직원에 의해서 파괴될 수 있다는 잠재적인 문제가 있다. 데이터가 암호화될 때, 이러한 문제들의 가능성 때문에 신뢰된 인증기관은 키를 복제해두어야만 한다. 이러한 안전한 절차를 **키 에스크로**(key escrow)라고 한다.

또 다른 데이터 보안대책으로는 정기적으로 데이터베이스의 내용을 백업하는 것이다. 조직이나 기업은 최소한 몇 개의 원격지에 데이터를 백업해야만 한다. 추가적으로 IT 담당자는 정기적으로 이러한 백업 데이터의 타당성을 확인하고 복구와 관련된 절차를 확인해야만 한다. 그러나 백업이 되었다고 해서 데이터베이스가 보호되었다고 확신할 수는 없다.

물리적 보안은 데이터 보안대책의 또 다른 방법이다. 데이터베이스 관리 시스템이 운영되고 있는 컴퓨터와 데이터를 저장하는 데 관련된 설비들은 철저하게 외부의 출입으로부터 관리되어야 한다. 만약 그러지 못하는 경우에는 절도나 파괴로부터 자유로울 수 없다. 보다 나은 보안을 위해서 조직은 출입관리를 위한 출입자 명단, 목적 등을 기록할 수 있는 설비를 구축해야만 한다.

조직이 클라우드 체제하에서 데이터베이스를 저장하려고 하는 경우에는 그림 10-12에 있는 모든 보안대책이 서비스계약의 한 부분으로 명시되어야 한다.

Q7 보안 위협에 대처하기 위한 인적 보안대책은 무엇인가?

인적 보안대책(human safeguard)은 정보시스템의 구성요소 중에서 인간과 절차에 관련되어 있다. 일반적으로 인적 보안대책의 결과로 인가받은 사용자가 주어진 적절한 절차에 따라서 시스템을 사용하고 복원할 수 있게 된다. 인가받은 사용자에 대한 엄격한 접근은 효과적인 인가 방법과 사용자 계정의 관리를 통해서 이루어진다. 또한 적절한 보안 절차는 모든 시스템의 한 부분으로 설계가 되고, 사용자들은 그 절차의 중요성에 대해서 훈련을 받으며 그러한 절차를 사용하게 된다. 여기에서는 직원에 대한 인적 보안대책의 개발에 대해서 논의한다. Q2에서 논의한 컴퓨터 범죄조사에 따르면 악의적인 내부자에 의한 범죄가 빈도와 비용에 있어서 증가하고 있다. 이러한 사

스마트기기 보안에 대한 자세한 내용은 316~317쪽 윤리문제를 읽어보도록 하자.

실은 인적 보안대책이 중요하다는 것을 말한다.

직원을 위한 인적 보안대책

그림 10-13은 직원을 위한 보안 고려사항을 나타내고 있다. 각각에 대해서 살펴보자.

직위 정의

효과적인 인적 보안대책은 직위에 따른 과업과 책임을 정의하는 것에서부터 시작된다. 일반적으로 직무기술서는 의무와 권한을 분리하여 제공해야 한다. 예를 들어 비용을 승인하는 직원은 수표를 발행하는 직원의 업무를 동시에 맡아서는 안 된다는 것이다. 대신 비용을 한 사람이 승인하면 다른 한 사람이 지불을 담당하고 또 다른 사람이 비용에 대한 확인을 담당하도록 해야 한다. 이와 유사하게 재고관리에 있어서도 재고인출을 승인하는 직원은 재고인출을 할 수 있는 권한을 가져서는 안 되는 것이다.

적절한 직무기술서에는 사용자 계정이 사용자가 처리하는 과업에 따른 최소한의 권한을 부여하도록 명시되어야 한다. 예를 들어 데이터를 수정할 권한이 없도록 직무기술서에 명시된 사용자는 주어진 계정에 대해서 읽기전용 권한만을 가져야 한다. 유사하게 사용자 계정은 사용자가 그들의 직무기술서 데이터에 접근하는 것도 제한해야 한다. 시맨틱 보안의 문제 때문에 명백하게 해가 없는 데이터에 대한 접근일지라도 제한되어야 한다.

마지막으로 각 직위에 대한 보안 중요도는 반드시 문서화되어야 한다. 어떤 업무는 아주 중요한 데이터와 관련되어 있다(예 : 종업원 급여, 영업 할당, 마케팅 혹은 기술적 데이터). 다른 업무

• 직무 정의
- 의무와 권한의 분리
- 최소권한 결정
- 직위 중요도 문서화

"네, 지불이 승인되었습니다."

• 고용과 선별

"직전 근무처가
어디였나요?"

• 공표와 강화
- 책임
- 책임추적성
- 준수

"보안에 대해서 논의해봅시다."

• 퇴사
- 우호적

"새로운 직장으로
이동하게 된 것을 축하합니다."

- 비우호적

"당신의 계정은 폐쇄되었습니다.
끊습니다."

그림 10-13
내부 직원을 위한 보안 정책

는 중요하지 않은 정보들과 연관되어 있기도 하다. 직위 중요도에 대한 문서화는 가능한 위험과 손실과 관련된 주요한 활동에 대해서 우선순위를 결정할 수 있도록 한다.

고용과 선별

보안에 대한 고려는 고용의 한 부분이다. 만약 중요한 데이터에 대한 접근이 없거나 정보시스템에 전혀 접근을 할 수 없는 직무라면 정보시스템과 관련된 선별작업은 최소한으로 요구된다. 하지만 중요한 정보와 관련된 직원을 채용하는 경우에는 심층 면접, 신원보증인제도, 신상조사와 같은 작업이 적절하다. 보안 선별은 신규 고용 인력뿐만 아니라 기존의 종업원 중에서 중요한 직위로 승진한 직원도 역시 포함된다.

공표와 강화

종업원들이 보안 정책과 절차에 대해서 알고 있지 않은 한 그들에게 보안 정책과 절차를 준수하도록 할 수는 없다. 따라서 종업원들은 그들이 가지고 있는 책임과 보안 정책, 절차 등에 대해서 인지할 수 있도록 해야 한다.

종업원 보안 훈련은 신규 종업원 훈련 과정에서부터 시작하고 일반적인 보안 정책과 절차에 대한 설명으로 이루어진다. 이러한 일반적인 훈련은 직무의 중요도와 책임에 따라서 확대되어야만 한다. 승진된 종업원 역시 그들의 새로운 직위에 맞는 적절한 보안 훈련을 받아야 한다. 기업은 종업원이 보안 훈련을 완전하게 마치기 전에는 사용자 계정과 암호를 제공하지 않아야 한다.

강화는 책임, 책임추적성, 준수의 독립된 세 가지 요소로 구성된다. 먼저 기업은 각 직위에 따른 보안 책임에 대해서 명확하게 정의해야만 한다. 보안 프로그램의 설계는 보안 위반에 대한 책임을 지도록 이루어진다. 중요한 데이터가 손실되었을 경우에 대한 절차가 존재해야 하고 어떻게 그러한 일이 발생하였는지 그리고 누가 책임을 져야 할 것인지에 대해서도 결정해야 한다. 마지막으로 보안 프로그램은 보안 준수를 장려해야 한다. 종업원의 활동은 정기적으로 보안 준수의 관점에서 감독되어야 하고, 경영층은 보안 준수가 이루어지지 않는 경우에 대한 원칙적 행동을 명시해야만 한다.

경영층이 말과 행동으로 보안에 대한 심각성을 명시하는 경우 종업원의 준수는 상당히 높아질 수 있으므로 경영층의 태도는 중요하다. 만약 경영층이 암호를 게시판에 적어두거나 공개된 장소에서 말하거나 혹은 물리적인 보안 절차를 무시하는 경우에는 종업원의 보안에 대한 태도는 물론 보안 준수도 상당히 저해된다. 효과적인 보안은 경영층 책임을 지속적으로 유지하는 것이다. 정기적으로 보안에 대해서 상기시키는 것도 역시 핵심적이다.

퇴사

기업은 퇴사한 종업원을 위한 보안 정책과 절차를 개발해야 한다. 대부분의 종업원 퇴사는 우호적이며 승진, 정년퇴임 혹은 다른 직위로 이동함으로써 발생한다. 표준적 인적 자원 정책을 통해서 시스템 관리자가 종업원의 퇴사하는 날을 먼저 알고 있도록 하고 퇴사하는 사용자의 계정과 암호를 삭제할 수 있도록 해야 한다. 암호화된 데이터를 위한 암호키의 복구와 다른 보안 요구사항들은 종업원의 퇴사처리를 위한 한 부분이어야 한다.

비우호적인 퇴사는 종업원이 악의적인 혹은 해로운 행동을 할 수 있다는 점에서 보다 어려운 문제이다. 이러한 경우에는 시스템 관리자는 종업원의 퇴사 이전에 계정과 암호를 삭제해야 할 필요가 있다. 다른 조치를 통해서도 기업의 정보 자산을 보호할 필요가 있다. 예를 들어 퇴사한 영업사원의 경우 기업의 기밀고객 데이터와 매출전망 데이터를 다른 기업을 위해서 사용할 목적으로 절취하려고 할지도 모르기 때문이다. 퇴사를 결정하는 경영층에서는 퇴사에 앞서 이러한 정보를 보호할 수 있는 단계적 조치를 취해야 한다.

인적자원관리 부서는 종업원의 퇴사에 대해서 사전에 IS 관리자에게 통보하는 것에 대한 중요성을 인지해야만 한다. 포괄적인 정책이 존재하지 않는다면 정보시스템 부서는 개별 종업원 단위로 각각의 사례를 평가해야만 한다.

비직원을 위한 인적 보안대책

업무상 임시직원, 공급업체, 협력업체 직원 혹은 일반 대중에게 정보시스템을 공개해야 할 필요가 있을 수 있다. 비록 임시직원은 선별 과정을 통해서 고용될 수 있지만, 비용절감을 위해서 이러한 선별 과정을 생략하는 경우도 있다. 대부분의 경우 기업들은 공급업체나 협력업체 직원의 선별을 할 수가 없다. 물론 일반 대중 사용자도 선별 과정을 적용할 수 없다. 유사한 제약이 보안 훈련과 준수 검증에도 적용된다.

임시직원, 공급업체, 그리고 협력업체 직원의 경우 관련된 데이터와 IS 자원의 중요도에 맞는 적절한 보안대책이 그들의 활동을 감독하기 위해서 계약을 통해서 관리되어야 한다. 기업들은 공급업체와 협력업체에게 적절한 선별과 보안 훈련을 요구해야 한다. 계약에는 특정의 과업을 수행하는 데 관련된 보안책임에 대한 명확한 언급이 있어야 한다. 기업들은 그들에게 계정과 암호를 제공함에 있어서 최소권한을 부여하고 업무 종료 시 가능한 한 빨리 계정과 암호를 제거해야 한다.

웹사이트를 사용하는 일반 대중 사용자와 공개적으로 정보시스템에 접근할 수 있는 사용자들의 경우에는 상황이 달라진다. 일반 대중 사용자에게 보안 위반에 대한 책임추적성을 준수하도록 하는 것은 상당히 어렵고 비용이 많이 든다. 일반적으로 일반 대중 사용자들에게서 발생할 수 있는 위협을 위한 가장 좋은 보안대책은 웹사이트를 강화하거나 가능한 다른 설비들을 사용하는 것이다. **사이트 강화**(hardening)는 시스템의 취약성을 감소시키는 특별한 수단을 사용하는 것을 의미한다. 강화된 사이트는 애플리케이션이 요구하지 않는 운영체제의 기능을 잠그거나 제거하는 특별한 버전의 운영체제를 사용한다. 강화는 기술적 보안대책이지만 일반 대중 사용자들을 위한 가장 중요한 보안대책이기에 여기서 언급하고 있다.

마지막으로 일반 대중이나 몇몇 협력업체와의 업무관계는 임시직원이나 공급업체와의 관계와 다를 수 있다. 일반 대중과 일부 협력업체는 이익을 얻기 위해서 정보시스템을 사용한다. 결과적으로 보안대책은 그러한 사용자들을 내부적 기업 보안 문제들로부터 보호하기 위해서 필요하다. 악의적으로 웹사이트에 제품의 가격을 변경하는 불만을 가진 직원은 잠재적으로 일반 대중 사용자와 협력업체에 피해를 줄 수 있다. 한 IT 관리자는 다음과 같이 말하고 있다. "그들로부터 우리를 보호하기보다 우리들로부터 그들을 보호할 필요가 있다." 이것은 그림 10-7의 다섯 번째 지침의 확장된 것이다.

계정관리

사용자 계정, 패스워드, 그리고 헬프데스크 정책과 절차의 관리는 인적 보안대책에 있어서 역시 중요하다.

계정관리

계정관리는 새로운 사용자 계정의 생성, 기존의 계정에 대한 권한 수정, 그리고 불필요한 계정의 삭제와 관련되어 있다. 정보시스템 관리자는 이러한 과업들을 모두 수행하지만, 계정 사용자들은 이러한 행동들에 대해서 관리자에게 알릴 책임이 있다. IS 부서는 이러한 목적을 위한 표준적인 절차를 개발해야만 한다. 계정 변경을 위한 필요성을 사전에 그리고 적절한 시점에 알리는 것을 통해서 사용자들은 정보시스템 담당자와의 관계를 증진시킬 수 있게 된다.

더 이상 필요하지 않은 계정의 존재는 심각한 보안 위협이 된다. IS 관리자는 계정이 언제 제거되어야 하는지 정확하게 알지 못하며 사용자와 경영자가 변경에 대한 내용 통보에 따라서 결정된다.

암호관리

암호는 인증의 기본적인 수단이다. 암호는 사용자 컴퓨터에 대한 접근을 위해서도 중요할 뿐만 아니라 다른 네트워크나 서버로 접속하기 위한 인증으로 중요하다. 암호는 상당히 중요하기에 NIST(National Institute of Standards and Technology)는 그림 10-14와 같은 것과 유사한 형식의 선언문을 권고하고 있다.

계정이 생성되면 사용자는 주어진 기본 암호를 즉각적으로 바꾸어야 한다. 사실 대부분 설계가 잘된 시스템에서는 최초 로그인 시에 암호를 바꿀 것을 요구하고 있다.

추가적으로 사용자들은 암호를 정기적으로 바꿔야 한다. 몇몇 시스템들은 세 달 혹은 그보다 짧은 기간에 암호를 변경할 것을 요구하고 있다. 사용자들은 이러한 변경을 귀찮다고 불평을 할 수도 있지만 암호를 자주 변경하는 것은 암호 손실의 위험을 감소시킬 뿐만 아니라 기존의 암호가 유출되었을 경우에 발생하는 추가적인 피해의 확장을 감소시킨다.

몇몇 사용자들은 2개의 암호를 가지고 번갈아서 변경하여 사용하기도 한다. 이러한 전략은 보안 문제를 야기할 수 있으며, 어떤 시스템들은 사용자가 최근에 사용하였던 암호를 다시 사용하는 것을 허용하지 않고 있다. 따라서 사용자들은 이러한 암호에 대한 정책을 귀찮은 것이 아니라 중요한 것으로 인식해야 한다.

헬프데스크 정책

과거에 헬프데스크는 심각한 보안 위험을 가지고 있었다. 암호를 잊은 사용자는 헬프데스크에 전화를 걸어서 자신의 암호를 알려줄 것을 요청하거나 암호를 재설정하는 등의 요청을 하였다. "암호 때문에 보고서 작성을 할 수가 없어요!"라는 것이 이러한 요청에 대한 대표적인 핑계 사유였다.

헬프데스크 직원의 문제는 그들과 통화하는 사용자가 실제의 사용자인지에 대한 판단을 할 수 없다는 것이었다. 그러나 그들은 사용자들의 이러한 요청을 도와주지 않는 경우 사용자들이 헬프데스크가 도움이 되지 않는다는 부정적인 견해를 가질 것을 우려하였다.

이러한 문제를 해결하기 위해서 다수의 시스템들은 헬프데스크 직원에게 사용자에 대한 인증

그림 10-14
계정과 관련된 숙지사항의 예시

출처 : National Institute of Standards and Technology, Introduc- tion to Computer Security: The NIST Handbook, Publication 800–812

> 나는 아래에 명시된 시스템 암호와 계정에 대한 권한을 부여받았습니다. 나는 암호를 안전하게 관리할 책임을 이해하고 있으며, 모든 시스템 보안을 준수하고 암호를 다른 사람에게 알려주지 않을 것입니다. 나는 정보시스템 보안 책임자에게 암호의 사용 시 발생하는 문제들에 대해서 보고할 것이며 나의 암호가 외부나 다른 사람에게 유출되었을 경우에도 보고해야 한다는 사실을 숙지하고 있습니다.

을 수단으로 사용하고 있다. 전형적으로 헬프데스크 정보시스템은 사용자의 출생장소, 모친의 결혼 전 성(미국의 경우 — 역자 주), 계정의 마지막 4자리 숫자와 같이 실제 사용자만이 알 수 있는 질문에 대한 답을 요청한다. 대부분 암호가 변경되면 사용자의 이메일로 암호 변경에 대한 통지가 이루어진다. 이메일은 단순한 텍스트이므로 변경된 새 암호 자체가 발송되어서는 안 된다. 만약 자신이 요청하지 않았음에도 불구하고 사용하고 있는 암호가 재설정었다는 통보를 받은 경우에는 IT 보안 부서에 즉각적으로 연락해야 한다. 이것은 여러분의 계정이 침해받았다는 것이다.

앞서 설명한 이러한 헬프데스크는 보안시스템을 약화시킬 수 있으며, 만약 직원이 충분히 중요한 직위에 있는 경우에는 지나치게 큰 취약성을 야기할 수도 있다. 이러한 경우에는 사용자는 별다른 수가 없다. 계정은 삭제될 것이고 사용자는 계정 애플리케이션 처리를 다시 해야만 한다.

시스템 절차

그림 10-15는 정상 운영, 백업, 복구의 절차 유형에 대해서 나타내고 있다. 절차의 각 유형은 각각의 정보시스템을 위해서 존재한다. 예를 들어 주문입력 시스템은 웹 상점, 재고시스템과 같은 각각의 유형별 절차를 가지게 된다. 표준화된 절차의 정의와 사용은 컴퓨터 범죄와 내부자에 의해서 발생하는 다른 악성활동을 감소시킨다. 또한 시스템 보안 정책을 강화시킨다.

절차는 시스템 사용자와 운영 요원 모두를 위해서 존재한다. 각각의 사용자들에 대해서 기업은 정상 운영, 백업, 복구에 대한 절차를 개발해야 한다. 향후 사용자가 될 인력들에 대해서도 사용자 절차에 대해서 관심을 가져야 한다. 정상적인 사용 절차는 정보시스템의 중요도에 따라서 적절한 보안대책을 지원해야 한다.

백업 절차는 시스템의 실패가 발생하였을 경우에 사용될 백업 데이터를 생성하는 것과 관련되어 있다. 운영 요원이 기본적으로 시스템 데이터베이스와 다른 시스템에 대한 백업의 책임을 가지고 있지만 개별 부서의 사용자들도 그들의 컴퓨터에 저장되어 있는 데이터에 대해서 백업을 할 필요성이 있다. "내가 가진 컴퓨터나 모바일 장비를 잃어버렸을 경우에 어떠한 일이 발생할까?", "공항 검색대에서 내 컴퓨터가 바닥에 떨어졌을 때 어떠한 일이 발생할까?", "내 컴퓨터를 도난당했을 때 어떤 일이 발생할까?" 이러한 질문에 대한 답을 통해서 백업에 대한 준비를 할 수 있게 된다. 직원들은 그들의 컴퓨터에 있는 중요한 사업 데이터의 백업이 제대로 되고 있는지를 확인해야 한다. IS 부서는 이러한 사용자의 백업에 대해서 백업 절차와 백업 장비를 통해서 지원해야 할 수도 있다.

마지막으로 시스템 분석가는 시스템 복구를 위한 절차를 개발해야 한다. 먼저 중요한 시스템이 제대로 운영되지 않을 경우에 그 영향을 어떻게 관리할 것인가에 대해서 결정해야 한다. 시스템이 제대로 동작되지 않는 동안에도 고객들은 주문하기를 원할 것이고 제조업자는 재고와 관련된 업무처리를 요구하게 될 것이기 때문이다. 이러한 경우 부서의 대응은 어떻게 될 것인가? 시스템이

	시스템 사용자	운영 요원
정상 운영	보안의 중요도에 따라서 시스템을 사용하여 과업을 수행	데이터센터 장비의 운영, 네트워크 관리, 웹 서버 운영, 운영적 과업 수행
백업	시스템 기능성 손실을 위한 준비	웹사이트 자원, 데이터베이스, 관리 데이터, 계정과 암호 등의 백업
복구	시스템 실패 동안의 과업 완료, 시스템 복구 동안의 과업에 대한 인지	백업 데이터로부터 시스템 복구, 복구 기간 동안 헬프데스크 역할 수행

그림 10-15
시스템 절차

다시 제대로 서비스를 제공하는 경우에도 시스템의 비정상적인 운영기간 동안 업무활동을 어떻게 기록할 것인가? 서비스의 재계가 어떻게 이루어질 것인가? 시스템 개발자는 이러한 사항들에 대해서 충분히 고려해야 하며 각 상황에 맞는 적절한 절차를 개발해야 한다.

보안 감시

보안 감시는 인적 보안대책으로 논의되는 마지막 부분이다. 중요한 보안 감시 기능으로는 활동 로그 분석, 보안 테스트, 그리고 보안 사고에 대한 조사와 이를 통한 학습이 있다.

다수의 정보시스템 프로그램은 **활동 로그**를 생성한다. 방화벽은 패킷 손실, 시스템 침투 시도, 부당한 접근 시도 등을 포함하는 활동 로그를 생성한다. DBMS 제품은 로그인의 성공과 실패에 대한 로그를 생성한다. PC 운영체제는 로그인과 방화벽의 활동에 대한 로그를 생성할 수 있다.

이러한 로그들을 로그로만 존재하고 아무도 보지 않는다면 로그는 조직에 아무런 가치를 가지지 못한다. 따라서 중요한 보안 기능은 이러한 로그를 위협의 형태, 성공적/비성공적 공격, 보안 취약성의 증거의 차원에서 분석하는 것이다.

오늘날 대부분의 대규모 조직은 적극적으로 그들의 보안 취약성을 조사한다. 그들은 테너블의 네소스 혹은 IBM의 시큐리티앱스캔과 같은 유틸리티를 구입하여 그들의 취약성을 평가하기도 한다. 다수의 기업은 컴퓨터 범죄자의 공격을 유인하는 **허니팟**(honeypot)이라는 것을 만들기도 한다. 침입자에게 보호되지 않은 웹사이트와 같은 허니팟은 상당히 취약한 자원으로 보일 수도 있지만, 그 웹사이트에는 단지 공격자의 IP 주소를 탐지하기 위한 프로그램만 설치되어 있다. 조직들은 DNS 스터프와 같은 공개된 도구를 사용하여 누가 공격을 했는지 추적할 수도 있다.[12] 만약 여러분이 호기심과 기술에 대한 관심이 많고 보안 전문가가 되고자 한다면 이것은 마치 CSI 드라마처럼 흥미로울 것이다. 더 많은 내용을 배우기 위해서는 DNS 스터프, 네소스 또는 시큐리티앱스캔을 찾아보자. 또한 *Applied Information Security*라는 책도 도움이 될 것이다.[13]

또 다른 중요한 감시 기능은 보안 사고를 조사하는 것이다. 문제가 어떻게 발생하였는지, 보안대책이 그러한 문제의 재발을 방지하였는지, 보안시스템의 취약성을 식별하였는지, 사고로부터 향후 교훈으로 얻을 것은 무엇인지에 대해서 검토가 이루어져야 한다.

보안시스템은 동적인 환경에서 존재한다. 조직의 구조도 변한다. 기업은 매각되거나 매수 혹은 합병된다. 새로운 시스템은 새로운 보안대책을 요구한다. 새로운 기술은 보안의 형태를 변화시키고 새로운 위협을 야기하기도 한다. 보안 담당자는 지속적으로 환경에 대해서 감시해야 하고 현재의 보안 정책과 대책이 적절한지에 대해서 평가해야 한다. 만약 변화가 필요하다면 보안 담당자는 적절한 행동을 취해야 한다.

보안은 품질과 마찬가지로 지속적인 프로세스이다. 기업 혹은 보안 시스템에서 최종적인 완성단계라는 것은 존재하지 않는다. 대신 기업은 영속성의 관점에서 보안 감시를 지속적으로 수행해야 한다.

Q8 보안 사고에 대해서 조직은 어떻게 대처해야 하는가?

보안 계획의 마지막 부분은 보안 사고에 대한 대응이다. 그림 10-16은 주요한 요소를 나타내고 있다. 먼저 모든 조직은 보안 프로그램의 일부로 사고 대응 계획을 가지고 있어야 한다. 어떠한 조직도 자산이 손실되거나 유출되는 것을 수수방관하지는 않을 것이다. 사고 대응 계획에는 보안

- 적절한 계획의 확보
- 집중화된 보고
- 세부적인 대처
  - 신속성
  - 준비 비용
  - 문제를 더 이상 악화시키지 않는 것
- 연습

그림 10-16
사고 대응의 요소

문제에 대한 종업원들의 대응 방법, 연락해야 하는 담당자에 대한 명시, 작성해야 하는 보고서, 추가적인 손실을 감소시키기 위한 절차 등이 포함되어야 한다.

바이러스의 경우를 예로 들어 보자. 사고 대응 계획은 종업원이 바이러스를 발견하였을 경우에 대한 대처방안을 명시하고 있다. 어떤 담당자에게 연락을 취해야 하는지 그리고 무엇을 해야 하는지에 대해서 명시하고 있다. 또한 바이러스가 발견된 컴퓨터의 전원을 차단하고 네트워크와의 물리적인 연결을 단절하도록 명시되었을 수도 있다. 계획에는 무선 네트워크를 사용하는 컴퓨터에 대한 내용도 명시해야 한다.

사고 대응 계획은 모든 보안 사고에 대해서 집중화된 보고를 제공해야 한다. 이러한 보고는 사고가 체계적인 공격인지 아니면 단순한 사고인지를 판단하는 것을 가능하게 한다. 집중화된 보고는 보안 위협으로부터 교훈을 얻을 수 있도록 하고 지속적인 행동을 취할 수 있도록 하며 모든 보안 문제에 대해서 특화된 전문성을 제공한다.

사고가 발생한 경우에 신속하게 대처하는 것은 핵심적인 사항이다. 사고발생 기간이 길수록 비용도 커진다. 바이러스와 웜은 조직의 네트워크를 통해서 급속도로 퍼질 수 있기에 신속한 대처는 피해를 완화시키는 데 도움을 준다. 신속한 대처를 위해서는 그에 상응하는 준비 비용이 소요된다. 사고 대응 계획은 핵심적인 인적 자원을 식별하고 업무 외 시간에 연락할 수 있는 정보를 확인해야 한다. 이러한 인력은 그들이 해야 하는 업무와 위치에 대해서 훈련이 되어야 한다. 충분한 준비 없이는 문제를 더 악화시킬 소지가 있는 잠재적인 위험이 존재할 수 있다. 또한 위험에 대한 부적절한 소문의 발생을 훈련된 인력을 통해서 경감시킬 수가 있게 된다.

마지막으로 조직은 정기적으로 사고 대응에 대한 연습을 수행해야 한다. 그러한 연습이나 훈련을 통해 종업원은 대응 계획에 대해서 제대로 알게 되고 사고 대응 계획 자체가 가지고 있는 결함을 명확하게 파악할 수 있게 된다.

이 장에서의 **지식**이 **여러분**에게 어떻게 **도움**이 되는가?

이 장에서 배운 지식은 개인, 조직 등의 차원에서 컴퓨터 보안에 영향을 미치는 위협을 인지하는 데 도움을 줄 것이다. 여러분과 여러분의 조직은 보안대책의 비용과 손실의 위험 간의 상충관계를 이해해야만 한다는 것을 학습하였다. 컴퓨터 장치와 데이터를 보호하기 위해서 어떠한 조치를 취해야 하는지에 대해서도 배웠다. 조직이 보안 위협에 어떻게 대응을 해야 하는지에 대해서도 역시 학습하였다. 이 장에서는 기술적, 데이터, 인적 보안대책에 대해서 논의를 하였으며, 조직이 어떻게 보안 사고에 대처해야 하는지에 대해서 설명하였다.

다시 말하지만 무엇보다도 강력 패스워드를 사용해야 한다는 점을 명심하자!

윤리문제

스마트기기 해킹

여러분은 아마도 최근에 TV에 방영되는 자동차 광고의 유행을 알고 있을 것이다. 다수의 자동차 제조업체들이 기술 중심적인 특별한 기능에 초점을 맞추고 있다. 가장 인기 있는 기능 중 하나는 여러분의 자동차를 인터넷 핫스팟으로 만드는 기능일 것이다. 물론 여러분의 친구들이 소셜미디어를 확인하고 업데이트하는 것을 여러분 자동차의 와이파이를 통해서 한다면 근사하게 보일 수도 있다. 그러나 여기에는 여러분의 차에 있는 다른 기기들과 관련된 의도되지 않은 위험이 있다. 만약 여러분의 한 탑승자가 와이파이를 사용하여 여러분 자동차의 브레이크에 접근한다면 어떻게 될까?

사물인터넷

여러분은 아마도 이미 **사물인터넷**(IoT) 혹은 다른 기기나 애플리케이션 또는 서비스를 인터넷을 통해서 이루어지는 아이디어들에 대해서 들어봤을지도 모른다. 셀 수 없을 정도로 많은 기업들이 이러한 자동적으로 다른 기기와 연결되고 데이터를 교환하는 스마트 제품에 투자를 하고 있다. 새로운 인터넷 가능 기기들의 개발 추세는 상당히 확산되어 있으며 어떤 사람들은 2020년까지 약 260억 개의 사물인터넷 기기들이 출현할 것이라고 추정한다.[14]

그러나 이 많은 기기들이 어떻게 사용될 것인가? 가정 자동화를 예를 들어보자. 가정 자동화 시장은 온도조절기, 화재탐지기, 스마트 전등, 보안 카메라, 도어락 등과 같은 다양한 장비들로 급격하게 성장하고 있다.[15] 이러한 기기들은 집안의 온도를 원격지에서 조절하거나, 불을 켜고 끄거나, 애완동물이 웹캠을 통해서 먹이를 먹을 수 있게 하는 등의 다양한 기능을 제공한다. 한편 이러한 기능은 일상생활을 편리하게 만드는 멋진 아이디어처럼 보이지만, 모든 물건에 대한 과도한 인터넷 접근은 상당히 위험하고 처리해야 할 문젯거리가 될 수도 있다.

위협의 인터넷

여러분은 이미 인터넷에서 다양한 종류의 보안 위협이 존재하고 있다는 사실을 알고 있을 것이다. 저녁 뉴스에서는 이미 대기업이 데이터를 도난당했다거나 정부의 관료가 중요한 정보를 유출했다거나 전 세계적으로 사이버공격이 시도되고 있다는 소식을 들을 수 있다.

그러나 여러분 개인 데이터에 대한 보안 위협은 어떠한가? 해커가 여러분의 스마트기기에 저장된 데이터를 공격의 목표로 할 것인가? 가정에 있는 다양한 기기에 대해서 수십 개의 보안을 구축하는 것을 생각해보자. 여러분은 냉장고나 온도조절기를 보호할 수 있는 안티바이러스 소프트웨어를 구매할 의사가 있는가?

네트워크의 형태로 점점 더 많은 기기들이 접근 가능해질수록, 사용자들은 기기들을 이용하는 데 있어서 일장일단이 있음을 느끼게 될 것이다. 그러한 기기들이 상당한 기능을 가질수록 그에 상응하는 공격에 대한 취약성이 증가하게 될 것이다. 물론 스마트 온도조절장치는 여러분의 돈을 절약해줄 것이다. 그러나 만약 그것이 바이러스에 감염된다면 어떻게 될 것인가? 열받은 한 사람으로만 그냥 있을 것인가?

토의문제

1. 여러분이 스마트 공기청정기를 제조하는 기업을 소유하고 있다고 가정하자. 여러분의 공기청정기는 공기를 분석하고 필터하며 정화하는 기능을 가지고 있다. 이러한 데이터는 기업 본사로 전송되며 사용자에게 온라인 보고서로 제공된다.
   a. 여러분이 수집하는 정보는 윤리적인 것인가? 사용자들이 온라인 보고서를 이용하는 데 사용약관을 읽어보고 수용했다고 가정하자. 칸트의 정언 명령 그리고 공리주의 관점에서 답하라.
   b. 보험 회사 직원이 흡연자의 공기청정기에 관련된 데이터를 구매하기를 원한다고 가정하자. 이러한 데이터를 판매하는 것은 윤리적인가? 칸트의 정언 명령 그리고 공리주의 관점에서 답하라.
   c. 관련 법령에 의해서 불법적인 약물을 추적하는 목적으로 여러분의 데이터를 제출할 것을 요청받았다고 가정하자. 경찰에 그러한 데이터를 제출하겠다고 말하면 상당수의 고객을 잃게 될 것이다. 고객의 정보를 제출하지 않는 것이 윤리적인가? 칸트의 정언 명령 그리고 공리주의 관점에서 답하라.
2. 여러분이 스마트 냉장고를 제조하는 기업을 소유하고 있다고 가정하자. 여러분의 스마트 냉장고는 냉장고 안에 무엇이 있으며 언제 어떠한 물품을 사야 하는지 알려주는 기능을 가지고 있다. 이러한 데이터는 본사로 전송되며 온라인으로 사용자에게 보고된다.
   a. 사용자의 냉장고로부터 수집한 데이터를 판매하는 것은 윤리적인가? 사용자들이 온라인 보고서를 이용하는 데 사용약관을 읽어보고 수용했다고 가정하자. 칸트의 정언 명령 그리고 공리주의 관점에서 답하라.
   b. 광고주들이 표적 소비자들에게 광고를 하고 구매를 촉진하기 위해서 여러분의 데이터를 구매하기를 원한다. 그러나 보험사, 뉴스기자, 국회의원, 정부 관료, 그리고 의료업체에서도 여러분이 수집한 데이터에 접근하기를 원한다. 모두에게 이러한 데이터를 판매하는 것이 윤리적인가? 칸트의 정언 명령 그리고 공리주의 관점에서 답하라.

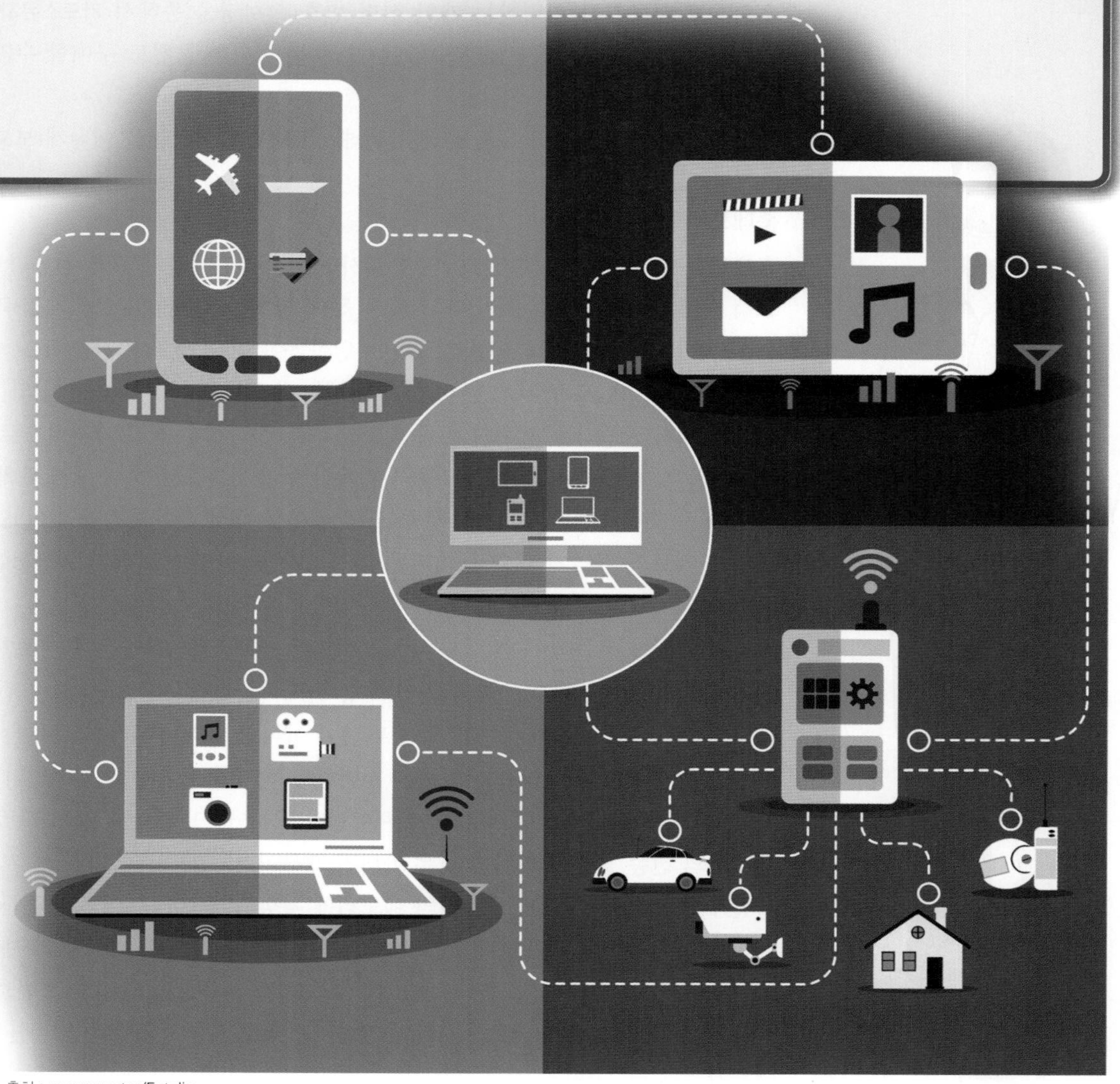

출처 : macrovector/Fotolia

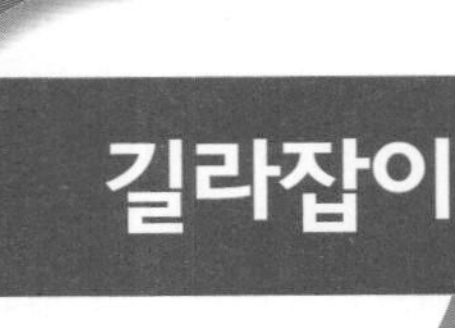

길라잡이

EMV를 통한 구출

최근에 해외여행을 한 적이 있는가? 만약 그렇다면 해외의 소매상들이 EMV 칩과 개인 식별 번호 기술(chip-and-PIN)이 적용된 카드를 사용하여 물건을 구매할 것을 선호하거나 반드시 그렇게 할 것을 요청한 적이 있을 것이다. EMV는 유로페이(Europay), 마스터카드©(Mastercard), 비자©(Visa)의 약자로 이러한 기술을 처음 개발하고 도입한 금융기관들이다.[17] 만약 EMV 카드가 없다면 여러분은 아마도 여권을 제시하거나 다른 수단으로 구매를 해야 할 것이다.

EMV는 해커들이 절취하려고 하는 신용카드 정보를 저장하지 않기에 잠재적으로 기업들의 보안을 높여준다. EMV는 카드가 승인되는 방식을 변경하였다. 전통적인 마그네틱 선을 가진 카드는 연계된 계좌의 승인을 통해서 카드를 승인한다. EMV는 칩이 내장된 물리적인 카드에 대해서 승인하고 사용자가 입력하는 개인 식별 번호나 서명을 통해서 카드소유자를 식별한다. 물리적인 카드와 개인 식별 번호가 없다면 도난카드로는 어떠한 물건도 구매할 수가 없다. EMV는 신용카드 사기를 보다 어렵게 만든다.

최근에 발생한 데이터 유출 사례를 통해서 EMV가 여러분을 어떻게 보호하는지 살펴보자.

홈데포의 데이터 유출

홈데포는 2014년에 발생한 데이터 유출사고로 5,600만 건의 고객 신용카드 기록과 5,300만 건의 고객 이메일 주소를 잃어버렸다.[18] 같은 해에 발생한 타깃(9,800만 계정)과 JP모건(8,300만 계정)의 데이터 유출사고는 티핑포인트(작은 변화들이 어느 정도 기간을 두고 쌓여, 이제 작은 변화가 하나만 더 일어나도 갑자기 큰 영향을 초래할 수 있는 상태가 된 단계)의 형태를 가지고 있다. 미국 기업에서 발생하는 사이버 범죄의 확산과 그 심각성은 점점 가시적으로 변화하고 있다.

해커들은 제3자 공급업체들로부터 획득한 인증서를 사용하여 홈데포의 내부 네트워크로 접근할 권한을 획득하였다. 그들은 악성소프트웨어를 내부 판매시점관리(POS) 단말기에 사용하여 신용카드 정보와 단말기 램의 데이터를 수집하였다. 이렇게 절취된 계정들은 홈데포의 네트워크에서 사라져버렸다.

이후 데이터 유출에 대해 세부적으로 살펴본 결과, 분석가들은 홈데포가 오래된 버전의 안티바이러스 소프트웨어를 사용하고 있었으며, 판매시점관리 시스템과 서버 간에 암호화가 부족한 것을 알게 되었다. 소프트웨어가 최신 버전이 아니었지만 바이러스 목록은 갱신되어 있었다. 해커가 사용한 악성소프트웨어는 새로운 것이었고 탐지가 불가능한 것이었다. 암호화의 부족도 데이터 유출의 직접적인 원인으로 보기는 어렵다. 신용카드 번호는 POS 단말기에서 훔친 것이지만, 서버와의 전송 도중에 탈취된 것은 아니기 때문이다.[19]

실제 보안 약점은 POS 단말기의 메모리에 저장되어 있던 데이터를 접근할 수 있었다는 것이다. 이러한 사고는 단말기에 신용카드 데이터를 저장하지 않는 EMV 칩과 개인 식별 번호 기술의 적용이 있었다면 미연에 방지할 수 있었다. EMV를 사용하면 단지 거래번호만 전송된다. 홈데포에 사용된 것과 같은 악성소프트웨어의 경우에도 EMV를 사용했더라면 신용카드 데이터를 복구할 필요가 없었을 것이다.

도입 가속도의 결정

EMV 칩과 개인 식별 번호의 도입은 서부 유럽(99.9%), 캐나다(84.7%), 그리고 아시아(71.4%)로 상당히 확산되어 있다.[20] 그러나 미국에서는 단지 전체 거래의 0.3%만이 이러한 기술이 적용되어 있다. 결과적으로 전 세계에서 발생하는 신용카드 사기 중에서 50%가량이 미국에서 발생한다. 이것은 아마도 미국이 여전히 마그네틱 선을 가진 신용카드로 구매하는 것을 허용하는 국가 중에 하나이기 때문일 것이다.

그러나 좋은 소식도 있다. 미국의 주요 신용카드사와 은행들이 2015년 10월까지 이 기술을 도입하기로 결정하였다는 것이다. 이것은 향후 상점들이 EMV를 지원하지 않는 POS 단말기를 사용하면 그로 인해서 발생하는 책임을 회피할 수 없다는 것을 의미한다. 그러나 혜택에는 비용이 따른다. 신용카드 발급 비용이 카드당 0.25달러에서 1.25~2.50달러까지 상승한다.[21] 그리고 카드판독기의 업그레이드에는 카드판독기당 기존의 20~40달러 혹은 100달러까지 상승한다. 2015년까지 거의 5억 7,500만 개의 신용카드가 미국에서 발급될 예정이다.

토의문제

1. 왜 EMV 칩과 개인 식별 번호 카드가 기존의 마그네틱 선 신용카드보다 보안에서 나은가?
2. 여기에서 언급된 데이터 유출 사고(홈데포, 타깃, JP모건체이스)가 사이버 공격과 사이버 범죄에 대한 여러분의 인지를 어떻게 변화시켰는가?
3. 본문에서 홈데포의 안티바이러스 소프트웨어는 최신 버전이 아니었지만 바이러스 목록의 업데이트는 된 것이었다. 왜 보안 전문가들이 최신 버전이 아닌 소프트웨어가 제대로 그 역할을 수행하지 않았는가에 대해서 논란이 있는지를 설명하라.
4. 사이버 범죄자들은 홈데포의 POS 데이터 유출사고에 전적으로 책임이 있다. 메모리에 저장된 데이터를 접근한다는 것이 어떤 의미인가?
5. 대부분의 데이터 유출 사고들은 기업과 소비자들 간의 법률소송으로 이어진다. 여러분은 기업이 고객 데이터의 보안에 법적으로 책임이 있다고 생각하는가? 왜 그렇다고 생각하는가? 책임이 없다면 왜 그렇다고 생각하는가?

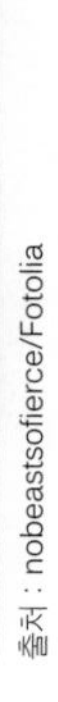

생생복습

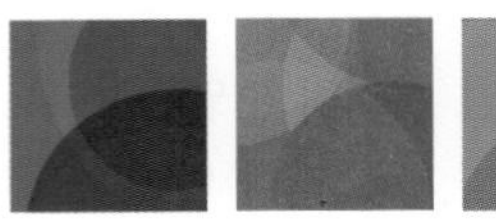

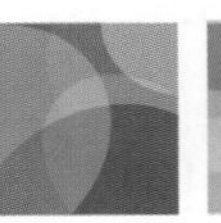

이 장에서 학습한 내용을 이해하였는지 점검해보자.

Q1 정보시스템 보안의 목적은 무엇인가?

위협, 취약성, 보안대책, 대상을 정의하라. 각각의 예를 설명하라. 세 가지의 위협과 다섯 가지의 보안 손실을 예시하라. 그림 10-2의 세 번째 행에 해당되는 예를 설명하라. 그림 10-3의 각각을 설명하고 요약하라. 컴퓨터 범죄의 실제 비용을 추정하기 어려운 이유를 설명하라. 정보시스템 보안의 목적을 설명하라.

Q2 컴퓨터 보안 문제는 얼마나 심각한가?

일반적인 경우와 특별한 경우의 컴퓨터 보안 문제의 실제 피해를 추정하기 어려운 이유를 설명하라. 이 질문의 사례를 나열하고 각각의 의미를 설명하라.

Q3 보안 위협에 대해서 개인은 어떻게 대처해야 하는가?

그림 10-6의 각 요소를 설명하라. IDS를 정의하고 왜 IDS가 중요한지 설명하라. 무차별 대입 공격을 정의하라. 강력한 패스워드의 특징을 설명하라. ID와 패스워드가 하는 역할을 설명하라. 쿠키를 정의하고 왜 C클리너와 같은 프로그램이 컴퓨터 보안 상충관계의 좋은 예로 사용되는지를 설명하라.

Q4 보안 위협에 대해서 조직은 어떻게 대처해야 하는가?

상위 경영자들이 보안과 관련하여 정의하고 선언해야 하는 두 가지 기능은 무엇인지를 설명하라. 보안 정책의 주요 내용을 설명하라. 위험관리에 대해서 설명하라. 위험과 비용의 균형을 잡기 위한 조직적 차원의 절차를 설명하라.

Q5 보안 위협에 대처하기 위한 기술적인 보안대책은 무엇인가?

다섯 가지 기술적 보안대책을 설명하라. 식별 및 인증과 인증의 세 가지 유형에 대해서 설명하라. SSL/TLS가 어떻게 운영되는지 설명하라. 방화벽을 정의하고 그 목적을 설명하라. 악성소프트웨어를 정의하고 여섯 가지 유형에 대해서 설명하라. 악성소프트웨어로부터 보호하기 위한 여섯 가지 방법을 설명하라. 악성소프트웨어가 심각한 문제가 되는 이유를 설명하라. 보안을 위해서 PRIDE가 어떻게 설계에 반영될 수 있는지 설명하라.

Q6 보안 위협에 대처하기 위한 데이터 보안대책은 무엇인가?

데이터 관리와 데이터베이스 관리를 정의하고 차이점을 설명하라. 데이터 보안대책을 설명하라.

Q7 보안 위협에 대처하기 위한 인적 보안대책은 무엇인가?

그림 10-12에 나타나 있는 각각의 인적 보안대책에 대해서 요약하라. 비정규 직원과 관련된 보안대책을 설명하라. 계정관리를 위한 보안대책의 세 가지 차원을 설명하라. 인적 보안대책과 시스템 절차를 설명하라. 보안 감시 기술에 대해서 설명하라.

Q8 보안 사고에 대해서 조직은 어떻게 대처해야 하는가?

보안 사고가 발생한 경우에 조직이 취할 수 있는 행동에 대해서 설명하라.

이 장에서의 **지식**이 **여러분**에게 어떻게 **도움**이 되는가?

이 장에서 학습한 내용이 전문 경영자와 직원에 어떠한 도움을 줄 수 있는지를 설명하라. 여러분이 선택할 수 있는 행동은 무엇인지 설명하라.

주요용어

강화(hardening)
개인 식별 번호(personal identification number, PIN)
경계 방화벽(perimeter firewall)
공개키 암호화(public key encryption)
기술적 보안대책(technical safeguard)
허니팟(honeypot)
내부 방화벽(internal firewall)
대상(target)

대칭키 암호화(symmetric encryption)
데이터 관리(data administration)
데이터베이스 관리(database administration)
데이터 보안대책(data safeguard)
랜섬웨어(ransomware)
무차별 대입 공격(brute force attack)
바이러스(virus)
방화벽(firewall)
보안대책(safeguard)
비대칭키 암호화(asymmetric encryption)
생체 인증(biometric authentication)
서비스 거부(denial of service, DOS)
스니핑(sniffing)
스마트카드(smart card)
스파이웨어(spyware)
스푸핑(spoofing)
식별(identification)
악성소프트웨어(malware)
악성소프트웨어에 대한 정의(malware definition)
암호화(encryption)
암호화 알고리즘(encryption algorithm)
애드웨어(adware)
워드라이버(wardriver)
웜(worm)
위협(threat)
이메일 스푸핑(email spoofing)
인적 보안대책(human safeguard)
인증(authentication)
지능형 지속 위협(advanced persistent threat, APT)
취약성(vulnerability)
침입 탐지 시스템(intrusion detection system, IDS)
침해(usurpation)
쿠키(cookies)
키(key)
키 로거(key loggers)
키 에스크로(key escrow)
트로이목마(trojan horse)
패킷 필터링 방화벽(packet-filtering firewall)
페이로드(payload)
프리텍스팅(pretexting)
피싱(phishing)
피셔(phisher)
해킹(hacking)
https
IP 스푸핑(IP spoofing)
SQL 주입 공격(SQL injection attack)
SSL(Secure Socket Layer)
TLS(Transport Layer Security)

학습내용 점검

1. 신용 보고서를 온라인에서 가장 저렴하게 구입할 수 있는 곳을 찾아보자. 미국의 경우 www.equifax.com, www.experion.com, www.transunion.com과 같은 사이트가 있다. 만약 여러분이 보고서를 구매할 수 있다고 가정했을 때 다음의 물음에 답하라.
   a. 대부분이 정확하겠지만 여러분의 신용 보고서에서 보고서에서 존재하는 오류를 검토하라. 신용 보고서를 검토하기 위한 지침을 웹사이트에서 찾아보자. 이러한 과정에서 여러분이 배운 것은 무엇인지 약술하라.
   b. 신용 보고서에 잘못된 부분이 있을 경우 여러분이 취할 수 있는 행동은 무엇인지 설명하라.
   c. 식별 절취(identity theft)에 대해서 정의하라. 여러분의 식별정보나 ID가 절취되거나 타인에 의해서 사용되었을 경우에 취할 수 있는 행동에 대해서 설명하라.

2. 공항에서 노트북을 분실하였다고 가정하자. 여러분은 어떠한 행동을 취해야 하겠는가? 분실된 노트북에 중요하고 민감한 정보가 저장되어 있었다고 가정할 때 어떠한 문제가 발생하겠는가? 여러분의 이력서를 새로 갱신하는 데 이러한 사고를 어떻게 다루어야 할까?

3. 상사에게 그림 10-1과 그림 10-4에 나타나 있는 보안 위협에 대해서 경고하였다고 가정하자. 상사가 그러한 것에 대해서 흥미를 가지고 있고 추가적인 자료를 준비하라고 지시하였을 때 다음의 물음에 답하라.
   a. 그림 10-1의 각각의 위협에 대해서 간략히 설명하라.
   b. 다섯 가지 구성요소가 보안대책과 어떻게 관련되어 있는지 설명하라.
   c. 기술적 보안대책, 자료 보안대책, 인적 보안대책에 대해서 2~3개씩 각각 설명하라.
   d. 그림 10-4에 나타나 있는 보안대책에 대해서 설명하라.
   e. 여러분과 비정규직 직원들이 준수해야 하는 보안 절차에 대해서 설명하라.
   f. 재해 계획과 관련하여 여러분의 부서에서 준수해야 하는 보안 절차에 대해서 설명하라.

협력과제 10

여러분의 팀원들과 모여서 구글 오피스, 셰어포인트 또는 기타 협업 도구를 사용해서 협업정보시스템을 구축하라. 절차와 팀 훈련의 필요성을 잊지 마라. 이제 정보시스템을 이용해서, 다음의 질문들에 답하라.

이 과제의 목적은 컴퓨터 범죄의 현재 상태를 평가하는 것이다.

4. 웹을 이용하여 **컴퓨터 범죄**와 관련된 다른 용어들을 검색하자. 여러분과 여러분 팀이 생각하는 최근의 가장 심각한 다섯 가지 사례를 식별하라. 6개월 동안 아무런 컴퓨터 범죄가 발생하지 않았다고 가정하자. 각각의 범죄에 대해서 범죄발생의 피해를 요약하여 피해와 관련된 환경을 설명하고, 보안대책이 제대로 운영되지 않았거나 효과적으로 예방하지 못한 것을 식별하라.

5. 웹을 이용하여 **컴퓨터 범죄 통계**와 Q2에서 언급된 포네몬의 두 가지 이상의 원천을 찾아보자.
   a. 각각의 원천에 대해서 방법론을 설명하고 그 방법론의 장점과 단점을 설명하라.
   b. 새로운 두 가지 원천의 자료를 Q2와 비교하고 차이점을 설명하라.
   c. 여러분이 직관과 지식을 이용하여 왜 이러한 차이가 발생하였는지를 설명하라.

6. 웹사이트 www.ponemon.org/blog/ponemon-institute-releases-2014-cost-of-data-breach-global-analysis를 방문하고 2014년 보고서를 다운로드하라(보다 최신의 자료가 있다면 그것을 다운로드하자).
   a. 조직이 사용하는 보안대책과 다른 대책의 측면에서 보고서를 요약하라.
   b. 조직 보안대책의 효능감의 관점에서 연구의 결론을 요약하라.
   c. 여러분의 팀은 이러한 결론에 대해서 동의하고 있는가? 여러분의 답을 설명하라.

7. 여러분의 상사가 여러분의 조직이 컴퓨터 보안에 대해서 무엇을 해야 할지에 대한 요약 보고서를 요청하였다고 가정하자. 이 장에서 배운 지식과 질문 4~6번을 참고하고 요약 내용을 파워포인트로 작성하자. 여러분의 발표 내용은 다음의 내용을 포함해야 한다.
   a. 핵심용어의 정의
   b. 위협의 요약
   c. 보안대책의 요약
   d. 컴퓨터 범죄의 현재 상태
   e. 컴퓨터 보안에 대해서 중역들이 무엇을 해야 하는가?
   f. 컴퓨터 보안에 대해서 모든 관리자들은 무엇을 해야 하는가?

사례연구 10

타깃 공격

2013년 12월 18일에 타깃사는 4,000만 개의 신용카드와 직불카드 번호를 공격에 의해서 잃어버렸다고 발표했다. 한 달이 채 못 되어서 그들은 고객 이름, 이메일, 주소, 전화번호 등을 포함하는 고객 계정 700만 개가 도난당했다고 발표하였다.

두 사고의 중복되는 데이터 손실을 감안하더라도 약 9,800만 명의 고객이 피해를 입은 것으로 추정되었다.[22] 이것은 미국에 거주하는 3억 1,800만 명(신용카드가 없는 아이들까지 포함)의 31%에 해당한다. 이것은 미국 역사상 가장 큰 데이터 유출 중 하나가 되어버렸다.

이러한 기록들은 2013년 11월 27일부터 12월 15일까지의 연휴기간 동안에 타깃의 소매점 판매시점관리(POS) 시스템으로부터 도난당한 것이다. 만약 이 기간 동안 여러분이 타깃에서 쇼핑을 하였다면, 여러분의 데이터도 손실되었을 수 있다. 이후에서는 간략하게 어떻게 이러한 방대한 데이터를 절취하였는지를 요약하고 있다.

어떻게 그들이 그렇게 했을까?

공격자들은 먼저 스피어피싱(spear-phishing)을 사용하여 제3자 공급업체인 파지오메커니컬서비스(냉동 및 공조서비스)를 감염시켰다.[23] 시타델이라는 악성소프트웨어로 파지오 사용자들의 키 입력, 로그인 승인정보, 스크린샷을 수집하였다.[24] 이후 공격자들은 파지오에서 절취한 로그인 승인정보를 이용하여 타깃 네트워크의 공급업체 포털 서버로 접근하였다. 공격자들은 서버에 있는 접근권한을 조정하여 타깃의 내부 네트워크로 접근할 수 있도록 만들었다.

그림 10-17
타깃 데이터 유출

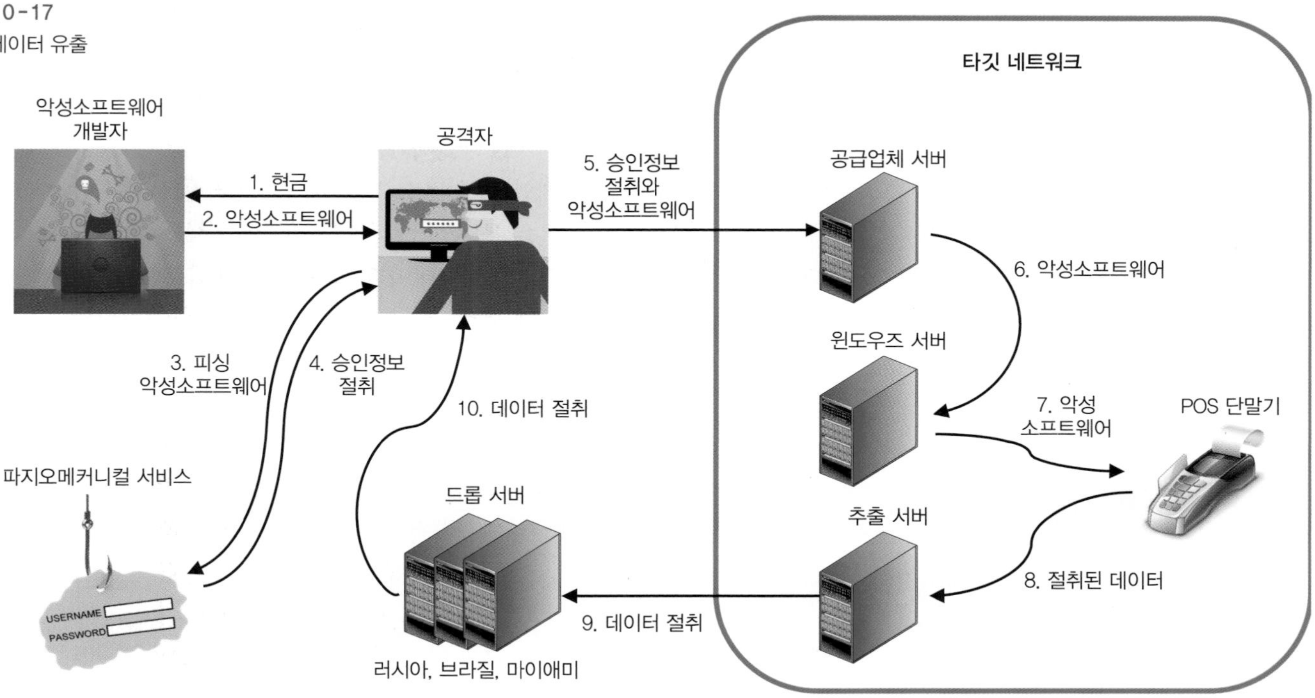

이렇게 잠입 후에 공격자들은 내부 윈도우 파일 서버를 침해하였다. 이 서버에 공격자들은 트로이목마라는 악성소프트웨어를 설치하였다. POSRAM(블랙포스의 변종)을 사용하여 POS 단말기로부터 정보를 추출하였다. 블랙포스는 러시아의 상트페테르부르크의 17세 해커에 의해서 개발된 것으로 암시장에서 약 2,000달러에 구입할 수 있다.[25]

고객 데이터는 POS 단말기로부터 타깃의 네트워크 서버로 계속해서 데이터를 전송하였다. 이후 타깃의 네트워크에서 추출 서버를 통해서 브라질 그리고 마이애미의 드롭 서버로 전파되었다. 이러한 데이터들은 절취된 이후에 암시장에 판매되었다.

피해

공격자의 입장에서 보면 피해는 상당한 것이었다. 공격자들은 200만 개에 이르는 신용카드 정보를 개당 26.85달러에 팔고, 총수익이 5,370만 달러로 추정되었다.[26] 몇 주간의 작업으로는 상당한 것이다. 이러한 범죄활동 유형의 부가적인 수익은 상당하다. 데이터 유출보다 더 보상이 크다.

한편 타깃은 해커들이 획득한 이익보다 더 많은 손실을 기록하였다. 개인 식별 번호 기술을 지원하기 위해(절취된 정보로 신용카드 복사를 막기 위해서) 1억 달러에 이르는 단말기 업그레이드 비용이 소요되었다. 2015년에 타깃은 약 1억 6,000만 달러를 넘는 은행들과의 법률소송에서 패소하였다. 또한 보험사에 추가비용을 지출할 수밖에 없었으며, 법률 비용, 고객 신용 감시 비용, 규정위반 벌금 등에 대해서도 지출이 발생하였다.

타깃은 고객의 신뢰와 수익(전 분기 대비 46% 감소)을 잃어버렸다. 분석가들은 직접적인 손실만 4억 5,000만 달러에 이를 것이라고 말한다.[27] CIO인 베스 제이콥을 해고했으며, CEO인 그렉 스타인하펠에게는 1,600만 달러를 주고 퇴사시켰다.[28]

데이터 유출은 타깃에만 국한되지 않았다. 2015년에는 대규모의 기존 마그네틱 선 방식에서 EMV 호환 방식으로의 교체가 발생하게 되었다. 이러한 변화는 70억 달러에 이르는 1,400만 개의 단말기와 8억 개의 신용카드 교체 비용을 발생시켰다.[29]

좋은 소식은 EMV 호환 스마트카드의 도입으로 매년 발생한 신용카드 사기로 인한 100억 달러에 이르는 비용이 상당히 줄어들었다는 점이다. 또한 절취된 신용카드번호가 실제 신용카드를 소지하지 않고는 사용이 불가능하기에 해커들로부터 발생하는 신용카드 절취가 상당히 줄어들었다는 것이다.

자동차 사고와 마찬가지로 데이터 유출은 실제 그것이 발생하고 난 이후에 중요하다고 평가된다. 데이터 유출은 타깃이 그들의 기반구조를 업그레이드하고 내부 시스템을 변경하고 새롭게 최고정보보안담당임원(Chief Information Security Officer, CISO)을 고용하도록 영향을 주었다.[30]

미래에 이보다 더 심각한 데이터 유출이 발생할까? 아마도 그럴 것이다. 조직은 이러한 것에 대해서 준비가 되어 있을까?

과거의 사례를 통해서 본다면 조직들은 실제 사고가 나기 전까지는 그렇게 하지 않을 것이다.

질문

8. 왜 공격자들은 타깃의 협력업체에 스피어피싱을 사용했을까?
9. 제3자 공급업체가 조직 전체의 보안을 약화시키는 이유를 설명하라.
10. 타깃으로부터 데이터가 절취된 과정을 설명하라.
11. 한 조직에서의 데이터 손실이 다른 조직에 어떠한 영향을 미칠까?
12. 왜 대기업이 공격자들에게 매력적인 공격 대상이 되고 있는지를 설명하라.
13. 개인 식별 번호 기술 카드가 이러한 절취를 감소시키는 이유는 무엇인가?
14. 왜 타깃은 데이터 유출 이전에 CISO를 고용하지 않았을까?

주

1. Mandiant (2013), "APT1: Exposing One of China's Cyber Espionage Units," February 18, 2013, accessed August 26, 2015. *http://intelreport.mandiant.com/Mandiant_APT1_Report.pdf.*
2. Risk Based Security, "2014 Data Breach Trends," February 2015, *RiskedBasedSecurity.com*, accessed May 8, 2015, *www.riskbasedsecurity.com/reports/2014-YEDataBreachQuickView.pdf.*
3. Ponemon Institute, 2014 Cost of Cyber Crime Study: United States. October 2014.
4. Ponemon Institute, "2014 Global Report on the Cost of Cyber Crime," October 2014, accessed August 26, 2015 *http://www.ponemon.org/library/2014-global-report-on-the-cost-of-cyber-crime.*
5. John Pozadzides, "How I'd Hack Your Weak Passwords." One Man's Blog, last modified March 26, 2007, *http://onemansblog.com/2007/03/26/how-id-hack-your-weak-passwords/.*
   2007년 이 글이 작성될 때에는 개인용 컴퓨터에 한정된 것이었다. 2013년의 기술로는 이러한 시간이 절반으로 줄었다. 클라우드 기반 네트워크 서비스로는 패스워드 해킹에 소요되는 시간이 90% 이상 줄었다
6. Dan Geer, "Cybersecurity as Realpolitik," *Black Hat USA 2014*, accessed April 1, 2015, *www.blackhat.com/us-14/video/cybersecurity-as-realpolitik.html.*
7. Violet Blue, "Yahoo CISO: End-to-End Mail Encryption by 2015," *ZDNet.com*, August 7, 2014, accessed April 1, 2015, *www.zdnet.com/article/yahoo-ciso-end-to-end-mail-encryption-by-2015.*
8. Andy Greenberg, "How Hackable Is Your Car?," *Wired.com*, August 6, 2014, accessed April 1, 2015, *www.wired.com/2014/08/car-hacking-chart.*
9. Danielle Walker, "Black Hat: Researcher Demonstrates How He Controlled Room Devices in Luxury Hotel," *SC Magazine*, August 6, 2014, accessed on April 1, 2015, *www.scmagazine.com/black-hat-researcher-demonstrates-how-he-controlled-room-devices-in-luxury-hotel/article/365038.*
10. Hewlett-Packard Development Company, *Internet of Things Research Study*, September 2014, accessed April 1, 2015, *http://h20195.www2.hp.com/V2/GetDocument.aspx?docname=4AA5-4759ENW.*
11. *Verizon 2014 Data Breach Investigations Report*, accessed June 2014, *www.verizonenterprise.com/DBIR/2014/.*
12. 이러한 이유로 재미를 위해 서버를 스캔하면 안 된다. 조직에서 여러분을 찾는 데 오래 걸리지 않을 것이고 이는 전혀 즐거운 일이 되지 않을 것이다!
13. Randall Boyle and Jeffrey Proudfoot, *Applied Information Security*, 2nd ed. (Upper Saddle River, NJ: Pearson Education, 2014).
14. P. Middleton, P. Kjeldsen, and J. Tully, J. "Forecast: The Internet of Things, Worldwide, 2013," November 18, 2013, accessed April 18, 2015, *www.gartner.com/doc/2625419/forecast-internet-things-worldwide.*
15. *https://nest.com/works-with-nest/.*
16. J. Markoff, "Researchers Show How a Car's Electronics Can Be Taken Over Remotely," *The New York Times*, March 9, 2011, p. B3.
17. Accessed July 24, 2015, *www.chasepaymentech.com/faq_emv_chip_card_technology.html.*
18. Brian Krebs, "Home Depot: Hackers Stole 53M Email Addresses," *Krebs On Security*, November 7, 2014, accessed April 28, 2015, *http://krebsonsecurity.com/2014/11/home-depot-hackers-stole-53m-email-addreses.*
19. Mathew Schwartz, "Analysis: Home Depot Breach Details: Why Anti-Virus Didn't Stop POS Malware Attack," *Bank Info Security*, September 16, 2014, accessed April 28, 2015, *www.bankinfosecurity.com/analysis-home-depot-breach-details-a-7323/op-1.*
20. Accessed July 24, 2015, *www.paypal.com/webapps/mpp/emv.*
21. Tom Groenfeldt, "American Credit Cards Improving Security with EMV, At Last," *Forbes*, January 28, 2014, accessed April 28, 2015, *http://www.forbes.com/sites/tomgroenfeldt/2014/01/28/american-credit-cards-improving-security-with-emv-at-last.*
22. Ben Elgin, "Three New Details from Target's Credit Card Breach," *Bloomberg Business*, March 26, 2014, accessed June 23, 2015, *www.bloomberg.com/bw/articles/2014-03-26/three-new-details-from-targets-credit-card-breach.*
23. Brian Krebs, "Target Hackers Broke In via HVAC Company," *KrebsonSecurity.com*, February 5, 2014, accessed June 23, 2015, *http://krebsonsecurity.com/2014/02/target-hackers-broke-in-via-hvac-company.*
24. Chris Poulin, "What Retailers Need to Learn from the Target Data Breach to Protect Against Similar Attacks," *Security Intelligence*, January 31, 2014, accessed June 23, 2015, *http://securityintelligence.com/target-breach-protect-against-similar-attacks-retailers/#.VYngl_lVikr.*
25. Swati Khandelwal, "BlackPOS Malware Used in Target Data Breach Developed by 17-Year-Old Russian Hacker," The Hacker News, January 17, 2014, accessed June 23, 2015, *http://thehackernews.com/2014/01/BlackPOS-Malware-russian-hacker-Target.html.*
26. Brian Krebs, "The Target Breach, by the Numbers," *KrebsonSecurity.com*, May 6, 2014, accessed June 23, 2015, *http://krebsonsecurity.com/2014/05/the-target-breach-by-the-numbers.*
27. Bruce Horovitz, "Data Breach Takes Toll on Target Profit," *USA Today*, February 26, 2014, accessed June 23, 2015, *www.usatoday.com/story/money/business/2014/02/26/target-earnings/5829469.*
28. Fred Donovan, "Target Breach: A Timeline," *FierceITSecurity.com*, February 18, 2014, accessed June 23, 2015, *www.fierceitsecurity.com/story/target-breach-timeline/2014-02-18.*
29. Dick Mitchell, "The EMV Migration Will Be a Rough, Risky Ride," *PaymentSource.com*, January 14, 2015, accessed May 23, 2015, *www.paymentssource.com/news/paythink/the-emv-migration-will-be-a-rough-risky-ride-randstad-exec-3020311-1.html.*
30. Dune Lawrence, "Target Taps an Outsider to Revamp IT Security After Massive Hack," *BusinessWeek*, April 29, 2014, accessed June 23, 2015, *www.businessweek.com/articles/2014-04-29/target-turns-to-an-outsider-for-cio-bob-derodes-to-revamp-it-security-after-massive-hack.*

Chapter
11

정보시스템 관리

여러분에게도
이러한 일이
일어날 수 있다

"예전에 그와 함께 일한 적이 있습니다. 하지만 안드로이드 프로젝트는 아니었습니다." 제임스 우와 재러드 쿠퍼가 아마존 파이어폰 개발을 인도에 아웃소싱하는 것의 장단점에 대하여 논의하고 있다.

"하지만 전화 애플리케이션이었지요?" 재러드는 과제 수행에 있어서 제임스를 신뢰하지만, 아웃소싱의 위험에 대해 이해하기를 원한다.

"맞아요. 기본 iOS에서에요. 안드로이드 개발 능력에 대해서는 확신하지 못합니다."

"그 사람에 대해서 당신이 알고 있는 것을 말해주세요."

"그의 이름은 아지트 배리드입니다. 적어도 그것은 그의 회사 이름입니다." 제임스는 조금 당황한 것처럼 보인다.

"그게 그 사람 이름이 아니에요?"

"확실친 않지만 아마도요. 아지트 배리드의 뜻을 아세요?"그는 미소 짓기 시작했다.

"몰라요. 무슨 뜻이에요?"

"천하무적 구름이요."

"음, 아마도 어머니가 지어준 이름은 아닐 거예요. 아니면 그녀는 예언자였겠죠. 제임스, 긴장되네요. 저는 인도에서 사업하는 것에 대해 아무것도 모릅니다. 그 남자가 우리돈을 운영하는데, 우리는 무엇을 하죠?" 재러드는 지금 사업을 하고 있다.

"완료될 때까지는 돈을 지불하지는 않아요. 혹은 내더라도 많은 돈은 아니에요. 하지만 저는 그 사람과 좋은 경험을 했었어요. 그는 최근 게임 개발 프로젝트에서 훌륭한 성과를 보여줬어요."

"인도는 아주 멀리 떨어져 있어요. 그가 다른 누군가에게 우리의 코드 혹은 아이디어를 준다면 어떻게 되죠? 그가 만든 코드에서 끔찍한 버그를 발견해서 이를 고치려고 그를 찾았는데 찾을 수 없다면? 그가 사라져 버린다면? 프로젝트의 3분의 2가 진행된 상태에서 이 일에 흥미를 잃고 다른 누군가의 프로젝트를 수행하기 위해 가버린다면 어떻게 하죠?" 재러드가 몰두하고 있다.

"모든 것에는 리스크가 있다는 점에 대해 나도 동의합니다. 하지만 여기에서 개발하려면 비용이 4~6배가 더 들어갈 것입니다." 제임스는 칠판에 리스크들을 나열하기 시작한다.

"자, 당신이 여기에 지불하는 것만큼 얻는다는 것이 제 경험입니다."

"우리가 아웃소싱할 수 있는 지역의 개발자를 찾길 원하는 건가요?" 제임스는 로컬에서 개발하는 것이 좋지 않다고 생각하지만 재러드가 자신들의 결정을 납득하기를 원한다.

"예, 아니요, 아니에요. 저는 그렇게 생각하지 않아요. 그 사람을 어떻게 만났죠?"

"하이데라바드의 마이크로소프트에서 일하고 있던 그를 한 회의석상에서 만

학습목표

 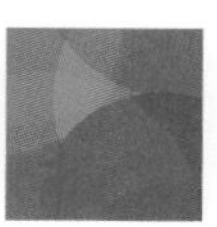  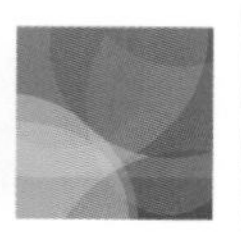

Q1 IS 부서의 기능과 조직은 무엇인가?

Q2 조직은 IS 사용 계획을 어떻게 수립하는가?

Q3 아웃소싱의 장점과 단점은 무엇인가?

Q4 사용자 권한과 책임은 무엇인가?

이 장에서의 지식이 여러분에게 어떻게 도움이 되는가?

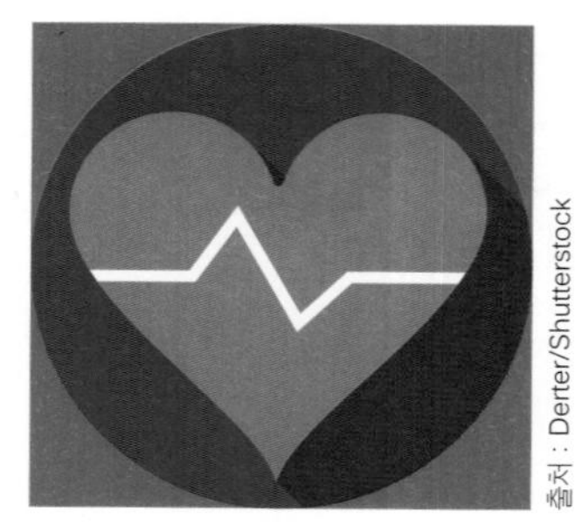

출처 : Derter/Shutterstock

"저는 인도에서 사업하는 것에 대해 아무것도 모릅니다."

났어요. 그는 셰어포인트 클라우드 기능을 프로그램하고 있었어요. 아이패드가 뜰 때, 그는 마이크로소프트를 떠나 자신의 회사를 설립했습니다. 그때 iOS 앱을 제작하기 위해 그를 고용했습니다."

"괜찮았나요?" 재러드는 확신을 갖고 싶어 한다.

"네, 하지만 그것은 그의 첫 작업 중 하나였습니다. 그는 우리를 위해 그것을 바로 선택해야 했습니다."

"어떻게 생각하세요? 무엇을 하고 싶으세요?"

제임스는 질문을 깊이 생각한다. "글쎄, 저는 그의 성공이 가장 큰 위험이라고 생각합니다. 알다시피 평론을 듣고 찾아온 고객들이 붐비는 레스트랑과 부억은 떨어져 있지요."

"지금은 직원이 더 많지 않아요?"

"네, 맞아요. 그리고 그가 훌륭한 개발자라는 것도 압니다. 하지만 그가 훌륭한 관리자인지는 모르겠어요."

"좋아요. 다른 거는요?" 재러드는 비즈니스에 집중하고 있다.

"안드로이드 개발은 아이패드에 사용되는 iOS와는 다릅니다. 저는 이 개발 환경에 대한 미숙함이 또 다른 위험요인이 될 것이라고 생각합니다."

"돈은 어떤가요?"

"음, 제가 말한 것처럼 계약을 통해서 모든 것이 제대로 작동할 때까지 돈을 지불하지 않습니다."

"그러면 또 다른 걱정거리는 무엇인가요?" 재러드는 제임스의 모든 관심사항을 회의자리에서 얻길 원한다.

"시간 낭비죠. 어쩌면 그가 집중력이 떨어지거나, 앱 개발을 완료하지 않거나, 다른 사람을 고용할 수 있습니다. 9월이 되어 우리가 어떤 돈도 내지 않는다 하더라도 우리는 대부분의 시간을 잃습니다."

"별로 좋지 않은 것 같네요."

"저도 그래요." 제임스가 목록에 일정상의 위험을 추가하면서 답한다.

"우리가 현재 총알을 물고 우리의 프로그래머를 고용해야 한다고 생각하십니까?"

"아니요! 아니에요! 그것은 엄청나게 비쌀 거예요. 어쨌든 저는 소프트웨어 프로젝트를 관리할 시간도 없고, 누군가를 고용할 돈이 없어요." 제임스는 확신한다.

"하지만 장기적으로는 어떤가요?"

"어쩌면 장기적으로는요. 우리는 예산을 위해 무엇을 갖고 있는지, 장기적인 개발에 필요한 것이 무엇인지를 알아야 합니다. 그것은 큰 걸음입니다. 테스트 시설, 개발자, 상담 직원 및 관리자와 같은 인프라가 필요합니다. PRIDE 시스템이 성공하기를 원한다면 그것을 할 거예요. 하지만 아직은 그렇지 않은 것 같아요."

"그래서요?" 재러드의 목소리는 대화를 끝내고 싶어 한다는 것처럼 들린다.

제임스가 다음과 같이 정리한다. "요구사항 문서를 완성한 다음 지역의 국내 개발자뿐만 아니라 아지트의 제안 및 입찰을 받는 거예요. 제안서와 입찰서를 살펴보고 결정을 내릴 것입니다. 한 가지 문제는…."

"그게 뭔데요?"

"어쨌든 로컬 개발자가 아웃소싱할 수 있습니다."

"아지트나 그의 사촌을 고용하기 위해 지역 개발자에게 돈을 지불해야 한다는 의미인가요?"

"그런 식이죠"

재러드는 테이블에서 일어나서 제임스를 그의 사무실에서 나오게 했다. "그건 미친 짓이에요."

"아니에요. 우리가 무엇을 얻는지 봅시다."

Q1 IS 부서의 기능과 조직은 무엇인가?

IS 부서[1]의 주요 기능은 다음과 같다.

- 기업의 목표와 전략을 달성하기 위한 IS 활용 계획
- 아웃소싱 관계의 관리
- 정보 자산의 보호
- 기업의 컴퓨팅 기반구조의 개발, 운영, 유지
- 애플리케이션의 개발, 운영, 유지

처음 두 가지 기능에 대해서는 Q2와 Q3에서 다룰 것이다. 정보 자산의 보호는 제10장의 주제였다. IS 전공자들에게는 마지막 두 가지 기능이 중요하다. 그러나 다른 업무 영역의 전문가들에게는 덜 중요한 기능이므로 이 책에서는 이들을 다루지 않을 것이다. 먼저 IS 부서의 조직에 대해 살펴보자.

IS 부서는 어떻게 구성되는가?

그림 11-1은 전형적인 상위 계층의 보고체계를 보여준다. 경영학 수업에서 배운 것처럼 조직의 구조는 조직의 규모, 문화, 경쟁 환경, 산업 구조, 기타 여러 다른 요인들에 따라 다양하다. 여러 독립된 부서들로 구성된 큰 기업은 여기에서 보이는 각 부서들과 같이 상위 계층 임원의 그룹이 존재한다. 상대적으로 소규모 회사들은 이 부서들 몇 개가 합쳐진 형태로 존재할 수도 있다. 일반적인 예로 그림 11-1과 같은 조직을 살펴보자.

IS 부서의 최상위 관리자의 명칭은 조직에 따라 다양하다. 일반적인 명칭은 **최고정보담당임원**(chief information officer, CIO)이다. 다른 명칭으로는 **정보서비스 부사장**, **정보서비스 임원**이 있고 많이 사용되지는 않지만 **컴퓨터서비스 임원**이라는 호칭도 있다.

그림 11-1의 다른 상위 계층 경영자들과 같이 CIO는 **최고경영자**(chief executive officer, CEO)에게 보고를 하는데, 때로는 **최고운영담당임원**(chief operating officer, COO)을 거쳐서 보고하게 된다. 일부 기업에서는 CIO가 **최고재무담당임원**(chief financial officer, CFO)에게 보고하기도 한다. 이러한 보고 방식은 중요한 정보시스템이 재무회계 활동을 지원할 경우 타당한 방식이다. 중요한 비회계적 정보시스템을 운영하는 제조업체와 같은 조직에서는 그림 11-1과 같은 방식이 보다 일반적이고 효율적이다.

IS 부서의 구조 역시 조직에 따라 다양하다. 그림 11-1은 4개의 그룹과 하나의 데이터 관리자 지원 기능을 가진 일반적인 IS 부서의 구조를 보여준다.

대부분의 IS 부서는 새로운 정보시스템 기술을 조사하고 조직이 그로부터 어떻게 혜택을 얻을

그림 11-1
전형적인 상위 계층의 보고 관계

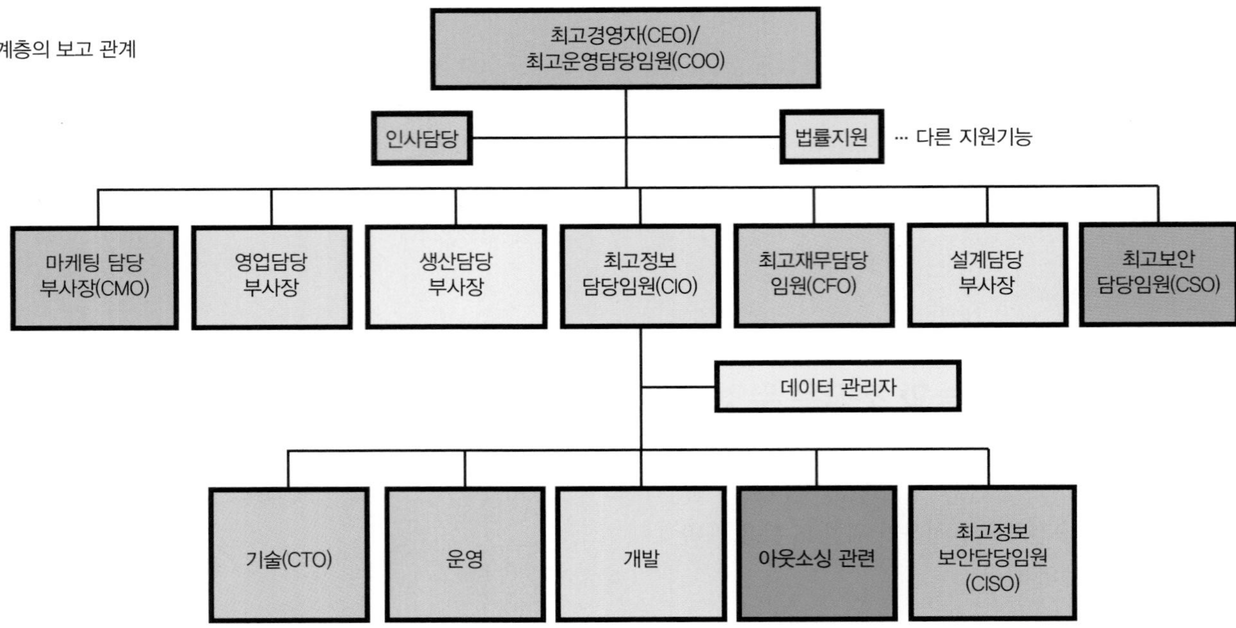

수 있는지를 결정하는 **기술담당**을 포함하고 있다. 예를 들어 오늘날 많은 조직이 소셜미디어와 유연한 클라우드 기회에 대해 조사하고 있으며, 조직의 목표와 목적을 달성하기 위하여 그 기술을 어떻게 가장 잘 활용할지에 관해 계획을 수립하고 있다. 기술 그룹을 담당하고 있는 자를 종종 **최고기술담당임원**(chief technology officer, CTO)이라고 부른다. CTO는 신기술, 새로운 아이디어, 새로운 가능성 등을 평가하고, 이 중 조직에 연관성이 가장 큰 것들을 정리, 분류한다. CTO 직무를 수행하기 위해서는 정보기술에 대한 깊은 지식과 새로운 기술이 조직에 어떻게 영향을 미칠 것인가를 바라보는 능력이 필요하다.

그림 11-1의 또 다음 그룹인 **운영 부문**은 개별 컴퓨터, 서버팜, 네트워크, 통신매체들을 포함한 컴퓨팅 기반구조를 관리한다. 시스템 관리자와 네트워크 관리가 이 그룹에 포함된다. 이 그룹의 중요한 기능은 사용자의 시스템 사용을 모니터링하고 발생하는 사용자 문제에 대응하는 것이다.

그림 11-1에 있는 IS 부서의 세 번째 그룹은 **개발 부문**이다. 이 그룹은 새로운 정보시스템을 만들고 기존 정보시스템을 유지보수하는 과정을 관리한다(제12장에서 다루게 될 것이지만, **유지보수**는 문제를 제거하거나 새로운 사양과 기능을 지원하기 위하여 기존 정보시스템을 수정하는 것이다).

개발 그룹의 크기와 구조는 어떤 프로그램을 자체적으로 개발하는지에 따라 달라진다. 자체 개발을 하지 않는다면 이 부서는 기본적으로 소프트웨어의 구매와 설치, 그리고 이 소프트웨어와 연관된 시스템 구성요소의 설치를 위해 사용자, 운영자, 공급업체와 공동으로 작업을 수행하는 시스템 분석가의 지원을 받는다. 만약 기업이 자체적으로 프로그램을 개발한다면, 이 부서는 프로그래머, 테스트엔지니어, 기술 분석가, 그리고 다른 개발 요원들을 포함할 것이다.

그림 11-1의 마지막 IS 부서 그룹은 **아웃소싱 관련 부서**이다. 이 그룹은 장비, 애플리케이션 혹은 다른 서비스를 제공하는 기업들과의 아웃소싱 계약에 대한 협상을 담당한다. 이 장의 뒷부분에서 아웃소싱에 대하여 더 배우게 될 것이다.

또한 그림 11-1에는 **데이터 관리자** 지원 기능이 포함되어 있다. 이 그룹의 목적은 데이터 표준과 데이터 관리와 관련된 실행 계획 및 정책을 수립함으로써 데이터와 정보 자산을 보호하는 것이다.

그림 11-1에서 보여주고 있는 IS 부서의 구조에는 많은 변형된 형태가 존재한다. 큰 규모의 조직의 경우, 운영 그룹 자체적으로 몇몇 다른 부서들을 포함할 수도 있다. 때론 데이터웨어 하우징

과 데이터 마트를 위한 별도의 그룹이 존재하기도 한다.

그림 11-1에서 살펴본 바와 같이 IS와 IT를 구분할 수 있어야 한다. 정보시스템(IS)은 조직이 자신의 목적과 목표를 달성하는 것을 도와주기 위하여 존재한다. 정보시스템은 이 책을 통해서 논의되고 있는 다섯 가지 구성요소를 가지고 있다. 정보기술(IT)은 단순히 기술이다. 이것은 컴퓨터 기반 기술의 제품, 기법, 절차, 설계 등으로 구성된다. 조직이 IT를 사용하기 전에 IS의 구조 안에 있어야 한다.

보안담당임원

타깃코퍼레이션이 9,800만 개의 고객 계정을 잃은 후에 이러한 유형의 손실을 막기 위해 C-레벨 보안 수준을 만들었다.[2] 대규모 데이터 유출로 어려움을 겪고 있는 많은 기업들이 비슷한 유형의 보안담당임원을 두고 있다. **최고보안담당임원**(chief security officer, CSO)은 물리적인 공장 및 설비, 종업원, 지적 재산권 그리고 디지털 데이터 등 조직의 모든 자산에 대한 보안을 담당한다. CSO는 CEO에게 직접 보고한다. **최고정보보안담당임원**(chief information security officer, CISO)은 조직의 정보시스템 및 정보에 대한 보안을 담당한다. CISO는 CIO에게 보고한다.

두 직책 모두 종업원에 대한 관리를 담당하고 있지만, 동시에 강력한 외교적 기술이 필요하다. CSO나 CISO는 자신이 보호해야 할 활동의 관리에 대한 권한을 가지고 있지 않으며 직접 지시를 통해 조직의 보안 프로그램을 지킬 수 없다. 대신 그들은 기업의 경영진에게 보안 프로그램 준수의 필요성을 교육하고 격려하며 분위기를 조성해야 한다(이 내용에 관해서는 제10장 참조).

IS 관련 직무에는 무엇이 있는가?

IS 부서는 광범위한 관심을 받고 있는 고액 연봉의 직업이다. 많은 학생들이 정보시스템 산업이 단지 프로그래머와 컴퓨터 기술자들로 구성되어 있다고 생각하고 MIS 수업을 듣는다. 만약 여러분이 정보시스템의 다섯 가지 구성요소를 떠올린다면, 여러분은 이것이 왜 잘못된 것인지 이해할 수 있을 것이다. 정보시스템 구성요소 중 데이터, 절차, 사람의 경우에는 상당한 수준의 의사소통 기술을 가진 전문가를 요구한다.

그림 11-2는 정보시스템 산업의 중요한 직무를 요약한 것이다. 컴퓨터 기술자와 아마도 테스트 QA 엔지니어를 제외한 나머지 모든 직무는 4년제 대학의 학위를 요구한다. 나아가 프로그래머와 테스트 QA 엔지니어를 제외한 나머지는 경영지식을 필요로 한다. 대부분의 경우 성공한 전문가들은 경영학 학위를 가지고 있다. 또한 대부분의 직무들이 유창한 의사소통 능력을 요구한다. 정보시스템을 포함하여 경영은 사회적 행동이다.

그림 11-2에서 논의된 직위별 연봉의 개략적인 범위와 중앙값이 그림 11-3에 나타나 있다.[3] 미국 사회보장국(U.S. Social Security Administration)에 따르면 2013년 미국의 평균 노동자들의 연봉의 중앙값은 28,031달러였다.[4] CTO, CIO, CISO의 연봉 범위는 이 직위들보다 높은데, 이는 더 많은 경력을 필요로 하기 때문이다.

정보시스템 직무의 연봉 범위는 폭이 넓다. 대도시에 살면서 더 많은 경험을 가지고 있으며, 대기업에서 일하는 전문가들일수록 더 높은 연봉을 받는다.[5] 여러분의 경력이 이 범위의 맨 꼭대기에서 시작할 거라고 기대하지는 말라. 기술된 바와 같이 모든 급여는 미국에서의 직무에 해당하며, 미국 달러로 표시되어 있다.

(그런데 대부분의 기술적 직무 이외의 모든 경우, 업무에 특화된 지식은 여러분의 시장성을 높

명칭	책임	요구되는 지식, 기술, 특성
IT 업무 분석가	업무 책임자와 함께 사업 전략과 목표를 구현할 수 있도록 프로세스와 시스템을 개발 계획을 수립한다.	사업 계획·전략·프로세스 관리 및 기술에 관한 지식 복잡한 상황을 다룰 수 있는 능력, 전체적인 모습을 그릴 수 있으면서 세부적인 내용을 다룰 수 있는 능력, 의사소통 기술
시스템 분석가	시스템 요구사항 결정을 위해 사용자들과 함께 작업한다. 직무 기술과 절차를 설계하고 개발한다. 시스템 테스트 계획 수립을 돕는다.	강력한 대인관계 및 의사소통 기술, 비즈니스 및 기술 관련 지식, 융통성
프로그래머	컴퓨터 프로그램을 설계하고 작성한다.	논리적 사고와 설계 기술, 한 가지 이상의 프로그래밍 언어에 대한 지식
테스트 QA 엔지니어	테스트 계획을 수립한다. 자동화된 테스트 스크립트를 설계하고 작성한다. 테스팅을 수행한다.	논리적 사고, 기본적인 프로그래밍, 뛰어난 조직관리 기술, 세부적인 것을 볼 수 있는 눈
기술문서 작성가	프로그램 문서, 도움말, 업무수행 절차, 직무기술서, 훈련 교재를 작성한다.	빠른 학습 능력, 명쾌한 문서 작성 능력, 의사소통 능력
기술지원 엔지니어	사용자의 문제해결을 돕는다. 교육훈련을 수행한다.	의사소통 및 대인관계 기술, 제품에 대한 지식, 인내심
네트워크 관리자	컴퓨터 네트워크에 대한 모니터링, 유지보수, 수리 업무를 수행한다.	진단기술, 통신기술 및 제품에 대한 깊이 있는 지식
IT 컨설턴트	프로그래밍, 테스팅, 데이터베이스 설계, 통신 및 네트워크, 프로젝트 관리, 보안 및 위험관리, 전략 계획 수립 등 광범위한 활동 영역이 있다.	빠른 학습 능력, 기업가적 자세, 의사소통과 대인관계 기술, 직무 관련 기술
기술 영업	소프트웨어, 네트워크와 통신망, 컨설팅 서비스를 판매한다.	빠른 학습 능력, 제품에 대한 지식, 뛰어난 전문적 판매 능력
IT 프로젝트 관리자	프로젝트의 착수, 계획수립, 관리, 모니터링, 완료 등을 담당한다.	관리 및 대인관계 기술과 기술 분야에 대한 지식, 조직관리 능력
IT 관리자	기술인력 팀을 관리하고, 새로운 시스템 구현을 관리한다.	관리 및 대인관계 기술, 핵심을 꿰뚫는 사고력, 최고 수준의 기술 능력
데이터베이스 관리자	관리자 데이터베이스를 관리하고 보호한다.	외교 능력, 데이터베이스 기술지식
BI 분석가	프로젝트와 관련된 조직 간의 협력을 유도하고, 조직의 데이터를 분석한다.	수준 높은 분석, 표현, 협업, 데이터베이스, 의사결정 기술
최고기술담당임원(CTO)	최신 기술에 관해서 CIO, 실행그룹, 프로젝트 관리자들에게 조언을 한다.	빠른 학습 능력, 훌륭한 의사소통 기술, 정보기술에 대한 해박한 지식
최고정보담당임원(CIO)	IT 부서를 관리한다. 참모들과 IT 및 IS 관련 업무들에 대해 논의한다. 임원 중 한 사람이다.	뛰어난 관리 능력, 해박한 비즈니스 지식과 비즈니스 판단 능력, 의사소통 능력, 중립성과 침착성
최고정보보안담당임원(CISO)	IS 보안 프로그램을 관리한다. 조직의 정보시스템과 정보를 보호한다. IS 보안 요원을 관리한다.	보안 위협 및 추세에 대한 해박한 지식 훌륭한 의사소통 및 외교 기술이 좋은 관리자

그림 11-2
정보시스템 산업의 직무

일 수 있다. 시간이 있다면 복수 전공은 훌륭한 선택이 될 수 있다. 인기 있고 성공 가능성이 높은 복수 전공은 회계와 정보시스템, 마케팅과 정보시스템, 운영관리와 정보시스템이다.)

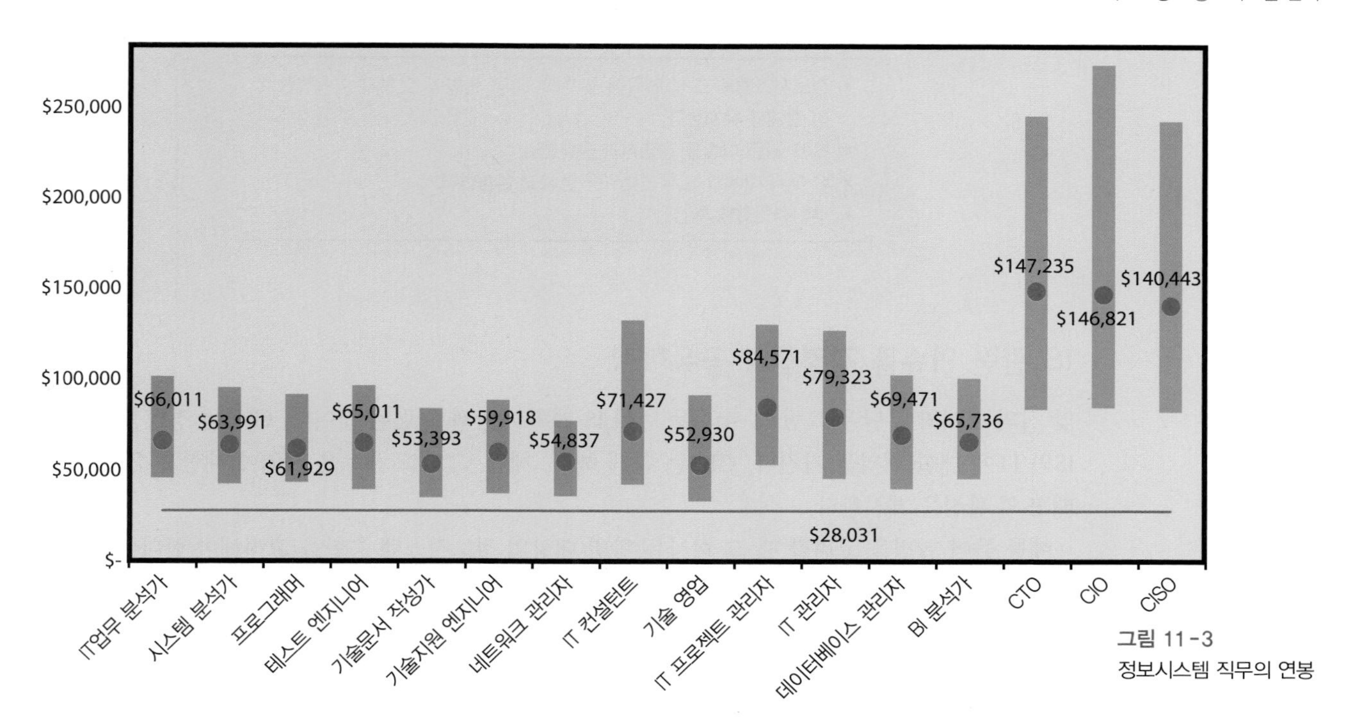

그림 11-3
정보시스템 직무의 연봉

Q2 조직은 IS 사용 계획을 어떻게 수립하는가?

IS 기능에 관한 논의를 계획 단계부터 시작하고자 한다. 그림 11-4는 중요한 IS 계획 기능의 목록을 보여준다.

정보시스템을 조직 전략에 맞춰라

정보시스템의 목적은 조직이 자신의 목표와 목적을 달성할 수 있도록 돕는 것이다. 이를 수행하기 위하여 모든 정보시스템은 조직의 경쟁우위 전략에 맞춰져야 한다.

제3장에서 네 가지 경쟁우위 전략에 관해 다루었다. 처음 두 가지 전략은 산업 분야 전반 혹은 산업 내 특정 부분 내에서 비용 우위를 차지하는 것이다. 나머지 두 가지 전략은 산업 분야 전반 혹은 산업 내 특정 부분 내에서 제품 혹은 서비스의 차별화를 추구하는 것이다. 조직 전략이 무엇이든지 간에 CIO와 IS 부서는 그 전략에 IS를 세심하게 맞춰야 한다.

조직 전략과 IS 방향 사이의 일체성을 유지하는 활동은 지속적으로 이루어진다. 전략이 변하고 다른 조직을 합병하고 일부 사업 부서를 매각하는 등 변화가 일어나면 IS는 조직에 따라 진화해야 한다.

하지만 불행히도 IS 기반구조는 쉽지 않다. 네트워크를 바꾸는 것은 시간과 자원을 필요로 한다. 서로 다른 정보시스템 애플리케이션을 통합하는 것은 아주 느리고 많은 비용이 소요된다. 이러한 사실은 종종 경영층에게는 반가운 일이 아니다. 설득력 있는 CIO가 없다면 IS는 조직의 기회를 망치는 것으로 인식될 수 있다.

그림 11-4
IS/IT 활용 계획

- 정보시스템을 조직 전략에 맞춘다. 조직 변화에 맞춰서 지속적으로 이 관계를 유지한다.
- IS/IT 관련 이슈를 경영진과 공유한다.
- IS 부서 내에서 IS 우선순위를 정하고 실행한다.
- 추진위원회를 후원한다.

IS 관련 이슈를 경영진과 공유하라

앞 절의 마지막 문단은 그림 11-4의 두 번째 IS 계획 기능과 관련된 것이다. CIO는 경영층 내에서 IS와 IT에 대한 책임을 가진다. CIO는 문제 해결, 제안, 그리고 새로운 사업에 대한 논의가 있을 때 IS의 관점을 제시한다.

예를 들어 합병을 고려할 때 그 회사는 합병 대상의 정보시스템 통합을 고려해야 한다. 이 고려 사항은 합병 기회를 논의하는 동안에 다루어져야 한다. 하지만 종종 이러한 이슈가 계약에 서명을 할 때까지 고려되지 않는다. 이렇게 뒤늦은 고려는 잘못된 일이다. 인수 비용에 통합 비용도 고려되어야 한다. 최고경영층의 논의에 CIO가 참여하는 것이 이러한 문제를 피하는 최선의 방법이다.

IS 부서 내에서 IS 우선순위를 정하고 실행하라

그림 11-4의 다음 계획 기능은 우선순위에 관한 것이다. CIO는 우선순위가 전체 조직의 전략과 일치하도록 개발되어야 하며, IS 부서와 의사소통해야 한다는 것을 보장해야 한다. 동시에 CIO는 IS 부서가 논의된 우선순위에 따라 신기술을 사용하여 제안서와 프로젝트를 평가할 수 있도록 보장해야 한다.

특히 IS 전문가들에게 기술은 매력적이다. CTO는 열광적으로 이런 요청을 할 수 있다. "우리의 모든 보고 서비스를 클라우드로 옮김으로써 이것도 할 수 있고, 저것도 할 수 있습니다." 이것이 비록 사실일지라도, CIO는 지속적으로 이 새로운 가능성이 조직의 전략 및 방향과 일치하는지에 관해서 질문을 해야 한다.

따라서 CIO는 우선순위를 수립하고 소통해야 할 뿐만 아니라 이를 실행해야 한다. IS 부서는 모든 제안에 대해 가능하다면 초기 단계에서 조직의 목표와 일치하는지 또한 조직 전략과 상통하는지 평가해야 한다.

나아가 모든 좋은 아이디어를 구현할 만큼 여유가 있는 조직은 없다. 조직의 전략과 일치하는 프로젝트라 하더라도 우선순위가 정해져야 한다. IS 부서의 모든 구성원들의 목표는 주어진 시간 및 비용 제약하에서 가장 적절한 시스템을 만드는 것이다. 세심히 계획되고 명확하게 선정된 우선순위가 필요하다.

추진위원회를 후원하라

그림 11-4의 마지막 계획 기능은 추진위원회를 후원하는 것이다. **추진위원회**(steering committee)는 CIO와 함께 일하는 주요 업무기능을 맡고 있는 중간 관리자들로 구성된 그룹으로 IS 우선순위를 정하고, IS 프로젝트와 대안들을 결정한다.

추진위원회는 IS와 사용자들 간의 중요한 의사소통 기능을 제공한다. 추진위원회에서 정보시스템 인력들은 사용자 집단과 함께 잠재적인 IS 계획과 방향을 논의할 수 있다. 동시에 추진위원회는 자신들의 요구와 불만 사항, 그리고 IS 부서와 관련된 다른 이슈들을 제시할 수 있는 사용자 포럼을 지원한다.

일반적으로 IS 부서가 추진위원회의 일정과 주제를 정하며, 회의를 주관한다. CEO와 다른 경영진들이 추진위원회의 구성원들을 결정한다.

IT 사용계획과 관련된 또 다른 업무는 조직의 컴퓨터 사용 정책을 수립하는 것이다. 컴퓨터 사용과 관련된 더 많은 내용은 344~345쪽 윤리문제를 참고하라.

Q3 아웃소싱의 장점과 단점은 무엇인가?

아웃소싱(outsourcing)은 서비스 수행을 위해 다른 조직을 고용하는 것이다. 아웃소싱은 비용을 절약하고 경험을 얻으며 관리 시간을 자유롭게 하기 위하여 수행된다.

현대 경영 이론의 아버지인 피터 드러커가 했던 "당신의 구석방이 다른 사람에게는 거실이다." 라는 유명한 말이 있다. 예를 들어 대부분의 기업에서 식당 운영은 사업 성공에 필수적인 기능이 아니다. 따라서 직원식당은 '구석방'이다. 구글은 검색과 모바일 컴퓨팅 애플리케이션, 광고 수입 분야에서 세계적인 일등 기업이 되기를 원한다. 자신들의 식당이 얼마나 잘 운영되는지를 알려지는 것은 원하지 않는다. 드러커가 의미한 바에 따르면 구글은 음식 서비스에 특화된 기업을 고용하여 식당을 운영하는 것이 더 낫다.

음식 서비스가 어떤 회사의 경우에는 '거실'이기 때문에, 적당한 가격에 일정 수준의 품질에 해당하는 음식을 더 잘 제공할 것이다. 음식공급에 대한 아웃소싱을 통해서 구글은 식당에 대한 생각으로부터 자유로워진다. 음식의 질, 주방장의 일정, 식기 조달, 조리실 청소, 쓰레기 처리 등은 아웃소싱 기업의 관심이 될 것이다. 구글은 검색, 모바일 컴퓨팅, 광고수익의 성장에 집중할 수 있다.

정보시스템 아웃소싱

오늘날 많은 기업들이 자신들의 정보시스템 활동 중 일부분을 아웃소싱하고 있다. 그림 11-5에 아웃소싱을 하는 보편적인 이유들이 나열되어 있다. 각각의 중요한 이유들을 살펴보자.

경영상의 이점

첫째, 아웃소싱은 전문성을 확보할 수 있는 손쉬운 방법이다. 제12장에서 배우게 될 것처럼, PRIDE 시스템은 엑스박스 프로토타입을 개발하길 원하지만, 직원 중 어느 누구도 이 장치의 코딩 방식에 대해 알지 못한다. 아웃소싱은 이러한 전문성을 얻는 쉽고 빠른 방법이 될 수 있다.

아웃소싱의 또 다른 이유는 관리상의 문제를 피하기 위해서이다. PRIDE 시스템에서 대규모 개발 및 테스트 팀을 구축하는 것은 회사가 요구하는 것보다 훨씬 큰 일이 될 수 있으며, 제임스나 재러드가 갖고 있지 못한 관리기술을 요구할 수도 있다. 개발기능을 아웃소싱하는 것은 이런 전문성에 대한 요구를 줄여준다.

비슷하게 어떤 기업들은 관리에 필요한 시간과 관심을 절약하기 위하여 아웃소싱을 선택한다. 팔콘시큐리티의 토시오는 새로운 소프트웨어 개발 프로젝트를 관리하는 기술을 가지고 있지만, 여기에 시간을 투자하려고 하지 않을 수 있다.

또한 이것이 단순이 토시오 시간은 아님에 주목하라. 중간 관리자들은 각 활동에 대한 구매 및 고용요청에 대한 승인에 더 많은 시간을 필요로 한다. 또한 조니와 같은 중간 관리자들은 요청을 승인하거나 반려하기 위해서 클라우드 대안에 대해 충분히 이해할 수 있는 시간이 필요하다. 아웃소싱은 직접적·간접적 관리 시간 모두를 줄여준다.

제임스는 그 직무에 적합한가?

왜 IS 경영에 대해서 알아야 할까? 물론 여러분이 IS 전공자라면 당연히 미래에 여러분이 근무할 부서의 책임과 조직에 대해 알 필요가 있을 것이다. 하지만 회계나 마케팅 또는 경영 전공자라면 IS 경영에 대해서 알 필요가 있을까? 왜 여러분은 IS 경영에 대해서 알아야 할까?

미래 IS 부서의 서비스 사용자로서, IS 경영의 기준과 정책을 이끌어가는 요인들에 대해 아는 것이 도움이 될 것이다. 그리고 만약 경영자라면 이 지식은 IS 부서보다 직원들의 행동을 이끄는 데 도움이 될 것이다. 그러나 한 발 더 나아가 생각해보자. 만약 여러분이 PRIDE 시스템의 제브에게 고용되어 일한다고 가정해보자. 제브는 플로레스 박사로부터 PRIDE 시스템을 매입할 때 제임스를 데려왔다. 제브는 제임스에게 불안감을 가지고 있고 여러분이 그 부분을 해결해주길 원한다고 가정해보자. 제브는 아마 "제임스가 업무에 대해 잘 안다고 생각합니까?"라고 묻거나 "제임스가 우리에게 적합한 사람일까요?"라고 물을 것이다.

만약 여러분이 이 임무를 받았다면 어떻게 진행할 것인가? 다음 질문에 대한 답변이 도움이 될 것이다.

출처 : Peshkova/Shutterstock

질문

1. 새로운 IS 부서의 주요 기능에 대해 진술해보라. 이 장에 정의된 각각의 기능들이 PRIDE 시스템에 어떻게 작용하는지 설명해보라.
2. 제임스가 그동안 아지트 배리드를 고용하여 일을 잘 수행해왔다고 가정해보자. PRIDE 시스템의 소유주인 제브와 핵심 직원인 당신은 이 결정의 위험요소에 대해 불안해할 것이다. 그 위험요소들에 대해 말해보라. 그 위험요소들의 중요성에 대해 평가해보라. 제임스가 해외업체를 이용하는 것이 제임스에 대한 당신의 평가에 어떻게 영향을 주는지 설명해보라.
3. 제임스가 PaaS 기능을 제공하기 위해 클라우드 공급업체를 사용하기로 결정했다고 가정해보자. 이것이 의미하는 것과 제임스의 능력을 반영하는 방법에 대해 설명해보라.
4. 1~3번 질문에 대해 제임스가 내린 결정은,
   a. 작업 집단의 기능과 목적은 무엇이 되어야 하는가?(그림 11-1 참조)
   b. 개발 그룹의 기능과 목적은 무엇이 되어야 하는가? 어떤 직무분석표가 이 그룹 직원에게 필요할 것인가?
   c. 관련된 아웃소싱 그룹의 기능과 목적은 무엇이 되어야 하는가?
   d. 제임스가 CTO를 위한 요구를 구체화하지 못한다면 그것은 실수인가?
5. 1~4번 질문에 대한 답변이 "제임스가 우리에게 적합한가?"라는 제브의 질문에 대한 대답이 될 수 있을 것이다.

비용 절감

아웃소싱을 선택하는 또 다른 이유는 비용 절감이다. 아웃소싱을 통해 조직은 파트타임 서비스를 활용할 수 있다. 아웃소싱의 또 다른 장점은 규모의 경제에 도달할 수 있다는 것이다. 만약 25개 기업이 각자 자신들이 직접 급여 애플리케이션을 개발한다면 세법이 변경되었을 때 각 기업들은 새로운 법에 대해 배우고, 소프트웨어를 법에 맞춰 수정하고, 변경사항이 제대로 반영되었는지 테스트하고, 변경된 내용을 설명하는 문서를 각각 만들어야 할 것이다. 그러나 이 25개 기업이 한 급여 애플리케이션 공급업체에게 아웃소싱을 의뢰했다면 이 공급업체는 모든 조정사항을 한 번만 하면 된다. 그리고 변경에 따른 비용은 25개 기업에 나누어 청구된다.

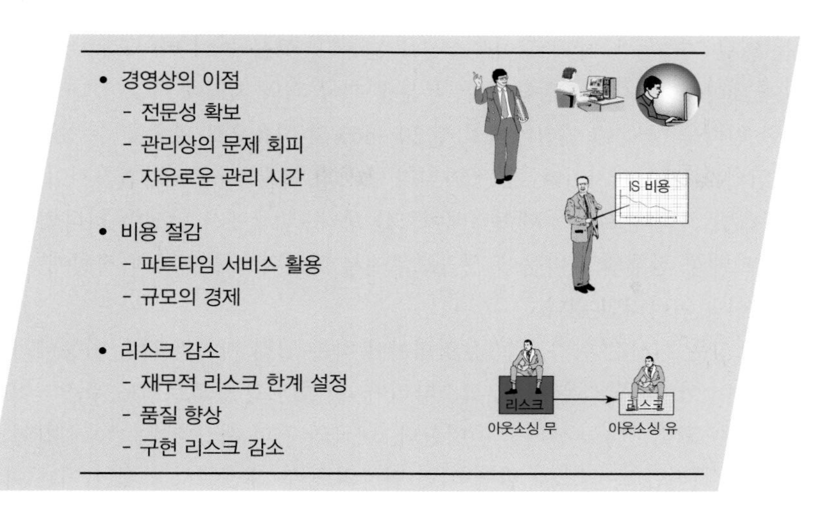

• 경영상의 이점
- 전문성 확보
- 관리상의 문제 회피
- 자유로운 관리 시간
• 비용 절감
- 파트타임 서비스 활용
- 규모의 경제
• 리스크 감소
- 재무적 리스크 한계 설정
- 품질 향상
- 구현 리스크 감소
IS 비용
리스크
리스크
아웃소싱 무
아웃소싱 유

그림 11-5
IS 서비스를 아웃소싱하는 보편적인 이유

리스크 감소

아웃소싱의 또 다른 이유는 리스크 감소이다. 첫째, 아웃소싱은 재무적 리스크에 대한 한도를 설정할 수 있다. 일반적인 아웃소싱 계약의 경우 아웃소싱 공급업체는 서비스별 고정된 가격에 계약하게 될 것이다. 예를 들어 이러한 상황은 기업이 하드웨어를 클라우드 업체에 아웃소싱하려고 할 때 발생한다. 재정적 한도를 설정하는 또 다른 방법은 제임스가 추천한 방법이다. 작업이 완료되어 소프트웨어(혹은 다른 구성요소)가 작동할 때까지 비용 지불을 연기하는 것이다. 첫 번째 경우에 아웃소싱은 총액에 한도를 설정함으로써 위험을 감소시킨다. 두 번째는 일이 완료될 때까지 거의 비용을 지불하지 않는 것이다.

둘째, 아웃소싱은 일정한 수준의 품질을 보장하거나 수준 이하의 품질을 갖게 될 리스크를 회피함으로써 리스크를 감소시킬 수 있다. 음식 서비스를 전문적으로 제공하는 회사는 특정 수준의 품질을 제공하는 방법을 알고 있다. 예를 들어 건강식품 제공에 대한 전문성을 가지고 있는 경우이다. 또한 가령 클라우드 서버 호스팅을 전문적으로 서비스하는 회사는 주어진 작업부하에 대해서 일정한 수준의 서비스를 제공할 수 있다.

아웃소싱이 자체적으로 운영할 때의 품질보다 나은 품질을 보장하는 것은 아니다. 만약 식당 운영을 아웃소싱하지 않는다면, 구글은 운이 좋아 단지 훌륭한 요리사를 채용할 수도 있다. 제임스는 운이 좋아 최고 실력의 소프트웨어 개발자를 고용할 수도 있다. 하지만 일반적으로 전문 아웃소싱 기업은 직원들이 식중독에 걸리지 않게 하는 방법을 알고 있거나 새로운 모바일 애플리케이션을 개발하는 방법을 알고 있다. 그리고 만약 최소한의 품질이 제공되지 못한다면 내부 직원을 해고한 후 다른 사람을 채용하는 것보다 다른 공급업체에게 아웃소싱하는 것이 더 쉽다.

마지막으로 기업들은 IS 구현 리스크를 줄이기 위하여 아웃소싱을 선택한다. 외부의 클라우드 공급업체를 고용하는 것은 잘못된 하드웨어 혹은 잘못된 가상 소프트웨어를 선택하거나 세법 변경 내용을 틀리게 반영할 리스크를 줄여준다. 나열한 모든 리스크들은 아웃소싱 도입을 통해 올바른 공급업체를 선택하느냐는 리스크로 모여진다. 회사가 공급업체를 한번 선택하면 이후의 리스크 관리는 공급업체에게 달려 있다.

국제적인 아웃소싱

PRIDE가 인도의 아웃소싱 개발자를 활용하기로 하는 것이 특별한 것은 아니다. 미국 내에 본사를 두고 있는 많은 기업들은 해외로 아웃소싱을 넓힌다. 예를 들어 마이크로소프트와 델은 미국 이외의 지역에 대한 고객 지원 활동의 많은 부분을 미국 외의 지역에 두고 있다. 인도는 고학력의 영어가 유창한 인력을 미국 내 인건비에 비해 20~30%의 비용으로 활용할 수 있는 노동력이 풍부하기 때문에 인기 있는 선택지이다. 뿐만 아니라 중국과 다른 나라도 마찬가지이다. 사실 오늘날의 전화 및 인터넷 기반의 서비스 데이터베이스를 통해, 미국에서 발생한 하나의 서비스 요청이 부분적으로 인도에서 진행되고 다음에 싱가포르에서 마지막으로 영국의 직원에 의해 수행된다. 고객은 단지 잠시만 기다리면 된다.

국제적 아웃소싱은 24시간 쉬지 않고 운영되어야 하는 고객 지원과 같은 기능에서 특별한 장점이 있다. 예를 들어 아마존닷컴은 미국, 코스타리카, 아일랜드, 스코트랜드, 독일, 이탈리아, 베이징, 일본, 인도에서 고객서비스 센터를 운영한다. 미국의 저녁 시간대에는 낮 시간인 인도에서 고객 서비스 요청을 처리한다. 인도가 밤이 되면 미국의 동부 해안에서 발생한 이른 아침의 서비스 요청을 아일랜드 혹은 스코트랜드에서 이어받아 처리한다. 이러한 방식으로 야근을 위한 인력의 교대 없이 24시간 서비스를 제공할 수 있다.

그런데 제1장에서 배운 것처럼 여러분의 직업을 핵심적으로 지켜주는 것은 일반적이지 않은 분석에 탁월한 능력을 가진 사람이 되는 것이다. 새로운 기술을 창의적으로 응용할 수 있는 능력을 가진 사람 역시 국제적으로 일할 기회를 가질 수 있다.

아웃소싱 방식에는 어떤 것들이 있는가?

조직이 정보시스템 혹은 정보시스템의 일부를 아웃소싱하는 방법은 수백 가지가 있다. 그림 11-6은 정보시스템 구성요소에 따라 구분한 주요 방법들을 나열한 것이다.

어떤 조직은 컴퓨터 하드웨어의 취득과 운영을 아웃소싱한다. EDS(일렉트로닉 데이터 시스템)는 하드웨어 기반구조에 대한 아웃소싱 공급업체로서 30년 이상 성공적으로 사업을 진행해왔다. 그림 11-6은 IaaS 방식의 클라우드 컴퓨팅 아웃소싱 예를 보여준다.

제4장과 제12장에서 논의된 바와 같이 라이선스가 있는 소프트웨어를 취득하는 것은 아웃소싱의 한 형태이다. 사내에서 소프트웨어를 개발하는 대신 다른 공급업체로부터 소프트웨어에 라이선스를 취득한다. 이러한 라이선싱을 통해 소프트웨어 공급업체는 사용자에 대한 소프트웨어 유지 관리 비용을 받게 되고, 모든 사용자의 비용을 줄일 수 있다. 또 다른 대안으로는 PaaS가 있다. PaaS는 사전 설치된 운영체제는 물론 DBMS 시스템을 사용하여 하드웨어를 임대하는 것이다. 마

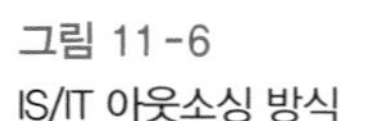
그림 11-6
IS/IT 아웃소싱 방식

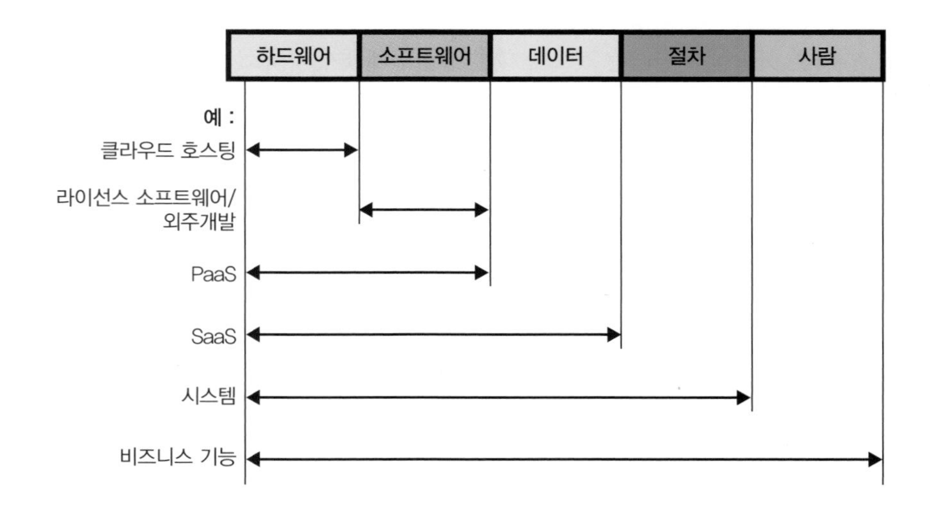

이크로스프트의 아주르는 이러한 PaaS 제품 중 하나이다.

일부 조직에서는 소프트웨어 개발을 아웃소싱한다. 이러한 아웃소싱은 PRIDE와 같이 전체 애플리케이션에 대한 것일 수도 있고, ERP 구현과 같이 라이선스가 있는 소프트웨어를 커스터마이징하는 것일 수도 있다.

다른 대안은 하드웨어와 운영시스템, 애플리케이션을 리스형태로 사용하는 SaaS이다. 세일즈포스닷컴이 SaaS를 제공하는 전형적인 예이다.

전체 시스템을 아웃소싱하는 방식도 있다. 피플소프트(현재는 오라클에 합병됨)는 전체 급여기능을 아웃소싱하는 것으로 유명하다. 이 솔루션은 그림 11-6의 화살표가 나타내고 있는 바와 같이 공급업체가 하드웨어, 소프트웨어, 데이터와 일부 절차를 제공해준다. 회사는 단지 직원들과 업무에 관한 정보만을 제공하며, 나머지는 급여 아웃소싱 업체가 수행한다.

마지막으로 전체 비즈니스 기능을 아웃소싱하는 기업도 있다. 지난 수년 동안 많은 기업들이 직원들의 출장여행 관련 업무기능을 여행사에 아웃소싱해오고 있다. 이들 아웃소싱 업체들 중 일부는 고객사 건물 내에서 사무실을 운영하기도 한다. 최근에는 보다 크고 중요한 기능들을 아웃소싱하는 기업들도 있다. 이런 협정은 정보시스템 아웃소싱보다 훨씬 광범위하지만, 정보시스템은 아웃소싱 적용 분야 중 핵심적인 부분이다.

아웃소싱의 리스크는 무엇인가?

정말 많은 장점과 많은 아웃소싱 방식이 있음에도 왜 어떤 기업들은 자체적인 IS/IT 기능을 보유하고 있는지 의아할 수 있다. 사실 아웃소싱은 그림 11-7에 나타나 있는 바와 같이 상당한 리스크를 지니고 있다.

통제 상실

아웃소싱의 첫 번째 리스크는 통제의 상실이다. PRIDE의 경우 제임스가 일단 아지트와 계약을 하면 적어도 수 주 혹은 수개월 동안은 아지트가 통제를 한다. 만약 아지트가 PRIDE를 우선적인 프로젝트로 생각하고 본인은 물론 직원들도 관심을 집중한다면 프로젝트는 잘 진행될 것이다. 반

모든 사람이 아웃소싱에 동의하는 것은 아니다. 발생 가능한 문제점에 대해서는 346~347쪽 길라잡이를 참고하라.

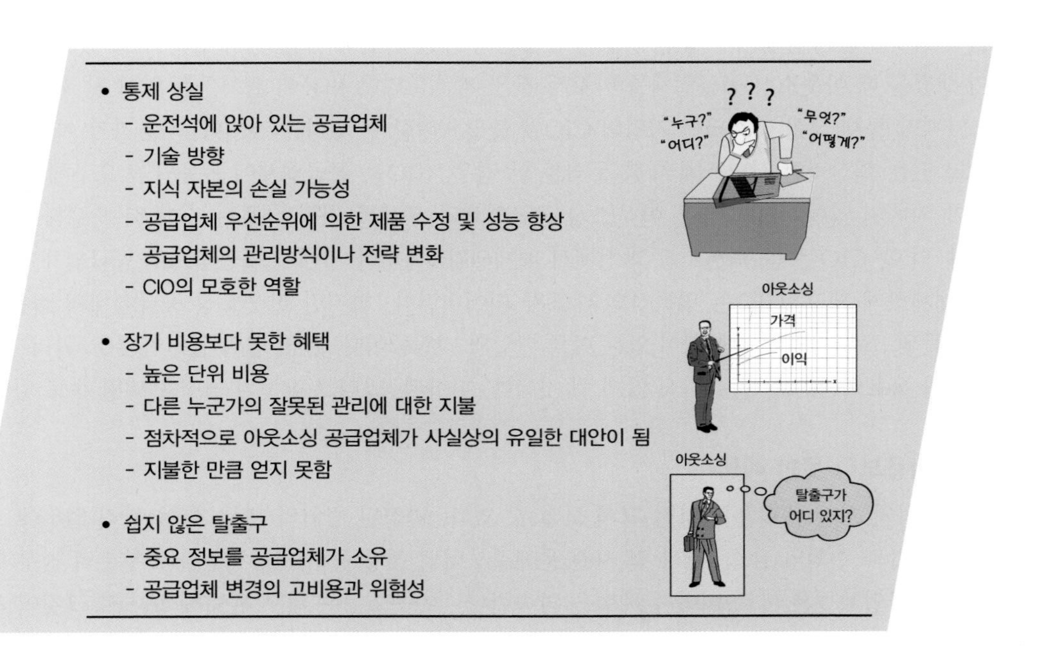

그림 11-7
아웃소싱 리스크

면에 PRIDE를 시작한 직후에 더 크고 수익이 좋은 계약에 관심을 갖게 된다면 일정 혹은 품질에 문제가 생길 수도 있다. 재러드와 제임스 모두 이러한 사태를 통제할 수 없다. 프로젝트 종료 후에 지불하기로 했다면 비용은 발생하지 않을 수 있지만 시간은 낭비하게 된다.

IT 기반구조의 아웃소싱과 같이 서비스 중심의 아웃소싱인 경우에는 공급자에게 운전석을 내놓는 것과 같다. 아웃소싱 공급자들은 자신들의 서비스 방식과 절차를 가지고 있다. 여러분의 기업과 직원들은 이 절차를 따라야 한다. 예를 들어 하드웨어 기반구조 공급자들은 컴퓨터를 요청하고, 컴퓨터 문제를 기록·처리하며 컴퓨터에 대한 일상적인 유지보수 서비스를 제공하기 위한 표준 양식과 절차를 가지고 있다. 공급업체가 그 일을 맡고 있다면 직원들은 그에 따라야 한다.

구내식당을 아웃소싱하게 되면 직원들은 아웃소싱 업체가 요리하는 음식만을 선택해야 한다. 비슷한 경우로 컴퓨터 하드웨어와 서비스를 도입할 때 직원들은 공급업체가 제공하는 것을 사용하게 될 것이다. 공급업체가 제공하는 목록에 없는 장비를 원하는 직원들만 불행해지는 것이다.

계약사항에 다른 요구사항이 없다면 아웃소싱 업체는 구현하고자 하는 기술을 선택할 수 있다. 만약 공급업체가 어떠한 이유로 인해 중요한 신기술 도입을 늦춘다면 공급업체와 계약한 기업은 그 기술로부터 얻을 수 있는 혜택을 받는 시점이 늦어지게 된다. 이 조직은 경쟁사에 비해 동일한 정보시스템 서비스를 제공받을 수 없기 때문에 결국 자신들은 경쟁에서 처지게 될 것이다.

또 다른 관심사는 지식 자본의 손실 가능성이다. 아웃소싱 업체의 직원들에게 내부의 영업 비밀, 방법, 혹은 절차 등이 드러날 수 있는 것이다. 아웃소싱 업체의 정상적 운영의 일부분으로 이 업체는 직원들을 바로 전에 아웃소싱해주던 기업의 경쟁사로 보내 일하도록 할 수 있으며, 이는 지적 자본의 손실을 발생시킬 수도 있는 것이다. 이러한 손실은 지식을 훔쳐가는 것이 아닐 수도 있다. 왜냐하면 이것은 단순히 공급업체의 직원들이 여러분 회사에서 더 새롭고 나은 작업방식을 배운 다음에, 여러분의 회사에서 배운 것을 경쟁사에서 활용하는 것이기 때문이다.

유사한 경우로 모든 소프트웨어는 단점을 가지고 있다. 공급업체는 이들 오류와 문제점을 추적해 우선순위에 따라 이들을 고쳐나간다. 기업이 시스템을 아웃소싱할 때, 이 기업은 더 이상 오류 및 문제점 수정 과정의 순서에 대해서 통제하지 않는다. 이런 통제는 공급업체가 하는 일이다. 조직에 핵심적인 영향을 줄 수 있는 수정사항이 아웃소싱 공급업체에게는 우선순위가 낮을 수도 있다.

다른 문제가 있는데, 이는 아웃소싱 공급업체가 관리방식을 변경시키거나 다른 전략 방향을 채택할 수 있다는 것이다. 이런 변화가 발생했을 때는 우선순위가 변경될 수 있으며, 괜찮은 선택이었던 아웃소싱 공급업체가 방향 변경이 발생한 후에는 단번에 나쁜 선택이 될 수도 있다. 이런 일이 생겼을 때 아웃소싱 공급업체를 바꾸는 것은 어렵고 많은 비용이 들어가는 일이 될 수 있다.

마지막 통제 상실 리스크는 기업의 CIO가 불필요해질 수 있다는 것이다. 사용자가 아웃소싱을 받고 있는 핵심적인 서비스에 대한 문의를 할 경우, CIO는 공급업체에게 응답을 요구해야 한다. 얼마 지나지 않아 사용자들은 아웃소싱 공급업체와 문제를 직접 다루는 것이 더 빠르다는 것을 알게 되고, CIO는 곧 의사소통 과정에서 배제된다. 이러한 점에서 필연적으로 공급업체가 CIO를 대체하게 되고, CIO는 명목상의 대표가 되어버린다. 하지만 아웃소싱 공급업체의 직원들은 자신들의 소속 기업에 편향되어 있는 다른 기업의 직원들이다. 관리 팀의 일원인 주요 관리자들이 동일한 목표와 목적을 공유하지 않게 될 것이다. 편향된, 그리고 잘못된 결정을 내릴 수도 있다.

장기 비용보다 못한 혜택

아웃소싱의 초반 혜택은 상당히 크게 보일 수 있다. 한정된 범위의 재무 지출, 관리 업무에 소요되는 시간과 주의의 감소, 관리 및 지원 문제로부터의 해방 등이 가능해진다(대부분의 경우 아웃소싱 공급업체들은 바로 이러한 혜택을 약속한다). 아웃소싱은 너무 완벽해 보여서 그것이 사실인 것처럼 보일 것이다.

사실일 수도 있다. 하지만 고정비의 상한선이 책정되어 있다고 할지라도 규모의 경제로부터 얻을 수 있는 혜택도 잃게 된다. 그리고 아웃소싱 업체가 대신 그 혜택을 얻게 된다. 클라우드 공급자가 2,000대의 서버를 거의 20,000대의 운영 비용만큼 저렴하게 운영할 수 있다면 규모의 경제 효과를 얻을 수 있게 된다. 만약 PRIDE가 20,000대의 서버를 자체적으로 운영한다면 PRIDE는 이 혜택을 얻을 수 있을 것이다. 하지만 대부분의 경우 규모의 경제로부터 얻을 수 있는 이익을 잃는 것이 클라우드의 탄력성으로 이한 혜택으로 잃는 것을 상쇄한다.

또한 아웃소싱 공급업체가 자신들의 가격정책을 수시로 변경할 수도 있다. 처음에 기업은 여러 아웃소싱 공급업체들의 경쟁으로 인해 경쟁력 있는 가격으로 아웃소싱을 하게 된다. 그러나 선정된 공급업체가 비즈니스에 대한 더 많은 것을 배우고 조직의 직원들과 아웃소싱 공급업체들의 직원들 사이의 관계가 발전되어감에 따라 다른 공급업체들은 다음 계약에서 선정되는 것이 어려워진다. 그래서 처음 계약한 이 공급업체는 경쟁압력이 전혀 없는 사실상의 단독 입찰업체가 되며, 결국 가격을 올릴 수도 있다.

또 다른 문제는 기업이 다른 조직의 잘못에 돈을 지불할 수도 있다는 것이다. 만약 PRIDE가 서버를 아웃소싱한다면 업체가 잘 관리하고 있는지 알기는 어렵다. PRIDE의 투자자들은 잘못된 관리에 돈을 지불할 수도 있다. 더 안 좋은 경우는, 데이터를 잃는 것과 같이 잘못된 관리 때문에 피해를 입게 되는 것이다. PRIDE가 이런 잘못을 알기는 매우 어려울 것이다.

쉽지 않은 탈출구

아웃소싱 리스크의 마지막 유형은 계약 종료에 관한 것이다. 쉬운 탈출구가 없다. 한 예로 아웃소싱 업체의 직원들이 그 회사의 중요한 지식들을 얻었다. 그들을 고객 지원을 위한 필요한 사항들을 알고 있으며, 사용패턴에 대해서도 알고 있다. 또한 그들은 데이터 웨어하우스로부터 운영 데이터를 다운로드받는 최선의 절차에 대해서도 알고 있다. 결국 지식의 부족으로 인해 아웃소싱 서비스를 자체 운영으로 다시 돌리는 것이 어려워진다.

또한 아웃소싱 업체가 해당 기업의 비즈니스에 아주 강력하게 통합되어 있기 때문에 회사를 구분하는 것은 극도로 위험해질 수 있다. 다른 식당 아웃소싱 업체를 찾기 위해 몇 주 동안 직원 식당의 문을 닫는 것은 별로 평판이 좋지 않지만 직원들은 그럭저럭 지낼 수는 있다. 하지만 네트워크가 몇 주 동안 다운된다면 회사는 살아남을 수 없다. 이러한 리스크 때문에 기업은 다른 공급업체로의 전환을 위해 상당한 작업과 중복된 노력, 관리 시간 그리고 비용을 투자해야 한다. 사실 아웃소싱 공급업체를 선택하는 것은 일방통행이 될 수 있다.

PRIDE에서 최초의 애플리케이션 개발 후에 개발업체의 변경을 결정해야 한다면 아주 어려운 작업이 될 수 있다. 새로운 업체는 애플리케이션 코드를 모를 것이다. 더 나은 저비용의 업체로 전환하는 것이 불가능한 일이 될 수도 있다.

아웃소싱을 할 것인가의 선택은 어려운 결정이다. 사실 어떤 결정이 올바른지는 명확하지 않다. 하지만 회사가 결정을 내리는 데는 시간과 여러 항목이 영향을 줄 수 있다.

Q4 사용자 권한과 책임은 무엇인가?

IS 부서와의 관계에서 여러분은 사용자로서의 권한과 책임을 모두 가지고 있다. 그림 11-8의 항목들은 사용자로서 여러분이 부여받을 수 있는 권리와 여러분이 기여할 수 있는 것들을 보여주고 있다.

사용자 권한

여러분은 원하는 대로 능숙하게 작업을 수행하기 위해서 필요한 컴퓨팅 자원을 소유할 권한이 있다. 여러분은 원하는 컴퓨터 하드웨어와 프로그램을 소유할 권한이 있다. 만약 여러분이 데이터 마이닝 애플리케이션을 위해 대규모 파일을 처리한다면, 필요한 대형 디스크와 고속 프로세스를 가질 권한이 있다. 하지만 단순히 이메일을 받고 회사 웹 포털에 관해 조언한다면, 여러분의 권한은 (그것들을 필요로 하는 조직의 누군가를 위한 보다 강력한 자원을 남겨두는) 보다 간소한 요구사항이다.

여러분에게는 신뢰성 있는 네트워크와 인터넷 서비스 사용 권한이 있다. 신뢰할 수 있다는 것은 거의 모든 시간에 걸쳐 문제없이 처리할 수 있다는 것을 의미한다. 이것은 "오늘은 네트워크가 잘 작동될까?"라고 의아해하면서 처리하지 않는다는 것을 의미한다. 네트워크 문제는 거의 발생하지 않아야 한다.

여러분은 또한 안정된 컴퓨팅 환경에 대한 권한을 가진다. 여러분이 속한 회사는 당신의 컴퓨터와 파일들을 보호해야 하며, 보안에 관하여 생각할 필요조차도 없어야 한다. 때때로 회사는 컴퓨터와 파일을 보호하기 위하여 특별한 행동을 요구할 수 있는데, 여러분은 그 행동을 받아들여야 한다. 하지만 그러한 요구는 자주 발생하지 않는 특별한 외부 위협과 연관된 것이어야 한다.

여러분은 새롭게 사용하게 될 애플리케이션과 현재 사용 중인 애플리케이션의 중대한 변화를 위한 요구사항 분석 회의에 참여할 권한을 가진다. 여러분은 권한을 위임하기 위해 다른 사람을 선택하거나, 부서가 여러분에게 권한을 위임할 수도 있다. 만약 그렇게 한다면 그 대표권을 통해 여러분의 생각을 전달할 권한을 가진다.

그림 11-8
사용자의 정보시스템 권한과 책임

여러분은 다음과 같은 권리를 갖는다.

- 여러분의 업무를 능숙하게 수행할 수 있도록 해주는 컴퓨터 하드웨어와 프로그램
- 신뢰성 있는 네트워크와 인터넷 연결
- 안전한 컴퓨팅 환경
- 바이러스, 웜, 기타 위협으로부터의 보호
- 신규 시스템의 사양과 기능에 대한 요구사항의 제시
- 신뢰성 있는 시스템 개발과 유지보수
- 문제점, 관심사항, 불편사항에 대한 신속한 처리
- 적절한 우선순위에 의한 문제점의 조정 및 해결
- 효과적인 교육훈련

여러분에게는 다음과 같은 책임이 있다.

- 기본적인 컴퓨터 기술의 습득
- 여러분이 사용하는 애플리케이션에 대한 기초적인 기술과 절차에 대한 학습
- 보안 및 백업 절차의 준수
- 패스워드 보호
- 회사의 컴퓨터 사용 정책을 준수하는 컴퓨터 자원의 사용
- 승인받지 않은 하드웨어 변경 금지
- 승인받은 프로그램만을 설치
- 지시받은 대로 소프트웨어 패치와 변경을 수행
- 새로운 시스템의 사양과 기능에 대한 요구사항 제시를 요청받았을 때, 신중하고 완벽하게 대응할 수 있는 시간을 투자
- 하찮은 문제에 대한 보고 금지

여러분은 신뢰할 수 있는 시스템 개발과 유지보수에 관한 권한을 가진다. 많은 개발 프로젝트에서 1~2개월 정도의 일정 지연이 일반적이라고 할지라도 6개월의 일정 지연을 인정해서는 안 된다. 그러한 지연은 불완전한 시스템 개발의 증거이다.

덧붙여서 여러분은 정보 서비스에 관한 여러분의 문제, 관심, 그리고 불평에 대해 신속한 응대를 받을 권한이 있다. 여러분에게는 문제를 보고할 권한이 있으며, 여러분의 문제가 IS 부서에 접수되었음을 알 권리가 있다. 여러분은 우선순위에 따라 여러분의 문제가 해결될 수 있는 권한을 가지고 있다.

마지막으로 여러분은 효과적인 훈련을 받을 권한을 가지고 있다. 당신의 임무를 수행하기 위해 시스템을 이해하고 사용할 수 있도록 훈련받아야 한다. 기업은 정해진 규칙에 따라서 여러분이 편리한 일정으로 훈련을 제공해야 한다.

사용자 책임

여러분은 IS 부서와 조직에 대한 책임 또한 가진다. 특히 여러분은 기본적인 컴퓨터 기술을 배우고 사용하는 애플리케이션의 사용법과 절차를 배울 책임이 있다. 여러분은 기본적인 운영을 손에 쥐고 있다고 기대해서는 안 된다. 동일한 문제에 대해 반복적인 훈련과 지원을 받는 것을 기대해서는 안 된다.

여러분에게는 보안 및 백업 절차를 따라야 하는 책임이 있다. 이는 보안 및 백업의 실패가 여러분 자신뿐만 아니라 동료 직원과 조직에 문제를 야기할 수 있기 때문에도 특히 중요하다. 특히 패스워드 보안에 대해서도 책임을 져야 한다. 여러분의 컴퓨터 보안뿐만 아니라 시스템 간의 권한 때문에도 이는 매우 중요한 일이다. 뿐만 아니라 조직의 네크워크와 데이터베이스의 보안 역시 중요하다.

여러분은 고용주의 정책에 맞춰 컴퓨터 자원을 사용해야 한다. 많은 고용주들이 근무시간 중에 중요한 개인적 일에 한정해서 이메일을 허용하지만, 자주 그리고 긴 시간의 이메일을 허용하지 않는다. 여러분은 고용주의 정책에 관해서 알고 그것을 따라야 할 책임이 있다. 나아가 업무 중 개인용 모바일 디아비스를 사용하는 것에 관한 정책에도 따라야 한다.

여러분은 여러분의 컴퓨터에 대해 승인받지 않고 하드웨어를 변경해서는 안 되며, 승인받은 프로그램만을 설치할 책임이 있다. 이러한 정책을 적용하는 한 가지 이유는 IS 부서가 컴퓨터를 업그레이드하기 위한 자동화된 유지보수 프로그램을 구축하고 있기 때문이다. 승인받지 않은 하드웨어와 프로그램은 이 프로그램들과 간섭을 일으킬 수도 있다. 게다가 승인받지 않은 하드웨어나 프로그램의 설치는 IS 부서에서 수정해야 하는 문제를 야기할 수 있다.

여러분은 요청이 있을 경우 컴퓨터 업데이트와 수정사항을 설치할 책임이 있다. 보안, 백업, 복구와 관련된 패치의 경우에는 특히 중요하다. 새롭게 적응하는 시스템에 대해 요구사항에 대한 입력을 요청받았을 때, 여러분은 신중하고 완벽한 응답을 제공하기 위해 필요한 시간을 확보할 책임이 있다. 만약 그런 시간이 없다면 입력을 다른 누군가에게 부탁해야 한다.

마지막으로 여러분은 전문적으로 정보시스템 전문가를 다룰 책임이 있다. 모든 사람이 같은 회사에서 일하며, 모든 사람이 성공하길 원하며, 전문가다움과 공손함은 모든 측면에서 오래 지속될 것이다. 전문가다운 행동의 한 가지 방법은 기본적인 기법을 배워 하찮은 문제에 대해 보고하는 것을 피하는 것이다.

이 장에서의 지식이 여러분에게 어떻게 도움이 되는가?

여러분은 이제 부서의 기본적인 책임에 대해 알고 있으며, 왜 IS 부서가 표준과 정책을 만드는지 이해할 수 있다. 여러분은 IS의 계획기능에 대해 알고 있으며, 조직의 다른 부분들과 어떻게 연결되어 있는지 알고 있다. 또한 여러분은 IS 서비스를 아웃소싱하는 이유와 가장 일반적이고 인기 있는 아웃소싱 대안, 그리고 아웃소싱의 위험에 대해서도 안다. 마지막으로 여러분은 IS 부서가 제공하는 서비스와 관련된 책임과 의무에 대해서 알고 있다.

이 모든 지식은 여러분이 IS 부서의 서비스를 받는 더 나은 고객이 될 수 있도록 도와준다. 만약 IS 서비스가 거의 없거나 전혀 없는 소규모 기업에서 일한다면, 아웃소싱해야 할 일들이 무엇이며 그것의 장점, 단점, 그리고 어떻게 선택할 것인지에 대해서 알고 있다. 만약 여러분이 제임스의 입장이라면, 소프트웨어 개발을 아웃소싱하는 것의 장점과 단점에 대해서 알 것이다. 마지막으로 여러분의 권한과 책임에 관한 지식은 IS 부서로부터 얻을 수 있는 것이 무엇인지를 합리적으로 기대함으로써 여러분을 보다 효과적인 업무 전문가로 만들어줄 것이다. 동시에 IS 부서가 여러분에게 기대하는 것이 무엇인지도 알게 된다.

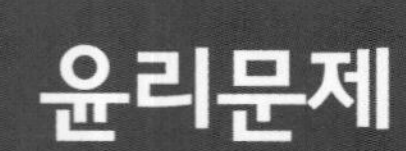

윤리문제

프라이버시 대 생산성 : BYOD 딜레마

나는 저스틴이고, 회사에서 일하고 있습니다. 어느 날 우리 회사 사장이 나에게 IS 부서의 위원회를 만나보라고 했습니다. 그 위원회의 목적은 우리 회사의 BYOD 정책을 결정하는 것이었는데, 그게 옳은지는 잘 모르겠습니다. IS 부서는 그 정책을 결정하기 전에 모바일 기기를 많이 사용하는 사람들의 의견을 듣기를 원했습니다.

위원회와의 첫 회의는 정말 두 눈을 뜨게 해주는 사건이었습니다. 나는 어떤 개인 모바일 기기를 사용할 수 있고, 언제 사용할 수 있는지에 대해 토의할 것이라 생각했었습니다. 내 주위에 끊임없이 회사에서 소셜미디어를 확인하고, 인터넷 정보를 검색하고, 친구들에게 메시지를 보내는 동료들이 있습니다. 그들에게는 명백히 어떤 것은 용인되고 어떤 것은 안 되는지에 대한 지침이 필요하고, 이것은 반드시 고려되어야 된다고 생각합니다. 하지만 그 회의에서는, 우리가 스마트폰 없이는 살 수 없고 모든 일을 하는 데 스마트폰을 사용하며 스마트폰이 우리를 더욱 생산적으로 만들기 때문에 우리가 스마트폰을 사용하는 것을 포기할 수 없다고 했습니다.

나는 그 회의에서 생산성을 향상시키기 위해서 이런 기기들을 제한하는 방법에 대해 토론할 것이라고 생각했지만 아니었습니다. IS 위원들은 바로 보안 문제에 대해 이야기하기 시작했습니다. 그들은 새로운 기기를 통해 회사의 데이터가 유출되는 것을 안전하게 보안하는 방법에 대해 우려했습니다. 그리고 사람들의 개인 모바일 기기의 '환경 설정' 가능성에 대해 토론하기를 원했습니다. 나는 충격을 받았습니다. 나는 그들이 회사의 데이터를 지키고 싶어 한다는 것을 알았고 그 점에는 100% 동감합니다. 하지만 솔직히 그들이 좀 더 냉소적이어야 한다고 생각합니다. 그동안 봐온 바로는 사람들이 개인 모바일 기기를 별생각 없이 사용하고는 있지만 그들이 범죄자는 아니라고 생각합니다.

솔직히 그것에 대해 생각해볼수록 모바일 기기가 데이터 보안을 위협하는 새로운 요소는 아닌 것 같습니다. 20년 전에도 CD에 데이터를 복사해서 회사 밖으로 가져나갈 수 있었고, 그 이후에는 데이터를 훔치고 싶다면 USB나 노트북에 저장해 나가서 집에 있는 컴퓨터에 복사할 수 있었습니다. 요즈음은 원한다면 개인 모바일 기기에 데이터를 저장할 수 있습니다.

회사의 데이터를 가지고 나오는 것이 위협이 아니라, 회사의 데이터에 무엇인가를 집어넣을 수 있다는 것이 위협인 것 같습니다. IS 부서는 내 모바일 기기에 어떤 앱들이 설치되어 있는지 알지 못합니다. 그래서 그들이 모바일 기기의 환경을 설정하기를 원하는 것입니다. 그들은 아마 내가 데이터를 훔칠 수 있는 앱을 사용하지 못하도록 하거나 회사 네트워크에 손상을 주는 악성코드를 가지고 있지 않다는 것을 확인하고 싶어 할 것입니다. 하지만 그들은 그런 것들을 위해 자체 앱을 추가할 거라고 했습니다.

나는 그 부분이 우려됩니다. 어느 한 회사에서 키 자동기록기를 설치해서 모든 사용자의 키 기록을 파일로 저장했습니다. IS 부서는 주기적으로 직원들이 개인 기기를 이용해서 하고 있는 것들을 점검했습니다. 그들이 나의 개인적인 메시지나 사진을 보거나 내가 대화하는 상대를 보는 것을 막을 수 있었을까요? 이것은 매우 심각한 프라이버시 문제인 것 같습니다. 사람들은 전혀 좋아하지 않을 것입니다.

게다가 위원회에서 원격으로 개인 모바일 기기의 프로그램을 삭제할 수 있는 프로그램을 사용하겠다고 하는 것을 들었습니다. 경우에 따라 우리는 기기를 분실할 수 있습니다. 그럴 수 있다고 합시다. 그럼, 만약 누군가가 실수를 한다면요? 실수로 내 기기의 자료를 다 날려버린다면 어떡할까요? 내 모바일 기기의 모든 프로그램을 다 삭제해버린다면요?

나는 지금은 무엇을 해야 할지 잘 모르겠습니다. 우리 회사 사장에게 만약 개인 모바일 기기 사용을 금지한다면 생산성과 사기 모두 떨어질 것이라고 이야기했습니다. 그리고 IS 부서에서 우리의 모바일 기기를 감시하는 소프트웨어를 사용한다면 격렬한 저항이 있을 것이라고도 이야기했습니다. 솔직히 그들이 개인 모바일 기기에 그런 소프트웨어를 사용할 수 있을지 의문이 듭니다. 어쩌면 가장 유능한 직원들이 회사를 그만둘지도 모릅니다.

하지만 IS 부서의 관점에서는 내 모바일 기기의 프로그램들을 신뢰하지 않을 것입니다. 그들은 데이터 유출에 대해 합법적 관심을 가지고 있습니다. 그래서 나에게 업무용 모바일 기기와 컴퓨터를 사줄 것입니다. 하드웨어 비용은 증가하지만, 그 기기들은 제어 가능하게 될 것입니다. 나는 여전히 회사에 나의 개인 모바일 기기를 가지고 오지만 회사 네트워크가 아닌 내 개인 네트워크를 사용하고, 그것을 사용해서 업무를 하지는 않습니다. 이것이 우리 회사 사장이 내가 그 위원회를 만나보길 원했던 이유 아닐까요?

토의문제

1. 직원들의 개인 기기에 모니터링 소프트웨어를 설치하는 것에 대해 생각해보자.
   a. 정언 명령(20~21쪽)에 따르면 이 결정은 윤리적인가?
   b. 공리주의(46~47쪽) 관점에서 이 결정은 윤리적인가?
   c. IS 부서가 모니터링 소프트웨어를 어떻게 비윤리적으로 사용할 수 있는가?
   d. 만약 IS 부서에서 직원들의 개인적인 문자메시지나 인터넷 검색 내역을 본다는 사실을 알게 되었을 때 그들은 어떻게 반응할까?
2. IS 부서는 직원들이 데이터를 훔칠 것을 우려한다. 그러나 직원들은 그들의 프라이버시를 침해하는 IS 부서의 모니터링 소프트웨어에 대해 우려한다.
   a. 어떤 경우가 더 자주 일어날 것 같은가?
   b. 어떤 경우에 조직에 더 피해를 줄 것 같은가? 그 이유는 무엇인가?
3. 여러분의 생각에는 회사에서 개인 모바일 기기를 사용하는 것이 직원들이 회사의 데이터를 가지고 나오는 것과 회사의 프로그램에 무엇인가를 집어넣을 수 있는 것 중 어떤 것이 더 위협이 된다고 생각하는가? 그 이유를 설명하라.
4. 만약 회사에서 직원들에게 기기를 사준다면 조직을 위해 직원들의 행동을 모니터링하는 것이 윤리적인가? 정언 명령과 공리주의 관점 모두 고려해보라.

출처 : Pixsooz/Fotolia

길라잡이

아웃소싱은 바보들의 금광인가?

사람들은 스스로를 속이고 있다. 공급업체에게 고정된 비용만을 지불하면 여러분의 모든 문제는 다 사라져버리기 때문에 모든 사람이 필요한 컴퓨터를 가지며, 네트워크는 절대로 중단되지 않고, 네트워크 프로토콜, https, 최근의 웜 바이러스에 대한 끔찍한 미팅을 참을 필요도 없으며, 여러분은 정보시스템 해탈로 빠져든다. 이것은 아주 좋은 이야기인 것처럼 들린다.

그런 식으로 되지 않는다는 것만 제외하고, 여러분은 현재의 문제들을 다른 것과 교환한다. 컴퓨터 기반구조의 아웃소싱에 대해서 생각해보자. 아웃소싱 업체가 가장 먼저 하는 일은 무엇인가? 그것은 여러분의 회사에서 일해왔던 직원들을 고용하는 것이다. 여러분의 회사에서 일하던 게으르고 무능력한, 즉 어떤 일도 제대로 할 수 없을 것 같은 네트워크 관리자를 기억하는가? 자, 그가 아웃소싱 회사의 직원으로 도, 도, 도, 돌아왔다. 이번에는 그가 양해를 구한다. "회사의 정책상 이렇게 할 수밖에 없습니다."라고.

그래서 아웃소싱 회사는 여러분이 고용하고 있던 직원들을 채용함으로써 자신들의 첫 번째 계층의 직원들을 얻게 된다. 물론 아웃소싱 회사는 경영관리를 제공하게 될 것이며, 만약 직원들이 제대로 하지 못하면 내보낼 것이라고 말한다. 여러분이 실제 아웃소싱하는 것은 여러분이 고용하고 있던 중간 계층의 같은 IT 요원이다. 하지만 그 관리자가 여러분이 고용하고 있던 직원들보다 더 나은 것을 제공해주는지에 대해서는 알 방법이 없다.

또한 여러분은 전에 관료적 문제가 있었다고 생각하는가? 모든 공급업체들은 일련의 폼, 절차, 위원회, 보고서, 그리고 다른 관리 '도구'들을 가지고 있다. 그들은 표준 청사진에 따라서 일을 해야 한다고 말한다. 만약 그들이 모든 기업은 다르다는 것을 인정한다면, 어떠한 이득이나 수익도 얻을 수 없다는 것을 여러분에게 이야기해주어야 한다.

그래서 이제 여러분은 이전 직원들의 서비스에 대해서 프리미엄을 지불하고 있는데, 이들은 현재 아웃소싱 공급업체에게 급여를 받고 있는 외부인이 관리를 하고 있다. 그리고 아웃소싱 공급업체는 이 관리자들 자신들의 이익 창출 구조를 얼마나 잘 따르고 있는지에 대해 평가한다. 그들은 여러분의 운영방식을 그들의 다른 고객들의 복제품으로 얼마나 빨리 전환할 수 있을까? 정말 그러길 원하는가?

여러분이 이 모든 것에 대해 이해하고 거기서 벗어나기로 결정했다고 가정하자. 이제 무엇을 해야 하나? 아웃소싱 계약을 어떻게 최소로 해야 하나? 모든 핵심적인 지식은 여러분의 회사에 대해서는 아무런 미련도 없는 아웃소싱 회사의 직원들의 머릿속에 들어 있다. 사실 그들의 고용 계약은 그런 일을 금지한다. 그래서 이제 당신은 해당 업무를 회사 내로 가져와야 하며, 그 기능을 지원할 직원을 채용하고, 처음에 배웠던 모든 것을 다시 배워야 한다.

잠깐 쉬자. 아웃소싱은 바보들의 금, 즉 책임감과는 동떨어진 값비싼 금광이다. "우리는 우리 회사의 주요 기능을 어떻게 관리하는지 이해할 수가 없다. 그래서 당신이 그것을 대신한다."라고 말하는 것과 같다. 여러분은 여러분을 대신해서 정보시스템을 관리해줄 누군가를 고용한다고 해서 정보시스템 문제에서 벗어날 수 없다. 적어도 회사의 순익에 관심을 가져야 한다.

출처 : Barbol/Shutterstock

토의문제

1. 신규 아웃소싱에 대한 협의를 시작할 때, 기존 정보시스템 부서의 직원들을 고용하는 것은 일반적인 일이다. 이렇게 하는 것이 아웃소싱 업체에게 어떤 이점이 있는가? 기업에게는 어떤 이점이 있는가?
2. 여러분이 아웃소싱 회사에서 일하고 있다고 하자. 관리자가 여러분에게 업무지시를 할 때, 고객사에서 실제 어떻게 일을 수행했느냐가 아니라 자신의 회사(아웃소싱 회사)에 자신들이 어떻게 보이느냐에만 관심을 가지고 지시를 한다면 여러분은 어떻게 대응하겠는가?
3. "우리는 우리 회사의 주요 기능을 어떻게 관리하는지 이해할 수가 없다. 그래서 당신이 그것을 대신한다."라는 문장을 생각해보자. 이 문장이 의미하는 바에 동의하는가? 만약 사실이라면, 이는 반드시 나쁜 것인가? 왜 그런가? 혹은 왜 그렇지 않은가?
4. 아웃소싱 공급업체가 고용한 회사에서는 불가능한 규모의 경제를 달성하는 것이 어떻게 가능한지를 설명하라. 이러한 현상이 아웃소싱을 정당화하는가? 왜 그런가? 혹은 왜 그렇지 않은가?
5. 정보시스템 기반구조를 아웃소싱하는 것은 회사의 구내식당을 아웃소싱하는 것과 어떤 면에서 유사한가? 어떤 면에서 다른가? 기반구조 아웃소싱에 대해서 어떤 전반적인 결론이 내려질 수 있는가?
6. 이 글에서는 기업의 컴퓨팅 기반구조에 대한 아웃소싱 계약이 가능하다고 가정한다. PRIDE에서 한 것과 같은 소프트웨어 개발 아웃소싱은 계약자에 대한 투자가 더 적다. 문제 2~5번에 대한 여러분의 답이 소프트웨어 아웃소싱의 경우 어떻게 다른지 설명하라.
7. 만약 아웃소싱 계약이 단순히 PaaS를 위한 것이라면 문제 2~5번의 답은 어떻게 달라지는가?

생생복습

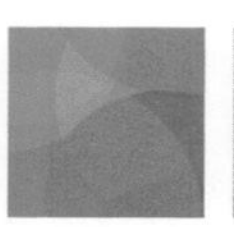
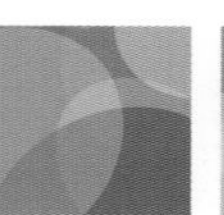

이 장에서 학습한 내용을 이해하였는지 점검해보자.

Q1 IS 부서의 기능과 조직은 무엇인가?

IS 부서의 기본적인 다섯 가지 기능을 나열하라. CIO를 정의하고 CIO의 전형적인 보고 관계도를 설명하라. 일반적인 IS 부서의 4개 그룹의 명칭은 말하고 각각의 중요 책임에 대해 설명하라. *CTO*를 정의하고, 일반적인 CTO의 책임에 대해 설명하라. 데이터 관리 기능의 목적을 설명하라. *CSO*와 *CISO*를 정의하고, 이들의 책임에는 어떤 차이가 있는지 설명하라.

Q2 조직은 IS 사용 계획을 어떻게 수립하는가?

IS 계획과 연계하여 전략적 제휴의 중요성에 대해 설명하라. 제휴관계를 유지하는 것이 어려울 수 있는 이유를 설명하라. CIO와 다른 임원진과의 관계에 대해 설명하라. 우선순위 결정과 관련하여 CIO의 책임에 대해 설명하라. 이 과업에서 발생할 수 있는 문제에 대해 설명하라. 추진위원회를 정의하고, 이와 관련된 CIO의 역할에 대해 설명하라.

Q3 아웃소싱의 장점과 단점은 무엇인가?

아웃소싱을 정의하라. 드러커가 말한 "당신의 구석방이 다른 사람에게는 거실이다."의 의미에 대해 설명하라. 아웃소싱의 경영상의 장점, 비용상의 장점, 그리고 위험요인에 대해 요약하라. IaaS, PaaS, SaaS의 차이를 설명하고, 각각의 예를 제시하라. 국제적인 아웃소싱이 특별히 유리할 수 있는 이유에 대해 설명하라. 여러분의 업무가 아웃소싱되는 것을 막기 위해 개발할 수 있는 기술은 무엇인지 설명하라. 통제, 장기 비용, 그리고 탈출 전략과 관련된 아웃소싱의 리스크에 대해 요약하라.

Q4 사용자 권한과 책임은 무엇인가?

그림 11-8의 목록에 있는 사용자 권리의 각각의 의미에 대하여 여러분만의 의미를 부여하여 설명하라. 그림 11-8의 목록에 있는 사용자 책임의 각각의 의미에 대하여 여러분만의 의미를 부여하여 설명하라.

이 장에서의 **지식**이 **여러분**에게 어떻게 **도움**이 되는가?

여러분이 대기업 직원이라면 이 장에서 배운 지식이 어떻게 도움이 될 수 있는지 기술하라. 여러분이 중소 기업 직원이라면 어떻게 도움이 될 수 있는지 기술하라. 여러분이 재러드의 입장이 되어야 한다면, 이 장에서 배운 지식이 어떻게 도움이 되는지 설명하라. 이 지식이 어떻게 여러분을 보다 효과적인 비즈니스 전문가가 될 수 있도록 도와줄 수 있는지 설명하라.

주요용어

최고정보담당임원(chief information officer, CIO)
최고정보보안담당임원(chief information security officer, CISO)
최고보안담당임원(chief security officer, CSO)
최고기술담당임원(chief technology officer, CTO)
그린 컴퓨팅(green computing)
아웃소싱(outsourcing)
추진위원회(steering committee)

학습내용 점검

1. 이 장에서 학습한 바에 따르면 정보시스템, 제품, 기술은 유연하지 못하다. 이것들은 변경이나 대체가 어렵다. 여러분은 CIO가 아닌 다른 임원의 관점으로 이 유연성 부족에 대해 어떻게 생각하는가? 예를 들어, 회사 합병 과정에서 IS가 대두된다면 어떻게 생각하는가?

2. 여러분이 전국적으로 병원들을 인수하고 있는 투자 그룹의 대표이며, 단일 시스템으로 이들을 통합하려 한다고 가정하자. 정보시스템과 관련한 다섯 가지 잠재적 문제점과 위험요인들을 나열하라. 정보시스템 관련 위험요인들이 이러한 인수 프로그램에서의 위험요인들과 비교하여 어떻다고 생각하는가?

3. 조직의 전략 방향이 급격하게 변한다면 IS에는 어떤 일이 생기는지 설명하라. IS는 다른 부서에게 어떻게 비춰지는가? 조직의 전략이 자주 변한다면 IS에는 어떤 일이 생기는가? 이런 잦은 변화가 다른 기능부서보다 IS에게 더 큰 문제라고 생각하는가? 그 이유는 무엇인가?

협력과제 11

여러분의 팀원들과 모여서 구글 오피스, 셰어포인트 또는 기타 협업 도구를 사용해서 협업정보시스템을 구축하라. 절차와 팀 훈련의 필요성을 잊지 마라. 이제 정보시스템을 이용해서, 다음의 질문들에 답하라.

그린 컴퓨팅(green computing)은 세 가지 주요 요소들로 구성된 환경을 생각하는 컴퓨팅 방식이다. 여기서 세 가지 요소란 전력관리, 가상화, e-폐기물 관리이다. 이번 협력과제에서는 전력을 중심으로 다룬다.

물론 여러분이 알고 있는 것처럼, 컴퓨터(프린터와 같은 관련 장비 포함)는 전기를 소비한다. 한 대의 컴퓨터나 프린터의 경우에는 큰 부담이 없다. 그러나 오늘 밤 전국적으로 사무실에서 사람은 없이 혼자 켜져 있을 모든 컴퓨터와 프린터를 생각해보자. 그린 컴퓨팅을 지지하는 사람들은 기업 및 직원들에게 장비를 사용하지 않을 때는 전원을 잠금으로써 전력과 물 소비를 줄일 것을 권장한다.

이 이슈가 중요한가? 이것은 단지 컴퓨터 전문가들이 고결하게 보이고 싶어서 환경주의자들에게 양보하는 것인가? 팀을 구성한 뒤, 대학 내에서 컴퓨터를 사용하는 상황을 가정하여 다음 물음에 답하라.

4. 일반적인 컴퓨터와 사무용 장비들의 전력량은 얼마나 되는지 인터넷을 검색해보라. 랩톱, 데스크톱, CRT 모니터, LCD 모니터, 프린터에 대해 검색해보라. 서버에 대해서는 제외해도 좋다. 전력량의 측정 단위는 와트(watt)이다. 그림 컴퓨팅 운동이 줄이고자 하는 것은 와트이다.

5. 캠퍼스 내에서 사용되고 있는 장비는 유형별로 모두 몇 개인지 추정해보라. 여러분이 다니고 있는 대학의 단과대학, 학과, 교수, 직원, 학생의 수가 얼마인지는 대학 홈페이지에 알 수 있을 것이다. 각각의 구성원들이 사용하고 있는 컴퓨터, 복사기 및 다른 유형의 장비가 몇 대인지 알 수 있다.

6. 문제 4~5번의 데이터를 이용하여, 캠퍼스 내에서 컴퓨터와 관련 장비들에 의해 소비되는 전력량을 추정하라.

7. 화면보호기 모드를 사용하는 컴퓨터는 일반 모드의 컴퓨터와 같은 전력량을 사용한다. 하지만 잠금 모드를 사용하는 컴퓨터는 시간당 6와트 정도 전력을 덜 소비한다. 캠퍼스 내의 컴퓨터에 대해서 잠금 노드를 사용하는 수와 화면보호기 혹은 일반 모드를 사용하는 컴퓨터 수를 추정하라. 잠금 모드 사용 시 전력을 얼마나 줄일 수 있는지 추정하라.

8. IS 부서가 자동으로 소프트웨어를 업데이트하거나 패치를 제공하고 있는 컴퓨터들은 잠금 모드일 경우에는 이 업데이트나 패치를 받을 수 없다. 따라서 어떤 대학에서는 캠퍼스 내의 컴퓨터에 대해서 잠금 모드 설정을 못 하도록 하고 있다. 이러한 정책을 사용할 경우의 비용을 와트로 계산하라.

9. 다음과 같은 상황에서의 월간 비용을 와트로 계산하라.
   a. 모든 사용자 컴퓨터가 24시간 켜져 있다.
   b. 모든 사용자 컴퓨터가 근무 중에는 켜져 있고, 근무 시간 이외에는 잠금 모드이다.
   c. 모든 사용자 컴퓨터가 근무 시간 이외에는 꺼진다.

10. 문제 1~6번의 답을 생각해볼 때, 근무 시간 이외의 컴퓨터 전력관리가 아주 중요한 것인가? 대학 운영을 위한 다른 비용들과 비교한다면, 이 이슈는 정말로 중요한가? 여러분의 팀과 이 문제에 대해 논의하여 답을 제시하라.

사례연구 11

iApp$$$$ 4 U

여러분이 iOS용 애플리케이션에 관한 대단한 아이디어를 가지고 있다고 가정해보자. 그것이 무엇인지는 상관없다. 이 아이디어는 대학생, 혹은 여러분 부모의 인생을 더 윤택하게 해줄 수도 있으며, 혹은 조부모의 건강 비용을 추적할 수 있도록 해줄 수 있다. 무엇이든지 간에 이 아이디어는 대단한 것이라고 가정하자.

먼저 이 아이디어의 가치는 얼마나 될까? 오렐리 블로그를 운영하는 레이븐 재커리에 따르면, 그 가치는 제로이다.[6]

아무것도 없다. 재커리에 의하면(2008년 아이폰 앱에 관해 쓴 글), 미래에 발생할 수익을 현금과 교환하는 것이 공평하다고 여기는 아이폰 전문 개발자는 없을 것이다. 너무 많은 현금이 들어가는 일이다. 아이디어는 그것이 구현되었을 때만 훌륭한 것이다. 이는 단지 iOS용 애플리케이션 개발에 국한된 이야기가 아니며 모든 기업의 프로젝트에도 해당된다.

이제 iOS 애플리케이션 개발을 진행하기 위해 여러분은 어떻게 할 수 있는가? 세 가지 선택이 있다. 성공적인 개발경력을 가진 전문 개발자에게 가는 것이다. 이 방법은 개발자, 디자이너, 프로젝트 관리자를 제공해줄 것이다. 물론 그 비용은 여러분의 요구사항에 달려 있다. 그러나 fueled.com의 운영자 라이언 매츠너에 따르면, 일반적인 모바일 상거래 애플리케이션의 비용은 15만 달러에 이른다고 한다.[7]

이 비용이 너무 높다면 여러분은 일부를 스스로 해결하거나 요구사항을 줄일 수 있다. 전자를 택한다면 위험도 고려해야 한다.

이제 여러분의 생각은 어떤가? 먼저 여러분이 할 수 있는 많은 일을 해라. 제12장의 시스템 개발 수명주기의 각 단계들을 읽어보라. 이 단계들 중 얼마나 많은 부분을 스스로 할 수 있는지를 결정하라. 여러분이 능숙한 객체지향 프로그래머도 아니고, 오브젝트 C 혹은 애플의 새로운 프로그램밍 언어인 스위프트를 사용하는 게 불편함이 없는 개발자도 아니라면, 여러분은 스스로 코딩을 할 수 없다. 그러나 여러분이 사용자 인터페이스를 설계하고 그 사용 방법을 정의한다면 개발 비용을 낮출 수도 있다. 또한 당신은 최소한 개발 계획의 골격을 만들 수 있다. 또한 테스트 활동을 스스로 할 수 있을 수도 있다.

여러분이 투자할 수 있는 금액으로 3,000달러를 가지고 있다면, 미국 내의 개발자를 아웃소싱할 수 있다. 그렇지 않다면 다른 두 가지 대안이 있다. 하나는 해외에 아웃소싱하는 것이고 다른 하나는 컴퓨터 사이언스 전공 학생을 채용하는 것이다. 이랜스는 개발 전문가들의 정보교환소인데, 여기에는 개발자 목록, 지역, 일반적인 비용, 이전 고객들의 평가 등의 내용이 있다.[8] 당신이 알고 있는 것처럼 인도, 러시아, 우크라이나, 루마니아 혹은 다른 국가들의 개발자들을 고용할 수 있다. 간단한 앱의 경우 2,000달러 범위에서 가능하지만, 이 추정치에는 디자인, 그래픽, 프로젝트 관리를 위한 비용이 포함된 것은 아니다.

국내의 컴퓨터 사이언스 전공 학생을 고용하는 것은 어떨까? 전문 개발자를 고용하는 비용보다는 확실히 적겠지만, 이 대안은 문제가 많다. 첫째, 좋은 학생은 수요가 많고, 둘째, 좋은 학생은 여전히 학생이다. 그들은 공부할 시간이 필요하며, 여러분의 앱에 투자할 시간이 많지 않다. 그리고 믿기 어려울 수 있지만 어떤 학생들은 괴팍스럽다. 하지만 여러분이 믿을 만한 친구가 있다면 이 방법으로 작업을 진행할 수 있다.

또 다른 대안은 분할정복이다. 정말 훌륭한 여러분의 아이디어를 조그만 앱들로 쪼개는 것이다. 성공할 것이 확실한 하나를 선택하여 아주 싼 가격, 가령 0.99달러에 파는 것이다. 이 애플리케이션으로 번 돈을 다음 애플리케이션 개발에 투자하는 것이다.

질문

11. 훌륭한 모바일 애플리케이션에는 어떤 특성이 있는가? 구입하고 싶어지는 애플리케이션의 특성에 대하여 다섯 가지 이상 기술하라. 어떤 특성들이 애플리케이션을 개발하기 쉽고 저렴하게 만드는가? 어렵고 많은 비용이 소요되는 특성은 무엇인가?

12. www.elance.com을 방문하여, 여러분의 앱을 개발하는 데 활용할 수 있는 5개의 아웃소싱 업체를 정하라. 이 업체들 중 하나를 선택하기 위한 기준을 설명하라.

13. 구글의 모토로라 인수가 iOS 앱에 대한 기회를 어떻게 변화시킬 수 있는지에 대한 여러분의 생각을 설명하라. 이론적으로 이 인수는 여러분이 안드로이드나 윈도우 10 폰용 앱 개발이 더 현명한 것이라고 믿게 해주는가?

14. '안드로이드 개발자' 및 관련 용어와 관련된 웹을 검색하라. 안드로이드 앱을 만드는 과정이 iOS 앱을 만드는 과정보다 더 쉽고, 저렴하며, 더 바람직한 것처럼 보이는가?

15. 이 사례는 여러분이 iOS 애플리케이션을 개발하기로 했다고 가정하고 있다. 신-클라이언트 애플리케이션 개발이

더 나은 의사결정이라는 점에 반대의견이 있다. 여러분은 신-클라이언트 앱이 더 나은 의사결정이라는 점을 어떻게 정당화할 수 있는지 설명하라.

16. 이 연습문제에서 경험한 내용을 기초로 창의적 사고를 확인하기 위한 취업 인터뷰에서 1분가량 요약하여 발표한다고 생각하고 준비해보라. 이 내용을 학급의 다른 학생들에게 발표하라.

주

1. 우리가 보통 IS 부서라고 부르는 부서는 종종 IT 부서로 알려져 있다. 하지만 이는 잘못된 이름이다. 왜냐하면 IT 부서는 기술을 다루는 곳이기 때문이다. 산업 현장에서 IT 부서라는 용어를 듣는다면, 그 부서의 범위가 기술에 한정되어 있다고 생각하지 말라.

2. Kristin Burnham, "Target Hires GM Exec as First CISO," *Information-Week*, June 11, 2014, accessed May 11, 2015, *www.informationweek.com/strategic-cio/team-building-and-staffing/target-hires-gm-exec-as-first-ciso/d/d-id/1269600.*
3. PayScale Inc., "Salary Data & Career Research Center (United States)," *PayScale.com*, accessed May 12, 2015, *www.payscale.com/research/US/Country=United_States/Salary.*
4. U.S. Social Security Administration, "Measures of Central Tendency for Wage Data," *SSA.gov*, accessed May 12, 2015, *www.ssa.gov/oact/cola/central.html.*
5. DHI Group Inc., "Dice Tech Salary Survey," January 22, 2015, *Dice.com*, accessed May 12, 2015, *http://marketing.dice.com/pdf/Dice_TechSalarySurvey_2015.pdf.*
6. Raven Zachary, "Turning Ideas into iPhone Applications," *O'Reilly Media*, last modified November 21, 2008, *http://blogs.oreilly.com/iphone/2008/11/turning-ideas-into-application.html.*
7. Mary Hurd, "How Much Does It Cost to Develop an App?," *Fueled.com*, February 24, 2015, accessed June 27, 2015, *http://fueled.com/blog/how-much-does-it-cost-to-develop-an-app.*
8. "iPhone Development Experts Group," Elance, accessed June 27, 2015, *www.elance.com/groups/iPhone_Development_Experts/1115.*

Chapter
12

정보시스템 개발

여러분에게도
이러한 일이
일어날 수 있다

"토요일 아침 일찍부터 와주셔서 감사합니다. 방금 테니스를 치고 왔는데, 생각보다 늦게 끝났네요. 그러니 이런 복장인 것을 양해 부탁드립니다." 제브 프리드먼이 테이블을 둘러본다.

"이기셨나 보네요, 프리드먼씨. 기분이 좋아 보이세요." 미셸은 PRIDE의 오너를 이제 겨우 알아가는 중이다.

"제브라고 불러줘요, 다른 분들은 그러시거든요. 그리고 맞추셨습니다. 우리가 이겼어요."

"예, 알겠습니다." 미셸은 여전히 격식을 차린다.

"그래서 재러드, 당신이 돈을 제대로 좀 써보고 싶다고 들었어요. 오늘 아침 그 이유를 말해주기로 했었죠?"

"그게 바로 우리가 여기 모인 이유죠, 제브. 옵션을 몇 개 가져왔으니 고려해보세요. 여기 사본이 있습니다. 제임스가 설명해줄 거예요."

"굉장히 기대되는군요." 제브는 기분이 좋아 보이지만, 그의 행동은 아무도 속이지 못한다. 모두들 그가 실수나 미흡한 준비를 바로 감지할 태세를 갖추고 있음을 알고 있다.

"일단 제브, 우리가 새로 주목받는 다구간 경기에 적용할 수 있도록 시스템을 수정할 수 있었다는 건 아시죠?" 제임스는 조금 긴장한 채로 말을 꺼낸다.

"네, 그리고 그게 당신 아이디어였다는 점도요." 제브는 칭찬으로 제임스의 긴장을 풀어주려 하고, 성공한다.

"우리 팀이 해낸 일이죠. 어쨌든 그 결과, 모두가 열심히 일한 덕분에 성공하고 있어요." 제임스는 이야기를 하며 테이블을 둘러본다.

"일단은 시작은 했네요." 제브는 지속 가능한 사업을 수립하려면 갈 길이 멀다는 걸 알고 있다.

"아시다시피, 우리 제품은 애플과 안드로이드 기기에서만 작동하죠. 서피스나 윈도우는 무시했지만 잘하고 있어요."

"맞아요. 저는 마이크로소프트를 정말 이해할 수가 없어요. 모바일 시장에서의 기회를 모두 날려버렸잖아요."

"우리 생각에는 엑스박스를 위한 개발을 시작하면 완전히 새로운 시장의 문을 열 수 있을 것 같아요."

"엑스박스요?"

"네, 왜냐하면 이런 콘테스트는 게임과 아주 비슷하거든요. 지하실에 있는 다른 10명의 선수와 자전거를 타는 거죠. 그들은 실제 사람이 되겠지만, UI를 좀 더 발전시키고 엑스박스를 사용해서 시각적으로 더 흥미진진하게 만드는 게 어떨까요?"

"재미있네요. 가능할 것 같아요. 엑스박스 개발 자금을 원한다는 말씀이시죠?"

"그렇습니다. 그런데 저희가 드린 문서 세 번째 페이지를 보세요. 두 가지 방법

학습목표

Q1 시스템 개발이란 무엇인가?

Q2 시스템 개발은 왜 어렵고 위험한 일인가?

Q3 SDLC의 5단계는 무엇인가?

Q4 시스템 정의는 어떻게 수행되는가?

Q5 요구사항 분석 단계에서 사용자의 역할은 무엇인가?

Q6 다섯 가지 구성요소가 어떻게 설계되는가?

Q7 정보시스템은 어떻게 구현되는가?

Q8 시스템 유지보수를 위한 과업은 무엇인가?

Q9 SDLC에는 어떤 문제가 있는가?

이 장에서의 지식이 여러분에게 어떻게 도움이 되는가?

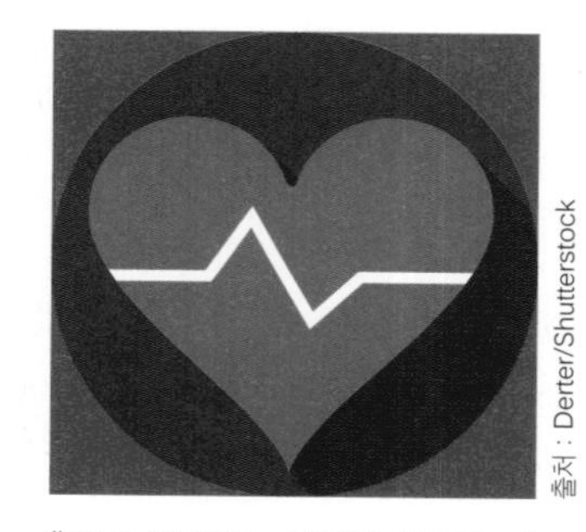
출처 : Derter/Shutterstock

"우리 생각에는 완전히 새로운 시장의 문을 열 수 있을 것 같아요."

이 있습니다. 하나는 엑스박스 전용 도구와 기술을 사용하여 개발하는 것입니다. 그러면 애플, 안드로이드, 엑스박스의 세 가지 서로 다른 코드베이스를 가지게 되겠죠."

"그래서요?"

"동시에 세 가지 다른 프로젝트를 진행해야 할거고, 몇 배의 노력이 필요할 거예요." 제임스의 목소리와 표정에서 그가 '몇 배의 노력'이라는 생각을 끔찍히 싫어한다는 것이 분명히 드러난다.

"흠."

"그러나 우리가, 세부사항은 생략하고, 또 다른, 더 일반적인 타입의 기술인 html5와 css3를 사용한다면, 많은 공통된 코드를 쓸 수 있어요. 전부는 아니지만, 많이요."

"네, 생략 좋죠. 나중에 재러드에게 설명 부탁할게요. 그래서 예상 비용은 있나요?"

"3쪽에 나오듯이, 첫 번째, 엑스박스만 개발하는 옵션은 10만 달러에서 17만 5천 달러 사이예요."

"범위가 넓군요." 제브는 의심하는 듯하다.

"그리고, 4쪽에서 보시다시피, 전체 인터페이스를 html5로 재조정하려면 22만 5천 달러에서 30만 달러 사이고요." 제임스는 의자에 등을 붙이고 앉아 제브의 반응을 기다린다.

"재러드, 어떻게 생각해요?" 제브가 재러드를 바라본다.

"우리 기업을 미래를 위해 포지셔닝하는 데 얼마까지 쓸 수 있는지의 문제네요, 제브." 재러드는 이것이 제브의 돈이므로 그의 결정이라는 것을 알고 있다.

"그렇지, 그래요." 제브는 고민한다.

"니키, 당신 생각은요?" 제브는 그녀의 얼굴을 제대로 보기 위해 자리에서 고쳐 앉는다.

"엑스박스는 큰 시장을 갖고 있어요. 의심의 여지가 없죠. 우리는 아마 그 시장에 뛰어들어가는 첫 번째가 주자가 될 거예요."

"이거 팔 수 있겠어요, 미셸?"

"당연하죠. 엄청날 거예요. 그렇지만 아주 흥미진진해야 할 거예요. 사람들은 게임에 놀랍고 즉각적인 걸 기대해요."

제브는 몇 분 동안 조용히 앉아 있는다. 그러고는 모인 사람들을 한 사람씩 바라보며 말을 꺼낸다.

"아뇨. 둘 중 어떤 것도 선택하지 않겠어요. 우리는 준비가 안 됐어요. 제가 하고 싶은 건, 엑스박스용 프로토타입을 개발하는 거예요. 어떤 기술이든 제일 빨리 개발할 수 있는 걸 써요. 그리고 제가 시험해보겠어요. 종이나 호루라기 같은 건 없겠지만. 재러드, 그렇게 하기 위한 계획을 짜와요. 제임스, 그 자리에 당신도 있어야 할 거예요. 질문 있나요?"

테이블에 정적이 흐르고, 재러드가 입을 연다. "고마워요 제브, 그렇게 하겠습니다."

Q1 시스템 개발이란 무엇인가?

시스템 개발(systems development) 혹은 시스템 분석 및 설계는 정보시스템을 개발하고 유지해나가는 과정이다. 이 과정은 단지 컴퓨터 프로그램이 아니라 정보시스템과 연관되어 있다. 정보시스템 개발은 하드웨어, 소프트웨어, 데이터, 절차, 사람의 다섯 가지 요소 모두를 포함한다. 컴퓨터 프로그램 개발은 데이터와 데이터베이스의 일부를 포함한 소프트웨어 프로그램을 뜻한다. 그림 12-1은 시스템 개발이 컴퓨터 프로그램 개발보다 더 넓은 범위를 가리킴을 보여준다.

시스템 개발은 다섯 가지 모든 요소에 초점을 맞추고 있기 때문에 단순한 프로그래밍 혹은 기술적인 전문성 이상의 것을 요구한다. 시스템 목표 설정과 프로젝트 준비, 그리고 요구사항 정의는 업무지식과 관리 능력을 요구한다. 컴퓨터 네트워크를 구축하고 컴퓨터 프로그램을 작성하는 것은 기술적인 능력을 요구하지만, 다른 구성요소들을 개발하는 것은 비기술적이면서 인간관계 능력을 요구한다. 데이터 모델을 만드는 것은 사용자들과의 인터뷰를 통해 경영 활동에 대한 그들의 관점을 이해할 수 있는 능력을 요구한다. 절차를 설계하는 것은, 특히 집단 활동을 포함하는 경우는 업무지식과 집단의 역학관계에 대한 이해를 요구한다. 직무 개발, 직원 배치 및 교육은 인적 자원과 관련된 전문성을 요구한다.

따라서 시스템 개발이 프로그래머와 하드웨어 전문가만이 할 수 있는 기술적 업무라고 가정해서는 안 된다. 시스템 개발은 전문가와 업무 지식을 지니고 있는 비전문가 모두의 잘 조율된 협업을 요구한다.

제4장에서 소프트웨어의 세 가지 도입방식(이미 만들어진 제품, 이미 만들어진 제품의 수정, 직접 개발)이 있다는 것을 배웠다. 소프트웨어에는 세 가지 방식 모두가 적합하지만 정보시스템에는 이들 중 두 가지만이 적합하다. 소프트웨어와는 달리 정보시스템은 이미 만들어진 제품이 있을 수 없다. 정보시스템은 여러분이 속한 회사의 직원들(사람)과 절차를 포함하고 있기 때문에 컴퓨터 프로그램을 어떤 식으로 얻었든지 간에 여러분 회사의 사업 내용과 사람들에게 맞는 절차를 구성하거나 맞추어야 한다.

미래의 경영자로서 여러분은 정보시스템 개발에서 핵심적인 역할을 하게 될 것이다. 여러분이 속한 부서의 목표를 완수하기 위해서는 정보시스템을 사용하기 위한 효과적인 절차가 존재해야 한다. 직원들이 적절하게 훈련받고 정보시스템을 효과적으로 사용할 수 있어야 한다. 부서에 적절한 절차와 훈련된 직원들이 없다면, 이를 해결하기 위한 행동을 취해야 한다. 비록 하드웨어,

그림 12-1
시스템 개발과 프로그램 개발

프로그램 혹은 데이터 문제는 IT 부서에 넘겨줄 수 있더라도, 절차 혹은 직원과 관련된 문제를 그 부서에 넘겨줄 수는 없다. 이러한 문제들은 여러분이 해결할 문제이다. 정보시스템 성공의 단 하나의 가장 중요한 기준은 사용자가 자신의 시스템에 대해 주인의식을 갖는 것이다.

Q2 시스템 개발은 왜 어렵고 위험한 일인가?

시스템 개발은 어렵고 위험하다. 많은 프로젝트들이 결코 완료되지 않는다. 프로젝트가 완료되더라도 원래 예산의 200~300%를 사용하곤 한다. 예산과 일정에 맞춰 완료되는 프로젝트라도 결코 만족스럽게 그들의 목표를 완수하지 못한다.

여러분은 시스템 개발 실패가 매우 극적일 수 있다는 것에 놀랄 수도 있을 것이다. 지금까지 오랜 시간에 걸쳐서 컴퓨터와 시스템이 개발되어 왔다는 점을 생각해볼 때, 지금쯤은 벌써 성공적인 시스템 개발 방법론이 몇 가지 있어야 한다. 실제로, 성공을 가져다줄 수 있는 시스템 개발 방법론들이 있으며, 이 장에서 제일 기초적인 방법론에 대해 논의할 것이다. 그러나 능력 있는 사람이 이 방법론 혹은 알려진 몇 가지 다른 방법론을 따르더라도 실패의 위험은 여전히 높다.

여기에서는 그림 12-2에 표현된 시스템 개발에 관한 다섯 가지 중요한 도전과제들에 대해 논의한다.

요구사항 결정의 어려움

첫째, 요구사항을 결정하는 데 어려움이 있다. 제브는 엑스박스 프로젝트를 프로토타입으로 시작하고자 하는데, 곧 배우겠지만 이는 시스템 개발에 착수하기 위한 좋은 방법이 될 수 있다. 그렇지만 그다음에는? 엑스박스 플랫폼의 기능과 특징 중 정확히 어떤 기능, 특징을 새 PRIDE 시스템에 적용해야 할까? 그 시스템을 사용할 수 있게 하기 위해서는 구체적으로 어떤 작업이 필요한가? 스크린 디스플레이는 어떻게 생겨야 할까? 경쟁자들은 어떤 피드백을 받아야 할까?

혹은 실용적인 문제를 고려해보자. 경쟁자들은 어떻게 시작하는가? 어떻게 가입하는가? 어떤 보안 절차가 필요한가? 사람들이 자신의 비밀번호를 잊어버리면 시스템은 어떻게 대응하는가?

이 모든 요구사항은 특정하기 어려울 뿐만 아니라 아는 것조차도 어렵다.

경험 있는 시스템 분석가는 알고 있는 것처럼 의심할 여지없이 어느 누구도 요구하지 않는 중요한 질문이다. 아마도 이 요구사항들은 1사분기에 정의된다. 그리고 현재는 아무도 기억하지 못하는 연말 보고서에 있을 것이다. 질문은 계속될 수 있다. 시스템 개발 과정의 중요한 목적 중 하나는 이런 질문들에 대해서 요구하고 답하는 것이다.

요구사항의 변경

더욱 어려운 것은 시스템 개발이 움직이는 목표물을 목적으로 한다는 것이다. 시스템이 개발되는 동안에도 요구사항은 변경되는데, 시스템이 크고 프로젝트 기간이 길수록 더 많은 요구사항 변경이 발생한다. 예를 들면, 개발이 진행되는 중간에, 한 중요한 헬스클럽 체인이 유리한 계약 조건을 제시하며 재러드에게 접근한다. 그러나 그 제안은 이미 계획된 엑스박스 요구사항에 큰 변화를 필요로 한다.

요구사항이 변경될 때 개발 팀은 무엇을 해야 하는가? 새로운 요구사항에 맞춰서 작업을 중단

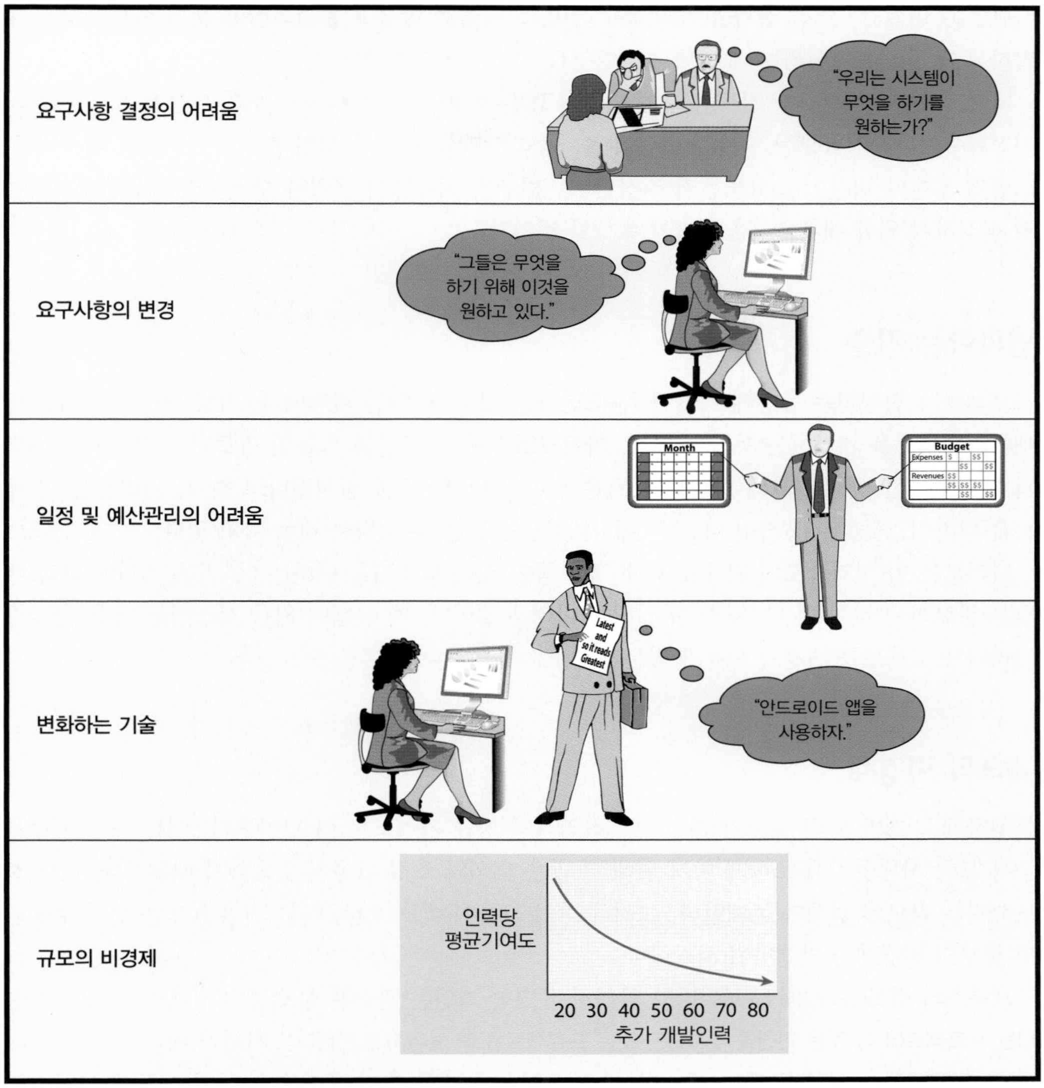

그림 12-2
시스템 개발의 주요 도전 과제

하고 시스템을 다시 만들어야 하는가? 만약 그렇게 한다면 시스템은 즉흥적으로 개발될 것이고, 결국 완료되지 못할 수도 있다. 시스템 개발을 완료한다고 할지라도 그것은 만족스럽지 못하게 될 것이며, 구현된 날 바로 유지보수가 필요할 것이다.

일정 및 예산 관리의 어려움

또 다른 과제는 일정관리와 예산이다. 시스템을 개발하는 데 얼마나 오래 걸릴 것인가? 이 질문에 답하기는 쉽지 않다. 여러분이 새로운 데이터베이스를 개발하고 있다고 가정해보자. 데이터 모델을 개발해야 한다. 개발에 얼마나 오래 걸릴까? 이를 수행하는 데 얼마나 걸릴지 여러분은 알고 있다고 할지라도 다른 사람들은 서로 다른 생각으로 여러분, 또는 서로의 모델에 동의하지 않을 수도 있다. 모든 사람이 동의할 때까지 데이터 모델을 몇 번이나 재개발해야 할까? 여러분이 계획해야 하는 작업시간은 얼마나 되는가?

데이터베이스 애플리케이션에 대해 생각해보자. 폼, 보고서, 쿼리, 애플리케이션 프로그램을 구현하는 데는 얼마나 걸릴 것인가? 이 모든 것들을 테스트하는 데는 얼마나 걸릴 것인가? 절차와 사람들은 어떤가? 어떤 절차를 개발해야 하며, 그것들을 만들고 문서화하고 훈련 프로그램을 개발하고 개인을 훈련시키는 데 얼마나 많은 시간이 허용되어야 하는가?

나아가 이 모든 것들을 진행하는 데 얼마나 많은 비용이 들어가는가? 노동 비용은 노동 시간의 직접함수이다. 만약 노동 시간의 추정이 불가능하다면 노동 비용 또한 추정할 수 없다. 더구나 시스템에 얼마나 비용이 소요되는지 추정할 수 없다면, 시스템이 적절한 투자수익률을 발생시키는지 결정하기 위한 재무분석을 어떻게 수행할 것인가?

변화하는 기술

프로젝트가 진행되는 동안에 기술이 계속 변하는 것도 또 다른 과제이다. 가령 여러분이 PRIDE 애플리케이션을 개발하는 동안에 애플, 마이크로소프트, 구글과 그들의 파트너들 모두가 그래픽과 애니메이션 성능이 크게 향상된 새로운 모바일 디바이스를 출시했다고 하자. 여러분은 이 새로운 디바이스들을 이용하여 더 나은 애니메이션을 만들 수 있다는 것을 알고 있다.

여러분은 이 신기술로의 교체를 위해 개발 중인 것을 멈추기를 원하는가? 기존 계획에 따라 개발을 완료하는 것이 더 나은가? 이 결정은 어려운 일이다. 왜 유행이 지난 시스템을 개발하는가? 그러나 프로젝트를 변경할 여유가 있는가?

규모의 비경제

불행하게도 개발 팀의 규모가 커질수록 작업자당 평균 기여도는 더 낮아진다. 이는 직원이 많을수록 모든 사람들이 동조하게 하기 위해 더 많은 회의와 조정 활동이 필요하기 때문이다. 어느 정도까지는 규모의 경제가 존재한다. 그러나 작업 그룹이 어느 수준, 이를 테면 20명을 넘어서게 되면 규모의 비경제가 발생하기 시작한다.

브룩스의 법칙(Brooks' Law)이라고 알려진 유명한 격언은 관련된 문제를 지적해주고 있다. **지연되는 프로젝트에 더 많은 인원을 추가하는 것은 프로젝트를 더 늦어지게 만든다.**[1] 직원이 많아지는 것은 더 많은 조정활동을 요구할 뿐만 아니라 새로운 인력에 대한 훈련을 필요로 하기 때문에 브룩스의 법칙은 사실이다. 새로운 인력을 훈련시킬 수 있는 유일한 사람은 현재의 팀원들이기 때문에, 생산적인 업무에 써야 할 시간을 빼앗긴다. 새로운 인력을 훈련시키는 비용은 인력 추가에서 이익보다 훨씬 클 수 있다.

요약하면 소프트웨어 개발 프로젝트의 관리자들은 딜레마에 직면한다. 관리자들은 팀을 소규모로 유지함으로써 일인당 작업량을 증가시킬 수 있다. 하지만 그렇게 하는 동안에 프로젝트의 일정이 지연된다. 혹은 지원 인력을 추가함으로써 프로젝트 일정을 단축시킬 수 있지만, 규모의 비경제로 인해 100시간의 작업을 하기 위해서 150시간에서 200시간의 노동을 추가해야만 한다. 그리고 브룩스의 법칙 때문에 한번 프로젝트가 지연되면 두 가지 선택 모두 나빠지게 된다.

나아가 일정을 압축하는 데는 한계가 있다. 또 다른 유명한 격언이 있다. "여자 9명이 있다고 해서 한 달 안에 아이를 낳을 수는 없다."

정말 그렇게 암울한가?

시스템 개발이 도전과제의 목록에서 얘기한 것처럼 정말 그렇게 암울한가? 그럴 수도 있고 그렇지 않을 수도 있다. 설명된 모든 도전과제들은 분명 존재한다. 그리고 모든 개발 프로젝트가 극복해야 하고 유의해야 하는 장애물들이다. 앞서 지적한 것처럼 프로젝트가 한번 지연되고 예산이 초과하게 되면 좋은 선택은 존재하지 않는다. 프로젝트 지연으로 괴로워하는 한 관리자는 "후회해도 더 이상 방법이 없다."라고 말했다.

IT 산업은 50년의 정보시스템 개발 경험을 가지고 있다. 그리고 이 기간 동안 이 문제를 성공적으로 다루는 방법론들이 출현했다. 다음 학습과제에서 우리는 시스템 개발의 가장 일반적인 절차인 시스템 개발 수명주기(SDLC)를 다룬다.

Q3 SDLC의 5단계는 무엇인가?

시스템 개발 수명주기(systems development life cycle, SDLC)는 정보시스템 개발에 사용되는 고전적인 절차이다. IT 산업은 '수많은 상처'로부터 SDLC를 개발했다. 많은 초기 프로젝트가 실패를 경험했고, 기업과 시스템 개발자들은 무엇이 잘못되었는지를 알기 위하여 실패의 잔재를 파헤쳤다. 1970년대 가장 경험 많은 프로젝트 관리자들이 정보시스템을 성공적으로 구축하고 유지하지 위해 수행해야 할 기본적인 과업에 동의했다. 이 기본적인 과업들이 시스템 개발의 단계들로 구성되었다.

여러 연구자들과 조직들이 이 과업들을 여러 형태의 단계들로 포장하였다. 어떤 조직은 8단계의 절차를 사용하고, 또 다른 조직은 7단계의 과정을 이용한다. 그리고 5단계의 과정을 사용하는 조직도 있다. 이 책에서 우리는 다음과 같은 5단계의 과정을 사용하게 될 것이다.

1. 시스템 정의
2. 요구사항 분석
3. 구성요소 설계
4. 구현
5. 유지보수

그림 12-3은 이 단계들이 어떻게 연결되어 있는지를 보여준다. 시스템 개발은 사업계획 과정에서 새로운 시스템의 필요성이 정의되었을 때 시작된다. 정보시스템 계획 절차에 대해서는 제11장에서 다루었다. 이제 새로운 정보시스템을 구축함으로써 조직의 목적 및 목표를 최선으로 달성할 수 있는 방향으로 경영방침이 결정되었다고 가정하자.

SDLC의 첫 번째 단계인 **시스템 정의**(system definition) 단계에서 개발자는 새로운 시스템 정의에 착수하기 위한 시스템 필요성에 대한 경영상의 선언문을 활용한다(PRIDE의 경우 이 선언문은 프로토타입을 통한 경험을 기초로 한다). 이렇게 도출된 프로젝트 계획은 두 번째 단계인 **요구사항 분석**(requirements analysis) 단계의 입력이 된다. 여기에서 개발자들은 새로운 시스템의 특징과 기능을 정의한다. 이 단계의 산출물은 시스템 **구성요소 설계**(component design)를 하는 데 활용되는 기초적인 입력이 되는 일련의 승인된 사용자 요구사항이다. 4단계에서 개발자들은 새로운 시스템을 **구현**(implementation)하고 테스트하며 설치하게 된다.

이후 사용자들은 오류와 실수, 그리고 문제점들을 찾아낸다. 또한 새로운 요구사항이 제시된다. 수정사항과 새로운 요구사항은 시스템 **유지보수**(maintenance) 단계의 입력이다. 유지보수 단계는 다시 모든 과정을 시작하게 되는데, 이것이 이 과정이 주기를 이루는 이유이다.

다음 절들에서는 SDLC의 각 단계를 보다 상세하게 다룰 것이다.

그림 12-3
SDLC의 단계

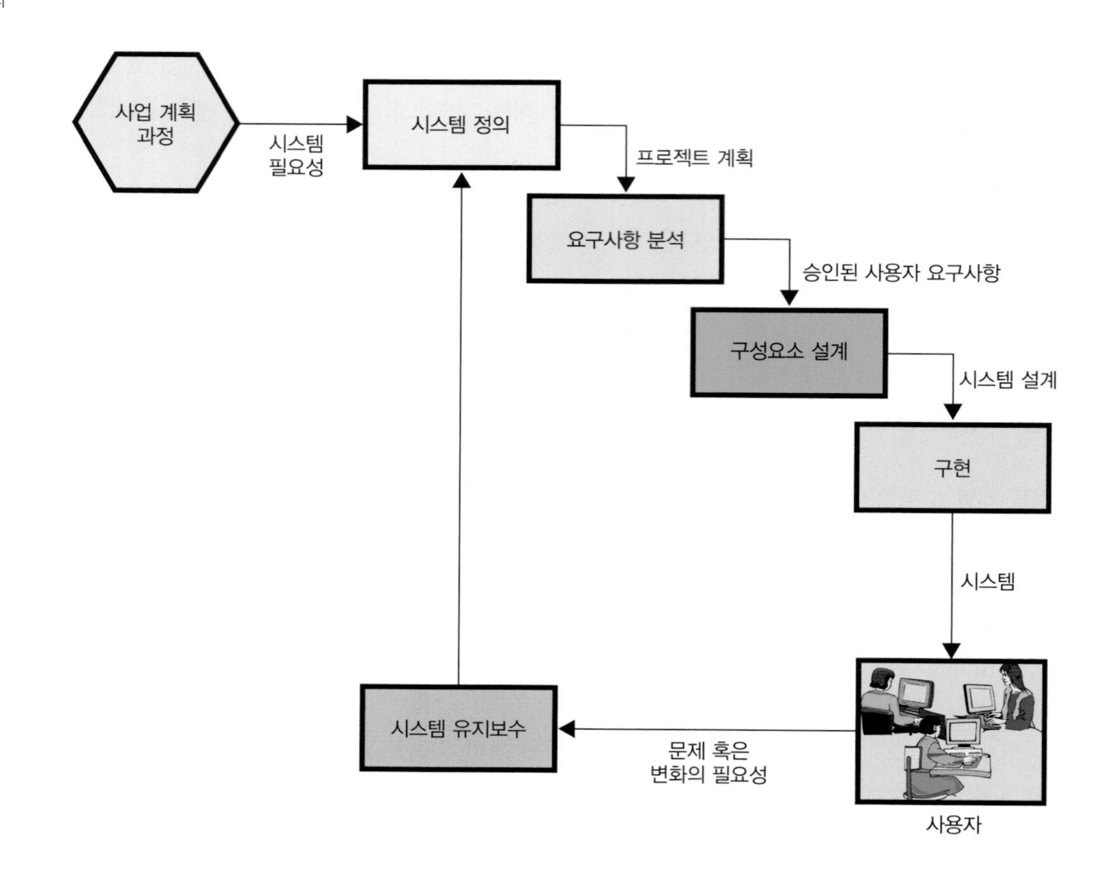

Q4 시스템 정의는 어떻게 수행되는가?

새로운 시스템의 요구에 대한 대응으로, 그 가능성을 평가하고 프로젝트의 계획을 수립하기 위하여 조직은 일시적으로 몇 명의 직원들을 배정할 것이다. 일반적으로 정보시스템 부서의 누군가가 착수 팀을 이끈다. 그러나 착수 팀의 구성원들은 사용자들과 정보시스템 전문가들로 이루어진다. PRIDE 사례와 같은 소규모 기업의 경우 플로레스 박사는 시스템을 정의하기 위해 파트너, 직원, 환자와 함께 일할 독립적인 전문가로 매기를 고용했다.

시스템의 목표와 범위를 정의하라

그림 12-4와 같이 첫 단계는 새로운 정보시스템의 목표와 범위를 정하는 것이다. 정보시스템은 업무 프로세스를 지원하거나 의사결정의 질을 높임으로써 조직의 경쟁우위 전략을 촉진하기 위하여 존재한다. 이 단계에서 개발 팀은 이러한 이유들과 연관하여 새로운 시스템의 목표와 목적을 정의한다.

PRIDE에 대해 생각해보자. 엑스박스 애플리케이션이 어떻게 더 많은 광고 수익에 기여할 수 있을까? PRIDE 시스템이 현재의 고객들에게서 더 많은 수익을 내도록 할 것인가? 새 고객을 유치할 것인가? 엑스박스 애플리케이션에서 구현해야 할 주된 기능은 무엇인가?

다른 시스템의 경우 프로젝트 범위는 포함될 사용자, 업무 프로세스, 공장, 사무실, 설비들을 규정함으로써 묘사될 수 있다.

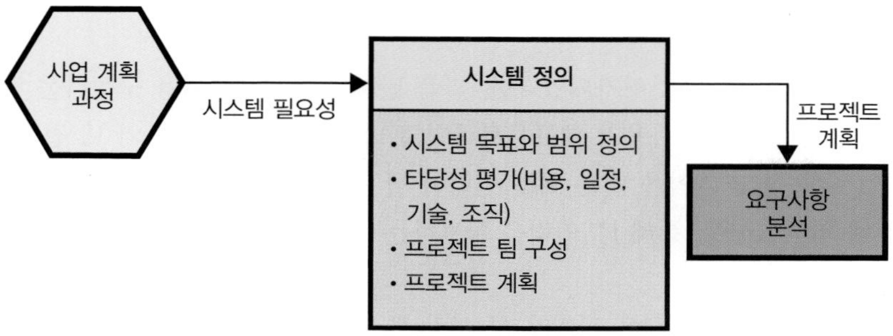

사업 계획 과정
시스템 필요성
시스템 정의
• 시스템 목표와 범위 정의
• 타당성 평가(비용, 일정, 기술, 조직)
• 프로젝트 팀 구성
• 프로젝트 계획
프로젝트 계획
요구사항 분석

그림 12-4
SDLC : 시스템 정의 단계

타당성을 평가하라

프로젝트의 목표와 범위가 결정되었으면, 다음 단계는 타당성을 평가하는 것이다. 이 단계에서는 "이 프로젝트가 의미가 있는가?"라는 질문에 답을 한다. 이 단계의 목적은 프로젝트 팀 구성과 중요한 활동에 대한 투자가 이루어지기 전에 명백하게 의미가 없는 프로젝트를 제거하는 것이다.

타당성은 비용(cost), 일정(schedule), 기술(technical), 조직(organization)의 네 가지 차원으로 이루어진다. 정보시스템 개발 프로젝트는 예산 및 일정 관리가 어렵기 때문에 비용과 일정 가능성은 대략적 분석을 통해 추정될 수밖에 없다. 이 단계의 목적은 가능하다면 명백히 불가능한 생각들을 제거하는 것이다.

비용 추정과 관련된 윤리문제에 대한 토의는 374~375쪽 윤리문제를 참고하라.

비용 타당성(cost feasibility)은 프로젝트의 비용을 추정하여 시스템의 가치와 비교하는 것이다. PRIDE 또는 대부분의 새 시스템에서 이는 어려운 추정이다. 확실한 것은 비용이 프로젝트의 범위에 따라 달라진다는 것이다. 그러나 요구사항을 알기 전까지는 잠재적 비용의 범위가 넓을 것이다. 이것이 제브가 엑스박스 프로토타입부터 제작하고자 한 이유 중 하나이다. 나아가 사용자들이 프로토타입을 사용해보기 전에는 어떤 팀원도 다른 전략에 비해 엑스박스 애플리케이션이 어떤 가치를 가지고 있는지 알 수 없다.

이 시점에서 팀이 할 수 있는 일은 대강의 추정치를 계산하는 것이다. 어떠한 잠재적인 투자자일지라도 이 추정치를 자세히 검토할 것이다. 또한 제브는 전체 시스템 개발 비용을 추정하기 위해 프로토타입을 제작하고자 한다. 그러나 팀은 정밀한 총금액을 필요로 하지 않는다. 그들은 단지 비용의 범위를 필요로 한다.

비용 타당성과 마찬가지로 **일정 타당성**(schedule feasibility)도 결정하기가 쉽지 않다. 왜냐하면 시스템을 구축하는 데 걸리는 시간을 추정하기가 어렵기 때문이다. 그러나 예를 들어 제임스가 시스템을 개발하여 운영하는 데 걸리는 시간이 최소 6개월이라고 결정한다면, 제브, 재러드와 나머지 팀원들은 그것을 최소 일정이라고 받아들일 수 있을 것이다. 이를 만족하지 못하면 그들은 시간과 비용을 낭비하고 있는 것이고 다른 일을 하는 것이 낫다. 이 단계에서는 비용 혹은 일정 추정치에 의존해서는 안 된다. 이 추정치의 목적은 그저 명백히 불가능한 프로젝트를 제거하는 것이다.

기술적 타당성(technical feasibility)은 현재의 정보기술이 새로운 시스템의 요구에 대응할 수 있는지를 살펴보는 것이다. 엑스박스는 앤트 프로토콜에서 작동할 수 있도록 설계될 수 있는가? 동시적인 경쟁자들의 데이터를 취합해 여러 장소에 정확히 디스플레이할 수 있는 실현 가능한 방안이 있는가? 이런 문제는 대부분의 경우 큰 장애가 되지 않지만, 그럼에도 팀은 이를 조사해야 한다.

마지막으로 **조직 측면의 타당성**(organizational feasibility)은 새로운 시스템이 조직의 관습, 문화, 계약사항 혹은 법적 요구사항에 맞느냐 하는 것이다.

프로젝트팀을 구성하라

정의된 프로젝트가 타당하다고 평가되었다면, 다음 단계는 프로젝트팀을 구성하는 것이다. 보통 프로젝트팀은 IS 전문가들과 사용자 대표들로 구성된다. 프로젝트 관리자와 IS 전문가들은 조직 내부의 인력일 수도 있고 계약을 맺은 외부 인력이 될 수도 있다. 제11장에서 정보시스템 관리에 대해 논의할 때 외부 조달을 통해 IT 인력을 확보하는 다양한 방법 및 아웃소싱의 장점과 위험에 대해 살펴보았다.

개발 팀의 전형적인 인력 구성은 관리자 한 사람(큰 프로젝트의 경우 관리자가 여러 명일 수도 있다), 업무 분석가, 시스템 분석가, 프로그래머들, 소프트웨어 시험가, 그리고 사용자로 이루어진다. **업무 분석가**(business analyst)는 업무 요구사항, 전략, 목표를 이해하고 업무가 경쟁우위를 달성할 수 있도록 시스템을 구현하는 것을 도와주는 역할을 한다. **시스템 분석가**(systems analyst)는 업무와 기술 모두를 이해하는 IT 전문가이다.

시스템 분석가는 업무 분석가와 의무와 책임 측면에서 상당히 겹치는 부분이 있기는 하지만 IT에 더 가까우며 다소 기술적이다. 이 둘은 모두 시스템 개발 과정이 시작되어 끝날 때까지 활동하며, 시스템 개발 과정 전반에 걸쳐 프로젝트를 이끌어가는 핵심적인 역할을 한다. 업무 분석가는 관리자 및 임원들과 더 많은 일을 한다. 시스템 분석가는 프로그래머, 시험가, 사용자들의 작업을 통합한다. 프로젝트 성격에 따라서 팀은 하드웨어와 통신 전문가, 데이터베이스 설계 및 관리자, 그리고 다른 IT 전문가를 포함할 수도 있다.

팀 구성은 프로젝트가 진행되는 동안 변해간다. 요구사항 정의 단계에서 팀에는 업무 분석가와 시스템 분석가들이 많아진다. 설계 및 구현 단계에서는 프로그래머, 시험가, 데이터베이스 설계자가 많아질 것이다. 통합테스트 및 전환 단계에서는 시험가와 업무 사용자들이 증가하게 될 것이다.

사용자 참여는 시스템 개발 과정에서 결정적이다. 프로젝트의 규모와 성격에 따라서 사용자들은 상근 혹은 비상근으로 프로젝트에 배치된다. 때론 사용자들이 정기적으로, 특히 프로젝트 단계별 완료시점에 모임을 갖는 검토 및 감독위원회에 참여하게 된다. 사용자들은 여러 다른 방식으로 포함된다. 가장 중요한 점은 사용자들이 개발 전 과정에 걸쳐서 적극적으로 참여하는 것이며, 프로젝트의 주인의식을 갖는 것이다(사례연구 12, 381~382쪽 참조).

조직된 프로젝트 팀의 첫 번째 중요한 과업은 프로젝트 계획을 수립하는 것이다. 프로젝트 팀의 구성원들은 완수할 과업을 정의하고, 과업별 인력을 배정하며, 과업 간의 연관성을 결정하고 일정을 정한다.

Q5 요구사항 분석 단계에서 사용자의 역할은 무엇인가?

요구사항 분석 단계의 기본적인 목적은 새로운 시스템의 특정 사양과 기능을 결정하고 문서화하는 것이다. 대부분의 개발 프로젝트의 경우, 이 단계에서 수십 명의 사용자와의 인터뷰와 수백 가지 잠재적인 요구사항의 문서화가 필요하다. 따라서 요구사항 정의는 많은 비용이 소요된다. 또한 앞으로 보게 될 것처럼 어려운 일이기도 하다.

요구사항을 결정하라

시스템 요구사항의 결정은 시스템 개발 과정에서 가장 중요한 단계이다. 만약 요구사항 분석이 잘못되면 시스템이 잘못될 것이다. 만약 요구사항이 완벽하고 정확하게 결정된다면 설계 및 구현은 더 쉬워지고 대부분의 경우 성공적인 결과를 이끌어내게 될 것이다.

요구사항의 예에는 웹 페이지의 콘텐츠와 형식, 각 페이지 버튼의 기능, 보고서의 구조와 내용 혹은 데이터 엔트리 폼의 항목과 메뉴 선택이 있다. 요구사항에는 만들어지는 것뿐만 아니라 얼마나 자주 그리고 얼마나 빨리 만들어지는가도 포함된다. 어떤 요구사항에는 저장 및 처리되어야 하는 데이터의 양이 규정된다.

여러분이 시스템 분석 및 설계 과목을 수강하게 된다면 요구사항 결정 기법에 대해서 여러 주 동안 학습하게 될 것이다. 여기에서는 그 과정을 요약할 뿐이다. 일반적으로 시스템 분석가는 사용자 인터뷰를 수행하고 몇 가지 정해진 방식으로 그 결과를 기록한다. 훌륭한 인터뷰 능력은 매우 중요하다. 사용자들은 그들이 원하고 필요로 하는 것이 무엇인지를 설명하는 데 익숙하지 않다. 또한 사용자들은 인터뷰 진행 중에 현재 수행하고 있는 업무에 초점을 맞추는 경향이 있다. 만약 분기 중에 인터뷰가 이루어진다면 분기 말 혹은 연말에 수행되는 업무에 대해서는 잊어버린다. 잘 훈련된 경험 많은 시스템 분석가는 그런 요구사항들을 이끌어내기 위해 인터뷰를 어떻게 수행해야 하는지에 대해 알고 있다.

그림 12-5에 제시된 것처럼 요구사항의 원천은 웹페이지, 폼, 보고서, 쿼리, 애플리케이션 사양, 새로운 시스템에서 요구되는 기능뿐만 아니라 현재 시스템도 포함한다. 보안 역시 요구사항의 중요한 부분이다.

만약 새로운 시스템이 새로운 데이터베이스 혹은 기존 데이터베이스의 대규모 변화를 포함한다면 개발 팀은 새로운 데이터 모델을 개발할 것이다. 제5장에서 배운 것처럼 이 모형은 사용자의 업무 및 업무활동에 관한 시각을 반영해야 한다. 따라서 데이터 모델은 사용자 인터뷰에 기초해서 구성되며, 인터뷰에 응한 사용자들에 의해서 검증되어야 한다.

때때로 요구사항 결정은 소프트웨어와 데이터 구성요소에 집중되어 다른 구성요소들이 잊히기도 한다. 경험 많은 프로젝트 관리자는 단지 소프트웨어와 데이터뿐만 아니라 다섯 가지 정보시스템 구성요소 모두에 대한 요구사항을 고려한다. 하드웨어의 경우 이런 질문이 있을 수 있다. 하드웨어에 대한 특별한 요구사항이나 제한이 있는가? 특정한 유형의 하드웨어가 사용되거나 사용되지 못하는 조직상의 표준 방침이 있는가? 새로운 시스템은 기존 하드웨어를 사용하는가? 통신 및 네트워크 하드웨어 혹은 클라우드 서비스에 관해서는 어떤 요구사항이 있는가?

비슷하게 절차와 사람에 관한 요구사항을 고려해야 한다. 회계 통제는 구분된 의무와 권한을 요구하는가? 특정 부서 혹은 인력에 의해서만 수행될 수 있는 활동 제약이 존재하는가? 특정 직

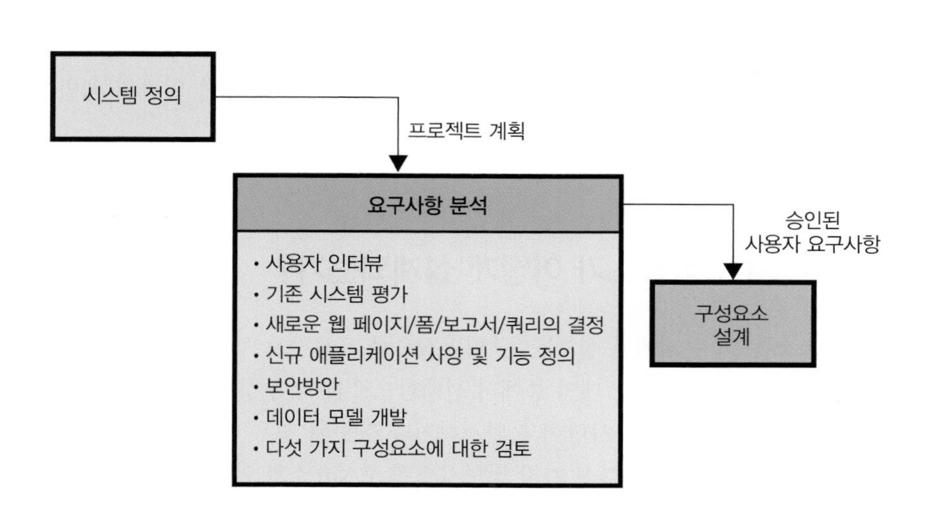

그림 12-5
SDLC : 요구사항 분석 단계

원들에 대한 활동을 제한하는 정책적 요구사항 혹은 노동조합 협약이 있는가? 시스템이 다른 회사나 조직의 정보시스템과 연결될 필요가 있는가? 요약하면 요구사항은 새로운 정보시스템의 모든 구성요소에 대하여 고려되어야 한다.

이 질문들은 요구사항 분석을 진행하는 동안 질문되고 응답되어야 하는 것들의 예이다.

요구사항을 승인하라

요구사항이 규정되면 사용자들은 프로젝트가 계속 진행되기 전에 그 내용들을 확인하고 승인해야 한다. 정보시스템을 변경하는 데 가장 쉽고 비용이 적게 드는 시간은 요구사항 단계이다. 이 단계에서 요구사항을 변경하는 것은 단순히 표현을 변경하는 일이다. 구현 단계에서 요구사항을 변경하려면 애플리케이션 구성요소와 데이터베이스의 재작업에 상당한 시간이 소요될 수도 있다.

프로토타입의 역할

요구사항을 정의하는 것은 어려운 일이기 때문에 PRIDE 시스템의 엑스박스 프로젝트에서 적용한 바와 같이 프로토타입을 구축하는 것이 유용할 수 있다. 장래의 시스템 사용자들은 말로써 요구사항을 이해하고 관련시키는 것이 어려울 수 있는 반면, 프로토타입을 통해 작업하는 경우 직접적인 경험을 제공할 수 있다. 프로토타입을 통해 작업을 진행하면서, 사용자들은 가용성을 확인하고 그들이 언급하는 것을 놓친 사양과 기능을 기억해낼 수 있다. 게다가 프로토타입은 해당 시스템의 기술적 타당성과 조직적 타당성에 대한 검증 결과를 제공한다. 나아가 프로토타입은 개발 및 운영 비용을 추정하는 데 필요한 데이터를 제공한다.

쓸모가 있으려면 프로토타입은 일단 작동해야 한다. 폼과 보고서의 목업(mock-up)은 도움이 될 수는 있지만 앞에서 기술한 혜택을 제공하지는 않을 것이다. 프로토타입은 사용자들이 자신들의 업무를 수행하기 위해 시스템을 활용하는 경험을 제공해야 한다.

프로토타입을 만드는 비용이 클 수도 있다. 그러나 프로토타입은 요구사항을 더 명확하고 완벽하게 만들 뿐 아니라 프로토타입의 일부는 운영체계에서 재사용될 수 있기 때문에 이 비용이 정당화될 수 있다. 하드웨어와 저장 공간은 단기간 동안은 저렴하게 대여할 수 있고 구매하여 설치할 필요가 없기 때문에 클라우드가 도움이 될 것이다.

불행하게도 개발자들은 프로토타입을 위한 비용 조달에서 딜레마에 직면한다. 프로토타입 비용은 개발 초기 단계에 발생하는데, 어떤 경우에는 전체 프로젝트 예산이 확보되기 전에 발생한다. "자금을 조달하기 위해 프로토타입이 필요하다. 또한 프로토타입을 위한 자금이 필요하다." 불행히도 직관적인 경험에 의한 애플리케이션을 제외하고는 이 딜레마에 대한 일관된 해법은 존재하지 않는다. 다시 한번 우리는 아주 특별한 문제해결 기법이 필요하다.

Q6 다섯 가지 구성요소가 어떻게 설계되는가?

다섯 가지 구성요소는 이 단계에서 설계된다. 일반적으로 프로젝트 팀은 대안을 개발하고, 요구사항에 비추어 이 대안을 평가하고, 대안 중에서 선택함으로써 각 구성요소를 설계한다. 여기에서 정확한 요구사항이 중요하다. 요구사항이 불완전하거나 잘못된 경우 이는 빈약한 평가지침이 될 것이다. 그림 12-6은 설계 업무가 다섯 가지 정보시스템 구성요소와 연계되어 있음을 보여준다.

당신의 최고 우선순위 활동을 위해 지식 활용하기

개썰매 팀 사진을 살펴보라. 이 개들은 1,049마일 경주의 출발선에 있고 어떤 날은 하루에 20시간을 달려야 할 것이다. 비슷한 경기를 마치지 못한 경우 이 경기에 출전할 자격이 주어지지 않기 때문에, 이들은 앞으로 닥칠 일에 대해 잘 알고 있다. 그러나 자신들의 일을 즐기는 듯하다.

여러분도 이와 같아야 한다. 아이디타로드의 개썰매 주인이 되어야 한다는 이야기가 아니라, 여러분의 첫 출근에서 이런 기분을 느껴야 한다는 것이다. 여러분은 인생의 3분의 1 이상을 일터에서 보내게 될 것이다. 직업 활동이 개인적 만족감의 가장 큰 근원이 될 것이고, 삶의 경제적·사회적·경험적 질을 결정할 것이다. 따라서 현재와 졸업 사이에 그 직업을 찾고 얻어내는 것이 여러분의 '최고 우선순위 활동'이 되어야 한다. 기다릴 시간이 없다.

그렇다면 어떻게 그 직업을 얻을 것인가? 캠퍼스에서 홍보하는 아무 기업에 무작정 찾아가 지원할 것인가? 그것도 한 방법이고, 여러분의 경쟁자가 그런 선택을 하길 바랄 수도 있다. 그러나 여러분 자신은 어떤가? 이 장에서 배운 지식을 적용해 그 직업을 찾을 수 있겠는가? 20분 정도는 생각해볼 가치가 있다. 그렇지 않은가?

출처 : Daniel A. Leifheit/Getty Images

질문

1. 그림 12-3과 이어지는 그림들의 다섯 단계에 대한 설명을 살펴보라. SDLC의 각각의 활동을 시스템 개발이 아니라 여러분의 직업을 탐색하는 과정으로 해석하라. 각 단계에서 행할 수 있는 작업을 간단히 요약하라.
2. 직업 탐색은 일종의 과정이다. 모든 과정과 같이 직업을 찾는 과정 또한 질적으로 다양하다. 진행 척도와 질의 두 가지 차원을 기술하고 이들이 직업 취득에 어떤 관련이 있는지 설명하라.
3. 현재 사용 중인 직업 취득 과정을 나타내는 도식을 그려라. 제2장에서 배운 BPMN 기호 중 적절한 것을 찾아 이용하라.
4. 현재 사용 중인 직업 취득 과정의 질을 평가하라. 그 질을 향상시킬수 있는 두 가지 방법을 설명하라.
5. 1~4번 질문의 답변을 되돌아보라. 이 답변들이 완벽한 직장을 구하는 데 여러분에게 어떤 도움을 줄지 설명하라.
6. 오늘부터 시작하라!

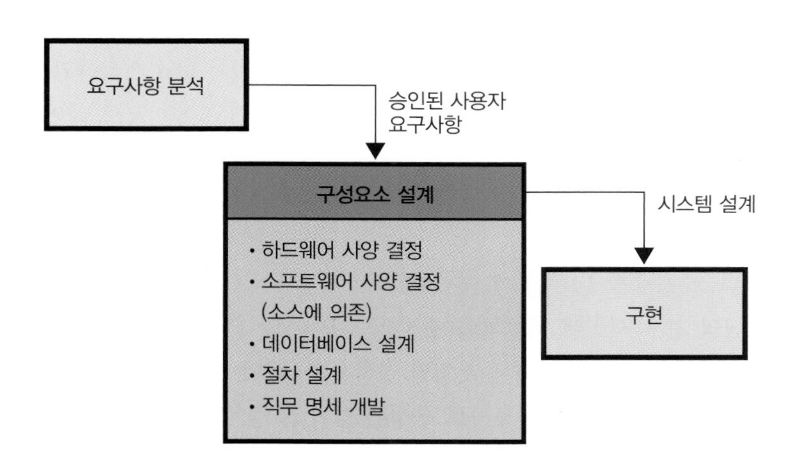

그림 12-6
SDLC : 구성요소 설계 단계

하드웨어 설계

하드웨어의 경우 프로젝트 팀은 하드웨어의 사양과 어디서 하드웨어를 어떻게 취득할 것인지를 결정한다. 취득하는 방법은 하드웨어를 구매하거나 대여하거나, 클라우드 호스팅 서비스에서 대여하는 방법이 있다(프로젝트 팀이 CPU나 디스크 드라이브를 만든다는 관점으로 하드웨어를 설계하는 것은 아니다).

PRIDE의 경우 데이터는 클라우드에 저장되며, 일부 애플리케이션 역시 클라우드에서 실행된다. 이러한 관점에서 하드웨어 설계는 어떤 클라우드 자원이 필요한지와 관련된 것이다. 그러나 PRIDE 사용자들은 또한 어떤 디바이스를 지원할 것이지를 결정해야 한다. 엑스박스 외에 어떤 게임 콘솔을 지원하고자 하는가? 이 의사결정은 소프트웨어 설계와도 연관되어 있다. 만약 PRIDE가 신-클라이언트 애플리케이션을 사용한다면, 이 프로젝트는 각 장치 종류마다 네이티브 애플리케이션을 개발하는 것보다 더 많은 디바이스를 지원할 수 있는 여유가 있다.

소프트웨어 설계

소프트웨어 설계는 프로그램의 소스에 따라 달라진다. 제품화되어 있는 기성 소프트웨어의 경우 프로젝트 팀에서 후보 제품을 결정한 다음, 이들에 대해 요구사항을 고려하여 평가해야 한다. 변경이 가능한 기성 소프트웨어의 경우 프로젝트 팀에서 제품을 정한 다음, 요구되는 변경사항을 결정한다. 직접 개발하는 프로그램의 경우 프로젝트 팀은 프로그램 코드를 작성하기 위한 설계 문서를 만든다.

PRIDE와 같이 클라우드 기반의 시스템인 경우 한 가지 중요한 의사결정은 어디에서 애플리케이션이 실행되는가이다. 모두 모바일 장치에서 실행되거나 모두 클라우드 서버에서 실행되거나 혹은 혼합되어 실행될 수 있다. 나아가 PRIDE와 같은 모바일 시스템 프로젝트의 경우 이 단계에서 프로젝트 팀은 신-클라이언트로 개발할 것인지 네이티브 애플리케이션으로 개발할 것인지를 결정하게 된다.

데이터베이스 설계

만약 개발자들이 데이터베이스를 구축하고 있다면 이 단계에서 제5장에서 설명된 기법들을 이용하여 데이터 모델을 데이터베이스 설계로 전환한다. 만약 개발자들이 제품화된 프로그램을 사용하고 있다면 데이터베이스 설계는 거의 필요 없으며, 프로그램 자체적으로 데이터베이스를 다룰 것이다.

절차 설계

기업 정보시스템의 경우 시스템 개발자와 조직은 사용자 및 운영자 모두를 위한 절차 역시 설계해야 한다. 절차는 그림 12-7에 요약된 것처럼 정상운영, 백업, 장애복구 운영을 위해 개발되어야 한다. 보통 시스템 분석가와 핵심 사용자로 구성된 팀이 그 절차를 설계한다.

직무 명세의 설계

사람과 관련하여 설계 단계에 포함되는 내용은 사용자와 운영 요원을 위한 직무 명세 개발이다.

	사용자	운영 요원
정상운영	• 비즈니스 업무 수행을 위해 시스템을 사용하는 절차	• 시스템의 가동, 중지, 운영을 위한 절차
백업	• 데이터와 다른 자원을 백업하기 위한 사용자 절차	• 데이터와 다른 자원을 백업하기 위한 운영 절차
장애복구	• 시스템에 오류가 발생했을 때 계속 운영하기 위한 절차 • 복구 후에 시스템을 원래 상태로 전환하기 위한 절차	• 오류의 원인을 파악하여 수정하는 절차 • 시스템을 복구하고 재가동하는 절차

그림 12-7
설계가 필요한 절차

때론 새로운 정보시스템은 새로운 직무를 요구하기도 한다. 이런 경우 새로운 직무에 대한 의무와 책임은 조직의 인사관리 정책에 따라서 정의되어야 한다. 조직이 새로운 의무와 책임을 기존의 직무에 추가하는 것이 보다 자주 발생하는 경우이다. 이 경우 개발자들은 이들 새로운 과업과 책임을 이 단계에서 정의한다. 때론 개개인의 설계 과업은 "제이슨은 패스워드를 관리한다."와 같은 문장처럼 단순하다. 절차 설계와 마찬가지로 시스템 분석가와 사용자로 이루어진 팀에서 직무 명세와 기능을 결정한다.

Q7 정보시스템은 어떻게 구현되는가?

설계가 완료되면 SDLC의 다음 단계는 구현 단계이다. 이 단계에서의 과업은 새로운 시스템을 구축하고 테스트하고 전환하는 것이다(그림 12-8). 개발자들은 구성요소 각각을 독립적으로 구축한다. 개발자들은 하드웨어를 설치하고 테스트한다. 그들은 제품화된 프로그램에 대한 라이선스를 얻고 설치한다. 필요한 경우 프로그램을 수정할 수도 있다. 개발자들은 데이터베이스를 구축하고 데이터를 채워넣는다. 그들은 절차를 문서화하고 검토하고 테스트하며, 훈련 프로그램을 만든다. 마지막으로 조직은 필요한 인력을 고용하고 훈련시킨다.

시스템 테스팅

개발자들은 모든 구성요소들을 구현하고 테스트한 후에, 개별 구성요소들을 통합한 시스템을 테스트한다. 지금까지 우리는 마치 아무 일도 없는 것처럼 그럴듯하게 테스트를 진행해왔다. 사실

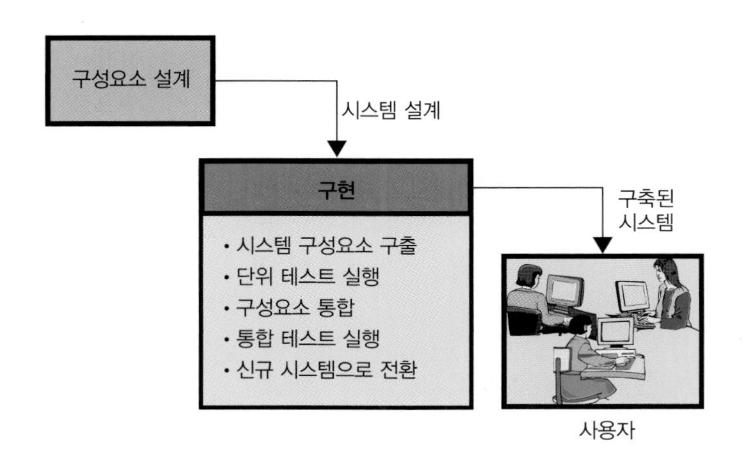

그림 12-8
SDLC : 구현 단계

소프트웨어와 시스템 테스트는 어렵고 많은 시간이 소요되는 복잡한 업무이다. 개발자들은 테스트 계획을 설계, 개발하며 테스트 결과를 기록한다. 이들은 현 상태를 사람들에게 배정하고 이것이 정확하고 완벽한지를 증명하기 위한 시스템을 고안해낸다.

테스트 계획(test plan)은 사용자가 새로운 시스템을 사용할 때 취하게 될 순서로 구성된다. 테스트 계획에는 사용자가 행하는 정상적인 활동뿐만 아니라 부정확한 활동까지 포함된다. 포괄적인 테스트 계획은 모든 프로그램 코드의 각 라인이 실행되도록 해야 한다. 테스트 계획은 모든 오류 메시지가 나타나도록 되어야 한다. 시험, 재시험, 재재시험은 많은 노동을 필요로 한다. 종종 개발자들은 자동적으로 시스템 사양을 자극하는 프로그램을 작성함으로써 시험을 위한 노동비용을 감소시키기도 한다.

오늘날 많은 IT 전문직들이 테스트 전문가로 일하고 있다. 때론 **제품품질보증**(product quality assurance, PQA)으로도 불리는 테스팅은 중요한 경력이 된다. PQA를 수행하는 사람들은 사용자에 대한 자문과 보조를 포함한 테스트 계획을 수립한다. PQA 테스트 엔지니어는 테스트를 수행하고 사용자 테스트 활동을 감독한다. 많은 PQA 전문가들이 자동화된 테스트 프로그램을 작성하는 프로그래머이다.

IT 전문가와 더불어 사용자들도 시스템 테스트에 참여해야 한다. 사용자들은 테스트 계획과 테스트 사례의 개발에 참여한다. 그들은 또한 테스트 팀의 일원이 될 수도 있는데, 보통은 PQA 전문가의 지시에 따라 작업을 수행한다. 시스템이 사용할 준비가 되었는지에 관한 마지막 언급은 사용자들 몫이다. 여러분이 만약 사용자 테스터로 초대되었다면 그 책임을 신중하게 받아들여라. 시스템을 사용하기 시작한 후에 문제를 해결하는 것은 훨씬 더 어려운 일이다. 여러분이 사용하는 어떤 시스템에 대해서 테스팅 자체뿐만 아니라 테스트 사례의 개발에 참여하는 것은 중요하고 현명하다. 시스템 개발이 완료될 때까지 옆에서 지켜보기만 하다가 기능이 잘못되었다고 불평하는 것은 전문가답지 못하며, 현명하지 못한 일이다.

베타 테스팅(beta testing)은 미래의 시스템 사용자가 직접 새로운 시스템을 시험 삼아 사용해보도록 해보는 과정이다. 마이크로소프트와 같은 소프트웨어 공급자는 종종 제품을 사용자가 이용하고 테스트해볼 수 있도록 베타 버전을 시장에 내놓는다. 이 사용자들은 공급업자에게 문제에 관한 보고를 하게 된다. 베타 테스트는 테스트의 마지막 단계이다. 일반적으로 베타 테스트 단계에 있는 제품들은 완벽하고 전체적인 기능을 한다. 보통은 심각한 오류를 거의 포함하고 있지 않다. 대규모 새로운 정보시스템을 개발하고 있는 조직이 때론 소프트웨어 공급자들이 하는 것과 같은 베타 테스트 과정을 거친다.

시스템 전환

시스템이 통합 테스트를 통과하면 조직은 새로운 시스템을 설치한다. 이러한 활동을 **시스템 전환**(system conversion)이라고 하는데, 이는 이전 시스템에서 새로운 시스템으로 업무활동을 전환하는 과정을 내포하고 있기 때문이다.

시스템 전환은 다음 네 가지 방법 중 하나로 수행될 수 있다.

- 파일럿형
- 단계형
- 병행형
- 일시형

IS 전문가들은 처한 환경에 따라 처음 세 가지 방식 중 하나를 추천한다. 대부분의 경우 기업들은 '일시에 돌진하는 방식'은 피해야 한다.

파일럿 설치(pilot installation)의 경우 조직은 한정된 업무 범위에 대해 시스템을 설치한다. 플로레스 박사는 일부 환자들에게만 PRIDE 시스템을 사용하도록 하는 파일럿 방식을 사용했다. 파일럿 방식의 이점은 만약 시스템의 오류가 발생했을 때, 그 오류가 한정된 범위 내에서만 영향을 끼친다는 것이다. 이는 업무에 미치는 영향을 줄이고, 새로운 시스템을 조직 내부의 부정적인 평판으로부터 보호할 수 있게 해준다.

이름에서 의미하는 바와 같이 **단계형 설치**(phased installation)는 새로운 시스템을 조직에 단계적으로 설치하는 것이다. 일부가 설치되면 또 다른 일부를 설치하고 테스트하는데, 이 과정을 전체 시스템이 설치될 때까지 반복해나간다. 어떤 시스템은 강력하게 통합되어 있어서 구분하여 단계적으로 설치할 수 없다. 이러한 시스템은 다른 방식 중 하나를 이용하여 설치되어야 한다.

병행형 설치(parallel installation)는 새로운 시스템이 완벽하게 테스트되고 운영될 때까지 새로운 시스템과 기존 시스템을 병행하여 운영하는 것이다. 병행 설치방식은 두 시스템의 운영 비용이 발생하기 때문에 많은 비용이 소요된다. 사용자들이 두 시스템을 모두 사용한다면 2배의 시간이 소모된다. 신규 시스템의 결과와 기존 시스템의 결과가 일치하는지를 판단하기 위해서는 상당한 업무량이 필요하다.

하지만 어떤 조직은 병행형 설치 비용을 보험에 가입한 것으로 간주한다. 이 방식은 가장 시간이 많이 걸리고 비용이 많은 드는 형태이다. 하지만 새로운 시스템이 실패할 경우 쉽게 원래 자리로 돌아갈 수 있도록 해준다.

마지막 전환방식은 **일시형 설치**(plunge installation) 방식이다(때로는 직접 설치라고 하기도 한다). 이 방식은 기존 시스템을 정지시키고, 새로운 시스템을 가동시키는 방식이다. 새로운 시스템이 실패한다면 조직에 문제가 발생한다. 신규 시스템의 오류가 고쳐지거나 기존 시스템이 재설치되지 않으면 아무것도 할 수 없게 된다. 이런 위험 때문에 가능하다면 이러한 전환방식은 피해야 한다. 만약 신규 시스템이 조직의 운영에 치명적이지 않은 새로운 기능을 제공하는 것이라면 예외가 된다.

그림 12-9는 설계 및 구현 단계에서 다섯 가지 구성요소에 대해 수행되는 과업들을 요약한 것이다. 이 그림을 참고하여 각 단계의 과업에 대한 여러분의 지식을 테스트해보라.

그림 12-9
다섯 가지 구성요소의 설계 및 구현

	하드웨어	소프트웨어	데이터	절차	사람
설계	하드웨어 사양 결정	상용 프로그램 선택 필요 시 상용 프로그램의 수정 및 자체 개발 프로그램의 설계	데이터베이스와 관련 구조의 설계	사용자 및 운영자 절차 설계	사용자 및 운영자의 직무 개발
구현	하드웨어 취득, 설치, 테스트	상용 프로그램의 라이선스 취득 및 설치 상용 프로그램의 수정 및 자체 개발 프로그램 작성 프로그램 테스트	데이터베이스 구축 데이터 입력 데이터 테스트	절차 문서화 교육훈련 프로그램 개발 절차 검토 및 테스트	인력 채용 및 교육훈련
	통합 테스트 및 전환				

(구현 행의 각 항목: 단위 테스트 항목)

Q8 시스템 유지보수를 위한 과업은 무엇인가?

SDLC의 마지막 단계는 유지보수이다. 유지보수는 잘못된 명칭이다. 이 단계 동안에 이루어지는 작업은 시스템을 고쳐서 올바르게 작동하도록 하거나 요구사항 변화에 맞춰 시스템을 수정하는 것이다.

그림 12-10에는 유지보수 단계의 과업이 나타나 있다. 첫째, 오류[2]로 인한 새로운 요구사항과 기능강화를 위한 새로운 요구사항 모두를 찾아낼 수 있는 방법이 필요하다. 소규모 시스템의 경우 조직은 워드프로세싱 문서를 이용하여 잘못된 부분(실패)과 강화할 부분을 추적할 수 있다. 그러나 시스템이 커지고 오류와 기능강화 요청이 증가함에 따라서 많은 기업들이 오류 추적 데이터베이스를 개발하는 것이 필요하다는 것을 알게 된다. 이 데이터베이스는 개별 오류 혹은 기능강화에 대한 설명을 포함하고 있다. 이것은 누가 문제를 보고했으며, 누가 수정 혹은 추가했는지, 그 작업의 상태가 무엇이고, 수정 혹은 추가 작업이 테스트되고 증명되었는지 아닌지를 기록한다.

일반적으로 IS 요원들은 시스템 문제의 우선순위를 엄격하게 결정한다. 그들은 가능한 한 높은 우선순위 항목들을 수정하고, 시간과 자원이 가용하다면 낮은 우선순위 항목을 수정한다.

소프트웨어 구성요소의 경우 소프트웨어 개발자 그룹은 높은 우선순위의 오류에 대해서는 주어진 제품의 모든 복제품에 적용될 수 있는 **패치**(patch)로 오류를 수정한다. 소프트웨어 공급업자들은 보안 혹은 다른 중요한 문제를 수정하기 위해 패치를 제공한다. 그들은 낮은 우선순위 문제들의 수정을 **서비스 팩**(service pack)이라고 하는 것으로 묶는다. 서비스 팩이 수백 혹은 수천 가지 문제의 수정사항을 포함하고 있다는 것을 제외하고는, 패치를 적용하는 것과 같은 방식으로 서비스 팩을 이용한다.

그런데 여러분이 놀랄 수도 있는데, 모든 상업용 소프트웨어 제품이 알려진 오류를 지닌 채로 출하된다는 것이다. 일반적으로 공급업자들은 자신들의 제품을 테스트하여 대부분의 심각한 문제들을 제거한다. 하지만 자신들이 알고 있는 모든 결함에 대해서는 아니다. 결함이 있는 제품을 시장에 내놓는 것은 산업 관례이다. 마이크로소프트, 애플, 구글, 어도비, 그리고 다른 많은 기업들이 문제를 알고 있는 채로 제품을 출하한다.

기능강화는 새로운 요구사항에 맞추는 것이기 때문에 개발자들은 보통 기능강화 요청사항을 오류와 구분하여 우선순위를 정한다. 기능강화에 대한 결정에는 해당 기능강화가 기업이 받아들

그림 12-10
SDLC : 시스템 유지보수 단계

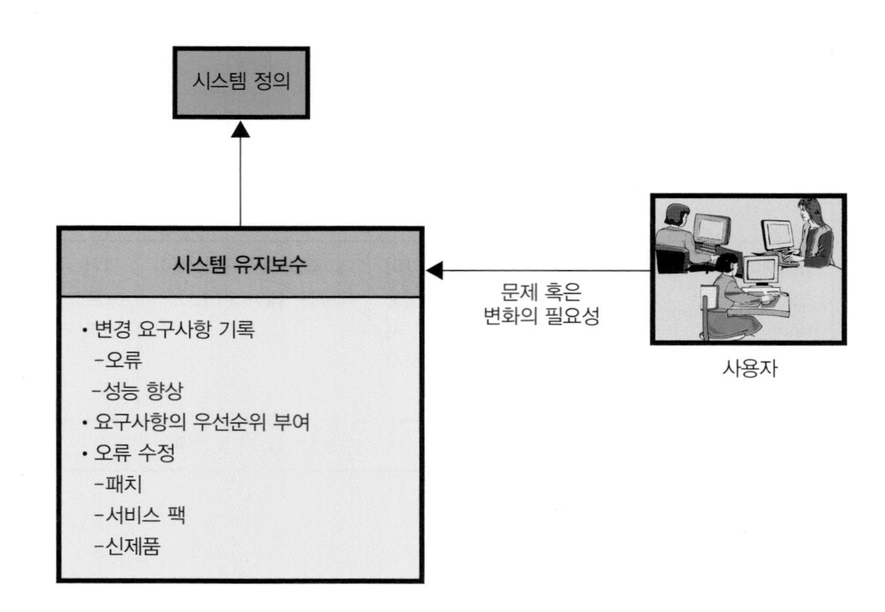

일 만한 수익률을 만들어낸 것인가에 관한 경영상의 의사결정이 포함되어 있다. 사소한 기능강화는 서비스 팩을 이용하여 적용될 수 있지만, 중요한 기능상의 요청은 보통 제품의 새로운 버전으로 나타나게 된다.

일반적으로는 오류 수정이나 기능강화가 소프트웨어에 적용될 수 있는 것이지만, 다른 구성요소에도 적용될 수 있다는 것을 마음속에 생각해야 한다. 하드웨어나 데이터베이스의 오류 수정이나 기능강화가 될 수 있다. 절차와 사람에 대한 오류 수정이나 기능강화 역시 마찬가지이다. 사람의 경우에는 오류나 강화보다는 보다 인도적인 용어로 표현될 것이다. 하지만 기본적인 생각은 같은 것이다.

앞부분에서 언급된 것처럼 유지보수 단계는 SDLC 과정의 또 다른 주기의 시작이다. 시스템을 강화하고자 하는 결정은 시스템 개발 과정을 재시작하고자 하는 결정이다. 간단한 오류 수정조차도 SDLC의 모든 단계를 거쳐서 진행된다. 만약 조그만 수정이라면 한 사람이 이 단계들의 생략된 형태로 진행할 수 있다. 하지만 그럼에도 불구하고 이 단계들의 각각은 반복된다.

Q9 SDLC에는 어떤 문제가 있는가?

정보시스템 산업이 SDLC 절차를 이용하여 눈부신 성공을 경험해오고 있음에도 불구하고 다음에 논의될 많은 문제들 역시 존재하고 있다.

SDLC 폭포

SDLC 문제점 중 하나는 SDLC의 **폭포**(waterfall) 특성으로 인해 야기된다. 일련의 폭포와 같이 SDLC 과정은 반복되지 않는 일련의 과정으로 작동하는 것으로 가정되고 있다. 예를 들어 프로젝트 팀이 요구사항 분석 단계를 완료하고 설계 단계로 폭포수를 따라 나아가며, 또 다음 단계로 계속 진행하게 된다(그림 12-3, 360쪽 참조).

불행히도 시스템 개발은 그렇게 부드럽게 진행되는 경우가 거의 없다. 때론 필요하다면 폭포를 역으로 거슬러 올라가 선행 단계를 반복 수행할 필요가 있다. 보다 일반적으로 설계 작업이 시작되고 대안에 대한 평가를 수행하는 동안에 프로젝트팀에서 몇 가지 요구사항이 불충분하거나 놓쳤다는 것을 발견하게 된다. 이때 프로젝트 팀은 보다 정확한 요구사항 분석을 필요로 하고 그 단계가 끝나지 않을 수도 있다. 몇몇 프로젝트에서, 프로젝트팀은 요구사항 분석과 설계 단계를 여러 번 계속 반복하여 프로젝트가 제어할 수 없는 상태인 것처럼 보일 수도 있다.

요구사항 문서화의 어려움

특히 복잡한 시스템의 경우 또 다른 문제는 요구사항 문서화의 어려움이다. 필자가 보잉에서 소프트웨어 프로젝트의 데이터베이스 부분을 관리할 때, 요구사항의 문서화를 위해 연 인원 70명 이상을 투입했다. 요구사항 문서는 20권 이상이었으며, 높이가 7피트나 되었다.

설계 단계를 시작할 때 특별한 사양과 관련된 모든 요구사항에 대해 실제로 아는 사람은 없었다. 우리는 문서의 어딘가에 묻혀 있는 요구사항을 고려하지 않고 사양만을 설계하기 시작했다. 간단히 말해 요구사항이 실제적이지 않아 거의 쓸모없는 것이었다. 게다가 요구사항 분석 기간 동안에 항공사의 사업은 계속 진행되었다. 우리가 설계 단계에 착수했을 때 많은 요구사항들이 불완전했으며, 어떤 것들은 쓸모없는 것이 되어 버렸다. 그렇게 많은 시간을 요구사항의 문서화에 소비한 프로젝트는 때론 **분석 마비**(analysis paralysis)가 된다.

일정관리 및 예산관리의 어려움

신규 대형 시스템에 대한 일정과 예산 추정치는 매우 개략적이어서 거의 우스운 정도이다. 경영층은 심각한 얼굴로 일정과 예산에 대해 파악하려고 하지만, 수년에 걸쳐서 수백만 달러가 소요되는 프로젝트를 진행할 때 투입 노동시간과 완료시점을 추정하는 것은 개략적이며 모호하다. 추정치를 제공한 프로젝트 참여 직원들은 얼마나 오랫동안 어떤 일이 일어날지 그리고 얼마나 많은 돈이 들어갈지에 대해서 거의 알지 못한다. 그들은 총예산과 기간이 모든 사람의 유사한 추정치의 합이라는 것을 알고 있다. 많은 대형 프로젝트들이 허황된 예산과 일정의 세상에서 살고 있다.

실제로 소프트웨어 커뮤니티에서는 소프트웨어 개발에 관한 예측을 향상시키기 위해 많은 일들을 해오고 있다. 그러나 많은 SDLC 단계들을 대형 프로젝트의 경우에는 어떤 기법이 잘 들어맞는지 알려진 것이 없다. 그래서 SDLC와는 다른 소규모 시스템 개발을 위한 개발 방법론이 나타났다. 신속 애플리케이션 개발 방법론, 객체지향 방법론, 익스트림 프로그래밍이 이러한 방법론이다.

이 장에서의 지식이 여러분에게 어떻게 도움이 되는가?

드디어 이 책의 마지막에 도달했다. 376~377쪽 길라잡이에 기술한 바와 같이 여러분이 배운 내용을 어떻게 사용할지에 대해 잠시 생각해보자.

여러분의 경력의 어느 시점에서는 아마도 5년 안에, 이 장의 지식이 필요할 것이다. 일례로 향후 기술적 마케팅 비용은 2014년 연간 120억 달러에서 10년 후에는 1,200억 달러, 즉 10배로 증가할 것으로 예측된다.[3] 만약 이 예측과 같은 또는 가까운 규모의 증가가 발생한다면 셀 수 없는 새 시스템이 마케팅 및 판매를 위해여 개발될 것이고, 관리를 필요로 하게 될 것이다. 로봇, 드론, 자율주행 자동차, 3D 프린트 기술 등이 발달한 시대에 제조 또는 경영 관리자가 시스템 개발에 관여하지 않을 수 없다. 재정 및 회계 관리, 기회 관리는 어떤가? 후원을 어떻게 받을 것인가? 그리고 당연하게도 모든 경영대학원 졸업자는 프로젝트 관리 못지 않게 신규 시스템 전략 및 우선순위 개발에서 핵심적인 역할을 해야 할 것이다.

여러분의 세대는 모바일 디바이스와 애플리케이션 사용 경험으로 인해 이전의 어떤 세대보다 컴퓨터와 가깝다. 여러분은 잘못 디자인된 인터페이스를 용납하지 않는다. 이와 유사하게 여러분은 IS가 여러분의 일을 확실히 해낼 것을 기대하고 효과가 없는 시스템을 견디지 못할 것이다. 그러나 목소리를 효과적으로 내기 위해서는 시스템 개발 지식이 필요하다. 여러분은 앞으로 나아가는 방법을 알 필요가 있을 것이고, 그때 이 장에서 배운 지식이 여러분이 신규 개발 프로젝트에서 옳은 길을 가도록 안내해줄 것이다.

윤리문제

프로젝트 비용추정의 윤리문제

한 회사가 프로젝트에 필요한 비용보다 더 적은 가격에 시스템 혹은 제품을 생산하는 것에 동의할 때 벌충매입(buy-in)이 발생한다. 예를 들어, 괜찮은 추정기법을 사용했을때의 추정 비용이 75,000달러일 때 개발 서비스 판매자가 50,000달러에 시스템을 구축해주기로 동의한 경우를 살펴보자. 시스템 혹은 제품에 대한 계약이 '시간과 투입물'로 작성된다면, 고객은 궁극적으로 최종 시스템에 대해 75,000달러를 지불하게 될 것이다. 혹은 고객이 실제 비용을 알게 된다면 프로젝트를 취소할 것이다. 만약 시스템 혹은 제품에 대한 계약이 고정된 비용으로 작성된다면, 개발자가 추가 비용을 부담하게 될 것이다. 만약 계약이 25,000달러의 손실만큼 가치가 있는 다른 사업 기회에 대해서 개방되어 있다면, 마지막 전략이 사용될 것이다.

벌충매입은 항상 속임수를 포함한다. 대부분은 고객에게 전체 비용을 나중에 강요하는 계획인 시간과 투입물 기반의 프로젝트에 대한 벌충매입이 비윤리적이며 잘못된 것이라는 데 동의할 것이다. 고정 비용 계약으로 벌충매입하는 경우에 대해서는 의견이 갈린다. 손해를 입을 것을 알면서도 왜 벌충매입을 하는가? 다른 판매를 위한 지적 자산을 확보하려고? 나중에 가능할지 모르는 청탁을 위해서? 혹은 어떤 다른 비윤리적 이유로?

자체 개발 프로젝트의 경우는 어떤가? 자체 개발 팀이 내부적으로 사용하기 위한 시스템을 개발한다면 윤리성은 달라지는가? 만약 개발 팀원들이 단지 50,000달러의 예산만 있다는 것을 알고 있고, 실제 비용은 75,000달러가 필요하다고 믿고 있다면 그들은 프로젝트에 착수해야 하는가? 만약 프로젝트를 시작한다면 프로젝트의 어느 한 지점에서 관리자는 실수를 인정하고 프로젝트를 취소하거나 25,000달러의 추가 예산을 찾아나서야 한다. 프로젝트 후원자는 그러한 벌충매입에 대해 여러 종류의 양해를 해줄 수 있다. 예를 들면 다음과 같다. "나는 회사가 이 시스템이 필요하다는 것을 알고 있다. 만약 경영층이 그것을 인식하고 적절한 예산을 확보하지 못한다면, 우리는 억지로 따르게 만들 것이다."

팀원들의 프로젝트 비용에 대한 의견이 다를 때 문제는 더 복잡해진다. 팀 내의 한 집단은 프로젝트 비용이 35,000달러라고 믿고 있으며, 다른 집단은 50,000달러, 또 다른 집단은 65,000달러로 추정하고 있다고 가정해보자. 프로젝트 후원자가 이 값들의 평균을 취하는 것이 적절한 판단일까? 아니면 추정치의 범위로 표현해야 하는가?

다른 벌충매입 방식은 보다 교묘하다. 여러분이 자신의 경력을 키워나가는 데 도움이 되는 아주 흥미로운 신규 프로젝트의 관리자라고 가정해보자. 여러분은 너무나도 바빠서 일주일에 6일 동안 매일 야근을 하면서 일하고 있다. 여러분의 팀은 그 프로젝트의 비용을 50,000달러로 추정했다. 여러분 마음속의 아주 자그마한 소리가 그 추정치가 프로젝트의 모든 측면을 포함하고 있지 못할 수도 있다고 말하고 있다. 여러분은 그런 생각을 따를 생각이지만, 보다 막중한 일들이 여러분의 스케줄 앞에 놓여 있다. 곧이어 여러분은 경영자들 앞에서 50,000달러의 추정치라고 발표하는 자신을 발견한다. 여러분은 그 추정치에 대해서 조사할 시간을 확보했어야 했지만 그렇게 하지 못했다. 여러분의 행동은 비윤리적인가?

혹은 여러분이 이러한 상황에 대해 여러 중간 관리자들에게 고민을 털어놓는다고 가정해보자. 여러분이 중간 관리자에게 다음과 같이 질문한다. "나는 다른 비용들이 있을지도 모른다고 생각합니다. 하지만 우리가 가진 예산은 50,000달러가 전부입니다. 내가 어떻게 해야 합니까?" 중간 관리자가 "일단 시작합시다. 어떤 것도 알 수 없으며, 우리는 항상 필요하다면 어디에서든지 예산을 찾아낼 수 있습니다."라고 말했다고 가정하자. 여러분은 어떻게 답할 것인가?

여러분은 비용뿐만 아니라 일정도 벌충매입할 수 있다. 만약 마케팅 부서가 "우리는 무역전시회에 출품할 신제품이 있어야 합니다."라고 이야기한다면 마감일을 전혀 지킬 수 없을 것 같더라도 동의하겠는가? 만약 마케팅 부서가 "그 시점까지 신제품을 갖지 못한다면 프로젝트를 취소해야 합니다."라고 말한다면 어떻게 할 것인가? 일정이 불가능한 것은 아니지만 가능성은 아주 낮다고 가정하자. 여러분은 어떻게 답하겠는가?

토의문제

1. 비용과 투입물 방식의 프로젝트에서의 벌충매입의 윤리적 측면에 대해 정언 명령(20~21쪽)과 공리주의(46~47쪽) 각각의 관점에서 기술하라.
2. 비용과 투입물 방식의 계약에서 벌충매입이 위법행위인 상황이 있는가? 만약 있다면 그 상황을 기술하라.
3. 여러분이 경쟁 입찰에서의 상대가 시간과 투입물 계약에서 벌충매입을 하려 한다는 정보를 입수했다고 가정하자. 이 상황이 여러분의 1번 질문에 대한 생각을 바꿀 것인가?
4. 여러분이 비용과 투입물 기반 시스템 개발 프로젝트 제안서 요청을 준비하고 있는 프로젝트 관리자라고 가정하자. 벌충매입을 방지하기 위해 어떤 행동을 취할 수 있는가?
5. 어떤 환경에서 고정 비용 계약에서의 벌충매입이 윤리적인가? 정언명령 또는 공리주의 관점, 또는 둘 다의 관점에서 생각해보라. 이 전략의 위험요소는 무엇인가?
6. 자체 개발 프로젝트는 왜 항상 시간과 투입물 기반의 프로젝트인지 설명하라.
7. 6번 질문에 대한 답과 관련하여 자체 개발 프로젝트에서의 벌충매입에 대해 정언 명령과 공리주의 관점에서 윤리적으로 평가하라. 여러분의 윤리적 평가를 바꿀만한 환경이 있는가? 만약 있다면, 그 환경과 이유를 기술하라.
8. 여러분이 본문에서와 같이 중간 관리자에게 조언을 구하고 있다고 가정하자. 관리자의 대답은 여러분의 윤리적 책임을 덜어주는가? 여러분이 관리자의 조언을 받아들이지 않는다고 가정하자. 어떤 문제가 발생하는가?
9. 비용뿐만 아니라 일정에 대해서 어떻게 벌충매입을 할 수 있는지 설명하라.
10. 자체 개발 프로젝트의 경우 무역전시회 때까지 준비가 되지 않는다면 프로젝트가 취소되어야 한다고 말하는 마케팅 관리자에게 여러분은 어떻게 대응하겠는가? 답을 할 때 여러분은 이러한 선택에 동의하지 않으며, 무역전시회와 관계없이 시스템이 가치가 있다는 것을 알고 있다고 가정하라.

출처 : Antonio Gravante/Fotolia

길라잡이

최종 결언

축하한다! 여러분은 이 책을 내용을 모두 공부했다. 여러분이 학습한 지식은 정보시스템의 효율적인 사용에 도움이 될 것이다. 또한 노력과 상상력을 통해 여러분은 보다 많은 것을 얻을 수도 있다. 정보를 혁신적으로 사용하는 사람들을 위한 흥미로운 기회들은 늘 존재한다. 여러분의 교수님들은 이러한 방대한 지식을 전달하였지만 나머지는 학습을 하는 여러분에게 달려 있다.

다음으로 학습할 것은 무엇일까? 제1장에서 오늘날의 경영학 커리큘럼에서 경영정보시스템 개론이 제일 중요하다고 주장한 바 있다. 이러한 주장은 거의 무료로 활용할 수 있는 정보통신 비용환경과 비구조적인 문제의 해결을 위해서 데이터를 활용한 기술의 필요성에 근거하고 있다. 이제 여러분은 실제 기업과 조직에서 이 책에서 설명한 다양한 기술이나 정보시스템들을 배우게 될 것이다. 또한 PRIDE와 함께 여러분은 기업 간 시스템을 위한 모바일 및 클라우드 기술을 공부했다.

이러한 지식을 어떻게 활용할 수 있을까? 제1장에서 미래의 경영 전문가들은 경영에 적용할 수 있는 새로운 정보기술을 평가하고, 사용하고, 적용할 수 있어야 한다고 주장했다. 그렇게 하는 방법을 이해했는가? 적어도 이 강의를 듣기 전보다는 잘할 수 있게 되었는가? 여러분은 처음보다 더 많은 용어의 의미를 알게 되었을 것이고, 그러한 지식은 중요하다. 그러나 더욱 중요한 것은 그 지식을 사용해 기업의 이익에 맞게 MIS를 적용하는 것이다.

제1장에서는 RAND사의 업무에 대해 살펴보고 21세기의 전문가로서 알아야 할 지식들에 대해 로버트 라이히의 사례를 통해 알아보기도 했다. 이러한 사례들은 혁신의 방법, 기술의 활용 그리고 협력과 요약추론과 같은 것에 대한 방법을 언급하고 있다. 이러한 방법에 대하여 알게 되었는가? 아니면 적어도, 이 강의를 듣기 전보다는 잘 할 수 있게 되었는가?

전반적으로 최근 몇 년간 직업 전망은 개선되고 있지만 좋은 일자리, 그리고 여러분에게 딱 맞는 일자리는 얻기가 쉽지 않을 것이다. 여러분이 가진 모든 능력을 이용해야 한다. 그 능력 중 하나는 여러분이 이 강의에서 배운 지식일 것이다. 이 길라잡이 다음에 나오는 토의문제를 풀어보고, 그 답을 취업 면접에서 활용하라!

여러분이 진정으로 원하는 직장을 찾고, 그 일자리를 얻은 다음, 열심히 일하라. 영화 글래스에서 작곡가 필립 글래스는 성공의 비결을 이야기한다. "일찍 일어나고 열심히 일하라." 당연한 말처럼 들릴지 모르지만 상당히 가치가 있는 말이다. 만약 여러분이 정말 사랑하는 직업, 직장을 얻는다면 그 일을 하는 것은 전혀 어렵지 않고, 심지어 대부분 경우 재미있을 것이다. 따라서 여러분은 이 강의를 통해서 학습한 것을 활용해 원하는 직업을 얻기를 바란다!

토의문제

1. 여러분이 이 강의에서 배운 것들을 되돌아보라. 경영에 적용할 수 있는 새로운 정보기술들을 평가하고 사용하고 적용하는 데 어떻게 여러분의 지식을 활용할 수 있는지에 대해 두 단락 정도록 기술해보라. 졸업 후 얻고자 하는 직업과 관련하여 기술하라.
2. 이 강의를 통해서 학습한 협력, 요약추론, 시스템 사고가 여러분에게 어떻게 도움이 되었는지를 두 단락 정도로 기술해보라. 이번에도 여러분이 얻고자 하는 직업과 관련하여 기술해보라.
3. 1번 질문에 대한 답에서 면접에서 대답으로 사용할 만한 서너 문장을 찾아보라.
4. 2번 질문에 대한 답에서 면접에서 대답으로 사용할 만한 서너 문장을 찾아보라.
5. 3~4번 질문에 대한 답을 활용하여 여러분의 친구들과 모의면접을 수행해보라.

출처 : Africa Studio/Fotolia

생생복습

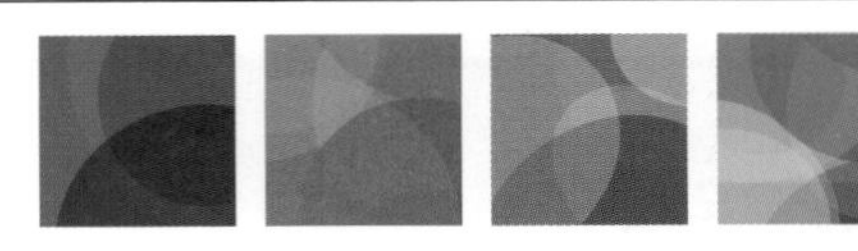

이 장에서 학습한 내용을 이해하였는지 점검해보자.

Q1 시스템 개발이란 무엇인가?

시스템 개발을 정의하라. 시스템 개발이 프로그램 개발과 어떻게 다른지 설명하라. 시스템 개발 프로젝트에 필요한 전문성의 유형에 대해서 설명하라. 이 장에서 배운 지식이 제브에게 필요한 이유를 설명하라.

Q2 시스템 개발은 왜 어렵고 위험한 일인가?

시스템 개발의 위험에 대해서 설명하라. 요구사항 정의, 요구사항의 변경, 일정계획 및 예산수립, 변화하는 기술, 규모의 비경제에 의해서 야기되는 어려움에 대해서 요약하라.

Q3 SDLC의 5단계는 무엇인가?

시스템 개발 수명주기의 다섯 단계 명칭은 무엇인가? 각각에 대해 간단히 설명하라.

Q4 시스템 정의는 어떻게 수행되는가?

그림 12-4를 참고하여 시스템 정의 과업에 대하여 설명하라. 네 가지 타당성 검토 항목은 무엇이며, 각각에 대해 설명하라[힌트 : 네 가지 유형의 타당성은 비용(Cost), 운영(Operational), 일정(Schedule), 기술(Technology)로 나열된다. 이 순서로 영문 첫글자를 합치면 *COST*가 된다].

Q5 요구사항 분석 단계에서 사용자의 역할은 무엇인가?

요구사항 분석 단계의 과업에 대해서 요약하라. 이 단계에서 사용자의 역할이 무엇인지 설명하라. 사용자가 참여하지 않았거나 사용자가 이 단계를 중요하게 생각하지 않는다면, 어떤 일이 일어날 거라고 생각하는지를 논의해보라. 요구사항 승인에서의 사용자의 역할에 대해 설명하라.

Q6 다섯 가지 구성요소가 어떻게 설계되는가?

정보시스템의 다섯 가지 구성요소 각각에 대한 설계활동을 요약하라. 변화의 필요성이 있는 여섯 가지 부류의 절차에 대해 설명하라.

Q7 정보시스템은 어떻게 구현되는가?

시스템 구현 단계의 두 가지 중요한 과업의 이름은 무엇인가? 시스템 테스팅 절차를 요약하라. 시스템 테스팅과 소프트웨어 테스팅의 차이를 설명하라. 다섯 가지 구성요소 각각에 대한 테스팅 과업을 설명하라. 시스템 전환을 위한 네 가지 방법의 명칭이 무엇인가? 각 방법을 설명하고, 각각이 효과적인 경우에 대한 예를 제시하라.

Q8 시스템 유지보수를 위한 과업은 무엇인가?

유지보수가 왜 잘못된 명칭인지를 설명하라. 유지보수 단계의 과업을 요약하라.

Q9 SDLC에는 어떤 문제가 있는가?

SDLC가 왜 폭포 절차로 간주되는지를 설명하고, 왜 이러한 특성이 문제가 되는지를 설명하라. SDLC를 이용한 요구사항 분석 시 나타나는 문제에 대해 설명하라. SDLC가 제시하는 일정계획과 예산수립의 어려움에 대하여 요약하라.

이 장에서의 지식이 여러분에게 어떻게 도움이 되는가?

시스템 개발 관련 지식이 모든 경영 전문가에게 중요한 지식이 되게 하는 기업 환경에서의 변화를 묘사하라. 이 변화가 여러분의 전공 분야에 어떻게 영향을 미칠지에 대해 설명하라.

주요용어

구성요소 설계(component design)
구현(implementation)
기술적 타당성(technical feasibility)
단계형 설치(phased installation)
베타 테스팅(beta testing)
병행형 설치(parallel installation)
분석 마비(analysis paralysis)
브룩스의 법칙(Brooks' Law)
비용 타당성(cost feasibility)
서비스 팩(service pack)
시스템 분석가(systems analyst)
시스템 개발 수명주기(systems development life cycle, SDLC)
시스템 개발(systems development)
시스템 전환(system conversion)
시스템 정의(system definition)
업무 분석가(business analyst)
요구사항 분석(requirements analysis)
유지보수(maintenance)
일시형 설치(plunge installation)
일정 타당성(schedule feasibility)
제품품질보증(product quality assurance, PQA)
조직 측면의 타당성(organizational feasibility)
테스트 계획(test plan)
파일럿 설치(pilot installation)
패치(patch)
폭포(waterfall)

학습내용 점검

1. 여러분이 재러드와 함께 일하고 있는 인턴이며, 이 장의 첫 부분의 회의에 함께 참여하고 있다고 가정하자. 매기가 여러분에게 이 기회에 대한 그의 조사를 도와달라고 부탁한다.
   a. SDLC를 이용하여 이 프로토타입 프로젝트의 계획을 작성하라. 일반적인 용어를 이용하여 각 단계에서 해야 할 작업들을 설명하라.
   b. 시스템 정의 단계에서 완수되어야 하는 과업들을 상세히 기술하라.
   c. 네 가지 유형의 타당성 조사를 어떻게 해야 하는지에 대한 메모를 작성하여 재러드에게 전달하라.
2. 1번 질문에 대하여 답을 한 후, 제브가 여러분이 인턴십 기간을 연장하기 위해 프로젝트를 너무 복잡하게 만들고 있다고 생각하여 이에 반대한다고 가정하자. SDLC 혹은 이와 유사한 과정을 따르는 것이 왜 중요한지에 대해 제브에게 설명할 수 있는 한 페이지 분량의 메모를 작성하라.
3. "업무 분석가란 무엇인가?"라는 문장을 구글 혹은 빙(Bing)에서 검색하라. 몇 가지 링크된 문서들을 확인해본 후 다음 질문에 답하라.
   a. 업무 분석가의 근본적인 직무 책임은 무엇인가?
   b. 업무 분석가와 시스템 분석가의 차이는 무엇인가?
   c. 업무 분석가에게는 어떤 지식이 필요한가?
   d. 업무 분석가로 성공하기 위해서는 어떤 기술과 개인적 특성이 필요한가?
   e. 업무 분석가로서의 경력이 흥미를 끄는가? 이유를 함께 설명하라.

협력과제 12

여러분의 팀원들과 모여서 구글 오피스, 셰어포인트 또는 기타 협업 도구를 사용해서 협업정보시스템을 구축하라. 절차와 팀 훈련의 필요성을 잊지 마라. 이제 정보시스템을 이용해서, 다음의 질문들에 답하라.

윌마 베이커, 제리 바커, 크리스 바이클이 2013년 6월 리조트업주 및 관광사업자 회의에서 만났다. 그들은 회의가 진행되는 동안 우연히 서로 옆자리에 앉았으며, 서로 인사를 한 후 자신들의 이름이 서로 비슷하다는 사실에 웃음을 터뜨렸다. 그리고 그들은 자신들이 비슷한 사업을 하고 있다는 것을 알고는 서로 놀랐다. 윌마 베이커는 뉴멕시코주 산타페에 살고 있으며, 산타페 방문자들에게 주택 및 아파트 임대업을 하고 있다. 제리 바커는 브리티시 컬럼비아주의 휘슬러 빌리지에 살고 있으며, 휘슬러/블랙컴 리조트에 온 스키어나 방문자들에게 콘도를 대여해주는 사업을 하고 있다. 크리스 바이클은 매사추세츠주 캐텀에 살고 있으며, 케이프 코드에 휴가를 온 사람들에게 주택과 콘도를 대여해주고 있다.

이들 셋은 회의 후 함께 점심식사를 하기로 했다. 점심식사를 하는 동안 그들은 특히 현재와 같이 경기가 안 좋을 경우 새로운 고객을 유치하는 어려움이 있다는 데 인식을 같이했다. 바커는 몇 년 전 올림픽을 건설한 건물들을 채우기 위한 고객을 찾는 데 특히 많은 걱정을 했다.

대화가 진행되는 동안 그들은 힘을 합칠 수 있는 방법이 있을지도 모른다고 생각하기 시작했다(즉 그들은 제휴를 통한 경쟁우위 방안을 찾고 있는 것이었다). 그래서 그들은 다음 날 회의를 생략하고 제휴를 모색할 방법을 의논하기 위해 만나기로 결정했다. 그들이 더 많은 토론을 원하는 부분은 고객 데이터의 공유, 공동 예약 서비스의 개발, 대여 숙박시설 목록의 교환이었다.

그들은 대화를 진행해 감에 따라 회사 합병에는 관심이 없다는 것이 명확해졌다. 그들은 독립된 사업을 그대로 유지하기를 원했다. 그들은 또한 자신들의 기존 고객들을 지키는 것에 매우 관심이 많다는 것도 서로 깨달았다. 그럼에도 혼란은 처음 보였던 것만큼 나쁘지는 않았다. 바커의 사업은 기본적으로 스키 판매였으며, 겨울은 가장 바쁜 계절이었다. 바이클의 사업은 대부분 케이프 코드 휴가였으며, 그녀는 여름철에 사업이 가장 바빴다. 베이커의 성수기는 여름과 가을이었다. 그들 각각의 성수기가 충분히 서로 다르게 보였기 때문에, 그들의 고객을 다른 사람에게 서로 뺏길 염려는 없었다.

다음 질문은 "어떻게 진행하는가?"였다. 자신들의 고객을 지키기 위해 그들은 공동의 고객 데이터베이스 개발을 원하지 않았다. 최상의 아이디어는 숙박시설에 관한 데이터를 공유하는 것처럼 보였다. 그 방법은 그들의 고객을 통제하는 것을 유지하면서 다른 사람의 숙박시설에 시간을 팔 기회를 가지는 것이었다.

그들은 몇 가지 대안에 관해 논의했다. 각각이 자신들의 숙박시설 데이터베이스를 개발한 후, 셋이 그들의 데이터베이스를 인터넷을 통하여 공유할 수가 있다. 혹은 셋 모두가 사용할 수 있는 중앙집중형 숙박시설 데이터베이스를 구축할 수도 있다. 혹은 숙박시설 목록을 공유할 수 있는 몇 가지 다른 방법을 찾을 수도 있다.

우리는 베이커, 바커, 바이클의 상세한 요구사항을 모르기 때문에 특정 시스템에 대한 계획을 수립할 수가 없다. 그러나 일반적으로는 먼저 그들은 자신들이 구축하기를 원하는 정보시스템을 어떻게 만들지 결정해야 한다. 다음의 두 가지 대안을 고려해보자.

a. 이메일을 통한 간단한 시스템을 구축할 수 있다. 이를 통해 각 회사는 서로에게 자신들이 보유한 숙박시설에 대한 설명을 이메일로 보낸다. 각 회사는 이 숙박시설에 대한 설명을 다시 이메일을 통해 자신들의 고객에게 전송한다. 숙박시설에 대한 예약이 이루어지면, 이 예약 요청은 이메일을 통해 숙박시설 관리자에게 전달된다.

b. 모든 숙박시설과 예약 건을 포함하는 클라우드 기반의 공유 데이터베이스를 이용한 다소 복잡한 시스템을 구축할 수 있다. 예약 추적은 일반적인 업무이기 때문에 이 기능이 있는 상용 애플리케이션을 구입하여 사용할 수 있을 것으로 보인다.

4. 앞의 설명을 기초로 프로젝트 범위를 정의하라.

5. 두 가지 대안에 대한 기술적 타당성에 대해 고려해보자.
   a. 대안 a에 적용할 수 있는 기준을 정하고 설명하라.
   b. 대안 b에 적용할 수 있는 기준을 정하고 설명하라.
   c. 추가적인 조사 없이, 각 대안이 기술적으로 가능한지 알 수 있는가? 이유는 무엇인가?

6. 조직적 타당성에 대해 고려해보자.
   a. 기업 간 시스템의 상황에서 조직적 타당성은 어떤 의미인지를 설명하라.
   b. 두 가지 대안에 대한 조직적 타당성을 평가할 수 있는 기준을 나열하라. 만약 중요하다면 두 대안에 대한 기준을 차별화하라.
   c. 두 대안 중 어느 대안이 조직적 관점에서 더 타당한가? 이유는 무엇인가?

7. 일정 타당성에 대해 고려해보자.
   a. 두 가지 대안에 대한 일정 타당성을 평가할 수 있는 기준을 나열하라. 만약 중요하다면 두 대안에 대한 기준을 차별화하라.
   b. 두 대안 중 어느 대안이 일정 관점에서 더 타당한가? 그 이유는 무엇인가?

8. 비용 타당성에 대해 고려해보자.
   a. 대안 a의 주요 개발 비용은 무엇인지 나열하라.
   b. 대안 a의 주요 운영 비용은 무엇인지 나열하라.
   c. 대안 b의 주요 개발 비용은 무엇인지 나열하라.
   d. 대안 b의 주요 운영 비용은 무엇인지 나열하라.
   e. 어떤 대안의 비용이 더 적게 드는가?
   f. 대안 a의 운영 비용을 더 적게 할 수 있는 요인을 기술하라.
   g. 대안 b의 운영 비용을 더 적게 할 수 있는 요인을 기술하라.

9. 문제 5~8번의 답을 기준으로 어떤 대안이 더 타당한가? 두 대안 모두 혹은 하나만 타당할 수도 있으며, 두 대안 모두 타당하지 않을 수도 있다.

10. 이 시점에서 "더 이상 이 아이디어에 대해 고려하지 않는 것이 가치 있는 것은 아닌가?"라는 대안을 포함하여 세 가

지 대안 중 하나를 선택하라고 한다면 여러분은 어떻게 답하겠는가? 추가적인 데이터 없이 정확한 평가를 하는 것은 불가능하다. 하지만 여러분의 지식과 경험, 그리고 직관을 이용하여 답하라.

사례연구 12

언제쯤 이런 실수를 하지 않을까?

이 책의 저자 중 한 사람인 데이비드 크란키는 1974년 콜로라도주립대학에서 가르치는 동안 정보시스템 개발 실패의 주된 요인에 관한 연구에 참여했다. 연구 결과 실패의 가장 큰 이유는 시스템 요구사항을 개발하고 관리하는 과정에서 사용자가 참여하지 않은 것이었다.

이 연구 이후로 기술을 크게 발전했다. 1974년에는 컴퓨터가 큰 방 전체를 차지했고 미니 컴퓨터나 개인용 컴퓨터를 발명되기도 전이었다. 그러나 정보시스템 개발은 기술 발전을 따라잡지 못했다. 사실 변한 게 없다고 해도 될 정도다.

사례연구 7(211~213쪽)을 살펴보자. 오리건주는 건강보험 거래 정보시스템 개발에 2억 4,800만 달러 이상을 낭비했다. 이 프로젝트 초반에 품질 보증을 제공하기 위해 고용된 독립된 컨설팅 회사 맥시머스사는 요구사항들이 모호하고 변화하며 일관성이 없다고 경고했다. 그 경고는 아무런 효과가 없었다. 왜일까?

왜 요구사항을 관리하지 않는가?

1974년에는 관리자들이 컴퓨터를 사용할줄 몰랐을 수 있으며, 따라서 요구사항을 관리하지 못했을 것이다. 그러나 커버오리건에 참여한 모든 사람들은 휴대전화를 가지고 있고, 아마도 아이패드나 킨들도 갖고 있을 것이다. 컴퓨터 사용 방법 모를 리가 없다. 따라서 오늘날에는 컴퓨터 사용 능력이 문제가 아니다.

요구사항 관리의 문제는 요구사항과 관리 중 어느 쪽에 있을까? 사례연구 7에서 코네티컷주의 보건 프로젝트인 액세스 CT가 성공했음을 확인했다. 이 프로젝트가 정치적 야망을 가진 부지사에 의해 면밀히 관리되었기 때문일까? 오리건주에는 부지사가 없었지만, 프로젝트 관리자는 있었을 것이다. 오리건주에서 관리 문제가 일어났다는 것은 커버오리건에서 사용하고자 하는 정보시스템을 다른 보건기관(Oregon Health Administration)에서 개발했다는 점에서 알 수 있다. 두 기관은 요구사항을 두고 싸움을 벌였을 것이다. 상위 관리자의 부재에 의해 요구사항은 관리되지 않았을 뿐만 아니라 두 경쟁 기관의 싸움거리가 되었다.

이는 커버오리건의 실패의 주된 이유일지 모른다. 그런데 다른 이유가 있을까? 관리가 잘 이루어지는 조직에서도 요구사항의 어떤 특성 때문에 관리가 어려울 수 있지 않을까? 프레드 브룩스는 소프트웨어가 논리적 시라고 말했다. 순수한 사고로만 이루어져 있다.

두 정부 기관이 빌딩을 짓고자 할 때 몇 층으로 지을지에 대해 싸우고 있다면 그들의 분쟁은 가시적일 것이다. 사람들은 한 계약자들이 층을 추가할 때 다른 이들은 무너뜨리고 있다는 것을 알아차릴 것이다.

따라서 문제의 일부는 요구사항들이 순수한 사고에 대한 요구사항이라는 것이다. 또 무엇이 문제일까?

요구사항이 완전한지 어떻게 알 수 있는가? 빌딩의 청사진이 전기시스템 설비를 포함하고 있지 않을 때, 그런 누락은 알아채기 쉽다. 소프트웨어와 시스템에서는 덜 그러하다. 예를 들어, 고객이 사용자 이름이나 비밀번호를 잊어버리고 어떤 정책 번호 기록도 갖고 있지 않을 때를 고려하지 않는다면 어떻게 될까? 이런 상황을 위해 소프트웨어 또는 절차를 개발할 필요가 있으나, 해당 요구사항을 아무도 구체적으로 지적하지 않을 경우 아무 작업도 이루어지지 않을 것이다. 그런 고객이 나타나면 시스템은 실패할 것이다.

그리고 요구사항 서술의 질을 어떻게 알 수 있는가? "이 고객에게 적합한 보험 정책을 선택하라."는 요구사항은 너무 높은 수준에서 서술되어 쓸모가 없다. 프로토타입을 제작하는 이유 중 하나는 없거나 불완전한 요구사항을 씻어내기 위함이다.

타당성을 검토하고 타협하라

그러나 이 예시에서 우리가 배울 것은 끝이 아니다. 주 혹은 연방의 모든 건강보험 거래는 2013년 10월 1일까지 작동이 시작되어야 한다. 따라서 일정은 변경의 여지없이 고정되어 있다. 비용 면에서 후원금이 고정되지 않았지만, 비용은 쉽게 변하지 않는다. 여러 주와 미 연방 정부에서 초기 후원을 제공했다. 이러한 재정적 할당이 이루어지고 나면 더 많은 자금을 확보하기 어렵다. 불가능한 것은 아니지만, 어렵다.

일정이 고정되어 있고 비용 또한 거의 그렇다면, 프로젝트의 난이도와 위험을 줄일 수 있는 남은 한 가지 요소는 무엇인가?

바로 요구사항이다. 요구사항의 수를 최소화하여 일단 시스템이 작동하게 하라. 그렇게 약간의 성공을 거둔 후 프로젝트에 다른 요구사항을 추가하라. 이것이 액세스 CT가 따른 전략이다.

그러나 이 원리는 오리건에서 다른 문제를 노출시킨다. 오리건은 완벽을 추구했고, 어떤 사람이나 문제도 내버려두고 가지 않는 "노 롱 도어(No Wrong Door)"[4]전략을 택했다. 커버오리건은 모두를 위한 해결책을 제공해야 했다. 이런 서술은 멋진 정치적 메시지를 가지고 있지만, 고정된 일정과 거의 고정된 비용 안에서 이러한 목표를 어떻게 달성할 수 있을까? 여러분의 룸메이트에게 여러분이 학기 사이의 일주일 동안 한 푼도 없는 상태에서 일등석을 타고 날아가 두 달 동안 아프리카 정글 탐험을 하고자 한다고 말해보라. 분명 황당해할 것이다.

소프트웨어와 시스템은 순수한 사고로 이루어져 있다. 놀라운 능력을 가진 영광스러운 미래를 상상하기는 쉽다. 그러나 이것들은 값비싼 인간의 노동으로 개발되는 것이며, 여자 9명이 있다고 한 달만에 아이를 낳을 수는 없다. 새 정보시스템의 요구사항을 결정할 때 받았던 질문을 기억하라.

이 사례가 40년 후에도 유효할 것인가? 이는 여러분에게 달려 있다.

질문

11. 이런 사례가 40년 후에도 유효할 만한 이유 세 가지를 서술하라. 유효하지 않게 만들 만한 발전사항 세 가지를 서술하라. 어떤 것들이 남아 있을까? 이런 사례들이 40년 후에도 유효할 것인가? 여러분의 의견과 근거를 밝혀라.

12. www.oregon.gov/DAS/docs/co_assessment.pdf에서 보고서를 읽어라. 여러분의 SDLC에 관한 지식을 적용하여 여러분이 생각하는 커버오리건 실패의 세 가지 주된 이유를 서술하라.

13. 사례연구 7(211~213쪽)에서 세 판매자들이 외부 계약자로 간주되었는데, 그중 둘이 경쟁에서 발을 뺐다는 것을 배웠다. 그들이 그렇게 행동했을 만한 이유 세 가지를 서술하라.

14. 프로젝트는 문제가 있다는 것이 알려졌지만, 나름의 생명력을 가지고 있었다. 오리건주 행정부의 기술 분석가 잉쾅은 2013년 5월 커버오리건 프로젝트가 SF영화 **우주 생명체 블롭**을 연상시킨다고 말했다. "이 괴물의 신체 구조와 생명을 유지하는 기관을 우리가 알지 못하기 때문에 쏘아서 죽이는 방법도 알 수가 없다."[5] 여러분이 커버오리건의 최고관리자였다면, 문제가 드러났을 때 어떤 행동을 취했겠는가?

15. 2014년 설문 결과에 의하면 오리건 주민의 대다수가 키츠하버 주지사에게 책임이 있다고 생각했다. 그러나 같은 설문에서 48%는 다음 선거에서 다시 그를 뽑겠다고 답했다.[6] OHA의 전 수장이자 커버오리건의 임시 관리자 브루스 골드버그는 2014년 3월 18일 해고되었지만, 5월 15일부터 이전과 같은 임금을 받고 OHA에 돌아갔다.[7] 이러한 결과를 두고 볼 때 이 실수들에 책임질 사람이 있다고 생각하는가? 만약 그렇다면 그 사람은 누구인가?

주

1. 프레드 브룩스는 1960년대 IBM의 성공적인 경영자였다. 은퇴 후 IT 프로젝트 관리의 고전인 *The Mythical Man-Month*(1975)를 집필했다. 이 책은 오늘날에도 여전히 타당하며 모든 IT, IS 프로젝트 관리자가 읽어야 할 책이다. 재미도 있다.
2. 실패란 시스템이 수행하는 것과 시스템이 실제로 수행해야 하는 것의 차이이다. 종종 실패 대신 버그라는 용어를 사용하기도 할 것이다. 미래의 사용자로서, 실패를 실패라고 부를 줄 알아야 한다. 버그 리스트가 아닌 실패 리스트를 만들어라. 해결되지 않은 버그가 아닌 해결되지 않는 실패를 찾아라. 몇 달 동안 심각한 실패에 대처하고 있는 조직을 경영하다 보면 이 두 용어의 차이를 확인할 수 있을 것이다.

3. Ashu Garg, "MarTech and the Decade of the CMO," accessed July 11, 2015, *https://foundationcapital.com/assets/whitepapers/DotCMO_whitepaper.pdf.*
4. Maria L. La Ganga, "Oregon Dumps Its Broken Healthcare Exchange for Federal Website," *Los Angeles Times,* April 15, 2014, accessed June 14, 2014, *www.latimes.com/nation/politics/politicsnow/la-pn-oregon-drops-broken-healthcare-exchange-20140425-story.html.*
5. Nick Budnick, "Cover Oregon: Health Exchange Failure Predicted, but Tech Watchdogs' Warnings Fell on Deaf Ears," *The Oregonian,* January 18, 2014, accessed June 14, 2014, *www.oregonlive.com/health/index.ssf/2014/01/cover_oregon_health_exchange_f.html.*
6. Hillary Lake, "Exclusive Poll: Majority Holds Kitzhaber Accountable for Cover Oregon Failure," *KATU News,* June 11, 2014, accessed June 14, 2014, *www.katu.com/politics/Exclusive-poll-Majority-holds-Kitzhaber-accountable-for-Cover-Oregon-failure-262818611.html.*
7. Nick Budnick, "Long after Announced 'Resignation,' Ex-Cover Oregon Director Bruce Goldberg Draws $14,425 Monthly Salary," *The Oregonian,* May 21, 2014, accessed June 14, 2014, *www.oregonlive.com/politics/index.ssf/2014/05/long_after_publicized_resignat.html.*

ㄱ

가상 머신(virtual machine, vm) 호스트 운영체제 안에서 독립된 운영체제를 사용할 수 있도록 하는 컴퓨터 프로그램. 호스트는 여러 가상 기계를 지원할 수 있고, 서로 다른 운영체제(윈도우, 리눅스 등)를 실행할 수도 있음. 각 운영체제에는 디스크 공간, 디바이스, 네트워크 연결이 할당되어 그에 대한 통제 권한을 가짐

가상 사설 클라우드(virtual private cloud, VPC) 접근이 매우 제한적이고 안전한 공공 클라우드의 일부

가상화(virtualization) 다수의 운영체제가 하나의 호스트 운영체제에서 운영될 수 있도록 하는 프로세스. 한 컴퓨터에서 여러 컴퓨터가 작동하는 것처럼 보이게 됨

가치(value) 마이클 포터의 정의에 따르면, 자원, 제품, 또는 서비스에 대해 고객이 지불할 의향이 있는 가격

가치사슬(value chain) 가치를 생산하는 활동의 네트워크

강력 패스워드(strong password) 열 글자 이상, 사용자의 이름이나 기업의 이름을 포함하지 않음, 사전에 수록되지 않은 단어, 과거의 암호와 다름, 대소문자 구분이 있는 암호, 숫자나 특수문자를 포함하는 특징을 가지는 암호

개인 식별 번호(personal identification number, PIN) 사용자가 자신만이 아는 번호를 입력하여 인증받는 방식

개인용 정보시스템(personal information system, PIS) 한 개인이 사용하는 정보시스템

개인용 컴퓨터(personal computer, PC) 개인이 사용하는 일반적인 컴퓨팅 디바이스. 노트북이나 데스크톱 컴퓨터를 말함

갱신 실패 문제(lost-update problem) 다수의 사용자가 이용하는 데이터베이스에서 둘 이상의 사용자가 동시에 데이터를 변화시키려고 하면 데이터베이스는 이러한 변화를 반영하지 못하는 현상. 다수의 사용자의 동시 사용을 위해서 데이터베이스가 설계되지 않았기에 이러한 문제가 발생함

결과 발행(publish result) 비즈니스 인텔리전스를 필요로 하는 지식 노동자에게 전달하는 과정

경계 방화벽(perimeter firewall) 조직 네트워크 외부에 위치하는 방화벽. 인터넷 트래픽이 가장 먼저 마주하게 되는 장치

경영정보시스템(management information system, MIS) 기업이 목표를 달성하기를 도와주는 정보시스템을 관리하고 이용하는 것

경쟁 전략(competitive strategy) 산업 내에서 생존하기 위한 수단으로 조직이 선택하는 전략. 포터에 따르면 산업 내 원가우위 전략, 산업 간 원가우위 전략, 산업 내 제품차별화 전략, 산업 간 제품차별화 전략으로 구분됨

고객 수명주기(customer life cycle) 고객관계관리 시스템에서 관리하는 마케팅, 고객 획득, 관계관리, 고객이탈의 전체 프로세스. 전체 수명 주기는 CRM 시스템으로 관리해야 함

고객관계관리(customer relationship management, CRM) 고객 유인, 판매, 관리, 지원을 위한 전체 사업 프로세스

고유 프로세스(inherent process) 승인된 소프트웨어를 효과적으로 사용하기 위해서 수행해야 하는 절차. 예를 들어 ERP 시스템은 사용자가 특정의 주문에 대해서 해당 행동을 하도록 가정하고 있음. 대부분의 경우 조직/기업은 소프트웨어의 고유 프로세스를 확인함

공개키 암호화(public key encryption) 인터넷에서 많이 사용되는 특수한 비대칭 암호화 방식. 이 방식에서 각 사이트는 각각 암호화를 위한 공개키와 복호화를 위한 비밀키를 가짐

공동 사용(pooled) 다수의 조직이 동일한 물리적 하드웨어를 사용하는 상황

관계(relation) 데이터베이스 테이블의 보다 형식적인 이름

관계의 강도(strength of a relationship) 소셜미디어에서 조직과 관계를 맺은 개인 또는 타 조직이 조직에 이익이 되는 일을 할 가능성

관계형 데이터베이스(relationship database) 관계(일정한 제한조건이 있는 테이블)의 형태로 데이터를 저장하고 레코드 관계를 외부키로 기록하는 데이터베이스

광고차단 소프트웨어(ad-blocking software) 광고 콘텐츠를 걸러내는 소프트웨어

구독예약(subscription) 일정한 주기로 혹은 특정 사건이 발생할 때 전송되는 특정 비즈니스 인텔리전스에 대한 사용자의 요청

구성요소 디자인(component design) 소프트웨어 개발 수명주기(SDLC)의 세 번째 단계. 하드웨어와 소프트웨어에 대한 명세, (필요한 경우) 데이터베이스 설계, 절차 설계, 직무기술서 개발과 같은 과업이 수행됨

구조화된 데이터(structured data) 행과 열의 형태로 정리된 데이터

구조화된 질의 언어(Structured Query Language, SQL) 데이터베이스 데이터와 메타데이터 처리를 위한 국제 표준 언어

구현(implementation) 시스템 개발 수명주기의 맥락에서 사용자가 새로운 시스템을 구축, 테스트 및 변환하는 작업으로 구성된 설계 단계의 단계

그래픽 기반 쿼리(graphical query) 사용자가 그래픽에 클릭할 때 질문이 생성되는 쿼리

그린 컴퓨팅(Green computing) 전력 관리, 가상화, e-폐기물 관리의 세 부분에 대한 환경적 고려를 한 컴퓨팅

기가바이트(Gigabyte, GB) 1,024메가바이트

기계코드(machine code) 소스코드에서 컴파일되어 컴퓨터가 처리할 준비가 된 코드. 인간이 이해할 수 없음

기능별 정보시스템(functional information system) 특정 업무기능을 지원하기 위한 작업그룹 정보시스템

기록저장소(repository) 비즈니스 프로세스 모델에서 무언가의 집합. 예를 들면, 데이터베이스는 데이터 저장소

기본 활동(primary activity) 제품의 생산, 판매, 서비스에 직접적으로 기여하는 활동. 마이클 포터의 가치사슬 모형에 따르면 내부물류, 운영/제조, 외부물류, 마케팅/판매, 고객 서비스로 나누어짐

기성 소프트웨어(off-the-shelf software) 수정 없이 사용하는 일반적인 소프트웨어

기술적 보안대책(technical safeguard) 정보시스템의 하드웨어와 소프트웨어 구성요소와 관련되어 있는 보안대책

기술적 타당성(technical feasibility) 현존하는 정보기술이 새 정보시스템의 요구를 만족시킬 수 있는 것

기업 간 거래(business-to-business, B2B) 기업 간 소매 거래하는 관계

기업 간 정보시스템(inter-enterprise information system) 하나 이상의 기업 간 프로세스를 지원하는 정보시스템

기업과 소비자 간 거래(business-to-consumer, B2C) 기업이 제품을 최종 소비자에게 판매하는 관계

ㄴ

내부 방화벽(internal firewall) 조직 네트워크 내부에 설치된 방화벽

네이티브 애플리케이션(native application) 컴퓨터의 브라우저 외에 다른 프로그램이 필요한 소프트웨어 애플리케이션. 즉 클라이언트와 서버 컴퓨터 모두의 코드를 필요로 하는 것. 신-클라이언트 애플리케이션 참조

닐슨의 법칙(Nielsen's Law) 하이엔드 유저의 네트워크 연결 속도는 1년에 50%씩 증가한다는 법칙

ㄷ

다섯 가지 구성요소 프레임워크(five-component framework) 정보시스템을 구성하는 다섯 가지 기본 구성요소. 모든 정보시스템이 이 구성요소들을 가짐. 제일 간단한 순서대로 컴퓨터 하드웨어, 소프트웨어, 데이터, 절차, 사람이 있음

다섯 가지 세력 모델(five forces model) 마이클 포터가 제안한 개념으로, 산업의 특성과 수익성을 공급자의 협상력, 대체재의 위협, 고객의 협상력, 기업 간 경쟁, 신규업체 진입 위협의 다섯 가지 요소로 평가하는 것

다수 사용자 프로세싱(multiuser processing) 다수의 사용자가 데이터베이스를 동시에 처리하는 상황

다이나모(Dynamo) 아마존이 개발한 비관계형 데이터 저장소

단계형 설치(phased installation) 전체 시스템의 일부를 단계적으로 조직 전반에 설치하여 시스템을 변환하는 방법의 하나. 시스템의 일부를 설치한 후에 또 다른 일부를 테스트하여 설치하고 전체의 시스템이 설치될 때까지 이 과정을 반복함

단일 애플리케이션(one-of-a-kind application) 특수하고 유일한 목적을 위해, 주로 한 회사의 요구사항에 따라 개발된 소프트웨어

대상(target) 보안 위협의 목표가 되는 자산

대칭키 암호화(symmetric encryption) 메시지의 암호화와 복호화에 동일한 키를 사용하여 암호화하는 방식

데스크톱가상화(desktop virtualization) 클라이언트 가상화 또는 PC가상화라고도 함. 원격 서버에 사용자의 데스크톱을 저장하는 과정. 사용자가 여러 다른 클라이언트 컴퓨터에서 자신의 데스크톱을 실행할 수 있게 함

데이터 마이닝(data mining) 데이터 사이의 패턴과 관계를 발견하고 분류하고 예측하기 위해서 사용되는 통계적 응용기법

데이터 마트(data mart) 특정의 사업기능을 위한 데이터마이닝에서 데이터를 관리, 저장, 준비하는 것을 촉진함

데이터 무결성(data integrity) 데이터베이스에서 데이터의 값이 일관되고 다른 값들과 서로 충돌되지 않는 것

데이터 보안대책(data safeguard) 데이터 관리와 데이터베이스 관리를 통해서 운영되는 조직의 데이터와 데이터베이스를 보호하기 위해서 수행되는 절차

데이터 브로커(data broker) 데이터 수집자라고도 함. 공공 기록, 소매업자, 인터넷 쿠키 판매자, 소셜미디어 추적자 등의 소스를 통해 소비자 데이터 또는 기타 데이터를 수집해 비즈니스 인텔리전스를 생성하고 다른 기업이나 정부에 판매하는 기업

데이터 수집자(data aggregator) 데이터 브로커 참조

데이터 웨어하우스(data warehouse) 조직의 BI 데이터 관리를 담당하는 시설

데이터 획득(data acquisition) 비즈니스 인텔리전스 시스템에서 데이터를 얻고, 정리하고, 관계 짓고, 목록을 만드는 것

데이터 흐름(data flow) BPMN 기호 중 하나로 비즈니스 프로세스 중 한 활동에서 다른 활동으로의 데이터 이동하는 것

데이터(data) 기록된 사실 또는 수치. 정보시스템의 다섯 가지 구성요소 프레임워크 중 하나

데이터베이스 운영(데이터베이스 관리, database administration) 효율적이고 질서 있는 다수 사용자 데이터베이스 프로세싱을 보장하고, 데이터베이스 구조의 변화를 제어하고, 데이터베이스를 보호하는 절차 및 실행 방법을 개발하는 직원 또는 부서

데이터베이스 관리(database administration) 조직의 데이터 정책과 표준을 개발하고 설정하는 일

데이터베이스 관리시스템(database management system, DBMS) 데이터베이스를 생성하고, 처리하고, 운영하는 프로그램. DBMS는 운영체제와 같이 라이선스를 받아야 하며 방대하고 복잡한 프로그램임. 마이크로소프트 액세스와 오라클 데이터베이스 등이 있음

데이터베이스 애플리케이션(database application) 사용자의 데이터베이스 처리를 도와주는 폼, 보고서, 쿼리, 응용 프로그램 등의 모음. 하나의 데이터베이스는 여러 다른 데이터베이스 응용 프로그램으로 처리할 수 있음

데이터베이스(database) 이름 그대로 통합된 기록의 집합체

동적 보고서(dynamic report) 필요한 시점마다 업데이트되는 BI 보고서

듀얼 프로세서(dual-processor) 2개의 CPU가 있는 컴퓨터

디지털 혁명(Digital Revolution) 기계 또는 아날로그 기기에서 디지털 기기로의 전환

ㄹ

라이선스(license) 프로그램의 사용에 대해서 명시한 협정서. 설치된 컴퓨터의 수와 원격접속으로 사용할 수 있는 사용자의 수를 명시함. 소프트웨어의 오류로 발생할 수 있는 소프트웨어 공급자의 의무 역시 명시됨

랜섬웨어(ransomware) 공격자에게 돈을 지불할 때까지 시스템이나 데이터에 접근하는 것을 막는 악성 소프트웨어

램(Random access memory, RAM) 임의 접근 기억장치. 컴퓨터 주메모리의 다른 이름

레코드(record) 로우(row)라고도 함. 데이터베이스 테이블에서 컬럼의 집합

로우(row) 레코드라고도 함. 데이터베이스 테이블에서 컬럼의 집합

리눅스(Linux) 유닉스의 한 버전으로, 오픈소스 커뮤니티에 의해 개발되어 이 커뮤니티가 소유권을 가지며 사용은 무료인 웹 서버에서 인기 있는 운영체제

ㅁ

마이크로소프트 윈도우(Microsoft Windows) 가장 보편적인 비모바일 클라이언트 운영체제. 리눅스와 경쟁하는 인기 있는 서버 운영체제 윈도우 서버를 지칭하는 말이기도 함

매트카프의 법칙(Metcalfe's Law) 네트워크의 가치는 그 네트워크에 연결된 사용자의 수의 제곱과 같다는 법칙

맥 OS(Mac OS) 애플사가 매킨토시를 위해서 개발한 운영체제. 현재의 버전은 Mac OS X 엘 캐피탄. 처음에는 예술산업의 그래픽 아티스트나 작가들이 사용했으나, 현재는 더 널리 사용됨

맵리듀스(MapReduce) 수천 대의 컴퓨터를 병렬 운영하기 위해서 사용되는 2단계 기법. 첫 번째 '맵' 단계에서는 여러 컴퓨터가 병렬로 과업을 수행하고, 두 번째 '리듀스' 단계에서는 다른 컴퓨터들의 작업이 하나의 결과물로 통합됨

메가바이트(megabyte, MB) 1,02킬로바이트

메모리 내 DBMS(in-memory DBMS) 대용량 메모리에 저장된 데이터베이스를 처리하는 DBMS 제품. 보통 이 같은 DBMS는 관계성 모델을 이용함. 일반적으로 ACID 지원됨

메타데이터(metadata) 데이터를 설명하는 데이터

모던 스타일 애플리케이션(modern-style application) 터치스크린 지향이며 상황에 맞는 팝업 메뉴를 제공하는 윈도우 애플리케이션

몬고DB(MongoDB) 문서 지향적인 비관계형 오픈소스 DBMS

무어의 법칙(Moore's Law) 고든 무어가 제안한 법칙으로, 집적회로 1제곱인치당 트랜지스터의 개수가 18개월마다 2배로 늘어난다는 법칙. 제안된 후 40년 동안 정확히 들어맞았음. 컴퓨터의 성능이 2배가 된다는 식으로 이야기되기도 함. 이는 엄밀히 말하면 사실이 아니지만, 이해하기는 더 쉬움

무차별 대입 공격(brute force attack) 모든 문자 조합을 시도함으로써 패스워드를 알아내는 프로그램

문제(problem) 실제와 당연하게 실행되어야 하는 계획 사이의 차이

ㅂ

바이러스(virus) 자신을 복제하는 컴퓨터 프로그램

바이럴 훅(viral hook) 한 사람에게서 다른 사람에게 전송되도록 만드는 마케팅 프로그램

바이트(byte) (1) 8비트만큼의 데이터, (2) 데이터의 글자 수

방화벽(firewall) 비인가된 외부로부터 또는 외부로의 접속을 차단하기 위해서 기업의 내부와 외부 네트워크 사이에 위치하는 컴퓨터 장비. 전용 컴퓨터일 수도 있고 범용 컴퓨터나 라우터에 설치된 프로그램일 수도 있음

베타 테스팅(Beta testing) 미래의 시스템 사용자에게 새로운 시스템을 사용해볼 수 있도록 하는 것. 프로그램의 출시 직전에 프로그램에서 발생하는 문제를 수정하기 위해 시행함

벨의 법칙(Bell's Law) 10년마다 새 컴퓨터 클래스가 나타나 새로운 산업이 자리 잡는다는 법칙

병행형 설치(parallel installation) 새로운 시스템과 기존의 시스템을 동시에 운영하면서 시스템을 변환하는 방식. 두 시스템을 동시에 운영하기에 상대적으로 비용이 높게 소요되지만, 가장 안전한 설치 방식임

보고 분석(reporting analysis) 구조화된 데이터를 정렬하고, 그룹 짓고, 합하고, 거르고, 형식을 맞추는 과정

보고서(report) 의미 있고 구조화된 데이터의 표현 양식

보안대책(safeguard) 시스템의 취약성을 노리는 위협을 완화하기 위한 절차, 행동, 수단, 도구 등을 총칭하는 것

부서별 정보시스템(departmental information system) 특정 부서를 지원하는 기업 내 정보시스템

분산시스템(distributed system) 다수의 컴퓨팅 디바이스에 분산되어 응용 프로그램이 처리되는 시스템

분석 마비(analysis Paralysis) 프로젝트 요구사항을 문서화하고 수정하는 데 지나치게 많은 시간이 소요되어 프로젝트가 더 이상 진전되지 않는 것

브룩스의 법칙(Brooks' Law) 늦어진 프로젝트에 인원을 더 투입할수록 프로젝트의 완료가 더 늦어진다는 법칙. 이 법칙은 프로젝트에 있어서 인력 규모가 클수록 협동이 더 어려워질 뿐만 아니라 새로운 인력의 훈련에 많은 시간이 소요되기에 대부분의 경우 적용됨. 새 인력을 훈련시키는 동안 원래 팀 멤버들은 생산적 작업을 하지 못하게 됨. 이 훈련에 드는 비용이 그 인력이 프로젝트에 기여하는 이득보다 훨씬 큼. 맨 먼스 미신 : 소프트웨어 공학에 관한 에세이(*The Mythical-Man Month*)의 저자 프레더릭 브룩스의 이름을 딴 것

블랙베리 OS(BlackBerry OS) 성공한 초기 모바일 운영체제 중 하나. 주로 블랙베리 기기에서 비즈니스 목적의 사용자들이 사용함

비대칭키 암호화(asymmetric encryption) 메시지의 암호화와 복호화의 과정에 각각 다른 키를 통해서 암호화하는 방식. 비대칭 암호화는 대칭 암호화에 비해 단순하게고 빠르게 처리됨

비용 타당성(cost feasibility) 정보시스템 개발 프로젝트의 비용 평가 방식. 예상 비용과 창출된 가치를 비교하거나, 예상 비용과 사용 가능한 예산을 비교함

비즈니스 인텔리전스(business intelligence, BI) 조직에 있어서 중요한 패턴, 관계, 추세를 발견하게 해주는 정보를 생성하기 위한 운영 데이터 또는 기타 데이터를 이용하는 처리 과정

비즈니스 인텔리전스 시스템(business intelligence system) 운영 데이터 또는 기타 데이터를 이용해 패턴, 관계, 추세를 발견하고 예측하는 정보시스템

비즈니스 프로세스 리엔지니어링(business process reengineering) 새 정보시스템 기술을 이용하기 위해 이미 있는 비즈니스 프로세스를 수정하거나 새로 디자인하는 활동

비즈니스 프로세스 모델 표기(Business Process Modeling Notation, BPMN) 표준화된 비즈니스 프로세스 표현 방법

비즈니스 프로세스(business process) (1) 특정 비즈니스 역할을 수행하기 위한 활동, 저장소, 역할, 자원, 흐름 등이 상호작용하는 네트워크. 비즈니스 시스템이라고도 함, (2) 인풋을 아웃풋으로 변환해 가치를 창출하는 활동들의 네트워크

비트(bit) 컴퓨터가 데이터를 표현하는 수단. 이진수라고도 함. 한 비트는 0과 1 중 하나

비휘발성(nonvolatile) 전원이 없는 상태에서도 데이터를 저장하고 있는 기억장치. 컴퓨터의 전원을 끄고 다시 켜도 저장된 내용의 변경이 없음

빅데이터(bigdata) 다양하고 방대하며 빠르게 처리가 가능한 데이터 집합체를 가리키는 용어

빅테이블(Bigtable) 구글이 개발한 비관계형 데이터 저장소

ㅅ

사람(people) 정보시스템의 다섯 가지 구성요소 프레임워크 중 하나. 컴퓨터를 조작하고 서비스를 제공하며, 데이터를 지키고, 네트워크를 지원하고, 시스템을 사용하는 사람들. 정보는 사람들의 정신 속에서만 존재할 수 있음

사물인터넷(Internet of Things, IoT) 사물이 인터넷에 연결되어 다른 디바이스, 응용프로그램, 서비스 등과 상호작용하는 것

사설 IP 주소(Private IP address) 사설 네트워크와 인터넷 내부에서 사용되는 IP 주소의 한 종류. 사설 네트워크나 인터넷을 운영하는 기업에 의해서 IP 주소가 할당되고 관리됨

사설 클라우드(private cloud) 웹 표준에 따르는 자체 개발 클라우드. 유동적으로 수정할 수 있음

사용자(user) 사회적 관계를 쌓기 위해서 소셜미디어 사이트를 이용하는 개인과 조직

사용자 생성 콘텐츠(user-generated content, UGC) 조직의 소셜미디어 콘텐츠 중 직원이 아닌 사람들이 제작한 것

사이트 강화(hardening) 악성소프트웨어가 침투하기 특히 어렵게 수정된 서버 운영체제를 가리키는 용어

사이트 라이선스(site license) 조직이 구매한 라이선스

사회적 자본(social capital) 시장에서 미래의 기대가치로 환산된 사회관계에 대한 투자 자본

사회적 자본의 가치(value of social capital) 소셜 네트워크에서 관계의 수, 관계의 강도, 그것으로 제어되는 자원으로 결정되는 소셜 네트워크의 가치

생체 인증(biometric authentication) 지문, 얼굴 특징 및 망막 스캔과 같은 개인적인 신체적 특징을 사용하여 사용자를 인증하는 것

서버(server) 데이터베이스 호스팅, 블로그 운영, 웹사이트 운영이나 제품 판매와 같은 서비스를 제공하는 컴퓨터. 클라이언트 컴퓨터보다 빠르고 대용량이며 보다 강력한 기능을 가짐

서버가상화(server virtualization) 둘 이상의 운영 체제를 같은 서버에서 운영하는 과정. 호스트 운영체제가 가상 운영체제 인스턴스를 응용 프로그램처럼 실행함

서버팜(server farm) 활동을 공유하고 서로 실패를 보완할 수 있게 조직된 서버 컴퓨터의 집합체

서비스 거부(denial of service, DoS) 사용자가 정보시스템에 접근할 수 없게 되는 보안 문제로 인간의 실수, 자연재해 혹은 악의적인 활동에 의해서 발생함

서비스 팩(service pack) 서비스 문제를 해결하기 위한 수정파일의 집합체. 사용자들은 패치와 유사한 방식으로 설치를 하지만 서비스 팩은 전형적으로 수백에서 수천 개의 문제점을 해결함

서비스로서 소프트웨어(software as a service, SaaS) 하드웨어 기반 시설, 운영체제, 응용 프로그램 등을 다른 조직에 대여해주는 것

서비스로서 인프라(infrastructure as a service, IaaS) 서버 컴퓨터나 데이터 저장소의 클라우드 호스팅

서비스로서 플랫폼(platform as a service, PaaS) 클라우드 호스팅 종류의 하나로 공급자가 제반 플랫폼을 거의 대부분 제공하는 방식

소셜 CRM(social CRM) 소셜 네트워크 요소를 포함하고 고객/판매자 관계에서 고객에게 훨씬 큰 권력과 통제력을 주는 CRM

소셜 네트워크(social network) 공통된 관심사를 가진 사람들 사이의 사회적 관계

소셜미디어(social media, SM) 사용자의 네트워크상에서 콘텐츠를 공유할 수 있게 해주는 정보기술

소셜미디어 공급업체(social media provider) 소셜 네트워크를 생성할 수 있게 하는 플랫폼을 제공하는 기업. 페이스북, 트위터, 링크드인, 구글 등이 있음

소셜미디어 정보시스템(social media information system, SMIS) 사용자 네트워크상에서 콘텐츠를 공유할 수 있게 해주는 정보시스템

소셜미디어 정책(social media policy) 소셜미디어 콘텐츠를 생산과 관련 직원의 권리와 책임을 명시한 것

소스코드(source code) 인간이 작성하고 이해할 수 있는 컴퓨터 코드. 처리되기 전 기계어 코드로 번역되어야 함

소프트웨어(software) 컴퓨터 프로그램 및 관련 절차, 규정 등의 총칭. 정보시스템의 다섯 가지 구성요소 프레임워크 중 하나

수영 레인 형식(swimlane format) 업무 프로세스 다이어그램의 일종. 수영장의 수영 레인과 같이, 각 역할은 수평 직사각형에 표시됨. 수영 레인 형식은 프로세스 다이어그램을 단순화하고 요소 간 상호작용을 강조하기 위해 사용됨

수익 창출(monetize) 소셜미디어 기업이 응용 프로그램, 서비스, 콘텐츠 등을 통해 수익을 내는 능력

수직시장 애플리케이션(vertical-market application) 특정 산업의 필요를 충족시키는 소프트웨어. 치과에서 예약을 잡고 환자들에게 비용을 청구하거나, 자동차 정비소에서 고객과 고객의 자동차 수리 데이터를 기록하고, 창고에서 물건 목록, 구매 및 판매 내역을 기록하는 데 쓰임

수평시장 애플리케이션(horizontal-market application) 모든 조직과 산업에 공통적으로 적용될 수 있는 기능을 제공하는 소프트웨어. 워드프로세서, 그래픽 프로그램, 스프레드시트, 프레젠테이션 프로그램 등이 있음

수행자(actor) 기업 활동에서 사람, 집단, 부서 혹은 조직을 말함

스니핑(sniffing) 컴퓨터 통신을 가로채는 기법. 유선 네트워크에서는 네트워크에 물리적인 연결이 필요하고 무선 네트워크에서는 물리적인 연결이 필요하지 않음

스마트 장치(smart device) 처리 능력, 기억 장치, 네트워크 연결성, 다른 장치와의 연결, 응용 프로그램을 가진 디바이스

스마트카드(smart card) 마이크로칩을 내장한 신용카드와 비슷한 플라스틱 카드. 마이크로 칩에는 자기띠보다 많은 데이터를 기록할 수 있고, 식별 데이터가 들어 있음. 일반적으로 개인 식별 번호(PIN)를 요구함

스파이웨어(spyware) 사용자의 인지 혹은 허락 없이 사용자의 컴퓨터에 설치되는 프로그램으로 사용자의 행동과 키 입력을 감지하고 컴퓨터의 활동을 수정함. 악성 스파이웨어는 사용자의 이름, 암호, 계정번호 등 중요한 정보를 획득함. 다른 스파이웨어는 사용자의 행동과 방문한 웹사이트, 구매한 제품과 같은 정보를 획득하여 마케팅 분석에 활용하기도 함

스푸핑(spoofing) 비인가된 데이터를 얻으려는 의도로 다른 사람으로 위장하는 것. 당신이 교수로 위장한다면 당신은 교수를 스푸핑한 것임

시맨틱 보안(semantic security) 개별적으로는 보호되지 않은 보고서나 문서의 조합을 통해서 보호해야 할 정보가 유출되는 것에 관련된 보안

시스템(system) 특정의 목적을 달성하기 위해서 상호작용을 하는 구성요소들의 집합체

시스템 개발 수명주기(systems development life cycle, SDLC) 정보시스템을 개발하는 데 적용되는 전통적인 프로세스. 시스템 정의, 요구사항 분석, 구성요소 설계, 구현, 시스템 유지보수의 단계로 구성되어 있음

시스템 개발(systems development) 정보시스템을 개발하고 유지보수하는 프로세스. 시스템 분석 및 설계라고도 함

시스템 분석가(systems analyst) 업무와 기술을 모두 이해하고 있는 정보시스템 전문가. 시스템 개발 프로세스의 전체 단계에서 활동하고 프로젝트를 개념적 단계에서 변환 단계로 수행하는 데 주요한 역할을 담당함. 시스템 분석가는 프로그래머, 테스터 그리고 사용자의 통합된 과업을 수행함. 업무 분석가와 비교

시스템 사고(system thinking) 입력과 출력을 기반으로 각 구성요소들 간의 동적인 관계를 고려하는 모형화 능력. 비일상적 인지적 사고를 위한 네 가지 핵심 역량 중 하나

시스템 전환(system conversion) 기존의 시스템에서 새 시스템으로 비즈니스 활동을 변환하는 과정

시스템 정의(system definition) SDLC의 첫 번째 단계. 개발자가 미래의 사용자들과 함께 새 시스템의 목표, 범위를 결정하고, 타당성을 평가하고, 프로젝트 팀을 결성하고, 프로젝트를 계획하는 것

시크-클라이언트 애플리케이션(thick-client application) 사용자의 컴퓨터에 있는 브라우저 외에 다른 프로그램도 같이 요구되는 응용 소프트웨어로 클라이언트와 서버에 모두에 코드가 요구됨. 고유 애플리케이션 참조

식별(identification) 정보시스템이 사용자 이름과 비밀번호를 통해 사용자를 확인하는 과정

신-클라이언트 애플리케이션(thin-client application) 브라우저만 필요한 소프트웨어 응용 프로그램. 웹 애플리케이션이라고도 함

실천 커뮤니티(communities of practice) 공통 관심사로 관련된 사람들의 그룹. 커뮤니티라고도 함

실험(experimentation) 기회에 대한 추론 분석, 잠재적 해결책에 대한 검토 등에 대한 가능성을 개발하고 평가하는 것. 비일상적 인지적 사고를 위한 네 가지 핵심 역량 중 하나

심비안(Symbian) 미국 이외에 지역, 주로 유럽이나 아시아에서 보편적으로 사용되고 있는 모바일 클라이언트 운영체제

ㅇ

아웃소싱(outsourcing) 서비스를 제공하기 위해 다른 조직을 고용하는 것. 비용을 아끼고, 전문성을 높이고, 관리 시간을 절약하는 효과가 있음

악성소프트웨어(malware) 바이러스, 웜, 트로이 목마, 스파이웨어, 애드웨어, 랜섬웨어 등

악성소프트웨어에 대한 정의(malware definition) 악성소프트웨어 코드에 존재하는 패턴. 백신 제공업체들은 악성소프트웨어의 치료를 위해서 지속적으로 이러한 정의를 갱신함

안드로이드(Android) 리눅스 버전의 모바일 운영체제. 구글의 넥서스 7, 아마존의 킨들파이어 등 다양한 장치에 활용되고 있음

암호화(encryption) 안전한 저장과 의사소통을 위해서 원문을 쉽게 알 수 없는 코드로 변환하는 과정

암호화 알고리즘(encryption algorithms) 안전한 저장과 의사소통을 위해서 원문을 쉽게 알 수 없는 코드로 변환하는 알고리즘

애드웨어(adware) 사용자가 허락하지 않거나 모르는 상태에서 설치된 프로그램으로 사용자의 활동이나 키 입력을 탐지하고 컴퓨터 작업을 수정하고 사용자의 활동에 대한 보고를 수행하는 프로그램. 대부분의 애드웨어는 양성으로 악의적인 활동이나 데이터의 절취를 수행하지는 않지만 사용자의 활동을 감시하거나 팝업광고를 띄우기도 함

애플리케이션 소프트웨어(application software) 비즈니스 기능을 수행하는 프로그램. 일부 애플리케이션 프로그램은 엑셀 또는 워드와 같은 범용 프로그램이고, 다른 애플리케이션 프로그램은 미지급금과 같은 특정 비즈니스 기능에만 적용됨

액세스(Access) 마이크로소프트의 개인용 데이터베이스 관리시스템

업무 분석가(business analyst) 업무의 전략, 목표 등을 이해하고 기업이 업무 프로세스와 정보시스템을 개발하고 관리하는 데 도움을 주는 전문가. 시스템 분석가와 비교

업무부서용 정보시스템(workgroup information system, WIS) 특정 부서 또는 작업그룹을 지원하기 위한 정보시스템

엑사바이트(exabyte, EB) 1,024페타바이트

역할(role) 비즈니스 과정에서 활동의 집합

연결(linkage) 마이클 포터의 비즈니스 활동 모델에서 가치사슬 활동에서의 상호작용을 말함

연결 데이터(connection data) 소셜미디어 시스템에서 관계와 관련된 데이터

영향력 있는 사람(influencer) 소셜 네트워크에서 의견을 표현함으로써 다른 사용자의 행동과 믿음에 영향을 미칠 수 있는 개인 사용자

예외보고(exception report) 사전에 정의된 경계를 벗어나는 일이 발생했을 때 생성되는 보고

오라클 데이터베이스(Oracle Database) 오라클에서 만든 기업 수준의 DBMS 제품

오픈소스(open source) (1) 커뮤니티가 접근할 수 있는 소스 코드, (2) 리눅스와 같은 제품 개발에 소프트웨어 개발자들이 협력하는 것. 이 협력은 주로 자발적으로 이루어지며, 대부분의 경우 제품 사용에 라이선스 비용을 지불하지 않아도 됨

외래키(foreign key) 관계를 표현하기 위해서 사용되는 칼럼이나 칼럼들. 외래키의 값은 외부 테이블의 주키의 값과 일치함

요구사항 분석(requirements analysis) SDLC에서 두 번째 단계. 개발자가 사용자 인터뷰를 수행하고, 기존 시스템을 평가하고, 새 폼/보고서/쿼리를 생성하고, 보안을 비롯한 새 기능을 정하고, 데이터 모델을 확립하는 단계

요약추론(abstract reasoning) 모형을 만들고 능숙하게 사용할 수 있도록 하는 능력

운영체제(operating system, OS) 컴퓨터의 자원을 제어하는 컴퓨터 프로그램. 주기억장치 관리, 키 입력과 마우스 이동처리, 디스플레이 장치로 신호 출력, 디스크 파일의 입출력, 다른 프로그램의 처리 통제를 담당함

워드라이버(wardriver) 무선 연결된 컴퓨터를 이용해 보호되지 않은 무선 네트워크를 찾는 사람

원격 법 집행(Telelaw enforcement) 법률 집행이 가능하게 하는 원격 접근시스템

원격수술(telesurgery) 외과 의사가 로봇 장비를 이용해 멀리 있는 환자를 수술할 수 있게 하는 원격 접근시스템

원격지 작동시스템(remote action system) 원격 수술이나 원격 법 집행 등 멀리 떨어진 곳에서 조작할 수 있는 정보시스템

원격진단(telediagnosis) 의료 전문가가 지방이나 먼 곳에 전문지식을 제공하기 위해 사용하는 원격 접근시스템

웜(worm) 인터넷이나 다른 네트워크를 통해서 자신을 전파하는 바이러스. 웜 코드는 다른 컴퓨터로 최대한 빨리 자신을 복제하도록 작성되어 있음

웹 서비스 표준(web service standard) 프로그램이 하는 일, 처리할 수 있는 자료 구조, 의사소통하는 방식을 명시하는 국제 표준

웹 서비스(web service) 웹 서비스 표준에 부합하는 SOA 프로그램

웹 애플리케이션(Web application) 신-클라이언트 애플리케이션 참조

위협(threat) 소유자의 인지나 허락 없이 데이터나 다른 정보시스템 정보를 불법적으로 취득, 수정하려는 개인 혹은 조직

윈도우 서버(Windows Server) 서버의 운영과 설정 및 구축을 위해서 만들어진 윈도우 버전. 일반적으로 개인 사용자용 윈도우보다 강력하고 마이크로소프트사와 가까운 조직이나 기업에서 주로 사용됨

윈도우 10 모바일(Windows 10 mobile) 모바일 장치 전용 윈도우 운영체제

유닉스(Unix) 1970년대에 벨 연구소에서 개발한 운영체제. 현재까지 과학, 공학 분야에서 사용되고 있음

유지보수(maintenance) 정보시스템에서 (1) 시스템이 초기 기능을 수행할 수 있도록 고치는 것, 또는 (2) 요구사항의 변화에 맞춰 시스템을 수정하는 것

의사결정 지원시스템(decision support system) 보통 의사결정 BI 시스템을 지칭하는 예전 용어

이메일 스푸핑(email spoofing) 피싱과 동의어. 전자우편을 통해서 비인가된 데이터를 획득하기 위한 기법. 합법적인 기업인 것처럼 가장하여 계좌번호, 주민등록번호, 계좌암호 등의 중요한 데이터를 요청함

이윤(margin) 활동의 가치와 원가 간의 차이

이진화된 부호(binary digit) 비트 참조

인적 보안대책(human safeguard) 시스템 사용에 대한 적절한 절차를 설립하여 보안 위협에 대처하기 위한 단계적 절차

인적 자본(human capital) 미래 기대 가치에 따른 인적 자원과 지식에 대한 투자

인증(authentication) 정보시스템이 사용자를 확인하는 과정

인터넷 그 이상(over the Internet) 클라우드 컴퓨팅에서 인터넷상으로 전 세계의 서버들을 공급하는 것

일부 수정 기성 소프트웨어(off-the-shelf with alterations software) 조직의 특수한 필요에 맞춰 수정된 기성 소프트웨어

일시형 설치(plunge installation) 기존의 시스템을 완전히 종료하고 새로운 시스템을 일시에 직접 설치하는 시스템 변환 방법. 새로운 시스템이 제대로 운영되지 않는 경우에는 문제가 발생하게 되고 새로운 시스템이 수정되거나 이전의 시스템이 재설치되기 전까지는 아무런 작업이 진행되지 않음. 일반적으로 이러한 위험을 피하기 위해서 가능한 한 피하는 시스템 변환 방법

일정 타당성(schedule feasibility) 정보시스템이 원하는 일정에 맞춰 개발될 수 있는 것

입도(granularity) 데이터의 세밀한 정도. 고객이름과 계정잔고가 한 데이터로 처리되면 입도가 큰 것이며, 고객이름, 계정잔고, 기타 데이터들이 각각 하나씩 구분되어 존재하면 입도가 작은 것임

ㅈ

자기 효능감(self-efficacy) 자신의 직무를 성공적으로 수행할 수 있을 것이라는 믿음

자본(capital) 미래 가치 상승을 기대하고 투자한 자원

자율 데이터 마이닝(unsupervised data mining) 분석을 실행하기 전에 분석가가 모델이나 가설을 만들지 않는 데이터 마이닝 기법. 데이터 마이닝 기법을 사용하여 데이터를 적용하고 결과를 관찰함. 이 방법에서 분석가는 발견된 패턴에 대한 분석이 이루어지고 나서 가설을 수립함

자율주행차(self-driving car) 자동화된 혹은 운전자가 없는 차량으로 다양한 센서를 이용해 인간의 개입 없이 일반 차량과 같이 길을 찾을 수 있음

자체개발 소프트웨어(custom-developed software) 특정 조직의 요구사항에 맞게 개발된 소프트웨어

저장 하드웨어(storage hardware) 데이터와 프로그램을 저장하는 하드웨어. 자기 디스크가 가장 보편적으로 사용되며 CD나 DVD와 같은 광학 디스크도 보편적임

전사적 애플리케이션 통합(enterprise application integration, EAI) 애플리케이션들을 연결할 수 있는 소프트웨어와 메타데이터를 제공해 기존의 기업 시스템을 통합할 수 있는 소프트웨어 애플리케이션 모음

전사적 자원관리(enterprise resource planning, ERP) 기업의 기능을 단일하고 일관성 있는 컴퓨팅 플랫폼으로 합병하는 모듈, 데이터베이스, 내재 프로세스 등의 애플리케이션 모음

전사적 정보시스템(enterprise information system) 다양한 기능의 처리와 여러 부서의 활동을 지원하는 정보시스템

전환 비용(switching cost) 다른 제품이나 공급자를 선택하는 데 높은 비용을 부과하여 고객을 고정하기 위해 사용되는 경영 전략

전환율(conversion rate) 웹사이트에서 광고를 클릭한 사용자가 상품을 구매하거나, 사이트에 '좋아요'를 누르거나 기타 광고주가 원하는 활동을 하는 비율

절차(procedure) 인간을 위한 지시사항. 정보시스템의 다섯 가지 구성요소 프레임워크 중 하나

정보(information) (1) 사실 혹은 수치로 이루어진 데이터에서 이끌어 낸 지식, (2) 의미 있는 맥락 속의 데이터, (3) 더하고, 정렬하고, 평균을 구하고, 그룹을 짓고, 비교하는 등의 연산을 거친 데이터, (4) 변화(difference)를 가져오는 차이(difference)

정보기술(information technology, IT) 정보를 생성하기 위해 사용되는 제품, 방법, 발명, 표준 등

정보 사일로(information silo) 정보시스템과 분리되어 데이터가 저장될 때의 상황. 보통 데이터 무결성 문제로 이어짐

정보시스템(information system, IS) 정보를 생성하기 위해서 상호작용을 하는 하드웨어, 소프트웨어, 절차, 사람의 집합

정보화 시대(Information Age) 정보의 제작, 배포, 제어가 경제를 이끄는 주동력이 되는 시대

정적 보고서(static report) 생성 시점에 비즈니스 인텔리전스 문서

제3자 쿠키(Third-party cookie) 방문한 사이트가 아닌 다른 사이트에서 생성되는 쿠키

제타바이트(zettabyte, ZB) 1,024엑사바이트

제품품질보증(product quality assurance, PQA) 시스템을 테스트하는 것. PQA 담당자는 사용자의 조언과 도움을 통해서 테스트 계획을 수립함. PQA 검증 엔지니어는 테스트를 수행하고 사용자 테스트 활동을 감독함. 대다수의 PQA 전문가들은 자동화된 테스트 프로그램을 작성하는 프로그래머들임

조직 측면의 타당성(organizational feasibility) 정보시스템이 조직의 고객, 문화, 법적 요구사항에 부합하는 것

주기억장치(main memory) 명령어나 데이터를 저장하는 작은 셀들의 집합으로 각 셀은 주소를 가지고 있으며 중앙처리장치는 각각의 데이터를 이 주소를 통해서 식별함

주키(primary key) 관계에서 개별 개체를 다른 개체와 구별해 주는 하나 이상의 컬럼. 키라고도 함

중앙처리장치(central processing unit, CPU) 명령어를 선택하고 처리하고, 산술 연산과 논리 연산을 처리하며, 메모리에 그 결과를 저장하는 컴퓨터의 구성요소

지능형 지속 위협(Advanced Persistent Threat, APT) 대규모로 충분한 재원을 가진 조직에 의해서 수행되는 복잡하고 지속적인 컴퓨터 해킹. APT는 사이버전쟁에서 공격 수단임

지도 데이터 마이닝(supervised data mining) 데이터 마이너가 분석에 앞서서 모델을 개발하고 모델의 매개 변수를 추정하기 위해서 통계적 기법을 적용하는 것

지원 활동(support activity) 마이클 포터의 가치 사슬 모델에서, 가치 창출에 간접적으로 기여하는 활동. 조달 기술, 인적 자원, 회사의 기반 구조 등

ㅊ

최고기술담당임원(chief technology officer, CTO) 기술 부서의 관리자. 조직과 가장 관련된 아이디어와 제품을 식별하고 정리하는 역할을 담당함. CTO는 정보기술에 대한 깊은 이해와 조직에 정보기술이 적용될 경우의 변화에 대한 비전이 있어야 함

최고보안담당임원(chief security officer, CSO) 물리적인 장비, 인력, 지적 재산, 디지털 자산 등 조직의 모든 자산의 보안을 관리하는 직위

최고정보담당임원(chief information officer, CIO) 정보 관리 부서의 관리자 직함. 다른 직함으로는 정보서비스 부사장, 정보서비스 이사, 컴퓨터 서비스 이사 등이 있음

최고정보보안담당임원(chief information security officer, CISO) 조직의 정보시스템 및 정보의 보안을 관리하는 직위

추진위원회(steering committee) 정보시스템의 우선권과 정보시스템 프로젝트 그리고 대안을 평가, 관리하는 상위 경영층의 집합체

취약성(vulnerability) 보안시스템에서의 약점 혹은 시작점. 보안대책이 없거나 기존의 보안대책이 효과적이지 못한 경우에 취약성이 존재함

침입 탐지 시스템(intrusion detection system, IDS) 다른 컴퓨터가 디스크나 컴퓨터에 접근하는 것을 감지하도록 개발된 컴퓨터 프로그램

침해(usurpation) 비인가된 프로그램이 컴퓨터 시스템에 침입하여 합법적으로 설치된 프로그램을 바꾸는 것. 비인가된 프로그램은 전형적으로 시스템을 종료시키고 비인가 프로그램 프로세스로 대체하여 데이터를 감시하고, 훔치고, 조작하거나 기타 목적을 달성함

ㅋ

카산드라(Cassandra) 몇 백에서 몇 천 개 사이의 서버에서 작동하고 내구성을 가지는 비관계형 데이터 저장소. 페이스북이 처음 개발했으나 오픈소스 커뮤니티로 넘어감. 현재는 아파치의 최고 레벨 프로젝트(Top-Level Project, TLP)

커뮤니케이션 채널(Communication channels) 메시지 전달의 수단

커뮤니티(community) 소셜미디어에서 공통의 관심사로 모인 사람들의 집합체

컬럼(column) 바이트의 집합으로 필드라고도 불림. 데이터베이스에 있어서 개체의 속성을 표현하기 위해서 다수의 열(컬럼)이 사용됨. 예를 들면 '부품번호', '종업원이름', '판매일자' 등이 있음

컴퓨터 기반 정보시스템(computer-based information system) 컴퓨터를 포함하는 정보시스템

컴퓨터 하드웨어(computer hardware) 컴퓨터 프로그램이나 소프트웨어의 명령어를 처리하여 데이터를 입력, 처리, 출력, 저장하고 인코딩되어 있는 지시사항에 따라 데이터를 전달할 수 있는 일련의 전자장비. 정보시스템의 다섯 가지 구성요소 프레임워크 중 하나

콘텐츠 데이터(content data) 소셜미디어 시스템에서 사용자와 소셜미디어 제공자가 생성한 데이터와 그에 대한 응답으로 발생하는 데이터

콘텐츠 전송 네트워크(content delivery network, CDN) 인터넷을 통해 웹 페이지에 콘텐츠를 제공하는 정보 시스템. 대기 시간을 줄이기 위해 일반적으로 데이터는 많은 지리적 위치에서 저장되고 제공됨

쿠키(cookie) 브라우저에 의해 사용자의 컴퓨터에 저장되는 작은 파일. 쿠키는 인증, 쇼핑 카트나 사용자 선호도 기록 등에 쓰임. 스파이웨어 실행에 사용되기도 함

쿼드 프로세서(Quad processor) CPU가 4개인 컴퓨터

쿼리(query) 데이터베이스에서 데이터를 요청하는 것

크라우드소싱(crowdsourcing) 조직이 소셜미디어 기술을 사용하여 사용자가 제품의 설계와 마케팅에 관여하도록 하는 과정

클라우드(cloud) 인터넷 프로토콜로 만들어진 다수의 컴퓨터들의 집합체

클라이언트(client) 클라우드를 통해 서버에 접속하는 PC, 태블릿, 스마트폰 등

클러스터 분석(cluster analysis) 자율 데이터 마이닝 기법 중 하나로, 비슷한 특성을 가진 데이터들의 집단을 구별하는 통계적 기법이 사용됨. 주로 고객의 주문 데이터를 이용해 비슷한 고객 집단을 구분하고 고객의 인구통계학적 정보를 얻을 때 사용함

클로즈드소스(closed source) 수준으로 보호되어 있고 믿을 수 있는 직원과 검사를 통과한 사람들만 접근 가능한 소스코드

클릭당 지불수익 모델(pay-per-click) 광고주가 잠재적 고객에게 무료로 광고를 보여줄 수 있고 고객이 클릭할 때만 광고료를 지불하는 수익 모델

키(key) (1) 테이블에서 각 행을 식별할 수 있도록 하는 컬럼이나 컬럼의 집합. 주키라고도 함. (2) 데이터를 암호화하는 데 사용하는 문자열. 암호화 알고리즘에서 원문을 키를 통해서 변환함. 복호화의 과정도 이와 유사하게 암호화된 문장을 원문으로 변화하는 데 사용됨

키 로거(key logger) 사용자의 지식 없이 키 입력을 캡처하는 악성 스파이웨어. 사용자 이름, 비밀번호, 계정 번호 및 기타 중요한 데이터를 도용하는 데 사용됨

키 에스크로(key escrow) 데이터베이스 데이터를 암호화하는 데 사용되는 키를 공인된 기관이 관리하는 통제 절차

킨더의 법칙(Kryder's Law) 마그네틱 디스크의 저장 밀도는 지수함수적으로 증가한다는 법칙

킬로바이트(kilobyte, KB) 1,024바이트

ㅌ

탄력적(elastic) 클라우드 컴퓨팅에서 비교적 짧은 시간에 소요되는 필요한 자원의 증가나 감소가 발생하는 것. 아마존이 처음 사용한 용어

태블릿(tablet) 평면 터치스크린으로 인터랙션이 가능한 컴퓨팅 디바이스

터널(tunnel) 공공망이나 공유 네트워크를 통해 VPN 클라이언트에서 VPN 서버로 이어지는 가상의 비공개 경로

테라바이트(terabyte, TB) 1,024기가바이트

테스트 계획(test plan) 새로운 소프트웨어의 성능을 확인할 때 해야 하는 행동과 사용의 연속적 집합체

테이블(table) 파일이라고도 함. 데이터베이스에서 유사항, 행 또는 레코드의 집합

트로이목마(trojan horse) 유용한 프로그램이나 파일로 가장한 바이러스. 전형적인 트로이목마는 컴퓨터 게임, MP3 파일 혹은 다른 유용한 파일로 가장함

ㅍ

파일(file) 유사한 열 또는 레코드의 집단. 데이터베이스에서는 테이블이라고도 함

파일럿 설치(pilot installation) 전체 시스템을 사업의 일부 영역에만 한정하여 설치하는 방법으로 시스템을 변환하는 것. 장점은 시스템이 실패한 경우 그 범위가 제한적이며 이것은 사업의 노출위험을 감소시키고 개발될 새로운 시스템에 대한 부정적인 평가를 줄일 수 있음

패치(patch) 특정 소프트웨어의 주요한 결점을 수정하기 위한 수정사항. 소프트웨어 공급자들은 보안이나 중요한 문제를 수정하기 위해서 패치를 제공함

패킷 필터링 방화벽(packet-filtering firewall) 패킷 단위로 전송의 여부를 결정하는 방화벽의 한 종류. 전송 여부의 결정은 송신 주소, 수신 주소 등에 따라서 결정됨

펌웨어(firmware) 프린터, 프린트 서비스 또는 기타 커뮤니케이션 장치에 설치된 컴퓨터 소프트웨어. 일반 소프트웨어와 코딩 방식은 동일하지만 프린터와 같은 디바이스를 위한 특수하고 프로그램 가능한 메모리에 설치됨

페이로드(payload) 데이터의 수정이나 삭제와 같이 원치 않는 악의적인 행위를 사용자가 탐지할 수 없는 방법으로 유발하는 바이러스의 프로그램 코드

페타바이트(petabyte, PB) 1,024테라바이트

폭포(waterfall) SDLC의 특성을 설명할 때 쓰는 용어. 폭포수와 같이, 시스템 개발이 비반복적인 과정의 연속으로 이루어져 있다는 뜻

폼(form) 데이터 입력 폼(양식)은 데이터베이스 데이터를 읽고, 삽입하고, 수정하고, 삭제하는 데 사용됨

푸시 발행(push publishing) 비즈니스 인텔리전스 시스템에서 사용자의 요청 없이 일정이나 특정 데이터 조건에 따라 사용자에게 BI를 전달하는 것

풀 발행(pull publishing) 비즈니스 인텔리전스 시스템에서 사용자가 요청한 경우에만 BI 결과가 전달되는 것

프리미엄(freemium) 기본적인 서비스는 무료로 제공하고 업그레이드나 고급 기능에 대해 요금을 부과하는 방식의 사업 모델

프리텍스팅(pretexting) 다른 사람 또는 조직으로 가장하여 비인가된 정보를 획득하는 기법의 하나

피셔(phisher) 불법적으로 신용카드 번호, 이메일 계정, 운전면허 번호 등의 개인정보를 절취하거나 유출하려 합법적인 기업을 속이는 개인 혹은 조직

피싱(phishing) 전자우편 등을 통해서 비인가된 데이터를 획득하는 기법. 피셔는 합법적인 기업의 전자우편으로 가장하여 계좌번호, 주민등록번호, 계좌 비밀번호와 같은 중요한 데이터를 요구함

픽셀센스(PixelSense) 마이크로소프트사의 태블릿 제품. 이전 이름은 서피스(Surface). 여러 사용자가 하나의 테이블톱 터치 인터페이스를 처리할 수 있게 해줌. 주로 호텔과 엔터테인먼트 센터에서 사용됨

필드(field) 컬럼이라고도 함. 데이터베이스에 있어서 개체의 속성을 표현하기 위해서 다수의 열(컬럼)이 사용됨. 예를 들면 '부품번호', '종업원이름', '판매일자' 등이 있음

ㅎ

하둡(Hadoop) 아파치 재단이 지원하는 수천 대의 컴퓨터를 관리하고 맵리듀스를 적용하는 오픈소스 프로그램

해킹(hacking) 컴퓨터 시스템에 한 개인이 비인가된 접근을 하는 컴퓨터 범죄. 단순한 재미로 해킹을 하는 경우도 있지만 데이터의 수정이나 탈취와 같은 악의적인 행동을 하기도 함

허니팟(honeypot) 컴퓨터 범죄의 가짜 타깃. 침입자에게 허니팟은 보호되지 않는 웹사이트처럼 특별히 가치 있는 자원처럼 보이지만, 실제로 사이트에 있는 콘텐츠는 공격자의 IP 주소를 알아내는 프로그램일 뿐임

헤르츠(Hertz) 초당 빈도를 의미하며 CPU 속도를 나타낼 때 사용하는 단위

협력(collaboration) 두 사람 이상이 피드백과 반복을 통해 공통의 목적, 제품, 결과를 달성하려는 활동. 비일상적 인지적 사고를 위한 네 가지 핵심 역량 중 하나

호스트 운영체제(host operating system) 가상화에서 가상 운영체제를 호스팅하는 운영체제

활동(activity) 기업 활동에서 한 종류의 자원과 정보를 다른 종류의 자원 또는 정보로 변환하는 업무 공정. 활동은 사람, 컴퓨터 시스템, 혹은 둘 다에 의해 이루어짐

활동의 흐름(sequence flow) BPMN에서 비즈니스 절차 활동의 순서를 나타내는 기호

회귀분석(regression analysis) 선형 함수의 모수에 대한 값을 추정하는 감독 데이터 마이닝 기법. 결과에 영향을 미치는 변수의 상대적인 영향을 알아내고 그 결과에서 미래의 변수 값을 예측하는 데 사용됨

효과적 비즈니스 프로세스(effective business process) 조직의 전략 달성을 가능하게 하는 비즈니스 프로세스

효율성(efficiency) 비용과 효익 간의 비율

휘발성(volatile) 컴퓨터 혹은 디바이스가의 전원이 꺼지면 삭제되는 데이터

기 타

ACID atomic(원자성), consistent(일관성), isolated(고립성), durable(내구성)의 약자. 거래 전체가 처리되거나 그렇지 않으면 하나도 처리되지 않고(atomic), 단독으로 처리되든 여러 거래가 한꺼번에 처리되든(isolated) 모든 거래가 같은 방식으로 처리되며(consistent), 한 번 처리된 거래는 (실패한 거래라도) 저장되어 없어지지 않는(durable) 거래 처리 방식을 말함

BI **분석**(BI analysis) 비즈니스 인텔리전스의 프로세스. 보고, 데이터 마이닝, 빅데이터, 지식관리로 구성됨

BI **서버**(BI server) 비즈니스 인텔리전스를 공개할 목적으로 설계된 웹 서버 애플리케이션

BI **애플리케이션**(BI application) 비즈니스 인텔리전스 시스템의 소프트웨어 구성요소

DB2 IBM사의 기업용 DBMS 제품

GNU 오픈소스 소프트웨어를 개발하고 관리하기 위한 도구들의 집합. 원래는 유닉스와 유사한 오픈소스 운영 체제 개발을 위해 만들어짐

GNU **일반 오픈 라이선스 협정**[GNU general public license (GPL) agreement] 오픈소스 소프트웨어를 위한 표준 라이선스 중 하나

https 안전한 통신을 보장하기 위해 웹 브라우저가 SSL/TLS 프로토콜을 사용하고 있다고 표시한 것

iOS 아이폰, 아이폰 터치, 아이패드에서 사용되는 운영체제

IP **스푸핑**(IP spoofing) 스푸핑의 한 형태로, 침입자가 다른 사이트의 IP 주소로 가장하여 접속함

MySQL 대부분의 애플리케이션에서 비용을 지불하지 않고 사용할 수 있는 오픈소스 DBMS

NewSQL DBMS ACID 지원이 되는 관계형 DBMS. NoSQL DBMS 제품과 동등한 처리 속도를 제공

NoSQL DBMS 비관계형 데이터베이스 관리시스템으로 비교적 단순한 자료 구조를 빠른 속도로 처리함. ACID 지원 안 됨

PC가상화(PC virtualization) 데스크톱 가상화의 동의어

Pig 하둡에서 사용되는 쿼리 언어

SOA(service-oriented architecture) 컴퓨팅 디바이스 간의 모든 상호작용이 형식적이고 표준화된 서비스로 정의되어야 한다는 디자인 철학. SOA는 클라우드를 가능하게 함

SQL 서버(SQL Server) 마이크로소프트가 개발한 기업 수준 DBMS 제품

SQL 주입 공격(SQL injection attack) 사용자가 폼에 이름이나 다른 데이터 대신 SQL 구문을 입력하여 비인가된 데이터에 접근 권한을 얻는 경우. 프로그램이 제대로 디자인되지 않은 경우 이 입력을 적법한 것으로 인식하고 DBMS에서 SQL 명령어로 처리할 것임

SSL(Secure Socket Layer) 대칭과 대칭 방식을 같이 사용하는 프로토콜. SSL을 사용할 때 브라우저 주소는 https://로 시작. SSL의 최신 버전은 TLS라고 함

TLS(Transport Layer Security) SSL의 최신 버전

VPN(virtual private network) 인터넷 혹은 사설 인터넷을 사용하여 연결하는 광역 네트워크 연결. 정보기술에서 '가상'이란 실체가 존재하지 않는다는 의미. 여기서 VPN은 공공 인터넷을 사용하여 가상의 사설네트워크 연결을 생성

[ㅊ]

[ㅋ]

[ㅌ]

[ㅍ]

[ㅎ]

[기타]

| 저자 소개 |

David M. Kroenke

미국 콜로라도주립대학교, 시애틀대학교, 워싱턴대학교에서 교육자로서 오랜 경험을 쌓아왔으며, 대학교수를 대상으로 정보시스템 및 기술교육에 관한 수십 번의 세미나를 개최했다. 1991년 국제정보시스템협회(ICSA)에서 올해의 컴퓨터 교육자로 선정되었으며, 2009년에는 정보기술전문가협회(AITP-EDSIG)의 올해의 교육자로 선정되었다. 또한 그는 미공군 및 보잉컴퓨터 서비스 부문에서 근무했다. 마이크로림의 제품 마케팅 및 개발담당 부사장과 월데이터의 데이터베이스 기술담당 수석 부사장을 역임하였으며, 세 회사 설립 초기 대표였다. 그는 의미 객체데이터 모델의 아버지이다. IBM, 마이크로소프트, 컴퓨터사이언스코퍼레이션 및 수많은 중소기업이 그의 컨설팅 고객이다. 최근에는 협력 및 팀워크 교육을 위한 정보시스템 활용에 중점을 두고 있다.

저서인 *Database Processing*은 1977년에 처음 출판되었으며, 현재 제14판을 출판하였다. 그는 *Database Concepts* 제7판(2015)을 비롯한 많은 다른 교재를 공동 저술했으며, *Using MIS* 제9판(2012), *SharePoint for Students*(2012), *Office 365 in Business*(2012), *Processes, Systems, and Information: An Introduction to MIS* 제2판(2015) 등이 있다.

Randall J. Boyle

미국 플로리다주립대학교의 경영정보시스템학과에서 박사학위를 취득하고 행정학 석사학위와 재정학과에서 B.S.를 수료했다. 롱우드대학교, 유타대학교, 헌츠빌의 앨라배마대학교에서 대학교육상을 받았으며 MIS, 사이버 보안, 네트워킹 및 서버, 시스템 분석 및 디자인, 통신, 고급 사이버 보안, 의사결정지원시스템 및 웹 서버 소개 등 다양한 수업을 강의했다. 그의 연구 분야는 컴퓨터 매개 환경에서의 기만 탐지, 정보시스템 보안, 인지 편향에 대한 정보기술의 영향, 지식 근로자에 대한 정보기술의 영향 및 전자상거래 등이다. 그는 *MIS* 제7판, *Corporate Computer and Network Security* 제4판, *Applied Information Security* 제2판, *Applied Networking Labs* 제2판을 비롯하여 여러 학술 저널과 교재를 저술했다.

| 역자 소개 |

문용은
서강대학교 경영학 박사
현재 신라대학교 경영학부 교수

문태수
고려대학교 경영학 박사
현재 동국대학교 경영학부 교수

서창갑
서강대학교 경영학 박사
현재 동명대학교 경영정보학과 교수

오창규
부산대학교 경영학 박사
현재 경남대학교 경영정보학과 교수

유성열
한국과학기술원 공학 박사
현재 부산가톨릭대학교 경영정보학과 교수

이동호
부산대학교 경영학 박사
현재 경상대학교 수산경영학과 교수